Völkerrecht und Außenpolitik

Herausgegeben von
Prof. Dr. Oliver Dörr
Prof. Dr. Jörn Axel Kämmerer
Prof. Dr. Markus Krajewski

Band 93

Rosa Maria Weißer

Defizite und Chancen –
Was trägt das Völkerrecht zur Lösung
territorialer Konflikte bei?

Eine Analyse am Fallbeispiel der Krim

Nomos

Onlineversion
Nomos eLibrary

Die Deutsche Nationalbibliothek verzeichnet diese Publikation in
der Deutschen Nationalbibliografie; detaillierte bibliografische
Daten sind im Internet über http://dnb.d-nb.de abrufbar.

Zugl.: Köln, Univ., Diss., 2022

ISBN 978-3-7560-0524-6 (Print)
ISBN 978-3-7489-3880-4 (ePDF)

1. Auflage 2023
© Nomos Verlagsgesellschaft, Baden-Baden 2023. Gesamtverantwortung für Druck
und Herstellung bei der Nomos Verlagsgesellschaft mbH & Co. KG. Alle Rechte, auch
die des Nachdrucks von Auszügen, der fotomechanischen Wiedergabe und der Übersetzung, vorbehalten. Gedruckt auf alterungsbeständigem Papier.

Vorwort

Welche Mechanismen bietet die Völkerrechtsordnung, um auf eklatante Verletzungen ihrer Grundnormen zu reagieren? Diese Frage treibt mich schon seit der Annexion der Krim im Jahr 2014 um. Sie hat durch den Beginn eines grausamen Angriffskriegs der Russischen Föderation in der Ukraine im Februar 2022 noch einmal besonders an Aktualität gewonnen. Diese Aktualität war eine große Herausforderung, gleichermaßen aber auch eine bedeutende zusätzliche Motivation, Lösungsansätze im Rahmen der bestehenden völkerrechtlichen Ordnung aufzuzeigen.

Entstanden ist diese Untersuchung während meiner Tätigkeit als wissenschaftliche Mitarbeiterin am Institut für Völkerrecht und ausländisches öffentliches Recht der Universität zu Köln. Inhaltlich befindet sie sich auf dem Stand ihrer Annahme als Dissertationsschrift im Oktober 2022. Sie ist darüber hinaus von der Studienstiftung des deutschen Volkes mit einem Promotionsstipendium gefördert worden, für das ich herzlich danke.

Danken möchte ich zuvörderst meinem Doktorvater, *Herrn Professor Dr. Bernhard Kempen*. Er hat mir nicht nur schon als Studentin die Tür zu seinem Institut geöffnet und damit mein Interesse für das Völkerrecht geweckt, sondern mich auf jedem Schritt meines Weges unterstützt und ermutigt. Sein Vertrauen und seine Zuversicht haben ebenso wie seine inhaltliche Diskussionsbereitschaft wesentlich zur Entstehung dieses Buches beigetragen. *Frau Professorin Dr. Dr. h.c. Dr. h.c. Angelika Nußberger* danke ich herzlich für die zügige Erstellung des Zweitgutachtens.

Großer Dank gilt auch meinen lieben Kolleginnen und Kollegen am Institut für Völkerrecht und ausländisches öffentliches Recht, die mir ein zweites Zuhause geschaffen haben. Besonders hervorheben möchte ich *Frau Dr. Valerie Blettenberg* und *Frau Dr. Elisabeth Rossa*, denen ich für ihre hilfreichen Korrekturanmerkungen, aber auch dafür danke, dass sie jederzeit ein offenes Ohr für mich hatten. Ganz besonderer Dank gebührt außerdem *Herrn Florian Nies*, neben seinen wertvollen inhaltlichen Hinweisen vor allen Dingen für die unzähligen gemeinsamen Stunden am Institut und seinen unerschütterlichen Beistand in der Promotionsphase.

Aus tiefstem Herzen danke ich meiner Familie, meiner Schwester *Klara* und meinen Eltern, *Bettina Weißer* und *Patrick Weißer-Schneble*. Ihre bedingungslose Liebe und Unterstützung, ihr Glaube an mich und ihr Rückhalt haben mich nicht nur durch meine Promotionszeit, sondern schon mein ganzes Leben lang getragen. Ihnen ist dieses Buch gewidmet.

Köln, im November 2022

Inhaltsverzeichnis

Abkürzungsverzeichnis

AdV	Archiv des Völkerrechts
AFISMA	African-led International Support Mission in Mali
AI	Arbitration International
AILJ	Australian International Law Journal
AJIL	American Journal of International Law
AmUILR	American University International Law Review
AöR	Archiv des öffentlichen Rechts
ARIO	Draft Articles on the Responsibility of International Organizations
ASR	Draft Articles on Responsibility of States for Internationally Wrongful Acts
ASICL	Annual Survey of International and Comparative Law
ASIL	American Society of International Law
AU	African Union
BIT	Bilateral Investment Treaty
BLR	Beijing Law Review
BJIL	Brazilian Journal of International Law
BYIL	British Yearbook of International Law
CAP	Comprehensive Assistance Package
ChiJIL	Chicago Journal of International Law
CILJ	Cambridge International Law Journal
d.h.	das heißt
DJILP	Denver Journal of International Law and Policy
DJCIL	Duke Journal of Comparative and International Law
ECOWAS	Economic Community of West African States
EGMR	Europäischer Gerichtshof für Menschenrechte
EJIL	European Journal of International Law
EU	Europäische Union
EUCO	European Council

EUISS	European Union Institute for Security Studies
FAZ	Frankfurter Allgemeine Zeitung
FAS	Frankfurter Allgemeine Sonntagszeitung
FS	Festschrift
FSB	*„Federalnaja sluschba besopasnosti Rossijskoi Federazii"*, bzw.: Föderaler Dienst für Sicherheit der Russischen Föderation
FW	Die Friedens-Warte
FYIL	The Finnish Yearbook of International Law
GATT	General Agreement on Tariffs and Trade
GATS	General Agreement on Trade in Services
GLJ	German Law Journal
GPIL	German Practice in International Law
HCNM	High Commissioner on National Minorities
HJLP	Hiotsubashi Journal of Law and Politics
HRLR	Human Rights Law Review
HRMMU	Human Rights Monitoring Mission Ukraine
HuV-I	Humanitäres Völkerrecht – Informationsschriften
CCPR	International Covenant on Civil and Political Rights (Internationaler Pakt über bürgerliche und politische Rechte)
ICESCR	International Covenant on Economic, Social and Cultural Rights (Internationaler Pakt über wirtschaftliche, soziale und kulturelle Rechte)
ICQL	International and Comparative Law Quarterly
IDI	Institut de Droit International
IGH	Internationaler Gerichtshof
IHK	Industrie- und Handelskammer
IIFFMCG	Independent International Fact-Finding Mission on the Conflict in Georgia
IJICL	Indonesian Journal of International Law
ILC	International Law Commission
IJMCL	International Journal of Marine and Coastal Law
IJSD	International Journal of Security & Development

ILS	International Law Studies
ILSA	International Law Students Association
IP	Internationale Politik
ISGH	Internationaler Seegerichtshof
IStGH	Internationaler Strafgerichtshof
iVm	in Verbindung mit
IYIL	Italian Yearbook of International Law
JCSL	Journal of Conflict and Security Law
JIA	Journal of International Arbitration
JIDS	Journal of International Dispute Settlement
JUFIL	Journal on the Use of Force and International Law
JZ	Juristenzeitung
KJ	Kritische Justiz
KSZE	Konferenz über Sicherheit und Zusammenarbeit in Europa
LASR	Lithuanian Annual Strategic Review
LJIL	Leiden Journal of International Law
LP	Lex Portus
MJIL	Michigan Journal of International Law
MoJIL	Moscow Journal of International Law
MPEPIL	The Max Planck Encyclopedia of Public International Law
NATO	North Atlantic Treaty Organization
NDJICL	Notre Dame Journal of International and Comparative Law
NGO	Non-Governmental Organization, Nichtregierungsorganisation
NILR	Netherlands International Law Review
NLJ	New Law Journal
NUC	NATO Ukraine Commission
NYUJILP	New York University Journal of International Law and Politics
OHCHR	Office of the High Commissioner for Human Rights

ODIHR	Office for Democratic Institutions and Human Rights
ODIL	Ocean Development and International Law
OE	Zeitschrift Osteuropa
OJ	Opinio Juris
OJLS	Oxford Journal of Legal Studies
OSZE	Organisation für Sicherheit und Zusammenarbeit in Europa
PACE	Parliamentary Assembly of the Council of Europe
PCA	Permanent Court of Arbitration
POL	Problems of Legality
PYIL	Polish Yearbook of International Law
QIL	Questions of International Law
RAP	Readiness Action Plan
RLJ	Russian Law Journal
RPL	Research Paper in Law
SAYIL	South African Yearbook of International Law
SMM	Special Monitoring Mission
sog.	sogenannte/s/r
SRÜ	Seerechtsübereinkommen
StAIR	St. Antony's International Review
SWIFT	Society for Worldwide Interbank Financial Telecommunication
SZ	Süddeutsche Zeitung
SZIER	Schweizerische Zeitschrift für internationales und europäisches Recht
TCLR	Trinity College Law Review
TRIPS	Agreement on Trade-Related Aspects of Intellectual Property Rights
UCLJLJ	University College London Journal of Law and Jurisprudence
ULR	Utah Law Review
UN	United Nations/Vereinte Nationen

UNESCO	United Nations Educational, Scientific and Cultural Organization
UNMIK	United Nations Mission in Kosovo
UNOCI	United Nations Operation in Côte d'Ivoire
UPaJIL	University of Pennsylvania Journal of International Law
VerfBlog	Verfassungsblog
VJIL	Virginia Journal of International Law
VJTF	Very High Readiness Joint Task Force
VJTL	Vanderbilt Journal of Transnational Law
VStGB	Völkerstrafgesetzbuch
WKRSV	Wiener Konvention über die Staatennachfolge in Verträge
WTO	World Trade Organisation
WUGSLR	Washington University Global Studies Law Review
WVK	Wiener Übereinkommen über das Recht der Verträge
ZaöRV	Zeitschrift für ausländisches öffentliches Recht und Völkerrecht
zB	zum Beispiel
ZfAS	Zeitschrift für Außen- und Sicherheitspolitik
ZöR	Zeitschrift für öffentliches Recht

Einleitung

Mit der „Wiedereingliederung" der Krim in die Russische Föderation 2014, dem folgenden Konflikt um die Gebiete des Donbass' in der Ostukraine und der endgültigen Eskalation in einem grausamen Angriffskrieg Russlands gegen die gesamte Ukraine durch die Invasion im Februar 2022 ist in Europa ein bewaffneter territorialer Konflikt entstanden, der das Völkerrecht und die Staatengemeinschaft nachhaltig erschüttert hat. Von einer „Zeitenwende" sprach Bundeskanzler *Olaf Scholz* am 27.02.2022, drei Tage nach dem Beginn der Invasion. Die Welt danach sei nicht mehr dieselbe wie zuvor und man müsse sich nun die Frage stellen, ob Macht das Recht brechen dürfe.[1] Zweifellos hat der russische Angriff auf die Ukraine eine neue Bedrohungslage für die Sicherheitsarchitektur Europas und ein enormes Ausmaß an Gewalt begründet. Aber liegt in der russischen Invasion tatsächlich eine „Zeitenwende"? Das Verhalten Russlands in der Ukraine ist auf der Bühne der Weltöffentlichkeit schon seit dem Ausbruch des Konflikts nach den Protesten auf dem *Maidan*-Platz in Kiew im November 2013 immer wieder als eklatanter Bruch des Völkerrechts verurteilt worden.[2] Die frühe Phase des Konflikts rund um die Abspaltung der Halbinsel Krim und die separatistischen Bestrebungen in den Gebieten Donezk und Luhansk in der Ostukraine ist der Ausgangspunkt der Krise, die im Februar 2022 in einen umfassenden Angriffskrieg Russlands gegen die Ukraine eskaliert ist. Die folgende Untersuchung widmet sich daher

---

1 Deutscher Bundestag, Sondersitzung, 27.02.2022, abrufbar unter: https://www.bun destag.de/dokumente/textarchiv/2022/kw08-sondersitzung-882198.

2 S. etwa: G7-Leaders Statement on Ukraine, 30.07.2014, abrufbar unter: https://w ww.bundesregierung.de/resource/blob/974430/435932/bf4562b32ee72673853a0 6ce0a66eed3/2014-07-30-g7-statement-data.pdf?download=1; The White House, Statement by the President on Ukraine, 20.03.2014, abrufbar unter: https://obama whitehouse.archives.gov/the-press-office/2014/03/20/statement-president-ukraine; UK Statement, Russia's ongoing aggression against Ukraine and illegal annexation of Crimea, 10.12.2020, abrufbar unter: https://www.gov.uk/government/speec hes/russias-ongoing-aggression-against-ukraine-and-illegal-annexation-of-crim ea-uk-statement; Council of the European Union, Ukraine: Declaration by the High Representative on behalf of the EU on the illegal annexation of Crimea and Sevastopol, 25.02.2022, abrufbar unter: https://www.consilium.europa.eu/en/press/ press-releases/2022/02/25/ukraine-declaration-by-the-high-representative-on-behalf -of-the-eu-on-the-illegal-annexation-of-crimea-and-sevastopol/.

der völkerrechtlichen Einordnung dieser frühen Phase des Konflikts mit besonderem Blick auf die Frage, welche Möglichkeiten das Völkerrecht zur Aufarbeitung und Prävention umfassender territorialer Konflikte bietet.

Die Analyse erfolgt in zwei Themenkomplexen: Den ersten Schritt der Befassung bildet eine umfassende rechtliche Analyse des russischen Verhaltens im Ukraine-Konflikt seit 2013. Der Schwerpunkt der Betrachtung liegt auf der Untersuchung des Abspaltungsprozesses um die Halbinsel Krim, der in der internationalen Gemeinschaft weitgehend als Annexion qualifiziert worden ist.[3] Die Untersuchung richtet sich dabei wesentlich auf die von der Russischen Föderation vorgebrachten (völker-)rechtlichen und historischen Argumentationsansätze, die die Vereinbarkeit des „Wiedereingliederungsprozesses" mit dem Völkerrecht begründen sollten. Auch mit Blick auf das russische Vorgehen in der Ostukraine werden Schlussfolgerungen gezogen. Im Wege eines Exkurses wird den Ergebnissen dieser Betrachtung die völkerrechtliche Bewertung des Angriffskrieges 2022 im Vergleich zur russischen Beteiligung an der Ukraine-Krise in den früheren Jahren des Konflikts gegenübergestellt.

An die Untersuchung dieser rechtlichen Ausgangslage schließt sich im zweiten Schritt die Analyse der Aufarbeitungsansätze dieser frühen Phase des Konfliktes an. Welche Mittel bietet das Völkerrecht als „internationale Friedensordnung", derartige Konflikte aufzuarbeiten? Hierbei werden sowohl die umfassenden Versuche einer gerichtlichen Geltendmachung russischer Verstöße gegen das Völkerrecht, gerade hinsichtlich der Annexion der Krim, als auch außergerichtliche Aufarbeitungsprozesse in den Blick genommen. Welche Defizite sind in der gerichtlichen ebenso wie außergerichtlichen Aufarbeitung dieses Prozesses aufgefallen, welche Chancen bietet das Völkerrecht aber auch für die Beilegung territorialer Konflikte? Besondere Beachtung erfährt dabei die Ausschöpfung verschiedenster Rechtsschutzmöglichkeiten des Völkerrechts in unterschiedlichen

---

3 S. etwa: Rede von Bundeskanzlerin *Angela Merkel* vom 02.05.2014: *„Fast 70 Jahre nach Beendigung des Zweiten Weltkriegs werden Grenzen in Europa verändert, indem sich das Recht eines Stärkeren gegen die Stärke des Rechts durchzusetzen scheint. Kurzfristig jedenfalls ist das so, wie wir mit der Annexion der Krim durch Russland erfahren mussten.",* abrufbar unter: https://www.bundesregierung.de/breg-de/suche/rede-von -bundeskanzlerin-merkel-vor-der-u-s-chamber-of-commerce-am-2-mai-2014-605386; The White House, Statement by the President on Ukraine, 20.03.2014, abrufbar unter: https://obamawhitehouse.archives.gov/the-press-office/2014/03/20/statem ent-president-ukraine; Joint statement on Crimea by President of the European Council Herman Van Rompuy and President of the European Commission José Manuel Barroso, EUCO 63/14, 18.03.2014.

Gerichtszweigen. Die Untersuchung dieser gerichtlichen Aufarbeitungsansätze wirft ein Schlaglicht auf die Schwierigkeiten der Begründung der Entscheidungskompetenz internationaler Spruchkörper im Rahmen einer konsensbasierten Rechtsordnung, die auf dem Fundament der Gleichordnung der Staaten steht. Zeigen sich hier neue Perspektiven einer Geltendmachung von Staatenverantwortlichkeit?

Neben die Analyse justizieller Aufarbeitungsansätze tritt die Untersuchung der von internationalen Spruchkörpern unabhängigen Befassung der Staatengemeinschaft selbst mit etwaigen Verletzungen der Völkerrechtsordnung. Bedeutende Mechanismen der Rechtsdurchsetzung sind im dezentralen System des Völkerrechts Reaktionen der Staaten auf Völkerrechtsverletzungen Einzelner. Diese können sich entweder in der Systematik internationaler Organisationen, allen voran der Vereinten Nationen, oder im bi- bzw. multilateralen Verhältnis der Staaten zueinander ohne übergeordnete Organisationseinheit ergeben. In diesem Zusammenhang erfolgt eine Untersuchung der „Sanktionsregime", die mit Blick auf die Annexion der Krim und die Destabilisierung der Ukraine in den frühen Jahren des Konflikts eingesetzt worden sind. Was waren ihre Rechtsgrundlagen und zur Erreichung welchen Zwecks sind sie eingesetzt worden? Welche (völker-)rechtlichen Hürden stellen sich bei der Ergreifung von Sanktionen? Und welche – noch zu definierende – Effektivität haben sie entwickelt? Die Betrachtung nimmt dabei immer wieder Bezug auf die weitere Eskalation des Ukraine-Konflikts in einem umfassenden internationalen bewaffneten Konflikt durch die russische Invasion im Februar 2022. Sowohl dessen völkerrechtliche Einordnung, die angesichts der offenkundigen Verletzung der grundlegendsten Normen des Völkerrechts durch den Beginn eines Angriffskrieges eindeutig ausfällt, als auch die zusätzlichen gerichtlichen Verfahren ebenso wie die Ausweitung der Sanktionsmaßnahmen gegen Russland werden exkursweise betrachtet.

Das Hauptaugenmerk dieser Untersuchung liegt auf der Frage, wie und wodurch Russland schon 2014 das Völkerrecht gebrochen hat, welche Defizite und Chancen die völkerrechtliche Aufarbeitung dieser Prozesse offengelegt hat und welche Schlüsse sich hieraus für die Befassung des Völkerrechts mit territorialen Konflikten ziehen lassen. Die Ergebnisse dieser Betrachtung sind gerade für die völkerrechtliche Auseinandersetzung mit dem Angriffskrieg 2022 als weitere Eskalationsstufe des Konflikts bedeutsam: Haben sich Defizite in der Aufarbeitung des Krim-Konflikts in der Eskalation in der bewaffneten Invasion in die Ukraine niedergeschlagen? Eine abschließende Beantwortung dieser Fragen wird angesichts der dynamischen Situation in dieser Arbeit nicht möglich sein. Sie unternimmt gleichwohl den Versuch, den Konflikt um die Krim aus völkerrechtlicher Perspektive umfassend auszuleuchten und dabei die Bedeutung verschiedener Aufarbeitungsansätze im dezentralen Rechtssystem des Völkerrechts aufzuzeigen.

1. Kapitel: Faktische Grundlagen

Ausgangspunkt der Untersuchung ist im ersten Kapitel ein Überblick über die faktischen Grundlagen des Konflikts, der die völkerrechtliche Einordnung der Geschehnisse erst ermöglicht.

Am 21.11.2013 beginnt die Eskalation des Konflikts in der Ukraine mit dem Abbruch der Verhandlungen zum Assoziierungsabkommen mit der Europäischen Union durch die ukrainische Regierung unter dem damaligen Präsidenten *Viktor Janukowitsch*.[4] Das bereits vorbereitete Abkommen sollte Ende November auf einem EU-Gipfel in Vilnius unterzeichnet werden, hierzu kam es wegen der überraschenden Einstellung der Verhandlungen von Seiten der Ukraine nicht. Auch in der Europäischen Union hatte es in den Vorjahren Zweifel am Abschluss des Abkommens mit der Ukraine gegeben. So kritisierte man vor allem den Umgang mit der Oppositionellen *Julia Timoschenko* sowie Beeinträchtigungen der Demokratie innerhalb der Ukraine.[5] Die Aussetzung der Verhandlungen zum Assoziierungsabkommen wird sowohl von den Verantwortlichen der Europäischen Union als auch von der Bevölkerung der Ukraine als Neuorientierung in Richtung der Russischen Föderation, gleichzeitig als Abkehr von einer weiteren Annäherung an die Europäische Union gewertet. Dass die Entscheidung der Regierung *Janukowitsch* vor allem unter der Befürchtung russischer Wirtschaftssanktionen für den Fall des Abschlusses des Abkommens erfolgte, ist nicht unwahrscheinlich.[6]

Nach dem vorläufigen Scheitern des Assoziierungsabkommens versammeln sich auf dem ukrainischen Unabhängigkeitsplatz (*Maidan*) in Kiew noch am selben Tag Hunderte von Menschen, die für eine pro-europäische Politik in der Ukraine protestieren und den Rücktritt *Janukowitschs* fordern. In den folgenden Tagen und Wochen weitet sich der Protest über den *Maidan* hinaus landesweit aus. Besonders die jüngere ukrainische Generation fordert zunächst friedlich eine weitere Orientierung der Ukraine in Richtung der Europäischen Union sowie einen entsprechen-

---

4 FAZ, Ukraine stoppt Vorbereitungen für Assoziierungsabkommen mit der EU, Nr. 272, 22.11.2013, S. 1.
5 FAZ, EU verweigert Abschluss des Assoziierungsabkommens mit Kiew, Nr. 296, 20.12.2011, S. 6.
6 SZ, Ende des Schaukelns, 22.11.2013, S. 7.

den Regierungswechsel.[7] Ende November 2013 stürmt die Spezialeinheit *„Berkut"* der ukrainischen Polizei gewaltsam das mittlerweile entstandene Protestcamp auf dem *Maidan*. Die Zeit der friedlichen Proteste ist damit vorbei. Die ukrainische Regierung versucht, die Lage durch vermehrte Polizeipräsenz unter Kontrolle zu halten. Bei den Auseinandersetzungen werden vermehrt Demonstranten sowie Polizisten verletzt, teilweise auch getötet. Die Proteste halten über die nächsten Wochen und Monate an. In Reaktion hierauf erlässt die Ukraine im Januar 2014 deutlich verschärfte Vorschriften zum Versammlungs- und Demonstrationsrecht. Ende Januar erklärt der Ministerpräsident der Ukraine, *Mykola Asarow*, seinen Rücktritt. Die verschärften Gesetze zum Demonstrationsrecht werden nach nur knapp zwei Wochen wieder abgeschafft.

Mitte Februar 2014 erreicht der Konflikt einen erneuten Höhepunkt, als Spezialeinheiten der Polizei erneut versuchen, den besetzten *Maidan* gewaltsam zu räumen. Es kommt zu erheblichen Ausschreitungen, sowohl auf Seiten der Demonstranten als auch bei den Polizeikräften sind Tote und Verletzte zu beklagen. Daraufhin trifft sich die ukrainische Regierung am 21.02.2014 mit den Oppositionspolitikern *Vitali Klitschko, Oleg Tjagnibok* und *Arsenij Jazenjuk*, um Verhandlungen über eine friedliche Beilegung der Krise auf dem *Maidan* zu führen. Im Beisein der Außenminister Deutschlands, Frankreichs und Polens einigt man sich auf eine Waffenruhe zur Beendigung der gewaltsamen Auseinandersetzung sowie auf Gesetzesänderungen, die eine Begrenzung der Kompetenzen des Präsidenten beinhalten.[8] Doch auch das Abkommen mit der Opposition vermag keine Ruhe in die Auseinandersetzung zu bringen. Noch in der Nacht zum 22.02.2014 flieht Präsident *Janukowitsch* in die Ostukraine, um von dort weiter nach Russland auszureisen.[9] Das ukrainische Parlament beschließt einen Tag später, *Janukowitsch* als Präsidenten abzusetzen, während dieser einen Rücktritt abgelehnt hatte. Es werden Neuwahlen für den 25.05.2014 angesetzt. Der Oppositionspolitiker *Arsenij Jazenjuk* wird zum Regierungschef der Übergangsregierung gewählt.[10] Der (ehemalige) Präsident *Janukowitsch* bezeichnet seine Absetzung durch den Beschluss des Parlaments später als Putsch und sieht sich weiterhin als rechtmäßigen

---

7 FAZ, Weiter Proteste in der Ukraine, Nr. 276, 27.11.2013, S. 6.
8 SZ, Hoffnung auf Frieden in Kiew, 22.02.2014, S. 1.
9 FAS, Flucht aus Kiew, Nr. 8, 23.02.2014, S. 3.
10 ZEIT ONLINE, Jazenjuk soll Übergangsregierung anführen, 26.02.2014, abrufbar unter: https://www.zeit.de/politik/ausland/2014-02/arsenij-jazenjuk-ministerpraesi dent-uebergangsregierung-ukraine.

Präsidenten der Ukraine an.[11] Unterdessen beschließt das Parlament einen Haftbefehl gegen *Janukowitsch* wegen des „Massenmordes an Zivilisten".[12] Unter dem Eindruck des Regierungswechsels von der pro-russischen Regierung *Janukowitsch* zu der neuen pro-europäischen Übergangsregierung kommt es auf der Krim zu gewaltsamen Auseinandersetzungen zwischen Anhängern und Gegnern der neuen Regierung.[13] Es äußert sich der innere Konflikt der Ukraine zwischen einer Annäherung Richtung Westen, zur Europäischen Union, und der Verhaftung im sowjetischen Raum, der Anknüpfung an Russland.

Ende Februar tauchen auf der ukrainischen Halbinsel Krim Soldaten auf, sie besetzen unter anderem Regierungsgebäude und Flughäfen. Die bewaffneten Uniformierten tragen keine offiziellen Wappen oder Abzeichen. Teils führen sie russische Flaggen mit sich. Unklar bleibt zunächst, wem sie zuzuordnen sind. Klar ist nur, dass es sich um prorussische Kräfte handelt. Wegen ihrer grünen Uniformen werden sie als „grüne Männchen" bezeichnet.[14] Die Truppen nehmen auch das Regionalparlament der Krim in der Stadt Simferopol ein.[15] Dabei erfahren sie wenig Widerstand. Es gibt keine direkten bewaffneten Auseinandersetzungen zwischen den „grünen Männchen" und den lokalen Streitkräften. Im Regionalparlament wird eine Sondersitzung einberufen, in der die Regierung abgesetzt und ein Referendum über die Unabhängigkeit der Krim von der Ukraine für den 25.05.2014 anberaumt wird.[16] Neuer Ministerpräsident auf der Krim wird *Sergei Aksjonow* von der Partei *Russische Einheit*. Die Partei steht in enger Verbindung zur Russischen Föderation und der nationalistisch-konservativen russischen Partei *Einiges Russland*. Die Rechtmäßigkeit der Entscheidung des Parlaments wird angesichts der Präsenz bewaffneter Soldaten im Gebäude sowie spezieller Sicherheitskontrollen und der begrenzten Zulassung von Abgeordneten zu der Sitzung angezweifelt.[17] *Aksjonow*, ein

---

11 FAZ, Machtwechsel in der Ukraine, Nr. 46, 24.02.2014, S. 1.

12 FAZ, Haftbefehl gegen Janukowitsch wegen „Massenmordes an Zivilisten", Nr. 47, 25.02.2014, S. 1.

13 FAZ, Gewalt zwischen Russen und Tataren auf der Krim, Nr. 49, 27.02.2014, S. 6.

14 NTV, Wer sind die „grünen Männer"?, 17.04.2014, abrufbar unter: https://www.n -tv.de/politik/Wer-sind-die-gruenen-Maenner--article12680531.html.

15 ZEIT-ONLINE, Krim-Parlament entlässt Regierung, 27.02.2014, abrufbar unter: https://www.zeit.de/politik/ausland/2014-02/krim-russland-ukraine-parlament-ref erendum.

16 FAZ, Lage auf der Krim spitzt sich zu, Nr. 50, 28.02.2014, S. 1.

17 Aftenposten, Voting fraud secured pro Russian majority in Crimean parliament, 09.03.2014, abrufbar unter: https://www.aftenposten.no/verden/i/kao99/Voting

zuvor eher unbedeutender Regionalpolitiker auf der Krim, bittet die russische Führung um Hilfe bei den andauernden Konflikten zwischen Befürwortern der Annäherung an Russland und deren Gegnern. Das russische Parlament genehmigt unterdessen den Einsatz russischer Soldaten auf der Krim zum Schutz dort lebender russischer Bürger und zur Unterstützung der „friedlichen" Abhaltung des geplanten Gebietsreferendums auf der Krim.[18]

Die Europäische Union und die G7-Staaten verurteilen das geplante Referendum auf der Krim als völkerrechtswidrig und drohen für den Fall einer gewaltsamen Annexion der Krim sowie einer Unterstützung des Referendums mit Sanktionen gegen Russland.[19] Erste Sanktionsmaßnahmen gegen Einzelpersonen, die an der Beeinträchtigung der Souveränität und territorialen Integrität der Ukraine durch das geplante Referendum beteiligt sein sollen, werden durch die Vereinigten Staaten und die Europäische Union eingesetzt.[20]

Das zunächst für den 25.05.2014 anberaumte Referendum über die Abspaltung der Krim von der Ukraine wird indessen zuerst auf den 30.03.2014, dann auf den 16.03.2014 vorverlegt. Noch bevor das Referendum abgehalten wird, stimmt das Regionalparlament auf der Krim am 11.03.2014 für die Unabhängigkeit der Halbinsel, um so die Grundlage für den Beitritt der Republik Krim und der Stadt Sewastopol zu Russland zu schaffen.[21]

Am 16.03.2014 wird das Referendum auf der Krim abgehalten. Es gibt zwei Auswahloptionen: Den Beitritt der Krim zur Russischen Föderation oder die Wiederherstellung des Status' der Krim aus der Verfassung von 1992. Eine Auswahlmöglichkeit, die die Beibehaltung des *status quo* der Krim als Autonome Region in der Ukraine vorsieht, gibt es nicht. Nach russischen Angaben stimmen über 90 % der Wähler für den Anschluss

---

-fraud-secured-pro-Russian-majority-in-Crimean-parliament; *Jilge*, Russland-Analysen, Nr. 291, S. 1.

18 FAS, Kommt der Krim-Krieg?, Nr. 9, 02.03.2014, S. 1.

19 SZ, Westen warnt Russland vor Annektierung der Krim, 13.03.2014, S. 1.

20 United States of America, The President, Executive Order 13660, *Blocking Property of Certain Persons Contributing to the Situation in Ukraine*, Fed. Register Vol. 79, No. 46, 06.03.2014; EU, Council Decision 2014/145/CFSP of 17 March 2014 *concerning restrictive measures in respect of actions undermining or threatening the territorial integrity, sovereignty and independence of Ukraine*, OJ L 78, 17.03.2014, S. 16–21.

21 SZ, Die Krim sagt sich von der Ukraine los, 12.03.2014, S. 1.

an Russland, die Wahlbeteiligung liegt bei über 80 %.[22] Die deutlichen Ergebnisse werden sowohl in der internationalen Presse als auch vom russischen Menschenrechtsrat angezweifelt: Nach variierenden Angaben sei davon auszugehen, dass lediglich 30–50 % der Bürger an der Abstimmung tatsächlich teilgenommen hätten, wovon ca. 50–60 % für einen Beitritt zu Russland gestimmt hätten.[23] Es gibt zudem offenbar zahlreiche Versuche, die Wähler durch die Präsenz bewaffneter pro-russischer Streitkräfte zu beeinflussen.[24]

Tags darauf stellt *Aksjonow* den offiziellen Antrag, die Krim in die Russische Föderation aufzunehmen. Am 18.03.2014 unterzeichnen beide Parteien den Beitrittsvertrag.[25] In Russland stellt das Verfassungsgericht die Rechtmäßigkeit des Vertrages und dessen Vereinbarkeit mit russischem Verfassungsrecht fest.[26] Einen Tag später nimmt auch das russische Parlament, die *Duma*, den Beitrittsvertrag an.[27] Nachdem auch der Föderationsrat dem Beitritt zugestimmt hat, unterzeichnet der russische Präsident das verfassungsändernde Gesetz, das die Krim und die Stadt Sewastopol endgültig als Teile Russlands anerkennt. Die „Wiedereingliederung" der Krim in die Russische Föderation ist damit nach russischen Recht abgeschlossen.

Der russische Präsident *Putin* bezeichnet das Referendum in einer Rede zum Beitritt der Krim als demokratisch und überzeugend.[28] Die Krim gehöre schon aufgrund ihrer geschichtlichen Stellung zur Russischen Föderation und sei im Herzen und im Bewusstsein der Menschen schon im-

---

22 S. etwa: „*More than 82 percent of the electorate took part in the vote. Over 96 percent of them spoke out in favour of reuniting with Russia.*" Address by President of the Russian Federation, 18.03.2014, abrufbar unter: http://en.kremlin.ru/events/presi dent/news/20603.

23 Bericht des Menschenrechtsrates abrufbar unter: http://president-sovet.ru/mem bers/blogs/bobrov_e_a/problemy-zhiteley-kryma-/; *Grant*, AJIL 109/1 (2015), 68 (69); *Jilge*, Russland-Analysen, Nr. 291, S. 5; *Umland*, SIRIUS 2/2 (2018), 162 (163).

24 SZ, Die Wahl zwischen Ja oder Ja, 17.03.2014, S. 2; *Umland*, SIRIUS 2/2 (2018), 162 (165).

25 ZEIT ONLINE, Vertrag über Eingliederung der Krim unterzeichnet, 18.03.2014, abrufbar unter: https://www.zeit.de/politik/ausland/2014-03/russland-putin-krim -referendum-sanktionen.

26 ZEIT ONLINE, Russisches Verfassungsgericht billigt Krim-Abschluss, 19.03.2014, abrufbar unter: https://www.zeit.de/politik/ausland/2014-03/russl and-krim-anschluss-verfassungsgericht.

27 DLF, Duma billigt Aufnahme der Krim, 20.03.2014, abrufbar unter: https://www. deutschlandfunkkultur.de/krim-krise-duma-billigt-aufnahme-der-krim.1895.de.ht ml?dram:article_id=280602.

28 Im Ganzen: Address by President of the Russian Federation, 18.03.2014.

mer als untrennbarer Teil Russlands verstanden worden.[29] Dass die Krim nach dem Zerfall der Sowjetunion Teil der Ukraine geworden sei, sei das Ergebnis eines historischen Unrechts. Der Machtwechsel in der Ukraine gehe zurück auf Terror durch Nationalisten, Neo-Nazis, Russophobie und Antisemitismus. Die neue ukrainische Führung verfolge und unterdrücke die russischsprachigen Bewohner der Krim, die sich nun zu ihrer Verteidigung an Russland gewandt hatten. Russland dagegen verletze weder die Vorgaben der bilateralen Stationierungsabkommen mit der Ukraine noch das Völkerrecht. Der Krim-Bevölkerung werde nun das gleiche Recht verwehrt, das die internationale Gemeinschaft dem Kosovo mit Blick auf die Vereinbarkeit der Unabhängigkeitserklärung und das Selbstbestimmungsrecht des Volkes gewährt habe. Eine Aggression habe in der Ukraine nicht stattgefunden.[30]

Die Europäische Union und die Vereinigten Staaten erweitern infolge der „Wiedereingliederung" ihre Sanktionen gegen russische Regierungsvertreter sowie Vertreter der prorussischen Führung der Krim und erkennen den „Beitritt" der Krim zu Russland ausdrücklich nicht an.[31] *Putin* kritisiert dieses Verhalten des politischen Westens: Mit Blick auf die Abspaltung des Kosovo habe die westliche Welt das Recht nach ihren Vorstellungen gedreht und gewendet, es herrsche eine politische Praxis, die sich nicht an den Vorgaben des Völkerrechts, sondern am Recht des Stärkeren orientiere.[32]

Die Organisation für Sicherheit und Zusammenarbeit entsendet wenig später eine Sonderbeobachtungsmission in die Ukraine.[33] Die OSZE-Beobachter sollen auch die Situation auf der Krim beurteilen, jedoch werden sie wiederholt durch bewaffnete Personen vom Zugang zu dem Gebiet

---

29 *„In people's hearts and minds, Crimea has always been an inseparable part of Russia. This firm conviction is based on truth and justice and was passed from generation to generation"*, Address by President of the Russian Federation, 18.03.2014.

30 Address by President of the Russian Federation, 18.03.2014.

31 S. etwa: Joint statement on Crimea by President of the European Council Herman Van Rompuy and President of the European Commission José Manuel Barroso, EUCO 63/14, 18.03.2014; The White House, Statement by the President on Ukraine, 20.03.2014, abrufbar unter: https://obamawhitehouse.archives.gov/the-press-office/2014/03/20/statement-president-ukraine.

32 *„For some reason, things that Kosvo Albanians […] were permitted to do, Russians, Ukrainians and Crimean Tatars in Crimea are not allowed."*, Address by President of the Russian Federation, 18.03.2014.

33 OSZE, PC.DEC/1117, 21.03.2014, Deployment of an OSCE Special Monitoring Mission to Ukraine.

abgehalten.[34] Am 27.03.2014 verabschiedet die UN-Generalversammlung eine Resolution, die das Referendum auf der Krim als unwirksam und illegal verurteilt.[35] Die Resolution betont die Achtung und den Schutz der territorialen Integrität und Souveränität eines jeden Staates und verurteilt das Referendum als völkerrechtswidrig. Weiterhin seien alle Staaten und internationalen Organisationen nachdrücklich aufgefordert, die Krim sowie die Stadt Sewastopol nicht als Teile Russlands anzuerkennen und jegliche Handlungen zu unterlassen, die als Anerkennung gewertet werden könnten. Ein entsprechender Resolutionsentwurf im Sicherheitsrat war zuvor am russischen Veto gescheitert.[36]

Infolge der Ereignisse kommt es auch im Osten der Ukraine zu Auseinandersetzungen: In den Großstädten Charkiw und Donezk besetzen pro-russische Separatisten unter Mithilfe ebenfalls nicht offiziell gekennzeichneter Uniformierter im April 2014 Verwaltungsgebäude und fordern auch für diese Regionen eine Abspaltung von der Ukraine. In den Regionen Donezk und Luhansk im Donbass werden Anfang Mai 2014 regionale Referenden zur „staatlichen Eigenständigkeit" der Gebiete abgehalten. In Donezk wird ein Ergebnis von rund 90 %, in Luhansk sogar 96 % Zustimmung gemeldet. Die Wahlbeteiligung liegt nach russischen Angaben bei rund 75 %.[37] Die Ukraine wie auch die westlichen Staaten erkennen die Ergebnisse nicht an, während die russische Führung die Referenden als legitimen Ausdruck des Bevölkerungswillens bezeichnet. In der Folge bitten die Separatistenführer gar um die „Prüfung" eines Beitritts der „Volksrepublik Donezk" zur Russischen Föderation.[38] Nicht zuletzt wegen deutlicher Unregelmäßigkeiten bei der Durchführung der Abstimmungen und der Unklarheit der Fragestellung stehen Legitimität und Aussagekraft der Referenden massiv in Frage.[39] Die ukrainische Regierung versucht, die prorussischen Separatisten durch den Einsatz eigener Truppen zurückzu-

---

34 Military assessment visitors from OSCE States returning to Kherson to plan next steps after being denied entry to Crimea at Armyans'k today". OSCE – Tweet vom 08.03.2014, abrufbar unter: https://twitter.com/OSCE/status/442302448498 376704; ZEIT ONLINE, Bewaffnete verweigern OSZE-Beobachtern Zugang zur Krim, 07.03.2014, abrufbar unter: https://www.zeit.de/politik/ausland/2014-03/kri m-ukraine-putin-osze.

35 UN/GA/RES/68/262, Territorial Integrity of Ukraine, 27.03.2014.

36 UN/S/2014/189, Draft Resolution, 15.03.2014.

37 FAZ, Prorussische Separatisten bitten Moskau um Aufnahme, Nr. 110, 13.05.2014, S. 1.

38 FAZ, Prorussische Separatisten bitten Moskau um Aufnahme, Nr. 110, 13.05.2014, S. 1.

39 FAZ, Grenzwertig, Nr. 112, 15.05.2014, S. 7.

drängen. Es kommt zu gewaltsamen Auseinandersetzungen und Todesopfern.

Am 25.05.2014 wird *Petro Poroschenko* zum neuen ukrainischen Präsidenten gewählt. Er verfolgt einen pro-europäischen Kurs und unterzeichnet wenige Tage später das zunächst auf Eis gelegte Assoziierungsabkommen mit der Europäischen Union.[40]

Mitte Juli 2014 wird über dem Konfliktgebiet in der Ostukraine ein Flugzeug der Malaysia Airlines mit Zivilisten an Bord abgeschossen. Die Ukraine und Russland beschuldigen sich gegenseitig, den Abschuss getätigt zu haben.[41] Nach Abschluss der Ermittlungen eines offiziell eingesetzten internationalen Untersuchungsteams handelte es sich bei der verwendeten Rakete um eine Rakete vom Typ BUK, die vom russischen Militär verwendet werde.[42] Russland weist nach wie vor die Verantwortung von sich. Bis heute konnten die Verantwortlichen für den Abschuss nicht eindeutig identifiziert werden. Der politische Westen reagiert durch verschärfte Sanktionen gegen Russland.[43]

Am 05.09.2014 schließen die Konfliktparteien das erste Minsker Abkommen als Versuch einer friedlichen Verhandlungslösung für die umkämpfte Ostukraine.[44] Das Abkommen wird im Rahmen des Normandie-Formats verhandelt und unter maßgeblicher Mitwirkung der OSZE erreicht. Unterzeichnet wird das Abkommen für die Ukraine von ihrem früheren Präsidenten *Leonid Kutschma*, für Russland vom russischen Botschafter in Kiew *Michail Surabow* und für die OSZE von der Schweizer Diplomatin *Heidi Tagliavini*. Die Separatistenführer der proklamierten Volksrepubliken Donezk und Luhansk zeichnen das Dokument zwar mit, betrachten sich aber

---

40 Association Agreement between the European Union and its Member States, of the one part, and Ukraine, of the other part, OJ L 161, 29.05.2014, S. 3–2137.

41 FAZ, Passagierflugzeug über Ostukraine abgeschossen, Nr. 164, 18.07.2014, S. 1.

42 FAZ, Das Ende eines Fluges, Nr. 165, 19.07.2014, S. 3.

43 FAZ, EU verschärft Sanktionen gegen Moskau, Nr. 174, 30.07.2014, S. 1; EU, Council Decision 2014/512/CFSP of 31 July 2014, *concerning restrictive measures in view of Russia's actions destabilising the situation in Ukraine*, OJ L 229, 31.07.2014, S. 13–17; Council Regulation (EU), No. 833/2014 of 31 July 2014, *concerning restrictive measures in view of Russia's actions destabilising the situation in Ukraine*, OJ L 229, 31.07.2014, S. 1–11.

44 Protocol on the results of consultations of the Trilateral Contact Group (Minsk I), 05.09.2014. Das erste Minsker Abkommen vom 05. September 2014 wurde am 19. September 2014 durch ein Memorandum ergänzt, das ausdrücklich zur Umsetzung der Verpflichtungen aus dem ersten Dokument dienen soll, Memorandum of 19 September 2014 *outlining the parameters for the implementation of commitments of the Minsk Protocol of 5 September 2014.*

nicht als Vertragsparteien.[45] Wesentliche Aspekte der Vereinbarung sind die Erzielung eines Waffenstillstandes, humanitäre Schutzmaßnahmen für die Bewohner des Krisengebiets und die Einrichtung eines Sonderstatus' für die Gebiete Donezk und Luhansk.[46] Der (Rechts-)Status der Krim wird in den Minsker Verträgen nicht behandelt.

Den Vereinbarungen des Minsker Übereinkommens zum Trotz lassen die bewaffneten Auseinandersetzungen in der Region in den kommenden Monaten nicht nach.[47] Im Februar 2015 folgt das zweite Minsker Abkommen, das zur Beruhigung der Auseinandersetzung führen soll.[48] Auch die Umsetzung dieses Maßnahmenpaketes bleibt trotz intensiver Bemühungen insbesondere Deutschlands und Frankreichs erfolglos, eine Lösung ist weiterhin nicht in Sicht.[49]

Im Januar 2017 leitet die Ukraine beim Internationalen Gerichtshof ein Verfahren gegen Russland ein. Mit Blick auf die Ostukraine rügt die Ukraine die Finanzierung terroristischer Akte durch die Russische Föderation, mit Blick auf die Krim eine gezielte Diskriminierung ethnischer Ukrainer und Krimtataren durch Russland.[50] Die russische Regierung ist der Ansicht, der IGH sei für die Frage nicht zuständig.[51]

Im Jahr 2018 eskaliert der Konflikt erneut, als die russische Küstenwache in der Meerenge von Kertsch die Durchfahrt ukrainischer Schiffe blockiert, diese unter Einsatz von Gewalt zum Umkehren bewegen will und letztlich die Schiffe samt Besatzung festsetzt. Seit dem Geschehen um die Krim im Jahr 2014 erhebt Russland Anspruch auf das Gebiet in der Meerenge von Kertsch. Mehrere ukrainische Soldaten werden verletzt, die

---

45 FAZ, Das nie befolgte Abkommen, Nr. 35, 11.02.2015, S. 2.
46 Hierzu ausführlich: *Luchterhandt*, AdV 57/4 (2019), 428 (435 f.); s. auch: *Tagliavini*, in: OSZE-Jahrbuch 2015, 239 (241 f.). Die Autorin war als Sonderbeauftragte des OSZE-Vorsitzes Teil der Verhandlungen der Trilateralen Kontaktgruppe in den Jahren 2014 und 2015. Auf sie folgte im Juni 2015 der österreichische Botschafter *Martin Sajdik* als Sonderbeauftragter des OSZE-Vorsitzes in der Trilateralen Kontaktgruppe.
47 SZ, Von Waffenruhe keine Spur, 11.11.2014, S. 8.
48 Package of Measures for the Implementation of the Minsk Agreements, 12.02.2015.
49 *Moret et. al.*, International Sanctions against Russia, S. 34; *Zellner*, in: *Justenhoven*, S. 170.
50 IGH, Application of the International Convention for the Suppression of the Financing of Terrorism and of the International Convention on the Elimination of all Forms of Racial Discrimination (Ukraine v. Russian Federation), 16.01.2017, (im Weiteren: IGH, Ukraine v. Russian Federation (I)).
51 IGH, Ukraine v. Russian Federation (I), Preliminary Objections by the Russian Federation, Vol. I, Chap. II, VIII, 12.09.2018.

Schiffe samt ihrer Besatzung festgehalten. Der Internationale Seegerichtshof erlässt in der Sache eine einstweilige Anordnung, die Russland dazu verpflichtet, die festgehaltenen Soldaten der Ukraine umgehend freizulassen.[52]

Im Jahr 2019 setzt sich der Komiker *Wolodymyr Selenskyj* bei der Präsidentschaftswahl in der Ukraine gegen *Poroschenko* durch. Er betont, dass Friedensgespräche mit Russland absolut notwendig seien.[53]

Im Frühjahr 2021 beginnt Russland eine massive Mobilisierung seiner Truppen an der Grenze zur Ukraine, die zum Ende des Jahres 2021 intensiviert wird.[54] Sowohl im russischen Grenzgebiet als auch auf belarussischem Territorium werden umfassende Militärübungen durchgeführt, an denen zum Teil auch das belarussische Militär mitwirkt. Im Winter 2021 rechnen vor allem die amerikanischen Geheimdienste damit, dass ein Angriff Russlands auf die Ukraine unmittelbar bevorstehen könnte, während die deutsche und die französische Regierung zurückhaltender, aber dennoch besorgt reagieren.[55] Sowohl die Vereinigten Staaten als auch die Europäische Union drohen für den Fall einer Invasion mit scharfen Sanktionsmaßnahmen gegen Russland.[56] Russland weist die Vermutungen einer bevorstehenden Invasion in die Ukraine von sich.[57]

Im Januar 2022 fordert der russische Präsident die Vereinigten Staaten und die NATO unter Vorlage zweier „Vertragsentwürfe" zur Abgabe von Sicherheitsgarantien auf, die unter anderem jegliche NATO-Osterweiterung und die Stationierung von Truppen oder Ausrüstung in denjenigen NATO-Staaten, die nicht schon zum Zeitpunkt der Unterzeichnung der NATO-Russland-Akte (1997) deren Mitglieder waren, ausschließen.[58] Die Vertragsentwürfe der Russischen Föderation werden seitens der NATO und der Vereinigten Staaten entschieden zurückgewiesen. Die NATO erhöht ihre Truppenpräsenz in den osteuropäischen Mitgliedstaaten und versetzt die Truppen in Alarmbereitschaft.[59] Die diplomatischen Bemühun-

---

52 ISGH, Case No. 26, Case Concerning the Detention of three Ukrainian Naval Vessels (Ukraine v. Russian Federation), Provisional Measures, 16.04.2019.

53 FAZ, Selenskyj: Neue Friedensgespräche für Ostukraine, Nr. 94, 23.04.2019, S. 1.

54 S. etwa: FAZ, An der Schwelle zum Krieg, Nr. 81, 08.04.2021, S. 5; Moskaus hybrider Krieg, Nr. 267, 16.11.2021, S. 3.

55 FAZ, Was führt Wladimir Putin im Schilde?, Nr. 279, 30.11.2021, S. 3.

56 FAZ, Blinken warnt Russland vor Angriff, Nr. 280, 01.12.2021, S. 1.

57 FAZ, Moskau droht Kiew, Nr. 273, 23.11.2021. S. 5.

58 FAZ, Aufforderung zur Kapitulation, Nr. 7, 10.01.2022, S. 10.

59 FAZ, Militärische Reaktion an der Ostflanke, Nr. 20, 25.01.2022, S. 2; Mehr Truppen, mehr Schiffe, Nr. 35, 11.02.2022, S. 2.

gen insbesondere der Europäischen Union und der Vereinigten Staaten werden noch einmal verschärft. Um den Jahreswechsel 2021/2022 reisen zahlreiche politische Vertreter der Staaten des politischen Westens zu Gesprächen nach Moskau, darunter die deutsche Außenministerin *Annalena Baerbock* ebenso wie der amerikanische Präsident *Joe Biden* und der französische Regierungschef *Emmanuel Macron*. Frankreich hat zu diesem Zeitpunkt die EU-Ratspräsidentschaft inne, weswegen dem französischen Präsidenten auf diplomatischer Ebene eine Sonderposition zukommt. Die Diskussion um Waffenlieferungen an die Ukraine entbrennt unter dem Eindruck eines möglicherweise bevorstehenden Angriffs Russlands. Gerade die NATO-Staaten im Baltikum unterstützen diese, während die deutsche Regierung die Lieferung von Waffen in die Ukraine vorerst ablehnt.[60] Im Februar 2022 warnen amerikanische Geheimdienste erneut vor einem unmittelbaren Bevorstehen einer russischen Invasion, woraufhin die Ukraine am hierfür befürchteten Tag, dem 16.02.2022, einen „Tag der Einheit" ausruft.[61] Die Russische Föderation kündigt den Abzug einiger Soldaten von der ukrainischen Grenze an. Dieser Truppenabzug wird im politischen Westen angezweifelt, zum Teil wird gar von einer Verstärkung der Truppenpräsenz ausgegangen.[62]

In der Ostukraine häufen sich im gleichen Zeitraum die Verstöße gegen die in den Abkommen von Minsk vereinbarte Waffenruhe.[63] Am 21.02.2022 erklärt der russische Präsident die offizielle Anerkennung der Separatistengebiete Donezk und Luhansk als unabhängige Staaten und damit das Scheitern der Verträge von Minsk.[64] Wenig später unterzeichnet er ein Dekret, das die Entsendung russischer Truppen in das Gebiet zur „Sicherung des Friedens" anordnet.[65] Im UN-Sicherheitsrat findet umgehend eine Dringlichkeitssitzung statt, in der eine Reihe von Staaten insbesondere des politischen Westens die Anerkennung und die Truppenentsendung als schwerwiegenden Bruch des Völkerrechts verurteilen und

---

60 FAZ, Berlins 5000 Helme, Nr. 25, 31.01.2022, S. 5.
61 FAZ, Das Fenster für eine Invasion in die Ukraine öffnet sich, Nr. 32, 08.02.2022, S. 2.
62 FAZ, NATO: Wir sehen keinen Truppenabzug, Nr. 40, 17.02.2022, S. 1.
63 FAZ, Unter Beschuss, Nr. 43, 21.02.2022, S. 3.
64 Kremlin, Signing of documents recognising Donetsk and Lugansk People's Republics, 21.02.2022, abrufbar unter: http://en.kremlin.ru/events/president/news/6 7829.
65 FAZ, Putin erkennt Separatistengebiete an, Nr. 44, 22.02.2022, S. 1.

die umgehende Ergreifung weiterer Sanktionsmaßnahmen ankündigen.[66] Erste Sanktionen werden daraufhin noch am 21.02.2022 eingesetzt. Die von *Putin* nunmehr anerkannten „Volksrepubliken" im Osten der Ukraine bitten Russland um militärische Hilfe.[67]

Am Morgen des 24.02.2022 beginnt Russland einen bewaffneten Angriff auf die Ukraine von mehreren Seiten. Der russische Präsident bezeichnet den Angriff als „militärische Spezialoperation", die dazu diene, die Ukraine zu „entmilitarisieren und entnazifizieren". Er begründet die Invasion mit dem Schutz ethnisch russischer Personen in der Ukraine, die dort einem „Genozid" ausgesetzt seien. Jedem, der sich dem russischen „Spezialeinsatz" entgegenstelle, droht er mit „unmittelbaren und nie zuvor gesehenen Konsequenzen".[68] Die Invasion der Ukraine wird in der Staatengemeinschaft scharf verurteilt und Russland mit massiven Sanktionsmaßnahmen belegt.[69] Zudem erfolgen umfassende Waffenlieferungen an die Ukraine, an denen sich entgegen der bisherigen Position auch Deutschland beteiligt. Kanzler *Olaf Scholz* spricht im Bundestag von einer „Zeitenwende" und kündigt die Bereitstellung eines Sondervermögens für die Bundeswehr in Höhe von 100 Milliarden Euro an.[70] Russland versetzt nach einer entsprechenden Entscheidung des Präsidenten seine „Abschreckungswaffen" in Alarmbereitschaft. Dieses Arsenal umfasst auch nukleare Waffen. In ersten Verhandlungen mit Vertretern des politischen Westens, darunter dem amtierenden EU-Ratspräsidenten *Emmanuel Macron*, besteht *Putin* auf der „Entmilitarisierung und Entnazifizierung" der Ukraine als Ziel der Operation. Der ukrainische Präsident stellt am 28.02.2022 einen

---

66 UN Security Council, 8970th Meeting, 21.02.2022; s.: Security Council holds emergency meeting on Ukraine: Major conflict must be 'prevented at all costs', UN News, 21.02.2022, abrufbar unter: https://news.un.org/en/story/2022/02/1112 412.

67 FAZ, Separatisten in Ostukraine bitten Putin um militärische Hilfe, Nr. 46, 24.02.2022, S. 1.

68 Address by the President of the Russian Federation, 24.02.2022, abrufbar unter: http://en.kremlin.ru/events/president/news/67843; FAZ, Russland überfällt die Ukraine, Nr. 47, 25.02.2022, S. 1.

69 S. etwa: European Commission, Press statement by President *von der Leyen* on Russia's aggression against Ukraine, 24.02.2022, abrufbar unter: https://ec.eur opa.eu/commission/presscorner/detail/en/statement_22_1322; G7 Leaders' Statement on the invasion of Ukraine by armed forces of the Russian Federation, 24.02.2022, abrufbar unter: https://www.bundesregierung.de/resource/blob/9983 52/2007730/6a4fc79947784765833b23ed762de76d/2022-02-24-g7-erklaerung-en-d ata.pdf?download=1.

70 FAZ, „Die Welt danach ist nicht mehr dieselbe", Nr. 49, 28.02.2022, S. 2.

offiziellen Beitrittsantrag zur Aufnahme der Ukraine in die Europäische Union.[71]

Die UN-Generalversammlung verabschiedet am 02.03.2022 nach dem Scheitern einer entsprechenden Resolution im Sicherheitsrat auf der Grundlage des *Uniting for Peace* Mechanismus' eine Resolution, die den Krieg in der Ukraine verurteilt und Russland zum sofortigen Abzug seiner Truppen auffordert.[72] Eine überwältigende Mehrheit von 141 Staaten stimmt für die Resolution, 35 Staaten enthalten sich, darunter China, Indien und der Iran. Neben der Russischen Föderation stimmen Belarus, Syrien, Nordkorea und Eritrea gegen die Resolution. In der Ukraine setzen sich indessen die brutalen bewaffneten Auseinandersetzungen fort, auch von Angriffen auf zivile Ziele wird berichtet.[73] Versuche einer Vereinbarung von Waffenruhen und humanitären Korridoren zur Ermöglichung der Flucht von Zivilisten scheitern wiederholt.[74] Millionen Menschen aus der Ukraine fliehen vor dem Krieg, vor allem in die Nachbarländer Polen und Ungarn.[75]

Die Ukraine leitet auf der Grundlage der Völkermordkonvention ein Eilverfahren vor dem Internationalen Gerichtshof zum Erlass einstweiliger Maßnahmen zur Beendigung der Kämpfe ein und erwehrt sich der russischen Begründung des Bestehens eines „Völkermords" an der russischen Bevölkerung in der Ukraine.[76] Verhandlungen zwischen der Ukraine und Russland bleiben weiter ergebnislos. Bilder brutal ermordeter Zivilisten,

---

71 FAZ, „Beweisen Sie, dass Sie Europäer sind", Nr. 51, 02.03.2022, S. 7.
72 UN/S/PV.8979, Draft Resolution, 27.02.2022; UN/GA/ES-11/L.1, *Aggression against Ukraine*, 02.03.2022. Der Mechanismus der *„Uniting for Peace"*-Resolution geht zurück auf die Resolution 377 (V) der UN-Generalversammlung aus dem Jahr 1950. Die Resolution bezog sich auf die Blockade des Sicherheitsrates durch das Veto der Sowjetunion mit Blick auf Maßnahmen nach Kapitel VII UN-Charta im Rahmen des Korea-Krieges. Sie erlaubt das Zusammenkommen der Generalversammlung zu einer *„emergency session"*, wenn der Sicherheitsrat wegen einer bestehenden Blockade durch die Ausübung des Vetorechts eines ständigen Mitglieds seine Hauptverantwortung zur Friedenserhaltung nicht ausüben kann. Die Generalversammlung soll nach diesem Mechanismus eine solche Frage der Friedenserhaltung umgehend behandeln und geeignete Empfehlungen für kollektive Maßnahmen an die Mitgliedstaaten abgeben., s.: UN/GA/RES/377 (V), 03.11.1950, para. 1. S. zur Befassung der Vereinten Nationen noch unten: 9. Kapitel, B., I.
73 FAZ, Die Moral Brechen, Nr. 56, 08.03.2022, S. 3.
74 FAZ, Evakuierung von Mariupol abermals gescheitert, Nr. 55, 07.03.2022, S. 1.
75 SZ, 2,5 Millionen Menschen auf der Flucht, 12.03.2022, S. 6.
76 IGH, Allegations of Genocide under the Convention on the Prevention and Punishment of the Crime of Genocide (Ukraine v. Russian Federation), 27.02.2022.

teils mit Spuren von Folter und auf den Rücken gefesselten Armen, gehen um die Welt. Der Internationale Strafgerichtshof nimmt nach der Unterbreitung der Situation in der Ukraine durch 43 Staaten offiziell Ermittlungen zu Völkerstraftaten in der Ukraine auf.[77] Die Staaten des politischen Westens ergreifen weitere massive Sanktionsmaßpakete.[78] Unter anderem folgen der Ausschluss großer russischer Banken aus dem Zahlungsmitteldienst SWIFT sowie die Beendigung des lange umstrittenen Pipeline-Projekts Nord Stream II. Gegenstand besonderer Diskussion ist auch die Verabschiedung eines umfassenden Energieembargos gegen Russland, das neben Kohle und Öl auch den Import von russischem Gas betreffen soll. Einem solchen Gas-Embargo steht insbesondere Deutschland kritisch gegenüber.[79] Im Juni 2022 erhalten die Ukraine und die Republik Moldau den offiziellen Beitrittskandidatenstatus der Europäischen Union.[80] Ende Juni 2022 verabschiedet die NATO ihr neues strategisches Konzept, das Russland als *„the most significant and direct threat to Allies' security and to peace and stability in the Euro-Atlantic area"* bezeichnet.[81] Die Kämpfe in der Ukraine gehen ungebrochen weiter. Nach 100 Kriegstagen hat Russland rund ein Fünftel der Ukraine besetzt. Die Ukrainer leisten mit der Unterstützung durch Waffenlieferungen aus dem Westen weiterhin Widerstand. Ende August 2022 beginnt die Ukraine im Osten und Süden des Landes eine weitgehende Gegenoffensive, innerhalb derer es gelingt, verschiedene vormals von Russland besetzte Gebietsteile zurück zu erobern.[82] In Reaktion hierauf ordnet der russische Präsident *Putin* eine Teilmobilmachung in Russland an.[83] Zudem werden in verschiedenen, von Russland weiterhin besetzten Gebieten, darunter Donezk, Luhansk, Saporischschja und Cherson, Referenden zur Zugehörigkeit der Gebiete zu Russland durchgeführt. Dabei werden nach russischen Angaben Zustimmungswerte von rund 90

---

77 IStGH, Statement of ICC Prosecutor, Karim A. A. Khan QC, on the Situation in Ukraine: Receipt of Referrals from 39 States Parties and the Opening of an Investigation, 02.03.2022, abrufbar unter: https://www.icc-cpi.int/news/statem ent-icc-prosecutor-karim-aa-khan-qc-situation-ukraine-receipt-referrals-39-s tates. Bis zum 01.04.2022 schlossen sich weitere vier Staaten der Gruppe der Unterbreitenden an.

78 S. hierzu ausführlich unten: 9. Kapitel, C.

79 SZ, USA stoppen russische Öl-Importe, 09.03.2022, S. 1.

80 FAZ, Kandidatenstatus für Ukraine und Moldau, Nr. 144, 24.06.2022, S. 1.

81 NATO, Strategic Concept 2022, Strategic Environment, para. 8.

82 FAZ, Kiew startet Gegenoffensive im Süden der Ukraine, Nr. 201, 30.08.2022, S. 2; Kiew erwartet nach militärischen Erfolgen „Schneeballeffekt", Nr. 212, 12.09.2022, S. 3.

83 FAZ, Putins Flucht nach vorn, Nr. 221, 22.09.2022, S. 2.

bis 95 % für einen Anschluss an die Russische Föderation vermeldet.[84] Die internationale Staatengemeinschaft diskutiert nach wie vor über angemessene Reaktionen auf das russische Vorgehen in der Ukraine.

---

84 FAZ, Warten auf Anschluss der besetzten ukrainischen Gebiete, Nr. 226, 28.09.2022, S. 2.

Teil 1: Völkerrechtliche Einordnung

Die faktischen Grundlagen des Konflikts werden im nachfolgenden ersten Teil in ihren völkerrechtlichen Rechtsrahmen eingefügt. Hierzu wird zunächst der Abspaltungsprozess der Krim als Ausgangspunkt der Eskalation des Konflikts seit 2014 analysiert (2. Kapitel). In der Weltöffentlichkeit ist dieser als Annexion verurteilt worden, während Russland darin die zulässige Ausübung desjenigen Rechts zur Selbstbestimmung sieht, das dem Kosovo 2008 zugestanden wurde, der Ukraine aber nun verwehrt bliebe.[85] Die Frage nach einem etwaigen Sezessionsrecht der Krim-Bevölkerung als Ausfluss des Selbstbestimmungsrechts ist der erste Schritt der völkerrechtlichen Analyse des Konflikts auf der Krim. Ist im Rahmen des Abspaltungsprozesses völkerrechtswidrig Gewalt angewandt worden, so ist eine auf dieser Gewaltanwendung beruhende Gebietsveränderung als Annexion zu qualifizieren. Von zentraler Bedeutung ist daher neben der Frage eines Sezessionsrechts die Untersuchung etwaiger Verstöße Russlands gegen das Gewaltverbot. Darüberhinausgehende Anknüpfungspunkte für ein völkerrechtswidriges Handeln Russlands sind bi- oder multilaterale Verträge, deren Verpflichtungen Russland durch das Eingreifen in der Ukraine in der frühen Phase des Konflikts gebrochen haben könnte. Im Zusammenhang der Untersuchung weiterer Völkerrechtsverstöße erfolgt auch eine kurze Einordnung der Geschehnisse in der Ostukraine zu Beginn der Krise, die weitgehend parallel zu den Ereignissen auf der Krim verlaufen sind (3. Kapitel).

Der Untersuchung von Verletzungen völkerrechtlicher Verpflichtungen schließt sich eine Betrachtung der vielschichtigen Rechtfertigungsversuche der Russischen Föderation an (4. Kapitel). Wiederholt hat die Russische Föderation den Versuch unternommen, ihre Mitwirkung an der „Wiedereingliederung" der Krim auf der Bühne der Staatengemeinschaft mit (völker-)rechtlichen, aber auch historischen Argumenten zu begründen. Allen voran legt der russische Präsident selbst seine Sicht auf die Krise dar. Sowohl zur „Wiedereingliederung" der Krim als auch zur Invasion in

---

85 *„For some reason, things that Kosovo Albanians (and we have full respect for them) were permitted to do, Russians, Ukrainians and Crimean Tatars in Crimea are not allowed. Again, one wonders why."*, Address by President of the Russian Federation, 18.03.2014.

die Ukraine hat *Putin* in viel beachteten Beiträgen sein Verständnis der Ukraine als Teil eines großen russischen „Reichs" detailreich dargelegt.[86] Untermauert wird dieses Identitätsverständnis nicht zuletzt durch einen langen Aufsatz *Putins* zur „historischen Einheit der Russen und Ukrainer" aus dem Sommer 2021. Das russische, ukrainische und belarussische Volk bildeten die historische „dreieinige russische Nation", den *Kiewer Rus,* deren Trennung das tragische Ergebnis falscher Entscheidungen nach dem Zerfall der Sowjetunion gewesen sei. Russland sei durch die Bolschewiken und die Entstehung der Ukraine in ihren heutigen Grenzen „faktisch beraubt" worden.[87] Die Krim sei schon immer ein *„inseparable part of Russia"* gewesen.[88] Das Eingreifen der Russischen Föderation auf der Krim ist darüber hinaus mit einer Einladung durch den ukrainischen Präsidenten *Janukowitsch,* aber auch mit einer Bedrohung der russischen und russischsprachigen Bevölkerung auf der Krim begründet worden. Im Wege eines Exkurses wird den Ergebnissen der völkerrechtlichen Analyse russischer Beteiligung in der frühen Phase des Konflikts 2014 die rechtliche Bewertung des russischen Angriffs auf die Ukraine im Jahr 2022 gegenübergestellt (5. Kapitel).

---

86 Address by President of the Russian Federation, 18.03.2014; Address by the President of the Russian Federation, 24.02.2022.
87 Article by *Vladimir Putin „On the Historical Unity of Russians and Ukrainians",* 12.07.2021, abrufbar unter: http://en.kremlin.ru/events/president/news/66181; umfassend hierzu: *Kappeler,* OE 71/7 (2021), S. 67–76.
88 Address by President of the Russian Federation, 18.03.2014.

2. Kapitel: „Wiedereingliederung" der Krim – Sezession oder Annexion?

Für den Prozess der Abspaltung der Krim von der Ukraine und ihre „Wiedereingliederung" in die Russische Föderation bestehen zwei völkerrechtliche Deutungsmöglichkeiten. Liegt in der „Wiedereingliederung" ein Beitritt eines unabhängigen Staates, der sich zuvor im Einklang mit dem Völkerrecht als Gebietsteil vom Mutterstaat gelöst hat, so handelt es sich um eine zulässige Gebietsveränderung auf der Grundlage einer Sezession. Hat sich Russland die Krim als Teil ukrainischen Staatsgebiets dagegen unter Anwendung von Gewalt völkerrechtswidrig angeeignet, so handelt es sich um eine Annexion. Als eine solche haben zahlreiche Staaten das Handeln Russlands im Rahmen des Krim-Konflikts verurteilt.[89] Die Russische Föderation hat ihr Vorgehen unter Berufung auf verschiedene völkerrechtliche Grundlagen verteidigt und sich für die Gebietsveränderung im Besonderen auf das Selbstbestimmungsrecht der Krim-Bevölkerung berufen.[90] Sofern der Bevölkerung der Krim ein Sezessionsrecht zukam, könnte aus ihr durch die Loslösung von der Ukraine ein unabhängiger Staat hervorgegangen sein, dem aufgrund der Staatensouveränität das Recht zustünde, einem anderen Staat beizutreten bzw. sich mit diesem zu vereinigen. Dafür müsste neben dem grundsätzlichen Bestehen eines Rechts zur Sezes-

---

89 zB: Rede von Bundeskanzlerin *Angela Merkel* vom 02.05.2014: *„Fast 70 Jahre nach Beendigung des Zweiten Weltkriegs werden Grenzen in Europa verändert, indem sich das Recht eines Stärkeren gegen die Stärke des Rechts durchzusetzen scheint. Kurzfristig jedenfalls ist das so, wie wir mit der Annexion der Krim durch Russland erfahren mussten."*, abrufbar unter: https://www.bundesregierung.de/breg-de/suche/rede -von-bundeskanzlerin-merkel-vor-der-u-s-chamber-of-commerce-am-2-mai-2014 -605386; Statement des amerikanischen Außenministers *John Kerry*, 02.03.2014: *„It's an incredible act of aggression. It is really a stunning, willful choice by President (Vladimir) Putin to invade another country. Russia is in violation of the sovereignty of Ukraine."*, abrufbar unter: https://www.reuters.com/article/us-ukraine-crisis-usa-ke rry/kerry-condemns-russias-incredible-act-of-aggression-in-ukraine-idUSBREA210 DG20140302.

90 Bspw. der russische Vertreter im Sicherheitsrat, *Wladimir Churkin: „In strict compliance with international law and democratic procedure, without outside interference and through a free referendum, the people of Crimea have fulfilled what is enshrined in the Charter of the United Nations and a great number of fundamental international legal documents – their right to self-determination."*, UN/S/PV.7144, 19.03.2015, S. 8.

sion auch die Umsetzung dieses Prozesses, insbesondere die Abhaltung des Referendums auf der Krim als Ausdruck des Selbstbestimmungsrechts im Einklang mit völkerrechtlichen Kriterien erfolgt sein.

A. Sezession der Krim?

Als Sezession wird die einseitige Abtrennung eines Teils des Staatsgebiets vom Mutterstaat bezeichnet, wobei der Mutterstaat als solcher bestehen bleibt, während aus dem abgetrennten Teilgebiet seinerseits ein neuer, eigener Staat entsteht.[91] Zum Teil wird dabei noch zwischen der unilateralen Sezession, die gegen den Willen des Mutterstaates erfolgt, und der konsensualen Sezession, bei der der Mutterstaat der Abspaltung des Teilgebiets zustimmt, unterschieden.[92] Folgt auf die Abspaltung des Staatsgebiets vom Mutterstaat der Beitritt zu einem anderen Staat, so bezeichnet sich der Vorgang der Eingliederung des neuen Gebiets in den bestehenden Staat als Inkorporation.[93] Die unilaterale Abtrennung eines Teils des Staatsgebiets steht grundsätzlich im Konflikt zur territorialen Souveränität eines Staates und zur Unverletzlichkeit seiner Grenzen.[94] Das Prinzip der territorialen Integrität und Souveränität gewährleistet die alleinige Herrschaftsmacht des Staates über das eigene Staatsterritorium und seine Grenzen und steht so einer einseitigen Loslösung eines Gebietsteils entgegen.[95]

Die ukrainische Verfassung erlaubt zwar grundsätzlich die Abhaltung lokaler Referenden, lässt Veränderungen des Staatsgebiets aber nur durch ein gesamtukrainisches Referendum zu.[96] Nach ukrainischem Verfassungsrecht ist die Republik der Krim *„inseparable constituent part of Ukraine"*, deren Autonomie sich nur innerhalb des vom Mutterstaat vorgegebenen Rahmens entfaltet.[97] Die Verfassungswidrigkeit des Referendums wurde

---

91 *v. Arnauld*, Rn. 104; *Epping*, in: *Ipsen*, VöR, § 7, Rn. 56; *Heintze*, in: *Ipsen*, VöR, § 10, Rn. 78; *Hobe*, S. 83; *Thürer/Burri*, in: MPEPIL, Secession, Rn. 1.
92 *Christakis*, ZaöRV 75 (2015), 75 (82); *v. d. Driest*, S. 87; *Raic*, S. 208.
93 *v. Arnauld*, Rn. 104; *Kau*, in: *Vitzthum/Proelß*, S. 250, Rn. 175.
94 *Heintze*, in: *Ipsen*, VöR, § 10, Rn. 80; *Thürer/Burri*, in: MPEPIL, Secession, Rn. 14; *Weller*, S. 32.
95 *Blay*, in: MPEPIL, Territorial Integrity and Political Independence, Rn. 1.
96 *„Issues of altering the territory of Ukraine are resolved exclusively by an All-Ukrainian referendum."*, Art. 73 Ukrainische Verfassung, abrufbar in engl. Fassung unter: https://rm.coe.int/constitution-of-ukraine/168071f58b.
97 *„The Autonomous Republic of Crimea is an inseparable constituent part of Ukraine and decides on the issues ascribed to its competence within the limits of authority*

durch das ukrainische Verfassungsgericht bestätigt.[98] Ein Gebietsübergang unter Zustimmung der Ukraine, sog. Zession, scheidet daher aus. Zwar ist der Verstoß gegen nationales Verfassungsrecht für die völkerrechtliche Legitimationswirkung eines Gebietsreferendums grundsätzlich unbeachtlich.[99] An die Abspaltung eines Gebiets vom Mutterstaat sind aber für den Fall der unilateralen Sezession erhöhte Anforderungen zu stellen, weil diese im Widerspruch zu den Grundprinzipien der territorialen Integrität und Souveränität des Staates steht. In Betracht käme für die Krim daher nur eine Sezession und ein darauffolgender Beitritt zur Russischen Föderation.

Es stellen sich drei zentrale Fragen: Besteht grundsätzlich ein Recht auf unilaterale Sezession im Völkerrecht? Falls ja – unter welchen Voraussetzungen kann ein solches Recht begründet werden? Und letztlich – lagen diese Voraussetzungen im Fall der „Wiedereingliederung" der Krim vor?

I. Ein „allgemeines" Recht auf Sezession?

Das geschriebene Völkerrecht enthält keine ausdrückliche Regelung zum Bestehen eines Sezessionsrechts. Weder ein Verbot der Sezession noch eine ausdrückliche Rechtsgrundlage für die unilaterale Abspaltung eines Gebiets vom Mutterstaat existieren im kodifizierten Völkerrecht, weswegen auch von der „Neutralität" des Völkerrechts in dieser Frage ausgegangen wird.[100] Ein Recht des Volkes zur unilateralen Sezession vom Mutterstaat könnte sich aber aus dem Selbstbestimmungsrecht der Völker ergeben. So argumentiert die Russische Föderation, ihre Beteiligung habe sich in der Unterstützung der Umsetzung dieses Rechts der Krim-Bevölkerung, auf das sich die Unabhängigkeitserklärung gestützt hatte, gegenüber der

---

determined by the Constitution of Ukraine.", Art. 134 Ukrainische Verfassung; s. auch: Venedig Kommission, CDL-AD(2014)002-e, S. 2 f., paras. 7 f.

98 Judgment of the Constitutional Court of Ukraine in the case on the all-Crimean referendum in the Autonomous Republic of Crimea, Case No. 1–13/2014, 14.03.2014.

99 *Christakis*, ZaöRV 75 (2015), 75 (92); *Peters*, OE 64/5–6 (2014), 101 (126).

100 *v. d. Driest*, S. 97; *Thürer/Burri*, in: MPEPIL, Secession, Rn. 14, 42; *Tomuschat*, in: Secession, S. 26; *Walter/v. Ungern-Sternberg*, in: Self-Determination, S. 3; *Weller*, EJIL-Talk!, 18.10.2017.

Ukraine erschöpft.[101] Bietet dieses Recht eine Grundlage für ein allgemeines Recht zur unilateralen Sezession?

1. Das Selbstbestimmungsrecht der Völker – Grundlagen

Das Selbstbestimmungsrecht wird in den jeweiligen Art. 1 der UN-Menschenrechtspakte über bürgerliche und politische Rechte bzw. über wirtschaftliche, soziale und kulturelle Rechte[102] als Recht des Volkes, seinen politischen Status und seine wirtschaftliche, soziale und kulturelle Entwicklung selbstständig zu bestimmen, definiert.[103] Die *Friendly Relations Declaration* regelt darüber hinaus die Verpflichtung aller Staaten, im Einklang mit den Vorgaben der UN-Charta die Verwirklichung des Selbstbestimmungsrechts der Völker zu unterstützen.[104]

In der UN-Charta findet das Recht der Völker zur Selbstbestimmung ausdrückliche Erwähnung in Art. 1 Nr. 2 und Art. 55.[105] Die UN-Charta beschränkt sich darauf, die Achtung dieses Rechts als wesentliches Ziel der

---

101 *„As it declared independence and decided to hold a referendum, the Supreme Council of Crimea referred to the United Nations Charter, which speaks of the **right of nations to self-determination**. Incidentally, I would like to remind you that when Ukraine seceded from the USSR it did exactly the same thing, almost word for word. Ukraine used this right, yet the residents of Crimea are denied it. Why is that?“*, Address by President of the Russian Federation, 18.03.2014, http://en.kremlin.ru/events/president/news/20603.

102 International Covenant on Civil and Politic Rights (ICCPR); International Covenant on Economic, Social, and Cultural Rights (ICESCR).

103 *„All peoples have the right of self-determination. By virtue of that right they freely determine their political status and freely pursue their economic, social and cultural development.“*, Art. 1 Nr. 1 ICCPR; Art. 1 Nr. 1 ICESCR.

104 *„By virtue of the principle of equal rights and self-determination of peoples enshrined in the Charter of the United Nations, all peoples have the right freely to determine, without external interference, their political status and to pursue their economic, social and cultural development and every State has the duty to respect this right in accordance with the provisions of the Charter.“*, UN/GA/RES/2625, 24.10.1970.

105 *„The Purposes of the United Nations are: […] 2. To develop friendly relations among nations based on respect for the principle of equal rights and self-determination of peoples […]“*, Art. 1 Nr. 2 UN-Charta; *„With a view to the creation of conditions of stability and well-being which are necessary for peaceful and friendly relations among nations based on respect for the principle of equal rights and self-determination of peoples […]“*, Art. 55. Schon die Aufnahme dieser grundsätzlichen Anerkennung des Selbstbestimmungsrechts in den Text der UN-Charta war Gegenstand von Kritik, weil die Befürchtung bestand, die Grundprinzipien der Staatengleichheit und Staatensouveränität, insbesondere die territoriale Ausprägung des Souve-

Vereinten Nationen und Grundpfeiler der Schaffung friedlicher Beziehungen in der Staatengemeinschaft festzuhalten, enthält aber keine darüberhinausgehenden Regelungen zu Inhalt oder Träger dieses Rechts. Auch das Bestehen eines Sezessionsrechts als Ausfluss dieses Rechts auf Selbstbestimmung wird in der UN-Charta nicht geregelt. Wegen dieser unklaren Konturierung wurde das Selbstbestimmungsrecht der Völker lange nicht als ein „Recht" des Volkes, sondern als eine politische Zielbestimmung verstanden. Diese Auslegung herrschte insbesondere vor dem Inkrafttreten der UN-Charta, als das Selbstbestimmungsrecht in *Woodrow Wilsons* 14-Punkte-Plan von 1918 ebenso wie der Atlantik-Charta von 1941 angelegt worden war.[106]

Seit der Gründung der Vereinten Nationen hat sich das Bestehen eines positiven Rechts auf Selbstbestimmung sowohl in der Praxis der Vereinten Nationen als auch in der Rechtsprechung des Internationalen Gerichtshofes etabliert. Das Recht zur Selbstbestimmung ist heute – jedenfalls völkergewohnheitsrechtlich – anerkannt.[107]Der IGH benannte es als eines der *„essential principles of contemporary international law"* und hat darüber hinaus seine Geltung *erga omnes* bestätigt.[108] Auch über den *ius cogens* Charakter des Selbstbestimmungsrechts besteht weitgehende Einigkeit.[109]

---

ränitätsgrundsatzes, könnten in ihrem Wesensgehalt verändert werden, wenn man diesen ein solches Recht der Völker entgegenhielte, s. *Cassese*, S. 39.

106 S. etwa: *„Third, they respect the right of all peoples to choose the form of government under which they will live; and they wish to see sovereign rights and self-government restored to those who have been forcibly deprived of them"*, The Atlantic Charter, Declaration of Principles issued by the President of the United States and the Prime Minister of the United Kingdom, 14.08.1941; *Heintze*, in: *Ipsen*, VöR, § 10, Rn. 1 f.; *Raic*, S. 177 ff.; *Thürer*, AdV 22/2 (1984), 113 (119); *ders./Burri*, in: MPEPIL, Self-Determination, Rn. 4.

107 *Gusy*, AdV 30/4 (1992), 385 (386); *Heintze*, in: *Ipsen*, VöR, § 10, Rn. 6; *Herdegen*, VöR, § 36, Rn. 6; *Hillgruber*, in: *Gornig/Horn/Murswiek*, S. 75; *Kapustin*, ZaöRV 75 (2015), 101 (104); *Murswiek*, AdV 31/4 (1993), 307 (308); *Ott*, S. 69; *Raic*, S. 288; *Thürer/Burri*, MPEPIL, Self-Determination, Rn. 12; *Walter/v. Ungern-Sternberg*, in: Self-Determination, S. 2.

108 *„In the Court's view, Portugal's assertion that the right of peoples to self-determination [...] has an erga omnes character, is irreproachable. The principle of self-determination of peoples has been recognized by the United Nations Charter and in the jurisprudence of the Court [...]; it is one of the essential principles of contemporary international law."*, IGH, Case concerning East Timor (Portugal v. Australia), Judgment, 30.06.1995, ICJ Rep. 1995, 90 (102), para. 29.

109 S. etwa die Schlussfolgerungen der ILC, Yearbook 2001, Vol. II, Part 2, S. 113, para. 5; *Brewer*, VJTL 45/1 (2012), 245 (247); *Cassese*, S. 140; *Castellino*, S. 123; *Doehring*, Rn. 194; *Hillgruber*, in: *Kempen/Hillgruber/Grabenwarter*, § 9, Rn. 54; *Raic*, S. 219. Zum Teil wird auch vertreten, der *ius cogens* Charakter des Selbstbe-

Seine Berücksichtigung ist ein notwendiger Schritt zur Entfaltung der Menschenrechte.[110]

2. Träger des Selbstbestimmungsrechts

Sowohl die UN-Menschenrechtspakte als auch die *Friendly Relations Declaration* bestimmen als Träger des Selbstbestimmungsrechts *„all peoples"*. Als Rechtsträger kommen demnach „alle Völker" in Betracht – darin erschöpft sich aber die ausdrückliche Regelung. Wie muss ein „Volk" beschaffen sein, um sich auf das Selbstbestimmungsrecht berufen zu können? Eine einheitliche völkerrechtliche Definition des Volksbegriffs existiert bis dato nicht.[111] Ausgangspunkt für die Bestimmung eines „Volkes" als Träger des Selbstbestimmungsrechts ist das Verständnis eines Volkes als *Staatsvolk*, also als die Gesamtheit der Staatsangehörigen des jeweiligen Staatsgebiets.[112] Klassischer Rechtsträger des Selbstbestimmungsrechts ist das Staatsvolk als Ganzes.

a. Volk im ethnischen Sinne

Abgesehen von der Rechtsträgerschaft des Staatsvolkes können auch bloße Teilgruppen eines solchen Staatsvolkes Träger des Selbstbestimmungsrechts sein. Gerade wenn es um eine Ausprägung des Selbstbestimmungsrechts geht, die in einem Recht zur Abspaltung vom Mutterstaat mündet – also auf die Sezession zielt – kann denklogisch nicht das gesamte Staatsvolk Träger dieses Rechts sein. Würde man annehmen, nur dieses könne das Selbstbestimmungsrecht ausüben, so würde eine Sezession faktisch

---

stimmungsrechts sei begrenzt und betreffe etwa nur die interne Ausübung des Selbstbestimmungsrechts, vgl. hierzu: *Saul*, HRLR 11/4 (2011), 609 (636 ff.).

110 *v. d. Driest*, S. 42; *Gusy*, AdV 30/4 (1992), 385 (389); *Raic*, S. 306.

111 So stellte der kanadische *Supreme Court* zu Quebec fest: *„the precise meaning of the term „people" remains somewhat uncertain"*, Reference re Secession of Quebec, Supreme Court of Canada 1998 (2), 217 (281), para. 123; s. auch: The Right to Self-Determination: Historical and Current Development on the Basis of United Nations instruments, UN/Doc/E/CN.4/sub.2/404/Rev. 1, 1981, S. 39, para. 269; *Heintze*, in: *Ipsen*, VöR, § 10, Rn. 47; *Oguh*, TCLR 21 (2018), 198 (210); *Thürer/Burri*, MPEPIL, Self-Determination, Rn. 18.

112 *v. d. Driest*, S. 65; *Doehring*, Rn. 783; *Gusy*, AdV 30/4 (1992), 385 (391); *Heintze*, in: *Ipsen*, VöR, § 10, Rn. 49; *Hillgruber*, in: *Kempen/Hillgruber/Grabenwarter*, § 9, Rn. 54; *Raic*, S. 244.

in der Auflösung des Staates resultieren. Hinzu kommt, dass die meisten Staatsvölker nicht aus einer einheitlichen ethnischen Gruppe bestehen, sondern multiethnischen Charakter haben. Die verschiedenen ethnischen Gruppen bedürfen ihrerseits des Schutzes durch das Selbstbestimmungsrecht. Weitgehend werden daher auch Untergruppierungen eines Staatsvolkes als mögliche Träger des Selbstbestimmungsrechts qualifiziert. Diese werden zum Teil als „Völker im ethnischen Sinne" bezeichnet.[113] Unklarheiten in der Definition der Rechtsträgerschaft entstehen im Falle des Auseinanderfallens von Staatsvolk und Volk im ethnischen Sinne. Ein „Volk im ethnischen Sinne" definiert sich regelmäßig nicht durch die bloße Anknüpfung an das gemeinsame Leben auf einem Staatsterritorium. Trotz weitgehender Einigkeit darüber, dass nicht nur das Staatsvolk als Ganzes Träger des Selbstbestimmungsrechts sein kann, kann nicht jede „beliebige" Untergruppe des Staatsvolkes gleichermaßen Träger dieser Privilegien sein. Diskutiert wird daher die nähere Ausdifferenzierung von Kriterien, die eine Trägerschaft des Selbstbestimmungsrechts auch für Untergruppen des Staatsvolkes bestimmen.

b. Kriterien zur Bestimmung eines „Volkes"

Die Bestimmung einer Untergruppierung des Volkes als Rechtsträger des Selbstbestimmungsrechts – etwa bezeichnet als Volk im ethnischen Sinne – wird an eine Reihe von Kriterien subjektiver und objektiver Art geknüpft. Ob sich für eine Gruppierung die Volkseigenschaft ergibt, kann nur anhand einer Gesamtschau dieser Kriterien im Einzelfall beurteilt werden. Als objektive Kriterien kommen dabei eine gemeinsame historische Entwicklung, das Leben auf einem umgrenzten Territorium, eine einheitliche Sprache, Kultur und Religion in Betracht.[114] Die sprachlichen und kulturellen Kriterien erklären dessen Einordnung als „ethnisches" Volk.

---

113 *v. d. Driest*, S. 67, 115; *Heintze*, in: Ipsen, VöR, § 10, Rn. 52; *Murswiek*, AdV 31/4 (1993), 307 (327f.); *Oeter*, ZaöRV 52 (1992), 741 (762); *Raic*, S. 249, 255, 258. S. auch die Entscheidung des Supreme Court in der Frage eines Sezessionsrechts mit Bezug auf die Region Quebec: *„It is clear that „a people" may include only a portion of the population of an existing state. [...] the reference to „people" does not necessarily mean the entirety of a state's population."*, Reference re Secession of Quebec, Supreme Court of Canada 1998 (2), 217 (281), para. 124.

114 *v. d. Driest*, NILR 62 (2015), 329 (339); *dies.*, S. 68; *Doehring*, Rn. 786; *Heintze*, in: Ipsen, VöR, § 10, Rn. 53; *Herdegen*, VöR, § 36, Rn. 7; *Murswiek*, AdV 31/4 (1993), 307 (328); *Raic*, S. 367.

Weiterhin bildet das Volk im ethnischen Sinne zwar zahlenmäßig eine Untergruppe des Staatsvolkes, allerdings muss sie einen Anteil der Bevölkerung erfassen, der über eine lose Gruppierung einzelner Staatsbürger hinausgeht. Diese Art objektiv überprüfbarer Kriterien ist auch im Rahmen der Vereinten Nationen von der UNESCO schon verwendet worden:

„[...] *the following characteristics were amongst those mentioned as inherent in a description (but not a definition) of a „people" for this purpose:*

1. a group of individual human beings who enjoy some or all of the following common features:
   (a) *a common historical tradition;*
   (b) *racial or ethnic identity;*
   (c) *cultural homogeneity;*
   (d) *linguistic unity;*
   (e) *religious or ideological affinity;*
   (f) *territorial connection*
   (g) *common economic life;*

2. the group must be of a certain number which need not be large [...] but which must be more than a mere association of individuals within a State [...]".[115]

In subjektiver Hinsicht ist der Wille der Gruppe, als Volk zu existieren und identifiziert zu werden, von Bedeutung.[116] Auch das subjektive Kriterium des „Zusammengehörigkeitsgefühls" ist von der UNESCO aufgenommen worden:

„*3. the group as a whole must have the will to be identified as a people or the consciousness of being a people – allowing that groups or some members of such groups, though sharing the foregoing characteristics, may not have that will or consciousness; and possibly;*

4. the group must have institutions or other means of expressing its common characteristics and will for identity."[117]

---

115 UNESCO, International Meeting of Experts on Further Study of the Concept of the Rights of Peoples, 27.-30.11.1989, Final Report and Recommendations, Doc. SHS. 89/CONF.602/7, S. 7–8, para. 22.

116 *v. d. Driest*, S. 69; *Doehring*, Rn. 787; *Heintze*, in: *Ipsen*, VöR, § 10, Rn. 53 f.; *Herdegen*, VöR, § 36, Rn. 7;

117 UNESCO, International Meeting of Experts on Further Study of the Concept of the Rights of Peoples, 27.-30.11.1989, Final Report and Recommendations, Doc. SHS. 89/CONF.602/7, S. 8, para. 22.

Ein rein subjektiver Ansatz würde dazu führen, dass allein durch den subjektiven Willen der Individuen, als „Volk" identifiziert zu werden, beliebig viele „Völker" entstünden. Das subjektive Kriterium aber bezieht sich auf ein objektiv bereits bestehendes Volk.[118] Auch aus praktischen Erwägungen ist ein rein subjektiver Ansatz problematisch, da dergestalt die Zugehörigkeit oder das Bestehen eines Volkes aus der Außenperspektive nicht erkennbar wäre, sodass das Selbstbestimmungsrecht keinerlei Konturierung mehr erhielte. Die Bestimmung, ob eine Gruppe als „Volk" im Sinne des Selbstbestimmungsrechts zu verstehen ist, wird daher durch eine Gesamtschau objektiver wie subjektiver Kriterien vorgenommen.[119]

Schwierigkeiten ergeben sich bei der Abgrenzung eines Volkes im Sinne des Selbstbestimmungsrechts als Untergruppierung innerhalb des Staatsvolkes von einer Minderheit. Minderheiten werden regelmäßig nicht als taugliche Rechtsträger des Selbstbestimmungsrechts anerkannt, sondern haben eigene Rechte, die aus der Zugehörigkeit zu einer solchen Gruppe folgen.[120]

Auch eine allgemeine völkerrechtliche Definition der Minderheit existiert bisher nicht.[121] Orientierung bietet die Definition des UN-Sonderberichterstatters *Francesco Capotorti*, der eine Minderheit als Gruppe definiert, die zahlenmäßig kleiner als die übrige Bevölkerung des Staates ist, dem sie zugehörig ist, sowie kulturelle, physische oder historische Merkmale, eine einheitliche Religion oder eine Sprache besitzt, die sich von der übrigen Bevölkerung unterscheidet.[122] Die Merkmale eines Volkes und einer Minderheit überschneiden sich und sind auch unter Heranziehung

---

118 *Hillgruber*, in: *Gornig/Horn/Murswiek*, S. 81.
119 *v. d. Driest*, S. 69; *Heintze*, in: *Ipsen*, VöR, § 10, Rn. 54; *Hillgruber*, in: *Gornig/Horn/Murswiek*, S. 80; *Raic*, S. 261 ff.
120 S. etwa Art. 27 ICCPR: „*In those States in which ethnic, religious or linguistic minorities exist, persons belonging to such minorities shall not be denied the right, in community with the other members of their group, to enjoy their own culture, to profess and practise their own religion, or to use their own language.*"; *Cassese*, S. 61; *v. d. Driest*, NILR 62 (2015), 329 (340); *dies.*, S. 73, 84; *Heintze*, in: *Ipsen*, VöR, § 10, Rn. 60; *Murswiek*, AdV 31/4 (1993), 307 (328); *Peters*, OE 64/5–6 (2014), 100 (122); *Raic*, S. 266; *Tomuschat*, in: Secession, S. 37; aA: *Geistlinger*, AdV 52/2 (2014), 175 (190).
121 *v. d. Driest*, S. 70; *Raic*, S. 265.
122 E/CN.4/Sub.2/384/Rev.1, Study on the rights of persons belonging to ethnic, religious and linguistic minorities, 1979, S. 7, para. 28: „*an ethnic, religious or linguistic minority is a group numerically smaller than the rest of the population of the State to which it belongs and possessing cultural, physical or historical characteristics, a religion or a language different from those of the rest of the population.*".

des subjektiven Identitätsverständnisses nicht immer trennscharf voneinander abzugrenzen.[123] Auch in diesem Zusammenhang kommt es auf eine
Gesamtschau objektiver und subjektiver Kriterien an, die sich insbesondere daran orientiert, dass die Gruppierung in ihrer zahlenmäßigen Einordnung im Verhältnis zum Rest des Staatsvolkes als Minderheit qualifiziert
werden kann.

3. Inhalt und Umfang des Selbstbestimmungsrechts

Alle Völker als Träger des Selbstbestimmungsrechts haben nach dem
Wortlaut der gleichlautenden Art. 1 der UN-Menschenrechtspakte das
Recht, frei über ihren politischen Status und ihre wirtschaftliche, soziale
und kulturelle Entwicklung zu entscheiden.[124] Diese Freiheit entfaltet sich
in zwei verschiedenen Ausübungsmodi: Das Selbstbestimmungsrecht kann
einerseits in einer internen (defensiven), andererseits in einer externen
(offensiven) Ausprägung verwirklicht werden.[125]

a. Internes (defensives) Selbstbestimmungsrecht

Das interne oder defensive Selbstbestimmungsrecht eines Volkes umfasst
dessen Möglichkeit zur Verwirklichung seines Rechts innerhalb des Mutterstaates. Zur internen Selbstbestimmung gehört die Freiheit des Volkes,
seinen politischen Status und seine kulturelle, soziale und wirtschaftliche Entwicklung innerhalb des Territoriums des Mutterstaates zu bestimmen.[126] Die freie Wahl des politischen Status' innerhalb des Mutterstaates
erfasst die Einbindung des Volkes in den politischen Entscheidungsprozess
und dessen Repräsentation und Partizipation.[127] Die Ausübung des inne-

---

123 *Castellino*, S. 56 – 71; *v. d. Driest*, S. 70 ff.; *Heintze*, in: *Ipsen*, VöR, § 10, Rn. 60;
Peters, OE 64/5–6 (2014), 100 (122).

124 „*All peoples have the right of self-determination. By virtue of that right they freely
determine their political status and freely pursue their economic, social and cultural
development.*", Art. 1 ICCPR/ICESCR.

125 *v. Arnauld*, Rn. 70; *Heintze*, in: *Ipsen*, VöR, § 10, Rn. 11, 68 ff.; *Hillgruber*, in:
Kempen/Hillgruber/Grabenwarter, § 9, Rn. 54 f.; *Murswiek*, AdV 31/4 (1993), 307
(326 f.); *Ott*, S. 84; *Raic*, S. 227; *Weller*, S. 23.

126 *Cassese*, S. 101; *Heintze*, in: *Ipsen*, VöR, § 10, Rn. 92 ff.; *Kau*, in: *Vitzthum/Proelß*,
S. 235, Rn. 126; *Thürer*, AdV 22/2 (1984), 113 (126); *Weller*, S. 23.

127 *Buchheit*, S. 14; *Heintze*, in: *Ipsen*, VöR, § 10, Rn. 93 f.; *Raic*, S. 237.

ren Selbstbestimmungsrechts eines Volkes kann in der Gewährung weitgehender Autonomierechte münden. Die Grenze der Autonomiebestrebungen eines Volkes liegt in der territorialen Souveränität des Mutterstaates. Die Entfaltung des Selbstbestimmungsrechts – auch in Form von Autonomierechten – kann grundsätzlich nur so weit gehen, wie keine Gefährdung der Einheitlichkeit des Staatsgebiets zu erwarten ist.[128] So war die Autonome Republik Krim durch die ukrainische Verfassung mit derartigen Rechten ausgestattet, bestand dabei aber als „*inseparable constituent part of Ukraine*" (Art. 134 der Ukrainischen Verfassung). Die territoriale Souveränität des Mutterstaates und das Selbstbestimmungsrecht der Völker werden durch den internen Ausübungsmodus dieses Rechts miteinander in Einklang gebracht.[129] Zwar steht dem Volk das Recht zu politischer, kultureller, sozialer und wirtschaftlicher Selbstbestimmung zu, die Ausübung dieses Rechts erfolgt jedoch innerhalb der territorialen Grenzen des Mutterstaates. Das Selbstbestimmungsrecht und die territoriale Integrität des Mutterstaates können so in größtmöglicher Harmonie verwirklicht werden.

b. Externes (offensives) Selbstbestimmungsrecht

Die externe Dimension des Selbstbestimmungsrechts geht über diese Grenze hinaus. Die freie Bestimmung des politischen Status' nach außen hin umfasst auch die Entscheidung über die territoriale Zugehörigkeit zum Mutterstaat. Die *Friendly Relations Declaration* definiert neben der freien Bestimmung des politischen Status' durch das Volk sowohl die Schaffung eines eigenständigen, souveränen und vom Mutterstaat unabhängigen Staates als auch die Abspaltung eines Teilgebiets eines Staates und dessen nachfolgenden Beitritt zu einem anderen souveränen Staat als Ausübungsmodi des Selbstbestimmungsrechts der Völker:

> „*The **establishment of a sovereign and independent State**, the free **association or integration with an independent State** or the **emergence into any other political status** freely determined by a people constitute*

---

128 *Murswiek*, AdV 31/4 (1993), 307 (329).
129 *Murswiek*, AdV 31/4 (1993), 307 (327); *Thürer*, AdV 22/2 (1984), 113 (126).

modes of implementing the right of self-determination by that people." (Hervorhebung eingefügt).[130]

Zwar entfaltet die Resolution als Generalversammlungsresolution keine rechtsverbindliche Wirkung, sie wird aber in weiten Teilen als Kodifikation geltenden Völkergewohnheitsrechts gedeutet und dient als Ansatzpunkt für die Fortentwicklung völkergewohnheitsrechtlich anerkannter Grundprinzipien des Völkerrechts.[131] In seiner externen Dimension kann das Selbstbestimmungsrecht also in ein Sezessionsrecht erwachsen, wenn das Volk sich zu seiner eigenen Unabhängigkeit vom Mutterstaat löst.[132]

Die Abhaltung eines Referendums dient in einem solchen Fall der Legitimierung des Loslösungsprozesses. Referenden sind klassische Ausdrucksmittel zur demokratischen Bestimmung des Volkswillens.[133] Die Abhaltung eines Referendums im Einklang mit grundlegenden demokratischen Basisanforderungen bildet eine Verfahrensvoraussetzung für den Ablösungsprozess vom Mutterstaat.[134] Kriterien für die demokratische Abhaltung eines Referendums sind im *Code of Good Practice on Referendums* der Venedig Kommission des Europarates formuliert worden.[135] Das Dokument der Venedig Kommission entfaltet als solches keine Rechtsbindung, bietet aber eine Richtschnur für die Vereinbarkeit von Gebietsreferenden mit demokratischen Mindeststandards.[136] Erforderlich ist die Berücksichtigung der Rechte der Betroffenen im Wege der Gewährleistung

---

130 UN/GA/RES/2625, Declaration on Principles of International Law concerning Friendly Relations and Cooperation among States in accordance with the Charter of the United Nations, 24.10.1970.

131 IGH, Case concerning Military and Paramilitary Activities in and against Nicaragua (Nicaragua v. United States of America), Judgment, Merits, 27.06.1986, ICJ Rep. 1986, 14 (99 f.), para. 188; *v. Arnauld*, Rn. 304; *Hobe*, S. 209; *Keller*, in: MPEPIL, Friendly Relations Declaration, Rn. 3.

132 *Hilpold*, JZ 22 (2013); 1061 (1062); *Murswiek*, in: *Gornig/Horn/Murswiek*, S. 95; vgl. auch *ders.*, AdV 31/4 (1993), 307 (309); *Raic*, S. 289.

133 *Hillgruber*, in: *Gornig/Horn/Murswiek*, S. 91; *Heintze*, in: *Ipsen*, VöR, § 10, Rn. 22; *Peters*, OE 64/5–6 (2014), 100 (123); *Thürer/Burri*, in: MPEPIL, Self-Determination, Rn. 22.

134 *Hilpold*, SZIER 25/2 (2015), 171 (176); *Peters*, OE 64/5–6 (2014), 100 (102; 114); *Tancredi*, in: Secession, S. 190 f.

135 European Commission for Democracy through Law (Venice Commission/Venedig Kommission), Code of Good Practice on Referendums, CDL-AD(2007)008rev-cor.

136 Die Venedig Kommission formuliert hierzu: „*It is also necessary that the referendum comply with basic democratic standards for the holding of referendums, such as those established by the Venice Commission's Code of Good Practice on Referendums.*", CDL-AD(2014)002-e, S. 5, para. 21.

gleichen Zugangs zu der Abstimmung, der Freiheit des Abstimmungsvorgangs von Zwang und Bedrohung, der Einhaltung grundlegender Verfahrensprinzipien wie der transparenten Organisation und Durchführung des Referendums, der Anwesenheit internationaler Beobachter, eines wirksamen Rechtsschutz- bzw. Beschwerdesystems und eines ausreichenden Zeitraums zur Vorbereitung auf das Plebiszit, in dem auch die Möglichkeit für die Abstimmenden besteht, sich eine Meinung zu der Fragestellung zu bilden.[137]

Die Verwirklichung des Selbstbestimmungsrechts im Einklang mit demokratischen Mindeststandards sowie unter Mitwirkung oder mit Zustimmung des Mutterstaates ist unumstritten eine völkerrechtslegitime Möglichkeit der Ausübung des Selbstbestimmungsrechts.[138] Anders liegt der Fall, wenn die Abspaltung ohne Zustimmung des Mutterstaates erfolgt – also eine unilaterale Sezession erfolgt. Dann liegt eine Verletzung der territorialen Integrität und der Souveränität des Mutterstaates vor. Traditionell wurden unilaterale Sezessionen unter Berufung auf das Selbstbestimmungsrecht nur in den besonderen Fällen der Dekolonisierung als völkerrechtsgemäß eingestuft.[139] Die von der UN-Generalversammlung verabschiedete *Declaration on the Granting of Independence to Colonial Countries and Peoples* bestimmte die Beendigung des Kolonialismus und die Verwirklichung des Rechts auf Selbstbestimmung zu zentralen Zielen.[140]

---

137 Venedig Kommission, CDL-AD(2007)008rev-cor, S. 6–16; CDL-AD(2005)041, Opinion on the compatibility of the existing legislation in Montenegro concerning the organisation of referendums with applicable international standards, adopted by the Venice Commission at its 65th Plenary Session, 16./17.12.2005, S. 5, paras. 11–12. Die Grundsätze der allgemeinen, freien und geheimen Wahl sind auch im Völkervertragsrecht verankert, s. etwa: *„this Article puts an obligation on the States to „hold free elections at reasonable intervals by secret ballot, under conditions which will ensure the free expression of the opinion of the electorate in the choice of the legislature"* (Art. 1, 1. ZP EMRK); *„Every citizen shall have the right and the opportunity, without any of the distinctions mentioned in article 2 and without unreasonable restrictions: [...] (b) To vote and to be elected at genuine periodic elections which shall be universal and equal suffrage and shall be held by secret ballot, guaranteeing the free expression of the will of the electors"* (Art. 25 ICCPR).

138 *Cassese*, S. 334; *v. d. Driest*, NILR 62 (2015), 329 (336). *dies.*, S. 94 f.

139 *Cassese*, S. 71; *Christakis*, ZaöRV 75 (2015), 75 (82 f.); *Heintze*, in: *Ipsen*, VöR, § 10, Rn. 74; *Herdegen*, VöR, § 36, Rn. 1 f.; *Kooijmans*, NILR 43/2 (1996), 211 (213); *Saul*, HRLR 11/4 (2011), 609 (613); *Thürer/Burri*, in: MPEPIL, Self-Determination, Rn. 34; s. zur Entwicklung des Selbstbestimmungsrechts im Kontext der Dekolonisierung auch: *Klein*, ZaöRV 36 (1976), 618 (619–626).

140 *„Welcoming the emergence in recent years of a large number of dependent territories into freedom and independence, and recognizing the increasingly powerful trends*

Der Prozess der Auflösung der Kolonialstrukturen durch den Unabhängig-keitskampf der unter der Kolonialisierung leidenden Völker bildet den traditionellen Ausübungsmodus des Selbstbestimmungsrechts. Im Zusam-menhang mit der Dekolonisierung erwuchs das Selbstbestimmungsrecht demnach in ein Sezessionsrecht. Die zentrale Bedeutung des Selbstbestim-mungsrechts im Rahmen des Dekolonisierungsprozesses spiegelt sich auch in der Rechtsprechung des IGH.[141]

Im Rahmen der Evolution des Selbstbestimmungsrechts von einer poli-tischen Zielbestimmung zu einem positiven Recht ist der Bezug zur Deko-lonisierung aufgehoben worden. Auch außerhalb dieses Kontextes ist das Selbstbestimmungsrecht heute anerkannt.[142] Jenseits des kolonialen Kon-textes aber wird der Schutz der territorialen Souveränität und Integrität der Staaten besonders betont. Die Verwirklichung des Selbstbestimmungs-rechts in seiner internen Dimension, also innerhalb der Grenzen des Mut-terstaates und im Einklang mit der territorialen Integrität, ist vorrangig

---

towards freedom in such territories which have not yet attained independence, [...] Convinced that all peoples have an inalienable right to complete freedom, the exercise of their sovereignty and the integrity of their national territory, Solemnly proclaims the necessity of bringing to a speedy and unconditional end colonialism in all its forms and manifestations", UN/GA/RES/1514, 14.12.1960, Präambel.

141 S. etwa: *„Furthermore, the subsequent development of international law in regard to non-self-governing territories, as enshrined in the Charter of the United Nations, made the principle of self-determination applicable to all of them. The concept of sacred trust was confirmed and expanded to all „territories whose peoples have not yet attained a full measure of self-government"*, IGH, Legal Consequences for States of the Continued Presence of South Africa in Namibia (South West Africa) notwithstanding Security Council Resolution 276 (1970), Advisory Opinion, 21.06.1971, ICJ Rep. 1971, 16 (31), para. 52; *„The validity of the principle of self-determination, defined as the need to pay regard to the freely expressed will of peoples, is not affected by the fact that in certain cases the General Assembly has dispensed with the requirement of consulting the inhabitants of a given territory."*, IGH, Western Sahara, Advisory Opinion, 16.10.1975, ICJ Rep. 1975, 12 (33), para. 59; *v. d. Driest*, S. 34; *Gusy*, AdV 30/4 (1992), 385 (388).

142 *Heintze*, in: *Ipsen*, VöR, § 10, Rn. 45; *Raic*, S. 228; 232 f.; *Tomuschat*, in: Secession, S. 23; *Vidmar*, StAIR 6/1 (2010), 37 (37); Auch der IGH hat die Geltung des Selbstbestimmungsrechts außerhalb des Dekolonisierungsprozesses anerkannt, s. etwa: *„The Court considers that those rights [the „legitimate rights" of the Palesti-nian people] include the right to self-determination, as the General Assembly has moreover recognized on a number of occasions"*, IGH, Legal Consequences of the Construction of a Wall in the occupied Palestinian Territory, Advisory Opinion, 09.07.2004, ICJ Rep. 2004, 136 (183), para. 118.

zu verfolgen.[143] So gewährt auch die *Friendly Relations Declaration* diese externen Ausübungsmodi des Selbstbestimmungsrechts nicht unbegrenzt:

> „Nothing in the foregoing paragraphs shall be construed as authorizing or encouraging any action which would **dismember or impair, totally or in part, the territorial integrity or political unity of sovereign and independent States** conducting themselves in compliance with the principle of equal rights and self-determination of peoples as described above [...]"
> (Hervorhebung eingefügt).[144]

Die Möglichkeit zur Sezession und damit der Bildung eines eigenständigen Staates auf Grundlage des Selbstbestimmungsrechts wird durch die Prinzipien des Schutzes der territorialen Integrität und der politischen Einheit eines Mutterstaates, der die Verwirklichung des Selbstbestimmungsrechts dem Grunde nach gewährleistet, begrenzt. Entsprechende *„safeguard clause(s)"* gehen regelmäßig mit Regelungen zum Selbstbestimmungsrecht einher.[145] So enthält beispielsweise die Wiener Erklärung eine fast wortgleiche Regelung:

> „All peoples have the right of self-determination. By virtue of that right they freely determine their political status, and freely pursue their economic, social and cultural development. Taking into account the particular situation of peoples under colonial or other forms of alien domination or foreign occupation, the World Conference on Human Rights recognizes the right of peoples **to take any legitimate action**, in accordance with the Charter of the United Nations, **to realize their inalienable right of self-determination**. The World Conference on Human Rights considers the denial of the right of self-determination as a violation of human rights and underlines the importance of the effective realization of this right." (Hervorhebung eingefügt).[146]

Die *safeguard clauses* in entsprechenden Verträgen heben die Bedeutung der territorialen Integrität unter dem Völkerrecht hervor:

---

143 *v. d. Driest*, NILR 62 (2015), 329 (338); *Ott*, S. 101; *Raic*, S. 237; *Thürer/Burri*, in: MPEPIL, Self-Determination, Rn. 27.

144 UN/GA/RES/2625, 24.10.1970, Abschnitt (e).

145 So zum Beispiel auch in der Schlussakte von Helsinki, *v. d. Driest*, NILR 62 (2015), 329 (337 f.); *dies.*, S. 104. Zum Teil werden diese auch als *„saving clauses"* bezeichnet, s. zB *Cassese*, S. 109.

146 Vienna Declaration and Programme of Action (1993), para. I. 2.

„*this shall not be construed as authorizing or encouraging any action which
would **dismember or impair, totally or in part, the territorial integrity
or political unity of sovereign and independent States** conducting themselves in compliance with the principle of equal rights and self-determination
of peoples and thus possessed of a Government representing the whole people
belonging to the territory without distinction of any kind.*" (Hervorhebung
eingefügt).[147]

Auch in der Rechtsprechung ist auf diese Einschränkungen ausdrücklich
hingewiesen worden, so beispielsweise durch den kanadischen *Supreme
Court* in der Frage der Abspaltung Quebecs von Kanada.[148] Ein Verständnis des Selbstbestimmungsrechts als Grundlage eines Rechts auf Sezession steht im Spannungsfeld zur Souveränität und territorialen Integrität
der Staaten.[149] Das Völkerrecht ist demnach grundsätzlich sezessionsfeind-
lich, auch wenn keine ausdrückliche Regelung in Form eines Verbotes
existiert.[150] Ein grundsätzliches, allgemeines Sezessionsrecht außerhalb des
kolonialen Kontextes ist nicht anerkannt.[151]

Putin hat sich zur Begründung eines Abspaltungsrechts der auf der Krim
lebenden Bevölkerung auf eine Bedrohung dieser durch die ukrainische
Regierung berufen.[152] Unter dem Eindruck dieser Bedrohungslage habe
die Krim-Bevölkerung unter russischer Unterstützung ihrem freien Willen
der Zugehörigkeit zu Russland im Wege des Referendums Ausdruck verliehen. Ergibt sich auf Grundlage dieser Begründung ein Sezessionsrecht
der Krim-Bevölkerung?

147 Vienna Declaration and Programme of Action (1993), para. I. 2.
148 Reference re Secession of Quebec, Supreme Court of Canada 1998 (2), 217
(282ff.), paras. 126 ff.
149 *Brewer*, VJTL 45 (2012), 245 (248); *Kooijmans*, NILR 43/2 (1996), 211 (211);
Okeke, ASICL 3/1 (1996), 27 (30); *Sterio*, ILSA JICL 21/2 (2015), 293 (299);
Vidmar, OJLS 32/1 (2012), 153 (154).
150 *Christakis*, LJIL 24 (2011), 73 (84); *Heintze*, in: *Ipsen*, VöR, § 10, Rn. 82; *Hilpold*,
ZöR 63 (2008), 117 (123); *Murswiek*, in: *Gornig/Horn/Murswiek*, S. 103; *ders.*,
AdV 31/4 (1993), 307 (309); *Peters*, OE 64/5–6 (2014), 100 (120); *Raic*, S. 311;
Thürer, AdV 22/2 (1984), 113 (129); *ders./Burri*, in: MPEPIL, Secession, Rn. 14;
Vidmar, StAIR 6/1 (2010), 37 (37 f.).
151 *Christakis*, ZaöRV 75 (2015), 75 (84); *Hilpold*, ZöR 63 (2008), 117 (122); *Raic*,
S. 234; *Thürer*, AdV 22/2 (1984), 113 (129).
152 „*Those who opposed the coup were immediately threatened with repression. Naturally,
the first in line here was Crimea, the Russian-speaking Crimea. […] First, we had
to help create conditions so that the residents of Crimea for the first time in history
were able to peacefully express their free will regarding their own future.*", Address by
President of the Russian Federation, 18.03.2014.

II. Ein Recht auf „*remedial secession*"?

Jenseits des kolonialen Kontextes wird unter Bezug auf die sogenannten *safeguard clauses* ein außergewöhnliches Recht zur „*remedial secession*" diskutiert.[153] Dabei handelt es sich um ein Notstandsrecht, das in Extremfällen bei systematischer Unterdrückung und Verfolgung von Volksgruppen aus der externen Ausprägung des Selbstbestimmungsrechts entstehen kann.[154] Eine ausdrückliche Regelung eines solchen Rechts zur Notstandssezession existiert nicht. Die Herleitung eines Rechts zur „*remedial secession*" knüpft an die bestehenden *safeguard clauses* etwa der *Friendly Relations Declaration* an.[155] Im Wege eines *e contrario* Schlusses werden diese so ausgelegt, dass der besondere Schutz der territorialen Integrität eines Staates nur eingreift, wenn dieser sich „*in compliance with the principle of equal rights and self-determination*" verhält.[156] Berücksichtigt der Mutterstaat das Selbstbestimmungsrecht des Volkes nicht hinreichend, verhält sich also nicht „*in compliance with the principle of equal rights and self-determination of peoples*", so muss der Schutz der territorialen Integrität zurücktreten und als *ultima ratio* entstünde ein Sezessionsrecht des unterdrückten Volkes.[157]

---

153 Vgl. nur: *Brewer*, VJTL 45/1 (2012), 276 ff.; *v. d. Driest*, S. 97 ff.; *Kapustin*, ZaöRV 75 (2015), 101 (107 f.); *Vidmar*, StAIR 6/1 (2010), 37 ff.

154 *v. d. Driest*, NILR 62 (2015), 329 (340).

155 „*Nothing in the foregoing paragraphs shall be construed as authorizing or encouraging any action which would dismember or impair, totally or in part, the territorial integrity or political unity of sovereign and independent States **conducting themselves in compliance with the principle of equal rights and self-determination of peoples** as described above and thus possessed of a government representing the whole people belonging to the territory **without distinction as to race, creed or colour**.*" (Hervorhebung eingefügt), UN/GA/RES/2625, 24.10.1970; „*In accordance with the Declaration on Principles of International Law concerning Friendly Relations and Cooperation Among States in accordance with the Charter of the United Nations, this shall not be construed as authorizing or encouraging any action which would dismember or impair, totally or in part, the territorial integrity or political unity of sovereign and independent States **conducting themselves in compliance with the principle of equal rights and self-determination of peoples** and thus possessed of a Government representing the whole people belonging to the territory **without distinction of any kind**.*", (Hervorhebung eingefügt), UN/Doc./A/CONF.157/24, Vienna Declaration and Programme of Action, 25.06.1993, para. 2.

156 *Cassese*, S. 112 f.; *v. d. Driest*, S. 104; *Kooijmans*, NILR 43/2 (1996), 211 (212 f.); *Raic*, S. 318; *Schneckener*, Leviathan 25/4 (1997), 458 (463); *Thürer/Burri*, in: MPEPIL, Secession, Rn. 16 f.

157 *Brewer*, VJTL 45 (2012), 245 (276); *Buchheit*, S. 92 f., 222; *Cassese*, S. 119 f.; *Castellino*, in: Self-Determination, S. 38–40; *Doehring*, Rn. 796–799; *Dugard/Raic*, in: Secession, S. 103; *Knop*, S. 75 f.; *Kooijmans*, NILR 43/2 (1996), 211 (212);

Der absolute Schutz bzw. Vorrang der territorialen Souveränität eines Staates entfällt nach dieser Deutung, wenn dem betroffenen Volk die Ausübung seines Selbstbestimmungsrechts in einer internen Dimension vollständig unmöglich gemacht wird, es keine Repräsentation im souveränen Staat erfährt und zusätzlich massive Menschenrechtsverletzungen erfolgt sind, die eine friedliche Ausübung des internen Selbstbestimmungsrechts innerhalb des bestehenden Mutterstaates auch für die Zukunft ausschließen.[158] Das Recht zur *remedial secession* würde auf diese Weise der Erhaltung des Charakters des Selbstbestimmungsrechts im post-kolonialen Kontext als Grundlage des Schutzes einzelner Bevölkerungsgruppen innerhalb eines bestehenden Staates dienen. Eine solche Deutung überzeugte auch vor dem Hintergrund der fortschreitenden Integration menschenrechtlicher Belange in das Völkerrecht. Vorrangig muss diesen Völkern jedoch die Ausübung ihres Selbstbestimmungsrechts in seiner internen Dimension ermöglicht werden, da dieser Modus die Prinzipien der territorialen Integrität und der Selbstbestimmung des Volkes miteinander in Einklang bringt. Wird dem Volk dagegen keine Möglichkeit zur internen Verwirklichung dieses Rechts geboten, so kann das Selbstbestimmungsrecht als *ultima ratio* in ein Recht zur (Notstands-)Sezession erwachsen.

Zum Teil wird dieser Konzeption eines Notstandssezessionsrechts entgegen gehalten, die *Friendly Relations Declaration* habe einen eindeutigen kolonialen Bezug und begründe kein „allgemeines" Recht auf Sezession.[159] Außerdem könne ein weitreichendes Verständnis des Selbstbestimmungsrechts dazu führen, dass Sezessionsbestrebungen zunehmen und die Verwirklichung des Selbstbestimmungsrechts den „Zerfall" einzelner Staaten begünstige, weil hierdurch nach und nach immer mehr Teilgruppen die Abspaltung vom Mutterstaat begehren könnten. Dies könne zu einer Instabilität führen, die dem grundlegenden Prinzip der Souveränität und Kontinuität des Staates zuwiderliefe.[160]

Murswiek, AdV 31/4 (1993), 307 (314 f.); *Okeke*, ASICL 3/1 (1996), 27 (34); *Raic*, S. 320 f.; *Tomuschat*, in: Secession, S. 42.

158 *Buchheit*, S. 221; *Brewer*, VJTL 45 (2012), 245 (276 ff.); *Cassese*, S. 118 ff.; *Murswiek*, in: Gornig/Horn/Murswiek, S. 105; *Oeter*, ZaöRV 52 (1992), 741 (772 f.); *Raic*, S. 323–326; *Tomuschat*, in: Secession, S. 41.

159 *Hilpold*, JZ 22 (2013), 1061 (1067), der erst durch die Formulierung in den Menschenrechtspakten von einem Verständnis auch abseits des kolonialen Kontextes ausgeht.; *ders.*, ZöR 63 (2008), 117 (130 f.).

160 *Schneckener*, Leviathan 25/4 (1997), 458 (459); *Thürer/Burri*, in: MPEPIL, Secession, Rn. 9.

Die Gewährleistung der Ausübung des Selbstbestimmungsrechts in seiner internen Ausprägung aber bewirkt das genaue Gegenteil dieser Befürchtung. Wird den Gruppen innerhalb des Mutterstaates weitgehende Autonomie gewährt, so beugt dies dem Bedürfnis nach der Loslösung vom Mutterstaat und zur Gründung eines eigenen Staates vor.[161] Nur für den Fall, dass die Ausübung dieses Rechts nicht gewährleistet ist, entstünde im Ausnahmefall ein Recht zur Sezession. Der bloße Wortlaut des Abschnitts zum Selbstbestimmungsrecht in der *Friendly Relations Declaration* lässt keinen Hinweis auf ein rein koloniales Verständnis des „Volkes" erkennen.

Zwar ist die Bedeutsamkeit der *Friendly Relations Declaration* im Sinne einer Spiegelung geltenden Völkergewohnheitsrechts heute weitgehend etabliert, aber die Herleitung des Sezessionsrechts steht auf einer instabilen dogmatischen Grundlage. Aus einem *e contrario*-Schluss eines nicht-bindenden Rechtsaktes wird ein Recht abgeleitet, das grundlegenden Prinzipien des Völkerrechts, der territorialen Integrität und Souveränität eines Staates, massiv zuwiderläuft.[162] Der Wortlaut der Resolution lässt keine eindeutige Schlussfolgerung zugunsten eines derartigen Rechts zu. Auch die Nachvollziehbarkeit und Rechtssicherheit einer solchen Begründung eines Sezessionsrechts sind durch dessen schwache Konturierung deutlich beeinträchtigt. Die als Kriterium eines Sezessionsrechts benannten „schweren oder massiven" Beeinträchtigungen von Menschenrechten und die Frage der Erforderlichkeit der Verdichtung des Selbstbestimmungsrechts zum Sezessionsrecht als *ultima ratio* sind nur begrenzt überprüfbar.[163] Für die Frage der völkergewohnheitsrechtlichen Anerkennung eines derartigen Rechts kommt es darüber hinaus entscheidend auf die zugehörige Staatenpraxis an.

1. Staatenpraxis

Die Betrachtung beschränkt sich auf einen exemplarischen Überblick zu zentralen Fällen einer (versuchten) unilateralen Sezession, die sich außerhalb des Kontextes der Dekolonisierung bewegen. Eine Sonderstellung nehmen die Konflikte um die Unabhängigkeit des Kosovo und die Sezessionsbestrebungen der Regionen Südossetien und Abchasien in Georgien

---

161 *Murswiek*, AdV 31/4 (1993), 307 (332).
162 *Shaw*, S. 234; *Thürer/Burri*, in: MPEPIL, Self-Determination, Rn. 17; *Vidmar*, OJLS 32/1 (2012), 153 (167).
163 *Thürer/Burri*, in: MPEPIL, Secession, Rn. 19.

ein. Die Unabhängigkeit des Kosovo ist in der russischen Befassung wiederholt als Beispiel der *„double standards"* des politischen Westens benannt worden.[164] Der Konflikt um die georgischen Regionen zeigt deutliche Parallelen zum Konflikt um die Krim.

a. Åland Case (1920)

Bereits vor dem Inkrafttreten der UN-Charta deutete eine Kommission von Sonderberichterstattern im Rahmen der *League of Nations* die Konzeption des Notstandssezessionsrechts an. Die Kommission behandelte die Frage, ob ein Recht der Bevölkerung der Åland-Inseln bestand, sich im Wege der Sezession von Finnland zu lösen und dem schwedischen Staat beizutreten. Grundlage dieser Bestrebung war die sprachliche und kulturelle Nähe der Bevölkerung zu Schweden.[165] Der finnische Staat hatte den Åland-Inseln die Gewährung weitgehender Autonomierechte angeboten, diese strebten jedoch nach einer Vereinigung mit Schweden und verliehen diesem Willen durch ein Plebiszit Ausdruck.[166] Die zur Abgabe einer *advisory opinion* eingesetzte Kommission kam in ihrem Abschlussbericht im Jahr 1921 zu dem Schluss, dass ein Recht auf Abspaltung einer Minderheit von einem Staat als *„last resort"* bestehe, wenn der betreffende Staat nicht in der Lage oder nicht willens sei, der Minderheit eine Berücksichtigung

---

164 S. etwa: *„Moreover, the Crimean authorities referred to the well-known Kosovo precedent – a precedent our western colleagues created with their own hands in a very similar situation, when they agreed that the unilateral separation of Kosovo from Serbia, exactly what Crimea is doing now, was legitimate and did not require any permission from the country's central authorities. [...] For some reason, things that Kosovo Albanians (and we have full respect for them) were permitted to do, Russians, Ukrainians and Crimean Tatars in Crimea are not allowed."*, Address by President of the Russian Federation, 18.03.2014. Ähnlich hatte der damalige russische Präsident *Medwedew* schon im Rahmen des Georgien-Konflikts argumentiert: *„We argued consistently that it would be impossible, after that, to tell the Abkhazians and Ossetians (and dozens of other groups around the world) that what was good for the Kosovo Albanians was not good for them. In international relations, you cannot have one rule for some and another rule for others."*, Financial Times, Why I had to recognize Georgia's breakaway regions, 26.08.2008, abrufbar unter: https://www.ft.com/content/9c7ad792-7395-11dd-8a66-0000779fd18c.

165 *v. d. Driest*, NILR 62 (2015), 329 (342); *Thürer/Burri*, in: MPEPIL, Secession, Rn. 25.

166 *v. d. Driest*, S. 122.

ihrer Rechte zu ermöglichen.[167] Die vorrangige Gewährung von „*just und effective guarantees*" durch den Mutterstaat entspricht dem fortbestehenden Grundsatz, eine Verwirklichung des Selbstbestimmungsrechts durch interne Ausübung und die Gewährleistung von besonderen Rechten innerhalb des Mutterstaates einer externen Auslegung des Selbstbestimmungsrechts vorzuziehen.[168]

b. Bangladesch (1971)

Die Abspaltung Bangladeschs von Pakistan war jenseits des Dekolonisierungsprozesses die erste erfolgreiche unilaterale Sezession unter der Geltung der UN-Charta.[169] In der Praxis der Vereinten Nationen war bis dahin die Existenz eines Sezessionsrechts angesichts des Vorrangs der territorialen Integrität eines Staates vorherrschend abgelehnt worden.[170] Pakistan bestand nach dem Ende der britischen Kolonialherrschaft aus zwei Teilen, West- und Ostpakistan, dem heutigen Bangladesch. Durch das dazwischenliegende Indien waren die beiden Staatsteile rund 2000 km voneinander entfernt.[171] Hinzu kam, dass die Bevölkerungsgruppen in Ost- und Westpakistan ethnisch und kulturell sehr unterschiedlich waren. Im Osten des Landes lebten die Bengalen, im Westen bestand eine multiethnische Population.[172] Die Bengalen wurden durch den Westen weitge-

---

167 „*The separation of a minority from the State can only be considered as an altogether exceptional solution, a last resort when the State lacks either the will or the power to enact and apply just and effective guarantees.*", Report presented to the Council of the League of Nations by the Commission of Rapporteurs, LN Council Doc. B7 21/68/106, para. 28.

168 Kritisch hierzu: *Hilpold*, ZöR 63 (2008), 117 (129), der in der Stellungnahme der Beraterkommission keinerlei tatsächliche Aussage über die Existenz eines Sezessionsrechts erkennen will.

169 Die versuchten Sezessionen Katangas vom Kongo im Jahr 1960 sowie Biafras von Nigeria im Jahr 1967 waren noch kläglich gescheitert bzw. hatten kaum Aufmerksamkeit in den Vereinten Nationen erzeugt., s. *Raic*, S. 333 f.; *Schneckener*, Leviathan 25/4 (1997), 458 (460).

170 Vertreten bspw. ausdrücklich durch den damaligen UN-Generalsekretär *U Thant*: „*As far as the question of secession of a particular section of a Member State is concerned, the United Nations attitude is unequivocal. As an international organisation, the United Nations has never accepted and does not accept and I do not believe it will ever accept a principle of secession of a part of a Member State.*", UN, Monthly Chronicle, Vol. 7 (1970), S. 36.

171 *Thürer/Burri*, in: MPEPIL, Secession, Rn. 33; *Raic*, S. 335.

172 *v. d. Driest*, S. 276.

hend dominiert, so wurde beispielsweise Bengali nicht als Amtssprache Pakistans anerkannt, obwohl dies die Muttersprache der Ostpakistanis war. Hierdurch ergaben sich Konflikte zwischen Ost- und Westpakistan. 1962 forderte Ostpakistan unter der Führung des Scheichs *Mujibur Rahman* die Unabhängigkeit vom Rest Pakistans. Bei der Parlamentswahl Pakistans im Jahr 1970 gewann eine ostpakistanische, separatistisch geprägte Partei, die *Awami League*, die Mehrheit der Sitze im Parlament. Es folgte ein erbitterter Machtkampf zwischen *Rahman* als Vertreter Ostpakistans und General *Yahya Khan* als Vertreter Westpakistans. Die Auseinandersetzung mündete in einem Unabhängigkeitskrieg, der zehntausende Menschen das Leben kostete.[173] Indien griff angesichts wachsender Flüchtlingszahlen Anfang Dezember 1971 militärisch in den Konflikt ein, was dazu führte, dass Westpakistan Mitte Dezember kapitulierte und Ostpakistan, dem heutigen Bangladesch, zur Unabhängigkeit verhalf.[174] Die Abspaltung Bangladeschs wurde von der internationalen Staatengemeinschaft weitgehend anerkannt. Mit Blick auf den Unabhängigkeitskrieg muss davon ausgegangen werden, dass massive Menschenrechtsverletzungen in Form von Kriegsverbrechen an einer ethnisch einheitlichen Gruppe im abgegrenzten Gebiet Ostpakistans vorlagen. Der Fall Bangladeschs wird daher zum Teil als Bestätigung einer völkergewohnheitsrechtlichen Doktrin der *remedial secession* angesehen.[175]

Gegen diese Deutung des Falls als Bestätigung eines völkergewohnheitsrechtlich anerkannten Rechts zur Notstandssezession spricht die bereits zuvor bestehende räumliche Trennung der Gebiete. Hinzu kommt, dass die Situation Ostpakistans einer kolonialen Beherrschung vergleichbar war.[176] Weiterhin haben die meisten Staaten die Unabhängigkeit Bangladeschs erst anerkannt, als diese vom Mutterstaat Pakistan im Jahr 1974 anerkannt wurde.[177] Dies könnte als Einverständnis des Mutterstaates gedeutet werden. In die gleiche Richtung geht der Einwand, dass die Abspaltung Bangladeschs von der internationalen Staatengemeinschaft nicht als Fall unilateraler „Notstands-"Sezession bezeichnet wurde, obwohl die Voraus-

---

173 *Thürer/Burri*, in: MPEPIL, Secession, Rn. 33; *v. d. Driest*, S. 277; *Vidmar*, StAIR 6/1 (2010), 37 (42).
174 *Raic*, S. 339.
175 *Raic*, S. 341 f; 365 f.
176 *Schneckener*, Leviathan 25/4 (1997), 458 (460).
177 *v. d. Driest*, S. 278; *Tancredi*, in: Secession, S. 179; *Vidmar*, StAIR 6/1 (2010), 37 (43).

setzungen hierfür in Gestalt massiver Menschenrechtsverletzungen wohl vorgelegen haben.[178]

c. Zerfall Jugoslawiens (1991)

Weiterer möglicher Anknüpfungspunkt eines Sezessionsrechts auf der Grundlage des Selbstbestimmungsrechts könnte der Zerfall Jugoslawiens und die damit einhergehende „Ketten"-Sezession sein. Kroatien bezog sich bei seiner Unabhängigkeitserklärung ausdrücklich auf eine Vorschrift der kroatischen Verfassung, die *necessary decisions for the protection of the sovereignty and interests of the Republic of Croatia"* auf der Grundlage des Selbstbestimmungsrechts erlaubte, sofern die territoriale Integrität Kroatiens beeinträchtigt war oder eine Gefährdung kroatischer Interessen innerhalb der Föderation bestand.[179]

Gegen eine Deutung als Beispiel einer Sezession auf Grundlage des Selbstbestimmungsrechts spricht, dass die (vorzeitige) Anerkennung der aus dem Zerfall Jugoslawiens entstandenen Staaten sich nicht auf deren etwaiges Sezessionsrecht im Ausnahmefall bezog, sondern auf die Unausweichlichkeit des Zerfalls Jugoslawiens.[180] Kein Staat hat die Unabhängigkeit einer der jugoslawischen Republiken anerkannt, bevor die Badinter Kommission ausdrücklich zu dem Ergebnis gekommen war, dass die Sozialistische Föderative Republik Jugoslawien sich in einem Prozess des

---

178 *v. d. Driest*, S. 278.

179 „*(1) The Republic of Croatia remains part of the Socialist Federal Republic of Yugoslavia until a new agreement is reached by the Yugoslav republics, or until the Croatian Parliament decides otherwise.*
*(2) If the territorial integrity of the Republic of Croatia is infringed by an act of or procedure by federal organ or an organ of other republics or provinces, members of the Federation, or if the Republic is brought into an unequal position in the federation, or its interests are endangered, the republic of Croatia's organs shall, **on the basis of the right to self-determination** and the sovereignty of the Republic of Croatia established by the Constitution, make the necessary decisions for the protection of the sovereignty and interests of the Republic of Croatia.*"
(Hervorhebung eingefügt), Art. 140, Kroatische Verfassung von 1990, engl. Übersetzung, abrufbar unter: https://www.servat.unibe.ch/icl/hr01000_.html.

180 *Hilpold*, JZ 22 (2013), 1061 (1065); *Tancredi*, in: Secession, S. 185f.; *Thürer/Burri*, in: MPEPIL, Secession, Rn. 35 f. aA: *Raic*, S. 365 f., der auch die Abspaltung Kroatiens als Bestätigung der Doktrin der *remedial secession* ansehen will. Dagegen spricht, dass die „Sezession" Kroatiens nicht als Sezession anzusehen war, sondern im Prozess der Auflösung der Sowjetunion die Staatsgründung erfolgte.

Zerfalls befinde. In einem Prozess des „Zerfalls" aber ist eine Sezession denklogisch nicht mehr möglich.[181]

d. Quebec (1998)

Ein weiterer zentraler Fall in der Staatenpraxis ist die Befassung des kanadischen *Supreme Court* mit der Frage eines Sezessionsrechts Quebecs.[182] Dabei wurde die ausdrückliche Frage an das Gericht gestellt, ob im Völkerrecht eine Ausprägung eines „Rechts" auf Selbstbestimmung bestehe, die ein Recht zur unilateralen Sezession begründen könne.[183] Der Gerichtshof bestätigte das Bestehen eines Sezessionsrechts im Kontext der kolonialen Beherrschung oder sonstiger Fremdherrschaft. Ob ein solches Recht auch außerhalb des kolonialen Kontextes bestehe, wenn einem Volk jegliche bedeutsame Ausübung des internen Selbstbestimmungsrechts innerhalb des Mutterstaates verweigert werde, sei unklar.[184] Das Selbstbestimmungsrecht erwachse nur in Extremfällen unter engen Voraussetzungen in eine externe Ausprägung, die ein Recht auf Sezession begründen könne.[185] Zwar bestehe im internationalen Recht kein tatsächliches Verbot der Sezession, allerdings sei aufgrund des bedeutenden Wertes der territorialen Integrität eines Staates eine Abspaltung eines staatlichen Teilgebiets, die auch nach

---

181 *Thürer/Burri*, in: MPEPIL, Secession, Rn. 35 f.; *Vidmar*, StAIR 6/1 (2010), 37 (47).

182 Supreme Court of Canada, Reference re Secession of Quebec, 1998 (2), 217.

183 *„Does international law give the National Assembly, legislature or government of Quebec the right to effect the secession of Quebec from Canada unilaterally? In this regard, is there a right to self-determination under international law that would give the National Assembly, legislature or government of Quebec the right to effect the secession of Quebec from Canada unilaterally?"*, Supreme Court of Canada, Reference re Secession of Quebec, 1998 (2), 217 (218), Question 2.

184 *„a right of secession only arises under the principle of self-determination of people at international law where „a people" is governed as a part of a colonial empire; where „a people" is subject to alien subjugation, domination or exploitation; and possibly where „a people" is **denied any meaningful exercise of its right to self-determination within the state of which it forms a part.**"*, (Hervorhebung eingefügt), Supreme Court of Canada, Reference re Secession of Quebec, 1998 (2), 217 (222), Ls. (3); (285 ff.), paras. 134 ff.

185 *„A right to external self-determination (which in this case potentially takes the form of the assertion of a right to unilateral secession) arises in only the most extreme of cases and, even then, under carefully defined circumstances."*, Supreme Court of Canada, Reference re Secession of Quebec, 1998 (2), 217 (282), para. 126.

innerstaatlichem Recht nicht anzuerkennen sei, tendenziell abzulehnen.[186] Das Selbstbestimmungsrecht werde vorrangig in einem internen Kontext zur Erfüllung gebracht.[187]

Eine abschließende Entscheidung zur Frage des Bestehens eines Sezessionsrechts im Einzelfall war im Rahmen des Verfahrens schon deswegen nicht notwendig, weil eine hinreichende Repräsentation der Bevölkerung Quebecs gegeben und ein absolutes Scheitern der Verwirklichung des Selbstbestimmungsrechts daher nicht anzunehmen waren.[188] Die Entscheidung des *Supreme Court* bestätigt die vorrangige Verwirklichung des Selbstbestimmungsrechts in seiner internen Dimension, deutet aber die Entwicklung eines Rechts zur Notstandssezession im Ausnahmefall an. Von einer tatsächlich etablierten völkergewohnheitsrechtlichen Geltung dieses Rechts ging der Gerichtshof aber nicht aus.

e. Kosovo (2008)

Von besonderer Bedeutung in der Betrachtung der Staatenpraxis ist die Abspaltung des Kosovo von Serbien. Die weitgehende Anerkennung der Unabhängigkeit des Kosovo ist von Russland als dem Fall der Krim vergleichbares Beispiel angeführt worden, das aufgrund der *double standards* des Westens einer abweichenden rechtlichen und politischen Bewertung zugeführt werde.[189] Innerhalb der Sozialistischen Föderativen Republik Jugoslawien hatte das Kosovo in der Republik Serbien einen Autonomiestatus inne, der dem Gebiet jedoch beim Zerfall der Republik nicht zugestand, einen selbstständigen Staat zu begründen.[190] Das Kosovo blieb daher Teil Serbiens. Innerhalb Serbiens wurde die Autonomie der Region unter der Regierung *Miloševićs* faktisch ausgesetzt.[191] Im Konflikt über

---

186 Supreme Court of Canada, Reference re Secession of Quebec, 1998 (2), 217 (277 f.), para. 112.

187 *„The recognized sources of international law establish that the right to self-determination of a people is normally fulfilled through internal self-determination"*, Supreme Court of Canada, Reference re Secession of Quebec, 1998 (2), 217 (282), para. 126.

188 Supreme Court of Canada, Reference re Secession of Quebec, 1998 (2), 217 (286 f.), para. 136.

189 *„For some reason, things that Kosovo Albanians (and we have full respect for them) were permitted to do, Russians, Ukrainians and Crimean Tatars in Crimea are not allowed."*, Address by President of the Russian Federation, 18.03.2014.

190 *Thürer/Burri*, in: MPEPIL, Secession, Rn. 37; *Vidmar*, StAIR 6/1 (2010), 37 (47).

191 *Hilpold*, JZ 22 (2013), 1061 (1066).

die verlorene Autonomie erfuhr die Bevölkerung des Kosovo Repressionen und massive Menschenrechtsverletzungen bis hin zu grausamen ethnischen Säuberungen durch die serbische Führung.[192] Hierauf reagierten die Vereinten Nationen zunächst mit Resolutionen, die die Verletzung dieser Rechte streng verurteilten und deren Beendigung forderten.[193] Aufgrund der andauernden gewaltsamen Unterdrückung der Kosovo-Albaner und der Handlungsunfähigkeit des Sicherheitsrates wegen des russischen Vetos griff die NATO 1999 ohne Autorisierung durch den Sicherheitsrat militärisch in den Konflikt ein.[194] Es folgte die Einrichtung einer internationalen Verwaltung durch die Vereinten Nationen, die den Wiederaufbau eines übergangsweisen Selbstverwaltungs-Systems gewährleisten sollte.[195] Im Rahmen der internationalen Verwaltung bemühten sich die Vereinten Nationen, im Wege der Verhandlung eine Lösung für den Kosovo-Konflikt zu finden. Diese Bemühungen blieben erfolglos. Im Jahr 2007 stellte der UN-Sonderbeobachter *Ahtisaari* in einem Bericht an den Sicherheitsrat fest, die Verhandlungen seien gescheitert und die Unabhängigkeit des Kosovo bilde den einzigen Ausweg.[196] Wenig später erklärte das Kosovo seine Unabhängigkeit. Zu diesem Zeitpunkt hatte das Kosovo selbst keine Staatlichkeit innerhalb Serbiens begründet. Hierzu fehlte die effektive Staatsgewalt, die vollständig durch die internationale Administration und unter deren Aufsicht eingerichtete Übergangsorgane des Kosovo übernommen worden war.[197]

Serbien wies die Unabhängigkeitserklärung des Kosovo zurück und betonte, diese mit Blick auf die Resolution 1244 zur Einrichtung der internationalen Verwaltung des Kosovo nicht anzuerkennen. Die Unabhängigkeitserklärung des Kosovo verletze die territoriale Integrität Serbiens, die

---

192 *Burri*, GLJ 11/8 (2010), 881 (881); *Thürer/Burri*, in: MPEPIL, Secession, Rn. 37.

193 zB. UN/GA/RES/48/153, 20.12.1993, para. 18: „*strongly condemns in particular the measures and practices of discrimination and the violations of the human rights of the ethnic Albanians of Kosovo, as well as the large-scale repression committed by the Serbian authorities*".

194 *Thürer/Burri*, in: MPEPIL, Self-Determination, Rn. 41; *Vidmar*, StAIR 6/1 (2010), 37 (48).

195 UN/S/RES/1244, 10.06.1999, Einrichtung der United Nations Interim Administration (UNMIK).

196 UN/S/2007/168, 26.03.2007, „*Independence is the only option for a politically stable and economically viable Kosovo.*", S. 4, para. 10; „*The irreconcilable positions of the parties have made that goal [negotiated settlement] unattainable.*", S. 5, para. 16.

197 *Murswiek*, in: *Gornig/Horn/Murswiek*, S. 111; *Vidmar*, StAIR 6/1 (2010), 37 (48).

im Rahmen der Resolution anerkannt wurde.[198] Die Generalversammlung der Vereinten Nationen stellte auf Bestreben Serbiens daraufhin im Oktober 2008 einen Gutachtenantrag an den Internationalen Gerichtshof.[199] Der Antrag beschränkte sich auf die Frage, ob die Unabhängigkeitserklärung des Kosovo im Einklang mit dem Völkerrecht stand.[200]

Der IGH stellte in seiner *Advisory Opinion* ausdrücklich fest, dass damit nicht nach den Rechtsfolgen dieser Erklärung gefragt wurde. Insbesondere sei nicht zu beantworten, ob das Kosovo hierdurch eigene Staatsqualität erlangt habe.[201] Ob dem Kosovo ein Recht zur unilateralen Sezession von Serbien zustand, war daher nicht Gegenstand seiner Befassung.

Gleichwohl sah der Gerichtshof in der Staatenpraxis außerhalb des kolonialen Kontextes keinen Hinweis auf ein Verbot einer unilateralen Unabhängigkeitserklärung.[202] Zwar hätten eine Reihe von Staaten ein solches Verbot aus dem Prinzip der territorialen Integrität der Staaten hergeleitet und auf Resolutionen verwiesen, die einzelne Unabhängigkeitserklärungen als völkerrechtswidrig verurteilt hätten. Deren Völkerrechtswidrigkeit habe sich aber regelmäßig aus den konkreten Umständen des Einzelfalls ergeben. Ein generelles Verbot von Unabhängigkeitserklärungen sei aus dieser Praxis nicht abzuleiten.[203]

Mit Blick auf die Frage eines Rechts zur Notstandssezession auf der Grundlage des Selbstbestimmungsrechts der Völker stellte der IGH lediglich *„radically different views"* der Staatengemeinschaft sowohl zum Bestehen eines solchen Rechts als auch für die Voraussetzungen seiner Ausübung fest.[204] Da die *Advisory Opinion* sich nur auf die Vereinbarkeit der Unabhängigkeitserklärung mit dem Völkerrecht beziehe, sei die Diskus-

---

198 UN/S/PV.5839 (18.02.2008), Statement by President *Tadić* (Serbia): *„The Provisional Institutions of Self-Government of the southern Serbian province of Kosovo and Metohija, under interim United Nations administration, unilaterally and illegally declared their independence on Sunday, 17 February. This illegal declaration of independence by the Kosovo albanians constitutes a flagrant violation of the Security Council resolution 1244 (1999), which reaffirms the sovereignty and territorial integrity of the Republic of Serbia, including Kosovo and Metohija.",* S. 4; *„Serbia will never recognize the independence of Kosovo."* S. 6.

199 UN/GA/RES/63/3, 08.10.2008.

200 UN/GA/RES/63/3, 08.10.2008; IGH, Accordance with International Law of the Unilateral Declaration of Independence in Respect of Kosovo, Advisory Opinion, 22.07.2010, ICJ Rep. 2010, 403 (407).

201 IGH, Kosovo, ICJ Rep. 2010, 403 (423), para. 51.

202 IGH, Kosovo, ICJ Rep. 2010, 403 (436), para. 79.

203 IGH, Kosovo, ICJ Rep. 2010, 403 (437 f.), paras. 80 f.

204 IGH, Kosovo, ICJ Rep. 2010, 403 (438), para. 82.

sion um ein Recht zur Notstandssezession aber im konkreten Fall irrelevant.[205]

Der Verweis des Gerichtshofes auf die divergierenden Ansichten zum Recht zur Notstandssezession wird zum Teil als Nachweis dafür gedeutet, dass der IGH zum Zeitpunkt der Kosovo-Entscheidung das Bestehen einer gefestigten Rechtspraxis und -überzeugung zu dieser Frage ablehnte.[206] Die *Advisory Opinion* ist in der völkerrechtlichen Literatur sowohl wegen der Nichtbefassung mit dieser Frage, als auch wegen der Gefahr einer „falschen Präzedenzwirkung" durch die Feststellung, dass Unabhängigkeitserklärungen das geltende Völkerrecht nicht verletzten, kritisiert worden.[207] Eine eindeutige Stellungnahme des Gerichtshofs zur Rechtsfrage des Bestehens eines Rechts zur *remedial secession* lässt sich aus der Advisory Opinion gerade nicht herleiten.

Hinweise auf die Rechtsüberzeugung in der Staatengemeinschaft bieten aber die Stellungnahmen der einzelnen Staaten aus dem Verfahren. Die Vertreter des Kosovo argumentierten zunächst, das Völkerrecht kenne kein Verbot einer unilateralen Unabhängigkeitserklärung. Deshalb sei auch eine Begründung über das Selbstbestimmungsrecht der Völker grundsätzlich nicht erforderlich.[208] Aufgrund der Volkseigenschaft der kosovarischen Bevölkerung und wegen der nachgewiesenen massiven Menschenrechtsverletzungen sowie der massiven Unterdrückung durch die Regierung des Mutterstaates müsse dem kosovarischen Volk als Träger des Selbstbestimmungsrechts aber jedenfalls ein Sezessionsrecht zukommen.[209] Die Ausübung des Rechts zur freien Bestimmung des eigenen politischen Status' schließe im Ausnahmefall auch das Recht zur Abgabe einer Unab-

---

205 IGH, Kosovo, ICJ Rep. 2010, 403 (438), para. 83.
206 *Hilpold*, JZ 22 (2013), 1061 (1066).
207 S. etwa: „[…] *many of the participants, including the authors of the declaration of independence, invoked arguments relating the right of self-determination and the issue of „remedial secession" in their pleadings. The Court could have addressed these arguments on their merits; instead, its restrictive understanding of the scope of the question forecloses consideration of these arguments altogether.*", IGH, Kosovo, ICJ Rep., 438 (479), Declaration of Judge Simma, para. 6.
208 IGH, Kosovo, Written Contribution of the authors of the unilateral declaration of independence, 17.04.2009, S. 137, para. 8.02.
209 „[…] „*key components that permit the exercise of the right: the existence of a „people"; and the demonstrated inability of that people to be protected within a particular State, given prior abuses and oppression by that State's government*", IGH, Kosovo, Written Contribution of the authors of the unilateral declaration of independence, 17.04.2009, S. 157 f., para. 8.40.

hängigkeitserklärung und damit zur Sezession ein.[210] Die Prinzipien der Souveränität und territorialen Integrität entfalteten nur zwischenstaatliche Wirkung, die im Verhältnis eines Volkes zum Mutterstaat schon aufgrund dessen mangelnden Staatscharakters nicht vorliege.[211] Selbst wenn man von der Anwendbarkeit dieser Prinzipien ausginge, seien sie mit dem Recht auf Selbstbestimmung abzuwägen, wobei der Ausgang dieser Abwägungsentscheidung keineswegs im Sinne einer absoluten Geltung des Grundsatzes territorialer Souveränität vorbestimmt sei.[212] Hierbei nahmen die Vertreter des Kosovo ausdrücklichen Bezug auf die *Friendly Relations Declaration* und ihre *safeguard clause*:

> „*This formula [...] may not expressly authorize or encourage secession as a means of self-determination, but it certainly does not exclude it. Indeed, the clause recognizes that independence may be an appropriate choice in the case where a State does not conduct itself in compliance with the principle of equal rights and self-determination of peoples as described.*".[213]

Würde die interne Dimension der Ausübung des Selbstbestimmungsrechts durch den Mutterstaat nicht ermöglicht, so entstehe ein Recht zur Sezession, zu dessen Ausübung das Kosovo zweifellos berechtigt gewesen sei.[214]

In dieser Auffassung wurden die Autoren der Unabhängigkeitserklärung durch eine Reihe von Staaten bestätigt.[215] Zum Teil lehnten diese schon die Anwendbarkeit des Prinzips der territorialen Integrität wegen dessen rein zwischenstaatlicher Geltung ab.[216]

---

210 IGH, Kosovo, Further written contributions of the authors of the Unilateral Declaration of Independence regarding the Written Statements, 17.07.2009, S. 77 f., para. 4.36.

211 IGH, Kosovo, Further written contributions of the authors of the Unilateral Declaration of Independence regarding the Written Statements, 17.07.2009, S. 78, para. 4.36.

212 IGH, Kosovo, Further written contributions of the authors of the Unilateral Declaration of Independence regarding the Written Statements, 17.07.2009, S. 79, para. 4.38.

213 IGH, Kosovo, Further written contributions of the authors of the Unilateral Declaration of Independence regarding the Written Statements, 17.07.2009, S. 79, para. 4.39.

214 IGH, Kosovo, Further written contributions of the authors of the Unilateral Declaration of Independence regarding the Written Statements, 17.07.2009, S. 80, para. 4.42; S. 86, para. 4.52.

215 Ausführlich zum Ganzen: *v. d. Driest*, S. 245 ff.

216 IGH, Kosovo, Oral Proceedings, Verbatim record 2009/31, Meeting v. 9.12.2009, Statement by Prince *Zeid Raad Zeid Al Hussein*, S. 29, para. 30; Written Statement of the Czech Republic, 17.04.2009, S. 7f.

Nahezu alle Staaten betonten zwar die besondere Bedeutung der territorialen Integrität als Grundregel des internationalen Rechts.[217] Dennoch sei die territoriale Integrität keinesfalls als absolute Garantie der Gebietsgrenzen zu verstehen, sondern sie müsse in Harmonie mit der gleichrangigen Regel des Selbstbestimmungsrechts angewandt werden.[218]

Die Staaten leiteten hiermit häufig ein, dass ein grundsätzliches Verbot der Sezession nicht bestehe[219] und gingen dann auf das Bestehen eines Sezessionsrechts im Ausnahmefall ein.[220] Ein Recht zur *remedial secession* im Falle systematischer Diskriminierung als *ultima ratio* wurde etwa von Estland und Albanien angenommen.[221] Vorrangig aber sei das Selbstbestim-

---

Written Statement of Switzerland, 17.04.2009, S. 14, para. 55; Written Comments of Switzerland, 17.07.2009, S. 2, para. 5; Written Statement of the United Kingdom of Great Britain and Northern Ireland, 17.04.2009, S. 86, para. 5.9; Written Comments of the United States of America, 17.07.2009, S. 15, 20.

217 IGH, Kosovo, Written Statement of Estonia, 17.04.2009, S. 5; Written Statement of Finland, 17.04.2009, S. 3, para. 6.

218 IGH, Kosovo, Written Comments of Albania, 17.07.2009, S. 29, para. 51; Written Statement of Estonia, 17.04.2009, S. 5; Written Statement of Germany, 17.04.2009, S. 32; IGH, Kosovo, Written Statement of the Russian Federation, 17.04.2009, S. 29, paras. 82f.

219 zB: IGH, Kosovo, Written Statement of Albania, 17.04.2009, S. 26, paras. 35, 44; Written Statement of Estonia, 17.04.2009, S. 4; Written Statement of Germany, 17.04.2009, S. 32; Written Statement of Ireland, 17.04.2009, S. 5, para. 18;

220 IGH, Kosovo, 17.04.2009, Written Statement of the Netherlands, S. 8, para. 3.7; Written Statement of Poland, S. 26, paras. 6.7 – 6.10; Written Statement of Switzerland, S. 15ff., paras. 60 ff.; Written Statement of the Russian Federation, S. 29 ff., paras. 83 ff; insbes. S. 31 f., para. 88.

221 S. etwa: „*In some cases, however, self-determination may exceptionally legitimize the secession. This would be the case if the secession is the only remedy against a prolonged and rigorous refusal of internal self-determination, whereby there exists no other possibility to solve a situation and the secession would be the only possibility to maintain or restore international peace, security and stability*", Written Statement of Estonia, 17.04.2009, S. 5 f.; Oral Proceedings, Verbatim record 2009/31, Meeting v. 9.12.2009, Statement by Prince *Zeid Raad Zeid Al Hussein*, S. 30, para. 35; Written Statement of Switzerland, 17.04.2009, S. 14, para. 56, S. 17, para. 66; Written Statement of Albania, 17.04.2009, S. 42, para. 81; Written Comments of Albania, 17.07.2009, S. 33 f., paras. 59 f.; „*It is submitted that the exercise of the right to external self-determination is subject to the fulfilment of substantive and procedural conditions that apply cumulatively. Such a right only arises in the event of a "serious breach" of (a) the obligation to respect and promote the right to self-determination or (b) the obligation to refrain from any forcible action which deprives peoples of this right*", Written Statement of the Netherlands, 17.04.2009, S. 9, paras. 3.9 – 3.11; „*this right may arise, as a last resort, only in the case of gross and fundamental human rights abuses and further, where an element of discrimination is involved*",,

mungsrecht in seiner internen Dimension zu verwirklichen, insbesondere um die Stabilität der Staatengemeinschaft nicht zu gefährden.[222] Auch die Russische Föderation deutete das Bestehen eines solchen Rechts für *„truly extreme circumstances, such as an outright armed attack by the parent State, threatening the very existence of the people in question"* an.[223] Anders als die Mehrheit der ein Sezessionsrecht im Ausnahmefall befürwortenden Staaten[224] war die Russische Föderation der Auffassung, dass die Voraussetzungen dieses Konzeptes im Fall des Kosovo nicht erfüllt seien.[225]

Written Statement of Ireland, 17.04.2009, S. 10, para. 32; *„Remedial right to secession is based on a premise that a state gravely violates international human rights and humanitarian law against peoples inhabiting its territory."*, Written Statement of Poland, 17.04.2009, S. 25, para. 6.5.

222 So zB: *While self-determination should, for the sake of the stability of the international system, normally be enjoyed and exercised* **inside the existing framework of States**, *it may* **exceptionally legitimize secession** *if this can be shown to be the* **only remedy** *against a* **prolonged and rigorous refusal of internal self-determination** *by the State in which a group is living."* (Hervorhebung eingefügt), *„It follows from the nature of external self-determination as the ultimate remedy to the persistent denial of internal self-determination that it may be exercised only as an* ultima ratio." (Hervorhebung original), Written Statement of Germany, 17.04.2009, S. 35; *„Indeed, for the sake of the stability of the international system of states, secession should normally not be considered and self-determination should be enjoyed inside the existing State."*, Written Statement of Estonia, 17.09.2009, S. 5; *„Therefore, remedial right to secession may only come into question as a last resort when it is necessary to protect the inhabitants of territories from wrongful acts of their host states"*, Written Statement of Poland, 17.04.2009, S. 26, para. 6.7; *„In such extreme situations, the right of a people to separate itself from a State through a unilateral declaration of independence has to be defined as an* ultima ratio *solution."* (Hervorhebung original), Written Statement of Switzerland, 17.04.2009, S. 18, para. 67; *„a people must, in principle, seek to exercise the right to political self-determination with respect for the principle of territorial integrity and thus exercise its rights within existing international boundaries"*, Written Statement by the Netherlands, S. 8, para. 3.6; aber auch: Written Statement of the Russian Federation, 17.04.2009, S. 30, para. 85.

223 IGH, Kosovo, Written Statement of the Russian Federation, 17.04.2009, S. 31f., para. 88.

224 Bspw.: IGH, Kosovo, Oral Proceedings, Verbatim record 2009/31, Meeting v. 9.12.2009, Statement by *Prince Zeid Raad Zeid Al Hussein*, S. 35f., para. 53; IGH, Kosovo, Written Statement of the Netherlands, 17.04.2009, S. 13, para. 3.21; IGH, Kosovo, Written Statement of Switzerland, 17.04.2009, S. 27, para. 98 d), e); Written Comments of Switzerland, 17.07.2009, S. 2, paras. 6f.

225 IGH, Kosovo, Written Statement of the Russian Federation, 17.04.2009, S. 39f., Conclusion, para 4.

In weiten Teilen relativierten die befürwortenden Staaten ihre Einschätzung mit Blick auf den *sui generis*-Charakter der Situation im Kosovo, um damit die Präzedenzwirkung des Falles zu begrenzen.[226] Auch der Rat der Europäischen Union hob diese Sonderstellung ausdrücklich hervor: „*[The Council] underlines its conviction that in view of the conflict of the 1990s and the extended period of international administration under SCR 1244, Kosovo constitutes a* sui generis *case.*".[227] Als Umstände, die die besondere Stellung des Falles begründen sollten, wurden die besondere Autonomiegeschichte des Kosovo, der gewaltsame Zerfall der Sozialistischen Föderativen Republik Jugoslawien, die massiven Menschenrechtsverletzungen zulasten der Kosovo-Albaner, die jahrelange Beteiligung der Vereinten Nationen im Prozess einer Suche nach einer friedvollen Lösung ebenso wie die langjährige internationale Verwaltung vorgebracht.[228]

Dennoch erkannten keineswegs alle Staaten ein Recht zur *remedial secession* ausdrücklich an. Zum Teil wurde auf die Neutralität des Völkerrechts in der Frage hingewiesen und der besondere Charakter des Kosovo-Falles

---

226 So zB: IGH, Kosovo, 17.04.2009, Written Statement of Finland, S. 5 ff., para. 10; Written Statement of Germany, S. 26 f.; Written Statement of Estonia, 17.04.2009; Written Statement of Ireland, S. 10 f., para. 33; Written Statement of Luxembourg, S. 1 f., para. 6; Written Statement of Poland, S. 22 ff., para. 5.2; Written Statement of Slovenia, S. 2; Oral Proceedings, Verbatim record 2009/31, Meeting v. 9.12.2009, Statement by Statement by *Prince Zeid Raad Zeid Al Hussein*, S. 35 f., para. 53; Written Statement of the United Kingdom of Great Britain and Northern Ireland, 17.04.2009, S. 9, 11 ff., paras. 0.17, 0.22; S. 16, para. 0.27; Written Statement of Norway, 17.04.2009, Annex 2, S. 4; Written Statement of Japan, 17.04.2009, S. 5 f., 8; Written Statement of Latvia, 17.04.2009, S. 1 f.; Written Statement of France, 17.04.2009, S. 29, paras. 2.17 ff. So zB: IGH, Kosovo, 17.04.2009, Written Statement of Finland, S. 5 ff., para. 10; Written Statement of Germany, S. 26 f.; Written Statement of Estonia, 17.04.2009; Written Statement of Ireland, S. 10 f., para. 33; Written Statement of Luxembourg, S. 1 f., para. 6; Written Statement of Poland, S. 22 ff., para. 5.2; Written Statement of Slovenia, S. 2; Oral Proceedings, Verbatim record 2009/31, Meeting v. 9.12.2009, Statement by Statement by *Prince Zeid Raad Zeid Al Hussein*, S. 35 f., para. 53; Written Statement of the United Kingdom of Great Britain and Northern Ireland, 17.04.2009, S. 9, 11 ff., paras. 0.17, 0.22; S. 16, para. 0.27; Written Statement of Norway, 17.04.2009, Annex 2, S. 4; Written Statement of Japan, 17.04.2009, S. 5 f., 8; Written Statement of Latvia, 17.04.2009, S. 1 f.; Written Statement of France, 17.04.2009, S. 29, paras. 2.17 ff.

227 Council of the European Union, Press Release 6496/08, 2851st Council meeting, 18.02.2008, Council Conclusions, Kosovo, S. 7.

228 S. zB: IGH, Kosovo, 17.04.2009, Written Statement of Estonia, S. 12; Written Statement of Finland, S. 5 ff., para. 10.

hervorgehoben.[229] Die Anerkennung der Unabhängigkeit des Kosovo wurde neben dem *sui generis* Charakter des Falles auch auf politische Erwägungen gestützt.[230]

Von einem Teil der Staatengemeinschaft wurde ein Recht zur *remedial secession* außerhalb des kolonialen Kontextes ausdrücklich abgelehnt.[231] Vorherrschend war die Betonung der besonderen Bedeutung der territorialen Integrität der Staaten, die als fundamentales Prinzip über der Ausübung des Selbstbestimmungsrechts stehe.[232] Es bestehe zudem die

---

229 IGH, Kosovo, Written Statement of the Czech Republic, 17.04.2009, S. 7; Written Statement of Denmark, 17.04.2009, S. 4, 6; Written Statement of Luxembourg, S. 5, para. 27; Written Statement of Austria, 17.04.2009, S. 14, para. 24; Written Statement of the United Kingdom of Great Britain and Northern Ireland, 17.04.2009, S. 15, para. 0.24; Written Comments of the United Kingdom of Great Britain and Northern Ireland, 17.07.2009, S. 16, para. 33; Written Statement of Norway, 17.04.2009, S. 3f., paras. 5f.; Written Statement of Japan, 17.04.2009, S. 3; Written Statement of Latvia, 17.04.2009, S. 1f; Written Statement of the United States of America, 17.04.2009, S. 50; Written Statement of France, 17.04.2009, S. 26, para. 2.5.

230 IGH, Kosovo, Written Statement of the Czech Republic, 17.04.2009, S. 2; Written Statement by the Maldives, 17.04.2009, S. 1; Written Statement of France, 17.04.2009, S. 5, para. 16; S. 32, paras. 2.28 ff., S. 35, para. 2.40; Written Statement of the United States of America, 17.04.2009, S. 61, 68 f.

231 *„Secession is not recognized by international law and has always been opposed by the international community of States.",* IGH, Kosovo, Written Statement by China, 17.04.2009, S. 3; *„Outside the colonial context, the principle of self-determination is not recognized in practice as giving rise to unilateral rights of secession by parts of independent states.",* Written Statement of Slovakia, 17.04.2009, para. 6; *„International law does not create grounds and conditions for legitimizing unilateral or non-consensual secession in any sense. Such secession from an existing sovereign State does not involve the exercise of any right conferred in international law and hence has no place within the generally accepted international legal norms and principles which apply within precisely identified limits.",* Written Statement of Azerbaijan, 17.04.2009, S. 5, para. 25; s. auch: Written Statement of Romania, 17.04.2009, S. 37, para. 129; Written Comments of Bolivia, 17.07.2009, S. 10, para. 30; Written Statement of Iran, 17.04.2009, S. 7, para. 4.1; Written Statement of Serbia, 17.04.2009, S. 189, para. 526.

232 IGH, Kosovo, Oral Statement of China, Verbatim Record 2009/29, 07.12.2009, S. 33, para. 14; Written Statement by China, 17.04.2009, S. 2; Written Statement of Romania, 17.04.2009, S. 29, paras. 97 f.; Written Statement of Egypt, 17.04.2009, S. 8, para. 28; S. 20, para. 75; Written Statement of Slovakia, 17.04.2009, paras. 3 f.; 7; Written Statement of Brazil, 17.04.2009, S. 2; Written Statement of Iran, 17.04.2009, S. 3, paras. 2.1, 2.2; Written Statement of Azerbaijan, 17.04.2009, S. 4, para. 18; Written Statement of Cyprus, 17.04.2009, S. 19, para. 80; Written Statement of Spain, 17.04.2009, S. 19, para. 27; Written Comments of Spain, 17.07.2009, S. 3, para. 3; Written Statement of Argentina,

Gefahr, dass die Anerkennung der Unabhängigkeit des Kosovo weitere sezessionistische Bestrebungen nach sich ziehen könne. Hierin wurde die Gefahr einer Präzedenzwirkung befürchtet, die die Stabilität der Weltgemeinschaft gefährden könnte.[233] Das Recht auf Selbstbestimmung in seiner post-kolonialen Ausprägung ziele nicht etwa auf die Schaffung eines Rechts auf Sezession, sondern allenfalls auf die Ausübung des Selbstbestimmungsrechts in seiner internen Dimension, was sich auch in der zugehörigen Staatenpraxis zeige.[234] Ägypten, Bolivien und der Iran waren gar der Auffassung, die Anerkennung eines externen Rechts auf Selbstbestimmung unter festen Voraussetzungen stelle eine Gefahr für den internationalen Frieden und die Sicherheit dar.[235] Auch die schwache dogmatische Herleitung des Notstandssezessionsrechts aus der *safeguard clause* der *Friendly Relations Declaration* wurde kritisiert. Eine solche Deutung laufe der Systematik und dem Telos der Resolution zuwider, die erstens auf Kolonialvölker oder Völker unter Fremdherrschaft ausgelegt gewesen sei und zweitens genau das Gegenteil der Sezession bezwecke – den umfassenden Schutz der Souveränität und territorialen Integrität der Staaten.[236] Zudem

---

17.04.2009, S. 28 f., paras. 69 ff.; Written Statement of Serbia, 17.04.2009, S. 147, paras. 412 f.; S. 188, para. 524; S. 152 ff., paras. 424 ff.; Written Statement of Venezuela, 17.04.2009, S. 1 f.

233 S. die Stellungnahmen der Vertreter Serbiens, Russlands, Vietnams, Lybiens, Chinas im Sicherheitsrat, UN/S/PV.5839 (18.02.2008), S. 5, 22, Statement by President *Tadić* (Serbia); S. 6, Statement by Mr. *Churkin* (Russian Federation); S. 14, Statement by Mr. *Le Luong Minh* (Viet Nam); S. 15, Statement by Mr. *Ettalhi* (Libyan Arab Jamahiriya).

234 IGH, Kosovo, Written Statement of Egypt, 17.04.2009, S. 19, paras. 73 f.; Written Statement of Slovakia, 17.04.2009, paras. 14–17; Written Comments of Bolivia, 17.07.2009, S. 2, para 7; Written Statement of Cyprus, 17.04.2009, S. 33 f., para. 132; Written Statement of China, 17.04.2009, S. 5; Oral Statement of China, Verbatim Record 2009/29, 07.12.2009, S. 34, para. 20; Kosovo, Written Statement of Romania, 17.04.2009, S. 37, para. 129; Written Statement of Iran, 17.04.2009, S. 7, para. 4.2; Written Statement of Azerbaijan, 17.04.2009, S. 5, para. 26; Written Statement of Spain, 17.04.2009, S. 24, para. 34; Written Statement of Serbia, 17.04.2009, S. 203, paras. 558 f.

235 IGH, Kosovo, Written Statement of Egypt, 17.04.2009, S. 19, paras. 73 f.; Written Comments of Bolivia, 17.07.2009, S. 2, para 7; Written Statement of Iran, 17.04.2009, S. 10, Conclusion.

236 IGH, Kosovo, Oral Statement of China, Verbatim Record 2009/29, 07.12.2009, S. 35, para. 24, S. 36, para. 35; Written Statement of Slovakia, 17.04.2009, para. 13; Written Statement of Cyprus, 17.04.2009, S. 37, para. 142; Written Comments of Cyprus, 17.07.2009, S. 6, para. 13; Written Statement of Spain, 17.04.2009, S. 16 f., paras. 23 ff.; Written Comments of Spain, 17.07.2009, S. 4,

fehlte es nach Auffassung einiger Staaten an einer hinreichenden Staatenpraxis und einer damit einhergehenden *opinio iuris*.[237]

Die Reaktionen auf den Fall Kosovo zeigen die Zurückhaltung der Staatengemeinschaft in der Anerkennung eines Notstandssezessionsrechts. Die Staaten, die ein Recht auf *remedial secession* des Kosovo und ein Sezessionsrecht im Allgemeinen ablehnten, beriefen sich auf die absolute Geltung des Prinzips der territorialen Integrität und kritisierten die uneindeutige dogmatische Grundlage sowie das Fehlen einer entsprechenden Staatenpraxis. Seine Befürworter waren sich über die besondere Bedeutung der territorialen Integrität als völkerrechtlicher Grundnorm aber auch des faktischen Ausschlusses der Ausübung des internen Selbstbestimmungsrechts als Voraussetzung einer Sezession als *ultima ratio* einig.

Heute ist die Unabhängigkeit des Kosovo von 114 Staaten anerkannt. Unter den anerkennenden Staaten sind die meisten Mitglieder der Europäischen Union sowie die Nachbarstaaten Albanien, Mazedonien und Montenegro.[238] Die Anerkennung aber wurde in zahlreichen Fällen mit der Herstellung von Stabilität in den internationalen Beziehungen und damit unter politischen Erwägungen begründet.[239] Eindrücklich wurde der *sui generis* Charakter des Falles betont.[240] Die große Mehrheit der Staaten wollte eine Präzedenzwirkung ausschließen, sodass der Beitrag des Falles Kosovo zur Herausbildung einer völkergewohnheitsrechtlichen Anerkennung eines Rechts zur Notstandssezession begrenzt ist. Eine eindeutige *opinio iuris*, die die Etablierung eines völkergewohnheitsrechtlichen Sezessionsrechts im Einzelfall stützen würde, lässt sich hieraus nicht entnehmen. Der Rückzug auf den *sui generis* Charakter des Falles wird sich durch

---

para. 6; Written Statement of Argentina, 17.04.2009, S. 39, para. 97; Written Statement of Serbia, 17.04.2009, S. 218 ff., paras. 600 ff.

237 IGH, Kosovo, Oral Statement of China, Verbatim Record 2009/29, 07.12.2009, S. 36, para. 26; Written Statement of Romania, 17.04.2009, S. 40, para. 138; Written Statement of Cyprus, 17.04.2009, S. 37 f., paras. 143 ff.; Written Statement of Serbia, 17.04.2009, S. 233 ff., paras. 634 ff.; S. 239, para. 650.

238 International recognitions of the Republic of Kosovo, Ministry of Foreign Affairs, abrufbar unter: https://www.mfa-ks.net/en/politika/483/njohjet-ndrkombta re-t-republiks-s-kosovs/483.

239 zB der Vertreter Belgiens: *„For Belgium, this independence effectively and finally sets out the necessary conditions for a lasting peace and for stability and prosperity for the entire region"*, UN/S/PV.5839 (18.02.2008), S. 8, Statement by Mr. *Verbeke* (Belgium).

240 UN/S/PV.5839 (18.02.2008), S. 9, Statement by Mr. *Verbeke* (Belgium); S. 14, Statement by Sir *John Sawers* (United Kingdom); S. 19, Statement by Mr. *Khalilzad* (United States of America).

politische Erwägungen erklären lassen müssen, die zur Einordnung der Anerkennung der Unabhängigkeit des Kosovo aus humanitären Gründen als einzigem politischen Ausweg geführt haben werden. Zuzugeben ist der russischen Kritik der *„double standards"*, dass die Staatengemeinschaft die Unabhängigkeit des Kosovo weitgehend anerkannt hat, obwohl dessen Abspaltung entgegen dem Willen des Mutterstaates erfolgt ist und obwohl die Reaktionen der Staatengemeinschaft nicht auf eine Etablierung eines Sezessionsrechts im Einzelfall hindeuteten.

f. Georgien (2008)

Ein weiterer zentraler Fall in der Staatenpraxis ist der Konflikt um die georgischen Gebiete Südossetien und Abchasien, der 2008 seinen Höhepunkt erreichte. Beide Regionen waren in Zeiten der Sowjetunion mit weitgehenden Autonomierechten ausgestattet. Nach dem Zerfall der Sowjetunion und der Unabhängigkeit Georgiens entstand in den Gebieten bei den Minderheiten aus Sorge um den Verlust ihrer Autonomierechte eine Sezessionsbewegung, die dazu führte, dass die georgische Zentralregierung weitgehend die Kontrolle über die Gebiete verlor.[241] Auf der Grundlage des Selbstbestimmungsrechts der Völker strebten die Regionen ihre Unabhängigkeit von Georgien an.[242] Dazu bedienten sie sich auch militärischer Gewalt. In ihren Sezessionsbestrebungen wurden sie von Russland unterstützt. Wie weit dabei die Unterstützung russischer Truppen ging, ist bis heute ungeklärt. In den Jahren 1992 und 1994 konnten für die Regionen Südossetien und Abchasien Waffenstillstandsabkommen geschlossen werden, die allerdings wiederholt gebrochen wurden.[243] Darüber hinaus gab es keine politische Lösung für die beiden Regionen, die weiterhin nach Unabhängigkeit strebten. Nach der Wahl von *Michail Saakaschwili* zum neuen georgischen Präsidenten im Jahr 2004 entstanden massive politische Reibungen zwischen Russland und Georgien. *Saakaschwili* strebte eine stärkere Orientierung Georgiens zur NATO an.[244] Im April 2008 eröffnete die NATO Georgien – aber auch der Ukraine – eine grundsätzliche Beitrittsperspektive. Bereits im Frühjahr 2008 verschärfte sich die Situation in Südossetien und Abchasien. Russland entsandte zusätzliche Truppen,

---

241 IIFFMCG, Report, Vol. I, S. 13, para. 5.
242 IIFFMCG, Report, Vol. I, S. 17, para. 11.
243 IIFFMCG, Report, Vol. I, S. 13 f., para. 6.
244 IIFFMCG, Report, Vol. I, S. 14 f., paras. 7 f.

es wurde vermehrt von Schusswechseln und Bombardierungen entlang der Grenzlinien der Gebiete berichtet.[245] Im August 2008 eskalierte der Konflikt durch einen schwerwiegenden Angriff Georgiens in der Region Tskhinvali in Südossetien. Begründet wurde der Angriff mit dem Schutz georgischer Zivilisten und einer vermeintlichen russischen Invasion in Südossetien.[246] Russland intervenierte „zum Schutz russischer Staatsangehöriger und der südossetischen Minderheit vor einem Genozid der georgischen Truppen" daraufhin ebenfalls militärisch.[247] Innerhalb kürzester Zeit entwickelte sich eine bewaffnete Auseinandersetzung unter Beteiligung russischer, georgischer, südossetischer und abchasischer Truppen, die fünf Tage andauerte.[248] Sodann konnte eine Waffenstillstandsvereinbarung erreicht werden.[249] Die zeitliche Nähe zum Kosovo-Konflikt und die weitgehende Anerkennung der Unabhängigkeit des Kosovo nutzte die russische Führung, um auch die Unabhängigkeitsbestrebungen Abchasiens und Südossetiens als legitimen Ausdruck deren Selbstbestimmungsrechts zu begründen. Ende August erkannte die Russische Föderation als einer von wenigen Staaten die Regionen Abchasien und Südossetien offiziell als unabhängig an.[250] Nach der weitgehenden Beendigung militärischer Auseinandersetzungen blieb die politische Frage der Verantwortlichkeit für die Eskalation des Konflikts offen.

Im Dezember 2008 entsandte die Europäische Union eine unabhängige Untersuchungsmission (*Independent International Fact Finding Mission on the Conflict in Georgia* – IIFFMCG) nach Georgien, die den Konflikt umfassend aufarbeiten sollte.[251] Die Untersuchungsmission nahm unter anderem zu einem etwaigen Sezessionsrecht Südossetiens und Abchasiens auf der Grundlage des Selbstbestimmungsrechts Stellung. In ihrem Bericht betont die IIFFMCG, dass sowohl die territoriale Integrität der Staaten als auch das Selbstbestimmungsrecht der Völker grundlegende Prinzipien geltenden Völkergewohnheitsrechts seien.[252] Werde das Selbstbestimmungs-

---

245 IIFFMCG, Report, Vol. I, S. 18 f, para. 13.
246 IIFFMCG, Report, Vol. I, S. 19, para. 14.
247 IIFFMCG, Report, Vol. I, S. 21, para. 17.
248 IIFFMCG, Report, Vol. I, S. 10, para. 2.
249 IIFFMCG, Report, Vol. I, S. 22, para. 18.
250 Statement by President of Russia Dmitry Medvedev, 26.08.2008, abrufbar unter: http://en.kremlin.ru/events/president/transcripts/1222.
251 Rat d. Europäischen Union, Council Decision 2008/901/CFSP, 03.12.2008, concerning an independent international fact-finding mission on the conflict in Georgia, OJ L 323, 03.12.2008, S. 66.
252 IIFFMCG, Report, Vol. II, S. 136.

recht als Grundlage eines Sezessionsrechts herangezogen, so seien diese Prinzipien miteinander unvereinbar. Ein solches Recht zur Sezession – selbst unter den Voraussetzungen massiver Menschenrechtsverletzungen – aber sei bis dato nicht anerkannt. Der *e contrario* Schluss aus der *Friendly Relations Declaration* sei schon deswegen abzulehnen, weil es sich bei der Resolution nicht um bindendes Recht handle.[253] Ebenso stünde einer etwaigen Anerkennung eines solchen Rechts die Staatenpraxis entgegen.[254] Insbesondere den Fall des Kosovo sah die Untersuchungsmission vor dem Hintergrund der Betonung des *sui generis* Charakters nicht als eine neue Staatenpraxis begründend an.[255] Im Ergebnis sei das Selbstbestimmungsrecht der Völker außerhalb der Dekolonisierung auf seine interne Ausprägung beschränkt.[256] Weder Südossetien noch Abchasien habe daher ein Recht auf Sezession zugestanden.[257] Der weit überwiegende Teil der Staatengemeinschaft erkennt die Unabhängigkeit der beiden Gebiete nicht an. Die georgische Zentralregierung hat nach wie vor keine Kontrolle über die abtrünnigen Gebiete. Heute noch sind russische Truppen in den Gebieten stationiert.

2. Zwischenfazit

In der Staatenpraxis zeigen sich deutliche Bedenken gegenüber einer Anerkennung eines (Notstands-)Sezessionsrechts. Eine signifikante Anzahl von Staaten hat sich für den absoluten Schutz des Prinzips der territorialen Integrität ausgesprochen. Aus den betrachteten Beispielen der Staatenpraxis lässt sich eine etablierte Rechtsüberzeugung nicht herleiten. Zwar haben sich eine Reihe von Staaten für die Zulässigkeit eines Sezessionsrechts in engen Grenzen ausgesprochen, doch gab es auch deutlichen Widerstand gegen die Anerkennung eines solchen Prinzips. Vor allem die Bedeutung des Kosovo-Falls ist wegen der Betonung des *sui generis* Charakters für die Herausbildung einer etablierten Rechtsüberzeugung nicht ausreichend. Die Argumentation der Russischen Föderation, dass die „selektive" Anerkennung eines Sezessionsrechts nicht durch den pauschalen Hinweis auf den „außergewöhnlichen" Fall Kosovo begründet werden

---

253 IIFFMCG, Report, Vol. II, S. 137 f.
254 IIFFMCG, Report, Vol. I, S. 17, para. 11.
255 IIFFMCG, Report, Vol. II, S. 139 f.
256 IIFFMCG, Report, Vol. II, S. 141.
257 IIFFMCG, Report, Vol. II, S. 144–147.

könne, kann aber auch nicht ohne Weiteres von der Hand gewiesen werden. Der Konflikt im Kosovo hat zwar durch den Prozess der jahrelangen internationalen Beteiligung und durch die besondere Grausamkeit der Unterdrückung und der Menschenrechtsverletzungen einen besonderen Charakter. Allein der Hinweis, man wolle durch eine geschaffene Praxis keinen Präzedenzfall begründen, kann aber als Begründung nicht ausreichen. Durch die Anerkennung der Unabhängigkeit haben auch die Staaten des politischen Westens einen Fall geschaffen, in dem ein solches Recht – unter engen Bedingungen – faktisch teilweise anerkannt wurde. Von einer grundsätzlichen Rechtsüberzeugung mit Blick auf das Bestehen eines Notstandssezessionsrechts aber kann vor dem Hintergrund der staatlichen Stellungnahmen nicht ausgegangen werden. Konsequenterweise hätte ein Sezessionsrecht des Kosovo dann abgelehnt werden müssen, was nicht geschehen ist. Die Reaktionen der Staatengemeinschaft auf den Kosovo-Konflikt haben eine fatale Vorlage für die Reaktion der Russischen Föderation schon im Georgien-Konflikt gebildet. Russland betonte hierin das Selbstbestimmungsrecht der Bevölkerungsgruppen Südossetiens und Abchasiens und ihr daraus folgendes Sezessionsrecht. Zwar hat die russische Beteiligung nicht zu einer faktischen „Eingliederung" der Gebiete Südossetien und Abchasien geführt. Die georgische Regierung hat aber die Kontrolle über diese Gebiete verloren, sie stehen nach wie vor unter massivem russischem Einfluss. Die weit überwiegende Mehrheit der Bevölkerung in den abtrünnigen Gebieten hat heute russische Pässe.[258] Auffällig ist dabei die Parallele zu den Geschehnissen auf der Krim: Auch hier stützt Russland seine Intervention auf die Unterstützung des Selbstbestimmungsrechts der Krim-Bevölkerung. Hinzu tritt die parallele Begründung der militärischen Intervention Russlands in Georgien unter dem Vorwurf eines vermeintlichen „Genozids" der georgischen Regierung an der Bevölkerung der beiden abtrünnigen Regionen.

Festzuhalten bleibt, dass die Staatenpraxis keine Etablierung eines Rechts zur *remedial secession* zeigt, wohl aber Ansätze in diese Richtung bestehen. Das Bestehen eines Rechts zur Notstandssezession im geltenden Völkergewohnheitsrecht ist auf der Grundlage der fehlenden Staatenpraxis und der instabilen dogmatischen Herleitung eines solchen Rechts abzulehnen.[259]

---

258 Zur rechtlichen Einordnung dieser Praxis s. unten: 4. Kapitel, B., II., 2., a., ee.
259 *Cassese*, S. 121 ff.; *Christakis*, ZaöRV 75 (2015), 75 (88); *v. d. Driest*, NILR 62 (2015), 329 (342) mwNW; *dies.*, S. 294, 310; *Hilpold*, SZIER 25/2 (2015), 171

III. Sezessionsrecht der Krim-Bevölkerung

Der Fall der Krim-Bevölkerung und ihrer „Loslösung" von der Ukraine weist keinen kolonialen Bezug auf. Da gleichermaßen kein Verbot der Sezession besteht, kann der Loslösungsprozess nicht „pauschal" als völkerrechtswidrig angesehen werden. Wollte man prinzipiell ein Recht zur *remedial secession* auf der Grundlage des Selbstbestimmungsrechts der Völker anerkennen, so müsste die Krim-Bevölkerung taugliche Trägerin des Selbstbestimmungsrechts sein und darüber hinaus die engen Voraussetzungen des Rechts zur Notstandssezession erfüllt gewesen sein.

1. Krim-Bevölkerung als Trägerin des Selbstbestimmungsrechts

Vorrangig ist das Staatsvolk der Ukraine als Träger des Selbstbestimmungsrechts zu qualifizieren. Die Bevölkerung der Krim könnte sich als Untergruppierung, etwa als „Volk im ethnischen Sinne" als Rechtsträgerin des Selbstbestimmungsrechts etabliert haben, wenn sich dies aus einer Gesamtbetrachtung subjektiver und objektiver Kriterien des Einzelfalls ergibt. Zwar lebt die Bevölkerungsgruppe in einem einheitlichen umgrenzten Gebiet, der Halbinsel Krim. Die Krim hatte unter der Geltung der ukrainischen Verfassung einen Autonomiestatus inne, was für ihre Eigenständigkeit innerhalb des Staates spricht. Sie ist aber multiethnisch bevölkert: Knapp 60 % der Einwohner der Krim sind russischer Abstammung, etwa 25 % sind Ukrainer und circa. 10 % gehören der Gruppe der Krimtataren an oder sind anderer Abstammung. Die Krimtataren sind die Ureinwohner der Krim. Sie verbindet die gemeinsame Geschichte der Deportation und Vertreibung in Zeiten des Zweiten Weltkriegs, die sie von den anderen Bevölkerungsteilen unterscheidet. Die ethnisch russische Bevölkerung eint zwar die gemeinsame russische Sprache, sie unterscheidet sich jedoch maßgeblich von der tatarischen Bevölkerung. Die Krimtataren boykottierten zudem das auf der Krim abgehaltene Referendum. Ein subjektives Zusammengehörigkeitsgefühl der Krim-Bevölkerung als Ganze lässt sich hieraus nicht ableiten. Die Krim-Bevölkerung weist nicht die Eigenschaften eines „Volkes" im Sinne des Selbstbestimmungsrechts auf. Es handelt sich vielmehr bei den Krimtataren sowie der ethnisch russischen Bevölkerung um verschiedene Minderheiten innerhalb der ukrainischen

---

(178); *ders.*, ZöR 63 (2008), 117 (128, 133); *Milanovic*, EJIL-Talk!, 26.10.2017; *Tancredi*, in: Secession, S. 184, 188; *Vidmar*, OJLS 32/1 (2012), 153 (168 f.).

Gesamtbevölkerung, die ihrerseits entsprechende Minderheitenrechte geltend machen könnten.[260] Schon die Rechtsträgerschaft der Krim-Bevölkerung ist daher mit Blick auf das Selbstbestimmungsrecht abzulehnen.

2. Geltendmachung des Selbstbestimmungsrechts

Hinzu kommt, dass zahlreiche Punkte gegen die Einhaltung demokratischer Mindeststandards bei der Legitimierung der Gebietsveränderung durch das Krim-Referendum sprechen. Die OSZE hatte die Entsendung von Beobachtern aufgrund der Verfassungswidrigkeit des Referendums abgelehnt, sodass eine unabhängige Überprüfung der Umstände und des Ablaufs des Referendums nicht gewährleistet war.[261] Die Venedig Kommission hat die Vereinbarkeit des auf der Krim abgehaltenen Referendums mit den Kriterien des *Code of Good Practice* abgelehnt.[262] Dieses Ergebnis wurde auch in der Resolution der Generalversammlung zur territorialen Integrität der Ukraine zum Ausdruck gebracht.[263]

Die Präsenz russischer Truppen und deren Besetzung von einzelnen Verwaltungs- und Regierungsgebäuden waren Indizien dafür, dass ein Klima der Bedrohung und ein gewisser Zwang auf die Teilnehmer des Referendums ausgeübt wurde.[264] Weiterhin hat eine internationale Beobachtung des Referendums nicht stattgefunden.[265] Das Referendum wurde zudem von einer wesentlichen Bevölkerungsgruppe der Krim boykottiert,

---

260 *v. d. Driest*, NILR 62 (2015), 329 (351); *Heintze*, HuV-I 27/3 (2014), 129 (136); aA: *Geistlinger*, AdV 52/2 (2014), 175 (190, 200 f.). S. hierzu auch: *Bowring*, in: The Use of Force against Ukraine, S. 21–40, der allenfalls die Krimtataren aufgrund ihrer besonderen kulturellen und ethnischen Geschichte als Träger des Selbstbestimmungsrechts ansehen will.

261 OSCE Chair says Crimean referendum in its current form is illegal and calls for alternative ways to address the Crimean issue, Press Release, 11.03.2014, abrufbar unter: https://www.osce.org/cio/116313.

262 Venedig Kommission, Opinion on *"whether the decision taken by the Supreme Council of the Autonomous Republic of Crimea in Ukraine to organize a referendum on becoming a constituent territory of the Russian Federation or restoring Crimea's 1992 Constitution is compatible with constitutional principles"*, 98th Plenary Session, 21.-22.03.2014, CDL-AD(2014)002-e.

263 UN/GA/RES/68/262, para. 5.

264 Venedig Kommission, CDL-AD(2014)002-e, S. 5, para. 22; *Marxsen*, ZaöRV 74 (2014), 367 (381).

265 *Marxsen*, ZaöRV 74 (2014), 367 (381); *Peters*, OE 64/5–6 (2014), 100 (127).

denn die Krimtataren hatten offen dazu aufgerufen, daran nicht teilzunehmen.[266]

Auch die Anforderungen an die tatsächliche Fragestellung und die Organisation des Referendums wurden auf der Krim nicht eingehalten. Die Teilnehmer hatten zwei Auswahlmöglichkeiten:

> „1. *Do you support the reunification of the Crimea with Russia as a subject of the Russian Federation?*
> 2. *Do you support the restoration of the Constitution of the Republic of Crimea as of 1992 and the status of the Crimea as a part of Ukraine?*"[267]

Ein Votum für die Beibehaltung des *status quo* war für die Abstimmenden gar nicht möglich. Die Fragestellung war darüber hinaus mehrdeutig. Im Jahr 1992 gab es zwei verschiedene Regelungen des Status' der Krim in der ukrainischen Verfassung, die zwar beide eine Zugehörigkeit der Krim zur Ukraine beinhalteten, sich jedoch in ihrer föderativen Ausrichtung maßgeblich unterschieden.[268] Insofern war für die Abstimmenden auch das Resultat einer Wahl der einen oder anderen Variante unklar, was gegen die Standards für die Wirksamkeit eines derartigen Gebietsreferendums verstößt.[269] Die Behörden auf der Krim hatten weiterhin schon vor der Abhaltung des Referendums die Unabhängigkeit des Gebiets für den Fall eines entsprechenden Wahlausgangs erklärt, sodass auch hier eine gewisse Beeinflussung der Wähler durch das schon „vorgegebene" Ergebnis stattgefunden hat, die die Freiheit der Wahl untergrub und die Neutralität der organisierenden Behörden stark in Frage stellte.[270]

Auch in zeitlicher Hinsicht genügte das Krim-Referendum nicht den demokratischen Anforderungen. Das abzuhaltende Referendum wurde von der Regionalregierung der Krim Ende Februar 2014 zunächst für den 25.05.2014 terminiert. Es folgte die Vorverlegung der Abstimmung, zunächst auf den 30.03.2014, wenig später gar auf den 16.03.2014, an dem sie letztlich auch durchgeführt wurde. Durch die mehrfache Vorverlegung des Referendums wurden die Vorbereitungs- und Bedenkzeit für die Wähler immer weiter verkürzt und eine freie Auseinandersetzung mit den Entscheidungsmöglichkeiten deutlich erschwert.[271] Der gesamte Pro-

---

266 *Peters*, OE 64/5–6 (2014), 100 (129).
267 Venedig Kommission, CDL-AD(2014)002-e, S. 2, para. 4.
268 *Umland*, SIRIUS 2/2 (2018), 162 (168).
269 Venedig Kommission, CDL-AD(2014)002-e, S. 5f., para. 23; *Umland*, SIRIUS 2/2 (2018), 162 (165).
270 Venedig Kommission, CDL-AD(2014)002-e, S. 5, para. 21.
271 Venedig Kommission, CDL-AD(2014)002-e, S. 5, para. 21.

zess vom Beschluss des endgültigen Abhaltungstermins bis zum Zeitpunkt der tatsächlichen Durchführung dauerte lediglich zehn Tage. Dies deutet darauf hin, dass es sich keineswegs um eine freie, sondern vielmehr um eine manipulierte „Wahl" gehandelt hat.[272]

Weiterhin betonte die Venedig Kommission, dass gerade an gebietsverändernde Referenden besonders hohe Anforderungen zu stellen seien und in jedem Fall vor der Abhaltung einer derartigen Abstimmung Versuche unternommen werden müssten, mit den Parteien eine konsensuale Lösung für das Gebiet zu finden – dies sei im Fall der Krim aber nicht versucht worden.[273] Aus diesem Grunde wurden die relevanten Verfahrensanforderungen an das Referendum nicht eingehalten, weswegen – sofern man von der Rechtsverbindlichkeit dieser Anforderungen im Sinne einer völkergewohnheitsrechtlichen Geltung ausgeht – eine darauf gestützte Gebietsveränderung hierdurch nicht legitimiert werden konnte, sondern völkerrechtswidrig war.[274]

Genügt ein abgehaltenes Gebietsreferendum diesen Standards nicht, so stellt sich die Frage nach den Rechtsfolgen einer Verletzung. Zum Teil werden diese Kernprinzipien als Teil des Völkergewohnheitsrechts angesehen.[275] Sollten diese nicht eingehalten werden, so entfalle die legitimierende Wirkung des Referendums und die Gebietsveränderung sei als völkerrechtswidrig zu qualifizieren. Andere lehnen in Ermangelung einer entsprechenden Staatenpraxis das Bestehen tatsächlicher völkergewohnheitsrechtlich bindender Kriterien für die Wirksamkeit und Modalitäten eines Referendums ab.[276] Unabhängig von der Frage der rechtlichen Bindungswirkung dieser Kriterien spricht die Nichteinhaltung demokratischer Mindeststandards gegen eine Anerkennung einer Gebietsveränderung auf der Grundlage des Referendums.

3. *Remedial secession* – Vorliegen einer Notstandslage

Auch für eine bestehende Notstandslage im Sinne einer Benachteiligung, Unterdrückung oder gar Bedrohung durch massive Menschenrechtsverlet-

---

272 *Umland*, SIRIUS 2/2 (2018), 162 (165).
273 Venedig Kommission, CDL-AD(2014)002-e, S. 6, paras. 25 f.; s. auch: *Grant*, S. 29.
274 Venedig Kommission, CDL-AD(2014)002-e, S. 6, para. 28; *Oeter*, in: *Justenhoven*, S. 212 f.; *Peters*, OE 64/5–6 (2014), 100 (130).
275 *Marxsen*, ZaöRV 74 (2014), 367 (381); *Peters*, OE 64/5–6 (2014), 100 (114 f.).
276 *Geistlinger*, AdV 52/2 (2014), 175 (201); *Heintze*, in: *Ipsen*, VöR, § 10, Rn. 26.

zungen der ukrainischen Regierung gegenüber der Krim-Bevölkerung gibt
es keine Anhaltspunkte. Die Krim genoss innerhalb des Staatsverbunds
weitgehende Autonomierechte, zu denen auch der Schutz der russischen
Kultur und der russischen Sprache als offizieller Sprache gehörte. Ange-
zweifelt wurde dies kurzzeitig, weil im Rahmen der Proteste eine Diskussi-
on über ein Gesetz zur Änderung dieser Regelung entstand.[277] Ein solches
Gesetz, das die Nutzung der russischen Sprache als Amtssprache auf dem
Gebiet der Krim tatsächlich untersagte, kam jedoch nicht zustande.[278]
Werden einem Volk bereits weitgehende Autonomierechte innerhalb des
Mutterstaates zugestanden, wird diesem die Ausübung seines internen
Selbstbestimmungsrechts offensichtlich ermöglicht. Es besteht keine Not-
wendigkeit, diesem Volk ein Sezessionsrecht zuzugestehen.[279] Daher ist
ein entsprechendes Notstandssezessionsrecht der Krim-Bevölkerung als
Ausdruck der externen Dimension des Selbstbestimmungsrechts der Völ-
ker auch für den Fall der Anerkennung der Konzeption der *remedial secession* abzulehnen.[280]

IV. Fazit

Das Selbstbestimmungsrecht bildet keine taugliche Rechtsgrundlage für
die Abspaltung der Halbinsel Krim vom Mutterstaat Ukraine. Zwar steht
das Völkerrecht Unabhängigkeitserklärungen und damit der Sezession
grundsätzlich nicht durch ein absolutes Verbot entgegen. Die Geltung
des Prinzips der territorialen Integrität und die vorrangige Ausübung des
Selbstbestimmungsrechts in seiner internen Dimension – die der Bevölkerung auf der Krim auch nicht verwehrt wurde – spiegeln aber die
grundsätzliche Sezessionsfeindlichkeit des internationalen Rechts. Schon
die Rechtsträgerschaft der Krim-Bevölkerung als Untergruppierung des
ukrainischen Staatsvolkes ist mit Blick auf die Volkseigenschaft zweifelhaft. Jedenfalls ist der Prozess der Abhaltung des Referendums nicht im
Einklang mit grundlegenden demokratischen Prinzipien erfolgt. Auch die

---

277 *v. d. Driest*, NILR 62 (2015), 329 (352).
278 *Grant*, S. 32 f.
279 *Murswiek*, in: *Gornig/Horn/Murswiek*, S. 117 f., s. auch schon: *ders.*, AdV 31/4
 (1993), 307 (331).
280 *v. Arnauld*, Rn. 71; *Christakis*, ZaöRV 75 (2015), 75 (90); *v. d. Driest*, NILR 62
 (2015), 329 (351 f.); *Hofmann*, in: MPEPIL, Annexation, Rn. 41; *Melikov*, S. 292–
 295; *Oeter*, in: *Justenhoven*, S. 209; *Peters*, OE 64/5–6 (2014), 100 (124); *Tuura*,
 FYIL 24 (2014), 183 (220); aA: *Geistlinger*, AdV 52/2 (2014), 175 (202 f.).

Ergebnisse des Referendums sind wegen der fehlenden internationalen Beobachtung des Abstimmungsprozesses nicht objektiv überprüfbar. Ein Recht zur Notstandssezession hat sich in der Staatenpraxis bisher nicht etabliert. Ohnehin lägen dessen Voraussetzungen in diesem Fall nicht vor. Die Abspaltung der Krim kann daher nicht als Sezession eingeordnet werden.[281]

Hinzu kommt, dass die Ausübung des Selbstbestimmungsrechts nie in einer gewaltsamen „Unterstützung" durch einen Drittstaat zur Verwirklichung dieses Rechts münden darf.[282] Die Neutralität des Völkerrechts gegenüber unilateralen Unabhängigkeitserklärungen durch ein Teilgebiet, die der IGH im Fall Kosovo bestätigt hat, endet, wenn die Unabhängigkeitserklärung im Zusammenhang mit einer Gewaltanwendung oder einer sonstigen Verletzung des allgemeinen Völkerrechts, im Besonderen des *ius cogens*, erfolgt.[283] Ein Verstoß gegen das Gewaltverbot als Grundlage der Aneignung des Gebiets durch die Russische Föderation qualifizierte den Gebietsübergang als Annexion und stellte damit eine Verletzung des Völkerrechts dar.

B. Annexion der Krim?

Gewaltverbotsverstöße der Russischen Föderation können sich vor dem Hintergrund der Beteiligung russischer Truppen am Abspaltungsprozess der Krim ergeben.

I. Das Gewaltverbot – Grundlagen

Das völkerrechtliche Gewaltverbot ist in Art. 2 Nr. 4 UN-Charta verankert. Hiernach verpflichten sich alle Staaten, in internationalen Beziehungen jegliche Androhung oder Anwendung von Gewalt gegen die territoriale Integrität oder politische Unabhängigkeit eines jeden Staates zu unterlas-

---

281 *v. Arnauld*, Rn. 71; *Christakis*, ZaöRV 75 (2015), 75 (90); *v. d. Driest*, NILR 62 (2015), 329 (351 f.); *Hofmann*, in: MPEPIL, Annexation, Rn. 41; *Grant*, S. 28 – 35; *Melikov*, S. 292–295; *Oeter*, in: *Justenhoven*, S. 209; *Peters*, OE 64/5–6 (2014), 100 (124); *Tuura*, FYIL 24 (2014), 183 (220); aA: *Geistlinger*, AdV 52/2 175 (202 f.).

282 *Grant*, S. 54; *Henderson*, S. 361; *Thürer*, AdV 22/2 (1984), 113 (130); s. auch: IIFFMCG, Report, Vol. II, S. 280.

283 IGH, Kosovo, ICJ Rep. 2010, 403 (437), para. 81.

sen.[284] Die Zielrichtung der Gewaltanwendung oder -androhung *„against the territorial integrity or the political independence of any state"* in Art. 2 Nr. 4 UN-Charta formuliert keine zusätzliche Tatbestandsvoraussetzung, sondern hat Beispielcharakter für zwei besonders schwere Formen der Gewalt, die vom völkerrechtlichen Gewaltverbot erfasst sind.[285]

Neben der Regelung in der UN-Charta kommt dem Gewaltverbot völkergewohnheitsrechtliche Wirkung zu. Es handelt sich um eine Norm des zwingenden Völkerrechts (*ius cogens*).[286] Die genauen Konturen des völkerrechtlichen Gewaltbegriffs sind nach wie vor umstritten. Einigkeit besteht insoweit, als dass jeder physische Einsatz militärischer Waffengewalt gegen einen anderen Staat untersagt ist.[287] Die zunehmende Zahl von Konflikten, die von dem „klassischen" zwischenstaatlichen Konflikt insofern abweichen, als dass sie sich nicht unmittelbar als „militärischer Angriffskrieg" darstellen, sondern etwa auch hybride Bedrohungen einschließen, stellen das auf unmittelbar physische Waffengewalt beschränkte Verständnis des Gewaltverbots in Frage.

Nach seiner klassischen Ausrichtung zielt das Gewaltverbot auf den zwischenstaatlichen Konflikt, soll also eine militärische Auseinandersetzung zwischen zwei Staaten verhindern. Dieser Ansatz ist eine Folge der Erfahrungen des Zweiten Weltkrieges, in dessen Nachgang die UN-Charta und die Kodifikation des Gewaltverbots ihren Beginn gefunden haben.[288]

Näher ausdifferenziert wurde der Gewaltbegriff durch die Generalversammlungsresolutionen 2625 (1970), sog. *Friendly Relations Declaration*, und 3314 (1974), die Definition der Aggression. Die *Friendly Relations Declaration* benennt als taugliche Verletzungshandlungen des Gewaltverbots insbesondere die militärische Besetzung des Hoheitsgebiets eines anderen Staates als Folge der illegalen Anwendung von Gewalt. Eine Gebietsveränderung, die auf eine solche militärische Zwangswirkung zurückgeht, soll

---

284 *„All Members shall refrain in their international relations from the threat or use of force against the territorial integrity or political independence of any state [...]."*.

285 *Dinstein*, S. 93; *Dörr*, in: MPEPIL, Use of Force, Rn. 14.

286 IGH, Case concerning Military and Paramilitary Activities in and against Nicaragua (Nicaragua v. United States of America), Jurisdiction and Admissibility, Judgment, ICJ Rep. 1984, 392 (424), para. 73; *Dinstein*, S. 109 f.; *Dörr*, in: MPEPIL, Use of Force, Rn. 1; *Herdegen*, VöR, § 34, Rn. 16; *O'Connell*, in: *Ruys/ Corten*, S. 860; *Randelzhofer/Dörr*, in: UN Charter, Art. 2 (4), Rn. 1; *Shaw*, S. 854.

287 *Bothe*, in: *Vitzthum/Proelß*, S. 767, Rn. 10; *Brownlie*, S. 361; *Dörr*, in: MPEPIL, Use of Force, Rn. 11–13.

288 *Bothe*, in: *Vitzthum/Proelß*, S. 764 f., Rn. 7; *Gray*, S. 10.

von der Staatengemeinschaft nicht anerkannt werden.[289] Resolution 3314 definiert die völkerrechtswidrige Aggression als Anwendung von Waffengewalt gegen die Souveränität, territoriale Unversehrtheit oder politische Unabhängigkeit eines anderen Staates.[290] Insofern deckt sich die Definition mit dem Gewaltbegriff des Art. 2 Nr. 4 UN-Charta. Art. 2 der Resolution bestimmt, dass bei Vorliegen einer völkerrechtswidrigen Anwendung zwischenstaatlicher Gewalt *prima facie* vom Bestehen einer Aggression im Sinne der Resolution 3314 auszugehen ist. Art. 3 der Resolution führt eine Reihe möglicher Angriffshandlungen auf. Ob es sich im Falle einer Angriffshandlung nach Art. 3 der Resolution gleichermaßen um eine verbotene Anwendung oder Androhung von Gewalt nach Art. 2 Nr. 4 UN-Charta handelt, ist umstritten, wenn eine Handlung nach Art. 3 der Resolution ohne den direkten Einsatz militärischer Waffengewalt erfolgt. Im authentischen englischen Wortlaut der UN-Charta wird der Begriff der *„aggression"* in Art. 39 als Grundlage für die Ergreifung von Maßnahmen durch den Sicherheitsrat nach Kapitel VII UN-Charta benannt. Insofern wird zum Teil argumentiert, die Definition der Aggression nach Resolution 3314 beziehe sich lediglich auf den Aggressionsbegriff des Art. 39 UN-Charta und entfalte keine Ausstrahlungswirkung für die Auslegung des Gewaltbegriffs nach Art. 2 Nr. 4 UN-Charta.[291] Das Verhältnis der Gewaltanwendung nach Art. 2 Nr. 4 UN-Charta, der Angriffshandlung des Art. 39 UN-Charta, der Aggression im Sinne der Aggressionsdefinition und des „bewaffneten Angriffs" im Sinne des Selbstverteidigungsrechts nach Art. 51 UN-Charta ist weder im Rahmen der Charta selbst, noch in der völkerrechtswissenschaftlichen Befassung eindeutig geklärt.[292]

In der Präambel der Definition der Generalversammlung aber wird die Aggression als die *„most serious and dangerous form"* der völkerrechtswidrigen Gewaltanwendung bezeichnet.[293] Sie stellt daher eine qualifizierte

---

289 *„The territory of a State shall not be the object of military occupation resulting from the use of force in contravention of the provisions of the Charter. The territory of a State shall not be the object of acquisition by another State resulting from the threat or use of force. No territorial acquisition resulting from the threat or use of force shall be recognized as legal."*, UN/GA/RES/25/2625, *Friendly Relations Declaration*, 24.10.1970.

290 UN/GA/RES/3314 (XXIX), *Definition of Aggression*, 14.12.1974, Annex, Art. 1.

291 *Randelzhofer/Dörr*, in: UN Charter, Art. 2 (4), Rn. 20.

292 *Gray*, S. 134 f.; *Heintschel v. Heinegg*, in: *Ipsen*, VöR, § 56, Rn. 7 f.; *Hillgruber*, in: *Kempen/Hillgruber/Grabenwarter*, § 38, Rn. 102; *Randelzhofer/Dörr*, in: UN Charter, Art. 2 (4), Rn. 15.

293 *„Considering also that, since aggression is the most serious and dangerous form of the illegal use of force [...]"*, UN/GA/RES/3314 (XXIX), Präambel.

Form der Gewaltanwendung im Sinne des Gewaltverbots des Art. 2 Nr. 4 UN-Charta dar.[294] Ob jedoch beim Vorliegen einer Angriffshandlung im Sinne der Definition der Aggression immer ein bewaffneter Angriff im Sinne des Selbstverteidigungsrechts nach Art. 51 UN-Charta anzunehmen ist, ist unklar. Es existiert keine kodifizierte Definition des „bewaffneten Angriffs" im Sinne von Art. 51 UN-Charta. Der IGH hat sich in seiner Rechtsprechung zum Nicaragua-Fall in der Untersuchung des Vorliegens eines bewaffneten Angriffs jedoch an der Definition der Aggression orientiert.[295] Gleichwohl hat der Gerichtshof nicht zum Ausdruck gebracht, dass diese Konzepte deckungsgleich sind. Jeder bewaffnete Angriff ist also eine Gewaltanwendung, umgekehrt erreicht aber nicht jede Gewaltanwendung und auch nicht jede Angriffshandlung im Sinne der Definition der Aggression die Intensitätsschwelle eines bewaffneten Angriffs.[296] Für die Einordnung einer Gewaltanwendung als bewaffneter Angriff im Sinne von Art. 51 UN-Charta sind nach der Rechtsprechung des Gerichtshofes Intensität und Wirkung der Gewaltanwendung entscheidend (*scale and effects*). Zur Begründung eines bewaffneten Angriffs müsse der grenzüberschreitende Einsatz regulärer Streitkräfte nach Intensität und Wirkung über bloß geringfügige Grenzzwischenfälle (*mere frontier incidents*) hinausgehen.[297]

II. Gewaltverbotsverstoß auf der Krim

Auf der Krim waren im Februar 2014 plötzlich Soldaten aufgetaucht, die keine offizielle Kennzeichnung trugen, aber uniformiert und bewaffnet auftraten. Sie wirkten bei der Besetzung von Regierungsgebäuden und der vollständigen Übernahme der Kontrolle über das Gebiet mit und „unterstützten" die Abhaltung des Referendums im März 2014 auf dem Gebiet der Krim. Dieser Einsatz der *„little green men"* kann das völkerrechtliche Gewaltverbot verletzt haben.

---

294 *v. Arnauld*, Rn. 1048; *Bilkova*, ZaöRV 75 (2015), 27 (29); *Daulenov*, in: The Use of Force Against Ukraine, S. 9; *Dörr*, in: MPEPIL, Rn. 20; *O'Connell*, in: *Ruys/Corten*, S. 862.

295 IGH, Nicaragua, ICJ Rep. 1986, 14 (103), para. 195 f.

296 IGH, Nicaragua, ICJ Rep. 1986, 14 (110), para. 210: *„measures which do not constitute an armed attack may nevertheless involve a use of force"*; *Bothe*, in: *Vitzthum/Proelß*, S. 767, Rn. 10; *Dinstein*, S. 206; *Heintschel v. Heinegg*, in: *Ipsen*, VöR, § 56, Rn. 7; *Randelzhofer/Nolte*, in: UN Charter, Art. 51, Rn. 17.

297 IGH, Nicaragua, ICJ Rep. 1986, 14 (103), para. 195.

1. Zurechenbarkeit der Handlungen der „little green men"

Zur Feststellung eines Verstoßes gegen das Gewaltverbot muss die Gewaltanwendung des Handelnden dem Staat zurechenbar sein.[298] Nach Art. 4 ASR wird einem Staat das Verhalten seiner Organe, also auch seines Militärs, zugerechnet. Die russische Führung leugnete lange Zeit die Beteiligung russischen Militärs in der Ukraine und sprach von „lokalen Selbstverteidigungstruppen", die die vermeintlich illegitime ukrainische Regierung stürzen wollten.[299] Im April 2014 sagte *Putin* sodann in einem Fernsehinterview, die sogenannten „kleinen grünen Männchen" auf der Krim seien vom russischen Militär unterstützt worden.[300] Dergestalt gab er eine direkte russische Beteiligung an der Besetzung der Krim im Nachgang offen zu.

Neben dieser „Bestätigung" der Zugehörigkeit der „grünen Männchen" zum russischen Militär sprechen zahlreiche faktische Indizien dafür, dass es sich bei den *„little green men"* um russische Soldaten handelte. So traten die Soldaten zwar ohne Hoheitsabzeichen, aber in einheitlicher Uniform und mit umfassender Ausrüstung auf, die optisch der entsprach, die russische Spezialeinsatzkommandos bei ihren Einsätzen tragen.[301] Weiterhin sprechen die besonders gute Koordination des Einsatzes, die Identifizierbarkeit einzelner Angehöriger der Gruppen anhand von Auftritten in sozialen Medien sowie der sprachliche Akzent vieler Soldaten für deren Zugehörigkeit zu den russischen Streitkräften.[302] Dass es sich bei den „grünen Männchen" um russische Soldaten gehandelt hat, ist heute daher als weitgehend gesicherte Tatsachengrundlage anzusehen.[303] Von einer Zurechenbarkeit der Handlungen der „grünen Männchen" auf der Krim zum russischen Staat ist damit auszugehen.[304]

---

298 *Gray*, in: *Evans*, S. 603; *Heintschel v. Heinegg*, in: *Ipsen*, VöR, § 55, Rn. 29.

299 BBC, Putin: Russia force only last resort in Ukraine, 04.03.2014, abrufbar unter: https://www.bbc.com/news/world-europe-26433309.

300 *„Of course, the Russian servicemen did back the Crimean self-defence forces."*, *Putin* in Fernsehinterview vom 17.04.2014, im Wortlaut abrufbar unter: http://en.kremli n.ru/events/president/news/20796.

301 ZEIT online, Der Krieg der kleinen grünen Männchen, 17.04.2014, abrufbar unter: https://www.zeit.de/politik/ausland/2014-04/5vor8-joffe-ukraine; s. auch: *Luchterhandt*, S. 162 f.; *Marxsen*, ZaöRV 74 (2014), 367 (369 f.).

302 *Luchterhandt*, S. 163.

303 *Geiß*, ILS 91 (2015), 425 (431); *Gornig*, S. 361–363; *Marxsen*, ZaöRV 75 (2015), 7 (20 f.).

304 Selbst wenn es sich bei den „grünen Männchen" nicht um Angehörige des staatlichen Militärs gehandelt haben sollte, ist eine Zurechnung ihrer Handlungen

2. Anwendung oder Androhung von Gewalt

Für die Feststellung eines Gewaltverbotsverstoßes wäre eine tatsächliche Anwendung oder eine Androhung militärischer Waffengewalt im Sinne von Art. 2 Nr. 4 UN-Charta durch die *„little green men"* erforderlich. Die „grünen Männchen" hatten bei der Besetzung von Gebäuden auf der Krim wenig bis keine Gegenwehr erhalten. Der russische Präsident betonte im Nachgang, es sei „nicht ein einziger Schuss" abgegeben worden und es seien keine Menschen zu Schaden gekommen.[305] Gleichwohl ist das russische Vorgehen auf der Krim in der Staatengemeinschaft als Aggression verurteilt worden.[306]

Das Verbot der Anwendung oder Androhung von Gewalt verfolgt einen umfassenden Ansatz. Es kommt darauf an, ob unter Verwendung militärischer Mittel Zwang gegen einen anderen Staat ausgeübt wird. Im Fall

---

unter den Voraussetzungen des Art. 8 ASR rechtlich begründbar. Hiernach wird einem Staat das Verhalten einer Gruppe von Personen zugerechnet, wenn diese auf Anweisung oder unter der Kontrolle dieses Staates handelt. Im Einklang mit der Rechtsprechung des IGH im Fall *Nicaragua* wäre eine über die finanzielle Unterstützung hinausgehende Unterstützung, etwa durch militärische Ausrüstung oder Training der Soldaten durch die Russische Föderation erforderlich, um einen Verstoß gegen das Gewaltverbot zu begründen., s. IGH, Nicaragua, ICJ Rep. 1986, 14 (118 f.), para. 228. Im Rahmen des Auftretens der „kleinen grünen Männchen" auf der Krim käme es demzufolge darauf an, ob diese Gruppe durch die russische Regierung derart effektiv kontrolliert wurde, dass von einer Steuerung durch Russland auszugehen ist. Hierfür spricht insbesondere deren umfassende Ausrüstung und die Koordination der Einnahme der Krim. Nimmt man also entgegen der anderslautenden Äußerungen *Putins* und der objektiven Hinweise an, es habe sich bei den auf der Krim tätig gewordenen „grünen Männchen" tatsächlich um nicht-staatliche, private bewaffnete Gruppierungen gehalten, so hätte Russland diese jedenfalls durch gezielte Unterstützung bei Militäraktionen und durch die Ausrüstung mit hinreichend zuzuordnendem russischem Militär-Equipment völkerrechtswidrig unterstützt, vgl. *Heintze*, HuV-I 27/3 (2014), 129 (132).

305 *They keep talking of some Russian intervention in Crimea, some sort of aggression. This is strange to hear. I cannot recall a single case in history of an intervention without a single shot being fired and with no human casualties.*", Address by President of the Russian Federation, 18.03.2014.

306 So zB der ukrainische Ministerpräsident *Jazenjuk* in einer Stellungnahme vor dem UN-Sicherheitsrat: *„My country has faced a **military aggression**.* (Hervorhebung eingefügt)", 13.03.2014, abrufbar unter: https://www.kmu.gov.ua/en/new s/247101865; wie auch der Sprecher der Premierministerin Großbritannniens: *„We condemn Russia's act of aggression"*, abrufbar unter: https://www.reuters.com/ article/ukraine-crisis-russia-britain/britain-condemns-russias-act-of-aggression-ag ainst-ukraine-pm-mays-spokesman-idUSS8N1VQ03I.

der Krim hat sich eine solche militärische Zwangswirkung ergeben, als bewaffnete Angehörige des russischen Militärs im Februar und März 2014 die Kontrolle über Regierungsgebäude und weitere zentrale Institutionen übernommen hatten und damit unter Einsatz militärischer Zwangsmittel die ukrainische Souveränität und territoriale Integrität verletzten.[307] Sie postierten sich vor den verschiedenen Gebäuden und verbreiteten allgemein ein Klima militärischer Kontrolle und der Angst. Darüber hinaus hatten die Truppen Flughäfen und den Hafen der Stadt Sewastopol eingenommen.[308]Schon der Wortlaut der Definition der Aggression qualifiziert: „a) die Invasion oder de(n) Angriff der Streitkräfte eines Staates auf das Hoheitsgebiet eines anderen Staates oder jede, wenn auch vorübergehende Besetzung, die sich aus einer solchen Invasion oder einem solchen Angriff ergibt, oder jede gewaltsame Annexion des Hoheitsgebiets eines anderen Staates oder eines Teils desselben", „c) die Blockade der Häfen oder Küsten eines Staates durch die Streitkräfte eines anderen Staates" sowie „e) de(n) Einsatz von Streitkräften eines Staates, die sich mit Zustimmung eines anderen Staates auf dessen Hoheitsgebiet befinden, unter Verstoß gegen die in dem entsprechenden Abkommen vorgesehenen Bedingungen oder jede Verlängerung ihrer Anwesenheit in diesem Gebiet über den Ablauf des Abkommens hinaus" als taugliche Angriffshandlungen.[309]

Genau diese Vorgänge waren auf der Krim zu beobachten: Die bewaffneten „*little green men*" haben die Kontrolle über Regierungsgebäude und die Häfen in Mariupol und Sewastopol übernommen. Dabei sind mit großer Wahrscheinlichkeit nicht nur zusätzlich entsandte Truppen tätig geworden, sondern auch solche Soldaten, die im Rahmen bilateraler Abkommen schon in der Ukraine stationiert waren. Das Abkommen zum Aufenthalt von russischen Streitkräften auf dem ukrainischen Gebiet betreffend die Schwarzmeerflotte regelt neben der maximalen Anzahl russischer Soldaten (25.000 Soldaten) auch Bedingungen ihrer Ausrüstung und bekräftigt in Art. 6 die Achtung und Wahrung der Souveränität der Ukrai-

---

307 *Bilkova*, ZaöRV 75 (2015), 27 (34 ff.); *Leonaitė/Žalimas*, LASR, 14 (2015–2016), 11 (18); *Tancredi*, QIL I (2014), 5 (7); *Yue*, BLR 7/3 (2016), 181 (183 f.).
308 The Guardian, Russian armoured vehicles on the move in Crimea, 28.02.2014, abrufbar unter: https://www.theguardian.com/world/2014/feb/28/gunmen-cri mean-airports-ukraine; Russen besetzen drei ukrainische Kriegsschiffe, FAZ.net, 20.03.2014, https://www.faz.net/aktuell/politik/ausland/europa/sewastopol-russe n-besetzen-drei-ukrainische-kriegsschiffe-12856734.html.
309 UN/GA/RES/3314 (XXIX), Definition of Aggression, Annex, Art. 3.

ne und das Verbot des Eingreifens in ihre inneren Angelegenheiten.[310] Auf der Krim wurden die Soldaten der Schwarzmeerflotte auch außerhalb der durch das Abkommen geregelten Grenzen tätig, indem sie dabei unterstützten, die militärische Kontrolle über das Gebiet zu übernehmen.[311] Hierdurch wurden Verpflichtungen aus dem Stationierungsabkommen, allen voran aus Art. 6, verletzt. Von einer Angriffshandlung seitens Russlands ist somit nach Varianten a), c) und e) der Aggressionsdefinition auszugehen.[312]

Angesichts der begrenzten Ausübung tatsächlicher harter Waffengewalt im Sinne einer gezielten Bombardierung oder der Abgabe von Schüssen im Rahmen der Übernahme der Kontrolle auf der Krim stellt sich die Frage, ob unter dem Maßstab der IGH-Rechtsprechung zu *scale and effects* der Gewaltanwendung auch ein bewaffneter Angriff im Sinne von Art. 51 UN-Charta vorgelegen hat. Das Vorliegen eines bewaffneten Angriffs ist die höchste Stufe der Gewaltanwendung, nur die *„most grave forms of the use of force"* sind als bewaffneter Angriff einzuordnen.[313] Klassisches Verständnis eines bewaffneten Angriffs ist daher die tatsächliche Anwendung militärischer Waffengewalt in der direkten militärischen Auseinandersetzung durch Betätigung entsprechender Waffen. Das Auftreten der *„little green men"*, die entsprechende Waffen zwar mit sich führten, aber nicht durch die massive Anwendung von Waffengewalt gegen die lokalen Behörden die Kontrolle übernahmen, sondern kaum Widerstand bei der Besetzung der Gebiete erfahren hatten, lässt das Bestehen eines bewaffneten Angriffs in diesen Handlungen fraglich erscheinen.[314] In der Staatengemeinschaft ist die Gewaltanwendung der Russischen Föderation als militärische Intervention, Gewaltanwendung und Verletzung der territorialen Integrität und Souveränität sowie als *„act of aggression"*, nicht aber als *„armed attack"*

---

310 *„Military units operate in places of deployment in accordance with the legislation of the Russian Federation, respect the sovereignty of Ukraine, observe its legislation and do not allow interference in the internal affairs Ukraine."*, Partition Treaty on the Status and Conditions of the Black Sea Fleet, Art. 6.

311 *Bilkova*, ZaöRV, 75 (2015), 27 (32); *Melikov*, S. 301.

312 *Bilkova*, ZaöRV 75 (2015), 27 (32; 35); *Gray*, S. 33; *Geiß*, ILS 91 (2015), 425 (432); *Heintze*, FW 89/1–2 (2014), 153 (162); *Henderson*, S. 375; *Kreß/Tams*, IP 05/06 (2014), 16 (17); *Leonaité/Žalimas*, LASR 14 (2015–2016), 11 (15 f.); *Luchterhandt*, S. 166; *Melikov*, S. 301 f.; *O'Connell*, in: *Ruys/Corten*, S. 863; *Tancredi*, QIL I (2014), 5 (19–29).

313 IGH, Nicaragua, ICJ Rep. 1986, 14 (101), para. 191.

314 S. hierzu: *Bilkova*, ZaöRV 75 (2015), 27 (36 f.)

bezeichnet worden.[315] Im Gegensatz zum Einsatz von Panzern, Bombardierung und Artillerie bei der Invasion 2022 ist im Rahmen der Krim-Annexion tatsächliche Waffengewalt im Sinne von Schusswaffengebrauch oder Bombardierungen in großem Ausmaß nicht aufgetreten.

Zwar hat die Intensität der Gewaltanwendung nicht das Ausmaß einer vollumfänglichen bewaffneten Invasion unter umfangreichem Artillerieeinsatz begründet, gleichwohl lagen Angriffshandlungen im Sinne der lit. a), c) und e) der Definition der Aggression vor, die der IGH als Indikator für das Vorliegen eines bewaffneten Konflikts herangezogen hat. Der Einsatz der „grünen Männchen" auf der Krim mündete in der umfassenden Besetzung des Gebiets und ging über das Maß eines *„mere frontier dispute"* hinaus. Vor diesem Hintergrund und mit Blick auf die Rechtsfolge, dass der Ukraine anderenfalls ein Selbstverteidigungsrecht nach Art. 51 UN-Charta verwehrt geblieben wäre, könnte der Gewalteinsatz Russlands auf der Krim auch als schwerwiegendste Form der Gewaltanwendung, als bewaffneter Angriff im Sinne von Art. 51 UN-Charta, qualifiziert werden.[316]

Selbst wenn man den Handlungen absprechen wollte, Intensität und Wirkung eines bewaffneten Angriffs erreicht zu haben, so lag hierin die Ausübung militärischer Zwangswirkung gegen die Ukraine und damit eine Gewaltanwendung von Art. 2 Nr. 4 UN-Charta. Die Vereinnahmung eines Gebiets durch das plötzliche Erscheinen einer großen Zahl bewaffneter Soldaten wird darüber hinaus mindestens eine konkludente Androhung von Gewalt darstellen, die ihrerseits das Gewaltverbot verletzt. Auch der Beschluss der russischen *Duma* zur Genehmigung des Einsatzes militärischer Gewalt auf dem ukrainischen Territorium wird zum Teil schon als hinreichende Drohung mit Gewalt qualifiziert, obwohl auf der Grundlage dieser Genehmigung nie ein Militäreinsatz stattgefunden hat und *Putin* die Rücknahme der Genehmigung im Juni 2014 selbst veranlasst

---

315 S. etwa der ukrainische Vertreter im Sicherheitsrat: *„However, such action by the Russian Federation constitutes an act of aggression against the State of Ukraine and a severe violation of international law"*, UN/S/PV.7124, 01.03.2014; die Vertreterin der Vereinigten Staaten im Sicherheitsrat: *„What is happening today is a dangerous military intervention in Ukraine. It is an act of aggression"* sowie der Vertreter Großbritanniens: *„the Russian Federation has contravened its obligations as a member of the international community. It has violated Article 2 of the Charter of the United Nations, which prohibits the threat or use of force against the territorial integrity or political independence of any State"*, UN/S/PV.7125, 03.03.2014.

316 So: *Bilkova*, ZaöRV, 75 (2015), 27 (37); *Marxsen*, ZaöRV 75 (2015), 7 (24 f.); *Tancredi*, QIL I (2014), 5 (29–35).

hatte.[317] Der Einsatz russischer Soldaten auf der Krim stellte damit einen Gewaltverbotsverstoß und eine völkerrechtswidrige Angriffshandlung im Sinne der Definition der Aggression dar.[318] Russland hat hierdurch die territoriale Souveränität und Integrität der Ukraine verletzt.[319]

C. Fazit

Russland hat auf der Krim schon 2014 gegen das Gewaltverbot verstoßen. Der Abschluss des „Beitrittsvertrages" und die damit einhergehende „Wiedereingliederung" der Krim haben zur abschließenden Aneignung fremden Staatsgebiets geführt. Eine Sezession der Krim im Einklang mit dem Völkerrecht lag nicht vor. Die Gebietsveränderung ist damit als Annexion zu qualifizieren.

---

317 *Bilkova*, ZaöRV, 75 (2015), 27 (30 f.); *Marxsen*, ZaöRV 74 (2014), 367 (389).
318 *Geiß*, ILS 91 (2015), 425 (432); *Gornig*, S. 363 f.; *Hofmann*, in: MPEPIL, Annexation, Rn. 40; *Luchterhandt*, S. 159; *Tancredi*, QIL I (2014), 5 (19–29).
319 *Marxsen*, ZaöRV 75 (2015), 7 (21); *Peters*, plädoyer 3 (2014), 19.

3. Kapitel: Weitere Verstöße Russlands gegen das Völkerrecht

Neben einem Verstoß gegen das völkerrechtliche Gewaltverbot aus Art. 2 Nr. 4 UN-Charta bzw. Völkergewohnheitsrecht hat das russische Vorgehen auf der Krim schon in der frühen Phase des Konflikts weitere Verpflichtungen aus dem allgemeinen Völkerrecht ebenso wie spezielle völkervertragliche Verpflichtungen verletzt (A.). Gleiches gilt für den Einsatz russischer Soldaten in der Ostukraine (B.).

A. Weitere Verstöße in Bezug auf die Krim-Annexion

I. Verletzung des Interventionsverbots

Das Interventionsverbot bildet neben dem Gewaltverbot einen weiteren Grundpfeiler des friedlichen Zusammenlebens der Staaten. Es findet keine ausdrückliche Erwähnung in der UN-Charta. Art. 2 Nr. 7 UN-Charta erfasst ausdrücklich nur das Eingreifen der Vereinten Nationen in innere Angelegenheiten eines Staates. Der Schutz staatlicher Souveränität im Sinne von Art. 2 Nr. 1 UN-Charta aber erfordert die Freiheit des Staates von Einmischungen in die inneren Angelegenheiten durch andere Staaten.[320] Die Geltung des Interventionsverbots ist völkergewohnheitsrechtlich anerkannt.[321]

Das Interventionsverbot untersagt die direkte oder indirekte Einmischung in die inneren Angelegenheiten eines anderen Staates, in denen der jeweilige Staat nach dem Prinzip der staatlichen Souveränität grundsätzlich frei ist.[322] Das Kernelement der verbotenen Intervention ist die Ausübung einer Zwangswirkung auf einen anderen Staat, unabhängig davon, ob sich dieser Zwang in der besonders schweren Form einer gewaltsamen Intervention darstellt oder ob es sich um eine andere Form

---

320 *Heintschel v. Heinegg*, in: *Ipsen*, VöR, § 55, Rn. 42; *Kunig*, in: MPEPIL, Prohibition of Intervention, Rn. 9.

321 *Heintschel v. Heinegg*, in: *Ipsen*, VöR, § 55, Rn. 42; *Kempen*, in: *Kempen/Hillgruber/Grabenwarter*, § 32, Rn. 8; *Kunig*, in: MPEPIL, Prohibition of Intervention, Rn. 2.

322 IGH, Nicaragua, ICJ Rep. 1986, 14 (108), para. 205; *Herdegen*, VöR, § 35, Rn. 1; *Hobe*, S. 240; *Kunig*, in: MPEPIL, Prohibition of Intervention, Rn. 1.

der Einmischung handelt.[323] Jede Form der Einmischung in die *domaine reservé* gegen den Willen des betroffenen Staates stellt eine unzulässige Intervention dar. Liegt ein Verstoß gegen das Gewaltverbot des Art. 2 Nr. 4 UN-Charta vor, so liegt hierin zugleich eine Verletzung der Gebietshoheit des Heimatstaats, die eine völkerrechtswidrige Intervention begründet.[324] Jeder Verstoß gegen das völkerrechtliche Gewaltverbot stellt damit einen Verstoß gegen das Interventionsverbot dar, der in dem schwerwiegenderen Verstoß gegen das Gewaltverbot aufgeht. Die Russische Föderation hat damit durch die Anwendung völkerrechtswidriger Gewalt auf der Krim auch das Interventionsverbot verletzt, indem sie die territoriale Integrität und die umfassende staatliche Souveränität der Ukraine untergraben hat. Auch die Anerkennung der Krim und der Stadt Sewastopol als unabhängig, die Grundlage des späteren Beitrittsvertrages war, hat unzulässig in die inneren Angelegenheiten der Ukraine eingegriffen. Da diese Gebiete nach wie vor Teil des ukrainischen Staatsgebiets sind, verletzt eine Anerkennung ihrer Unabhängigkeit die Souveränität der Ukraine und stellt damit einen Verstoß gegen das Interventionsverbot dar.[325]

II. Besondere völkervertragliche Verpflichtungen

Zwischen der Ukraine und Russland existieren zudem mehrere besondere völkervertragliche Regelungen, die die Einhaltung des Gewaltverbots sowie die Achtung der Grenzen der Ukraine absichern.

Zuvörderst ist das Budapester Memorandum vom 5. Dezember 1994 zu nennen. Dieses Abkommen wurde im Rahmen der damaligen Konferenz über Sicherheit und Zusammenarbeit in Europa (KSZE)[326] geschaffen. Im Gegenzug für den vollständigen Verzicht der Ukraine auf Nuklearwaffen verpflichtet sich Russland neben den weiteren Vertragspartnern darin, die Souveränität und die bestehenden Grenzen der Ukraine zu achten und

---

323 IGH, Nicaragua, ICJ Rep. 1986, 14 (108), para. 205; *Heintschel v. Heinegg*, in: *Ipsen*, VöR, § 55, Rn. 48; *Kunig*, in: MPEPIL, Prohibition of Intervention, Rn. 5 f., 22.

324 IGH, Nicaragua, ICJ Rep. 1986, 14 (110 f.), para. 209; *Heintschel v. Heinegg*, in: *Ipsen*, VöR, § 55, Rn. 45; *Kunig*, in: MPEPIL, Prohibition of Intervention, Rn. 23.

325 *Luchterhandt*, S. 171.

326 Diese Konferenz wurde im Januar 1995 durch die Organisation für Sicherheit und Zusammenarbeit in Europa (OSZE) ersetzt.

zu schützen.[327] Weiterhin enthält das Abkommen in Art. 2 eine inhaltlich dem Gewaltverbot der UN-Charta vergleichbare Regelung, die jegliche Androhung oder Anwendung von Gewalt gegen die territoriale Integrität oder die politische Unabhängigkeit untersagt, soweit es sich nicht um einen Selbstverteidigungsfall oder einen sonstigen Gewalteinsatz im Einklang mit der UN-Charta handelt.[328]

Weiteren Ausdruck hat die Verpflichtung zur Wahrung und Achtung der bestehenden Staatsgrenzen auch in dem Abkommen über Freundschaft, Zusammenarbeit und Partnerschaft zwischen Russland und der Ukraine aus dem Jahr 1997 erhalten. In Art. 2 und 3 des Abkommens versprechen die Vertragsparteien, im Einklang mit den Verpflichtungen aus der UN-Charta und der Schlussakte von Helsinki die territoriale Integrität sowie die Unverletzlichkeit der Grenzen zu achten und keinerlei Gewalt im Verhältnis zueinander anzuwenden.[329] Auch in diesem Zusammenhang erfolgt ein Verweis auf generell gültige Normen des Völkerrechts, die ihrerseits derartige Rechtsbindungen enthalten, die durch den bilateralen Freundschaftsvertrag bekräftigt werden sollen. Der für die Dauer von 10 Jahren geschlossene Vertrag wurde nach seinem Auslaufen zum 31.03.2019

---

327 „ *The Russian Federation* [...] *reaffirm(s) their commitment to Ukraine,* [...]*, to respect the independence and sovereignty and the existing borders of Ukraine.*", Memorandum on security assurances in connection with Ukraine's accession to the Treaty on the Non-Proliferation of Nuclear Weapons (Budapest Memorandum), 05.12.1994, UNTC, No. 52241, Art. 1. Das Abkommen wurde neben der Ukraine und der Russischen Föderation vom Vereinigten Königreich sowie den Vereinigten Staaten von Amerika gezeichnet.

328 „*The Russian Federation* [...] *reaffirm(s) their* [...] *obligation to refrain from the threat or use of force against the territorial integrity or political independence of Ukraine, and that none of their weapons will ever be used against Ukraine except in self-defense or otherwise in accordance with the Charter of the United Nations.*", Art. 2.

329 „*The High Contracting Parties, in accordance with the provisions of the Charter of the United Nations and their obligations under the Final Act of the Conference on Security and Cooperation in Europe, shall respect each other's territorial integrity and confirm the inviolability of their common borders.*", Art. 2; „*The High Contracting Parties shall base their relations with each other on the principles of mutual respect, sovereign equality, territorial integrity, the inviolability of borders, the peaceful settlement of disputes, the non-use of force or threat of force, including economic and other means of pressure, the right of peoples to control their own destiny, non-interference in internal affairs, observance of human rights and fundamental freedoms, cooperation among States, and conscientious fulfilment of international obligations and other universally recognized norms of international law.*", Art. 3, UNTC, No. 52240, Treaty on Friendship, Cooperation and Partnership between Ukraine and the Russian Federation, Kiev, 31.05.1997.

nicht verlängert.[330] Dennoch unterlagen die Ereignisse auf der Krim im Jahr 2014 der Geltung des Abkommens, das dementsprechend für die Beurteilung etwaiger Verstöße gegen die in der Vereinbarung gewährten Schutzpflichten von Bedeutung ist.

Zu den bedeutsamen völkervertraglichen Regelungen zählt zudem das 1997 abgeschlossene Stationierungsabkommen für die Schwarzmeerflotte. Auch im Rahmen dieser völkerrechtlichen Vereinbarung versprach Russland, die Souveränität der Ukraine zu achten.[331]

Weiterhin zählt zum relevanten Völkervertragsrecht auch die sogenannte *Alma Ata* Erklärung aus dem Jahr 1991 zum Zerfall der Sowjetunion. Darin versprechen die unterzeichnenden Staaten, zu denen auch die heutige Russische Föderation und die Ukraine zählen, die bestehenden Grenzen der Unterzeichner zu achten und zu schützen und diese nicht zu verletzen.[332] Auch diese völkerrechtlichen Übereinkommen hat Russland durch das Vorgehen auf der Krim verletzt.[333] Zwar ist die unmittelbare Rechtsbindungswirkung dieser Abkommen im Einzelnen angesichts ihres weitgehend politischen Charakters zweifelhaft[334], die Vorschriften zur Achtung der territorialen Integrität, der Souveränität sowie des Gewalt- und Interventionsverbots bekräftigen aber ohnehin Grundnormen des Völkerrechts, deren Rechtsbindung sowohl völkergewohnheitsrechtlich als auch in der UN-Charta angelegt ist.

B. Vorgänge in der Ostukraine in den Jahren 2014–2021[335]

In der Ostukraine verliefen die Geschehnisse im Frühjahr 2014 weitgehend parallel zum Verlauf auf der Krim. Auch hier tauchten plötzlich Soldaten ohne Hoheitsabzeichen auf, die die prorussischen separatistischen Bewe-

---

330 DW, Kein Freundschaftsvertrag mit Russland ab 2019, 06.12.2018, abrufbar unter: https://www.dw.com/de/kein-freundschaftsvertrag-mit-russland-ab-2019/a -46616956.

331 *„Military units [...] respect the sovereignty of Ukraine."*, Partition Treaty on the Status and Conditions of the Black Sea Fleet, Art. 6.

332 *„The High Contracting Parties acknowledge and respect each other's territorial integrity and the inviolability of existing borders within the Commonwealth."*, Alma Ata Declaration (1991), Art. 5.

333 *Gornig*, S. 367–376; *Heintze*, HuV-I 27/3 (2014), 129 (133); *Kreß/Tams*, IP 05/06 (2014, 16 (16); *Luchterhandt*, S. 160 f.

334 S. hierzu: *Ruys*, PYIL (2014), 89–114.

335 Eingehend zur Bewertung der Situation in der Ostukraine: *Gornig*, S. 390–413; *Merezhko*, in: The Use of Force against Ukraine, S. 111–121.

gungen vor Ort unterstützten. Der Prozess der Anerkennung der Gebiete als unabhängige Volksrepubliken folgte jedoch anders als im Fall der Krim erst Jahre später, kurz vor der Invasion Russlands in die Ukraine im Jahr 2022.

Für die völkerrechtliche Einordnung des russischen Verhaltens in der Ostukraine gilt Entsprechendes wie für die Geschehnisse um die Krim. Soweit in der Ostukraine russische Militärangehörige selbst an der Besetzung von Gebäuden und der Übernahme der Kontrolle beteiligt waren, liegt ein Verstoß gegen das Gewaltverbot nach Art. 2 Abs. 4 UN-Charta sowie das Interventionsverbot vor. Auch hier stellt sich die Problematik der Zurechenbarkeit des Verhaltens derjenigen Beteiligten, die nicht offiziell als russische Militärangehörige zuzuordnen waren. Die Russische Föderation hat hier das Narrativ „russischer Soldaten auf Urlaub", die vermeintlich in ihrer Freizeit in der Ostukraine die Separatisten unterstützt haben sollen, gestreut und die offizielle Anwesenheit und aktive Unterstützung der Separatisten in der Ostukraine durch russisches Militär immer wieder bestritten.[336] Die Indizienlage stimmt damit jedoch nicht überein.[337] Für eine Beteiligung Russlands spricht unter anderem, dass führende Persönlichkeiten der Separatistengruppierungen aus Russland stammten. Die bloße Masse der anwesenden Soldaten mit umfassender militärischer Ausrüstung, die unter anderem unter der Dokumentation der OSZE die Grenze von Russland in die Ukraine passiert hatten, spricht dagegen, dass die Militärangehörigen sich „in ihrer Freizeit" in der Ostukraine betätigten. Verwundete Soldaten ebenso wie Familienangehörige russischer Soldaten hatten ihren Einsatz in den Regionen in der Ostukraine bestätigt. Auch die Ausrüstung der Separatistengruppierungen mit modernster Militärtechnik wie etwa russischen Panzern und Raketenwerfern, die auch bei der Aufarbeitung des Abschusses von MH17 nach den Ergebnissen des unabhängigen Aufklärungsteams verwendet wurden, sprechen für eine maßgebliche

---

336 FAZ, Auf allen Kanälen, 18.11.2014, Nr. 268, S. 10; Reuters, Kremlin: No Russian troops in Ukraine's Donbass, but there are Russian ‚citizens‘ – RIA, 26.03.2016, abrufbar unter: https://www.reuters.com/article/us-ukraine-crisis-russia-military-idUSKCN0WS0EV.

337 Hierzu: *Gornig*, S. 397–400, mit einer Aufzählung der Hinweise auf eine russische Beteiligung. S. auch: *Tsybulenko/Francis*, in: The Use of Force against Ukraine, S. 126–128.

Unterstützung der Separatistengruppierungen durch die Russische Föderation.[338]

Der Einsatz russischer Soldaten zur Übernahme der Kontrolle in den Gebieten sowie die Besetzung von Häfen und Flughäfen auch im Osten der Ukraine stellen eine Verletzung des Gewaltverbots nach Art. 2 Nr. 4 UN-Charta sowie Angriffshandlungen im Sinne von Art. 3 lit. a), c) und e) der Resolution 3314 der Generalversammlung dar. Die im Jahr 2022 erfolgte Anerkennung der Separatistengebiete als unabhängige Staaten verstößt ebenso wie die Anerkennung der Krim als unabhängig gegen das Interventionsverbot, da auch die Gebiete in der Ostukraine rechtlich Teil des Staatsgebiets der Ukraine geblieben sind. Auch die völkervertraglichen Verpflichtungen zur Achtung der territorialen Integrität und des Gewaltverbots gegenüber der Ukraine, die zu den Verletzungshandlungen auf der Krim dargelegt worden sind, wurden durch das Vorgehen in der Ostukraine verletzt.[339]

C. Fazit

Durch die Entsendung russischer Soldaten in das Gebiet der Halbinsel Krim sowie in die Ostukraine und die Bewegung von bereits dort stationierten Truppen der Schwarzmeerflotte über die Grenzen der Stationierungsabkommen hinaus hat Russland Grundprinzipien des Völkerrechts verletzt, zuvörderst das allgemeine Gewaltverbot des Art. 2 Nr. 4 UN-Charta. Trotz der geringen Gegenwehr ist festzustellen, dass Russland militärische Zwangsmittel gegen die territoriale Integrität und Souveränität der Ukraine eingesetzt hat. Da eine direkte Beteiligung russischer Truppen mittlerweile nach der Faktenlage als nachgewiesen angesehen werden kann – insbesondere angesichts der Bestätigung dieser Tatsache durch den russischen Präsidenten – lag schon im frühen Stadium des Konflikts in den Jahren 2014–2015 eine direkte Anwendung von Gewalt gegen die Ukraine vor. Die Halbinsel Krim wird von der Russischen Föderation schon seit dem Abschluss des Beitrittsvertrags im März 2014 als russisches Staatsgebiet angesehen. Die gewaltsame Vereinnahmung dieses Gebiets und dessen „Wiedereingliederung" in die Russische Föderation stellen eine Annexion

---

338 FAZ, Ein offenes Staatsgeheimnis, Nr. 272, 22.11.2014, S. 10; DW, Russische Kämpfer in der Ukraine, 04.03.2015, abrufbar unter: https://www.dw.com/de/russische-kämpfer-in-der-ukraine/a-18293219.
339 S. hierzu oben: 3. Kapitel, A., II.

dar, soweit keine ausnahmsweise völkerrechtliche Rechtfertigung für die Gewaltverbotsverstöße auf der Krim ersichtlich ist. Darüber hinaus hat Russland gegen den Grundsatz der Achtung der territorialen Integrität sowie der staatlichen Souveränität verstoßen und damit das Interventionsverbot verletzt. Auch völkervertragliche Verpflichtungen hat Russland schon durch die Geschehnisse zu Beginn der Ukraine-Krise verletzt. Es stellt sich die Folgefrage, ob sich die Völkerrechtsverstöße der Russischen Föderation durch einen der russischen Argumentationsansätze rechtfertigen lassen. Eine umfassende Untersuchung dieser Rechtfertigungsansätze ist Gegenstand des Folgekapitels.

4. Kapitel: Rechtfertigungsansätze

Die Russische Föderation suchte den Einsatz russischer Truppen bei der „Wiedereingliederung" der Krim sowie ihre Beteiligung in der Ostukraine mit verschiedenen Begründungsansätzen zu rechtfertigen. Hierzu zählt zunächst der Versuch einer historisch-kulturellen Herleitung der „Zusammengehörigkeit" der Krim und Russlands. In diese Richtung geht das Vorbringen der Russischen Föderation, durch die „Wiedervereinigung" sei historisches Unrecht begradigt worden.[340] In engem Zusammenhang hiermit steht die Argumentation zur Unterstützung eines vermeintlichen Sezessionsrechts der Krim-Bevölkerung auf der Grundlage des Selbstbestimmungsrechts der Völker. Die Verwirklichung dieses „Rechts" bildete unter diesem Verständnis die Verwirklichung der historisch-kulturellen Einigkeit der Region mit der Russischen Föderation.

Zweiter zentraler Ansatzpunkt des Versuchs einer (völker-)rechtlichen Rechtfertigung des russischen Vorgehens in der Ukraine ist über die Anknüpfung an das Selbstbestimmungsrecht der Völker hinaus die Bemühung verschiedener Ausnahme- bzw. Rechtfertigungstatbestände für das Gewaltverbot. Hierzu zählen unter anderem eine Begründung über die völkerrechtlichen Institute der Intervention auf Einladung, der Intervention zum Schutz eigener oder fremder Staatsangehöriger im Ausland, sowie Aspekte des Selbstverteidigungsrechts, die in der russischen Argumentation angeklungen sind.

Eine etwaige Rechtfertigung des russischen Verhaltens in der Ukraine wird entsprechend sowohl aus historischer (A.) als auch (völker-)rechtlicher Perspektive (B.) untersucht.

---

340 *„However, the people could not reconcile themselves to this outrageous historical injustice. All these years, citizens and many public figures came back to this issue, saying that Crimea is historically Russian land and Sevastopol is a Russian city.",* Address by President of the Russian Federation, 18.03.2014; s. auch das Vorbringen des russischen Vertreters im Sicherheitsrat: *„A historic injustice has been righted",* UN/S/PV.7144, 19.03.2014.

A. Historische Argumentation

Historische Aspekte spielen in der russischen Begründung der „Wiedereingliederung" der Krim eine wesentliche Rolle. *Putin* hat die historische Einheit des russischen und des ukrainischen Volkes als ein Ganzes wiederholt hervorgehoben und der Ukraine damit praktisch die Eigenstaatlichkeit abgesprochen. Die Krim sei *„in people's hearts and minds"* immer ein untrennbarer Teil Russlands gewesen, deren Übertragung an die Ukraine durch *Nikita Chruschtschow* eine *„clear violation of the constitutional norms"*, die in einer „Plünderung" Russlands endete.[341] Dieses Verständnis, das der russische Präsident auch in der weiteren Entwicklung der Ukraine-Krise, nicht zuletzt in seinem Aufsatz aus dem Juli 2021 in den Fokus gehoben hat, knüpft an die Geschichte der Halbinsel an.[342]

Seit ihrer Eroberung durch Katharina die Große im Jahr 1783 gehörte die Krim zu Russland. 1921 wurde sie als Autonome Sowjetische Sozialistische Republik Krim Teil der Sowjetunion.[343] Nachdem den Krimtataren als ureigene Einwohner der Krim vorgeworfen worden war, im Rahmen des Zweiten Weltkrieges mit den Nationalsozialisten kollaboriert zu haben, waren diese von der Krim vertrieben worden. Der Halbinsel wurde im Jahr 1945 der Autonomiestatus entzogen, wodurch die Krim zum russischen Sonderverwaltungsgebiet wurde.[344] Im Jahr 1954 übertrug der damalige Vorsitzende der Kommunistischen Partei der Sowjetunion, *Nikita Chruschtschow*, die Krim zum Anlass des 300. Jahrestages eines Einheitsvertrages, den ukrainische Kosaken 1654 mit den russischen Zaren

---

[341] *„In people's hearts and minds, Crimea has always been an inseparable part of Russia. This firm conviction is based on truth and justice and was passed from generation to generation, over time, under any circumstances, despite all the dramatic changes our country went through during the entire 20th century."*; Address by President of the Russian Federation, 18.03.2014; *„It should be noted that Ukraine actually never had stable traditions of real statehood. [...] A stable statehood has never developed in Ukraine"*, Address by President of the Russian Federation, 21.02.2022.

[342] *„Therefore, modern Ukraine is entirely the product of the Soviet era. We know and remember well that it was shaped – for a significant part – on the lands of historical Russia."*, Article by *Vladimir Putin* „On the Historical Unity of Russians and Ukrainians", 12.07.2021, abrufbar unter: http://en.kremlin.ru/events/president/n ews/66181; umfassend hierzu: *Kappeler*, OE 71/7 (2021), S. 67–76.

[343] *Gornig*, S. 98; *Heintze*, HuV-I 27/3 (2014), 129 (129). Ausführlich zu geschichtlichen Hintergründen der Entwicklungen auf der Krim: *Gornig*, S. 29–105.

[344] *Gornig*, S. 99; *Heintze*, FW 89/1–2 (2014), 154 (153).

abgeschlossen hatten, als „Geschenk" an die heutige Ukraine.[345] Im Jahr 1990 schlossen die Ukraine und Russland einen Freundschaftsvertrag, der unter anderem die wechselseitige Anerkennung der Gebietsgrenzen und der territorialen Integrität beinhaltete und 1991 in Kraft trat.[346] Dennoch schwelte der Konflikt über die territoriale Zugehörigkeit der Krim fort. 1992 erklärte der Oberste Sowjet Russlands die „Schenkung" der Krim an die Ukraine für *„ex tunc nichtig"*, sie sei vielmehr weiterhin ein Teil Russlands.[347] Die Ukraine lehnte die Rückgabe der Krim unter Berufung auf die Unverletzlichkeit ihrer Grenzen ab, was zu weitergehenden Konflikten zwischen den Parteien führte.[348] Erst durch den Abschluss des Vertrages über Freundschaft, Zusammenarbeit und Partnerschaft vom 31.05.1997, in dem die Parteien sich erneut die gegenseitige Unverletzlichkeit ihrer Grenzen versprachen, Russland aber im gleichen Atemzug die Stationierung der Schwarzmeerflotte auf der Krim durch weitere Abkommen vertraglich absicherte, konnte eine Einigung erzielt werden.[349] Der Krim wurden daraufhin aufgrund ihrer besonderen Geschichte weitgehende Autonomierechte innerhalb der Ukraine eingeräumt.

Die „historische Ungerechtigkeit" der Übertragung der Halbinsel an die Ukraine, die letztlich dazu führte, dass die Halbinsel Teil des ukrainischen Staatsgebiets geblieben ist, zieht die Russische Föderation als Argument für die „Eingliederung" der Halbinsel in die Föderation heran. Der Einwand, dass das „Geschenk" damaliges Verfassungsrecht verletzte, ist korrekt – dem Obersten Sowjet kam nicht die Kompetenz zu, über Gebietsveränderungen zu entscheiden. Der Vorgang der Schenkung aber erklärt sich aus praktischen Umständen: Die Lage der Halbinsel ebenso wie ihre engen ökonomischen Beziehungen zur Ukraine sprachen dafür, diese auch formal der ukrainischen Sowjetrepublik zuzuordnen.[350] Zum Zeitpunkt der „Übertragung" der Krim an die heutige Ukraine ging keiner der Beteiligten davon aus, dass ein Zerfall der Sowjetunion später für

---

345 FAZ, Wie die Krim zur Ukraine kam: Historische Symbolik und Wirtschaft, Nr. 63, 15.03.2014, S. 2; *Heintze*, HuV-I 27/3 (2014), 129 (129).

346 Der Vertrag wurde nach der Unabhängigkeitserklärung der Ukraine durch einen weiteren Vertrag über gegenseitige Beziehungen noch einmal bekräftigt., *Heintze*, FW 89/1–2 (2014), 153 (154).

347 *Heintze*, HuV-I 27/3 (2014), 129 (130); *Walter*, in: Self-Determination, S. 296.

348 *Heintze*, FW 89/1–2 (2014), 153 (155).

349 *v. d. Driest*, NILR 62 (2015), 329 (332); *Heintze*, HuV-I 27/3 (2014), 129 (130).

350 FAZ, Wie die Krim zur Ukraine kam: Historische Symbolik und Wirtschaft, Nr. 63, 15.03.2014, S. 2; *Jilge*, Russland-Analysen, Nr. 291, S. 3; *Umland*, SIRIUS 2/2 (2018), 162 (167).

die offizielle Trennung der Staaten der Sowjetunion sorgen würde. Dieses Verständnis führt *Putin* als Begründung dafür an, dass die damalige Entscheidung nicht weiter beanstandet worden war, angesichts des Zerfalls der Sowjetunion und der damit verbundenen veränderten Umstände aber nunmehr berichtigt werden müsse.[351]

Die „historische" Zugehörigkeit eines Gebiets aber eignet sich nicht als (völker-)rechtliches Kriterium einer rechtmäßigen „Wiedereingliederung" in den „Ursprungsstaat". Ungeachtet der Tatsache, dass die „Wiedereingliederung" unter Anwendung von Gewalt und damit unter Verletzung einer Norm des zwingenden Völkerrechts erfolgt ist, hat die Verfassungswidrigkeit einer Gebietsübertragung grundsätzlich keine völkerrechtlichen Konsequenzen, s. Art. 27 WVK. Die einvernehmliche Übertragung eines Teils des Staatsgebiets steht auch nicht im Widerspruch zum Grundsatz staatlicher Souveränität.

Die historische Argumentation aber verfängt rechtlich schon vor dem Hintergrund des russischen Verhaltens selbst nicht: Die Russische Föderation hat nach dem Zerfall der Sowjetunion in zahlreichen völkerrechtlichen Abkommen die Unverletzlichkeit der Grenzen der heutigen Ukraine bestätigt und somit ihre Anerkennung der Zugehörigkeit der Krim zur Ukraine erklärt.[352] Beruft sich Russland nun auf das „historische Unrecht" dieser Schenkung, lässt es eigene völkervertragliche Verpflichtungen völlig außer Acht.

Betrachtet man über den konkreten Fall der russischen Argumentation hinaus die Staatengemeinschaft als Ganzes, so ist auch völlig offen, wo eine solche „Rückabwicklung" derartiger Gebietsveränderungen enden soll.[353] Nach der Schenkung an die Ukrainische Sozialistische Sowjetrepublik im Jahr 1954 gehörte die Krim 37 Jahre lang zu dieser Republik.[354] Teil der Russischen Sozialistischen Föderativen Sowjetrepublik war sie demgegenüber nur von 1922 bis 1954, also 32 Jahre. Das historische Argument ließe

---

351 *„This decision was treated as a formality of sorts because the territory was transferred within the boundaries of a single state. Back then, it was impossible to imagine that Ukraine and Russia may split up and become two separate states. However, this has happened. […] It was only when Crimea ended up as part of a different country that Russia realised that it was not simply robbed, it was plundered."*, Address by President of the Russian Federation, 18.03.2014.

352 So etwa im Budapester Memorandum oder im Freundschaftsvertrag mit der Ukraine von 1997, s. die Ausführungen zum Verstoß Russlands gegen das Völkerrecht, 3. Kapitel, A., II.

353 Vgl. *Christakis*, ZaöRV 75 (2015), 75 (85).

354 *Umland*, SIRIUS 2/2 (2018), 162 (166).

sich also auch im Interesse einer ukrainischen Zugehörigkeit der Halbinsel anführen. Manche befürchten bei einer Annahme historischer „Rückabwicklungstitel" gar eine vollständige *„Relativierung des Völkerrechts"*, die zu einer *„absoluten Deutungsoffenheit"* führen könnte.[355] Eine Rückabwicklung von Gebietsveränderungen, die sich im Nachhinein als zum damaligen Zeitpunkt verfassungswidrig herausstellen, ist im Völkerrecht nicht angelegt. Die historische Argumentation trägt von vorneherein nicht, wenn die Unverletzlichkeit bestehender Grenzen, die nach dem *uti possidetis* Prinzip nach dem Zerfall der Sowjetunion für die hieraus entstandenen Staaten bestätigt wurde, von den betroffenen Staaten anerkannt wurde. Die historische Begründung der „Eingliederung" der Krim in die Russische Föderation entbehrt demnach jeder rechtlichen Relevanz und hat auch keine überzeugende faktische Grundlage. Sie kann die Verletzung des Gewaltverbots nicht rechtfertigen.

B. Rechtliche Anknüpfungspunkte

Wesentliche Aspekte des russischen Narrativs knüpfen an Ausnahme- bzw. Rechtfertigungstatbestände des Gewaltverbots an. So hatte der russische Vertreter im Sicherheitsrat Anfang März 2014 einen Brief des ehemaligen ukrainischen Präsidenten *Viktor Janukowitsch* vorgelegt, in dem dieser den russischen Präsidenten darum bat, russische Truppen *„zur Wiederherstellung von Frieden, Sicherheit und Ordnung in der Ukraine"* einzusetzen.[356] Die Vorlage dieses Briefs bringt die Frage einer Rechtfertigung der militärischen Intervention auf der Grundlage einer Einladungserklärung auf das Tableau. Weiterer zentraler Anknüpfungspunkt in der russischen Argumentation ist das Bestehen einer Gefährdungslage für die Bevölkerung auf der Krim und in der Ostukraine durch die vermeintlich illegitime neue ukrainische Regierung, die aufgrund eines Coups die Kontrolle im Land übernommen habe.[357] Aus völkerrechtlicher Sicht kann dieser Ar-

---

355 *Hilpold*, SZIER 25/2 (2015), 171 (180).

356 Die relevante Passage des Briefs lautete: *„I therefore appeal to the President of Russia, V. V. Putin, to use the armed forces of the Russian Federation to restore law and order, peace and stability and to protect the people of Ukraine.*, UN/S/2014/146, Statement by the President of Ukraine. S. auch das Vorbringen des russischen Vertreters im Sicherheitsrat, UN/S/PV.7125, 03.03.2014, S. 3–4.

357 *„Those who opposed the coup were immediately threatened with repression. Naturally, the first in line here was Crimea, the Russian-speaking Crimea. In view of this, the residents of Crimea and Sevastopol turned to Russia for help in defending their rights*

gumentationsstrang an die Möglichkeit einer Intervention zum Schutz fremder Staatsangehöriger im Ausland, auch bezeichnet als humanitäre Intervention, anknüpfen. In Betracht käme auch eine Begründung über eine Intervention zum Schutz eigener Staatsangehöriger im Ausland vor dem Hintergrund der behaupteten Unterdrückung in der Ukraine lebender russischer Staatsangehöriger. All diese Argumentationsansätze finden jedoch keine ausdrückliche Grundlage im geschriebenen Völkerrecht. Vor dem Hintergrund der behaupteten Bedrohungslage für die (ethnisch) russische Bevölkerung in der Ukraine könnte allenfalls an die Ausübung eines Selbstverteidigungsrechts als geschriebene Rechtfertigungsgrundlage für eine Anwendung zwischenstaatlicher Gewalt gedacht werden.

I. Geschriebene Ausnahmen vom Gewaltverbot

Die UN-Charta kennt nur zwei Ausnahmen vom völkerrechtlichen Gewaltverbot: die Anwendung von Gewalt auf der Grundlage des Selbstverteidigungsrechts nach Art. 51 UN-Charta sowie die Anwendung militärischer Zwangsmaßnahmen auf der Grundlage eines Beschlusses des Sicherheitsrates nach Kapitel VII UN-Charta (Art. 42 UN-Charta). Für die Begründung eines Selbstverteidigungsrechts Russlands müsste ein bewaffneter Angriff gegen die Russische Föderation im Sinne von Art. 51 UN-Charta vorliegen. Eine völkerrechtlich legitime militärische Reaktion wäre in diesem Fall an die Voraussetzungen der Erforderlichkeit, der Verhältnismäßigkeit und der Unmittelbarkeit der Reaktion geknüpft.[358] Anzeichen eines bewaffneten Angriffs der Ukraine gegen die Russische Föderation im Sinne einer militärischen Gewaltanwendung auf russischem Staatsgebiet hat es aber weder im Rahmen der Geschehnisse im Jahr 2014 noch vor der russischen Invasion im Februar 2022 gegeben. Der Begründungsansatz, der eine Bedrohungslage für die (ethnisch) russische Bevölkerung in der Ukraine zugrunde legt, könnte ein Selbstverteidigungsrecht Russlands nur

---

and lives, in preventing the events that were unfolding and are still underway in Kiev, Donetsk, Kharkov and other Ukrainian cities.", Address by President of the Russian Federation, 18.03.2014; s. auch das Vorbringen des russischen Vertreters im Sicherheitsrat: „With respect to Crimea, that case resulted from a legal vacuum generated by an unconstitutional armed coup d`état carried out in Kyiv by radical nationalists in February, as well as by their direct threats to impose their order throughout Ukraine.", UN/S/PV.7138, 15.03.2014.

358 Heintschel v. Heinegg, in: Ipsen, VöR, § 56, Rn. 31–35; Hobe, S. 213–216; Randelzhofer/Dörr, in: UN Charter, Art. 51, Rn. 57–62;

begründen, wenn in dieser (vermeintlichen) Bedrohung ein bewaffneter Angriff der Ukraine gegenüber Russland zu sehen wäre oder die Russische Föderation im Wege kollektiver Selbstverteidigung ein Selbstverteidigungsrecht der Ukraine nach Art. 51 UN-Charta unterstützte. Ein Angriff auf fremde Staatsangehörige in fremdem Territorium aber kann keinen bewaffneten zwischenstaatlichen Angriff gegen Russland begründen.[359] Ohnehin gibt es keinerlei faktische Grundlage, die die Behauptung einer innerstaatlichen Bedrohungslage für die ethnisch russische Bevölkerung – die in ihrer Intensität einem bewaffneten Angriff gleichkommen müsste – untermauern würde. Eine Rechtfertigung der russischen Gewaltanwendung lässt sich unter Bezugnahme auf Art. 51 UN-Charta nicht konstruieren.

Jenseits des Rechts zur individuellen und kollektiven Selbstverteidigung kann der Sicherheitsrat nach Art. 39, 42 UN-Charta im Falle einer Bedrohung oder eines Bruchs des Friedens oder einer Angriffshandlung militärische Maßnahmen der Mitglieder der Vereinten Nationen beschließen und so eine zwischenstaatliche Gewaltanwendung rechtfertigen. Auch einen solchen Beschluss des Sicherheitsrates hat es nicht gegeben. Eine Rechtfertigung des russischen Gewalteinsatzes auf der Grundlage der geschriebenen Ausnahmen des Gewaltverbots scheidet aus.

II. Ungeschriebene Ausnahmen vom Gewaltverbot

Jenseits der geschriebenen Ausnahmen werden weitere Rechtfertigungsansätze für eine zwischenstaatliche Gewaltanwendung diskutiert. Hierzu zählen neben der Intervention auf Einladung auch die Intervention zum Schutz eigener Staatsangehöriger im Ausland sowie die Intervention zum Schutz fremder Staatsangehöriger im Ausland (sog. humanitäre Intervention). Die Russische Föderation hat all diese Ansätze in Bezug genommen, um den Einsatz russischer Truppen in der Ukraine zu rechtfertigen. Von Interesse sind in diesem Zusammenhang sowohl die dogmatischen Grundlagen einer solchen Rechtfertigung als auch deren Anwendbarkeit im konkreten Fall.

---

359 Zu diesem Begründungsansatz unter Heranziehung der ungeschriebenen Rechtfertigungsansätze einer Intervention zum Schutz eigener oder fremder Staatsangehöriger im Ausland s. sogleich unter: 2. und 3.

1. Intervention auf Einladung

Anknüpfungspunkt einer Intervention auf Einladung könnte der im Sicherheitsrat präsentierte Brief des ehemaligen ukrainischen Präsidenten *Viktor Janukowitsch* an den russischen Präsidenten *Putin* sein. *Janukowitsch* hatte darin – unter Hinweis darauf, dass er der rechtmäßig gewählte Präsident der Ukraine sei – Russland um den Einsatz von Streitkräften zum Schutz der Bevölkerung und zur Wiederherstellung von Recht und Ordnung, Frieden und Stabilität in der Ukraine ersucht.[360] Auch der neue Premierminister der Krim, *Sergej Aksjonow*, fiel mit einer solchen Erklärung auf. Er bat *„aus Verantwortung für das Leben und die Sicherheit der Bürger"* um ein Eingreifen auf der Krim.[361] Hätte eine dieser Erklärungen den Einsatz der russischen Soldaten auf der Krim im Wege der Einladung legitimiert, so könnte deren Mitwirkung an der „Eingliederung" der Krim in die Russische Föderation als völkerrechtsmäßig anzusehen sein. Der fallbezogenen Prüfung der Einladungen durch *Janukowitsch* und *Aksjonow* wird eine Analyse des völkerrechtlichen Instituts der Intervention auf Einladung vorangestellt, im Wege derer der rechtliche Rahmen einer etwaigen Rechtfertigung der Gewaltanwendung über dieses Institut ermittelt wird.

a. Grundlagen

Die Intervention auf Einladung beschreibt das Eingreifen eines Staates auf fremdem Staatsgebiet in einen dortigen Konflikt, das auf eine Einladung der Regierung des jeweiligen Staates zurückgeht.[362] Die Mittel, derer sich

---

360 *„As the legally elected President of Ukraine, I hereby make the following statement. [...] I therefore appeal to the President of Russia, V. V. Putin, to use the armed forces of the Russian Federation to restore law and order, peace and stability and to protect the people of Ukraine.",* UN/S/2014/146. Wenig später, in einem Interview vom 02.04.2014, bezeichnete Janukowitsch diese „Einladung" als Fehler und erklärte, er habe sich dabei fälschlich von seinen Emotionen leiten lassen. Zu diesem Zeitpunkt war die „Eingliederung" der Krim bereits geschehen, sodass ein möglicher Widerruf einer etwaigen Einladungserklärung wohl zu spät gekommen wäre.; AP Interview: Yanukovych admits mistakes on Crimea, https://apnews.co m/8b795952e78a47a3beff026800eb508a; *Grant*, AJIL 109/1 (2014), 68 (82).

361 Krim-Regierung bittet Putin um Hilfe, DW, 01.03.2014, https://www.dw.com/d e/krim-regierung-bittet-putin-um-hilfe/a-17466651.

362 *Bothe*, in: *Vitzthum/Proelß*, S. 782, Rn. 23; *Heintschel v. Heinegg*, in: *Ipsen*, VöR, § 56, Rn. 41; *Nolte*, in: MPEPIL, Intervention by Invitation, Rn. 1; *de Wet*, S. 1.

der eingreifende Staat bedient, müssen dabei nicht notwendigerweise militärischer Natur sein, jedoch ist dies häufig das angewandte Mittel.[363]

Das Institut der Intervention auf Einladung ist als solches nicht kodifiziert.[364] Die Intervention auf Einladung wird im Völkerrecht auch bezeichnet als *„consensual intervention"*[365], *„Eingreifen auf Einladung"*[366] oder als *„military assistance on request"*[367], wobei die Begriffe hier synonym verwandt werden.

Im Fall einer Intervention auf Einladung kollidieren zwei grundlegende Prinzipien des Völkerrechts miteinander: der Grundsatz staatlicher Souveränität und das Selbstbestimmungsrecht der Völker. Die staatliche Souveränität gilt grundsätzlich umfassend und ermöglicht es auch, militärische Einsätze fremder Staaten auf dem eigenen Staatsgebiet zu erlauben. Das Selbstbestimmungsrecht der Völker dagegen schließt eine Intervention *gegen* den Willen des Volkes vor dem Hintergrund des Interventionsverbots aus.[368] Eine militärische Intervention auf fremdem Staatsgebiet verstößt grundsätzlich nicht nur gegen das Interventionsverbot nach Art. 2 Nr. 7 UN-Charta, sondern im Fall der Anwendung militärischer Gewalt auch gegen das Gewaltverbot des Art. 2 Nr. 4 UN-Charta.[369] Dennoch ist heute weitgehend anerkannt, dass die Einladung oder Zustimmung eines Staates eine hierauf bezogene militärische Intervention völkerrechtlich zulässig macht.[370] Der Entwurf der Völkerrechtskommission zur Staatenverantwortlichkeit erfasst in Art. 20 ASR die Zustimmung eines Staates zum Handeln eines anderen Staates als *circumstance precluding wrongfulness*.[371]

---

363 *Nolte*, in: MPEPIL, Intervention by Invitation, Rn. 1; *Tuura*, FYIL 24 (2014), 183 (190).

364 *Byrne*, JUFIL 3/1 (2016), 97 (98); *Grant*, IJICL 2/2 (2015), 281 (285).

365 *Lieblich*, S. 1.

366 *Nolte*, S. 1.

367 S. etwa: *de Wet*, S. 1. Auch das IDI arbeitet unter dieser Bezeichnung, s. IDI, 10th Commission, Sub-Group C: Military Assistance on Request, September 2011 (Rhodos).

368 *Corten*, S. 274–278; *Nolte*, S. 125; *Tuura*, FYIL 24 (2014), 183 (185).

369 *Fox*, Intervention in the Ukraine by Invitation, OJ, http://opiniojuris.org/2014/0 3/10/ukraine-insta-symposium-intervention-ukraine-invitation/, (zul. besucht:); *Marxsen*, ZaöRV 74 (2014), 367 (375); *Shaw*, S. 874.

370 *Brownlie*, S. 317; *Corten*, S. 247; *Dahm/Delbrück/Wolfrum*, VöR, Bd. I, § 168, S. 812; *Dinstein*, S. 127; *Fox*, in: Oxford HB, S. 816; *Gray*, S. 76; *Herdegen*, VöR, § 34, Rn. 18; *Nolte*, MPEPIL, Intervention by Invitation, Rn. 16; *Ruys/Ferro*, ICLQ 65 (2016), 61 (80); *Wippmann*, DJCIL 7 (1996), 209 (209).

371 *„Valid consent by a State to the commission of a given act by another State precludes the wrongfulness of that act in relation to the former State to the extent that the act remains within the limits of that consent."*, Art. 20 ASR.

Auch der Internationale Gerichtshof hat in den zentralen Entscheidungen *Nicaragua* und *Armed Activities* die Zulässigkeit einer Intervention auf Einladung anerkannt.[372] Ausgangspunkt der Untersuchung ist die Frage der Anerkennung des Instituts der Intervention auf Einladung als Ausnahme des Gewaltverbots im geltenden Völkergewohnheitsrecht.[373]

b. Dogmatische Ansätze

Bei der Betrachtung der Intervention auf Einladung stellt sich zuerst ein dogmatisches Problem: Nimmt man an, dass die Zustimmung eines Staates einen Verstoß gegen das Gewaltverbot „rechtfertigt", so würde man angesichts der mangelnden Kodifikation der Intervention auf Einladung eine Rechtfertigung eines Verstoßes gegen *ius cogens* aufgrund einer ungeschriebenen Rechtsgrundlage annehmen. Dieses Problem wurde unter anderem in der Diskussion der *„military assistance on request"* des IDI angesprochen.[374]

Das dem Grunde nach völkerrechtswidrige Verhalten, der Verstoß gegen das Gewaltverbot, wird durch die *ex ante* Zustimmung des verletzten Staates gerechtfertigt. Insofern verstünde man die Einladung eines Staates als einen Umstand auf Rechtfertigungsebene.

---

372 *„Indeed, it is difficult to see what would remain of the principle of non-intervention in international law if intervention, **which is already allowable at the request of the government of a State**, were also to be allowed at the request of the opposition."* (Hervorhebung eingefügt), IGH, Nicaragua, ICJ Rep. 1986, 14 (126), para. 246; IGH, Case concerning armed activities on the territory of the Congo (Democratic Republic of the Congo v. Uganda), Judgment, 19.12.2005, ICJ Rep. 2005, 168 (196–199), paras. 42 ff. Hier diskutierte der IGH die Frage einer Rücknahme der Zustimmung bzw. Einladung und die Grenzen ebendieser Erklärung, womit die Rechtfertigungswirkung einer Zustimmung implizit anerkannt wurde.

373 Die fortbestehende Relevanz dieser Frage zeigt sich nicht zuletzt daran, dass die *International Law Association* (ILA) im November 2018 ein neues Komitee ins Leben gerufen hat, dessen Aufgabe in Fortführung des Mandates der 2018 abgeschlossenen Untersuchung des Komitees zur *„Use of Force"* die Untersuchung der Intervention auf Einladung ist. Die zentralen Forschungsfragen des Komitees betreffen die Voraussetzungen einer wirksamen Zustimmung zu einem anderenfalls unzulässigen Bruch des Gewaltverbots und widmen sich der Frage der Anwendbarkeit des Rechtsinstituts der Intervention auf Einladung auch in Bürgerkriegsszenarien, s. ILA, Committee on the Use of Force: Military Assistance on Request, November 2018.

374 IDI, Annuaire 73 (2009), S. 403, para. 90.

Diesem Verständnis steht der Grundsatz entgegen, dass ein Verstoß gegen *ius cogens* nicht *gerechtfertigt* werden kann – es sei denn, es wird eine neue Regelung mit *ius cogens* Charakter begründet, die die alte Regelung hinfällig macht. Dieses Prinzip kommt insbesondere in Art. 53 WVK zum Ausdruck.[375] Insofern könnte ein Gewaltverbotsverstoß, der durch eine militärische Handlung auf fremdem Staatsgebiet begründet wurde, nie durch die Berufung auf eine „Einladung" oder „Zustimmung" des Heimatstaates *gerechtfertigt* werden, weil eine Rechtfertigung eines Verstoßes gegen *ius cogens* eine dogmatisch unmögliche Konstruktion ist – es sei denn, es existierte ein Rechtfertigungsgrund mit *ius cogens* Charakter.[376] Der Charakter einer *ius cogens* Regelung aber kann der Intervention auf Einladung nicht zugesprochen werden, da das Institut in den Details seiner Anwendung nach wie vor umstritten ist.[377]

Andererseits besteht mit dem Grundsatz *volenti non fit iniuria* ein grundlegendes Rechtsprinzip, das auch ein anderes Verständnis der Intervention auf Einladung zulässt. Die Zustimmung oder Einwilligung in ein bestimmtes, grundsätzlich verletzendes Verhalten kann dessen Unrecht ausschließen – *volenti non fit iniuira* – dem Einwilligenden geschieht kein Unrecht.[378] Die Vornahme militärischer Handlungen und der Einsatz von Streitkräften auf fremdem Gebiet kann nur in einen Gewaltverbotsverstoß erwachsen, wenn dies *gegen* den Willen des Heimatstaates geschieht. Lädt die Regierung eines Staates Truppen auf das eigene Gebiet ein, um einen dort herrschenden Konflikt zu beenden oder die Kontrolle hierüber zurückzuerlangen, so handelt der intervenierende Staat „auf Seiten der Regierung" in einem internen Konflikt. Insofern läge keine „zwischenstaatliche" Gewalt vor, die die Verbote der UN-Charta betrifft.[379] Durch die Zustimmung als Ausdruck der Souveränität des einladenden Staates kann ein mögliches Eingreifen eines fremden Staates jenseits der Regelungen des *ius ad bellum* betrachtet werden, da das Gewaltverbot in einem solchen Fall keine Anwendung findet.[380] Dieses Rechtsverständnis des Eingreifens auf

---

375 Art. 53 WVK definiert Normen des zwingenden Völkerrechts als: „*a norm from which no derogation is permitted and which can be modified only by a subsequent norm of general international law having the same character*".

376 *Abass*, ICLQ 53/1 (2004), 211 (223); *Perisic*, RLJ 7/4 (2019), 4 (8).

377 S. hierzu sogleich unter c., d.

378 *Nolte*, S. 133; *Tuura*, FYIL 24 (2014), 183 (189).

379 *Abass*, ICLQ 53/1 (2004), 211 (224); *v. Arnauld*, Rn. 1047; *Corten*, S. 250; *Dörr*, MPEPIL, Use of Force, Rn. 22; *Nolte*, S. 65; *Ruys/Ferro*, ICLQ 65 (2016), 61 (79).

380 *Byrne*, JUFIL 3/1 (2016), 97 (99); *Henderson*, S. 349; *Lieblich*, S. 3; *Tanca*, S. 19.

Einladung vertrat auch das IDI in seinem Abschlussbericht aus dem Jahr 2009.[381]

Auch die ILC hat das dogmatische Problem im Rahmen ihrer Diskussion der *Articles on State Responsibility* angesprochen. Der Entwurf der Völkerrechtskommission zur Staatenverantwortlichkeit erfasst in Art. 20 ASR die Zustimmung eines Staates zum Handeln eines anderen Staates als *circumstance precluding wrongfulness*.[382] Darüber hinaus enthalten die ASR eine Regelung, die die Rechtfertigung von *ius cogens* Verstößen grundsätzlich ausschließt (Art. 26 ASR).[383] Zwar entfalten die Regelungen des Entwurfs keine völkervertragliche Wirkung, sie werden aber in weiten Teilen als Kodifikation bestehenden Völkergewohnheitsrechts angesehen.[384] Hierbei regelt der Kommentar zu den ASR, dass die Zustimmung eines Staates auch bei der Betroffenheit von *ius cogens* Normen Bedeutung entfalten kann. Ausdrücklich stellt die ILC fest: *„a State may validly consent to a foreign military presence on its territory for a lawful purpose".*[385] Insofern versteht auch die ILC den *„consent"* eines Staates mit Blick auf das Gewalterbot als Primärregelung, vergleichbar einem Einverständnis. Das Gewaltverbot erfasst damit praktisch nur Verhaltensweisen des intervenierenden Staates gegen den Willen des betroffenen Staates.[386]

Auch von der ILA wurde 2018 festgehalten, dass die Anwendung von Gewalt im Sinne von Art. 2 Nr. 4 UN-Charta auf fremdem Staatsgebiet mit Zustimmung des betroffenen Staates keinen Verstoß gegen das Gewaltverbot begründet.[387] Es handelt sich um eine Unterscheidung, die dem deutschen Verständnis von Einwilligung und Einverständnis im Strafrecht

---

381 IDI, Annuaire 73 (2009), S. 404.

382 *„Valid consent by a State to the commission of a given act by another State precludes the wrongfulness of that act in relation to the former State to the extent that the act remains within the limits of that consent.",* Art. 20 ASR.

383 *„Nothing in this chapter precludes the wrongfulness of any act of a State which is not in conformity with an obligation arising under a peremptory norm of general international law.",* Art. 26 ASR.

384 *Crawford,* in: MPEPIL, State Responsibility, Rn. 65; *Dörr,* in: *Ipsen,* VöR, § 29, Rn. 2; *Talmon,* S. 355. Der Entwurf der ILC wurde von der UN-Generalversammlung in Resolution 56/83 (2002) ausdrücklich zur Kenntnis genommen, s. UN/GA/RES/56/83, 12.12.2002, para. 3.

385 ILC, Yearbook 2001, Vol. II, Part 2, S. 85, para. 6.

386 *Paddeu,* in: MPEPIL, Circumstances Precluding Wrongfulness, Rn. 14.

387 *„A State's use of force on the territory of another State with its consent involves no breach of Article 2(4) ab initio. If consent to the deployment of military personnel is validly given, there is no use of force against the host State";* ILA Conference Report Sydney 2018, Committee on the Use of Force, S. 18.

ähnelt: Entweder wird einem grundsätzlich tatbestandsmäßigen Verhalten ein rechtfertigendes Element beigefügt, was zum Ausschluss des Unrechts führt, oder es liegt schon gar kein tatbestandsmäßiges Verhalten vor, weil in der Situation ein Einverständnis bestand. Liegt eine Zustimmung bzw. Einladung des betroffenen Staates zur Intervention vor, so besteht nach diesem Verständnis schon gar kein Verstoß gegen das Gewalt- und Interventionsverbot.[388] Die wirksame Zustimmung eines Staates zu einem anderenfalls das Gewaltverbot verletzenden Eingreifen entfaltet demnach die Wirkung eines tatbestandsausschließenden Einverständnisses.

c. Kriterien eines *„valid consent"*

Probleme entstehen, wo es um die Ausgestaltung der Grundstruktur des Instituts geht. In zahlreichen Fällen haben sich Staaten nicht um die Begründung der Intervention mit der Zustimmung des Staates an sich gestritten, sondern Uneinigkeit bestand mit Blick auf die Frage, ob die Einladungserklärung wirksam war, etwa die handelnde Institution zur Einladung berechtigt war.[389] Ersucht eine Regierung um militärische Hilfe von außen, so besteht häufig ein innerstaatlicher Konflikt, in dem sich das Volk gegen die Regierung im Amt auflehnt. Das Spannungsfeld staatlicher Souveränität im Verhältnis zum Selbstbestimmungsrecht entfaltet daher besondere Relevanz, wenn innerhalb des Staates ein Bürgerkrieg herrscht und eine Intervention auf Einladung des (durch den Bürgerkrieg in Bedrängnis geratenen) Staatsoberhauptes in Rede steht.[390] Gegenstand

---

388 *v. Arnauld*, Rn. 1047; *d'Aspremont*, UPaJIL 31/4 (2010), 1098 (1131); *Corten*, S. 250; 256; *Dörr*, MPEPIL, Use of Force, Rn. 22; *Fox*, in: Oxford HB, S. 816; *Perisic*, RLJ 7/4 (2019), 4 (9); abweichend: *de Wet*, EJIL 26/4 (2015), 979 (980), die nicht von einer tatbestandsausschließenden Wirkung, sondern von einer Ausnahme des Gewaltverbots ieS ausgeht, also einen Verstoß gegen das Gewaltverbot annimmt, der im Einzelfall gerechtfertigt sein kann. S. auch: *Hobe*, S. 209.

389 *Tanca*, S. 22 f., 47.

390 Die Zulässigkeit einer Intervention auf Einladung im Rahmen eines Bürgerkriegsszenarios ist Gegenstand umfassender Diskussion in der Völkerrechtswissenschaft, s. hierzu: *Fox*, in: Oxford HB, S. 827 ff.; sowie umfassend: *LeMon*, NYUJILP 35/3 (2003), 741; *Tanca*, Foreign Armed Intervention in Internal Armed Conflict; *de Wet*, S. 75–124.

der völkerrechtlichen Debatte ist, *wer* unter *welchen Voraussetzungen* dazu berechtigt ist, einen anderen Staat um militärische Hilfe zu bitten.[391]

Zentrale Aspekte sind einerseits die Einladungsbefugnis, andererseits formelle Anforderungen an die Einladungserklärung. Die „Einladung" stellt die Bitte einer Regierung um einen bestimmten Einsatz fremden Militärs auf dem eigenen Staatsgebiet dar.[392] Absolute Grenze der Intervention ist der Rahmen, den die wirksame Einladungserklärung für die Intervention steckt: Werden ihre Grenzen überschritten, egal ob dies in zeitlicher Hinsicht oder mit Blick auf das Ausmaß bzw. den Umfang der Interventionsmaßnahmen geschieht, so lebt der Verstoß gegen das Gewalt- bzw. Interventionsverbot wieder auf. Die Kommentierung zu Art. 20 ASR bringt zum Ausdruck, dass die unrechtsausschließende Wirkung des *consent* nur eintritt, soweit diese Zustimmung *„valid"* ist. Diese *„validity"* wird in den ASR aber nicht näher bestimmt, sondern als Gegenstand völkerrechtlicher Regeln *„outside the framework of State responsibility"* qualifiziert.[393]

Grundlegende Voraussetzungen einer Zustimmung werden seitens der ILC aus den Voraussetzungen für den Abschluss völkerrechtlicher Verträge hergeleitet.[394] Die Zustimmung darf nicht aufgrund von Zwang, Täuschung oder anderen unlauteren Mitteln ergangen sein, um Gültigkeit zu entfalten (*„vitiated by error, fraud, corruption or coercion"*). Sie muss bestimmt sein (*„clearly established"*). Sie muss tatsächlich ausgesprochen worden sein (*„actually expressed"*). Weiterhin wird eine nachträgliche „Zustimmung" nicht als *„consent"* im Sinne der Vorschrift verstanden, sodass die Zustimmung spätestens mit dem Beginn der anderenfalls völkerrechtswidrigen Handlung vorliegen muss.[395] Diese Kriterien sind für die Zu-

---

391 *Corten*, S. 247; *Gray*, S. 100; *Heintschel v. Heinegg*, in: *Ipsen*, VöR, § 56, Rn. 42; *de Wet*, S. 6; *dies.*, EJIL 26/4 (2015), 979 (981); *Wippmann*, DJCIL 7 (1996), 209 (210). S. auch: ILC, Yearbook 2001, Vol. II, Part 2, S. 73 f.; paras. 4–10.

392 *Nolte*, S. 22.

393 ILC, Yearbook 2001, Vol. II, Part 2, S. 73, para. 4.

394 *„But in any case, certain modalities need to be observed for consent to be considered valid. Consent must be freely given and clearly established. It must be actually expressed by the State rather than merely presumed on the basis that the State would have consented if it had been asked. Consent may be vitiated by error, fraud, corruption or coercion. In this respect, the principles concerning the validity of consent to treaties provide relevant guidance."*, ILC, Yearbook 2001, Vol. II, Part 2, S. 73, para. 6.

395 *„Consent to the commission of otherwise wrongful conduct may be given by a State in advance or even at the time it is occurring. By contrast cases of consent given after the conduct has occurred are a form of waiver or acquiescence, leading to the loss of the right to invoke responsibility. This is dealt with in article 45."*, S. 73, para. 3.

stimmung zu völkerrechtlichen Verträgen in den Art. 48 ff. WVK verankert. Die grundsätzliche Notwendigkeit der Freiheit von Zwang und Täuschung und des Vorliegens einer Einladungserklärung spätestens mit dem
Beginn der Interventionshandlung ist weitgehend anerkannt, während ein
konkretes Formerfordernis für die Einladungserklärung nicht besteht.[396]
Offen bleibt demgegenüber die Frage der Einladungsbefugnis.[397]

Im Zusammenhang mit der Intervention Russlands auf der Krim sind
sowohl eine Erklärung des Regionalvertreters *Sergej Aksjonow*, als auch
des ehemaligen Präsidenten *Viktor Janukowitsch* in Bezug genommen worden.[398] Beide Erklärungen richteten sich gezielt an *Putin* als Präsident
Russlands, in beiden Fällen wurde deutlich, dass ein militärisches Eingreifen Russlands ausdrücklich erwünscht war. Beide Erklärungen wurden
Anfang März abgegeben, wobei bereits Ende Februar von einzelnen besetzten Gebäuden auf der Krim berichtet wurde, sodass das Vorliegen
einer Einladung vor Beginn der Gewaltanwendung zweifelhaft ist. Auch
hinsichtlich der Bestimmtheitserfordernisse sind weder zeitliche noch um-

---

396 S. die Befassung des IGH mit der Zustimmung der Republik Kongo zum
Einsatz ugandischer Truppen auf dem kongolesischen Gebiet, IGH, Congo,
ICJ Rep. 2005, 168 (196–199), paras. 42 ff.; *Corten*, S. 263–274; *Heintschel v.
Heinegg*, in: *Ipsen*, VöR, § 56, Rn. 42; *Henderson*, S. 371–375; *Marxsen*, ZaöRV
74 (2014), 367 (376); *Nolte*, in: MPEPIL, Intervention by Invitation, Rn. 23;
ders., S. 580; ausführlich zu formalen Voraussetzungen: *de Wet*, S. 153–180.;
Sie entsprechen auch weitgehend den Voraussetzungen, die das IDI in seinem
Resolutionsentwurf 2009 als *„legal conditions"* der Zustimmung vorgeschlagen
hat, IDI, Annuaire 73 (2009), S. 415 f.; Art. 4–7.

397 *„Issues include whether the agent or person who gave the consent was authorized to do
so on behalf of the State (and if not, whether the lack of that authority was known or
ought to have been known to the acting State)* [...]", ILC, Yearbook 2001, Vol. II,
Part 2, S. 73, para. 4; *„For example, the issue has arisen whether consent expressed by
a regional authority could legitimize the sending of foreign troops into the territory of
a State, or whether such consent could only be given by the central government* [...].
*In other cases, the legitimacy of the Government which has given the consent has been
questioned."*, S. 73, para. 5.

398 Die Erklärung *Janukowitschs* in dem vom russischen Vertreter im Sicherheitsrat
vorgelegten Brief lautete: *„I therefore appeal to the President of Russia, V. V. Putin,
to use the armed forces of the Russian Federation to restore law and order, peace
and stability and to protect the people of Ukraine."*, UN/S/2014/146, 03.03.2014.
Aksjonow erklärte demgegenüber:
*„With full understanding of my responsibility for the lives and security of our citizens,
I call on the President of the Russian Federation, Vladimir Putin, to provide assistance
in securing peace on the territory of the Autonomous Republic of Crimea."*, Englische
Übersetzung, BBC, Ukraine Crisis: Crimea leader appeals to Putin for help,
01.03.2014, abrufbar unter: https://www.bbc.com/news/world-europe-26397323.

fängliche Grenzen des militärischen Eingreifens formuliert.[399] Die Bitte um den Einsatz des russischen Militärs kam in den Erklärungen aber zum Ausdruck. Ob die Erklärungen „freiwillig" abgegeben wurden, kann hinsichtlich einer etwaigen Zwangseinwirkung durch Russland in Zweifel gezogen werden. Jedenfalls aber ist davon auszugehen, dass sowohl *Aksjonow* als auch *Janukowitsch* keinem Irrtum oder einer Täuschung unterlagen. Zwar hat *Janukowitsch* seine Erklärung später als Fehler bezeichnet[400], eine etwaige Druck- oder Zwangsausübung Russlands hat er jedoch nicht gerügt. Im Übrigen kann die Einhaltung der formalen Kriterien in Ermangelung von Nachweisen nicht weiter überprüft werden. Das Kernproblem einer Legitimation des russischen Militäreinsatzes durch eine Einladungserklärung aber stellt sich im Rahmen der Einladungsbefugnis: Wer war dazu befugt, eine entsprechende „Einladung" zu militärischem Eingreifen auf dem ukrainischen Territorium auszusprechen: *Viktor Janukowitsch* als (ehemaliger) Präsident der Ukraine, obwohl dieser sich Anfang März bereits im Exil befand? *Sergej Aksjonow* als Oberhaupt der neu eingesetzten Regionalregierung auf der Krim?

d. Einladungsbefugnis

Konsentiert ist, dass allein das oberste Staatsorgan dazu berechtigt ist, eine Einladung zur gewaltsamen Intervention auszusprechen, nicht aber die Opposition.[401] Eine Einladung durch andere Behörden, etwa Regionalvertreter wie *Aksjonow*, ist demgegenüber nicht zulässig.[402] Der Ausschluss der Rechtswidrigkeit auf der Grundlage einer Erklärung von *Sergej Aksjonow* scheidet daher von vorneherein aus.[403]

In Frage steht aber, ob *Viktor Janukowitsch* trotz seines Aufenthalts im Exil und seiner „Abwahl" durch das Parlament als einladungsbefugtes

---

399 *Grant*, IJICL 2/2 (2015), 281 (310, 326).
400 s. o. FN. 353.
401 *Abass*, ICLQ 53/1 (2004), 211 (215); *Corten*, S. 256; *Doswald-Beck*, BYIL 56 (1985), 189 (190); *Henderson*, S. 351 f.; *Heintschel v. Heinegg*, in: *Ipsen*, VöR, § 56, Rn. 43; *Lieblich*, S. 21; *Marxsen*, ZaöRV 74 (2014), 367 (375); *Nolte*, in: MPEPIL, Intervention by Invitation, Rn. 12; *ders.*, S. 582; *de Wet*, EJIL 26/4 (2015), 979 (982); *Wippmann*, DJCIL 7 (1996), 209 (211 f.).
402 *Corten*, S. 260 f.; *Krieger*, FW 89/1–2 (2014), 125 (135).
403 *Fox*, in: Oxford HB, S. 833; *Green*, JUFIL 1/1 (2014), 3 (7); *Heintze*, HuV-I 27/3 (2014), 129 (132); *Hilpold*, SZIER 25/2 (2015), 171 (174); *Tuura*, FYIL 24 (2014), 183 (215); *Vermeer*, EJIL-Talk!, 06.03.2014; *Wiseheart*, EJIL-Talk!, 04.03.2014.

höchstes Staatsorgan angesehen werden konnte. Zur Beurteilung der Einladungsbefugnis werden im Wesentlichen zwei Anknüpfungspunkte diskutiert: die Ausübung effektiver Kontrolle durch die Regierung (aa.) und die Legitimität einer Regierung bzw. deren internationale Anerkennung (bb.).

aa. Effektive Kontrolle

Die Regierung eines Staates und damit auch die Einladungsbefugnis für den betreffenden Staat wird traditionell danach bestimmt, wer Inhaber der effektiven Kontrolle über wenigstens einen maßgeblichen Teil des betroffenen Staatsgebiets sowie des Staatsvolkes bzw. des Verwaltungsapparates ist.[404] Die Bestimmung der Einladungsbefugnis anhand der effektiven Kontrolle sorgt aufgrund der objektiven Überprüfbarkeit dieses Kriteriums für Rechtssicherheit, die gerade im Rahmen der Rechtfertigung über nicht kodifizierte völkerrechtliche Institute wünschenswert ist. Die objektive Überprüfbarkeit dieses Kriteriums ermöglicht auch, dem bestehenden Missbrauchsrisiko ungeschriebener Ausnahmetatbestände des Gewaltverbots zu begegnen.

Viktor Janukowitsch war zum Zeitpunkt der vermeintlichen Einladungserklärung vom 01.03.2014 bereits aus der Ukraine geflohen. Auch vom Parlament wurde er nicht mehr als Staatsoberhaupt angesehen, sondern abgesetzt. Dementsprechend hatte er keine effektive Kontrolle über das Staatsgebiet der Ukraine mehr inne. Die neue Regierung in Kiew hatte sowohl administrativ als auch territorial die Kontrolle übernommen, allenfalls beschränkt durch die Auseinandersetzungen im Osten der Ukraine. Sie kontrollierte aber den weit überwiegenden Teil des ukrainischen Staatsgebiets. Nach Effektivitätskriterien war *Janukowitsch* deshalb nicht als einladungsbefugt anzusehen.

Der Bestimmung des einladungsbefugten Regierungsoberhauptes allein nach Effektivitätskriterien steht allerdings entgegen, dass in diese Qualifikation keinerlei rechtliche Erwägungen einfließen. Ein rein faktischer

---

404 *d'Aspremont*, UPJIL 31/3 (2010), 1098 (1132); *Fox*, OJ, 10.03.2014; *Henderson*, S. 355; *Hilpold*, SZIER 25/2 (2015), 171 (173); *Krieger*, FW 89/1–2 (2014), 125 (134); *LeMon*, NYUJILP 35/3 (2003), 741 (745); *Nowrot/Schabacker*, AmUILR 14/2 (1998), 321 (388); *Perisic*, RLJ 7/4 (2019), 4 (18); *Tanca*, S. 48; *Vaypan*, CILJ, 05.03.2014; *de Wet*, S. 31 f.; *dies.*, EJIL 26/4 (2015), 979 (983); *Wippmann*, DJCIL 7 (1996), 209 (211 f.).

Ansatz ermöglicht auch diktatorischen und autokratischen Regimen die Einladung fremder Streitkräfte in das von ihnen kontrollierte Staatsgebiet. Auf diese Weise könnten derartige Regime die militärische Unterstützung anderer Staaten nutzen, um ihre Macht innerhalb eines Staates zu kontrollieren, sodass das Völkerrecht mittelbar dazu beitragen würde, autokratische Systeme zu stützen.[405] Für die Bestimmung der Einladungsbefugnis wird daher ein Legitimitätskriterium diskutiert, das über das rein objektive Bestehen effektiver Kontrolle über ein Gebiet hinausgeht.

bb. Legitimität

Eine Reihe von Beispielen insbesondere aus der jüngeren Staatenpraxis legt die These einer Abkehr vom Kriterium der effektiven Kontrolle hin zur Bestimmung der Einladungsbefugnis nach Legitimitätskriterien nahe. Auch die Russische Föderation hat sich darauf berufen, mit dem Brief von *Viktor Janukowitsch* habe eine ausdrückliche Bitte des amtierenden und legitimen Präsidenten der Ukraine vorgelegen: *„We have a direct appeal from the incumbent and, as I said,* **legitimate** *President of Ukraine, Mr. Yanukovych, asking us to use the Armed Forces to protect the lives, freedom and health of the citizens of Ukraine.".*[406] Impliziert wurde, dass *Janukowitsch* aufgrund dieser Legitimation trotz seines Aufenthaltes im Exil und des möglichen Verlustes der effektiven Kontrolle über das Gebiet einladungsbefugt war. Deutet also die Staatenpraxis darauf hin, dass ein gewisses Maß an Legitimität eines Staatsoberhauptes ausreicht, um den Verlust der effektiven Kontrolle insoweit auszugleichen, als dass dessen Einladungsbefugnis weiterhin bestehen bleibt?

(i) Haiti (1994)

In Haiti griff im September 1994 eine von den Vereinigten Staaten geführte multinationale Koalition ein, um den von den Vereinten Nationen als rechtmäßigen Präsidenten Haitis anerkannten Präsidenten *Jean-Bertrand Aristide* als legitimes Staatsoberhaupt (wieder-)einzusetzen. *Aristide* war im

---

405 *Tuura*, FYIL 24 (2014), 183 (192).
406 *Putin* bei einer Pressekonferenz zur Situation in der Ukraine vom 04.04.2014, abrufbar unter: http://en.kremlin.ru/events/president/news/20366, Hervorhebung eingefügt.

Jahr 1990 als erster Amtsinhaber aus einer freien und demokratischen Wahl hervorgegangen, wenig später aber durch einen Militärputsch gezwungen worden, das Land ins Exil zu verlassen.[407] Der UN-Sicherheitsrat erteilte daraufhin nach Kapitel VII UN-Charta die Ermächtigung zum gewaltsamen Eingreifen auf dem Gebiet Haitis, um *Aristide* dort als legitimen Präsidenten wieder einzusetzen:

> *„Acting under Chapter VII of the Charter of the United Nations, authorizes Member States to form a multinational force under unified command and control and, in this framework, to use all necessary means to facilitate the departure from Haiti of the military leadership [...], the prompt return of the legitimately elected president and the restoration of the legitimate authorities of the Government of Haiti".*[408]

Dabei bezog sich der Sicherheitsrat in der Präambel ausdrücklich auf einen Brief *Aristides*, der die Staatengemeinschaft vor dem Hintergrund der *„alarming deterioration of the human rights situation in Haiti"* dazu anhielt, in den Konflikt einzugreifen.[409] Obwohl *Aristide* sich außerhalb des Gebiets Haitis aufhielt und die effektive Kontrolle über das Gebiet auf die Militär-Junta übergegangen war, wurde er von den Vereinten Nationen als legitimes Staatsoberhaupt angesehen. Die Resolution enthielt die Forderung, *„the legitimately elected president"* und die *„legitimate authorities"* wieder ins Amt zu bringen. Dies würde dem Ansatz entsprechen, das „Minus" an effektiver Kontrolle durch ein „Plus" an Legitimität auszugleichen und auf dieser Grundlage die Einladungsbefugnis des Handelnden zu bestimmen.

Einer solchen Schlussfolgerung steht allerdings die Begründung der Intervention entgegen. Obwohl der Sicherheitsrat ausdrücklich Bezug auf ein schriftliches Ersuchen des haitischen Präsidenten nahm, stützte sich die Autorisierung zur Anwendung von Gewalt nicht auf die „Einladung"

---

407 *Acevedo*, in: Enforcing Restraint, S. 119, 130 f.

408 UN/S/RES/940, *Authorization to form a multinational force under unified command and control to restore the legitimately elected President and authorities of the Government of Haiti and extension of the mandate of the UN Mission in Haiti*, 31.07.1994, para. 4.

409 *„Therefore, I feel that the time has come for the international community [...] to take prompt and decisive action, under the authority of the United Nations, to allow for its full implementation."*, UN/S/1994/905, Letter dated 29 July 1994 from the President of the Republic of Haiti addressed to the Secretary-General.

als solche, sondern auf eine Entscheidung nach Kapitel VII UN-Charta.[410] Dies erklärt sich schon vor dem Hintergrund des höheren Maßes an Rechtssicherheit bei der Anknüpfung eines Militäreinsatzes an eine Entscheidung des Sicherheitsrates. Diese Reaktion ließe sich als Bestätigung der Auffassung heranziehen, dass die Zustimmung *Aristides* als *„legitimately elected president"* nicht als Grundlage der Autorisierung militärischer Maßnahmen ausreichte.[411] Ausdrücklich ausgeschlossen hat der Sicherheitsrat die Einladungsbefugnis *Aristides* indes nicht.[412] Ein ausdrückliches Bekenntnis zur Ablösung des Effektivitätskriteriums durch das Legitimitätskriterium lässt sich aus der Intervention aber auch nicht herleiten.

(ii) Sierra Leone (1997)

In Sierra Leone, das bereits seit 1991 von einem Bürgerkrieg gezeichnet war, wurde im Jahr 1997 der damalige Präsident *Ahmad Tejan Kabbah* durch einen Militärputsch ins Exil vertrieben.[413] *Kabbah* bat daraufhin die *Economic Community of West African States* (ECOWAS) um militärische Hilfe, um den Bürgerkrieg zu beenden und wieder ins Amt zu kommen.[414] Obwohl *Kabbah* durch seine Vertreibung und die Machtübernahme durch das Militär die effektive Kontrolle über das Gebiet verloren hatte, folgte seiner Einladungserklärung eine militärische Intervention. Nigeria als stärkstes Mitglied der ECOWAS entsandte weitere Streitkräfte nach Sierra Leone, um die verfassungsrechtliche Ordnung wiederherzustellen und *Kabbah* wieder ins Amt zu bringen.[415] Dabei bezog sich die ECOWAS jedoch ausdrücklich auf ein ihr zustehendes Recht zur Selbstverteidigung.[416] Das Eingreifen in Sierra Leone wurde von der Staatengemeinschaft weitge-

---

410 *„Taking note of the letter dated 29 July 1994 from the legitimately elected President of Haiti (S/1994/905) and the letter dated 30 July 1994 from the Permanent Representative of Haiti to the United Nations (S/1994/910)"*, UN/S/RES/940, Präambel.

411 *Corten*, S. 285 f.; *Wippmann*, DJCIL 7 (1996), 209 (218f.).

412 Vgl. auch *Nowrot/Schabacker*, AmUILR 14/2 (1998), 321 (397ff.).

413 *Nowrot/Schabacker*, AmUILR 14/2 (1998), 321 (325); *Perisic*, RLJ 7/4 (2019), 4 (20).

414 *Levitt*, in: Africa, S. 116.

415 *Levitt*, in: Africa, S. 116; *Nowrot/Schabacker*, AmUILR 14/2 (1998), 321 (330).

416 *Corten*, S. 289 f; *Nowrot/Schabacker*, AmUILR 14/2 (1998), 321 (365f.). Dem entgegen halten *Akande/Vermeer*, EJIL-Talk!, 02.02.2015, dass die öffentliche Erläuterung der Gründe einer Intervention nicht zwangsläufig deren rechtlicher Begründung entsprechen müsse, die Trennung ebendieser Aspekte voneinander aber komplex sei.

hend gebilligt, der Sicherheitsrat verabschiedete gar eine Resolution, die das Handeln der ECOWAS ausdrücklich unterstützte.[417] Auch hier erfolgte die Intervention, obwohl *Kabbah* die effektive Kontrolle über das Gebiet verloren hatte, was sich durch eine Anknüpfung an dessen Legitimität als gewählter Präsident erklären ließe.[418]

(iii) Elfenbeinküste (2011)

Im Rahmen der Präsidentschaftswahl der Elfenbeinküste im Jahr 2010 hatte die Unabhängige Wahlkommission ebenso wie das Verfassungsgericht Herausforderer *Alassane Ouattara* knapp vor dem Amtsinhaber *Laurent Gbagbo* zum Wahlsieger erklärt.[419] Dieses Ergebnis wollte *Gbagbo* nicht anerkennen. Sowohl er als auch sein Konkurrent nahmen für sich in Anspruch, rechtmäßiges Staatsoberhaupt der Elfenbeinküste zu sein und bildeten je ein Kabinett. Es kam zu gewaltsamen Auseinandersetzungen zwischen den Unterstützern der beiden „Präsidentschaftskandidaten". *Ouattara* bat daraufhin die ECOWAS um Unterstützung bei der Durchsetzung des Wahlergebnisses.[420]

Der Sicherheitsrat verabschiedete in der Folge eine Resolution nach Kapitel VII UN-Charta, in deren Rahmen die Wahl *Ouattaras* ausdrücklich anerkannt wurde.[421] Die UN-Mission griff sodann mit Unterstützung französischer Truppen in der Elfenbeinküste militärisch ein. *Gbagbo* kapitulierte wenig später.[422] *Ouattara* hatte zu diesem Zeitpunkt noch nicht die effektive Kontrolle über das Gebiet gewonnen.[423] Auch in diesem Fall aber war durch die ausdrückliche Ermächtigung nach Kapitel VII UN-Charta

---

417 UN/S/RES/1132, 08.10.1997, para 3.: „*Expresses its strong support for the efforts of the ECOWAS Committee to resolve the crisis in Sierra Leone and encourages it to continue to work for the peaceful restoration of the constitutional order*"; *Corten*, S. 289; *Tzimas*, ZaöRV 78 (2018), 147 (160).

418 *Nowrot/Schabacker*, AmUILR 14/2 (1998), 321 (390); *Perisic*, RLJ 7/4 (2019), 4 (21); *Vermeer*, EJIL-Talk!, 06.03.2014; *de Wet*, EJIL 26/4 (2015), 979 (985).

419 *Gagnon*, NDJICL 3/1/3 (2013), 51 (54); *Tladi*, SAYIL 37/1 (2012), 22 (31).

420 *Fox*, in: Oxford HB, S. 836; *Gagnon*, NDJICL 3/1/3 (2013), 51 (52).

421 UN/S/RES/1975, 30.03.2011.

422 *Fox*, in: Oxford HB, S. 836.

423 s. auch: *d'Aspremont*, EJIL-Talk!, 04.01.2011; *Corten*, S. 287 f.; *Tzimas*, ZaöRV 78 (2018), 147 (161).

eine Ermächtigung des UN-Sicherheitsrats gegeben, die über das Hilfeersuchen *Ouattaras* hinausging.[424]

(iv) Mali (2013)

In Mali nahmen im März 2012 bewaffnete militärische Gruppen den Regierungssitz in der Stadt Bamako ein und erklärten die Auflösung der Regierung.[425] Der malische Präsident, *Amadou Toumani Toure*, floh.[426] Mit Unterstützung der ECOWAS konnte wenig später mit der militärischen Junta eine Einigung erzielt werden, die die Einsetzung von *Dioncounda Traoré* als Übergangspräsidenten beinhaltete und so die innenpolitische Lage beruhigen sollte.[427] Die durch den Putsch entstandene Instabilität hatten jedoch dschihadistische Gruppierungen genutzt, um ihrerseits Vorstöße in den Norden zu wagen und dort große Teile des Staatsgebiets unter ihre Kontrolle zu bringen.[428] Auch die Einigung auf die Einsetzung *Traorés* als Präsidenten konnte die Lage nicht beruhigen.

Der Sicherheitsrat autorisierte daraufhin die Intervention einer Militärallianz afrikanischer Staaten (AFISMA) unter Anwendung von Kapitel VII UN-Charta, die die malische Übergangsregierung bei der Wiederherstellung einer stabilen innenpolitischen Lage unterstützen sollte.[429] Da die Mission erst mit erheblicher Zeitverzögerung in Einsatzbereitschaft versetzt werden konnte, hatten die islamistischen Gruppierungen ausreichend Zeit, militärisch aufzurüsten und konnten ihren Einflussbereich zu Beginn des Jahres 2013 sogar Richtung Süden ausweiten.

Traoré bat daraufhin Frankreich um militärische Unterstützung. Im Januar 2013 intervenierten französische Truppen in Mali, wodurch die islamistischen Gruppierungen zumindest in Teilen zurückgedrängt werden

---

424 *Corten*, S. 287 f.; *Fox*, in: Oxford HB, S. 837; *Kreß/Nußberger*, ZfAS 10/2 (2017), 213 (219).

425 *Bannelier/Christakis*, LJIL 26 (2013), 855 (856); *Bergamaschi*, IJSD 2/2 (2013), Art. 20, 1 (1).

426 *Bannelier/Christakis*, LJIL 26 (2013), 855 (856); *de Wet*, S. 104.

427 *Bannelier/Christakis*, LJIL 26 (2013), 855 (857); *de Wet*, S. 104.

428 *Bannelier/Christakis*, LJIL 26 (2013), 855 (856); *Bergamaschi*, IJSD 2/2 (2013), Art. 20, 1 (2).

429 *„Decides to authorize the deployment of an African-led International Support Mission in Mali (AFISMA) for an initial period of one year, which shall take all necessary measures [...]"* insbes.: *„(b) To support the Malian authorities in recovering the areas in the north of its territory under the control of terrorist, extremist and armed groups [...]"*; UN/S/RES/2085, 20.02.2012, para. 9.

konnten.[430] Frankreich stützte seine Intervention in Mali im Sicherheitsrat auf eine Einladung durch den Interimspräsidenten *Traoré*: *„France has responded today to a request for assistance from the Interim President of the Republic of Mali, Mr. Dioncounda Traoré.* [...] *The French armed forces, in response to that request and in coordination with our partners* [...] *are supporting Malian units in combating those terrorist elements.".*[431]

Obwohl die französische Intervention unabhängig von der AFISMA erfolgte und in dieser Ausgestaltung von der Autorisierung des Sicherheitsrates nicht gedeckt war, wurde sie von der Staatengemeinschaft nicht als völkerrechtswidrig betrachtet, sondern erfuhr weitgehend Unterstützung.[432] Auch der Sicherheitsrat begrüßte das Eingreifen Frankreichs in einer späteren Resolution ausdrücklich.[433]

(v) Jemen (2015)

Eine weitere Situation des Eingreifens auf Einladung ergab sich im Jahr 2015 im Jemen. *Abed Rabbo Mansur Hadi* war 2012 zum Nachfolger von *Ali Abdullah Salih* gewählt worden, der zuvor 33 Jahre Regierungsoberhaupt im Jemen gewesen war. Die Wahl *Hadis* war das Ergebnis einer Vereinbarung des ehemaligen Präsidenten *Salih* mit dem Golf-Kooperationsrat, die durch die übergangsweise Einsetzung *Hadis* langfristig zu mehr Demokratie führen sollte und auch vom Sicherheitsrat unterstützt wurde.[434] Die Übergangsregierung wurde von den *Houthi*-Rebellen, einer schiitischen Minderheit im Jemen, nicht anerkannt, sodass sich innerhalb des Jemen ein bewaffneter Konflikt entzündete, dem jahrelange Kämpfe der *Houthis* um stärkere Autonomierechte vorangegangen waren.[435] Trotz kurzzeitiger Beteiligung an Verhandlungen zur Unterstützung der Einset-

---

430 *Bannelier/Christakis*, LJIL 26 (2013), 855 (856 f.).
431 UN/S/Doc/2013/17, Identical letters dated 11 January 2013 from the Permanent Representative of France to the United Nations addressed to the Secretary-General and the President of the Security Council.
432 *Corten*, S. 282; *de Wet*, S. 105.
433 UN/S/RES/2100, 25.04.2013, Präambel: *„Welcoming the swift action by the French forces, at the request of the transitional authorities of Mali, to stop the offensive of terrorist, extremist and armed groups towards the south of Mali and commending the efforts to restore the territorial integrity of Mali* [...]".
434 Sog. Initiative of the Gulf Cooperation Council (GCC Initiative), *Nußberger*, JUFIL 4/1 (2017), 110 (112 f.); *Ruys/Ferro*, ICLQ 65 (2016), 61 (63); *Tzimas*, ZaöRV 78 (2018), 147 (173).
435 *Nußberger*, JUFIL 4/1 (2017), 110 (113).

zung *Hadis* für die Übergangsphase verfolgten die *Houthi*-Rebellen nach kurzer Zeit wieder ihre eigenen Interessen und weiteten ihren territorialen Einflussbereich unter Zusammenarbeit mit den Anhängern des abgelösten Präsidenten *Salih* aus.[436] Präsident *Hadi* wurde durch die vorrückenden *Houthi*-Rebellen vertrieben und floh nach Saudi-Arabien.[437] Er verurteilte das Vorgehen der Rebellen als einen „Putsch" gegen ihn als „legitimen Präsidenten" des Jemen und nahm seinen durch die *Houthi*-Rebellen erzwungenen Rücktritt zurück.[438] Neben den *Houthi*-Rebellen nutzten auch *Al-Qaida* und der Islamische Staat die politische Instabilität im Jemen zur Ausweitung ihres Einflussbereichs.[439] *Hadi* wandte sich daraufhin an den Golf-Kooperationsrat und die Arabische Liga und bat um militärische Unterstützung im Jemen:

> „*I therefore appeal to you, and to the allied States that you represent, to stand by the Yemeni people as you have always done and come to the country's aid. I urge you [...] to provide immediate support in every form and take the necessary measures, including military intervention, to protect Yemen and its people from the ongoing Houthi aggression, repel the attack that is expected at any moment on Aden and the other cities of the South, and help Yemen to confront Al-Qaida and Islamic State in Iraq and the Levant.*".[440]

In einer Koalition unter der Führung Saudi-Arabiens intervenierten daraufhin im März 2015 Streitkräfte der Militärallianz[441] im Jemen, um Präsident *Hadi* wieder ins Amt zu bringen.[442] Obwohl auch in diesem Fall der Präsident längst das Land verlassen und die effektive Kontrolle über das Gebiet eingebüßt hatte, unterstrich der Sicherheitsrat ausdrücklich seine

---

436 *Nußberger*, JUFIL 4/1 (2017), 110 (114); *Vermeer*, EJIL-Talk!, 30.04.2015.

437 *Gray*, S. 106; *Vermeer*, EJIL-Talk!, 30.04.2015; *de Wet*, EJIL 26/4 (2015), 979 (998).

438 FAZ, Krise im Jemen spitzt sich zu, Nr. 45, 23.02.2015, S. 7; *Vermeer*, EJIL-Talk!, 30.04.2015.

439 *Nußberger*, JUFIL 4/1 (2017), 110 (117); *Ruys/Ferro*, ICLQ 65 (2016), 61 (63).

440 UN/S/2015/217, Statement issued by the Kingdom of Saudi Arabia, the United Arab Emirates, the Kingdom of Bahrain, the State of Qatar and the State of Kuwait, zit. den Brief von Präsident *Hadi*, 27.03.2015, S. 3 ff.

441 Beteiligt waren neben Saudi-Arabien Ägypten, Bahrain, Jordanien, Katar, Kuwait, Marokko, Senegal, Sudan und die Vereinigten Arabischen Emirate. Die Allianz wurde von den Vereinigten Staaten, Frankreich und Großbritannien logistisch unterstützt.

442 *Nußberger*, JUFIL 4/1 (2017), 110 (111, 118); *Ruys/Ferro*, ICLQ 65 (2016), 61 (62); *de Wet*, S. 107 f.

Unterstützung für *Hadi* als legitimes Staatsoberhaupt.[443] Eine Ermächtigung nach Kapitel VII UN-Charta bestand dagegen nicht.

Im Sicherheitsrat begründete die von Saudi-Arabien geführte Koalition ihre Intervention einerseits mit dem Brief *Hadis*, andererseits mit einer direkten Gefahr für den Frieden und die Sicherheit der gesamten Region infolge der Bedrohung durch die *Houthi*-Rebellen.[444] Die Argumentation der intervenierenden Koalition enthielt also verschiedene Aspekte: Einerseits die Intervention auf Einladung *Hadis*, andererseits ein Element der Selbstverteidigung, das auch in der Einladungserklärung *Hadis* schon in Bezug genommen worden war.[445] Die Intervention hat in der Staatengemeinschaft kaum ausdrücklichen Widerspruch ausgelöst, sondern wurde weitgehend unterstützt und *Hadi* ausdrücklich als legitimes Staatsoberhaupt anerkannt.[446]

(vi) Gambia (2017)

In Gambia erfolgte im Januar 2017 eine militärische Intervention der ECOWAS zur Durchsetzung des überraschenden Wahlsieges von *Adama*

---

443 UN/S/RES/2216, 14.04.2015, Präambel: *„Reaffirming its support for the legitimacy of the President of Yemen, Abdo Rabbo Mansour Hadi, and reiterating its call to all parties and Member States to refrain from taking any actions that undermine the unity, sovereignty, independence and territorial integrity of Yemen, and the legitimacy of the President of Yemen"*, S. 2; *Henderson*, S. 356; *Kreß/Nußberger*, ZfAS 10/2 (2017), 213 (223); *Nußberger*, JUFIL 4/1 (2017), 110 (124, 140f.); *Tzimas*, ZaöRV 78 (2018), 147 (175, 178).

444 *„The latter* [Houthi militias] *are supported by regional forces, which are seeking to extend their hegemony over Yemen and use the country as a base from which to influence the region. The threat is therefore not only to the security, stability and sovereignty of Yemen, but also to the security of the region as a whole and to international peace and security. [...] Moreover, the acts of aggression have also affected Saudi Arabia, and the presence of heavy weapons and short and long-range missiles beyond the control of the legitimate authorities poses a grave and ongoing threat to our countries."*, UN/S/ 2015/217, 27.03.2014, S. 5.

445 *Henderson*, S. 368; *Nußberger*, JUFIL 4/1 (2017), 110 (121, 138); *Ruys/Ferro*, ICLQ 65 (2016), 61 (67); *de Wet*, S. 107; *„I urge you, in accordance with the right of self-defence set forth in Article 51 of the Charter of the United Nations [...] to provide immediate support in every form and take the necessary measures, including military intervention, to protect Yemen and its people from the ongoing Houthi aggression"*, s. UN/S/2015/217, 27.03.2014, S. 4 f.

446 *Kreß/Nußberger*, ZfAS 10/2 (2017), 213 (223); *Ruys/Ferro*, ICLQ 65 (2016), 61 (67–70; 85).

Barrow in den Präsidentschaftswahlen von 2016. *Barrow* war als Nachfolger *Yahya Jammehs* gewählt worden, der das Land bereits seit 1994 regiert hatte.[447] *Jammeh* weigerte sich jedoch, die Übertragung des Amtes auf seinen Nachfolger zu vollziehen und ließ seine Amtszeit vom Parlament für weitere drei Monate verlängern, um eine Überprüfung angeblicher Unregelmäßigkeiten bei der Wahl durch das gambische Verfassungsgericht zu ermöglichen.[448] Die ECOWAS fasste daraufhin den Beschluss, den Wahlsieg *Barrows* mit allen notwendigen Maßnahmen – auch militärischer Art – durchzusetzen, sollte *Jammeh* nicht mit Ablauf des 18. Januar 2017, dem offiziellen Ende seiner ursprünglichen Amtszeit, abtreten.[449] Nach dem fruchtlosen Ablauf dieser Frist wird von einem Grenzübertritt senegalesischer Streitkräfte nach Gambia berichtet, wobei unklar ist, ob es sich hierbei um eine absichtliche „Intervention", oder ein Versehen handelte.[450] Am 19. Januar 2017 wurde *Adama Barrow* im Senegal in der gambischen Botschaft vereidigt. Der Sicherheitsrat erkannte die Wahl *Barrows* ausdrücklich an und formulierte darüber hinaus seine Unterstützung für die Entscheidung der ECOWAS, die notwendigen Maßnahmen zur Durchsetzung des Wahlergebnisses zu ergreifen.[451] Schon am 21. Januar 2017 aber erzielten erneute Verhandlungen einen Abtritt *Jammehs*, sodass die Streitkräfte der ECOWAS, die zum Zwecke der Unterstützung *Barrows* bereitgestellt wurden, nunmehr auf dessen Bitten zur Gewährleistung der Sicherheit in Gambia stationiert wurden.[452] Spätestens die Stationierung dieser Truppen wurde auf die „Einladung" eines Staatsoberhauptes gestützt, das zwar nicht die effektive Kontrolle über das Staatsgebiet hatte, aber in der Staatengemeinschaft als legitim anerkannt worden war.[453] *Barrow* hatte sich seit seiner Wahl nie innerhalb des Staatsgebiets aufgehalten, weswegen seine Einladungsbefugnis mit Blick auf das Kriterium der effektiven Kontrolle bestritten wurde.[454] Eine Rechtfertigung der Intervention direkt aus der Sicherheitsratsresolution scheidet in diesem Fall aus, da keine Autorisierung zur Gewaltanwendung nach Kapitel VII UN-

---

447 *Helal*, OJ, 24.01.2017; *Kreß/Nußberger*, ZfAS 10/2 (2017), 213 (214).
448 *Kreß/Nußberger*, ZfAS 10/2 (2017), 213 (214); *Nußberger*, OJ, 08.02.2017.
449 ECOWAS, 50th Ordinary Session of the ECOWAS Authority of Heads of State and Government, 17.12.2016, para. 38, lit. h); *Helal*, OJ, 24.01.2017; *Kreß/Nußberger*, ZfAS 10/2 (2017), 213 (214).
450 *Kreß/Nußberger*, ZfAS 10/2 (2017), 213 (215).
451 UN/S/RES/2337 (2017), 19.01.2017.
452 *Kreß/Nußberger*, ZfAS 10/2 (2017), 213 (215).
453 *Henderson*, S. 356; *Kreß/Nußberger*, ZfAS 10/2 (2017), 213 (221).
454 *Helal*, OJ, 24.01.2017.

Charta gegeben war.[455] Vor dem Hintergrund der ausdrücklichen Anerkennung des Wahlsieges *Barrows* könnte dessen Legitimität den Mangel an effektiver Kontrolle in diesem Fall ausgeglichen haben und hierüber seine Einladungsbefugnis begründet werden.[456] Gleichwohl bestand durch die offizielle Anerkennung *Barrows* und die ausdrückliche Unterstützung der Entschließung der ECOWAS durch den Sicherheitsrat eine Form der Beteiligung des Sicherheitsrates. Die Institutionalisierung dieser Anerkennung könnte ihrerseits den Effekt gehabt haben, die völkerrechtliche Legitimation einer Intervention auf der Grundlage einer Einladung *Barrows* zu verfestigen.[457]

(vii) Zwischenfazit

In der jüngeren Staatenpraxis ist zunehmend der Versuch unternommen worden, das Fehlen effektiver Kontrolle durch Legitimitätserwägungen, etwa das Hervorgehen eines Kandidaten aus freien und fairen Wahlen oder dessen internationale Anerkennung als legitimes Regierungsoberhaupt, auszugleichen.[458] Die Legitimität einer Regierung hat so neben dem Krite-

---

455 *Helal*, OJ, 24.01.2017; *Kreß/Nußberger*, ZfAS 10/2 (2017), 213 (216).

456 *Corten*, S. 290; *Kreß/Nußberger*, ZfAS 10/2 (2017), 213 (223).

457 *Corten*, S. 291; *Kreß/Nußberger*, ZfAS 10/2 (2017), 213 (222).

458 *d'Aspremont*, EJIL-Talk!, 04.01.2011; *ders.*, UPaJIL 31/4 (2010), 1098 (1132); *Byrne*, JUFIL 3/1 (2016), 97 (109); *Fox*, OJ, 10.03.2014; *ders.*, in: Oxford HB, S. 833 f.; *Henderson*, S. 357; *Kreß/Tams*, IP 05/06 (2014), 16, (17); *Marxsen*, ZaöRV 74 (2014), 367 (377); *Nolte*, in: MPEPIL, Intervention by Invitation, Rn. 17; *Ruys/Ferro*, ICLQ 65 (2016), 61 (85); *Tzimas*, ZaöRV 78 (2018), 147 (158); *de Wet*, EJIL 26/4 (2015), 979 (992).
Anm.: Auch der Resolutionsentwurf des IDI aus dem Jahr 2009 geht für die Bestimmung des einladungsbefugten „obersten Staatsorgans" von einer Einzelfallbetrachtung aus, die insbesondere die Anerkennung durch Staaten und internationale Organisationen berücksichtigen soll. Eine bloß kurze Unterbrechung der effektiven Kontrolle einer ansonsten allgemein anerkannten Regierung sollte aber nach dem Entwurf des IDI die Wirksamkeit der Zustimmung zu militärischem Eingreifen durch einen anderen Staat solange nicht ausschließen, wie eine Rückkehr der Regierung an die Macht in naher Zukunft zu erwarten sei: „*Consent must be given by an effective and generally recognized government. 1. Whether a government is effective and generally recognized is to be decided according to the circumstances in each individual case. 2. The recognition can be explicit or implicit. 3. A criterion for the general recognition is the recognition by the majority of States, in particular by the States in the vicinity of the consenting State and universal international organizations or international organizations of the relevant region.*

rium der effektiven Kontrolle für die Einladungsbefugnis an Bedeutung gewonnen.[459] Im Rahmen der untersuchten Staatenpraxis fällt jedoch auf, dass die intervenierenden Staaten sich regelmäßig nicht ausschließlich auf eine Einladung des als legitim betrachteten Staatsoberhauptes gestützt haben, sondern darüber hinaus Aspekte wie ein Selbstverteidigungsrecht nach Art. 51 UN-Charta und Resolutionen des Sicherheitsrates in Bezug genommen haben.[460] In den Fällen Haitis und der Elfenbeinküste bestand eine Ermächtigung durch den Sicherheitsrat nach Kapitel VII UN-Charta. Auch die Intervention in Mali ließ zumindest eine Unterstützung seitens des Sicherheitsrates erkennen. Gleiches gilt für das Eingreifen der ECOWAS in Sierra Leone sowie die Interventionen im Jemen und in Gambia, denen die Anerkennung der jeweiligen Regierungsoberhäupter als legitime Vertreter der Staaten durch den Sicherheitsrat vorangegangen war. In den Fällen Haitis, Sierra Leones, Malis und des Jemen ließ sich der Verlust oder das Nichtbestehen effektiver Kontrolle der als legitim anerkannten und unterstützten Regierung zudem auf einen gewaltsamen Putsch zurückführen. In diesen Fällen hat der Sicherheitsrat durch die ausdrückliche Unterstützung des demokratisch gewählten Staatsoberhauptes im Rahmen seiner Resolutionsentscheidungen dem Kriterium der Legitimität entscheidende Bedeutung beigemessen.[461] Auf diese Weise hat die Verobjektivierung des Legitimitätskriteriums durch die Unterstützung des Sicherheitsrates die Legitimationswirkung einer Einladungserklärung sowie die Rechtssicherheit für die intervenierenden Staaten erhöht. Sofern keine ausdrückliche Ermächtigung nach Kapitel VII UN-Charta vorliegt,

---

A mere brief discontinuity of the effective control of the generally recognized government over its territory does not exclude its effective nature as long its return to power is to be expected in the near future.", IDI, Annuaire 73 (2009), S. 420, Art. 8. Das Kriterium der Legitimität der Regierung sah der Sonderberichterstatter als auf dem Vormarsch an, erkannte hierbei jedoch lediglich eine Tendenz und noch keine entscheidende Bedeutung. In die 2011 verabschiedete Resolution zur Intervention auf Einladung fanden die Überlegungen zur Bestimmung der Einladungsbefugnis aber keinen Eingang, s. IDI, Annuaire 73 (2009), S. 340.

459 *Corten*, S. 288; *Perisic*, RLJ 7/4 (2019), 4 (22); *Tzimas*, ZaöRV 78 (2018), 147 (170); *de Wet*, EJIL 26/4 (2015), 979 (989); *Wiseheart*, EJIL-Talk!, 04.03.2014; vgl. auch: *Nolte*, MPEPIL, Intervention by Invitation, Rn. 17, der im Fall einer Regierung, die frei und fair gewählt wurde, davon ausgeht, dass selbst der nahezu vollständige Verlust der effektiven Kontrolle über das Gebiet durch die Vermutung für die Einladungsbefugnis aufgrund der freien und fairen Wahlen ausgeglichen werden kann.

460 *Gray*, S. 94; *Nolte*, in: MPEPIL, Intervention by Invitation, Rn. 13.

461 *Corten*, S. 291; *Fox*, in: Oxford HB, S. 835; *ders.*, OJ, 10.03.2014; *Hilpold*, SZIER 25/2 (2015), 171 (174); *Kreß/Nußberger*, ZfAS 10/2 (2017), 213 (223).

wird die Intervention durch die Anerkennung dieser Regierung als legitim durch den Sicherheitsrat zusätzlich abgesichert. Die Bedeutung einer solchen zusätzlichen Absicherung aber darf nicht überschätzt werden.[462] Zwar zeigt die Staatenpraxis, dass der Sicherheitsrat in einer Vielzahl von Fällen eine Intervention „zugunsten" eines „legitimen" Staatsoberhauptes begrüßt hat, diese Zustimmung äußerte sich aber häufig nicht in einer direkten Autorisierung nach Kapitel VII UN-Charta, sondern erfolgte nur indirekt, etwa durch die Anerkennung einer Regierung. Auch das Legitimitätskriterium ist missbrauchsanfällig, wenn sich die Bestimmung der „legitimen Regierung" nach der individuellen Anerkennung durch die Staatengemeinschaft richtet. So gewönnen die politisch einflussreicheren Staaten die Herrschaftsmacht darüber, die Legitimität einer Regierung zu beurteilen und nach dieser Einschätzung militärischen Einfluss in den jeweiligen Staaten zu nehmen.[463] Fehlt es an einem objektiv überprüfbaren Kriterium für die Bestimmung der Einladungsbefugnis, droht die umfassende Geltung des Gewaltverbots vor dem Hintergrund zunehmender gewaltsamer Interventionen auf Einladung einer subjektiv als „legitim" qualifizierten Regierung verwässert zu werden. Deshalb ist letztlich von einem Zusammenwirken der beiden Kriterien auszugehen. Das vorrangige und traditionelle Kriterium, die mit der Regierungseigenschaft verknüpfte Einladungsbefugnis zu bestimmen, bleibt vor dem Hintergrund möglichst weitgehender Rechtssicherheit die effektive Kontrolle des handelnden Staatsoberhauptes. Abweichungen mit Blick auf eine stärkere Hinwendung zu Legitimitätskriterien zeigen sich in der Staatenpraxis insbesondere, wenn diese Legitimität durch den UN-Sicherheitsrat bestätigt ist. Zwar sieht sich dieser Ansatz der dem Sicherheitsrat immanenten Schwäche der Veto-Mächte gegenüber, als zentrales Organ der Friedenssicherung bleibt aber eine Legitimation durch die Anerkennung eines Staatsoberhauptes durch den Sicherheitsrat gegenüber einer unilateralen Einschätzung des im Einzelfall intervenierenden Staates vorzugswürdig. Eine entsprechende *opinio iuris*, die eine vollständige Abkehr vom Kriterium der effektiven Kontrolle hin zu reinen Legitimitätserwägungen belegte, lässt sich aus der betrachteten Praxis der Staaten nicht herleiten. Ein vollständiger Verlust effektiver Kontrolle kann demnach durch Legitimitätserwägungen nicht ausgeglichen werden. Der einladenden Regierung muss zumindest ein

---

462 *Corten*, S. 314 f.
463 *Akande*, EJIL-Talk!, 17.01.2013; *d'Aspremont*, UPJIL 31/3 (2010), 1098 (1133); *Fox*, OJ, 10.03.2014; *Kunig*, in: MPEPIL, Intervention, Rn. 29; *Tuura*, FYIL 24 (2014), 183 (193); *Wippmann*, DJCIL 7 (1996), 209 (219).

Mindestmaß effektiver Kontrolle über einen repräsentativen Teil des Territoriums zukommen.[464]

cc. Einladungsbefugnis *Janukowitschs*

Für die Einladungsbefugnis *Janukowitschs* kommt es demnach auf eine Zusammenschau von Effektivitäts- und Legitimitätskriterien an. Die effektive Kontrolle über die Ukraine hatte Janukowitsch zum Zeitpunkt seiner Einladungserklärung bereits verloren. Er war aus der Ukraine ins Ausland geflohen und hatte bereits einen (übergangsweisen) Nachfolger. Mit dem Ansatz, dass ein Verlust effektiver Kontrolle durch ein „Plus" an Legitimität ausgeglichen werden kann, müsste eine entsprechende Legitimität *Janukowitschs* nachgewiesen werden. Die Russische Föderation sowie der ehemalige ukrainische Präsident stellen hierzu auf die Wahl *Janukowitschs* und die Umstände seines Amtsverlusts ab. Sein Amtsverlust sei die Folge eines verfassungswidrigen Coups gewesen, weswegen *Janukowitsch* zum Zeitpunkt der Einladungserklärung das legitime Staatsoberhaupt der Ukraine gewesen sei, auch wenn er die Kontrolle über das Gebiet verloren hatte.[465]

Janukowitsch war 2010 aus einer freien und demokratischen Wahl als Präsident der Ukraine hervorgegangen. Nachdem er im Februar 2014 das Land verlassen hatte, ging das ukrainische Parlament davon aus, dass er zur Erfüllung seiner Aufgaben als Staatsoberhaupt nicht mehr in der Lage oder jedenfalls nicht mehr gewillt war. Es wurde dementsprechend eine Neuwahl durchgeführt. Die Absetzung *Janukowitschs* und die Einsetzung eines Übergangspräsidenten durch das Parlament aber haben ukrainisches

---

464 *de Wet*, EJIL 26/4 (2015), 979 (990).

465 *„As a result, the legitimate legal President was overthrown and forced to leave Kyiv under the threat of physical violence. [...] However, in the case of Crimea, it obviously arose as a result of the legal vacuum created by the violent coup against the legitimate Government carried out by nationalist radicals in Kyiv [...]"*, so der russische Vertreter im Sicherheitsrat, UN/S/PV.7134, 13.03.2014.; *„this was an anti-constitutional takeover, an armed seizure of power. [...] The current Acting President is definitely not legitimate. There is only one legitimate President, from a legal standpoint. Clearly, he has no power. However, as I have already said, and will repeat: Yanukovych is the only undoubtedly legitimate President. [...] we have a direct appeal from the incumbent and, as I said, legitimate President of Ukraine, Mr Yanukovych, asking us to use the Armed Forces to protect the lives, freedom and health of the citizens of Ukraine."*, *Putin* in einem Fernsehinterview, 04.03.2014, abrufbar unter: http://en.kremlin.ru/events/president/news/20366.

Verfassungsrecht verletzt, weil die notwendige ¾-Mehrheit hierzu beim Parlamentsbeschluss nicht erreicht worden war.[466] Von den in der Staatenpraxis betrachteten parallelen Fällen unterscheidet sich die Absetzung *Janukowitschs* dadurch, dass sie nicht etwa durch einen gewaltsamen Militärputsch erfolgt ist, sondern *Janukowitsch* den politischen Rückhalt verloren, das Land verlassen und das Parlament im Wege eines verfassungsrechtlich verankerten Amtsenthebungsprozesses einen Mehrheitsbeschluss gefasst hatte.[467] Eine vergleichbare Situation eines *coup d'états* gegen *Janukowitsch*, wie sie etwa der Anerkennung *Kabbahs* im Fall Sierra Leones zugrunde lag, gab es in der Ukraine 2014 nicht.[468] Hinzu kommt, dass die Ernennung von *Alexander Turtschinow* lediglich übergangsweise bis zur Durchführung von Neuwahlen am 25.05.2014 galt. Durch diese Neuwahlen war *Petro Poroschenko* als Nachfolger *Janukowitschs* legitimiert worden.[469]

Auch eine vergleichbare Beteiligung des Sicherheitsrates, die etwa ein ausdrückliches Bekenntnis zur Anerkennung *Janukowitschs* als legitimes Staatsoberhaupt beinhaltet hätte, existierte nicht. Vielmehr wurden die Flucht *Janukowitschs* und die Bestätigung der neuen Regierung als „*legitimate Ukrainian Government*" durch eine weit überwiegende Mehrheit der Vertreter im Sicherheitsrat hervorgehoben und die Übergangsregierung von der Mehrheit der Staatengemeinschaft als solche anerkannt.[470] Selbst wenn mit Blick auf die jüngere Staatenpraxis ein Ausgleich des Verlusts effektiver Kontrolle durch Legitimitätserwägungen angenommen würde, so liegen die Voraussetzungen einer solchen Ausnahmesituation im Fall *Janukowitsch* nicht vor. Insbesondere fehlt es an einem legitimierenden

---

466 Art. 111 der ukrainischen Verfassung, s.: *Bilkova*, ZaöRV 75 (2015), 27 (41); *Green*, JUFIL 1/1 (2014), 3 (6); *Heintze*, HuV-I 27/3 (2014), 129 (133); *Marxsen*, ZaöRV 74 (2014), 367 (375); *de Wet*, EJIL 26/4 (2015), 979 (989).

467 *Grant*, IJICL 2/2 (2015), 281 (314 f.); *Kreß/Tams*, IP 05/06 (2014), 16, (17); *Marxsen*, ZaöRV 74 (2014), 367 (375).

468 *Grant*, S. 52; *Marxsen*, ZaöRV 74 (2014), 367 (375); *Tzimas*, ZaöRV 78 (2018), 147 (159); *Vaypan*, CILJ, 05.03.2014; aA: *Kapustin*, ZaöRV 75 (2015), 101 (111).

469 FAZ, Poroschenko gewinnt Wahl in der Ukraine, Nr. 121, 26.05.2014, S. 1; *Heintze*, HuV-I 27/3 (2014), 129 (133).

470 S. etwa die Statements der amerikanischen Vertreterin und des Vertreters des Vereinigten Königreichs im Sicherheitsrat, UN/S/PV.7125, 03.03.2014; *Grant*, AJIL 109/1 (2014), 68 (82); s. auch die Anerkennung durch die Parlamentarische Versammlung des Europarats, PACE Resolution 1988 (2014), Recent developments in Ukraine: threats to the functioning of democratic instiutions, para. 3: „*The Assembly therefore fully recognises the legitimacy of the new authorities in Kyiv and the legality of their decisions. It regrets attempts to question the legitimacy of the new authorities, which can only serve to destabilise the country.*".

Akt des Sicherheitsrates bzw. der internationalen Gemeinschaft, die sich im Gegenteil der Intervention ausdrücklich entgegengestellt hat. Dies kam nicht zuletzt in der Resolution 68/262 der Generalversammlung zum Ausdruck, die die russische Aggression gegen die Ukraine verurteilt und mit 100 Stimmen angenommen worden war.[471] Jenseits dieser verobjektivierten Kriterien zur Anerkennung der Legitimität eines Staatsoberhauptes hat sich die Einladungsbefugnis eines abgesetzten bzw. im Exil befindlichen Staatsoberhauptes unter dem vollständigen Verlust effektiver Kontrolle allein aufgrund einer (vermeintlichen) Legitimität durch eine vorhergehende freie und faire Wahl nicht etabliert.[472]

Die amerikanische Vertreterin im Sicherheitsrat wies zudem ausdrücklich darauf hin, dass eine Einladung fremder Truppen auf das ukrainische Gebiet nach der ukrainischen Verfassung nur durch das Parlament möglich gewesen wäre, weswegen die Intervention Russlands sich ohnehin nicht auf eine Einladung *Janukowitschs* stützen könne.[473] Die Vereinbarkeit eines Handelns mit nationalem Recht spielt auf völkerrechtlicher Ebene grundsätzlich keine Rolle, sodass dieser Einwand unbeachtlich wäre, vgl. Art. 27 WVK. Mit dem Rechtsgedanken von Art. 46 I WVK, der eine Ausnahme für offenkundige Verletzungen innerstaatlicher Rechtsnormen von grundlegender Bedeutung erfasst, sofern sie für den betroffenen Vertragspartner nach Treu und Glauben objektiv erkennbar waren, könnte die Bestimmung in Art. 85 der ukrainischen Verfassung aber doch Bedeutung entfalten. Die Zustimmung zu einer militärischen Intervention durch einen fremden Staat ist nach den Vorgaben der ukrainischen Verfassung dem Parlament vorbehalten. Hierbei handelt es sich auch um eine Rechtsnorm von grundlegender Bedeutung, die ein gewaltsames Eingreifen auf fremdem Staatsgebiet beinhaltet. Eine bedeutsame Verletzung innerstaatlichen Rechts lässt sich daher mit Blick auf Art. 46 WVK gut begründen.[474]

Zudem wird die russische Intervention über die Grenzen der Verhältnismäßigkeit hinaus gegangen sein. Eine Intervention zum Schutz des Frie-

---

471 UN/GA/RES/68/262, *Territorial Integrity of Ukraine*, 27.03.2014, s. auch: *de Wet*, EJIL 26/4 (2015), 979 (989).

472 *Bilkova*, ZaöRV 75 (2015), 27 (42); *Corten*, S. 288; *Krieger*, FW 89/1–2 (2014), 125 (138 f.).

473 UN/S/PV.7125, 03.03.2014, Statement der amerikanischen Vertreterin. Art. 85 Nr. 23 der ukrainischen Verfassung bestimmt: „The authority of the Verkhovna Rada of Ukraine comprises: [...] admitting units of armed forces of other states on to the territory of Ukraine".

474 *Bilkova*, ZaöRV 75 (2015), 27 (41); ausführlich hierzu: *Grant*, IJICL, 2/2 (2015), 281 (299–310).

dens und der Sicherheit der ukrainischen Bevölkerung wird in keinem Fall die Besetzung von Verwaltungs- und Regierungsgebäuden und die gewaltsame Übernahme der Kontrolle über ein Gebiet erfordert haben, in der die russische Intervention kulminierte.[475] Die einer Einladung folgende Intervention darf nur so weit gehen, wie es nötig ist, um die Sicherheit und Kontrolle der einladenden Regierung wiederherzustellen, entbindet also nur notwendige Maßnahmen des völkerrechtswidrigen Charakters. Die Tatsache, dass Russland offenbar bereits mit der Intention der „Eingliederung" des Gebiets in das eigene Staatsgebiet in den Konflikt eingegriffen hat, schließt eine solche Betrachtung aus. Territoriale Machtansprüche des intervenierenden Staates widersprechen dem Sinn und Zweck eines Eingreifens auf Einladung, das in seiner Grundausrichtung Ausfluss der Souveränität des einladenden Staates ist.

e. Zwischenfazit

Ein Ausschluss der Rechtswidrigkeit bzw. Tatbestandsmäßigkeit der russischen gewaltsamen Intervention unter Berufung auf das Institut der Intervention auf Einladung kommt nicht in Betracht. *Aksjonow* war allein aufgrund seiner Stellung als Oberhaupt der Regionalregierung nicht einladungsbefugt. *Janukowitsch* hatte die effektive Kontrolle über das Gebiet der Ukraine bereits vollständig verloren, als die Einladungserklärung ausgesprochen wurde. Das Kriterium der Legitimität eines Regierungsoberhauptes als alleinige Begründung seiner Einladungsbefugnis hat sich in der Staatengemeinschaft nicht etabliert. Eine Anerkennung *Janukowitschs* als fortbestehendes legitimes Staatsoberhaupt etwa durch den Sicherheitsrat, die in den zugrunde gelegten Fällen der Staatenpraxis als Anknüpfungspunkt für den Ausgleich des Verlusts effektiver Kontrolle diente, zeigte sich im Fall *Janukowitschs* nicht. Selbst im Falle einer wirksamen Einladungserklärung hat die russische Intervention die Grenzen der Erforderlichkeit der Interventionsmaßnahmen überschritten. Das Institut der Intervention auf Einladung ist demzufolge kein tauglicher Anknüpfungspunkt für einen Ausschluss der Rechtswidrigkeit der russischen Intervention.[476]

---

475 *Bilkova*, ZaöRV 75 (2015), 27 (42); *Grant*, IJICL, 2/2 (2015), 281 (309 f.); *Hilpold*, SZIER 25/2 (2015), 171 (174); *Marxsen*, ZaöRV 74 (2014), 367 (375).
476 *Bilkova*, ZaöRV 75 (2015), 27 (42); *Grant*, IJICL, 2/2 (2015), 281 (325ff.); *Green*, JUFIL 1/1 (2014), 3 (7); *Krieger*, FW 89/1–2 (2014), 125 (141); *Marxsen*, ZaöRV

2. Schutz der Bevölkerung auf der Krim

Weiterer Ansatz einer Begründung des russischen Eingreifens auf der Krim und in der Ostukraine war die vermeintliche Bedrohung der Bevölkerung durch den „gewaltsamen Coup" und die Übernahme der Kontrolle in Kiew durch „anti-russische" und „anti-semitische" „bewaffnete radikale Nationalisten" in der Ukraine, die eine „anhaltende Gefahr für die Sicherheit, das Leben und die berechtigten Interessen der Russen und russisch-sprachigen Völker in der Ost- und Südukraine sowie auf der Krim" darstellten.[477] Die russische und russischsprachige Bevölkerung auf der Krim und in der Stadt Sewastopol habe sich „auf der Suche nach Hilfe zum Schutz und zur Verteidigung ihrer Rechte und ihres Lebens" vor den „Radikalen", die die Führung in Kiew übernommen hatten, an Russland gewandt.[478] Das russische Narrativ knüpft an die vermeintliche Gefährdung zweier Bevölkerungsgruppen an: Bedroht seien sowohl russische Staatsangehörige, die in der Ukraine und im Speziellen auf der Krim und in der Stadt Sewastopol leben, andererseits Angehörige russischsprachiger Minderheiten mit ukrainischer Staatsangehörigkeit. Aus völkerrechtlicher Sicht kommen für eine Intervention zum „Schutz" dieser Bevölkerungsgruppen zwei verschiedene Rechtfertigungsansätze in Betracht.

Legt man den Schutz eigener Staatsangehöriger auf fremdem Boden als Motiv der Intervention zugrunde, so stellt Russland auf die *„protection of nationals abroad"* ab. Die Konzeption dient dem Schutz von Staatsangehörigen im Ausland durch eine Intervention des Heimatstaates im Aufenthaltsstaat.[479]

Liegt der Intervention demgegenüber der Schutz fremder Staatsangehöriger, also auch einer ethnisch dem intervenierenden Staat verbundenen Minderheit, zugrunde, so kommt eine Intervention aus menschenrechtlichen bzw. humanitären Erwägungen in Betracht. Die Möglichkeit zur gewaltsamen Intervention in einem anderen Staat zum Schutz dort in Gefahr befindlicher Menschen vor massiven Menschenrechtsverletzungen

---

74 (2014), 367 (375); *Tuura*, FYIL 24 (2014), 183 (217); *Vermeer*, EJIL-Talk!, 06.03.2014; *Weller*, NLJ, 19.03.2014.

477 S. die Stellungnahme des russischen Vertreters im Sicherheitsrat, UN/S/PV.7125, 03.03.2014, S. 3–5.

478 *„The residents of Crimea and Sevastopol turned to Russia for help in defending their rights and lives [...]"*, Address by President of the Russian Federation, 18.03.2014.

479 *Forteau*, in: Oxford HB, S. 949; *Grimal/Melling*, JCSL 16/3 (2011), 541 (546); *Ruys*, JCSL 13/2 (2008), 233 (234).

– unabhängig von ihrer Staatsangehörigkeit – wird unter dem Stichwort der „humanitären Intervention" diskutiert.[480] Während die Doktrin der *protection of nationals abroad* dogmatisch an die umfassende Souveränität des Staates im Sinne seiner Hoheit über seine Staatsangehörigen anknüpft und dabei das Recht zur Intervention des Mutterstaates im Verhältnis zur territorialen Souveränität des Aufenthaltsstaates betrachtet, knüpft die humanitäre Intervention allein an das Gewicht der Gefährdung der durch die Intervention zu schützenden Personen und damit menschenrechtliche Belange an.[481] Beide Argumentationsansätze sind Gegenstand der Diskussion um (ungeschriebene) Rechtfertigungsmöglichkeiten eines Gewaltverbotsverstoßes.

a. *Protection of Nationals abroad*

Vor dem Inkrafttreten der UN-Charta bestand weitgehende Einigkeit darüber, dass auch gewaltsame Rettungsaktionen für eigene Staatsangehörige auf fremdem Staatsgebiet nicht gegen das Völkerrecht verstoßen.[482] Mit der Verankerung des völkerrechtlichen Gewalt- und Interventionsverbotes in der UN-Charta bestehen nun grundlegende völkerrechtliche Prinzipien, die einer derartigen Intervention entgegenstehen. Erfolgt eine Intervention zum Schutz eigener Staatsangehöriger auf fremdem Staatsgebiet mit Zustimmung des fremden Staates, auf dessen Staatsgebiet interveniert wird, liegt eine Intervention auf Einladung vor, die unter den oben erörterten Voraussetzungen im Einklang mit dem Völkerrecht steht. Fehlt die Zustimmung desjenigen Staates, auf dessen Gebiet die Intervention erfolgt, so verletzt ein Eingreifen auf fremdem Staatsgebiet das Interventions- und im Falle der Anwendung militärischer Gewalt auch das Gewaltverbot. Ob eine (militärische) Intervention zum Schutz eigener Staatsangehöriger auch unter der Geltung der UN-Charta mit dem Völkerrecht vereinbar ist, ist umstritten.[483]

---

480 *v. Arnauld*, Rn. 1136; *Dörr*, in: MPEPIL, Use of Force, Rn. 46; *Kunig*, in: MPEPIL, Intervention, Rn. 37.

481 *Fortreau*, in: Oxford HB, S. 948; *Ruys*, JCSL 13/2 (2008), 233 (234); *Thomson*, WUGSLR 11/3 (2012), 627 (633).

482 *Bowett*, in: *Cassese*, Use of Force, S. 39; *Epping*, AöR 124/3 (1999), 423 (460); *Fortreau*, in: Oxford HB, S. 954; *Ruys*, JCSL 13/2 (2008), 233 (235); *Thomson*, WUGSLR 11/3 (2012), 627 (630).

483 *v. Arnauld*, Rn. 1132; *Randelzhofer/Dörr*, in: UN Charter, Art. 2 (4), Rn. 58; *Ruys*, JCSL 13/2 (2008), 233 (235–238).

aa. Kodifikation

Eine ausdrückliche Kodifikation eines Rechts zur Intervention zum Schutz eigener Staatsangehöriger existiert bisher nicht. In der ILC hatte der Sonderberichterstatter *John Dugard* im Jahr 2000 einen Vorschlag für eine solche gemacht. Nach seinem Entwurf sollte ein Eingreifen zum Schutz eigener Staatsangehöriger zulässig sein, wenn der Aufenthaltsstaat unfähig oder nicht willens war, die Sicherheit der Staatsangehörigen des intervenierenden Staates zu gewährleisten, diese sich in unmittelbarer Gefahr befanden und dem intervenierenden Staat keine andere friedliche Möglichkeit mehr blieb, seine Staatsangehörigen zu schützen. Eine hierauf gestützte Gewaltanwendung musste nach dem Entwurf *Dugards* die Grenzen der Verhältnismäßigkeit wahren und sowohl in ihrem Umfang als auch in ihrer zeitlichen Begrenzung nicht über das hinausgehen, was zum Schutz der Staatsangehörigen erforderlich sei.[484] Diese Kriterien gehen zurück auf den Vorschlag des britischen Rechtswissenschaftlers *Sir Humphrey Waldock*, der für den Schutz eigener Staatsangehöriger als Ausprägung einer Maßnahme des Selbstschutzes diese drei Kriterien ausgearbeitet hatte.[485] Ein absolutes Verbot des gewaltsamen Eingreifens zum Schutz eigener Staatsangehöriger war nach *Dugards* Auffassung unvereinbar mit der Praxis der Staaten. Die Anerkennung eines solchen Rechts und dessen Beschränkung durch klar konturierte Kriterien eines rechtmäßigen Eingreifens war nach seinem Verständnis vor dem Hintergrund der Gefahr einer missbräuchlichen Anwendung der Doktrin vorzugswürdig gegenüber einer „Nichtregelung".[486]

Dieser Kodifikationsansatz konnte sich in der ILC jedoch nicht durchsetzen. *Dugards* Untersuchungsauftrag war auf Fragen des diplomatischen Schutzes beschränkt. In der Diskussion des Entwurfs im Rahmen der ILC

---

484 *„The threat or use of force is prohibited as a means of diplomatic protection, except in the case of rescue of nationals where: (a) The protecting State has failed to secure the safety of its nationals by peaceful means; (b) The injuring State is unwilling or unable to secure the safety of the nationals of the protecting State; (c) The nationals of the protecting State are exposed to immediate danger to their persons; (d) The use of force is proportionate in the circumstances of the situation; (e) The use of force is terminated, and the protecting State withdraws its forces, as soon as the nationals are rescued."*, ILC, Yearbook 2000, Vol. I, S. 36, Art. 2.

485 *„There must be (1) an imminent threat of injury to nationals, (2) a failure or inability on the part of the territorial sovereign to protect them and (3) measures of protection strictly confined to the object of protecting them against injury."*, Waldock, S. 467.

486 ILC, Yearbook 2000, Vol. II, Part 2, S. 220, para. 59.

zog sich die Mehrheit der Beteiligten daher auf den Standpunkt zurück, die Frage gewaltsamer Interventionen falle nicht in den Anwendungsbereich des diplomatischen Schutzes und enthielt sich so einer inhaltlichen Stellungnahme.[487] Teils wurde die Zulässigkeit eines Eingreifens zum Schutz eigener Staatsangehöriger im Ausland dagegen ausdrücklich abgelehnt.[488] Ähnlich gestalteten sich die Reaktionen der Staaten in der Diskussion des ILC-Entwurfs in der Generalversammlung.[489] Eine belastbare Kodifikationsgrundlage als Indiz einer Anerkennung der Völkerrechtmäßigkeit eines Eingreifens zum Schutz eigener Staatsangehöriger im Ausland existiert somit nicht.

bb. Dogmatische Anknüpfungspunkte

Drei dogmatische Anknüpfungspunkte könnten für die Zulässigkeit des Eingreifens zum Schutz eigener Staatsangehöriger im Ausland herangezogen werden: das Selbstverteidigungsrecht nach Art. 51 UN-Charta, das Gewaltverbot nach Art. 2 Nr. 4 UN-Charta oder die Begründung einer eigenen, von diesen Rechtsgrundlagen unabhängigen, ungeschriebenen „Ausnahme" oder „Rechtfertigung" eines Gewaltverbotsverstoßes.[490]

---

487 S. etwa: ILC, Yearbook 2000, Vol. I, S. 45, para. 73; S. 51, para. 32; S. 54, para. 61.

488 S. etwa: ILC, Yearbook 2000, Vol. I, S. 44, paras. 65 f.; S. 47, para. 5; S. 48; para. 17. Zustimmung erhielt der Entwurf seitens der Vertreter *Lukashuk* und *Rosenstock*, S. 52 f., paras. 52–55; S. 56 f., para. 8.

489 So zB UN/GA/C.6/55/SR.20 (30.10.2000), S. 3, para. 16 (Slovenia); S. 13, para. 91 (Iraq). Zahlreiche Staaten zogen sich auch hier darauf zurück, dass die Frage einer Gewaltanwendung nicht im Kontext der Diskussion von Maßnahmen der *„diplomatic protection"* stünden, UN/GA/C.6/55/SR.19 (30.10.2000), S. 4, para. 23 (United Kingdom); S. 8, para. 39 (India); S. 9, para. 48 (Norway), para. 51 (Bosnia and Herzegovina), S. 10, para. 56 (Poland), wobei der Vertreter noch feststellte, dass eine Gewaltanwendung als Mittel der *„diplomatic protection"* auch nicht gerechtfertigt werden könne, selbst wenn sie als Selbstverteidigung einzuordnen wäre; S. 11, para. 64 (Germany). Der Vertreter Italiens vertrat die Auffassung, dass in Art. 2 des Entwurfs der ILC ausdrücklich festgehalten werden solle, dass in einem extremen Ausnahmefall unter der Voraussetzung unmittelbarer Lebensgefahr für die Staatsangehörigen des betroffenen Staates eine gewaltsame Intervention des Mutterstaates möglich sei., UN/GA/C.6/55/SR.19 (30.10.2000), S. 3f., para. 15.

490 *Bowett*, in: *Cassese*, Use of Force, S. 45; *Green*, S. 59; *Ruys*, JCSL 13/2 (2008), 233 (237).

(i) Begründung über das Selbstverteidigungsrecht, Art. 51 UN-Charta

Art. 51 UN-Charta ermächtigt die Mitgliedstaaten zur individuellen oder kollektiven Selbstverteidigung im Falle eines bewaffneten Angriffs gegen einen Mitgliedstaat.[491] Liegt ein solcher Angriff vor, sind die Mitgliedstaaten berechtigt, alle Maßnahmen zu ergreifen, die zur Beendigung des bewaffneten Angriffs notwendig sind. Dies erfasst auch gewaltsame Maßnahmen. Die Möglichkeit zur Intervention auf fremdem Staatsgebiet zum Schutz eigener Staatsangehöriger wird zum Teil an das Selbstverteidigungsrecht angeknüpft.[492] Unter Zugrundelegung eines weiten Verständnisses von Art. 51 UN-Charta wird in der Gefährdung eigener Staatsangehöriger auf fremdem Territorium ein bewaffneter Angriff gegen die Staatlichkeit des Mutterstaates gesehen. Anders als im Rahmen der humanitären Intervention wird im Rahmen der Diskussion einer Rechtfertigung des Eingreifens zum Schutz eigener Staatsangehöriger gerade an die Hoheitsgewalt des Staates im Lichte seiner Souveränität über seine Staatsangehörigen angeknüpft. Dass sich die von dem bewaffneten Angriff Betroffenen auf fremdem Staatsgebiet befänden, sei insoweit unbeachtlich, da sie als Teil des Staatsvolkes ein Teil des Heimatstaates seien und der Wortlaut von Art. 51 UN-Charta dieses Verständnis nicht ausschließe.[493] Auch vor dem Hintergrund der fortschreitenden Integration menschenrechtlicher Belange in das Völkerrecht sei die Anerkennung der Völkerrechtmäßigkeit eines Eingreifens zum Schutz eigener Staatsangehöriger unter den Voraussetzungen des Art. 51 UN-Charta notwendig.[494]

Zum Teil wird diese Auslegung eines zulässigen Eingreifens zum Schutz eigener Staatsangehöriger im Ausland als Ausprägung des völkergewohn-

---

491 „*Nothing in the present Charter shall impair the inherent right of individual or collective self-defence if an armed attack occurs against a Member of the United Nations, until the Security Council has taken measures necessary to maintain international peace and security. Measures taken by Members in the exercise of this right of self-defence shall be immediately reported to the Security Council and shall not in any way affect the authority and responsibility of the Security Council under the present Charter to take at any time such action as it deems necessary in order to maintain or restore international peace and security.*", Art. 51 UN-Charta.

492 *Bowett*, in: *Cassese*, Use of Force, S. 40 f.; *Dinstein*, S. 220, 275–279; *Grimal/Melling*, JCSL 16/3 (2011), 541 (546–550); *Schröder*, JZ 13 (1977), 420 (425); *Thomson*, WUGSLR 11/3 (2012), 627 (638, 644).

493 *Bowett*, in: *Cassese*, Use of Force, S. 40 f.; *Greenwood*, in: MPEPIL, Self-Defence, Rn. 24; zurückhaltend: *Corten*, S. 401.

494 *Bowett*, in: *Cassese*, Use of Force, S. 45.

heitsrechtlich anerkannten Selbstverteidigungsrechts gelesen.[495] Der Wortlaut von Art. 51 UN-Charta (*„inherent right"*) schließe auch das völkergewohnheitsrechtliche Selbstverteidigungsrecht ein, das ein Recht zur Intervention zum Schutz eigener Staatsangehöriger im Ausland gewährleiste.[496]

(ii) Begründung über das Gewaltverbot, Art. 2 Nr. 4 UN-Charta

Abweichend hiervon wird die Zulässigkeit einer Intervention zum Schutz eigener Staatsangehöriger im Ausland zum Teil direkt über das Gewaltverbot begründet. Ein Eingreifen zum Schutz eigener Staatsangehöriger auf fremdem Staatsgebiet begründe schon keinen Verstoß gegen das Gewaltverbot. Ein solcher liege nur vor, wenn sich die Gewaltanwendung oder die gewaltsame Intervention *„gegen die territoriale Integrität oder die Souveränität"* eines anderen Staates richte. Würde aber nur zum Schutz der eigenen Staatsangehörigen auf dem fremden Gebiet eingegriffen, so richte sich die Intervention schon gar nicht gegen die territoriale Integrität des Aufenthaltsstaates.[497] Eine Intervention zum Schutz eigener Staatsangehöriger im Ausland würde demnach als Tatbestandsausnahme des Gewaltverbots gelesen, ähnlich wie bei der Begründung der Zulässigkeit der Intervention auf Einladung.

(iii) Bewertung

Sowohl die Begründung über das Gewaltverbot als auch die Anknüpfung an das Selbstverteidigungsrecht weisen systematische Schwächen auf. Gegen eine Interpretation des Schutzes eigener Staatsangehöriger als Tatbestandsausnahme des Gewaltverbots spricht die Tatsache, dass die Zielrichtung der Gewaltanwendung *„against the territorial integrity or political independence"* keine tatbestandliche Bedeutung entfaltet.[498] Das Gewaltverbot bezweckt einen umfassenden Schutz, der eine extensive Auslegung von

---

495 *Thomson*, WUGSLR 11/3 (2012), 627 (639 ff., 644).

496 *Grimal/Melling*, JCSL 16/3 (2011), 541 (547); *Thomson*, WUGSLR 11/3 (2012), 627 (639); in diese Richtung auch: *Herdegen*, VöR, § 34, Rn. 48 f.

497 *Bowett*, in: *Cassese*, Use of Force, S. 40; *Doehring*, Rn. 579.

498 *Randelzhofer/Dörr*, in: UN Charter, Art. 2 (4), Rn. 37 f.

Ausnahmeregelungen verbietet.[499] Im Rahmen einer Intervention auf Einladung wirkt das Element der Zustimmung desjenigen Staates, in den interveniert wird, tatbestandsausschließend. Ein vergleichbares Element als Ausdruck der Souveränität des von der Intervention betroffenen Staates existiert im Rahmen einer Intervention zum Schutz eigener Staatsangehöriger im Ausland nicht. Jede Anwendung staatlicher Gewalt auf fremdem Territorium ohne die Zustimmung des jeweiligen Staates beeinträchtigt die politische Unabhängigkeit des Staates insofern, als dass er nicht die uneingeschränkte Hoheitsgewalt auf seinem Territorium ausübt.[500] Die dogmatische Herleitung einer Tatbestandsausnahme über das Gewaltverbot scheidet daher aus.[501]

Möglich erscheint dagegen die Herleitung eines Rechts zur Intervention auf fremdem Staatsgebiet zum Schutz eigener Staatsangehöriger über Art. 51 UN-Charta. Die Souveränität eines Staates erstreckt sich auf die eigenen Staatsangehörigen als Element seiner Staatlichkeit. Der Wortlaut von Art. 51 UN-Charta schließt nicht aus, dass auch auf fremdem Staatsgebiet ein bewaffneter Angriff gegen den die Selbstverteidigung übenden Staat bestehen kann, wenn sich dieser gegen seine Staatsangehörigen richtet. Ein ausdrückliches Erfordernis, dass der bewaffnete Angriff auf dem Staatsgebiet des handelnden Staates erfolgen muss, lässt der Wortlaut nicht erkennen.[502] Auch der IGH hat dem Grunde nach anerkannt, dass ein bewaffneter Angriff auch außerhalb des staatlichen Territoriums bestehen kann.[503]

Das klassische Verständnis des bewaffneten Angriffs im Sinne von Art. 51 UN-Charta liegt allerdings in einem gezielten Angriff gegen das Territorium bzw. die Substanz des sich selbst verteidigenden Staates.[504] Der territoriale Bezug fehlt, wenn sich der Angriff „nur" auf einige Staatsangehörige des handelnden Staates im Ausland bezieht. Die Gefährdung

---

499 *Brownlie*, S. 267; *Epping*, AöR 124/3 (1999), 423 (462); *Fortreau*, in: Oxford HB, S. 955; *Randelzhofer/Dörr*, in: UN Charter, Art. 2 (4), Rn. 58; *Schröder*, JZ 13 (1977), 420 (422).

500 *Corten*, S. 494 f.

501 *Green*, S. 59; *Schröder*, JZ 13 (1977), 420 (422); *Thomson*, WUGSLR 11/3 (2012), 627 (638).

502 *Green*, S. 60.

503 IGH, Oil Platforms (Islamic Republic of Iran v. United States of America), Judgment, 06.11.2003, ICJ Rep. 2003, 161 (195), para. 72.

504 *v. Arnauld*, Rn. 1133; *Dörr*, in: MPEPIL, Use of Force, Rn. 45; *Epping*, AöR 124/3 (1999), 423 (459); *Marxsen*, ZaöRV 74 (2014), 367 (373); *Randelzhofer/Dörr*, in: UN Charter, Art. 2 (4), Rn. 58.

oder gar Tötung einer begrenzten Anzahl von Staatsangehörigen auf fremdem Staatsgebiet ist nicht dazu geeignet, die Existenz oder Substanz des
Staates als solche zu gefährden, weswegen ein Angriff auf Staatsangehörige
im Ausland in seiner Intensität nicht mit einem Angriff mit territorialem
Bezug vergleichbar ist.[505] Unter einem engen Verständnis der Regelungen
des Gewaltverbots und des Selbstverteidigungsrechts wäre eine Intervention zum Schutz eigener Staatsangehöriger vom geltenden Völkerrecht
nicht gedeckt und somit völkerrechtswidrig, egal unter welchen Voraussetzungen sie erfolgt.[506]

Entscheidend für die völkergewohnheitsrechtliche Anerkennung eines
Interventionstitels zum Schutz eigener Staatsangehöriger im Ausland ent-
weder als Ausfluss des Selbstverteidigungsrechts oder als selbstständige
Rechtfertigungsgrundlage ist angesichts einer fehlenden ausdrücklichen
Regelung die diesbezügliche Staatenpraxis.[507]

cc. Staatenpraxis

Die Praxis der Staatengemeinschaft lässt insbesondere in der jüngeren
Vergangenheit erkennen, dass (gewaltsame) Interventionen in fremdes
Staatsgebiet mit der dortigen Gefährdung eigener Staatsangehöriger begründet wurden. Beispiele sind etwa die Interventionen Großbritanniens
und Frankreichs in Ägypten 1965, Belgiens im Kongo 1960, Israels in
Entebbe 1976, der USA in Grenada 1983 und Panama 1989, Frankreichs
in einer Reihe afrikanischer Länder in den 1990ern sowie frühen 2000ern,
aber auch Russlands im Georgienkrieg 2008.[508]

Ein früher Fall einer Berufung auf die Doktrin nach der Einführung
der UN-Charta war das Eingreifen britischer und französischer Truppen
in Ägypten im Rahmen der Suez-Krise 1965. Nach der überraschenden

---

505 So die IIFFMCG zur Frage eines Selbstverteidigungsrechts Russlands als Grundlage des Eingreifens im Georgien-Konflikt 2008, s. IIFFMCG, Report, Vol. II,
 S. 288.

506 So etwa: *Bothe*, in: *Vitzthum/Proelß*, S. 778 f., Rn. 21; *Epping*, AöR 124/3 (1999),
 423 (462); *Randelzhofer/Dörr*, in: UN Charter, Art. 2 (4), Rn. 58;.

507 *Dugard* hatte in seinem Bericht an die ILC die einschlägige Staatenpraxis als
 Anlass dafür genommen, eine ausdrückliche Regelung der Nichtregelung vorzuziehen, um einer missbräuchlichen Fortführung der bestehenden Staatenpraxis vorzubeugen.

508 *Fortreau*, in: Oxford HB, S. 954; *Hilpold*, SZIER 25/2 (2015), 171 (175); *Randelz-
 hofer/Dörr*, in: UN Charter, Art. 2 (4), Rn. 59.

Verkündung des ägyptischen Präsidenten, den Suezkanal zu verstaatlichen, entschlossen sich die Kolonialmächte Großbritannien und Frankreich zur Intervention. Dabei machte der Vertreter Großbritanniens im Sicherheitsrat ausdrücklich geltend, ein Eingreifen sei zum Schutz britischer und französischer Staatsangehöriger notwendig.[509] Großbritannien bezog sich dabei ausdrücklich auf das Selbstverteidigungsrecht nach Art. 51 UN-Charta als Grundlage des Eingreifens zum Schutz eigener Staatsangehöriger.[510] Die Intervention wurde in der Staatengemeinschaft weitgehend als rechtsmissbräuchlich angesehen, insbesondere angesichts der Tatsache, dass keine tatsächliche Gefährdung britischer Staatsangehöriger nachgewiesen wurde und die Intervention weit über die zum Schutz etwaig gefährdeter Staatsangehöriger notwendigen Maßnahmen hinausgegangen war.[511]

Belgien begründete 1960 eine Intervention im Kongo in der Debatte im Sicherheitsrat mit einer *„Pflicht, zum Schutz seiner Bürger einzugreifen".*[512] Diese Argumentation unterstützten etwa Frankreich und Großbritannien, während andere die Intervention als einen Akt der Aggression und eine unzulässige Intervention in die inneren Angelegenheiten des Kongo einschätzten.[513] Als die Vereinigten Staaten 1965 in der Dominikanischen Republik intervenierten, wiesen sie darauf hin, dies sei zur Evakuierung amerikanischer Staatsangehöriger notwendig.[514] Daneben bezogen sich die Vereinigten Staaten sich ebenso wie bei ihrer vorangegangenen Intervention im Libanon 1958 auf die Zustimmung der Regierung des intervenierten

---

509 *„In Egypt there are many thousands of British and French nationals. [...] In those circumstances, British and French lives must be safeguarded.",* Statement des britischen Vertreters im Sicherheitsrat, UN/S/PV.749, 30.10.1956.

510 *Ruys,* JCSL 13/2 (2008), 233 (239); *Thomson,* WUGSLR 11/3 (2012), 627 (648).

511 *Ruys,* JCSL 13/2 (2008), 233 (239) mwNW.

512 *„I do not have to invoke solemn legal agreements to justify my statement that we had the right to intervene when it was a question of protecting our compatriots, our women, against such excesses. We had the most imperative duty to do so.",* Statement d. belgischen Vertreters im Sicherheitsrat, UN/S/PV.877, 20./21.07.1960, para. 91.

513 *Brownlie,* S. 297 f.; *Ronzitti,* JCSL 24/3 (2019), 431 (436); *Ruys,* JCSL 13/2 (2008), 233 (240); *Thomson,* WUGSLR 11/3 (2012), 627 (648).

514 *„The United States Government has been informed by military authorities in the Dominican Republic that American lives are in danger. These authorities are no longer able to guarantee their safety and have reported that the assistance of military personnel is now needed for that purpose. I've ordered the Secretary of Defense to put the necessary American troops ashore in order to give protection to hundreds of Americans who are still in the Dominican Republic and to escort them safely back to this country.",* UN/S/Doc./6310, Letter dated 29.04.1965.

Staates.[515] Während Großbritannien und die Niederlande die Operation in der Dominikanischen Republik ausdrücklich unterstützt hatten, sprach sich die Sowjetunion ausdrücklich gegen die Intervention aus und attestierte den Vereinigten Staaten das „Vorschieben" des Schutzes eigener Staatsangehöriger als Begründung einer weit über das notwendige Maß hinausgehenden Intervention.[516] Ähnlich gestalteten sich die Reaktionen in der Staatengemeinschaft auf die amerikanischen Interventionen in Grenada 1983 und Panama 1989. Im Falle Grenadas war eine tatsächliche Gefährdung amerikanischer Staatsangehöriger nicht nachgewiesen worden, in beiden Fällen überschritt die Intervention der Vereinigten Staaten das zur Evakuierung der Betroffenen erforderliche Maß und wurde daher als rechtsmissbräuchlich verurteilt.[517] Die Begründung der Intervention wurde von den Vereinigten Staaten neben einer Gefährdung ihrer Staatsangehörigen auf die Zustimmung der jeweils intervenierten Staaten, im Falle Panamas auch auf Art. 51 UN-Charta gestützt.[518]

Die israelische Intervention in Entebbe (Uganda) im Jahr 1976 nimmt in der Staatenpraxis eine außergewöhnliche Stellung ein. Sie wird von

---

515 „*Now we confront here a situation involving outside involvement in an internal revolt against the authorities of the legitimate Government of Lebanon. Under these conditions, the request from the Government of Lebanon to another Member of the United Nations to come to its assistance is entirely consistent with the provisions and purposes of the United Nations Charter.*", Statement d. amerikanischen Verterters im Sicherheitsrat, UN/S/PV.827, 15.07.1958, para. 43; *Corten*, S. 523 f.; *Ronzitti*, JCSL 24/3 (2019), 431 (436 f.); *Ruys*, JCSL 13/2 (2008), 233 (239).

516 „*This new act of aggression by United States imperialism – military intervention in the Dominican Republic – is, like the acts of the colonialists in the past, being engaged in the outworn, false pretext of "protecting American lives". It is self-evident that the invasion of the Dominican Republic by United States Marines and paratroop units constitutes nothing other than an act of direct aggression against the people of that small country, flagrant armed intervention in its domestic affairs, and yet another attempt to maintain in power a reactionary, anti-popular dictatorship which suits the purposes of a foreign Power, the United States of America.*", Vertreter der Sowjetunion im Sicherheitsrat, UN/S/PV.1196, 03.05.1965, para. 15; *Ronzitti*, JCSL 24/3 (2019), 431 (436 f.); *Ruys*, JCSL 13/2 (2008), 233 (242 f.).

517 S. die Resolutionen der Generalversammlung UN/GA/RES/38/7, 31.10.1983 sowie UN/GA/RES/44/240, 29.12.1989, die die Interventionen in Grenada und Panama verurteilen. *Gray*, S. 166 f.; *Green*, JUFIL 1/1 (2014), 3 (4); *ders.*, S. 61 f.; *Ronzitti*, JCSL 24/3 (2019), 431 (438 f.); *Ruys*, JCSL 13/2 (2008), 233 (244); *Shaw*, S. 871.

518 S. etwa das Statement des Vertreters der Vereinigten Staaten zur Intervention in Grenada im Sicherheitsrat, UN/S/PV.2491, 27.10.1983, paras. 66–75; *Corten*, S. 524; *Ronzitti*, JCSL 24/3 (2019), 431 (438 f.); *Ruys*, JCSL 13/2 (2008), 233 (243 f.); *Thomson*, WUGSLR 11/3 (2012), 627 (650 f.).

Befürwortern eines Interventionstitels auf der Grundlage des Schutzes eigener Staatsangehöriger im Ausland als „Musterbeispiel" angeführt.[519] Israelische Spezialkräfte hatten ein von Terroristen entführtes Flugzeug auf dem ugandischen Flughafen gewaltsam gestürmt, um die entführten israelischen Staatsangehörigen zu befreien. Israel bezog sich zur Begründung des Einsatzes auf die Notwendigkeit des Eingreifens zur Befreiung seiner Staatsangehörigen in Ausübung seines Selbstverteidigungsrechts.[520] Die Vereinigten Staaten schlossen sich dieser Rechtsauffassung ausdrücklich an.[521] Israels Intervention in Entebbe erhielt darüber hinaus nur verhaltene Unterstützung in der Staatengemeinschaft, von der Sowjetunion sowie China wurde sie ausdrücklich als völkerrechtswidrig verurteilt.[522]

Für eine Anerkennung der Rechtmäßigkeit einer Intervention zum Schutz eigener Staatsangehöriger im Ausland hat insbesondere Frankreich immer wieder Position bezogen. So griffen französische Truppen unter anderem in der Elfenbeinküste (2002–2004), Liberia (2003), Gabbon (2007), im Tschad (2008), Somalia (2008) und Niger (2011) ein.[523] Die Rettung eigener Staatsangehöriger vor einer Gefährdung im Aufenthaltsstaat war dabei ein zentrales Leitmotiv in der Begründung dieser Interventionen,

---

519 S. etwa: *Dinstein*, S. 277–279; *Herdegen*, VöR, § 34, Rn. 48.

520 *„The right of a State to take military action to protect its nationals in mortal danger is recognized by all legal authorities in international law."*; *„The right of self-defence is enshrined in international law and in the Charter of the United Nations [...] That was exactly the situation which faced the Government of Israel."*, Vertreter Israels im Sicherheitsrat, UN/S/PV.1939, 09.07.1976, paras. 106; 115.

521 *„However, there is a well established right to use limited force for the protection of one's own nationals from an imminent threat of injury or death in a situation where the State in whose territory they are located is either unwilling or unable to protect them. The right, flowing from the right of self-defence, is limited to such use of force as is necessary and appropriate to protect threatened nationals from injury."*, Statement des amerikanischen Vertreters im Sicherheitsrat, UN/S/PV.1941, 12.07.1976, para. 77.

522 *„But there exists no such laws in the world, no moral or international laws, which could justify such aggressive action. The Israeli Air Force invaded the territory of Uganda and violated the sovereignty of that small State. [...] Whatever may be said here, whatever quotations and references may be made, this is an act of aggression."*, Statement des Vertreters der Sowjetunion im Sicherheitsrat, UN/S/PV.1941, 12.07.1976, paras. 152 f.; s. auch: *Ronzitti*, JCSL 24/3 (2019), 431 (437); *Ruys*, JCSL 13/2 (2008), 233 (248–250); *Thomson*, WUGSLR 11/3 (2012), 627 (637, 649 f.)

523 *Fortreau*, in: Oxford HB, S. 957.

häufig lag aber auch eine Zustimmung bzw. Einladung der betroffenen Staaten vor.[524]

Besondere Bedeutung hatte die Intervention der Vereinigten Staaten in Teheran 1980 wegen der Befassung des IGH mit dem Fall. In der amerikanischen Botschaft in Teheran waren amerikanische Staatsangehörige als Geiseln festgehalten worden. Das Botschaftsgebäude als Außenvertretung des Mutterstaates kann als Teil des Staatsgebietes angesehen werden, sodass sich das dogmatische Problem der Begründung eines bewaffneten Angriffs gegen den Mutterstaat hier nicht im gleichen Maße stellt, wie in Fällen, in denen kein Bezug zur Botschaft besteht.[525] In der Staatengemeinschaft wurde die Intervention von den westlichen Verbündeten der Vereinigten Staaten unterstützt, während insbesondere China und die Sowjetunion das Vorgehen verurteilten.[526] Der IGH drückte in seiner Befassung *„concern"* hinsichtlich des gescheiterten Versuchs der Vereinigten Staaten, eigene Staatsangehörige in Teheran aus einer Geiselnahme zu befreien, aus.[527] Aus dieser Äußerung kann aber deshalb keine tatsächliche Bewertung der Frage einer solchen Möglichkeit zum Eingreifen zum Schutz eigener Staatsangehöriger entnommen werden, weil der IGH seine mangelnde Jurisdiktionsgewalt betont hatte.[528]

Eine der Situation auf der Krim vergleichbare Argumentation hatte die Russische Föderation schon 2008 im Rahmen des Georgien-Krieges vorgebracht. Russland hatte sich für seine militärische Intervention auf die Notwendigkeit des Schutzes eigener Staatsangehöriger vor Gewalt durch die georgische Regierung berufen. Die Begründung der Intervention in Georgien ebenso wie auf der Krim mit dem Schutz eigener Staatsangehöriger überrascht gerade vor dem Hintergrund der ablehnenden Haltung der Sowjetunion zu anderen Beispielen der Anwendung der Doktrin in der Staatenpraxis. Die Notwendigkeit der Intervention zum Schutz eigener Staatsangehöriger aber wurde nicht als alleiniger Rechtfertigungsgrund angeführt, sondern ausdrücklich in den Kontext des Selbstverteidigungs-

---

524 *Corten*, S. 524; *Ruys*, JCSL 13/2 (2008), 233 (251 f.); s. auch: *Ronzitti*, JCSL 24/3 (2019), 431 (440).

525 *Ruys*, JCSL 13/2 (2008), 233 (245).

526 *Ronzitti*, JCSL 24/3 (2019), 431 (438).

527 IGH, Case Concerning United States Diplomatic and Consular Staff in Tehran (United States of America v. Iran), Judgment, 24.05.1980, ICJ Rep. 1980, 3 (43), para. 93: *„Nevertheless, in the circumstances of the present proceedings, the Court cannot fail to express its concern in regard to the United States' incursion into Iran."*.

528 *Bowett*, in: *Cassese*, Use of Force, S. 46; *Kreß*, in: Oxford HB, S. 594; *Ruys*, JCSL 13/2 (2008), 233 (248).

rechts gerückt.[529] Die von Russland betonte Bedrohung eigener Staatsangehöriger bezog sich in Georgien konkret auf die Einwohner der Regionen Abchasien bzw. Südossetien, in denen die Russische Föderation russische Ausweisdokumente verteilt hatte, um die russische Staatsangehörigkeit der Einwohner zu begründen.[530] Ein vergleichbares Vorgehen konnte auch auf der Krim beobachtet werden. Hierdurch entstand das zusätzliche Problem einer doppelten Staatsbürgerschaft der vermeintlich zu schützenden eigenen Staatsangehörigen.[531] Die Intervention der Russischen Föderation in Georgien hat massive Kritik in der Staatengemeinschaft erfahren, weil sie in jedem Fall weit über das notwendige Maß der Intervention zur Befreiung etwaiger eigener Staatsangehöriger hinausging.[532] Die von der Europäischen Union entsandte Untersuchungsmission sah in einem Angriff auf russische Staatsangehörige auf georgischem Territorium keinen bewaffneten Angriff im Sinne von Art. 51 UN-Charta und lehnte daher ein Selbstverteidigungsrecht Russlands in der Sache ab.[533]

dd. Zwischenfazit

In der Staatenpraxis zeigt sich ein divergierendes Bild. Während sich einige Staaten, darunter insbesondere Frankreich und Großbritannien, aber auch die Vereinigten Staaten, für eine Zulässigkeit des Eingreifens zum Schutz eigener Staatsangehöriger auf fremdem Territorium als Ausfluss des Selbstverteidigungsrechts ausgesprochen haben, lehnen andere Staaten, darunter insbesondere China und die frühere Sowjetunion, die Etablierung eines solchen Interventionstitels ab. In der Debatte um den Entwurf *Dugards* in der ILC haben sich nur zwei Vertreter für eine Anerkennung der

---

529 *„The scale of the attack against the servicemen of the Russian Federation deployed in the territory of Georgia on legitimate grounds, and against citizens of the Russian Federation, [...], demonstrates that we are dealing with the illegal use of military force against the Russian Federation. In those circumstances, the Russian side had no choice but to use its inherent right to self-defence enshrined in Article 51 of the Charter of the United Nations.",* Letter dated 11 August 2008 from the Permanent Representative of the Russian Federation to the United Nations addressed to the President of the Security Council, UN/S/2008/545; *Fortreau,* in: Oxford HB, S. 953; *Gray,* in: *Ruys/Corten,* S. 718; *Thomson,* WUGSLR 11/3 (2012), 627 (659).

530 S. zur Frage der *passportisation* sogleich unter: ee.

531 S. hierzu: *Green,* S. 66 ff.

532 *Green,* JUFIL 1/1(2014), 3 (3); *ders.,* S. 55, 69 f.; *Grimal/Melling,* JCSL 16/3 (2011), 541 (552).

533 IIFFMCG, Report, Vol. II, S. 288.

Konzeption ausgesprochen, auch in der Debatte der Generalversammlung blieb die Zustimmung verhalten. Eine ganze Reihe von Staaten hat sich einer inhaltlichen Stellungnahme zur Frage der grundsätzlichen Anerkennung eines solchen Interventionstitels enthalten. Auch in der Befassung der Staatengemeinschaft mit (vermeintlichen) Anwendungsfällen des Interventionstitels ist Zurückhaltung zu beobachten. Während einige Staaten klar Position bezogen, bewegte sich die Mehrheit der Reaktionen in einzelfallbezogenen Stellungnahmen. Wurde eine Intervention als völkerrechtswidrig verurteilt, so bezog sich diese Schlussfolgerung häufig auf die (Un-)Verhältnismäßigkeit der ergriffenen Mittel und die Umstände der Intervention, wie es etwa bei den Interventionen der Vereinigten Staaten in Panama und Grenada der Fall gewesen war. Diese sind von der Mehrheit der Staaten in der Generalversammlung als rechtsmissbräuchlich verurteilt worden. Diese Verurteilung aber bezog sich nicht eindeutig auf die Ablehnung eines solchen Interventionstitels dem Grunde nach, sondern auf dessen Umstände im konkreten Einzelfall. Gleichermaßen lässt sich aus der Praxis der Staaten aber sicher nicht auf eine einhellig zustimmende *opinio iuris* schließen.[534] Die von den Staaten bei einer Anerkennung des Interventionstitels befürchtete Gefahr der missbräuchlichen Anwendung hat sich in der Praxis realisiert, wie die Betrachtung der Staatenpraxis gezeigt hat. Sie spricht neben der uneinheitlichen Staatenpraxis gegen die Anerkennung des Interventionstitels als geltendes Völkergewohnheitsrecht.[535]

Der Missbrauchsgefahr könnte durch die strenge Einhaltung der Kriterien einer Selbstverteidigungshandlung im Einklang mit dem Völkerrecht begegnet werden. Unter den Befürwortern des Instituts besteht weit überwiegende Einigkeit darüber, dass ein Eingreifen zum Schutz eigener Staatsangehöriger im Ausland nur unter engen Voraussetzungen zulässig sein kann. Auch die Staatenpraxis deutet mit Blick auf die vorgebrachten differenzierten Begründungen der Staaten für ein Eingreifen im Einzelfall darauf hin, dass sie die Interventionsgrundlage jedenfalls an bestehende Interventionstitel wie das Selbstverteidigungsrecht angeknüpft haben. In Anlehnung an die von *Waldock* entwickelten Kriterien muss eine bedeutende Gefahr für Leib und Leben der betroffenen Staatsangehörigen zumindest unmittelbar bevorstehen, der Aufenthaltsstaat muss unwillens oder unfähig sein, ausreichenden Schutz zu gewährleisten und die folgende

---

534 *v. Arnauld*, Rn. 1134 f.; *Crawford*, S. 729; *Epping*, AöR 124/3 (1999), 423 (463); *Grimal/Melling*, JCSL 16/3 (2011), 541 (543); *Ruys*, JCSL 13/2 (2008), 233 (236).
535 *Brownlie*, S. 301; *Green*, S. 60; *Thomson*, WUGSLR 11/3 (2012), 627 (662).

Intervention muss sich auf Maßnahmen beschränken, die tatsächlich dem Schutz der Betroffenen dienen, darf also das zum Schutz der Betroffenen erforderliche Maß nicht überschreiten.[536] Vor dem Hintergrund der fortschreitenden Integration menschenrechtlicher Belange in das Völkerrecht könnte eine Etablierung eines beschränkten Interventionstitels auf der Grundlage des Selbstverteidigungsrechts bei Angriffen gegen eigene Staatsangehörige im Ausland unter strenger Einhaltung der Voraussetzungen der Verhältnismäßigkeit und der Subsidiarität eines Eingreifens des Mutterstaates auf fremdem Staatsgebiet mit Blick auf diese Entwicklungen in der Staatenpraxis Gegenstand sich fortentwickelnden Völkergewohnheitsrechts sein.[537]

ee. Anwendbarkeit im konkreten Fall

Selbst wenn man mit der Tendenz zu einer völkergewohnheitsrechtlichen Fortentwicklung des Interventionstitels eine Zulässigkeit der Intervention zum Schutz eigener Staatsangehöriger im Ausland als Ausfluss des Selbstverteidigungsrechts annähme, so lägen die Voraussetzungen dieses Titels im Fall der Ukraine nicht vor. Es müsste eine unmittelbare Gefahr für das Leben oder die körperliche Unversehrtheit der betroffenen Staatsbürger bestehen, die durch den Aufenthaltsstaat aufgrund dessen Unwillens oder dessen Unfähigkeit nicht beseitigt wurde und der folgende Eingriff des Mutterstaates müsste in seinem Ausmaß verhältnismäßig sein sowie Gewalt nur als *ultima ratio* beinhalten.

Die Begründung der Russischen Föderation trägt in dieser Hinsicht nicht. Die Lücken in der Argumentation beginnen schon mit der Staatsangehörigkeit der vermeintlich bedrohten Bürger. Zwar mögen in den Gebieten der Halbinsel Krim und in der Ostukraine zahlreiche Personen gelebt haben, die einen russischen Pass und damit die russische Staatsangehörigkeit innehatten. Dies ging aber insbesondere auf die russische Politik der massenhaften „Einbürgerung" von ukrainischen Staatsangehörigen durch die Verteilung russischer Ausweisdokumente in den Gebieten unter russischer Kontrolle zurück. Diese Politik hatte Russland schon mit Blick auf die abtrünnigen Regionen Abchasien und Südossetien in

---

536 *Dörr*, in: MPEPIL, Use of Force, Rn. 47; *Heintschel v. Heinegg*, in: *Ipsen*, VöR, § 56, Rn. 47; *Randelzhofer/Dörr*, in: UN Charter, Art. 2 (4), Rn. 61; *Ruys*, JCSL 13/2 (2008), 233 (234 f.); *Weller*, NLJ, 19.03.2014.

537 In diesem Sinne: *Herdegen*, VöR, § 34, Rn. 49.

Georgien betrieben und sie dann in der Ukraine fortgesetzt.[538] Zwar kann im Rahmen der umfassenden Souveränität jeder Staat grundsätzlich frei bestimmen, nach welchen Kriterien er Menschen seine Staatsangehörigkeit verleiht. Das aber begründet Konflikte, wenn die Betroffenen bereits Staatsangehörige eines anderen Staates sind, der keine doppelten Staatsbürgerschaften zulässt. Mag die verfassungsrechtliche Unzulässigkeit einer doppelten Staatsbürgerschaft auf völkerrechtlicher Ebene unbeachtlich sein, so kommt es selbst bei einer Zugrundelegung der doppelten Staatsbürgerschaft zu Schwierigkeiten in der Begründung eines Interventionstitels zum Schutz „eigener" Staatsangehöriger – jedenfalls wenn sich die Intervention gegen den „zweiten" Mutterstaat des zu schützenden Staatsangehörigen richtet.

Für den diplomatischen Schutz wurde im Jahr 2006 durch die ILC das Prinzip der „*predominant nationality*" kodifiziert, wonach einem Bürger mit doppelter Staatsangehörigkeit, der sich im Gebiet des Staates A aufhält, nur dann diplomatischer Schutz gewährt werden kann, wenn seine Staatsangehörigkeit zu Staat B „*predominant*" ist.[539] Zwar bezieht sich das Prinzip der „*predominant nationality*" grundsätzlich nur auf den diplomatischen Schutz, es könnte aber eine entsprechende Anwendung im Rahmen des Schutzes eigener Staatsangehöriger im Ausland vorzunehmen sein, um eine eindeutige Zuordnung des zum Schutz berechtigten aber auch verpflichteten Staates festzustellen.[540] Vergleichbar hatte der IGH im *Nottebohm*-Fall zur Voraussetzung der Geltendmachung der Staatsangehörigkeit auf die „*real and effective nationality*" abgestellt und das Bestehen einer hinreichenden Verbindung des Einzelnen zum jeweiligen Staat zur Voraussetzung der Staatsangehörigkeit gemacht.[541] In Bezug auf die russische Praxis der „*passportisation*" im Georgienkonflikt hatte die Untersuchungsmission das Erfordernis einer „*adequate factual connection between the applicant and the receiving country*" für die rechtmäßige Einbürgerung eines Menschen formuliert.[542] Für die Begründung einer solchen Verbin-

---

538 *Green*, S. 66.
539 ILC, Draft articles on Diplomatic Protection, Art. 7: „*Multiple nationality and claim against a State of nationality: A State of nationality may not exercise diplomatic protection in respect of a person against a State of which that person is also a national unless the nationality of the former State is predominant, both at the date of injury and at the date of the official presentation of the claim.*".
540 *Fortreau*, in: Oxford HB, S. 950.
541 IGH, Nottebohm Case (Liechtenstein v. Guatemala), Judgment, Second Phase, 06.04.1955, ICJ Rep. 1955, 4 (23).
542 IIFFMCG, Report, Vol. I, S. 18, para. 12.

dung reiche eine frühere Mitgliedschaft in der Sowjetunion nicht aus. Als Anknüpfungspunkte kämen etwa familiäre Verbindungen, langjähriger Aufenthalt in dem jeweiligen Staat oder langjähriger Staats- oder Militärdienst in Betracht. Darüber hinaus sei die Zustimmung des Heimatstaates erforderlich, die in Georgien nicht gegeben war. Die Verteilung russischer Ausweisdokumente ohne die Zustimmung der georgischen Regierung verstieß daher nach Auffassung der Untersuchungsmission gegen die Prinzipien freundlicher Nachbarschaft und stellte eine unzulässige Einmischung in die inneren Angelegenheiten Georgiens dar.[543]

Im Fall der Krim sowie der Ostukraine ließe sich eine wirtschaftlich-kulturelle Verbindung der Bevölkerung in den Gebieten zu Russland wohl begründen. Viele Einwohner sind russischsprachig oder haben eine ethnisch-kulturelle Bindung zu Russland. Die Gebiete aber stehen in einem massiven wirtschaftlichen Abhängigkeitsverhältnis zur Russischen Föderation und sind seit geraumer Zeit auch militärischem Druck durch die Stationierung russischer Soldaten vor Ort ausgesetzt. Im Rahmen der „Einbürgerung" der Bevölkerung in diesen Gebietsteilen ist darüber hinaus von der Ausübung massiven Drucks auf ukrainische Staatsangehörige, die sich der „Einbürgerung" widersetzen wollten, berichtet worden. Ukrainischen Staatsangehörigen sollen enge Fristen zum „Tausch" ihrer Ausweisdokumente gegen russische Dokumente aufgegeben worden sein und diese zur Voraussetzung des Zugangs zu öffentlichen bzw. staatlichen Einrichtungen und Leistungen gemacht worden sein.

Hinzu kommt, dass sich angesichts der folgenden Intervention und der „Wiedereingliederung" der Krim in die Russische Föderation der Eindruck einer rechtsmissbräuchlichen Einbürgerung aufdrängt, der als Anknüpfungspunkt für die folgende Intervention dienen sollte.[544] Die rechtsmissbräuchliche Einbürgerung ganzer Bevölkerungsgruppen vor dem Hintergrund, eine Basis für eine spätere Intervention in das jeweilige Gebiet zu schaffen, kann kein völkerrechtsgemäßer Modus des Staatsangehörigkeitserwerbs sein. Diese Art der Einbürgerung fremder Staatsangehöriger ohne die Zustimmung des Mutterstaates stellt einen Verstoß gegen das Interventionsverbot dar.

Zusätzlich scheitert die Begründung des Interventionstitels zum Schutz eigener Staatsangehöriger im Ausland am Bestehen einer entsprechenden

---

543 IIFFMCG, Report, Vol. I, S. 18, para. 12; Vol. II, S. 169–174.

544 *Green*, JUFIL 1/1 (2014), 3 (9); s. auch: *ders.*, S. 67, zur Verteilung von russischen Pässen in den Regionen Südossetien und Abchasien im Rahmen des Georgien-Konflikts; *Hassler/Quénivet*, in: The Use of Force against Ukraine, S. 99–102.

Gefahr für Leib oder Leben der Betroffenen. Eine Verletzung der Rechte der ethnisch russischen Bevölkerung wird zum Teil damit begründet, dass die Ukraine kurzzeitig einen Gesetzesentwurf entwickelt hatte, der die bisher bestehende Regelung, Russisch als Amtssprache auf der Krim zu verwenden, abgeschafft hätte. Dieser Gesetzesentwurf wurde jedoch letztlich nicht umgesetzt.[545] Auch für darüberhinausgehende Verletzungen der Menschenrechte, die sich gezielt gegen die ethnisch russische Bevölkerung gerichtet haben sollen und diese in ihrer körperlichen Unversehrtheit bedroht haben sollen, gibt es keinen Anhaltspunkt.[546] Die Situation der Bewohner hätte einen militärischen Einsatz zum „Schutz" dieser Staatsangehörigen daher nicht legitimieren können. Russland hätte zudem vor der gewaltsamen Intervention weitere Abhilfemöglichkeiten, etwa durch einen Einsatz der Vereinten Nationen, ausschöpfen müssen. Die gewaltsame Besetzung eines Gebiets geht in ihrem Ausmaß weit über das hinaus, was notwendig gewesen wäre, um die vermeintlich gefährdeten Bürger aus diesem Gebiet zu retten. Auch die Kriterien der *necessity* und *proportionality* einer zulässigen Selbstverteidigungshandlung hat Russland im Fall der Krim daher keineswegs erfüllt.[547] Selbst wenn man die grundsätzliche Anerkennung eines Interventionstitels auf der Grundlage des Schutzes eigener Staatsangehöriger im Ausland unterstellen wollte, lagen die Voraussetzungen einer zulässigen Intervention vor diesem Hintergrund nicht vor.[548]

b. Humanitäre Intervention

Mit Blick auf das Bestehen einer vermeintlichen Gefahr für die Einwohner der Krim könnte auch eine humanitäre Intervention als Rechtfertigung der Gewaltanwendung angeführt werden. Die humanitäre Intervention beschreibt das (auch gewaltsame) Eingreifen eines Staates zum Schutz von Personen auf fremdem Staatsgebiet.[549] Anders als beim Eingreifen zum Schutz eigener Staatsangehöriger im Ausland wird bei der humanitären Intervention nicht an die Staatsangehörigkeit der durch die Intervention zu schützenden Personen angeknüpft, sondern an das Bestehen einer Gefähr-

---

545 *Heintze*, HuV-I 27/3 (2014), 129 (134).
546 *Green*, JUFIL 1/1 (2014), 3 (8); *Wiseheart*, EJIL-Talk!, 04.03.2014.
547 *Green*, JUFIL 1/1 (2014), 3 (8 f.).
548 *Bilkova*, ZaöRV 75 (2015), 27 (47); *Grant*, S. 48 f.; *Green*, JUFIL 1/1 (2014), 2 (8 f.); *Marxsen*, ZaöRV 74 (2014), 367 (374); *Melikov*, S. 309.
549 *Randelzhofer/Dörr*, in: UN Charter, Art. 2 (4), Rn. 52; *Herdegen*, VöR, § 34, Rn. 52; *Lowe/Tzanakopoulos*, in: MPEPIL, Humanitarian Intervention, Rn. 3.

dungslage durch massive Menschenrechtsverletzungen als solche.[550] Hat der Sicherheitsrat einer solchen Intervention zugestimmt, so ist diese nach Kapitel VII UN-Charta legitimiert. Jenseits einer Ermächtigung durch den Sicherheitsrat bzw. einer wirksamen Zustimmung des intervenierten Staates ist das Bestehen eines „Rechts" zur Intervention zum Schutz von Personen auf fremdem Staatsgebiet mit fremder Staatsangehörigkeit dagegen zweifelhaft. Eine (gewaltsame) Intervention in einen fremden Staat verstößt dem Grunde nach gegen das Gewalt- und Interventionsverbot und verletzt die Souveränität des betroffenen Staates, selbst wenn sie dem Schutz der dortigen Staatsangehörigen dient.[551]

Zur Begründung der Zulässigkeit einer solchen Intervention werden die zunehmende Berücksichtigung menschenrechtlicher Belange auch im Völkerrecht sowie die Gefahr einer Handlungsunfähigkeit der Staatengemeinschaft im Falle einer Blockade des Sicherheitsrates angeführt.[552] Mit einem absoluten Verständnis des Gewalt- und Interventionsverbots sowie des Selbstverteidigungsrechts nach Art. 51 UN-Charta wäre die Staatengemeinschaft auch im Falle massiver Menschenrechtsverletzungen eines Staates gegenüber seinen eigenen Staatsangehörigen handlungsunfähig, sofern der Sicherheitsrat nicht zu einer Entscheidung nach Kapitel VII UN-Charta kommen könnte – etwa weil eine der Vetomächte einer Intervention entgegenträte. Unter dem Eindruck der stärkeren Ausrichtung des Völkerrechts auch auf Belange des Menschenrechtsschutzes ist dieses Ergebnis unbefriedigend. Nicht zuletzt die wiederholte Entscheidung des Sicherheitsrates, massive Verletzungen von Menschenrechten innerhalb eines Staates zur Begründung von Maßnahmen nach Kapitel VII UN-Charta heranzuziehen, haben den internationalen Menschenrechtsschutz zum Ansatzpunkt gewaltsamer Interventionen zum Schutz der innerstaatlich bedrohten Personengruppen gemacht.[553] Vor diesem Hintergrund hat sich die Diskussion um die Zulässigkeit eines (auch gewaltsamen) Eingreifens auf fremdem Staatsgebiet zum Schutz dort in Gefahr befindlicher Menschen, die nicht Staatsangehörige des intervenierenden Staates sind, jenseits einer Ermächtigung des Sicherheitsrates entfaltet. Das tatsächliche

---

550 *Bowett*, in: *Cassese*, Use of Force, S. 49; *Doehring*, Rn. 1008; *Randelzhofer/Dörr*, in: UN Charter, Art. 2 (4), Rn. 52.

551 *v. Arnauld*, Rn. 1136.

552 *Bowett*, in: *Cassese*, Use of Force, S. 50 f.; *Herdegen*, VöR, § 34, Rn. 54 f.; *Thürer*, AdV 38/1 (2000), 1 (7).

553 *v. Arnauld*, Rn. 1138; *Doehring*, Rn. 1010; *Lowe/Tzanakopoulos*, in: MPEPIL, Humanitarian Intervention, Rn. 7.

Bestehen eines derartigen Interventionstitels aus humanitären Gründen ist allerdings nach wie vor umstritten.[554]

aa. Dogmatische Herleitung

In der dogmatischen Herleitung der Zulässigkeit der humanitären Intervention sind vergleichbare Ansätze zu beobachten wie mit Blick auf die Begründung der Zulässigkeit des Eingreifens zum Schutz eigener Staatsangehöriger im Ausland. Da die humanitäre Intervention ebenso wie die Intervention zum Schutz eigener Staatsangehöriger im Ausland nicht kodifiziert ist, ist nur eine Anknüpfung an bestehende Ausnahmeregelungen vom Gewaltverbot – Art. 51 UN-Charta – oder eine direkte Anknüpfung an den Tatbestand des Gewaltverbots möglich. Hinzu kommt die Möglichkeit einer völkergewohnheitsrechtlich etablierten Ausnahme bzw. Rechtfertigungsmöglichkeit, die eine von einer entsprechenden Rechtsüberzeugung getragene Praxis der Staaten erfordern würde.

Für die humanitäre Intervention wird unter Bezug auf Art. 1 Nr. 3 UN-Charta, der den Schutz menschenrechtlicher Belange als zentrales Ziel der Vereinten Nationen definiert, eine Tatbestandsausnahme vom Gewaltverbot diskutiert. Eine völkerrechtswidrige Gewaltanwendung im Sinne von Art. 2 Nr. 4 UN-Charta läge nicht vor, wenn im Einklang mit dem in Art. 1 Nr. 3 UN-Charta formulierten Ziel des Menschenrechtsschutzes interveniert würde, weil diese im Einklang mit den Vorgaben der UN-Charta erfolge.[555]

Vergleichbar der Argumentation im Rahmen der Intervention zum Schutz eigener Staatsangehöriger im Ausland wird die humanitäre Intervention teils auch als Aspekt des Selbstverteidigungsrechts nach Art. 51 UN-Charta verstanden. Ein Verstoß gegen das Gewaltverbot, das eine Norm mit *erga omnes* Verpflichtung ist, würde unter diesem Verständnis als bewaffneter Angriff gegen die Staatengemeinschaft gewertet, der zur kollektiven Selbstverteidigung berechtigen könnte.[556]

Gegen die Tatbestandslösung spricht allerdings auch hier, dass der Zusatz *„against the territorial integrity or political independence of any state, or in any other manner inconsistent with the Purposes of the United Nations"* keine

---

554 s. nur: *Randelzhofer/Dörr*, in: UN Charter, Art. 2 (4), Rn. 52 mwNW.

555 S. etwa: *Ipsen*, FW 74/1–2 (1999), 19 (21). Weitere Nachweise bei *Randelzhofer/Dörr*, in: UN Charter, Art. 2 (4), Fn. 123 f.

556 In diesem Sinne etwa: *Doehring*, Rn. 1014 f.

qualifizierende Wirkung für die Gewaltanwendung im Sinne des Gewalt-verbots hat.[557] Das Gewaltverbot entfaltet umfassende Wirkung, unabhän-gig davon, mit welcher Zielrichtung die Gewaltanwendung erfolgt.

Eine Ausweitung des Selbstverteidigungsrechts nach Art. 51 UN-Charta begegnet den grundsätzlichen Bedenken, eine extensive Auslegung des Rechts könnte dieses aushöhlen und die Gefahr seiner missbräuchlichen Anwendung steigern.[558] Ein „bewaffneter Angriff" gegen den intervenie-renden Staat kann bei massiven Menschenrechtsverletzungen gegenüber Personen auf fremdem Territorium, die dem intervenierenden Staat nicht einmal durch ihre Staatsangehörigkeit verbunden sind, nicht begründet werden. Deswegen scheidet eine Anknüpfung der humanitären Interventi-on an das Selbstverteidigungsrecht nach Art. 51 UN-Charta aus.[559] Es blie-be die Möglichkeit einer völkergewohnheitsrechtlichen Begründung eines Interventionstitels aus humanitären Gründen. Hierfür ist die zugehörige Staatenpraxis entscheidend.

bb. Staatenpraxis

Zentrale Bedeutung für die Entstehung des völkerrechtlichen Rechtsinsti-tuts der humanitären Intervention hat der Fall des Kosovo.[560] Mit Blick auf massive Menschenrechtsverletzungen im Kosovo hatte eine Staatenko-alition der NATO 1999 nach dem Scheitern von Verhandlungsversuchen militärisch in den Konflikt eingegriffen.[561] In Ermangelung einer Ermäch-tigung durch den Sicherheitsrat, der wegen der Opposition der Sowjet-union und Chinas handlungsunfähig war, war der damalige Militäreinsatz grundsätzlich völkerrechtswidrig.[562] Der Generalsekretär der NATO hatte

---

557 *Lowe/Tzanakopoulos*, in: MPEPIL, Humanitarian Intervention, Rn. 13; *Randelz-hofer/Dörr*, in: UN Charter, Art. 2 (4), Rn. 37 f.

558 *v. Arnauld*, Rn. 1144 f.

559 *Bothe*, in: *Vitzthum/Proelß*, S. 780, Rn. 22; *Bowett*, in: *Cassese*, Use of Force, S. 49; *Lowe/Tzanakopoulos*, in: MPEPIL, Humanitarian Intervention, Rn. 23.

560 *v. Arnauld*, Rn. 1140; *Herdegen*, VöR, § 34, Rn. 55, 57. Daneben werden bspw. auch die Interventionen Indiens in Bangladesch 1971, der ECOWAS in Sierra Leone 1997, der Staatenkoalition im Irak von 1991–2003, sowie in Osttimor 1999 als Beispiele benannt, s. *Lowe/Tzanakopoulos*, in: MPEPIL, Humanitarian Intervention, Rn. 28 mit weiteren Beispielen.

561 Zum Hintergrund des Kosovo-Konflikts s. bereits oben: 2. Kapitel, A., II., e.

562 Die vom Sicherheitsrat verabschiedete Resolution UN/S/RES/1160, 31.03.1998, hatte die Situation im Kosovo zwar als eine Bedrohung des Friedens eingestuft, dabei aber festgehalten, dass weitere Maßnahmen erst ergriffen werden wür-

die Intervention mit der Beendigung der Gewaltanwendung und der Verhinderung einer humanitären Katastrophe begründet.[563] Die Intervention der NATO-Staaten wird daher als Anwendungsfall der humanitären Intervention in der Staatenpraxis diskutiert.[564]

Zwar hatten im Fall des Kosovo massive Verletzungen von Menschenrechten durch die gewaltsame Verfolgung, Vertreibung und systematische Ermordung der albanischen Bevölkerung im Kosovo vorgelegen, dennoch gab es maßgeblichen Widerstand gegen die Zulässigkeit des Eingreifens der NATO, insbesondere durch die Sowjetunion, China und Indien.[565] Zudem haben selbst diejenigen Staaten, die das Eingreifen der NATO im Kosovo unterstützt hatten, immer wieder auf den besonderen Ausnahmecharakter und die Präzedenzlosigkeit des Falles hingewiesen (*sui generis case*).[566] Die Begründung einer einen völkergewohnheitsrechtlichen Rechtfertigungstatbestand der humanitären Intervention tragenden Rechtsüberzeugung lässt sich aus dem Kosovo-Konflikt daher nicht herleiten.[567] Auch die übrige Staatenpraxis lässt bisher keine Anerkennung der humanitären Intervention als Rechtfertigungsgrund erkennen.[568] Kein Staat hat eine Intervention bis dato ausdrücklich und allein auf eine mögliche völkergewohnheitsrechtliche „Ausnahme" vom Gewaltverbot gestützt, die unter den Begriff einer „humanitären Intervention" gefasst werden könnte. Die Begründung der Interventionen erfolgte regelmäßig entweder unter Bezugnahme auf Stellungnahmen des Sicherheitsrates oder andere Begründungen wie etwa das Selbstverteidigungsrecht nach Art. 51 UN-Charta.[569] Die Gruppe der G77 hat noch im Jahr 2000 die humanitäre Interventi-

---

den, falls die Appelle der Resolution 1160, die unter anderem den Aufruf zu einer Beendigung der Kampfhandlungen beinhaltete, nicht erfüllt würden. Als Grundlage der NATO-Intervention genügte die Resolution 1160 vor diesem Hintergrund nicht., s. hierzu: *Simma*, EJIL 10/1 (1999), 1 (6 f.).

563 NATO, Press Statement by *Dr. Javier Solana*, Secretary General of NATO, Press Release, 23.03.1999, abrufbar unter: https://www.nato.int/cps/en/natolive/opini ons_27615.htm.

564 S. etwa: *Cassese*, EJIL 10/1 (1999), 23–30; *Ipsen*, FW 75/1–2 (1999), 19–23; *Thürer*, AdV 38/1 (2000), 1–22.

565 UN, Press Release SC/6659, 26.03.1999.

566 S.o. unter: 2. Kapitel, A., II., e.

567 *Bothe*, in: *Vitzthum/Proelß*, S. 781, Rn. 22; *Randelzhofer/Dörr*, in: UN Charter, Art. 2 (4), Rn. 55.

568 *v. Arnauld*, Rn. 1147; *Bothe*, in: *Vitzthum/Proelß*, S. 780 f., Rn. 22; *Dörr*, in: MPEPIL, Use of Force, Rn. 48; *Hillgruber*, in: *Kempen/Hillgruber/Grabenwarter*, § 39, Rn. 128; *Kunig*, in: MPEPIL, Intervention, Rn. 39.

569 *Lowe/Tzanakopoulos*, in: MPEPIL, Humanitarian Intervention, Rn. 29 ff.; *Randelzhofer/Dörr*, in: UN Charter, Art. 2 (4), Rn. 55.

on als Rechtfertigungsgrund ausdrücklich abgelehnt und die mangelnde Rechtsgrundlage dieses Instituts als Begründung hierfür angesehen.[570] Einer Anerkennung eines völkergewohnheitsrechtlich begründeten Rechts zur humanitären Intervention steht neben der inkonsistenten Staatenpraxis die absolute Geltung des Gewalt- und Interventionsverbots ebenso wie die bestehende Missbrauchsgefahr beim „Vorschieben" humanitärer Erwägungen als Begründung einer gewaltsamen Intervention entgegen.[571] Zwar befindet sich der Menschenrechtsschutz im Völkerrecht insofern auf dem Vormarsch, als dass dessen weitgehende Berücksichtigung auch in der modernen Völkerrechtsentwicklung schon zum Teil zu einer Veränderung der Auffassungen geführt hat, allerdings steht dem fortschreitenden Menschenrechtsschutz die Gefahr der Aushöhlung des Gewaltverbots durch die Entwicklung ungeschriebener Ausnahmen gegenüber. Diesem Missbrauchsrisiko wird entgegengehalten, dass insbesondere Fälle massiver Menschenrechtsverletzungen regelmäßig Gegenstand der Diskussion durch die Organe der Vereinten Nationen sind und so einer verobjektivierten Prüfung unterzogen werden.[572] Die Begründung einer Intervention aus humanitären Gründen im Rahmen einer Entscheidung durch den Sicherheitsrat nach Kapitel VII UN-Charta aber ist unproblematisch. Es ist gerade die sich hiervon unterscheidende Situation, in der eine Ermächtigung durch den Sicherheitsrat fehlt, die Gegenstand einer „völkergewohnheitsrechtlichen" Rechtfertigung über die humanitäre Intervention sein soll. Fehlt diese Ermächtigung, so fehlt der Intervention die Legitimierung durch den Sicherheitsrat. Hierin begründet sich die erhöhte Missbrauchsgefahr.[573] Zudem gilt es zu berücksichtigen, dass eine Ausnahme vom Gewaltverbot nur durch eine Regelung des zwingenden Völkerrechts begründet werden kann, sodass diese ohnehin schon höchst wackelige Konstruktion auch noch derart gefestigt sein müsste, dass sie den Charakter einer *ius cogens* Norm entfaltet. Die Begründung eines Rechts zur humanitären Intervention jenseits einer legitimierenden Sicherheitsratsresolution bzw. der Zustimmung des intervenierten Staates ist nach der *lex lata*

---

570 Declaration of South Summit by G77, 10.-14.04.2000, „*We reject the so-called "right" of humanitarian intervention, which has no legal basis in the United Nations Charter or in the general principles of international law.*", para. 54.

571 *Crawford*, S. 728 f.; *Dörr*, in: MPEPIL, Use of Force, Rn. 46; *Heintschel v. Heinegg*, in: *Ipsen*, VöR, § 56, Rn. 51; *Randelzhofer/Dörr*, in: UN Charter, Art. 2 (4), Rn. 54–57.

572 *Herdegen*, VöR, § 34, Rn. 57.

573 *Hillgruber*, in: *Kempen/Hillgruber/Grabenwarter*, § 39, Rn. 124.

abzulehnen. Ein solches Recht befindet sich allenfalls in einem Prozess völkergewohnheitsrechtlicher Entstehung.[574]

In eine ähnliche Richtung geht die Entwicklung der Institution einer *„responsibility to protect"*, die in Fällen von massiven Menschenrechtsverletzungen eine subsidiäre Pflicht des Sicherheitsrates zum Eingreifen zum Schutz der Betroffenen begründen will, wenn der Mutterstaat seiner Schutzverantwortung nicht nachkommt.[575] Die *„responsibility to protect"* gestaltet aber nicht etwa einen neuen Interventionstitel, sondern knüpft an die bestehende Praxis des Sicherheitsrates an, in Fällen, in denen der jeweilige Mutterstaat seiner Verpflichtung zum Schutz seiner eigenen Staatsangehörigen nicht nachkommt, Zwangsmaßnahmen nach Kapitel VII UN-Charta zu ergreifen.[576] Sie begründet kein Recht zur Intervention aus humanitären Gründen jenseits einer Ermächtigung durch den Sicherheitsrat.

cc. Zwischenfazit

Einigkeit besteht darüber, dass eine humanitäre Intervention – so man sie als Rechtfertigungsgrundlage für einen Gewaltverbotsverstoß anerkennt – ohnehin nur unter Einhaltung strengster Voraussetzungen möglich ist: Es muss eine schwere und systematische Verletzung elementarer Menschenrechte erkennbar sein, der Aufenthaltsstaat muss unfähig oder nicht willens sein, gegen diese vorzugehen, alle weiteren, insbesondere friedlichen Mittel, der Verletzung zu begegnen, müssen gescheitert sein. Schließlich müssen die ergriffenen Maßnahmen streng am Gebot der Verhältnismäßigkeit ausgerichtet sein, dürfen also das für den Schutz der Bedrohten erforderliche Maß nicht überschreiten.[577] Eine derartige Notlage der Bewohner auf der Krim bzw. in der Ostukraine lässt sich aus den Tatsa-

---

574 *Bothe*, in: *Vitzthum/Proelß*, S. 780 f., Rn. 22; *Bowett*, in: *Cassese*, Use of Force, S. 50; *Heintschel v. Heinegg*, in: *Ipsen*, VöR, § 56, Rn. 53; *Hillgruber*, in: *Kempen/Hillgruber/Grabenwarter*, § 39, Rn. 128; *Randelzhofer/Dörr*, in: UN Charter, Art. 2 (4), Rn. 57.

575 *v. Arnauld*, Rn. 1148; *Hillgruber*, in: *Kempen/Hillgruber/Grabenwarter*, § 36, Rn. 34; *Randelzhofer/Dörr*, in: UN Charter, Art. 2 (4), Rn. 56.

576 *Bothe*, in: *Vitzthum/Proelß*, S. 781 f., Rn. 22; *Hillgruber*, in: *Kempen/Hillgruber/Grabenwarter*, Rn. 36; *Randelzhofer/Dörr*, in: UN Charter, Art. 2 (4), Rn. 56.

577 *Cassese*, EJIL 10 (1999), 23 (27); *Heintschel v. Heinegg*, in: *Ipsen*, VöR, § 56, Rn. 53; *Herdegen*, VöR, § 34, Rn. 58; *Lowe/Tzanakopoulos*, in: MPEPIL, Humanitarian Intervention, Rn. 39; *Thürer*, AdV 38/1 (2000), 1 (8).

chenberichten jedoch nicht ableiten. In jedem Fall hat das gewaltsame Vereinnahmen eines Gebiets etwa durch die Besetzung von Regierungsgebäuden oder Militärstützpunkten das zur humanitären Unterstützung der vermeintlich gefährdeten Bevölkerung erforderliche Maß überschritten, sodass die Intervention auch den Maßstäben der Verhältnismäßigkeit nicht genügen könnte.

Hinzu kommt, dass das traditionelle Rechtsverständnis in der russischen bzw. sowjetischen Praxis eine Intervention aus „humanitären" Gründen nachdrücklich abgelehnt hatte. Dass hieraus ein *estoppel* für eine Berufung auf die humanitäre Intervention als Grundlage eines Eingreifens auf der Krim hergeleitet werden könnte, mag zu weit gehen – jedenfalls aber steht die Begründung eines Eingreifens auf der Krim neben dem Fehlen einer nachgewiesenen hinreichenden Gefährdungslage im Widerspruch zur bisher entgegenstehenden Rechtsüberzeugung Russlands.[578] Gerade der Fall des Kosovo wird im Rahmen des russischen Narrativs immer wieder als Beispiel der *double standards* des Westens und dessen eigener völkerrechtlicher Verfehlungen angeführt. Der Völkerrechtsbruch durch die Russische Föderation im Rahmen der Krim-Annexion kann daher nicht auf Grundlage des Interventionstitels der humanitären Intervention gerechtfertigt werden.[579]

C. Fazit

Schon 2014 hat Russland in der Ukraine zwingendes Völkerrecht gebrochen. Der Einsatz russischer Soldaten bei der Übernahme der Kontrolle über die Halbinsel Krim sowie im Rahmen der separatistischen Bestrebungen der Regionen in der Ostukraine hat das Gewalt- und Interventionsverbot verletzt und ist darüber hinaus als besonders schwere Gewaltanwendung, als Angriffshandlung im Sinne der Definition der Aggression, zu qualifizieren. Die Russische Föderation hat eine Vielzahl völkerrechtlicher Ausnahme- und Rechtfertigungsmechanismen benannt, keiner dieser Mechanismen aber trägt in der Praxis. Die von Russland in Bezug genommenen Einladungserklärungen *Aksjonows* bzw. *Janukowitschs* gehen nicht auf ein einladungsbefugtes Staatsoberhaupt zurück. Die Interventionstitel

---

578 *Green*, S. 56; *Oeter*, in: *Justenhoven*, S. 211 f.; *Weller*, NLJ, 19.03.2014; *Wiseheart*, EJIL-Talk!, 04.03.2014.

579 *Bilkova*, ZaöRV 75 (2015), 27 (47 f.); *Marxsen*, ZaöRV 74 (2014), 367 (374); *Wiseheart*, EJIL-Talk!, 04.03.2014.

der humanitären Intervention und der Intervention zum Schutz eigener Staatsangehöriger haben keine hinreichende Basis im Völkergewohnheitsrecht. Darüber hinaus hat keinerlei nachgewiesene Bedrohung russischer Staatsangehöriger oder einer sonstigen Bevölkerungsgruppe in den Gebieten der Krim oder der Ostukraine vorgelegen, die als „massive Bedrohung oder Verletzung von Menschenrechten" Grundlage einer Intervention sein könnte. Ohnehin ging die Anwendung von Gewalt zur Übernahme der effektiven Kontrolle über ganze Gebietsteile weit über das hinaus, was zum Schutz der Menschenrechte etwaig bedrohter Bevölkerungsgruppen notwendig gewesen wäre. Aus diesem Grund scheidet auch die – ihrerseits im Völkergewohnheitsrecht nicht hinreichend als Ausnahmetatbestand anerkannte – *remedial secession* als Rechtsgrundlage eines Abspaltungsrechts der Krim von der Ukraine aus. Ein Abspaltungsrecht vom Mutterstaat ist selbst unter der weitestgehenden Auslegung des geltenden Völkergewohnheitsrechts nur als *ultima ratio* und bei einer massiven Bedrohung der Menschenrechte eines Volkes im Sinne des Selbstbestimmungsrechts möglich. Eine solche Bedrohung ist nicht nachgewiesen. Der Gebietsübergang ebenso wie die Durchführung des Referendums erfolgten ohne Zustimmung der Ukraine und unter Anwendung völkerrechtswidriger Gewalt, es handelte sich um eine Annexion. Auch der Versuch der Russischen Föderation, das eigene Handeln durch den Verweis auf die völkerrechtlichen „Verfehlungen" des Westens zu rechtfertigen, lässt keine abweichende Bewertung zu. Zwar ist der Argumentation zuzugeben, dass auch der politische Westen insbesondere durch sein Vorgehen im Fall Kosovo gegen das Völkerrecht verstoßen und einen Präzedenzfall geschaffen hat, in dem die Grenzlinien des völkerrechtlich Zulässigen bis aufs Äußerste überdehnt worden sind. Der Versuch einer Argumentation *„tu quoque"* aber kann nie eigenes Fehlverhalten rechtfertigen. Gleiches gilt für den Versuch einer historischen Begründung der völkerrechtswidrigen Aneignung fremden Territoriums. Russland hat in der Ukraine schon 2014 zwingendes Völkerrecht verletzt. Die Aufarbeitung dieser Völkerrechtsverstöße ist Gegenstand des zweiten Teils dieser Arbeit, der sich an eine kurze Betrachtung der völkerrechtlichen Einordnung der russischen Invasion im Vergleich zu den Ereignissen 2014 anschließt.

5. Kapitel: Exkurs – Völkerrechtswidrigkeit der russischen Invasion 2022

Die russische Invasion in die Ukraine 2022 stellt ihrerseits einen eklatanten Verstoß gegen das Völkerrecht dar. Betroffen sind neben Aspekten des Friedenssicherungsrechts (*ius ad bellum*) auch Aspekte des Konfliktvölkerrechts (*ius in bello*). Im russischen Vorgehen zeigen sich sowohl Parallelen zu den Geschehnissen 2014, als auch neue Dimensionen der Missachtung des Völkerrechts.

A. *Ius ad bellum*

Der russische Einmarsch in die Ukraine im Februar 2022 und der damit einhergehende Versuch, das gesamte ukrainische Territorium durch Anwendung massiver militärischer Gewalt unter russische Kontrolle zu bringen, hat eine erneute schwerwiegende Verletzung des Gewaltverbots begründet. Die militärische Invasion stellt eine Angriffshandlung jedenfalls nach Art. 3 lit. a), b) und d) der Resolution 3314 der Generalversammlung dar. In der bewaffneten offenen Invasion eines Gebiets und damit dem Beginn eines Angriffskrieges gegen einen anderen Staat liegt die schwerwiegendste Form der Gewaltanwendung. Sie qualifiziert sich als bewaffneter Angriff, der nach Art. 51 UN-Charta das Recht zur individuellen, aber auch kollektiven Selbstverteidigung begründet. Zur Verhinderung dieses staatlichen Verhaltens ist das Gewaltverbot 1945 in der UN-Charta geschaffen worden. Die Invasion hat nicht nur die Prinzipien des Gewalt- und Interventionsverbots verletzt, sondern die internationale Friedensordnung nachhaltig erschüttert.

Schon das Zusammenziehen einer großen Zahl russischer Streitkräfte an den Grenzen der Ukraine im Vorlauf der Invasion wird als konkludente Drohung mit der Anwendung militärischer Waffengewalt verstanden werden müssen. Vor dem Hintergrund der im russischen Narrativ genährten „Gefahr" durch das Heranrücken der NATO und der Forderung von „Sicherheitsgarantien" wurden die Absichten der Russischen Föderation deutlich und die Drohung, im Falle der Nichterfüllung dieser Forderungen könne auch Gewalt zu ihrer Durchsetzung erfolgen, substantiiert.

Anders als im Jahr 2014 ist die Zurechenbarkeit der Handlungen der Streitkräfte im Jahr 2022 nicht im Ansatz fraglich. *Putin* hatte die „militärische Spezialoperation" eigens angekündigt und es sind keinerlei Versuche unternommen worden, die russische Beteiligung zu verschleiern oder zu verdecken, wie dies noch zu Beginn der Krise der Fall gewesen war. Auch die Gewaltanwendung hat eine neue Intensität erreicht: Während im Rahmen der Annexion der Krim der tatsächliche Einsatz militärischer Gewalt nicht die Intensität einer weiträumigen Bombardierung und rücksichtslosen Zerstörung der Gebiete erreicht hat – *Putin* damals noch den Vorwurf einer Aggression damit zurückgewiesen hatte, es sei nicht ein einziger Schuss abgegeben worden – so hat die Invasion 2022 zweifellos *„scale and effect"* eines bewaffneten Angriffs im Sinne von Art. 51 UN-Charta.

Wiederholt hat sich dagegen der Versuch einer historisch-kulturellen sowie „völkerrechtlichen" Begründung des Gewalteinsatzes gegenüber der Ukraine. Der russische Ansatz, der Ukraine die eigene Staatlichkeit abzusprechen und unter dem Vorwand des vermeintlichen „Schutzes" bedrohter Personen in der Ukraine militärisch einzugreifen, ist auch im Jahr 2022 wieder verfolgt worden. In der russischen Argumentation erfordert der „Genozid" der ukrainischen Regierung gegen die Bevölkerung die „Entnazifizierung und Entmilitarisierung" des Landes. Ausdrücklich bezieht *Putin* sich in seiner Rede vom 24.02.2022, dem Tag des Beginns der Invasion, auf die bereits seit acht Jahren andauernde Verfolgung, Unterdrückung und gar als Völkermord bezeichnete vermeintliche Praxis der ukrainischen Regierung gegenüber Zivilisten, darunter russischen Bürgern. Zudem beruft sich Russland nach der Anerkennung der „Volksrepubliken" Donezk und Luhansk als unabhängig auf deren Hilfeersuchen. Es zeigen sich deutliche Parallelen in den Rechtfertigungsstrukturen der Interventionen in den Jahren 2014 und 2022. Angeführt wird eine „Bitte um Hilfe" der Volksrepubliken ebenso wie die Gefährdung und Verfolgung russischer Staatsangehöriger in der Ukraine, aber auch dort lebender anderer Zivilisten. Darüber hinaus hat sich *Putin* im Gegensatz zum gewaltsamen Eingreifen auf der Krim und in der Ostukraine im Jahr 2014 bei der Begründung der „Spezialoperation" auf das Selbstverteidigungsrecht berufen. Unter ausdrücklicher Bezugnahme auf Art. 51 UN-Charta habe *Putin* entschieden, die Spezialoperation zu beginnen, um die „blutigen Verbrechen gegen Zivilisten" in der Ukraine, auch gegen russische Staatsbürger, zu beenden.[580]

---

580 *„They did not leave us any other option for defending Russia and our people, other than the one we are forced to use today. [...] The people's republics of Donbass have*

Während im Zusammenhang mit der Annexion der Krim noch der Versuch unternommen wurde, die Beteiligung Russlands durch eine „schleichende" Einwirkung der russischen Streitkräfte zu verschleiern und im Rahmen der Durchführung der Referenden auf der Krim sowie in der Ostukraine den Anschein eines demokratischen Prozesses der Äußerung des Volkswillens zu erwecken, hat der Genozidvorwurf des Jahres 2022 nicht den Funken eines faktischen Anknüpfungspunktes. Es handelt sich um eine Pervertierung völkerrechtlicher Rechtfertigungsinstrumente, die als vermeintliche Begründung eines eklatanten Verstoßes gegen das Völkerrecht herangezogen werden. Die Beteuerung, es bestehe keine Intention, ukrainisches Territorium zu okkupieren oder die Interessen der Ukraine anzutasten, ist eine Farce. Russland ist mit dem offenen Anspruch einer Besetzung und Vereinnahmung des gesamten ukrainischen Territoriums in die Ukraine einmarschiert.

B. Ius in bello

Das Ausmaß der vollumfänglichen bewaffneten Invasion der Ukraine erweitert die völkerrechtliche Betrachtung des Konflikts darüber hinaus maßgeblich um Aspekte des humanitären Völkerrechts, die nunmehr umso größere Relevanz entfalten. Das humanitäre Völkerrecht schafft grundlegende rechtliche Mindeststandards zur Minderung des von einem internationalen bewaffneten Konflikt ausgehenden Leids. Erfasst sind von den Regelungen sowohl die unmittelbar an dem Konflikt beteiligten Staaten und Individuen, insbesondere die Angehörigen der Streitkräfte, sog. Kombattanten, als auch Dritte, nicht unmittelbar beteiligte Staaten und ihre Staatsangehörigen.[581] Abgrenzungsschwierigkeiten bei der Frage der Schutzwirkung des humanitären Völkerrechts können sich vor dem Hin-

---

asked Russia for help. In this context, in accordance with Art. 51 (Chapter VII) of the UN Charter, with permission of Russia's Federation Council, and in execution of the treaties of friendship and mutual assistance with the Donetsk People's Republic and the Lugansk People's Republic, […], I made a decision to carry out a special military operation. The purpose of this operation is to protect people who, for eight years now, have been facing humiliation and genocide perpetrated by the Kiev regime. To this end, we will seek to demilitarise and denazify Ukraine, as well as bring to trial those who perpetrated numerous bloody crimes against civilians, including against citizens of the Russian Federation." Address by the President of the Russian Federation, 24.02.2022.

581 *Heintschel v. Heinegg,* in: *Ipsen,* VöR, § 60, Rn. 2; *Hobe,* S. 464.

tergrund der umfassenden Bewaffnung von Mitgliedern der Zivilbevölkerung in der Ukraine ergeben.[582] Die Ursprünge des heutigen humanitären Völkerrechts liegen in den im Haager Recht verankerten Regelungen zum Kriegsführungsrecht sowie den Regelungen der Genfer Konventionen zum Schutz der Opfer des Krieges.[583] Das Haager Recht setzt sich aus insgesamt 14 Abkommen zusammen, die vorrangig das Kriegsführungsrecht, also etwa Mittel der Kriegsführung betreffen. Herausragende Relevanz hat das IV. Haager Abkommen, die Haager Landkriegsordnung aus dem Jahr 1907. Das Genfer Recht betrifft dagegen vorrangig den Schutz Verwundeter, Kriegsgefangener und Zivilpersonen. Es umfasst heute vier Abkommen (1949) und ist durch drei Zusatzprotokolle (1977) ergänzt worden. Grundprinzipien des humanitären Völkerrechts, die neben ihrer Kodifikation im 1. Zusatzprotokoll Teil des geltenden Völkergewohnheitsrechts sind, sind der umfassende Schutz der Zivilbevölkerung durch die strenge Unterscheidung zwischen der Zivilbevölkerung und den Kombattanten, Art. 48 1. ZP, sowie die Prinzipien der Vermeidung unnötigen Leidens und der militärischen Notwendigkeit eines Angriffs, Art. 35, 57 1. ZP.[584] Besonders schwere Verstöße gegen die Regeln des humanitären Völkerrechts sind im Völkerstrafrecht in den vier Kerntatbeständen der Aggression, des Völkermordes, der Verbrechen gegen die Menschlichkeit sowie der Kriegsverbrechen (Art. 5–8*bis* IStGH-Statut) kriminalisiert. Die von der OSZE im Rahmen des Moskauer Mechanismus'[585] entsandte Untersuchungsmission stellte in ihrem Bericht über Ereignisse im Territorium der Ukraine zwischen dem 24.02.2022 und dem 01.04.2022 „*clear patterns of such violations (International Humanitarian Law and war crimes) by the Rus-*

---

582 Die OSZE-Untersuchungsmission hat den Aufruf der ukrainischen Regierung an die Bevölkerung, sich auf die russische Invasion durch Bewaffnung und die Vorbereitung von Molotowcocktails als Verstoß gegen das humanitäre Völkerrecht gewertet., OSZE, Report on Violations of International Humanitarian and Human Rights Law, War Crimes and Crimes against Humanity committed in Ukraine since 24 February 2022, S. 34 f.; S. zur Frage der bewaffneten Zivilisten: *Crawford*, EJIL-Talk!, 01.03.2022.

583 *Bothe*, in: *Vitzthum/Proelß*, S. 816, Rn. 56; *Heintschel v. Heinegg*, in: *Ipsen*, VöR, § 60, Rn. 6–30; *Hobe*, S. 468 f.

584 S. hierzu: *Hobe*, S. 481 ff.

585 Unter dem sogenannten Moskauer Mechanismus können die Teilnehmerstaaten der OSZE *ad hoc* Expertenkommissionen zur Untersuchung konkreter Menschenrechtsfragen auf dem Gebiet eines OSZE-Teilnehmerstaates einsetzen. Der Mechanismus ist Teil des sogenannten *Human Dimension Mechanism* der OSZE. Hierzu noch: 9. Kapitel, B., III.

sian forces" fest.[586] Dazu gehörten neben der Misshandlung von Kriegsgefangenen Verstöße gegen das Unterscheidungsprinzip, den Grundsatz der *proportionality*, die Anwendung verbotener Kriegsführungsmittel wie das Abschneiden der Versorgung mit Ernährung, Trinkwasser und Bewässerung sowie gezielte Angriffe gegen die Zivilbevölkerung und besonders geschützte zivile Ziele, die als Verbrechen gegen die Menschlichkeit im Sinne von Art. 7 IStGH-Statut und zum Teil auch als Kriegsverbrechen nach Art. 8 IStGH-Statut qualifiziert werden konnten.[587] Vor dem Hintergrund der grausamen Geschehnisse in Städten wie Mariupol und Butscha sowie der wiederholten Äußerungen von russischer Seite, die der Ukraine das Identitäts- und Existenzrecht absprechen, wird zudem das Vorliegen eines Völkermordes in der Ukraine diskutiert.[588] Als Völkermord werden nach Art. 6 IStGH-Statut Handlungen definiert, die in der Absicht erfolgen, eine nationale, ethnische, rassische oder religiöse Gruppe als solche ganz oder teilweise zu zerstören. Art. 6 lit. a)-e) IStGH-Statut beinhalten taugliche Tathandlungen, darunter die Tötung von Mitgliedern der Gruppe oder die Verursachung schweren körperlichen oder seelischen Schadens der Gruppe. Entscheidend aber ist die Absicht des Täters, die Gruppe als solche auszulöschen.[589] Im Fall der Ukraine hat es gezielte Tötungshandlungen ebenso wie Misshandlungen von Zivilisten gegeben, die in ihrem Ausmaß und ihrer Intensität an Massentötungen und die Vernichtung der Zivilbevölkerung heranreichen. Die vom Tatbestand geschützte Gruppe wäre in diesem Fall eine nationale Gruppe, die ukrainische Zivilbevölkerung. Die einzelnen Tathandlungen, d.h. etwa die einzelne Tötung, muss dem Täter als Schritt zur Verwirklichung seines Ziels, der teilweisen oder vollständigen Vernichtung der Gruppe dienen.[590] Problematisch ist die Begründung und der Nachweis des subjektiven Elements der Tat, also der Absicht Russlands, die ukrainische Bevölkerung als solche zerstören zu wollen. In diese

---

586 OSZE, Report on Violations of International Humanitarian and Human Rights Law, War Crimes and Crimes against Humanity committed in Ukraine since 24 February 2022, S. 48.

587 S. umfassend: OSZE, Report on Violations of International Humanitarian and Human Rights Law, War Crimes and Crimes against Humanity committed in Ukraine since 24 February 2022, S. 9–48; sowie die Hinweise auf die Verbrechen in Butscha, die zwar erst nach Abschluss der Untersuchungsmission eingegangen waren, von der Kommission aber für den Fall ihrer Bestätigung als *„egregious violations of IHL and war crimes"* bezeichnet wurden, S. 28.

588 *Luchterhandt*, OE 72/1–3 (2022), 65–85.

589 *Frau*, in: *Ipsen*, VöR, § 36, Rn. 30; *Satzger*, § 15, Rn. 15; *Werle/Jeßberger*, Rn. 924.

590 *Werle/Jeßberger*, Rn. 925.

Richtung deutet ein Dokument der staatlichen Nachrichtenagentur *Ria Nowosti*, das den Titel: „Was Russland mit der Ukraine tun muss" trägt. In dem Dokument wird neben der Entnazifizierung auch die „Entukraini-sierung" der Ukraine als Ziel der Spezialoperation benannt.[591] Gleichwohl stellt der Nachweis dieses subjektiven Elements eine erhebliche Hürde für die völkerstrafrechtliche Verfolgung dar.[592] Der Angriffskrieg verwirklicht darüber hinaus das Verbrechen der Aggression. Hier besteht aber mit der Beschränkung der Verfolgung des Aggressionsverbrechens auf Staatsangehörige von Vertragsstaaten in Art. 15*bis* V des IStGH-Statuts eine Zuständigkeitshürde, die im Fall des Nichtvertragsstaats Russland nicht überwunden werden kann.[593]

C. Fazit

Der russische Einmarsch in die Ukraine stellt eine Potenzierung der Völkerrechtsverletzungen von 2014 dar. Zwar hat die russische Intervention in die Ukraine schon im Jahr 2014 das Gewalt- und Aggressionsverbot verletzt, dabei aber noch nicht die gleiche Intensität erreicht, wie der umfassende Angriff auf die Ukraine aus dem Jahr 2022. Das Ausmaß und die Mittel der Gewaltanwendung sind im Verhältnis zu 2014 erheblich gesteigert. Russland nimmt Bombardements mit erheblicher Waffengewalt und gezielte Angriffe auf die Zivilbevölkerung vor. Das erklärte Ziel der Invasion ist anders als noch im Jahr 2014 die Übernahme militärischer Kontrolle über die gesamte Ukraine. Die Herleitung der vermeintlichen völkerrechtlichen Begründung der Invasion steht in einer kontinuierlichen Entwicklungslinie des Narrativs einer russischen „Schutzmacht" für die ukrainische Bevölkerung. Parallelen bestehen in der Begründung der Gewaltanwendung sowohl zum russischen Vorgehen auf der Krim und in der Ostukraine im Jahr 2014, als auch schon zum Georgien-Konflikt 2008, in dem ebenfalls der Genozidvorwurf erhoben worden war. Es zeigt sich in einer vergleichenden Betrachtung, dass *Putin* und die Russische Föderation noch weiter von den Grundpfeilern der völkerrechtlichen Friedensordnung abgerückt sind. Beweist der Angriffskrieg des Jahres 2022 die vollständige Machtlosigkeit des Völkerrechts im Angesicht militärischer und atomarer Großmächte wie der Russischen Föderation, die nach einer

---

591 FAZ, Entukrainisierung der Ukraine, Nr. 80, 05.04.2022, S. 8.
592 *Frau*, in: *Ipsen*, VöR, § 36, Rn. 31; *Satzger*, § 15, Rn. 17; *Werle/Jeßberger*, Rn. 936.
593 S. zu Möglichkeiten der völkerstrafrechtlichen Verfolgung: 8. Kapitel, E.

territorialen Erweiterung ihres Einflussbereichs streben? Welche Aufarbeitungsmechanismen sind nach der Verletzung des Völkerrechts durch Russland in der frühen Phase des Konflikts seit 2014 zum Einsatz gekommen? Welche Defizite und Chancen hat das Völkerrecht in der Aufarbeitung russischer Völkerrechtsverstöße in der Ukraine gezeigt? Gegenstand des folgenden zweiten Teils ist die umfassende Untersuchung der Aufarbeitungsansätze der frühen Phase des Ukraine-Konflikts, insbesondere mit Blick auf die Annexion der Krim.

Teil 2: Aufarbeitung des Konflikts

Die völkerrechtliche Analyse der russischen Handlungen im frühen Stadium des Ukraine-Konflikts lässt ein eindeutiges Ergebnis erkennen: Russland hat auf der Krim und in der Ostukraine schon 2014 gegen zwingendes Völkerrecht verstoßen. In der internationalen Gemeinschaft wird nach wie vor betont, Russland habe mit der Annexion der Krim einen schwerwiegenden Verstoß gegen das Völkerrecht begangen. In der Praxis aber befindet sich das Gebiet der Halbinsel ebenso wie die beiden „Volksrepubliken" in der Ostukraine seit 2014 unter russischer Kontrolle. Dass sich dieser Zustand trotz der weit überwiegenden Verurteilung der Annexion in der Weltöffentlichkeit manifestiert hat, begründet sich nicht zuletzt durch die besondere Machtposition der Russischen Föderation als Vetomacht im Sicherheitsrat. Ebenso wenig wie die Ukraine selbst aber kann die Staatengemeinschaft einen Zustand, der auf einem eklatanten Verstoß gegen zwingendes Völkerrecht beruht, als *fait accompli* akzeptieren oder gar darüberhinausgehende Aggressionshandlungen dulden. Dass Russland die andauernde Verletzung des Völkerrechts einstellen würde, zeichnet sich nicht ab, im Gegenteil mündete die Auseinandersetzung im Jahr 2022 in einen vollumfänglichen bewaffneten Konflikt. Lässt sich die Invasion der Ukraine als Ausdruck oder Resultat der Reaktion auf die Krim-Krise 2014 verstehen? Vor dem Hintergrund dieser Frage betrachtet der folgende zweite Abschnitt die Aufarbeitung der Krim-Annexion im Völkerrecht. Welche Möglichkeiten hat der unmittelbar betroffene Staat – in diesem Fall die Ukraine – zur Geltendmachung einer solchen Völkerrechtsverletzung? Wie ist die internationale Gemeinschaft den Verstößen gegen das Völkerrecht begegnet, welcher Aufarbeitungsmechanismen hat sie sich bedient? Ziel der Untersuchung ist dabei ein Fazit zu Defiziten und Chancen der Friedensordnung des Völkerrechts und ihrer Rechtsdurchsetzungsmechanismen. Welche Lehren ergeben sich aus den Ansätzen der Aufarbeitung der Krim-Annexion?

Im Anschluss an einen kurzen Überblick über die unmittelbaren Rechtsfolgen der festgestellten Völkerrechtsverstöße Russlands sowie mögliche Reaktionsmechanismen (6. Kapitel) bildet eine umfassende Analyse der Aufarbeitung der Völkerrechtsverstöße Russlands seit 2014 den Kern des zweiten Teils. Der Schwerpunkt der Betrachtung liegt auf der Geltendmachung der Annexion. Die bisherigen Ergebnisse der Konfliktaufarbeitung werden im Lichte ihrer Bedeutung für die Reaktion auf territoriale Konflikte in der bestehenden Rechtswirklichkeit der internationalen Gemeinschaft untersucht. Dabei wird der Blick sowohl auf gerichtliche (7. und 8. Kapitel) als auch auf außergerichtliche Mechanismen gerichtet (9. Kapitel).

6. Kapitel: Rechtsfolgen und Reaktionsmöglichkeiten

Die Verletzung des Gewalt- und Interventionsverbots auf der Krim und in der Ostukraine löst als völkerrechtswidriges Handeln die völkerrechtliche Verantwortlichkeit der Russischen Föderation aus, vgl. Art. 1, 2 ASR. Liegt ein Völkerrechtsverstoß vor, so ist der Verletzerstaat neben der fortdauernden Pflicht zur Erfüllung der Primärverpflichtung zur vollständigen Wiedergutmachung der Verletzung verpflichtet, indem er entweder den *status quo ante* wiederherstellt und so den völkerrechtswidrigen Zustand umgehend beseitigt oder Schadensersatz leistet, s. Art. 28–31 ASR. Zusätzlich kommen auch Maßnahmen der Genugtuung, also immaterieller Wiedergutmachung, in Betracht.[594] Die Geltendmachung dieses Primäranspruchs obliegt der Ukraine.

Zur Durchsetzung des Primäranspruchs kann sie die internationale Gerichtsbarkeit bemühen. Die justizielle Aufarbeitung des Konflikts im bilateralen Verhältnis durch die Befassung internationaler Spruchkörper ist der erste zentrale Weg zur Geltendmachung eines Völkerrechtsverstoßes. Wegen des Grundprinzips der staatlichen Souveränität sowie des Grundsatzes der Staatengleichheit können etwaige Urteile internationaler Spruchkörper nicht durch eine zentralisierte Vollstreckungsinstanz durchgesetzt werden. Dennoch eröffnet die völkerrechtliche Gerichtsbarkeit eine Vielzahl verschiedener Rechtsschutzmöglichkeiten zur Aufarbeitung eines Völkerrechtsverstoßes im bilateralen Verhältnis. Die Ukraine hat diese Rechtsschutzmöglichkeiten bereits in Reaktion auf die Krim-Annexion und die Destabilisierung der Ostukraine in kreativer Weise genutzt. Zahlreiche internationale Spruchkörper sind mit verschiedenen Aspekten des Konflikts befasst.[595]

Aufgrund des bestehenden Vollstreckungsdefizits ist neben der justiziellen Aufarbeitung die Geltendmachung von Völkerrechtsverstößen und die Reaktion hierauf im unmittelbar zwischenstaatlichen Verhältnis ohne

---

594 StIGH, Case concerning the Factory at Chorzów (Germany v. Poland), Judgment, Merits, 13.09.1928, PCIJ Series A., No. 17 (1928), S. 29: „*la Cour constate que c'est un principe du droit international, voire une conception générale du droit, que toute violation d'un engagement comporte l'obligation de réparer.*"; *Dörr*, in: Ipsen, VöR, § 30, Rn. 80 ff.

595 S. hierzu unten: 7. Kapitel und 8. Kapitel.

Heranziehung eines Spruchkörpers von besonderer Relevanz. Im Wege der dezentralen Durchsetzung des Völkerrechts unternehmen Staaten so den Versuch, Druck auf den Völkerrechtsverletzer auszuüben, um ihn zur Erfüllung der völkerrechtlichen Verhaltenspflicht anzuhalten. Im Falle einer Völkerrechtsverletzung können Staaten im Verhältnis zu dem völkerrechtsbrüchigen Staat ihrerseits völkerrechtliche Verpflichtungen suspendieren. Derartige Maßnahmen werden als völkerrechtliche Gegenmaßnahmen (*countermeasures*) bezeichnet, s. Art. 22, 49 ff. ASR. Die Rechtswidrigkeit einer an sich völkerrechtswidrigen Handlung eines Staates gegenüber einem anderen Staat ist nach Art. 22 ASR ausgeschlossen, wenn und soweit diese Handlung eine Gegenmaßnahme gegen den letztgenannten Staat darstellt, also in Reaktion auf einen Völkerrechtsbruch ergriffen wird. Grundsätzlich bezieht sich diese Regelung auf das unmittelbare Verhältnis zwischen dem völkerrechtsbrüchigen Staat und dem unmittelbar benachteiligten Staat. Im Falle besonders schwerwiegender Verletzungen ist aber auch die Zulässigkeit von Gegenmaßnahmen durch Staaten außerhalb dieses unmittelbar bilateralen Verhältnisses Gegenstand der Diskussion.[596]

Besondere Rechtsfolgen für den Fall einer schwerwiegenden Verletzung zwingenden Völkerrechts kodifiziert Art. 40 ASR. *„Serious breach"* im Sinne der Vorschrift ist eine grobe oder systematische Verletzung einer zwingenden Norm des Völkerrechts.[597] Faktoren, die die besondere Schwere des Völkerrechtsbruchs indizieren, sind etwa die Absicht des handelnden Staates, eine Norm des Völkerrechts zu verletzen, Umfang und Anzahl einzelner Verstöße sowie die Schwere der Folgen der Völkerrechtsverstöße für ihre Opfer. Zudem gelten Verstöße gegen das Aggressionsverbot schon ihrer Natur nach als *„serious breach(es)"*.[598] Die Annexion der Krim als schwerwiegende Form des Gewaltverbotsverstoßes und Aggressionshandlung ist als *„serious breach"* im Sinne von Art. 40 ASR einzuordnen. Gleiches gilt für die Invasion der Ukraine im Jahr 2022, die als Angriffskrieg einen der schwersten denkbaren Verstöße gegen das Völkerrecht bedeutet.

Nach Art. 41 I ASR sind im Falle einer schwerwiegenden Verletzung von *ius cogens* alle Staaten dazu verpflichtet, zusammenzuwirken, um den völkerrechtswidrigen Zustand zu beenden. Die Pflicht zur Kooperation gilt unabhängig von der individuellen Betroffenheit durch den Völker-

---

596 S. hierzu unten: 9. Kapitel, C., V., 4.
597 *„A breach of such an obligation is serious if it involves a gross or systematic failure by the responsible State to fulfil the obligation."*, Art. 40 II ASR.
598 ILC, Yearbook 2001, Vol. I, Part 2, S. 113, para. 8.

rechtsverstoß.[599] Der konkrete Inhalt der Kooperationspflicht wird von Art. 41 ASR nicht näher definiert.[600] Die Umsetzung der Verpflichtung aber beruht auf der Anwendung von *„lawful means"*. Die Anerkennung dieser Kooperationspflicht als positive Verpflichtung im geltenden Völkerrecht wird in der Kommentierung der ASR in Zweifel gezogen, jedenfalls bestehe aber eine entsprechende progressive Entwicklung im Völkerrecht. Art. 41 I ASR ziele auf die Stärkung existierender Kooperationsmechanismen, die auf der Annahme beruhten, dass alle Staaten eine angemessene Reaktion auf schwerwiegende Verstöße im Sinne von Art. 40 ASR zeigen müssten.[601]

Weiterhin besteht für die Staaten nach Art. 41 II ASR die Pflicht, einen durch eine schwerwiegende Verletzung zwingenden Völkerrechts entstandenen Zustand nicht als rechtmäßig anzuerkennen und dessen Aufrechterhaltung nicht zu unterstützen, Art. 41 II ASR. Art. 41 II ASR kodifiziert damit die völkergewohnheitsrechtlich anerkannte Verpflichtung zur Nichtanerkennung völkerrechtswidriger Gebietsveränderungen (Annexion), die in der sog. *Stimson*-Doktrin ihren Ursprung findet.[602] Sowohl die formale Anerkennung einer solchen Gebietsveränderung, als auch jegliche Akte, die eine solche Anerkennung konkludent implizieren könnten, sind von Art. 41 II ASR untersagt.[603]

Aus dem Verstoß der Russischen Föderation gegen das Gewalt- und Annexionsverbot ergibt sich neben der Verpflichtung Russlands, die völkerrechtswidrige Besetzung des Gebiets der umgehend zu beseitigen, im Einklang mit Art. 41 II ASR und der völkergewohnheitsrechtlich verankerten Pflicht zur Nichtanerkennung völkerrechtswidriger Gebietsveränderungen

---

599 ILC, Yearbook 2001, Vol. I, Part 2, S. 114, para. 3.
600 ILC, Yearbook 2001, Vol. I, Part 2, S. 114, para. 2.
601 ILC, Yearbook 2001, Vol. I, Part 2, S. 114, para. 3.
602 ILC, Yearbook 2001, Vol. I, Part 2, S. 114, paras. 5 f. Die *Stimson*-Doktrin geht zurück auf die offizielle Erklärung der Vereinigten Staaten, Gebietsveränderungen, die durch Gewalt begründet wurden, nicht anzuerkennen. Konkret bezog sich die Erklärung auf die Besetzung der Mandschurei durch Japan. Die Erklärung wurde nach dem damaligen Außenminister *Henry Stimson* benannt. s. hierzu: *Dahm/Delbrück/Wolfrum*, VöR, Bd. I/1, § 55, S. 361–363; *Talmon*, S. 90–95.
603 ILC, Yearbook 2001, Vol. I, Part 2, S. 114, para. 6. S. auch: IGH, Legal Consequences for States of the Continued Presence of South Africa in Namibia (South West Africa) notwithstanding Security Council Resolution 276 (1970), Advisory Opinion, ICJ Rep. 1971, 16 (54), para. 119: *„The member States of the United Nations are […] under obligation to recognize the illegality and invalidity of South Africa's continued presence in Namibia."*

für die Staatengemeinschaft die Verpflichtung, jegliche Handlungen, die die Anerkennung dieser „Wiedereingliederung" als völkerrechtmäßig implizieren könnten, zu unterlassen. Mit welchen Mitteln diese Verpflichtung umzusetzen ist, bestimmen die ASR nicht. Die Annexion der Krim ist in der Staatengemeinschaft in weiten Teilen als solche verurteilt und die Nichtanerkennung einer Veränderung ihres Rechtsstatus' ausdrücklich erklärt worden.[604] Diese ausdrücklichen Stellungnahmen lassen sich als Umsetzung der Verpflichtung zur Nichtanerkennung der Statusänderung verstehen.

Über die Verpflichtungen nach Art. 41 ASR hinaus können schwerwiegende Verletzungen des Völkerrechts gemäß Art. 41 III ASR auch weitere Rechtsfolgen nach sich ziehen, die sich aus dem allgemeinen Völkerrecht ergeben.[605] Entsprechende Reaktionsmöglichkeiten ergeben sich insbesondere aus Kapitel VII UN-Charta. Auf der Grundlage eines entsprechenden Beschlusses kann der Sicherheitsrat im Falle einer Bedrohung oder eines Bruchs des Friedens oder einer Angriffshandlung sowohl militärische als auch nicht-militärische Maßnahmen beschließen, Art. 39 ff. UN-Charta. Dergestalt erfolgt eine Durchsetzung von Völkerrecht in institutionalisierter Form. Für die Ukraine-Krise aber sind derartige Maßnahmen wegen des bestehenden Vetorechts der Russischen Föderation faktisch nahezu undenkbar.

Liegt ein bewaffneter Angriff gegen einen Mitgliedstaat der Vereinten Nationen vor, können die Staaten auch unabhängig von einem Beschluss des Sicherheitsrates Maßnahmen der individuellen sowie kollektiven Selbstverteidigung ergreifen, Art. 51 UN-Charta. Dabei bleibt das Recht des Sicherheitsrates unberührt, Maßnahmen zu ergreifen, die er zur Wahrung oder Wiederherstellung des Friedens oder der internationalen Sicherheit für erforderlich erachtet.

Jenseits einer institutionalisierten Reaktion im System der Vereinten Nationen kommt außerdem die Ausübung politischen Drucks auf den Völkerrechtsverletzer durch zwischenstaatliche Sanktionsmaßnahmen

---

604 S. nur: European Council, Ukraine: Declaration by the High Representative on behalf of the EU on the illegal annexation of Crimea and Sevastopol, 25.02.2022, abrufbar unter: https://www.consilium.europa.eu/en/press/press -releases/2022/02/25/ukraine-declaration-by-the-high-representative-on-behalf-of -the-eu-on-the-illegal-annexation-of-crimea-and-sevastopol/.

605 *„This article is without prejudice to the other consequences referred to in this Part and to such further consequences that a breach to which this chapter applies may entail under international law.",* Art. 41 III ASR, s. auch: ILC, Yearbook 2001, Vol. I, Part 2, S. 116, para. 14.

in Betracht. Für die völkerrechtliche Zulässigkeit solcher Maßnahmen kommt es auf ihre Rechtsnatur an. Der Sanktionsbegriff sowie die Rechtsgrundlagen entsprechender Maßnahmen werden im 9. Kapitel mit Blick auf die gegenüber der Russischen Föderation nach der Annexion der Krim eingesetzten Sanktionsmaßnahmen näher untersucht.[606]

Die Geltendmachung der russischen Völkerrechtsverletzungen und damit die Aufarbeitung des Konflikts erfolgt im Ergebnis auf verschiedenen Ebenen: Einerseits kann der Völkerrechtsverstoß sowohl individuell, das heißt im unmittelbar bilateralen Verhältnis der Ukraine als von dem Völkerrechtsverstoß betroffenem Staat zu Russland als Völkerrechtsverletzer, wie auch kollektiv, etwa im Rahmen internationaler Organisationen oder durch Drittstaaten gegenüber Russland geltend gemacht werden. Andererseits ist eine Aufarbeitung sowohl auf justizieller Ebene, das heißt im Rahmen der völkerrechtlichen Gerichtsbarkeit, wie auch auf institutioneller Ebene, etwa innerhalb internationaler Organisationen oder auf einzelstaatlicher, bilateraler Ebene möglich.

Das Verhalten Russlands in der Ukraine hat rechtliche ebenso wie politische Reaktionen einzelner Staaten, regionaler und internationaler Organisationen hervorgerufen. Es stellt sich aber die Frage, ob und wie die heutige internationale Friedensordnung des Völkerrechts derartigen Bedrohungen zu trotzen in der Lage ist. Diese Frage steht im Mittelpunkt der folgenden Untersuchung der bisherigen Ergebnisse verschiedener bereits bemühter Aufarbeitungsansätze. Die Analyse bildet die Basis für eine Bewertung der Defizite und Chancen heutiger Konfliktlösungs- und -aufarbeitungsmechanismen des Völkerrechts, insbesondere vor dem Hintergrund der Eskalation des Ukraine-Konflikts in einen Angriffskrieg Russlands im Jahr 2022.

---

606 S. hierzu unten: 9. Kapitel, C.

7. Kapitel: Gerichtliche Aufarbeitung – Ein Überblick

A. *Ausgangspunkt: Gerichtliche Geltendmachung der Annexion*

Naheliegend ist zunächst die gerichtliche Geltendmachung des Verstoßes der Russischen Föderation gegen das Gewalt- und Annexionsverbot. Dabei bezieht sich der Primäranspruch der Ukraine auf die Beendigung des Verletzungshandelns sowie seine Wiedergutmachung. Für die Geltendmachung dieses Primäranspruchs müsste die Völkerrechtswidrigkeit des russischen Vorgehens auf der Krim und in der Ostukraine gerichtlich festgestellt werden. Der einzige Spruchkörper, der grundsätzlich eine umfassende Entscheidungskompetenz für zwischenstaatliche Streitigkeiten hat, ist der Internationale Gerichtshof (vgl. Art. 38 I IGH-Statut). Die unmittelbare gerichtliche Geltendmachung der völkerrechtswidrigen Annexion der Krim müsste also vor dem IGH erfolgen.

Zwar besteht zwischen der Ukraine und Russland, die als Mitglieder der Vereinten Nationen und Vertragsparteien des IGH-Statuts parteifähig sind, eine Rechtsstreitigkeit mit Blick auf die „Wiedereingliederung" der Krim in die Russische Föderation[607], problematisch ist aber die Unterwerfung der Parteien unter die Zuständigkeit des IGH.

Die Zuständigkeit des Internationalen Gerichtshofs beruht angesichts der staatlichen Souveränität sowie des Prinzips der Staatengleichheit auf der konsensualen Unterwerfung unter die Jurisdiktion des Spruchkörpers.[608] Diese Unterwerfung kann sich entweder auf eine bestimmte Streitigkeit beziehen oder als Fakultativerklärung nach Art. 36 II IGH-Statut erfolgen. Weder die Ukraine noch Russland haben eine Fakultativerklä-

---

607 Die Uneinigkeit der Konfliktparteien über die „Wiedereingliederung" der Krim in die Russische Föderation ist durch zahlreiche offizielle Stellungnahmen eindrücklich bestätigt worden. Während die Ukraine das Verhalten Russlands als Annexion und damit gewaltsame, völkerrechtswidrige Gebietsveränderung qualifiziert, stilisiert Russland den Vorgang als „Wiedervereinigung" eines historisch russischen Gebiets mit der Russischen Föderation und beruft sich zur Begründung der Völkerrechtskonformität dieses Vorgangs auf zahlreiche Ansatzpunkte, die im ersten Teil der Arbeit diskutiert worden sind.

608 *Epping*, in: *Ipsen*, VöR, § 59, Rn. 52; *Herdegen*, VöR, § 63, Rn. 3.

rung abgegeben[609], auch eine *ad hoc* Unterwerfung für die Streitigkeit ist nicht ersichtlich. Ohne ihre (völkervertragliche) Zustimmung kann die Russische Föderation nicht in ein Verfahren vor dem IGH „gezwungen" werden, sodass die unmittelbare Geltendmachung einer Verletzung des Gewalt- bzw. Annexionsverbots vor dem IGH für die Ukraine keine realisierbare Möglichkeit der Aufarbeitung des Konflikts ist.

Allein die Tatsache, dass eine grundsätzliche Unterwerfung unter die Entscheidungsgewalt des IGH nicht gegeben ist, bedeutet aber nicht, dass ein gerichtliches Vorgehen gegen Russland aussichtslos wäre. Möglich bleibt die Anknüpfung an kompromissarische Klauseln in bilateralen Verträgen zwischen den Konfliktparteien, die die Zuständigkeit des IGH begründen und die Geltendmachung des Gewaltverbotsverstoßes möglicherweise inzident erfassen. Dieser Versuch ist von der Ukraine sowohl nach der Krim-Annexion als auch nach dem Beginn des Angriffskrieges unternommen worden.[610] Darüber hinaus hat sich die Ukraine verschiedenster Rechtsgrundlagen in weiteren Zweigen der internationalen Gerichtsbarkeit bedient, um die Aufarbeitung der Völkerrechtsverstöße voranzubringen. Vor dem Hintergrund des Ausschlusses einer direkten Anrufung des IGH zum Zwecke der Geltendmachung des Gewaltverbotsverstoßes schließt sich eine umfassende Analyse der Möglichkeiten einer (inzidenten) Geltendmachung russischer Völkerrechtsverstöße in der internationalen Gerichtsbarkeit an. Exkursweise werden auch die nach Beginn des Angriffskrieges eingeleiteten Verfahren und deren Perspektiven einbezogen.

B. Überblick über eingeleitete Verfahren

Die Ukraine hat eine Vielzahl gerichtlicher Verfahren vor verschiedenen internationalen Spruchkörpern eingeleitet. Zu den befassten Gerichten gehört zunächst der Internationale Gerichtshof, bei dem derzeit zwei Verfahren der Ukraine gegen Russland anhängig sind. Dabei bezieht sich das erste Verfahren auf die frühe Phase des Konflikts[611], während das zweite Verfahren kurz nach dem Beginn des Angriffskrieges folgte[612]. Über den IGH hinaus hat die Ukraine vor dem Beginn des Angriffskrieges insgesamt

---

609 Eine derartige Erklärung haben heute 73 Staaten abgegeben, s.: https://www.icj -cij.org/en/declarations.
610 Hierzu sogleich: 8. Kapitel, A.
611 IGH, Ukraine v. Russian Federation (I).
612 IGH, Ukraine v. Russian Federation (II).

neun Staatenbeschwerdeverfahren vor dem Europäischen Gerichtshof für Menschenrechte eingeleitet.[613] Mit dem Beginn der Invasion folgte ein weiteres Verfahren vor dem EGMR.[614] Darüber hinaus sind mehrere tausend Individualbeschwerden anhängig. Die Individualbeschwerden sind dabei in weiten Teilen vom Ausgang der Staatenbeschwerdeverfahren abhängig, nachdem der EGMR ihre Entscheidung bis zur Entscheidung über die *admissibility* der Staatenbeschwerdeverfahren, insbesondere mit Blick auf Art. 1 EMRK, vertagt hatte.[615] Auch die völkerstrafrechtliche Verfolgung russischer Verantwortlicher hat bereits 2014 begonnen, ist aber durch die Invasion in die Ukraine und die Eröffnung eines offiziellen Ermittlungsverfahrens nach Beginn des Angriffskrieges umso relevanter geworden.[616] Neben der Befassung des IGH, des IStGH und des EGMR als ständigen Gerichten sind weitere Aspekte des Konflikts, insbesondere des Seevölkerrechts und des Investitionsschutzrechts, Gegenstand schiedsgerichtlicher Streitbeilegungsverfahren. Keines der Verfahren aber bezieht sich direkt auf die Geltendmachung der Annexion der Krim oder der russischen Verstöße gegen das Gewaltverbot. Es stellt sich die Frage, ob gleichwohl eine Befassung mit diesen Völkerrechtsverletzungen in der gerichtlichen Aufarbeitung des Konflikts denkbar ist.

---

613 EGMR, Ukraine v. Russian Federation (re Crimea), app. nos. 20958/14, 38334/18, wobei drei Verfahren mit Blick auf Aspekte mit räumlichem Bezug zur Krim aus den Jahren 2014, 2015 und 2018 zusammengefasst wurden (Ukraine v. Russian Federation (re Crimea), app. no. 20958/14, 13.03.2014; Ukraine v. Russian Federation (VII), app. no. 38334, 11.08.2018; Ukraine v. Russian Federation (IV), app. no. 42419/15, 27.08.2015); Ukraine and the Netherlands v. Russia, application nos. 8019/16, 43800/14, 28525/20, wobei ebenfalls drei Staatenbeschwerdeverfahren, darunter eines der Niederlande gegen Russland, zu einem Gesamtverfahren mit Bezug zur Ostukraine zusammengefasst wurden (Ukraine v. Russian Federation (V), app. no. 8019/16, 13.03.2014; Ukraine v. Russian Federation (II), app. no. 43800/14, 13.06.2014; The Netherlands v. Russian Federation, app. no. 28525/20, 10.07.2020). Das Verfahren Ukraine v. Russian Federation (III), app. no. 49537/14, 09.07.2014, wurde vom Gerichtshof beendet, nachdem die ukrainische Regierung dieses nicht weiterverfolgen wollte, s. hierzu: Decision, 01.09.2015.
614 EGMR, Ukraine v. Russia (X), app. no. 11055/22, 28.02.2022.
615 EGMR, Press Release, ECHR 432 (2018), 17.12.2018.
616 Zur Befassung des IStGH s. unten: 8. Kapitel, E.

C. Problemstellung

Kernproblem aller von ukrainischer Seite eingeleiteten Verfahren ist die Begründung der Jurisdiktionsgewalt der befassten Spruchkörper. Nur der Internationale Gerichtshof hat eine – dem Grunde nach – umfassende Zuständigkeit für alle Fragen der zwischenstaatlichen Streitbeilegung. In der Praxis kommt es aber für den IGH ebenso wie für andere zwischenstaatliche Spruchkörper auf die Ausbalancierung der Entscheidungskompetenzen des einzelnen Gremiums im jeweiligen Gerichtszweig an. Entscheidend ist vor dem Hintergrund des Prinzips der Staatengleichheit und der staatlichen Souveränität die Begründung der Zuständigkeit des Spruchkörpers im Konsens. Die Entscheidungskompetenzen der Spruchkörper unterliegen den jeweiligen Jurisdiktionsklauseln der ihnen zugrunde liegenden völkerrechtlichen Vertragsregime. Dass in allen Gerichtszweigen der Konflikt um die territoriale Souveränität der Ukraine und die Verletzung des völkerrechtlichen Gewaltverbots von Bedeutung ist, wird kaum von der Hand zu weisen sein. Interessant ist, inwieweit die Annexion der Krim sowie Verstöße gegen das Gewaltverbot in den bestehenden Verfahren zum Gegenstand einer Entscheidung gemacht werden könnten. Zentraler Einwand Russlands gegen die Jurisdiktionsgewalt befasster Spruchkörper ist, dass für den „wahren Kern" des ukrainischen Vorbringens, den vermeintlichen Souveränitätsanspruch über die Halbinsel Krim, kein die Entscheidungskompetenz begründender Konsens zwischen den Streitparteien bestehe.[617]

Die Begrenzung der Entscheidungskompetenz eines Spruchkörpers auf Fragen, die diesem durch einen völkerrechtlichen Vertrag übertragen worden sind, ist Ausdruck des Gleichordnungscharakters des Völkerrechts und des Konsensprinzips als dessen Geltungsgrundsatz. Dabei besteht die Schwierigkeit, dass die Spruchkörper über ihre eigene Jurisdiktionsgewalt befinden müssen. Da die Spruchkörper so die Reichweite ihrer eigenen Entscheidungskompetenz definieren, sind die Vorschriften zur Begründung der Jurisdiktionsgewalt eng auszulegen.[618] Was aber ist die Konsequenz einer engen Auslegung dieser Entscheidungskompetenzen? Entwickelt die Existenz eines Souveränitätskonflikts zwischen zwei Staaten eine „Sperrwirkung" für die zwischenstaatliche Streitbeilegung in dem Sinne, dass das Bestehen eines solchen Konflikts auch die Geltend-

---

617 S. hierzu im Einzelnen die Detailbetrachtung der gerichtlichen Verfahren, 8. Kapitel.
618 *Proelß*, HJLP 46 (2018), 47 (48).

machung spezieller völkerrechtlicher Verpflichtungen, etwa seerechtlicher Art, unterbindet?

Das würde bedeuten, dass die Ukraine in Ermangelung von Fakultativerklärungen der Streitparteien, die die umfassende Entscheidungsgewalt des IGH begründen könnten, keine Möglichkeit zur gerichtlichen Geltendmachung ihrer Vorwürfe hätte. Sie stünde damit nahezu „rechtsschutzlos" – von der schwierigen Um- bzw. Durchsetzung einer hypothetischen Entscheidung ganz abgesehen. Dagegen spricht, dass die ausdifferenzierte internationale Gerichtsbarkeit mit ihren verschiedenen Zweigen in einem solchen Fall vollständig ausgehebelt wäre. Wie also gehen internationale Spruchkörper mit Situationen um, in denen ein gewaltsamer territorialer Konflikt das Verhältnis zweier Staaten beherrscht? Die Jurisdiktionsgewalt eines Spruchkörpers kann immer nur so weit gehen, wie sie ihm von den Streitparteien des konkreten Konflikts übertragen worden ist. Gleichwohl stellt sich die Frage, ob und in welchem Ausmaß eine (inzidente) Geltendmachung einer völkerrechtswidrigen gewaltsamen Gebietsveränderung auch in gerichtlichen Verfahren möglich ist und welche Defizite und Chancen sich in der justiziellen Aufarbeitung der frühen Phase des Konflikts gezeigt haben. Neben einer detaillierten Untersuchung der eingeleiteten Verfahren hinsichtlich des Verfahrensgegenstands und -stands wird in der folgenden Analyse besonderes Augenmerk auf die Auslegung der Entscheidungskompetenzen der einzelnen Spruchkörper und deren Befassung mit Fragen des Gewalt- und Annexionsverbots gelegt.

8. Kapitel: Gerichtliche Aufarbeitung – Detailbetrachtung

A. *Verfahren vor dem Internationalen Gerichtshof*

Der Schwerpunkt der Betrachtung der Verfahren vor dem Internationalen Gerichtshof liegt auf der Untersuchung des ersten eingeleiteten Verfahrens, das sich auf die frühe Phase des Konflikts bezieht.[619] Im Wege einer vergleichenden Betrachtung wird auch zu den Aussichten des zweiten Verfahrens nach Beginn des Angriffskrieges Stellung genommen.[620]

I. Ukraine v. Russian Federation (I)

Das erste Verfahren gegen die Russische Föderation vor dem Internationalen Gerichtshof leitete die Ukraine im Januar 2017 unter Bezug auf das Internationale Übereinkommen zur Beseitigung jeder Form von Rassendiskriminierung (ICERD) und das Internationale Abkommen zur Unterdrückung der Terrorismusfinanzierung (ICSFT) ein. Beide Vertragswerke enthalten kompromissarische Klauseln, die die Streitbeilegung unter den Verträgen dem IGH unterwerfen.[621] Art. 22 ICERD begründet die Entscheidungskompetenz des IGH für Streitigkeiten zwischen Vertragsparteien *„with respect to the interpretation or application of this Convention"*, sofern diese Streitigkeiten nicht *„by negotiation or by the procedures expressly provided for in this Convention"* beigelegt werden können und die Parteien sich nicht auf eine andere Art der Streitbeilegung einigen können. Art. 24 I ICSFT regelt die Zuständigkeit des IGH für *„any dispute [...] concerning the interpretation or application of this Convention which cannot be settled through*

---

619 IGH, Ukraine v. Russian Federation (I).

620 S. hierzu sogleich in diesem Kapitel: A., II.

621 Art. 22 ICERD: *„Any dispute between two or more States Parties with respect to the interpretation or application of this Convention, which is not settled by negotiation or by the procedures expressly provided for in this Convention, shall, at the request of any of the parties to the dispute, be referred to the International Court of Justice for decision, unless the disputants agree to another mode of settlement.";* s. etwa: IGH, Ukraine v. Russian Federation (I), Application of Ukraine, para. 22; Memorial of Ukraine, 12.06.2018, paras. 642 f.

negotiation within a reasonable time".[622] Der Wortlaut der Vorschriften erfasst die Geltendmachung von Streitigkeiten über Auslegung und Anwendung der betroffenen Verträge. Die Vorwürfe der Verletzung des ICERD beziehen sich räumlich auf die Krim, während sich das Vorbringen unter dem ICSFT auf die Vorgänge in der Ostukraine bezieht.[623] Gleichzeitig beantragte die Ukraine den Erlass einstweiliger Maßnahmen.[624] Im April 2017 verpflichtete der IGH Russland auf diesen Antrag hin dazu, seinen Verpflichtungen unter dem ICERD durch die Unterlassung jeglicher Unterdrückung oder Einschränkung der krimtatarischen Community nachzukommen, den Zugang zu Bildung in ukrainischer Sprache zu gewährleisten und beide Parteien dazu, von jeglicher Handlung, die eine Verschärfung oder Ausweitung des Konflikts zufolge haben könnten, abzusehen.[625] Der Antrag zum Erlass einstweiliger Maßnahmen mit Blick auf die Verpflichtung zur Kooperation bei der Verhinderung und Bekämpfung der Terrorismusfinanzierung nach Art. 18 ICSFT wurde zurückgewiesen, da die Ukraine nach Auffassung des Gerichtshofes keine hinreichenden Nachweise für eine vorsätzliche oder wissentliche Unterstützung terroristischer Akte durch russische staatliche Finanzierung vorbringen konnte.[626] In der Hauptsache hat der IGH in seiner Entscheidung vom 08.11.2019 die *preliminary objections* der Russischen Föderation zurückgewiesen und die Klage der Ukraine für zulässig erklärt.[627] Die Entscheidung zu den *merits* des Verfahrens steht noch aus.

---

622 Art. 24 I ICSFT: *„Any dispute between two or more States Parties concerning the interpretation or application of this Convention which cannot be settled through negotiation within a reasonable time shall, at the request of one of them, be submitted to arbitration. If, within six months from the date of the request for arbitration, the parties are unable to agree on the organization of the arbitration, any one of those parties may refer the dispute to the International Court of Justice, by application, in conformity with the Statute of the Court."*; s. etwa: IGH, Ukraine v. Russian Federation (I), Application of Ukraine, para. 18.

623 IGH, Ukraine v. Russian Federation (I), Application of Ukraine, paras. 4 f.

624 IGH, Ukraine v. Russian Federation (I), Request for the indication of provisional measures of protection submitted by Ukraine, 16.01.2017.

625 IGH, Ukraine v. Russian Federation (I), Order, 19.04.2017, ICJ Rep. 2017, 104 (140 f.), para. 106.

626 IGH, Ukraine v. Russian Federation (I), ICJ Rep. 2017, 104 (132), para. 76.

627 IGH, Ukraine v. Russian Federation (I), Judgment, Preliminary Objections, 08.11.2019, ICJ Rep. 2019, 558.

1. Vorbringen der Parteien

Das konkrete Vorbringen der Ukraine richtet sich nicht auf eine Verletzung des Gewalt- oder Annexionsverbots. Vielmehr knüpft der Antrag entsprechend der Begründung der Entscheidungsgewalt des IGH über das ICERD bzw. ICSFT inhaltlich an die Vertragswerke an. Mit Blick auf die Krim macht die Ukraine eine umfassende und gezielte Diskriminierungskampagne Russlands gegen die nicht-russischen Ethnien auf der Krim, insbesondere ethnische Ukrainer und Krimtataren, geltend.[628] Die Russische Föderation habe die Abhaltung eines illegalen und illegitimen Referendums inszeniert, das mit gezielten Diskriminierungs- und Einschüchterungsakten einhergegangen sei.[629] Das Referendum habe das Einfallstor für eine nachhaltige Kampagne der Diskriminierung der als „Gegner" des russischen Regimes ausgemachten nicht-russischen Bewohner der Krim gebildet.[630] Die gezielte Diskriminierung dieser Bevölkerungsgruppe äußere sich in ihrer politischen und kulturellen Unterdrückung, dem Verschwindenlassen und Töten von Menschen, rechtswidrigen Durchsuchungen und Inhaftierungen, der Verwehrung des Zugangs zu Bildung in der Muttersprache und der Verletzung der Versammlungs-, Vereinigungs- und Presse- und Medienfreiheit.[631] Ihren Höhepunkt finde die Kampagne des *„cultural erasure through discrimination"* im Verbot der politischen und kulturellen Repräsentationsinstitution der Krimtataren, des *Mejlis*.[632] Neben der Grundverpflichtung der Vertragsparteien aus Art. 2 ICERD, sich jeder Form von Rassendiskriminierung entgegenzustellen und diese zu verfolgen und weder selbst noch durch staatliche oder öffentliche Einrichtungen auf nationaler oder lokaler Ebene diskriminierende Handlungen gegenüber Personen, Personengruppen oder Institutionen vorzunehmen, verletze die Diskriminierungskampagne auf der Krim die Vorgaben der Art. 3 (Verbot der Apartheid), 4 (Verbot der Propaganda für Rassendiskriminierung durch staatliche oder öffentliche Einrichtungen), 5 (Recht zur Gleichheit vor dem Gesetz unabhängig von Rasse, Hautfarbe, nationalen Ursprungs oder Volkstums, insbes. grundlegende Freiheiten wie Fortbewegungsfreiheit, körperliche Unversehrtheit, Meinungsfreiheit), 6 (Recht auf effektiven Rechtsschutz) und 7 (Pflicht zur Ergreifung von Bildungsmaß-

---

628 IGH, Ukraine v. Russian Federation (I), Application of Ukraine, para. 81.
629 IGH, Ukraine v. Russian Federation (I), Application of Ukraine, paras. 86 ff.
630 IGH, Ukraine v. Russian Federation (I), Application of Ukraine, para. 92.
631 IGH, Ukraine v. Russian Federation (I), Application of Ukraine, paras. 93–123.
632 IGH, Ukraine v. Russian Federation (I), Application of Ukraine, para. 98.

nahmen gegen Rassendiskriminierung) ICERD.[633] Die Ukraine beantragte daher in der Hauptsache die Feststellung, dass russische Staatsorgane, einschließlich der de facto-Behörden, die aus der illegalen Besetzung der Krim entstanden waren, die Verpflichtungen aus dem ICERD verletzt hatten. Zudem ersuchte sie um die unverzügliche Unterlassung dieser Verletzungen, die Wiederherstellung der Rechte der ethnischen Ukrainer und Krimtataren, sowie vollständige Wiedergutmachung für die Opfer der diskriminierenden Politik.[634]

---

633 IGH, Ukraine v. Russian Federation (I), Application of Ukraine, paras. 132 f.; Memorial of Ukraine, para. 587.

634 *„Ukraine respectfully requests the Court to order the Russian Federation to comply with its obligations under the CERD, including:*
(a) immediately cease and desist from the policy of cultural erasure and take all necessary and appropriate measures to guarantee the full and equal protection of the law to all groups in Russian-occupied Crimea, including Crimean Tatars and ethnic Ukrainians;
(b) immediately restore the rights of the Mejlis of the Crimean Tatar People and of Crimean Tatar leaders in Russian-occupied Crimea;
(c) immediately restore the rights of the Crimean Tatar People in Russian-occupied Crimea to engage in cultural gatherings, including the annual commemoration of the Sürgün;
(d) immediately take all necessary and appropriate measures to end the disappearance and murder of Crimean Tatars in Russian-occupied Crimea, and to fully and adequately investigate the disappearances of Reshat Ametov, Timur Shaimardanov, Ervin Ibragimov, and all other victims;
(e) immediately take all necessary and appropriate measures to end unjustified and disproportionate searches and detentions of Crimean Tatars in Russian-occupied Crimea;
(f) immediately restore licenses and take all other necessary and appropriate measures to permit Crimean Tatar media outlets to resume operations in Russian-occupied Crimea;
(g) immediately cease interference with Crimean Tatar education and take all necessary and appropriate measures to restore education in the Crimean Tatar language in Russian-occupied Crimea;
(h) immediately cease interference with ethnic Ukrainian education and take all necessary and appropriate measures to restore education in the Ukrainian language in Russian-occupied Crimea;
(i) immediately restore the rights of ethnic Ukrainians to engage in cultural gatherings in Russian-occupied Crimea;
(j) immediately take all necessary and appropriate measures to permit the free operation of ethnic Ukrainian media in Russian-occupied Crimea; and
(k) make full reparation for all victims of the Russian Federation's policy and pattern of cultural erasure through discrimination in Russian-occupied Crimea.", IGH, Ukraine v. Russian Federation (I), Application of Ukraine, para. 138.

Mit Blick auf die Ostukraine und das Abkommen zur Unterdrückung der Terrorismusfinanzierung macht die Ukraine geltend, Russland habe terroristische Gewalt in der Ukraine durch die Versorgung der separatistischen Gruppierungen mit Waffen, Geld und Ausbildung unterstützt.[635] Diese Gruppen, im Besonderen die Vertreter der sogenannten Volksrepubliken Donezk und Luhansk, hätten mit russischer Unterstützung die Kontrolle über die Ostgrenze zwischen der Ukraine und Russland erlangt und dort terroristische Akte begangen, die teils in großangelegten Angriffen auf Zivilisten und deren Verletzung oder Tötung gemündet seien.[636] Des Weiteren habe die Russische Föderation den Abschuss der Passagiermaschine MH17 durch die Lieferung des BUK Systems, das nach den Ergebnissen der unabhängigen Untersuchungsmission zum Abschuss der Maschine eingesetzt worden war, direkt unterstützt.[637] Durch die Finanzierung und Unterstützung dieser terroristischen Akte und das Versäumnis der Verfolgung und Verhinderung jeder Form von Terrorismus habe die Russische Föderation die Verpflichtungen aus Art. 8, 9, 10, 11, 12 und 18 ICSFT verletzt. Vorrangig habe sie dabei die Pflicht zur Kooperation bei der Prävention und Untersuchung von Verletzungen des ICSFT nicht erfüllt.[638] Die Ukraine beantragte daher, Russland solle zur Einhaltung seiner Verpflichtungen aus dem ICSFT verpflichtet werden und umgehend jegliche Form der Unterstützung von terroristischen Aktivitäten in der Ukraine einstellen. Zudem solle Russland verpflichtet werden, zukünftig seiner Kooperationspflicht zur Verhinderung und Verfolgung entsprechender Aktivitäten vollumfänglich nachzukommen und umfassende Reparation für die entstandenen Schäden zu leisten.[639]

---

635 IGH, Ukraine v. Russian Federation (I), Application of Ukraine, paras. 38, 46–48.

636 IGH, Ukraine v. Russian Federation (I), Application of Ukraine, paras. 38 f.; 48; 58; 68 f.

637 IGH, Ukraine v. Russian Federation (I), Application of Ukraine, para. 53.

638 IGH, Ukraine v. Russian Federation (I), Application of Ukraine, paras. 74, 80, 134.

639 *„Ukraine respectfully requests the Court to order the Russian Federation to comply with its obligations under the Terrorism Financing Convention, including that the Russian Federation:*
(a) immediately and unconditionally cease and desist from all support, including the provision of money, weapons, and training, to illegal armed groups that engage in acts of terrorism in Ukraine, including the DPR, the LPR, the Kharkiv Partisans, and associated groups and individuals;
(b) immediately make all efforts to ensure that all weaponry provided to such armed groups is withdrawn from Ukraine;

Obwohl sich das konkrete Vorbringen der Ukraine nicht auf die Verletzung des Gewalt- und Annexionsverbots als solche richtet, hat sie diese Vorwürfe in das Verfahren eingebracht. So habe Russland in der Ostukraine eine *„armed insurrection"* gegen den ukrainischen Staat vorgenommen und fundamentale Grundprinzipien des Völkerrechts verletzt.[640] Das Gebiet der Krim wird als *„Russian-occupied"* beschrieben.[641] Die Krim sei im Wege eines inszenierten Referendums unter Anwendung militärischer Gewalt und unter grober Missachtung der UN-Charta eingenommen worden.[642] Ausdrücklich wird der Gebietsübergang auch als Annexion betitelt.[643] Das russische Vorgehen wird als *„unlawful aggression"* definiert.[644]

(c) immediately exercise appropriate control over its border to prevent further acts of financing of terrorism, including the supply of weapons, from the territory of the Russian Federation to the territory of Ukraine;

(d) immediately stop the movement of money, weapons, and all other assets from the territory of the Russian Federation and occupied Crimea to illegal armed groups that engage in acts of terrorism in Ukraine, including the DPR, the LPR, the Kharkiv Partisans, and associated groups and individuals, including by freezing all bank accounts used to support such groups;

(e) immediately prevent all Russian officials from financing terrorism in Ukraine, including Sergei Shoigu, Minister of Defence of the Russian Federation; Vladimir Zhirinovsky, Vice-Chairman of the State Duma; Sergei Mironov, member of the State Duma; and Gennadiy Zyuganov, member of the State Duma, and initiate prosecution against these and other actors responsible for financing terrorism;

(f) immediately provide full co-operation to Ukraine in all pending and future requests for assistance in the investigation and interdiction of the financing of terrorism relating to illegal armed groups that engage in acts of terrorism in Ukraine, including the DPR, the LPR, the Kharkiv Partisans, and associated groups and individuals;

(g) make full reparation for the shoot-down of Malaysia Airlines Flight MH17;

(h) make full reparation for the shelling of civilians in Volnovakha;

(i) make full reparation for the shelling of civilians in Mariupol;

(j) make full reparation for the shelling of civilians in Kramatorsk;

(k) make full reparation for the bombing of civilians in Kharkiv; and

(l) make full reparation for all other acts of terrorism the Russian Federation has caused, facilitated, or supported through its financing of terrorism, and failure to prevent and investigate the financing of terrorism.", IGH, Ukraine v. Russian Federation, Application of Ukraine, para. 136.

640 IGH, Ukraine v. Russian Federation (I), Application of Ukraine, para. 4.

641 IGH, Ukraine v. Russian Federation (I), Application of Ukraine, para. 138; Memorial of Ukraine, para. 3.

642 IGH, Ukraine v. Russian Federation (I), Application of Ukraine, para. 5.

643 S. etwa: IGH, Ukraine v. Russian Federation (I), Memorial of Ukraine, paras. 14, 347 f., 374, 382.

644 IGH, Ukraine v. Russian Federation (I), Application of Ukraine, para. 6; Memorial of Ukraine, para. 11.

Die Verfolgung ethnischer Ukrainer und Krimtataren auf der Krim beziehe sich gerade auf diejenigen, die sich der *„unlawful aggression"* der Russischen Föderation entzögen und offen die Zugehörigkeit der Krim zum souveränen Staatsgebiet der Ukraine erklärten.[645] Die Entscheidung des IGH könnte sich mit Blick auf das Vorbringen der Parteien also auch auf die inzidente Befassung mit Verstößen gegen das Gewalt- und Annexionsverbot richten. Hierfür müsste ihm aber die Entscheidungskompetenz für derartige Fragen zukommen.

Russland dagegen bestreitet die Entscheidungskompetenz des IGH aus mehreren Gründen.[646] Zentral ist der Einwand, die Streitigkeit beziehe sich nicht auf den Kontext der Rassendiskriminierung, sondern der „wahre Kern" des ukrainischen Vorbringens sei eine Souveränitätsstreitigkeit.[647] Die Ukraine wolle unter der vorgeschobenen Berufung auf das ICERD die Jurisdiktionsgewalt des Gerichtshofes für Aspekte begründen, für die diese eindeutig nicht bestehe: Die Anwendung von Gewalt, die staatliche Souveränität, die territoriale Integrität und das Selbstbestimmungsrecht der Völker seien Aspekte des Völkerrechts, die der Jurisdiktion *rationae materiae* des IGH nach Art. 22 ICERD nicht unterfielen.[648] Die Ukraine

---

645 IGH, Ukraine v. Russian Federation (I), Memorial of Ukraine, paras. 3, 364.

646 Anknüpfungspunkte der Ablehnung der Jurisdiktionsgewalt *rationae materiae* des IGH sind neben der Nichteinhaltung spezieller Verfahrensvoraussetzungen des ICSFT (Preliminary Objections, para. 229, Chapter VI) bzw. des ICERD (Preliminary Objections, para. 386, Chapter IX) die Unanwendbarkeit des ICSFT auf Akte staatlicher Terrorismusfinanzierung (Preliminary Objections, para. 128, Chapter V) sowie die Notwendigkeit der vorherigen Erschöpfung des nationalen Rechtsweges, sog. *local remedies rule* (Preliminary Objections, paras. 441 ff., Chapter X).

647 IGH, Ukraine v. Russian Federation (I), Preliminary Objections, paras. 295, 306 (Chapter VIII); *„The goal is twofold: first, to involve the Court in adjudicating, even if only at the margins, the issues between Ukraine and Russia that are clearly beyond the Court's jurisdiction in this case, i.e., issues relating to the legality of the alleged use of force, State sovereignty, territorial integrity and self-determination.",* IGH, Ukraine v. Russian Federation (I), Verbatim Record CR 2017/2, 07.03.2017, S. 12, para. 3. Ebenso später: *„All this shows that the goal of the application has nothing to do with CERD and the protection of human rights – it is about the status of Crimea, which is not relevant for this case brought under Article 22 of the Convention.",* S. 54, para. 4.

648 IGH, Ukraine v. Russian Federation (I), Preliminary Objections, paras. 295, 298; Verbatim Record CR 2017/2, 07.03.2017, S. 12, para. 3.

habe sich unter Anwendung dieser Strategie der „verschleierten" Geltendmachung des Souveränitätskonflikts zahlreicher Fora bedient.[649]

Die Ukraine bestreitet dies und beruft sich auf die ausdrückliche Geltendmachung der Verletzung von Verpflichtungen aus dem ICERD auf der Krim. Ihr Vorbringen ziele gerade nicht darauf, die Verletzung des Gewaltverbots durch Russland oder die Souveränität der Ukraine über die Krim geltend zu machen.[650] Der Einwand der Russischen Föderation betrifft damit das Kernproblem der (inzidenten) gerichtlichen Geltendmachung des Gewaltverbotsverstoßes und der Souveränität über die Halbinsel. Die Stellungnahme des Gerichtshofs zu seiner Zuständigkeit vor dem Hintergrund dieses Einwands ist daher für die Möglichkeit der justiziellen Geltendmachung der Krim-Annexion von entscheidender Bedeutung.

2. Entscheidung des Gerichtshofes

In seiner Entscheidung über die *preliminary objections* hat der Gerichtshof die Einwände Russlands in weiten Teilen zurückgewiesen.[651] Einer inhalt-

---

649 „*In accordance with this asserted strategy, Ukraine has been attempting to affirm its claimed sovereignty over Crimea in as many fora as it could conceive of. On 8 September 2015, Ukraine lodged a declaration under Article 12(3) of the Rome Statute recognising the jurisdiction of the International Criminal Court ("ICC") with respect to acts allegedly "committed in the territory of Ukraine since 20 February 2014"; on 16 September 2016, Ukraine instituted proceedings under Annex VII of UNCLOS concerning its alleged coastal State rights in the Black Sea, Sea of Azov, and Kerch Strait; and five inter-State cases initiated by Ukraine concerning Russia's actions in Crimea and Eastern Ukraine are currently pending before the European Court of Human Rights ("ECtHR").*", IGH, Ukraine v. Russian Federation (I), Preliminary Objections, 12.09.2018, para. 296.

650 „*Ukraine has not come here seeking either relief for Russia's acts of territorial aggression in violation of the United Nations Charter, or confirmation of Ukraine's sovereignty over Crimea. The international community has already acknowledged Ukraine's sovereignty in successive resolutions of the United Nations General Assembly.*", IGH, Ukraine v. Russian Federation (I), Verbatim Record CR 2017/1, 06.03.2017, S. 26, para. 6; „*We do not ask you to pass on the merits of this case. Nor do we – or will we – ask you to determine the legality of Russia's aggression or to confirm Ukraine's sovereignty over Crimea, notwithstanding the staged "referendum"*", IGH, Ukraine v. Russian Federation (I), Verbatim Record CR 2017/3, 08.03.2017, S. 13, para. 4.

651 IGH, Ukraine v. Russian Federation (I), ICJ Rep. 2019, 558 (606 f.), para. 134. Die speziellen Verfahrensvoraussetzungen der Anrufung des IGH unter dem ICSFT bzw. ICERD sah der Gerichtshof als erfüllt an, ICJ Rep. 2019, 558

lichen Stellungnahme zur Problematik der inzidenten Geltendmachung der Annexion der Krim bzw. der Verstöße Russlands gegen das Gewaltverbot aber hat sich der IGH enthalten. Zwar führe die Einbettung einer konkreten Streitigkeit in einen weitergehenden Kontext, hier die Einbettung der Verstöße gegen das ICERD in den Konflikt um den Rechtsstatus der Krim, nicht zum Wegfall der Jurisdiktionsgewalt des Gerichtshofs – vorausgesetzt, die Parteien hätten die Jurisdiktionsgewalt des Gerichtshofes insoweit anerkannt und die Voraussetzungen für ihre Ausübung seien im Übrigen auch gewahrt. Da die Ukraine über die Befassung mit möglichen Verstößen gegen das ICSFT oder das ICERD hinaus aber ausdrücklich keine Befassung des Gerichtshofs mit der „Aggression" Russlands begehre, seien diese Fragen ohnehin nicht Gegenstand des Verfahrens.[652] Ob demgegenüber Verletzungshandlungen nach dem ICERD vorlägen, sei eine Frage der *merits*, für die die Jurisdiktionsgewalt des IGH sich daraus ergebe, dass eine Verletzung der Art. 2, 4, 5, 6, 7 ICERD nicht von vorneherein ausgeschlossen werden könne.[653] Mit Blick auf das ICSFT schloss sich der IGH der russischen Auffassung an, dass das Abkommen die direkte staatliche Finanzierung terroristischer Akte nicht erfasse. Dieses Ergebnis bedeute zwar nicht, dass die staatliche Terrorismusfinanzierung im Einklang mit dem Völkerrecht stehe, sie sei aber nicht Gegenstand des Vertragswerks und damit nicht von der Zuständigkeit *ratione materiae* erfasst.[654] Gleichwohl bestehe für alle Vertragsparteien des ICSFT die Verpflichtung, zur Prävention und Verhinderung jeglicher Finanzierung terroristischer Akte zusammen zu wirken.[655] Ob eine Verletzung dieser Kooperationspflicht

---

(590 f.), paras. 76 f., 121. Die *local remedies rule* sei unanwendbar, weswegen sie ohnehin nicht beachtet werden müsse, ICJ Rep. 2019, 558 (605 f.), paras. 129 f.

652 *„The fact that a dispute before the Court forms part of a complex situation that includes various matters, however important, over which the States concerned hold opposite views, cannot lead the Court to decline to resolve that dispute, provided that the parties have recognized its jurisdiction to do so and the conditions for the exercise of its jurisdiction are otherwise met. In the present case, the Court notes that Ukraine is not requesting that it rule on issues concerning the Russian Federation's purported "aggression" or its alleged "unlawful occupation" of Ukrainian territory. Nor is the Applicant seeking a pronouncement from the Court on the status of Crimea or on any violations of rules of international law other than those contained in the ICSFT and CERD. These matters therefore do not constitute the subject-matter of the dispute before the Court"*, IGH, ICJ Rep. 2019, 558 (576 f.), paras. 28 f.

653 IGH, Ukraine v. Russian Federation (I), ICJ Rep. 2019, 558 (595), paras. 94–97; (603), para. 121.

654 IGH, Ukraine v. Russian Federation (I), ICJ Rep. 2019, 558 (585), paras. 59 f.

655 IGH, Ukraine v. Russian Federation (I), ICJ Rep. 2019, 558 (585), para. 61.

gegeben sei, sei eine Frage der *merits*.[656] Entsprechend ging der Gerichtshof vom Bestehen seiner Entscheidungskompetenz für Fragen der Rassendiskriminierung im Sinne des ICERD auf der Krim ebenso wie die Frage einer Verletzung der Kooperationspflicht nach Art. 18 ICSFT durch die Russische Föderation in der Ostukraine aus.[657]

3. Zwischenfazit

Die Feststellung des IGH, Fragen der Souveränität über die Krim bzw. der Vorwurf der *„aggression"* gegen Russland seien nicht zum Gegenstand des Verfahrens gemacht worden, beschränkt die Erfolgsaussichten der Ukraine mit Blick auf eine inzidente Stellungnahme des IGH zu den Verletzungen des Gewalt- und Annexionsverbotes in der Ukraine. Die ukrainischen Vertreter hatten im mündlichen Verfahren selbst ausdrücklich vorgetragen, keine Stellungnahme des IGH zur ukrainischen Souveränität über die Krim zu bezwecken.[658] Diese Klarstellung erklärt sich vor dem Hintergrund der beschränkten Jurisdiktionsgewalt des IGH und der Notwendigkeit der Anknüpfung an die kompromissarischen Klauseln der einschlägigen Vertragswerke. Gleichwohl hat die Ukraine im Rahmen der Antragstellung wiederholt auf die Völkerrechtswidrigkeit des russischen Vorgehens auf der Krim, die Illegalität des Referendums, die Annexion der Krim und die Anwendung von Gewalt durch Russland in der Ukraine hingewiesen. Vor diesem Hintergrund wird die Ukraine eine inzidente oder indirekte Stellungnahme des Gerichtshofes zu diesen Aspekten des Konflikts unter Anknüpfung an die Verpflichtungen des ICERD nicht vollständig abgeschrieben haben. Die Stellungnahme des IGH hat diese Möglichkeit jedoch weitgehend ausgeschlossen. Dennoch ist allein die Begründung der Entscheidungskompetenz des IGH sowie der Fortgang des Verfahrens in die Verhandlung der *merits* ein Gewinn für die Ukraine. Das vergleichbare Verfahren Georgiens gegen Russland in Reaktion auf den Georgienkrieg, das sich ebenfalls auf das ICERD gestützt hatte und auch seitens der Ukraine bei der Einleitung ihres Verfahrens vor dem IGH Beachtung gefunden haben dürfte, war vom IGH nicht zur Entschei-

---

656 IGH, Ukraine v. Russian Federation (I), ICJ Rep. 2019, 558 (586), para. 63.

657 IGH, Ukraine v. Russian Federation (I), ICJ Rep. 2019, 558 (606 f.), para. 134.

658 IGH, Ukraine v. Russian Federation (I), Verbatim Record CR 2017/1, 06.03.2017, S. 26, para. 6; Verbatim Record CR 2017/3, 08.03.2017, S. 13, para. 4.

dung angenommen worden.[659] Auch in diesem Verfahren waren nicht Fragen der Rassendiskriminierung, sondern die Völkerrechtsverstöße der Russischen Föderation im Georgienkonflikt 2008 Kern der zwischenstaatlichen Auseinandersetzung.[660] Die Ukraine hat in ihrer Verfahrensführung die Zulässigkeitshindernisse, die noch im Verfahren Georgiens bestanden hatten, vermieden und so zumindest die Möglichkeit einer Entscheidung des IGH in den *merits* offen gehalten.

Ausdrücklich hat der IGH in *Ukraine v. Russian Federation* (I) die Problematik der Einbettung einzelner Fragen innerhalb seiner Jurisdiktionsgewalt in breitere Konflikte anerkannt, dabei aber keine Sperrwirkung des „breiteren" Konflikts für einzelne Aspekte der Streitigkeit angenommen. Insofern lässt das Bestehen eines weitergehenden Souveränitätskonflikts die Entscheidungskompetenz nicht zwangsläufig entfallen. Den Parteien bleibt die Möglichkeit zur gerichtlichen Geltendmachung einzelner Aspekte des Konflikts, wie in diesem Fall der Frage der Diskriminierung der Krimtataren und ethnischen Ukrainer auf der Krim.

Mit Blick auf die Beteiligung Russlands in der Ostukraine ist durch die enge Auslegung des Anwendungsbereichs des ICSFT eine ausdrückliche Feststellung der direkten Finanzierung von terroristischen Akten in der Ukraine durch die Russische Föderation und damit die ausdrückliche Feststellung von unzulässigen Waffenlieferungen und ggf. einer zurechenbaren Anwendung von Gewalt durch diese Gruppen ausgeschlossen worden. In Betracht kommt „nur" noch die ausdrückliche Feststellung einer Verletzung der Kooperationspflicht nach Art. 18 ICSFT. Die größeren Chancen für eine weitgehende Verurteilung des russischen Vorgehens in der Ukraine bestehen mit Blick auf die Vorwürfe unter dem ICERD. Die Einordnung etwaiger Verstöße gegen grundlegende Diskriminierungsverbote kann im Rahmen der Begründetheit eine Befassung mit der tatsächlichen Ausübung der Kontrolle über das Gebiet der Halbinsel erfordern, soweit es etwa um den Zugang zu effektivem Rechtsschutz, Bildung, oder Kultureinrichtungen geht. Eine inzidente Stellungnahme zur Rechtmäßigkeit der Ausübung von russischer Hoheitsgewalt auf ukrainischem Gebiet wäre insoweit zumindest denkbar. Sie ist aber vor Hintergrund der zurückhal-

---

659 IGH, Application of the International Convention on the Elimination of All Forms of Racial Discrimination (Georgia v. Russian Federation), Judgment, Preliminary Objections, 01.04.2011, ICJ Rep. 2011, 70 (140 f.), paras. 184, 187. Anm.: Der IGH hatte die *preliminary objections* der Russischen Föderation insoweit aufrechterhalten, als die Verfahrensvoraussetzungen des Art. 22 ICERD für die Anrufung des IGH seitens Georgiens nicht erfüllt worden waren.

660 *Marchuk*, EJIL-Talk!, 26.01.2017.

tenden Stellungnahme des IGH mit Blick auf seine Jurisdiktionsgewalt unwahrscheinlich. Die absolute Grenze des Konsenses der Parteien bleibt für
die Entscheidungskompetenz des Gerichtshofs bestehen. Da keine allgemeine Unterwerfungserklärung für die Befassung des IGH vorliegt, wird
eine Entscheidung des Gerichtshofs keine ausdrückliche Stellungnahme zu
Fragen des Gewalt- und Annexionsverbots enthalten. Ein Anspruch auf
Rückabwicklung des „Wiedereingliederungsprozesses" und die Verpflichtung Russlands zur Beendigung der russischen Intervention in der Ukraine
wird seitens des IGH nicht ausdrücklich statuiert werden.

Dennoch ist das Verfahren vor dem Hintergrund des breiteren Konflikts
bedeutsam. Die Feststellung einer systematischen Diskriminierungskampagne nicht-russischer Ethnien auf der Krim durch die völkerrechtswidrige Implementierung eines Systems russischer Dominanz in tatsächlicher
wie rechtlicher Perspektive und die damit einhergehende Untersuchung
etwaiger Zwangswirkung im Rahmen des Referendums, das nach russischem Verständnis einer der wesentlichen Grundpfeiler der Legitimation
der „Wiedereingliederung" der Krim in die Russische Föderation ist, ber-
gen das Potenzial für eine offene Verurteilung der russischen Praxis in
der Ukraine. Die Bedeutung eines solchen Urteils des Internationalen Gerichtshofs in diesem Verfahren darf nicht nur in der direkten „Effektivität"
eines Urteils für die Rückabwicklung und Beendigung des Gewaltverbotsverstoßes gesucht werden. Die wesentliche Relevanz eines entsprechenden
Urteils ergäbe sich aus der Signalwirkung einer Entscheidung der zentralen völkerrechtlichen Rechtsprechungsinstanz, die eine systematische Praxis der Diskriminierung von Menschen verurteilt. Hinzu kommt, dass eine
Entscheidung des IGH in der Frage zur Etablierung einer gesicherten Sach-
verhaltsgrundlage mit Blick auf russische Verletzungshandlungen und die
Zurechenbarkeit der Handlungen der „grünen Männchen" sowie der separatistischen Gruppierungen im Staatsgebiet der Ukraine einen erheblichen
Beitrag leisten würde. Die Anerkennung der Zulässigkeit des Vorbringens
der Ukraine ist insofern ein erster wichtiger Erfolg der gerichtlichen Aufarbeitung dieses Konflikts vor dem IGH. Das gleichwohl ernüchternde
Zwischenfazit der nunmehr langjährigen Befassung des Gerichtshofs mit
diesem Verfahren aber ist, dass eine Befassung mit der völkerrechtswidrigen Gewaltanwendung Russlands und dem Rechtsstatus der Krim in
diesem Verfahren nicht zu erwarten ist.

II. Exkurs: Befassung des IGH mit dem Angriffskrieg, Ukraine v. Russian Federation (II)

Kurz nach dem Beginn des Angriffskrieges hat die Ukraine im Februar 2022 ein weiteres Verfahren gegen Russland vor dem IGH eingeleitet.[661] Der IGH hat auch in diesem Verfahren einstweilige Maßnahmen gegen Russland angeordnet.[662] Der Angriffskrieg Russlands in der Ukraine wurde seitens des russischen Präsidenten ausdrücklich mit der Verwirklichung eines Völkermordes in der Ukraine begründet, zu dessen Verhinderung die Russische Föderation im Einklang mit Art. 51 UN-Charta und in Anwendung der Freundschaftsverträge mit den zuvor als unabhängig anerkannten Republiken Donezk und Luhansk die „militärische Spezialoperation" in der Ukraine durchführe.[663] Vor diesem Hintergrund bezieht sich das zweite Verfahren inhaltlich auf das Übereinkommen über die Verhütung und Bestrafung des Völkermordes (sog. UN-Völkermordkonvention).[664] Art. IX der UN-Völkermordkonvention bestimmt die Zuständigkeit des Internationalen Gerichtshofes für Streitigkeiten über die Auslegung, Anwendung oder Erfüllung der Verpflichtungen der Konvention.[665] Das Verfahren knüpft mit der Völkermordkonvention an ein anderes Vertragswerk an und könnte demnach eine weitergehende Perspektive für die

---

661 IGH, Ukraine v. Russian Federation (II), Application instituting Proceedings submitted by Ukraine, 27.02.2022.

662 IGH, Ukraine v. Russian Federation (II), Order, 16.03.2022. S. auch: Request for the indication of provisional measures submitted by Ukraine, 27.02.2022

663 „*In this context, in accordance with Article 51 (Chapter VII) of the UN Charter, with permission of Russia's Federation Council, and in execution of the treaties of friendship and mutual assistance with the Donetsk People's Republic and the Lugansk People's Republic, ratified by the Federal Assembly on February 22, I made a decision to carry out a special military operation. The purpose of this operation is to protect people who, for eight years now, have been facing humiliation and genocide perpetrated by the Kiev regime. To this end, we will seek to demilitarise and denazify Ukraine, as well as bring to trial those who perpetrated numerous bloody crimes against civilians, including against citizens of the Russian Federation.*", Address by the President of the Russian Federation, 24.02.2022.

664 Convention on the Prevention and Punishment of the Crime of Genocide, 09.12.1948.

665 „*Disputes between the Contracting Parties relating to the interpretation, application or fulfilment of the present Convention, including those relating to the responsibility of a State for genocide or for any of the other acts enumerated in article III, shall be submitted to the International Court of Justice at the request of any of the parties to the dispute.*", Art. IX UN-Völkermordkonvention.

Geltendmachung russischer Völkerrechtsverletzungen mit Blick auf das Gewaltverbot eröffnen.

1. Vorbringen der Parteien

Die Ukraine beantragt beim Gerichtshof die Feststellung, dass entgegen der Behauptungen der Russischen Föderation in der Ostukraine kein Völkermord begangen wurde, Russland auf Grundlage dieser Falschbehauptungen auch keine rechtmäßigen Maßnahmen zur Verhinderung entsprechender Handlungen ergreifen könne, sowie die Durchführung der „militärischen Spezialoperation" und die Anerkennung der Unabhängigkeit der Oblaste Donezk und Luhansk auf dieser Falschbehauptung beruhten und daher keine rechtliche Grundlage in der Völkermordkonvention aufwiesen. Darüber hinaus solle die Russische Föderation dazu aufgefordert werden, die Unterlassung derartiger Handlungen für die Zukunft zu versichern und vollständige Reparation für auf der Grundlage der Militäroperation erlittene Schäden zu leisten.[666] Das ukrainische Vorbringen bezieht sich damit im Wesentlichen auf ein negatives Recht aus der Genozidkonvention, nicht aufgrund der falschen Behauptung eines Genozids in der Ukraine zum vermeintlichen Zweck der Verhütung und Bestrafung von Völkermord (Art. 1 Völkermordkonvention) zum Opfer russischer Gewaltanwendung zu werden.[667]

Zusätzlich beantragte die Ukraine im Wege des einstweiligen Rechtsschutzes die unverzügliche Beendigung sämtlicher Kampfhandlungen russischer Truppen in der Ukraine.[668]

Die Russische Föderation hat die Beteiligung am Verfahren, insbesondere der mündlichen Verhandlung zum Erlass einstweiliger Maßnahmen, abgelehnt, ihre Position aber in einer schriftlichen Stellungnahme an den Gerichtshof übermittelt.[669] Russland bestreitet auch im Rahmen dieses Verfahrens die Zuständigkeit des IGH. Einziger Anknüpfungspunkt sei die

---

666 IGH, Ukraine v. Russian Federation (II), Application instituting Proceedings submitted by Ukraine, 26.02.2022, para. 30.

667 IGH, Ukraine v. Russian Federation (II), Application instituting Proceedings submitted by Ukraine, 26.02.2022, para. 26.

668 IGH, Ukraine v. Russian Federation (II), Request for the indication of provisional measures, 27.02.2022, para. 20.

669 IGH, Ukraine v. Russian Federation (II), Document from the Russian Federation setting out its position regarding the alleged "lack of jurisdiction" of the Court in the case, 07.03.2022.

Streitbeilegungsklausel der Völkermordkonvention, die zur Begründung der Zuständigkeit des IGH eine Streitigkeit erfordere, deren *„subject-matter"* sich auf die Auslegung, Anwendung oder Durchführung der Konvention beziehe.[670] Der Wortlaut der Völkermordkonvention aber weise darauf hin, dass Fragen der Gewaltanwendung oder der Anerkennung von Staaten durch die Konvention nicht erfasst seien.[671] Die Ukraine versuche zwar, den Bezug zur Völkermordkonvention herzustellen, indem sie beantrage, festzustellen, dass die „militärische Spezialoperation" keine Grundlage in der Völkermordkonvention finde. Die Konvention biete aber ohnehin keine Rechtsgrundlage für eine irgendwie geartete militärische Handlung oder die Anerkennung eines Staates, weil diese Fragen nicht in ihren Anwendungsbereich fielen.[672] Die „Spezialoperation" sei eine Selbstverteidigungshandlung im Sinne von Art. 51 UN-Charta sowie Völkergewohnheitsrecht und beziehe sich auf eine entsprechende Bitte der Volksrepubliken Donezk und Luhansk.[673] Die Anerkennung der Republiken als unabhängige Staaten sei ein souveräner politischer Akt der Russischen Föderation und erfolge mit Blick auf das Recht auf Selbstbestimmung der Völker der Oblaste.[674] Die Anträge der Ukraine seien abzuweisen, weil sie nicht der Jurisdiktionsgewalt des Gerichtshofes unterfielen.[675]

---

670 IGH, Ukraine v. Russian Federation (II), Document from the Russian Federation setting out its position regarding the alleged "lack of jurisdiction" of the Court in the case, para. 7.

671 IGH, Ukraine v. Russian Federation (II), Document from the Russian Federation setting out its position regarding the alleged "lack of jurisdiction" of the Court in the case, paras. 10–12.

672 IGH, Ukraine v. Russian Federation (II), Document from the Russian Federation setting out its position regarding the alleged "lack of jurisdiction" of the Court in the case, para. 13.

673 IGH, Ukraine v. Russian Federation (II), Document from the Russian Federation setting out its position regarding the alleged "lack of jurisdiction" of the Court in the case, para. 16.

674 IGH, Ukraine v. Russian Federation (II), Document from the Russian Federation setting out its position regarding the alleged "lack of jurisdiction" of the Court in the case, paras. 17–19.

675 IGH, Ukraine v. Russian Federation (II), Document from the Russian Federation setting out its position regarding the alleged "lack of jurisdiction" of the Court in the case, paras. 23 f.

2. Entscheidung des Gerichtshofes

Der IGH hat knapp drei Wochen nach Beginn des Angriffskrieges, am 16.03.2022, einstweilige Maßnahmen gegenüber der Russischen Föderation erlassen. Eine Entscheidung in der Hauptsache steht noch aus. Im Rahmen der einstweiligen Maßnahmen wird Russland mit dreizehn zu zwei Stimmen aufgefordert, alle militärischen Operationen im Gebiet der Ukraine unverzüglich einzustellen und sicherzustellen, dass alle von Russland kontrollierten oder unterstützten bewaffneten Einheiten, Organisationen oder sonstige Personen keine Schritte zur Unterstützung etwaiger militärischer Operationen in der Ukraine vornehmen. Darüber hinaus werden beide Parteien einstimmig dazu aufgefordert, jegliche Verschärfung der Streitigkeit vor dem Gerichtshof zu unterlassen.[676]

In seiner Entscheidung zum Erlass vorläufiger Maßnahmen drückt der IGH seine Besorgnis über die Gewaltanwendung Russlands in der Ukraine und die dadurch hervorgerufenen *„very serious issues of international law"* aus. Darüber hinaus betont der Gerichtshof die Verpflichtung aller Staaten, im Einklang mit ihren Pflichten nach der UN-Charta und dem sonstigen Völkerrecht, insbesondere den Verpflichtungen aus dem humanitären Völkerrecht, zu handeln.[677] Das Verfahren vor dem IGH aber sei insoweit beschränkt, als die Ukraine dieses unter der Völkermordkonvention angestrengt habe.[678] Die Jurisdiktionsgewalt des Gerichtshofs ergebe sich nach dem Vorbringen der Ukraine aus Art. 36 I IGH-Statut und Art. IX der Völkermordkonvention, deren Parteien die Ukraine und Russland seien.[679] Aufgabe des Gerichtshofs sei daher, das Bestehen einer Streitigkeit unter Art. IX der Völkermordkonvention zwischen der Ukraine und Russland zu prüfen. Hochrangige Vertreter der Russischen Föderation ebenso wie der Ukraine hätten in wiederholten Statements deutliche Meinungsverschiedenheiten darüber erkennen lassen, ob gewisse Akte der Ukraine in den Regionen Luhansk und Donezk als Völkermord im Sinne der Völkermordkonvention zu qualifizieren seien, sowie über die Frage, ob im Sinne der Verpflichtung in Art. 1 der Völkermordkonvention die Anwendung von Gewalt durch die Russische Föderation eine zulässige Maßnahme zur Verhütung und Bestrafung eines Völkermordes sein könne.[680]

---

676 IGH, Ukraine v. Russian Federation (II), Order, 16.03.2022, para. 86.
677 IGH, Ukraine v. Russian Federation (II), Order, 16.03.2022, para. 18.
678 IGH, Ukraine v. Russian Federation (II), Order, 16.03.2022, para. 19.
679 IGH, Ukraine v. Russian Federation (II), Order, 16.03.2022, paras. 25–27.
680 IGH, Ukraine v. Russian Federation (II), Order, 16.03.2022, para. 45.

Zwar habe der Gerichtshof zur Kenntnis genommen, dass die Russische Föderation ihre „Spezialoperation" auf Art. 51 UN-Charta und das Völkergewohnheitsrecht stütze, gleichwohl könne eine bestimmte Handlung Streitigkeiten begründen, die in den Anwendungsbereich von mehreren völkervertraglichen Regelungsregimen fielen. Das Vorbringen Russlands schließe daher das Bestehen einer Streitigkeit über die Auslegung, Anwendung oder Durchführung der Völkermordkonvention nicht aus.[681] Vor diesem Hintergrund ging der Gerichtshof *prima facie* vom Bestehen seiner Jurisdiktionsgewalt unter Art. IX der Völkermordkonvention aus.[682]

Zum Zeitpunkt des Erlasses der einstweiligen Maßnahmen habe der Gerichtshof keinerlei Hinweise erhalten, die die Behauptung des Bestehens eines Völkermordes in der Ukraine substantiierten. Darüber hinaus sei zweifelhaft, ob Sinn und Zweck der Völkermordkonvention eine einseitige Anwendung von Gewalt durch eine Vertragspartei im Hoheitsgebiet eines anderen Staates zur Erfüllung der Verpflichtung zur Verhütung oder Bestrafung des Völkermordes legitimieren könne.[683] Vor diesem Hintergrund bestehe ein plausibles Recht der Ukraine auf unverzügliche Beendigung und Unterlassung des russischen Militäreinsatzes zum vorgegebenen Zwecke der Verhütung und Bestrafung eines mutmaßlichen Völkermordes aus der Völkermordkonvention.[684]

3. Bewertung

Die Entscheidung des IGH im Rahmen des einstweiligen Rechtsschutzes ist auf der Basis der Jurisdiktionsgewalt ein großer Erfolg für die Ukraine. Anders als im parallelen Verfahren der Ukraine gegen Russland unter dem ICERD und dem ICSFT sieht der IGH im Rahmen der Völkermordkonvention seine Entscheidungskompetenz weitgehend begründet, obwohl auch hier die Gewaltanwendung Russlands der wesentliche Anknüpfungspunkt und das wesentliche Erkenntnisziel des ukrainischen Klageverfahrens sein wird. Die Chance auf eine Verurteilung der russischen Gewaltanwendung als völkerrechtswidrig in den *merits* des Verfahrens ist vor dem Hintergrund der Begründung des negativen Rechts der Ukraine aus Art. 1 der Völkermordkonvention deutlich höher als noch im ersten IGH-

---

681 IGH, Ukraine v. Russian Federation (II), Order, 16.03.2022, para. 46.
682 IGH, Ukraine v. Russian Federation (II), Order, 16.03.2022, para. 48.
683 IGH, Ukraine v. Russian Federation (II), Order, 16.03.2022, para. 59.
684 IGH, Ukraine v. Russian Federation (II), Order, 16.03.2022, para. 60.

Verfahren, das nach der Entscheidung des Gerichtshofs eine Befassung mit Fragen des allgemeinen Völkerrechts ausdrücklich nicht erforderte. Das Vorbringen der Russischen Föderation, die Militärintervention erfolge in Ausübung des Selbstverteidigungsrechts nach Art. 51 UN-Charta, hat der Gerichtshof nicht gelten lassen. Vielmehr nimmt er in seiner Anordnung ausdrücklich offizielle Statements in Bezug, in denen die Russische Föderation den Einmarsch mit dem Vorwurf des Völkermordes begründet hat.[685] Die ukrainische Argumentation der Herleitung eines negativen Rechts aus Art. 1 der Völkermordkonvention, nicht aufgrund einer Falschbehauptung des Völkermordes Opfer einer unilateralen Gewaltanwendung zu werden, hat der Gerichtshof anerkannt. Dieses negative Recht ist in Art. 1 der Konvention, der „nur" die positive Verpflichtung zur Verhütung und Bestrafung jeder Form des Völkermordes enthält, nicht ausdrücklich verankert. Gleichwohl begründet der Gerichtshof mit einer breiten Mehrheit von dreizehn zu zwei Stimmen über diese Konstruktion seine Entscheidungskompetenz.

Die Begründung der „Spezialoperation" mit dem russischen Narrativ des Völkermordes in der Ukraine hat so die Grundlage der Begründung der Jurisdiktionsgewalt des Gerichtshofes geschaffen. Ohne diesen Anknüpfungspunkt stünden einer Geltendmachung des Angriffskrieges vor dem IGH dieselben Hindernisse in der Begründung der Zuständigkeit entgegen, wie es mit Blick auf die Gewaltanwendung auf der Krim bereits der Fall war. Die Strategie der Ukraine hat sich im Vergleich zum ersten Verfahren insoweit geändert, dass nicht auf eine „inzidente" Befassung spekuliert wurde, gleichermaßen aber ausdrücklich betont wurde, dass eine Stellungnahme zu Fragen des allgemeinen Völkerrechts nicht erwartet werde. Stattdessen wurden Fragen des allgemeinen Völkerrechts in die Bahnen der Völkermordkonvention eingeflochten. Über die Begründung eines negativen Rechts zur Freiheit von zwischenstaatlicher Gewalt auf der Grundlage einer Behauptung der Beendigung eines vermeintlichen Völkermordes ist es der Ukraine gelungen, mit Blick auf die Zuständigkeit *ratione materiae* den entscheidenden Konnex der Frage des Gewaltverbotsverstoßes zu der Jurisdiktionsklausel des zuständigkeitsbegründenden Vertragswerkes herzustellen. Im vorangegangenen Verfahren war eine Anknüpfung der Gewaltanwendung der Russischen Föderation in der Ukraine nicht im gleichen Maße möglich bzw. gelungen, sodass der Einwand der Souveränitätsstreitigkeit, die nicht in den Anwendungsbereich der in

---

685 IGH, Allegations of Genocide under the Convention on the Prevention and Punishment of the Crime of Genocide, Order, 16.03.2022, paras. 37–41.

Bezug genommenen Vertragswerke falle, weitgehend trug. Der Einwand der Russischen Föderation, es handle sich im Kern um eine Streitigkeit über die Anwendung von Gewalt gegenüber der Ukraine, die nicht im Anwendungsbereich der Völkermordkonvention liege, ist im zweiten Verfahren nur vom russischen Richter *Gevorgian* und der chinesischen Richterin *Xue* anerkannt worden.[686] Beide lehnen die Jurisdiktionsgewalt des Gerichtshofs unter Art. IX der Völkermordkonvention ab, weil die Streitigkeit die Anwendung von Gewalt als Frage des allgemeinen Völkerrechts betreffe.[687]

Darüber hinaus hat der Gerichtshof in deutlicher Sprache auf seine Betroffenheit hinsichtlich der Gewaltanwendung in der Ukraine hingewiesen und die hieraus entstehenden *„serious issues of international law"* benannt. Die Anordnung benennt ausdrücklich die schwerwiegenden Folgen des Militäreinsatzes, den Tod zahlreicher Zivilisten, die Beeinträchtigung in der lebensnotwendigen Versorgung der Zivilbevölkerung und das massive Ausmaß der Zerstörung, das die Invasion nach sich zieht. Auch auf die Verpflichtungen nach der UN-Charta hat der Gerichtshof ausdrücklich

---

686 S. insbesondere: Declaration of Vice-President *Gevorgian*, para. 5; Declaration of Judge *Xue*, paras. 3 f.

687 Die Stellungnahmen der Richter *Gegorvian* und *Xue* beziehen sich darüber hinaus auf die Rechtsprechung des IGH zum NATO-Bombardement Jugoslawiens 1999 (*Legality of Use of Force cases*). Der IGH hatte in den entsprechenden Verfahren vertreten, dass eine zwischenstaatliche Gewaltanwendung ohne das zugehörige *„element of intent"* keine Handlung im Sinne von Art. 2 der Völkermordkonvention darstellen könne, weswegen die Begründung seiner Zuständigkeit über die Völkermordkonvention mit Blick auf das NATO-Bombardement ausscheide, s. IGH, Legality of Use of Force (Yugoslavia v. Belgium), Provisional Measures, Order, 02.06.1999, ICJ Rep. 1999, 124 (138), para. 40. Der Vorwurf der Ukraine, die russische Invasion stelle ihrerseits einen Völkermord dar, war nach Auffassung *Gevorgians* wegen des Fehlens des *element of intent* zurückzuweisen. Auch das Bestehen eines entsprechenden negativen Rechts der Ukraine, nicht Opfer einer Gewaltanwendung auf der Grundlage eines falschen Genozidvorwurfs zu werden, weist der russische Richter zurück, s. Declaration of Vice-President *Gevorgian*, para. 7. Die chinesische Richterin *Xue* betrachtet den Aspekt des Genozidvorwurfs als integralen Bestandteil der Streitigkeit zwischen den Verfahrensparteien mit Blick auf die Sicherheitslage in der Region. Der Hauptgegenstand der Streitigkeit sei die Frage der Zulässigkeit einer Gewaltanwendung im Fall eines Genozids, weswegen die Streitigkeit eine Frage des allgemeinen Völkerrechts betreffe, nicht aber in den Anwendungsbereich der Genozidkonvention falle. Derartige Fragen seien – ebenfalls mit Blick auf die *Legality of Use of Force* Rechtsprechung – im Wege friedlicher Streitbeilegung nach Art. 33 UN-Charta zu behandeln., Declaration of Judge *Xue*, para. 4 f. mNW.

hingewiesen.[688] Indirekt lässt sich so schon aus der Entscheidung über die Anordnung vorläufiger Maßnahmen ableiten, dass der Gerichtshof die Gewaltanwendung als Verstoß gegen die Verpflichtungen der UN-Charta einordnet. Die beschlossenen einstweiligen Maßnahmen des Gerichtshofs gehen über den Antrag der Ukraine gar insoweit hinaus, dass sie keine ausdrückliche Bezugnahme auf die Anwendung von Gewalt mit dem Ziel der Verhütung oder Bestrafung eines Völkermordes und damit die Völkermordkonvention enthalten, sondern jegliche Anwendung militärischer Waffengewalt gegen die Ukraine im Rahmen der Militärintervention erfassen.[689] Obwohl die Entscheidung des Gerichtshofes im einstweiligen Rechtsschutz noch keine endgültige Stellungnahme beinhaltet, eröffnet das Verfahren im Vergleich zu dem vorherigen IGH-Verfahren neue Perspektiven einer gerichtlichen Geltendmachung und bildet schon im Stadium der vorläufigen Maßnahmen eine eindrucksvolle Stellungnahme des zentralen Rechtsprechungsorgans der internationalen Gemeinschaft. Die Deutlichkeit der Formulierung des Gerichtshofes, die weit überwiegende Mehrheit und die Begründung seiner Zuständigkeit über die Anerkennung der ukrainischen Auslegung von Art. 1 der Völkermordkonvention haben einen außergewöhnlichen Charakter.

---

688 IGH, Ukraine v. Russian Federation (II), Order, 16.03.2022, para. 18.

689 Vorschlag der Ukraine: *„a. The Russian Federation shall immediately suspend the military operations commenced on 24 February 2022* **that have as their stated purpose and objective the prevention and punishment of a claimed genocide in the Luhansk and Donetsk oblasts of Ukraine.;** *b. The Russian Federation shall immediately ensure that any military or irregular armed units which may be directed or supported by it, as well as any organizations and persons which may be subject to its control, direction or influence, take no steps in furtherance of the military operations* **which have as their stated purpose and objective preventing or punishing Ukraine for committing genocide.** *(Hervorhebung eingefügt)“.*, IGH, Ukraine v. Russian Federation (II), Request for the Indication of Provisional Measures Submitted by Ukraine, para. 20; gegenüber der Formulierung des IGH: *„ (1) The Russian Federation shall immediately suspend the military operations that it commenced on 24 February 2022 in the territory of Ukraine; […] (2) The Russian Federation shall ensure that any military or irregular armed units which may be directed or supported by it, as well as any organizations and persons which may be subject to its control or direction, take no steps in furtherance of the military operations referred to in point (1) above“*, IGH, Ukraine v. Russian Federation (II), Order, 16.03.2022, para. 86.

III. Fazit zur IGH-Befassung

Der Befassung des Internationalen Gerichtshofs sind durch die kompromissarischen Klauseln der einschlägigen bilateralen Verträge enge Grenzen gesetzt. Die Jurisdiktionsvorschriften des ICERD und ICSFT hat der Gerichtshof im ersten Verfahren eng ausgelegt und eine inzidente Befassung mit Fragen der territorialen Souveränität über die Krim sowie der direkten Unterstützung terroristischer Gruppierungen durch die Russische Föderation in der Ostukraine faktisch weitgehend ausgeschlossen. Ursache hierfür war auch die Antragstellung der Ukraine, die im ersten Verfahren ausdrücklich darauf hingewiesen hat, Fragen der territorialen Souveränität nicht zum Gegenstand der Klage machen zu wollen. Diese Klarstellung aber wird vor dem Hintergrund der Jurisdiktionsbegründung für den IGH notwendig gewesen sein. Im zweiten Verfahren mit Bezug auf die Genozidkonvention hat der IGH durch die Anerkennung der ukrainischen Argumentation eine weitergehende Perspektive für eine inzidente Stellungnahme zum Angriffskrieg Russlands zumindest eröffnet. Hier bleibt es denkbar, dass der Gerichtshof die Völkerrechtswidrigkeit der russischen Gewaltanwendung im Rahmen der „Spezialoperation" in der Ukraine feststellen wird, wenn er sich mit der Frage einer Verletzung des negativen Rechts der Ukraine aus Art. 1 der Genozidkonvention befasst. Die Entschließung des Gerichtshofes, den „Umweg" über die Völkermordkonvention zur Begründung seiner Entscheidungskompetenz anzunehmen, ist daher von herausragender Bedeutung für die Chancen einer justiziellen Aufarbeitung des Ukraine-Konflikts vor dem IGH. Der Rechtsstatus der Krim und die vorangegangenen Verletzungen völkerrechtlicher Verpflichtungen in der Ostukraine aber sind nicht Gegenstand des zweiten Verfahrens, sodass eine Stellungnahme des IGH zu Völkerrechtsverstößen der Russischen Föderation vor Beginn des Angriffskrieges nicht zu erwarten ist. Die absolute Grenze der konsensualen Begründung der Jurisdiktionsgewalt des Gerichtshofes Parteien steht einer solchen Entscheidung entgegen.

Die Alternative eines zwischenstaatlichen Verfahrens – die Anrufung des IGH um eine *advisory opinion* durch den UN-Sicherheitsrat – scheidet vor dem Hintergrund der Vetoposition Russlands im Sicherheitsrat aus. Das zentrale Rechtsprechungsorgan im Völkerrecht ist damit jedenfalls für die frühe Phase des Ukrainekonflikts weitgehend handlungsunfähig. Eine Verurteilung des eklatanten Verstoßes gegen das Gewalt- und Annexionsverbot schon aus dem Jahr 2014 wird es nicht geben. Was aber bedeutet das für die Geltendmachung derartiger Verstöße in der internationalen Gerichtsbarkeit? Bestehen über die Befassung des IGH mit derartigen Fragen Möglichkeiten, diese schwerwiegenden Völkerrechtsverletzungen in anderen Zweigen der völkerrechtlichen Gerichtsbarkeit geltend zu machen? Die Ukraine hat menschenrechtliche, seevölkerrechtliche und investitionsschutzrechtliche Aspekte des Konflikts vor internationale Spruchkörper gebracht, deren Erfolgsaussichten mit Blick auf eine Verurteilung dieser zentralen Verstöße Russlands gegen *ius cogens* im Folgenden untersucht werden.

B. Verfahren vor dem EGMR

I. Überblick

Vor dem Europäischen Gerichtshof für Menschenrechte werden derzeit fünf Staatenbeschwerdeverfahren der Ukraine gegen Russland behandelt. Das zuletzt eingeleitete Verfahren bezieht sich auf die bewaffnete Invasion Russlands im Februar 2022 in die Ukraine[690], während die übrigen Verfahren schon vor Beginn des Angriffskrieges anhängig waren. Drei Verfahren mit räumlichem Bezug zur Krim wurden in der Sache *Ukraine v. Russian Federation (re Crimea)* zusammengefasst[691], sowie drei Verfahren mit räumlichem Bezug zur Ostukraine in einem weiteren Gesamtverfahren.[692] Während die Ukraine auf der Krim eine gezielte Diskriminierungskampagne der Russischen Föderation und daraus resultierende massive Menschenrechtsverletzungen rügt, befassen sich die Verfahren mit Bezug zur Ostukraine insbesondere mit dem Abschuss des Passagierflugzeugs MH17 sowie mit der Verletzung von Menschenrechten im Rahmen des Konflikts in der Ostukraine, etwa des Rechts auf Leben, des Folterverbots sowie der Freiheit der Meinungsäußerung.[693] Weitere Verfahren vor dem EGMR behandeln einen seevölkerrechtlich relevanten Vorfall aus dem November

---

690 EGMR, Ukraine v. Russia (X), application no. 11055/22, 28.02.2022.
691 EGMR, Ukraine v. Russian Federation (re Crimea), application nos. 20958/14, 38334/18.
692 EGMR, Ukraine and the Netherlands v. Russia, application nos. 8019/16, 43800/14, 28525/20.
693 Am 18.07.2014 wurde über dem Konfliktgebiet entlang der russisch-ukrainischen Grenze in der Ostukraine eine Passagiermaschine der Airline Malaysia Airlines mit der Flugnummer MH-17 abgeschossen. Bei dem Angriff kamen die 298 Menschen an Bord ums Leben. Es folgten wechselseitige Schuldzuweisungen zwischen der Ukraine und der Russischen Föderation.

2018, bei dem ukrainische Kriegsschiffe und ihre Besatzung von russischen Soldaten im Bereich des Asowschen Meers festgesetzt und inhaftiert wurden[694], sowie den Vorwurf der andauernden Praxis der Verfolgung und gezielten Tötung vermeintlicher Gegner des russischen Regimes in Russland und auf dem Territorium anderer Staaten.[695] Der Antrag der Ukraine in der Sache *re Crimea* wurde am 14.01.2021 für teilweise zulässig erklärt.[696] In den übrigen Verfahren steht eine Entscheidung des Gerichtshofs zur Zulässigkeit noch aus.

In Bezug auf das Verfahren *re Crimea* ebenso wie in Bezug auf die Staatenbeschwerde der Ukraine nach Beginn des Angriffskriegs hat der Gerichtshof zudem vorläufige Maßnahmen nach Art. 39 EGMR-Verfahrensordnung erlassen. Mit Blick auf die Krim wurden beide Parteien dazu verpflichtet, Maßnahmen zu unterlassen, die Verletzungen der Rechte der Zivilgesellschaft, insbesondere das Recht auf Leben nach Art. 2 und das Folterverbot nach Art. 3 EMRK nach sich ziehen könnten.[697] In dem Verfahren mit Bezug auf den Angriffskrieg wurde die Russische Föderation zur unverzüglichen Einstellung jeglicher militärischer Angriffe auf Zivilisten und zivile Objekte sowie zur Gewährleistung der Sicherheit medizinischer Einrichtungen sowie des ungehinderten Zugangs der Zivilbevölkerung zu sicheren Fluchtrouten, medizinischer Versorgung und weiterer lebensnotwendiger Güter sowie humanitärer Hilfe verpflichtet.[698] Der Schwerpunkt der nachfolgenden Betrachtung liegt auf dem Verfahren mit Bezug zur Halbinsel Krim und der Frage der inzidenten Geltendmachung der Völkerrechtsverletzungen Russlands in diesem Gerichtszweig. Die Bedeutung des weiteren Verfahrens vor dem EGMR nach dem Beginn der Invasion sowie das Ende der Mitgliedschaft Russlands im Europarat sind Gegenstand eines Exkurses am Ende des Abschnitts.[699]

---

694 EGMR, Ukraine v. Russian Federation (VIII), app. no. 55855/18, 29.11.2018.

695 EGMR, Ukraine v. Russian Federation (IX), app. no. 10691/21, 19.02.2021.

696 EGMR, Ukraine v. Russian Federation (re Crimea), Grand Chamber Decision, app. nos. 20958/14 and 38334/18, 14.01.2021.

697 EGMR, re Crimea, Decision, 14.01.2021, S. 10, para. 5.

698 EGMR, Ukraine v. Russia (X), Press Release 068 (2022), 01.03.2022; Press Release 116 (2022), 01.04.2022, Anm.: Die Entscheidung im Volltext ist nicht veröffentlicht worden.

699 S. hierzu in diesem Kapitel: B., III.

II. Ukraine v. Russian Federation *(re Crimea)*

In der Sache *re Crimea* hat der EGMR im Januar 2021 eine Entscheidung zur Zulässigkeit der von der Ukraine erhobenen Staatenbeschwerde getroffen.[700]

1. Verfahrensgegenstand

Inhaltlich befasst sich das Verfahren mit dem Vorwurf einer systematischen Verletzung der Europäischen Menschenrechtskonvention durch die Russische Föderation auf dem Gebiet der Halbinsel Krim im Zeitraum vom 27.02.2014 bis 26.08.2015.[701] Die Ukraine bringt vor, am 27.02.2014 hätten über 100 schwerbewaffnete Männer offizielle Regierungsgebäude der Republik Krim gestürmt, ohne die Zustimmung der ukrainischen Regierung die militärische Präsenz massiv erhöht und die legitimierten Volksvertretungen auf der Krim unter Unterdrückung des Widerstands des ukrainischen Militärs gewaltsam durch russische Kräfte ausgetauscht.[702] Seitdem übe Russland aufgrund der *„uninterrupted unlawful occupation and annexation"* der Krim extraterritorial seine Hoheitsgewalt aus, die sich insbesondere in der massiven russischen Militärpräsenz über die Grenzen bilateraler Stationierungsvereinbarungen hinaus und der Unterstützung der neuen russischen lokalen Autoritäten und paramilitärischen Gruppierungen begründe.[703] Die Ukraine beruft sich auf Verletzungen von Art. 2 (Recht auf Leben), Art. 3 (Folterverbot), Art. 5 (Recht auf Freiheit und Sicherheit), Art. 6 (Recht auf ein faires Verfahren), Art. 8 (Recht auf Achtung des Privat- und Familienlebens), Art. 9 (Religionsfreiheit), Art. 10 (Freiheit der Meinungsäußerung), Art. 11 (Versammlungs- und Vereinigungsfreiheit), Art. 14 (Diskriminierungsverbot), Art. 1 1. ZP (Eigentumsschutz), Art. 2 2. ZP (Recht auf Bildung) und Art. 2 4. ZP EMRK (Freizügigkeit).[704]

---

700 EGMR, re Crimea, Decision, 14.01.2021.

701 EGMR, re Crimea, Decision, paras. 233 ff.; Press Release 010 (2021), 14.01.2021, S. 1.

702 EGMR, re Crimea, Decision, paras. 42 ff.

703 EGMR, re Crimea, Decision, paras. 7, 49, 237, 287 f. Anm.: In ihrem Memorial berief sich die Ukraine zusätzlich auf die *„state agent authority and control"* als weitere Grundlage der *jurisdiction* Russlands im Sinne von Art. 1 EMRK, vgl. para. 298.

704 EGMR, re Crimea, Decision, paras. 7, 233 f.

2. Jurisdiktionsgewalt des EGMR

Die Zuständigkeit des EGMR umfasst nach Art. 32 EMRK alle die Auslegung und Anwendung der EMRK und ihrer Protokolle betreffenden Angelegenheiten, mit denen der Gerichtshof nach den Art. 33, 34, 46 und 47 EMRK befasst wird. Art. 33 EMRK regelt vor diesem Hintergrund die Möglichkeit der Anrufung des EGMR im Wege der Staatenbeschwerde wegen einer behaupteten Verletzung der Konvention. Nach Art. 1 EMRK sind die Vertragsparteien zur Achtung der Konventionsrechte aller ihrer Hoheitsgewalt unterstehenden Personen verpflichtet. Erforderlich ist daher die Begründung der Hoheitsgewalt Russlands über die auf der Krim lebenden Personen als Anknüpfungspunkt der Verpflichtung nach der Konvention und damit der Entscheidungsgewalt des EGMR.

a. Vorbringen der Parteien

Die vorgeworfenen Konventionsverletzungen wurden von der Ukraine in zwei zeitliche Phasen eingeordnet: Die erste Phase währte vom 17.02.2014 bis zum 21.03.2014, die zweite Phase begann am 21.03.2014.[705] In der ersten Phase der *„occupation"* seien russische Soldaten und Selbstverteidigungsgruppen auf die gewaltsame Unterdrückung jeglicher Form von Widerstand konzentriert gewesen, die sich hauptsächlich gegen Angehörige des ukrainischen Militärs und pro-ukrainische und krimtatarische Aktivisten und Journalisten auf der Krim richtete.[706] Russische Staatsbedienstete seien in die Vorgänge eng eingebunden gewesen, sie seien entweder wissentlich an den Konventionsverletzungen beteiligt gewesen oder hätten diese zumindest toleriert.[707] In der zweiten Phase der *„occupation"*, nach dem 21.03.2014, sei die systematische Verletzung von Menschenrechten intensiviert worden. Dies habe sich durch illegale Inhaftierungen, unbegründete Strafverfolgung, die Verweigerung der Registrierung von NGOs, Diskriminierung und Verfolgung aufgrund politischer Auffassungen und anderer illegaler Kriterien, unrechtmäßige Enteignungen sowie die Anwendung von Gewalt, das Verschwindenlassen von Personen, Folter und Tötungen, Einschränkungen in der Religions- und Unternehmensfreiheit, sowie der Bewegungsfreiheit und der kulturellen Diskriminierung der

---

705 EGMR, re Crimea, Decision, para. 107.
706 EGMR, re Crimea, Decision, paras. 107, 110.
707 EGMR, re Crimea, Decision, para. 112.

Krimtataren geäußert.[708] Seit dem 27.02.2014, dem Tag, an dem Russland die Kontrolle (*„effective control"*) über das Gebiet der Krim übernommen habe, habe Russland extraterritoriale Hoheitsgewalt auf der Krim durch die „völkerrechtswidrige Okkupation und Annexion" der Halbinsel ausgeübt.[709] Hieraus ergebe sich die Verpflichtung Russlands nach der EMRK.

Die Russische Föderation dagegen bestreitet die Entscheidungskompetenz des EGMR. Der Einwand der Souveränitätsstreitigkeit wiederholt sich auch in diesem Verfahren. Die Ukraine bezwecke nicht die Geltendmachung von Menschenrechtsverstößen, sondern wolle politische Aspekte und Fragen des allgemeinen Völkerrechts, etwa die Rechtmäßigkeit des „Referendums" auf der Krim und die folgende „Wiedereingliederung" in das Verfahren einbringen. Hierfür aber fehle dem Gerichtshof die Jurisdiktionsgewalt, weswegen die Geltendmachung derartiger Fragen einen *„lack of good faith"* erkennen lasse und einen *„abuse of process"* darstelle.[710]

Das Prinzip der *jurisdiction* und damit der Verpflichtung nach Art. 1 EMRK habe seine Grundlage im Territorialitätsprinzip.[711] Vor dem 18.03.2014 habe Russland nach dem Maßstab der effektiven Kontrolle als Grundlage der Annahme extraterritorialer *jurisdiction* keine Hoheitsgewalt über die Krim ausgeübt, weswegen auch keine Verantwortlichkeit für die Handlungen der Behörden oder Institutionen Sewastopols oder der Krim vor dem 18.03.2014 bestehe.[712] Zwischen dem 1. und 17.03.2014 seien die im Rahmen bilateraler Abkommen einvernehmlich auf der Krim stationierten Streitkräfte zum Schutz der Bevölkerung der Krim eingesetzt worden, wobei die Zahl der anwesenden russischen Streitkräfte nie die vertraglich festgelegten Grenzen überschritten habe.[713] Seit der Abhaltung des „Referendums" und der „Wiedervereinigung" der Krim mit Russland vom 18.03.2014 bzw. 21.03.2014 habe die Russische Föderation sodann Hoheitsgewalt über die Krim ausgeübt und sei damit in die Verantwortung der Konventionsstandards eingetreten.[714] Während diese Hoheitsgewalt in der mündlichen Verhandlung noch als *„full territorial jurisdiction in Crimea under Article 1 of the Convention"* beschrieben worden war, vertrat Russland in den schriftlichen Verfahrensbeiträgen, eine Einordnung der *„grounds of that jurisdiction"*, also die Qualifizierung als extraterritoria-

---

708 EGMR, re Crimea, Decision, paras. 121, 134 ff.
709 EGMR, re Crimea, Decision, para. 287.
710 EGMR, re Crimea, Decision, paras. 267, 286.
711 EGMR, re Crimea, Decision, para. 277.
712 EGMR, re Crimea, Decision, para. 278.
713 EGMR, re Crimea, Decision, paras. 177, 283 ff.
714 EGMR, re Crimea, Decision, paras. 169, 181 ff., 286.

le oder territoriale Hoheitsgewalt, liege außerhalb des Verfahrensgegenstands. Der Gerichtshof würde bei einer Befassung mit ebendieser Frage unzulässigerweise seine Zuständigkeit überschreiten, indem er auf Fragen der territorialen Souveränität zwischen Staaten bzw. politische Fragen wie die Bewertung des Referendums auf der Krim eingehe.[715] Ob Russland nach dem 18.03.2014 extraterritoriale oder territoriale Hoheitsgewalt ausgeübt habe, sei vom EGMR dementsprechend nicht zu entscheiden.

Die Ukraine dagegen legte dem Gerichtshof nahe, die Ausübung russischer Hoheitsgewalt auf der Krim näher zu qualifizieren. Seit dem 27.02.2014 habe Russland extraterritoriale Hoheitsgewalt auf der Krim in Gestalt der *effective control* ausgeübt.[716] Da Russland die *jurisdiction* im Sinne der EMRK für den Zeitraum vor dem 21.03.2014 abstreite, müsse sich der Gerichtshof zur Untersuchung der Anwendbarkeit der EMRK und damit seiner Zuständigkeit mit der Qualifikation der *jurisdiction* Russlands im Sinne von Art. 1 EMRK als territoriale oder extraterritoriale Hoheitsgewalt befassen. Zudem müsse sich der Gerichtshof darüber im Klaren sein, ob er sich dem Votum der weit überwiegenden internationalen Gemeinschaft mit Blick auf die Völkerrechtswidrigkeit der „Wiedereingliederung" entgegenstellen wolle.[717]

b. Entscheidung des EGMR

Der EGMR hat die Staatenbeschwerde der Ukraine in der Sache *re Crimea* im Januar 2021 für teilweise zulässig erklärt.

aa. Entscheidungsgegenstand

Die Entscheidung bezieht sich auf den Vorwurf einer systematischen Kampagne von Menschenrechtsverletzungen auf der Krim im Zeitraum 27.02.2014 bis 26.08.2015.[718] Mit Blick auf die Proteste auf dem Maidan und die Frage der Völkerrechtswidrigkeit des Referendums auf der Krim, wozu die Ukraine ausführlich Stellung genommen hatte, nahm der EGMR

---

715 EGMR, re Crimea, Decision, para. 286.
716 EGMR, re Crimea, Decision, para. 287.
717 EGMR, re Crimea, Hearing, 11.09.2019, ab 2:39:14.
718 EGMR, re Crimea, Decision, para. 238.

an, dass diese kein wesentlicher Aspekt des Verfahrens gewesen seien.[719] Die Ukraine selbst hatte vorgebracht, der Schwerpunkt bzw. das Ziel des Verfahrens sei nicht die Befassung des Gerichtshof mit der russischen Invasion bzw. Annexion der Krim, sondern diese Fragen könnten sich allenfalls mit Fragen der *jurisdiction* im Sinne von Art. 1 EMRK überschneiden.[720] Diese Fragen blieben daher ausdrücklich außerhalb des *scope of the case*.[721] Eine Entscheidung zur Rechtmäßigkeit der russischen „Annexion der Krim" und die sich hieraus ergebende Rechtsstellung der Halbinsel *per se* wurde so vom Gerichtshof ausgeschlossen. Hierzu verwies der EGMR auch auf die Entscheidungen des IGH sowie des Schiedsgerichts im Verfahren *Ukraine v. Russian Federation* (PCA 2017–06), die einen vergleichbaren Ansatz verfolgt hatten.[722] Dennoch brachte der EGMR zum Ausdruck, die bloße Mitbetroffenheit politischer Aspekte lasse seine Entscheidungsgewalt nicht entfallen.[723] Der Einwand der Russischen Föderation des *„lack of a genuine application"* bzw. des *„abuse of the right of application"* wurde daher zurückgewiesen.[724]

bb. Qualifizierung der *jurisdiction* Russlands

Obwohl die Frage der Völkerrechtswidrigkeit des Referendums bzw. der Annexion durch den Gerichtshof als außerhalb des *scope of the case* qualifiziert wurde, hat eine indirekte Befassung mit Aspekten der Krim-Annexion Eingang in die Entscheidung gefunden. Anknüpfungspunkt hierfür ist die Untersuchung der *jurisdiction* Russlands im Sinne von Art. 1 EMRK auf dem Gebiet der Halbinsel Krim.

So stellte der EGMR zunächst fest, dass zwischen den Streitparteien Uneinigkeit über die Ausübung russischer Hoheitsgewalt im Sinne von Art. 1 EMRK über die Krim im Zeitraum 27.02.2014 – 18.03.2014 bestehe.[725]

---

719 EGMR, re Crimea, Decision, para. 240.
720 EGMR, re Crimea, Decision, para. 241.
721 EGMR, re Crimea, Decision, para. 244.
722 EGMR, re Crimea, Decision, para. 244. S. zu dem schiedsgerichtlichen Verfahren sogleich in diesem Kapitel, C.
723 EGMR, re Crimea, Decision, paras. 272 ff. Anm.: Auch hier verweist der EGMR auf die ähnliche Rechtsprechung des IGH zu dieser Frage in der Nicaragua (ICJ Rep. 1984, 392) und der Nuclear Weapons Entscheidung (*Legality of the Threat or Use of Nuclear Weapons*, Advisory Opinion, 08.07.1996, ICJ Rep. 1996, 226).
724 EGMR, re Crimea, Decision, para. 275.
725 EGMR, re Crimea, Decision, paras. 304 f.

Während die Russische Föderation erst durch die „Wiedereingliederung" der Krim von der Ausübung von *jurisdiction* im Sinne von Art. 1 EMRK über das Gebiet und damit der Zuständigkeit des Gerichtshofs ausging, mache die Ukraine geltend, schon durch die Übernahme der Kontrolle über die Krim seit dem 27.02.2014 habe Russland extraterritoriale Hoheitsgewalt auf der Krim ausgeübt. Die Uneinigkeit bezog sich demnach für die „erste Phase" darauf, ob die Russische Föderation überhaupt Hoheitsgewalt auf der Krim ausgeübt hatte. Der Gerichtshof nahm für den Zeitraum vom 27.02.2014 bis 18.03.2014 das Bestehen von *effective control* Russlands auf dem Gebiet der Halbinsel an. Diese begründe sich in der in einem kurzen Zeitraum drastisch erhöhten Zahl russischer Soldaten auf der Krim und deren Überlegenheit gegenüber den ukrainischen Truppen in technischer, taktischer, militärischer und qualitativer Sicht.[726] Der Einwand Russlands, insoweit fehle es an der Zuständigkeit *ratione loci*, wurde daher zurückgewiesen.[727]

Für den Zeitraum nach dem 18.03.2014 bestehe zwischen den Streitparteien zwar Einigkeit darüber, *dass* Russland Hoheitsgewalt auf der Krim ausgeübt habe.[728] Die Positionen unterschieden sich aber mit Blick auf die „Rechtsgrundlage" dieser Hoheitsgewalt: Die Ukraine qualifizierte diese nach wie vor als Ausübung extraterritorialer Hoheitsgewalt (*continuous and uniterrupted extraterritorial jurisdiction*), während Russland schon die bloße Untersuchung dieser Frage als *„inappropriate"* ablehne, da dem Gerichtshof die Entscheidungskompetenz für Souveränitätsaspekte fehle.[729]

Der EGMR betonte, dass keine Entscheidung über den „Beitritt" der Krim am Maßstab des Völkerrechts von ihm gefordert sei.[730] Zur Wahrung seiner Verpflichtung nach Art. 19 EMRK aber sei zu untersuchen, ob Russland Hoheitsgewalt über das Territorium der Krim im Sinne von Art. 1 EMRK ausgeübt und damit nach der EMRK verpflichtet gewesen sei.[731] Insofern – und das nur soweit dies zur Ausfüllung der Kompetenzen nach Art. 19 EMRK erforderlich sei – könne der Gerichtshof die *„nature of the jurisdiction exercised by a respondent State over a given territory"* bestim-

---

726 EGMR, re Crimea, Decision, paras. 317 ff., 335.
727 EGMR, re Crimea, Decision, para. 337.
728 EGMR, re Crimea, Decision, para. 338.
729 EGMR, re Crimea, Decision, paras. 306, 338.
730 EGMR, re Crimea, Decision, para. 339.
731 EGMR, re Crimea, Decision, paras. 340 f.

men.[732] Die Feststellung der Natur bzw. der rechtlichen Grundlage der *jurisdiction* Russlands über die Krim sei für die Entscheidung über die vorgeworfenen Verletzungen von Art. 6, Art. 2 4. ZP und Art. 14 iVm Art. 2 4. ZP EMRK erforderlich.[733] Ausgangspunkt der Bestimmung der *„nature or legal basis of the jurisdiction"* sei das Verständnis der *„jurisdiction"* im Sinne des allgemeinen Völkerrechts.[734]

Die staatliche Hoheitsgewalt im Sinne von Art. 1 EMRK werde primär territorial bestimmt, gleichzeitig aber bestehe die Vermutung, dass diese Hoheitsgewalt im gesamten Staatsgebiet ausgeübt werde.[735] In diesem Kontext habe sowohl die Ukraine als auch Russland im Jahr 1997 respektive im Jahr 1998 die Geltung der EMRK mit Blick auf ihr gesamtes Hoheitsgebiet ratifiziert – die Ukraine einschließlich des Gebiets der Krim, während weder Russland noch ein anderer Staat zum Zeitpunkt der Ratifikation der EMRK von der Zugehörigkeit der Krim zu Russland ausgegangen sei.[736]

Der EGMR teile zwar die russische Auffassung, es liege nicht in seiner Entscheidungsgewalt, zu beurteilen, ob und in welchem Umfang das Beitrittsabkommen des 21.03.2014 die staatliche Souveränität über die Krim verändert habe. Dennoch stellte der Gerichtshof fest, dass Russland auch nicht aktiv vorgebracht habe, das souveräne Staatsgebiet habe sich verändert.[737] Zwar sei die rechtliche Wirkung von Generalversammlungsresolutionen stark von ihrem Inhalt und dem Kontext ihrer Verabschiedung abhängig, gleichwohl komme der EGMR nicht umhin, auf die Verweigerung der Akzeptanz irgendeiner Veränderung der territorialen Integrität und Hoheitsgewalt der Ukraine mit Blick auf die Krim unter dem Völkerrecht

---

732 EGMR, re Crimea, Decision, para. 341. Anm.: Diese Auffassung werde gestützt durch die Entscheidung des IGH im Verfahren Ukraine v. Russian Federation (I) ebenso wie durch Entscheidungen im investitionsschutzrechtlichen Kontext.

733 Für eine Verletzung von Art. 6 EMRK komme es darauf an, welches Recht das anwendbare *„domestic law"* sei, das ukrainische oder das russische. Art. 2 4. ZP betreffe die Freiheit der Fortbewegung innerhalb des eigenen Staatsgebiets, welche nur anwendbar wäre, wenn Russland nicht auf Grundlage der *„effective control"* sondern tatsächlich auf Grundlage der *„territorial jurisdiction"* die Hoheitsgewalt über das Gebiet der Krim ausübe., EGMR, re Crimea, Decision, paras. 342 f.

734 EGMR, re Crimea, Decision, para. 344.

735 EGMR, re Crimea, Decision, para. 345 unter Verweis auf: EGMR, Bankovic et. al. v. Belgium et. al., app. no. 52207/09, Decision, 12.12.2001; EGMR, Al-Skeini et. al. v. United Kingdom, app. No. 55721/07, Decision, 07.07.2011.

736 EGMR, re Crimea, Decision, paras. 346 f.

737 EGMR, re Crimea, Decision, para. 348.

sowohl durch die Generalversammlung als auch andere internationale Institutionen und eine Reihe von Staaten ausdrücklich hinzuweisen.[738] Obwohl der EGMR damit die Problematik der „Rechtsnatur" der Hoheitsgewalt aufgeworfen hatte, ging er für die Entscheidung über die *admissibility* des ukrainischen Vorbringens schlicht davon aus, dass die *jurisdiction* Russlands über das Gebiet der Krim sich als *effective control* über ein Gebiet darstelle und nicht als Form territorialer Hoheitsgewalt.[739] Im Ergebnis vertrat der Gerichtshof damit die Auffassung, dass die Opfer der von der Ukraine beklagten gezielten und organisierten Diskriminierung russischer *jurisdiction* unterlagen, weswegen der Gerichtshof für die Staatenbeschwerde zuständig sei.[740]

Die Staatenbeschwerde der Ukraine wurde daraufhin in weiten Teilen für zulässig erklärt.[741] Lediglich die Vorwürfe einer Repression internatio-

---

738 EGMR, re Crimea, Decision, para. 348.

739 EGMR, re Crimea, Decision, para. 349. Auf die Begründung der *jurisdiction* iSd Art. 1 EMRK über die „*state agent authority*" kam es aufgrund der Annahme der *effective control* nicht mehr an, EGMR, re Crimea, Decision, para. 351. Die übrigen Einwände des Erfordernisses einer vorherigen Erschöpfung des nationalen Rechtswegs und des nicht hinreichenden Nachweises einer *administrative practice* von Menschenrechtsverletzungen wurden vom EGMR abgewiesen, paras. 363 ff., 377 ff.

740 EGMR, re Crimea, Decision, para. 352.

741 Für hinreichend substantiiert hielt der Gerichtshof im Einzelnen: Fälle des gezielten Verschwindenlassens bei Unterlassung der Einleitung effektiver Ermittlungsmaßnahmen in diesen Fällen nach Art. 2 EMRK, Misshandlungen und rechtswidrige Inhaftierungen von als Gegnern der russischen „*occupation*" ausgemachten Personen, insbesondere ukrainische Soldaten, ethnische Ukrainer und Krimtataren sowie Journalisten nach Art. 3 und 5 EMRK, die Anwendung russischen Rechts auf der Krim, insbesondere durch gegen ukrainisches Recht verstoßende Einflussnahme auf die Gerichte auf der Krim nach Art. 6 EMRK, die zwangsweise Einbürgerung von Bewohnern der Krim, der Transport von Häftlingen nach Russland und die Durchführung von Razzien in Privatwohnungen von Krimtataren Art. 8 EMRK, die Belästigung und Einschüchterung religiöser Führer, die nicht der russisch-orthodoxen Linie entsprachen, ebenso wie willkürliche Razzien in Glaubensstätten und die Beschlagnahme religiösen Eigentums nach Art. 9, die Unterdrückung nichtrussischer, ukrainischer und krimtatarischer Medien nach Art. 10, illegale und diskriminierende Verbote von Versammlungen und Unterstützungsbekundungen für die krimtatarische Bevölkerung sowie die Einschüchterung und willkürliche Inhaftierung von Organisatoren von Demonstrationen nach Art. 11, die Enteignung von Privateigentümern und privaten Unternehmen ohne Entschädigungen nach Art. 1 1. ZP, die Unterdrückung der ukrainischen Sprache in Schulen und die Diskriminierung ukrainischsprachiger Kinder in der Schule nach Art. 2 1. ZP, die Einschränkung der Freizügigkeit zwischen der Krim und dem ukrainischen

naler Medien(-vertreter), der gezielten Praxis des Tötens und der Enteignung von ukrainischen Soldaten sah der Gerichtshof als nicht hinreichend substantiiert an.[742]

3. Die Rechtsnatur der *jurisdiction* – Einfallstor der inzidenten Befassung?

Eine direkte inhaltliche Befassung mit der Zugehörigkeit der Krim und der *„legality"* der von der Ukraine gerügten russischen *„invasion"* und *„occupation"* wurde vom EGMR ausdrücklich abgelehnt.[743] Das ist mit Blick auf das ukrainische Vorbringen nicht überraschend – der primäre Fokus der Beschwerde liegt in den Konventionsverletzungen Russlands. Das Vorbringen der Ukraine überließ es ausdrücklich der Interpretation des Gerichtshofes, ob dieser im Rahmen seiner Entscheidung auch auf die Völkerrechtmäßigkeit der „Wiedereingliederung" der Krim einginge.[744]

Gleichwohl beinhaltet das Urteil die ausdrückliche Feststellung, die Souveränität über die Halbinsel sei für die *„nature"* und/oder die *„legal basis"* der Hoheitsgewalt im Sinne von Art. 1 EMRK von Bedeutung.[745] Jedenfalls für die gerügten Verletzungen von Art. 6 EMRK, Art. 2 4. ZP EMRK und Art. 14 EMRK iVm Art. 2 4. ZP EMRK müsse herausgearbei-

---

Festland infolge der de-facto-Begründung einer „Grenze" nach Art. 2 4. ZP, sowie gegen Krimtataren gerichtete Verletzungen von Art. 14 in Verbindung mit Art. 8, 9, 10 und 11 EMRK sowie Art. 2 4. ZP EMRK., paras. 392–510; Wiederholt bezieht der Gerichtshof dabei auch Berichte internationaler Organisationen und NGOs ein, s. etwa: paras. 416, 425, 438, 449, 455, 465, 477, 493, 500, 508.

742 EGMR, re Crimea, Decision, paras. 399 f., 472, 486 f.

743 S. bspw. EGMR, re Crimea, Decision, para. 244. Anm.: Hier verweist der EGMR auf den ähnlichen Lösungsansatz des IGH in seiner Entscheidung in Ukraine v. Russian Federation (I) und die Befassung des Schiedsgerichts im Verfahren Ukraine v. Russian Federation, PCA 2017–06.

744 *„The primary focus of the application is not to invite the Court to determine the legality of the Russian invasion and annexation of Crimea. It is to determine whether the violations alleged fall within Russia's jurisdiction for the purposes of Article 1 of the Convention. These may be related questions that overlap, in certain respects, but they are not the same. […] Ukraine's application cannot oblige the Court to rule on the legality of the Russian occupation and annexation of Crimea. It will be for the Court itself to determine, at the merits stage, whether such a ruling is necessary or appropriate, in order for it to reach a finding on the issue of Article 1 jurisdiction. The Court may or may not consider it necessary to determine this issue."*, EGMR, re Crimea, Decision, para. 241, zit. aus dem Memorial der Ukraine.

745 EGMR, re Crimea, Decision, paras. 306, 338 ff.

tet werden, ob die *jurisdiction* der Russischen Föderation im fraglichen Zeitraum in Form der *„territorial jurisdiction"* oder der *„effective control over an area"* und damit einer extraterritorialen Ausübung von Hoheitsgewalt bestand.[746]

Der Gerichtshof begründet hiermit zwei mögliche Ansatzpunkte für eine implizite Stellungnahme zur Souveränität über die Krim: Zunächst hat die Befassung mit der *nature* der Hoheitsgewalt als territoriale oder extraterritoriale Ausprägung derselben eine Entscheidung der Souveränitätsfrage im Rahmen der *admissibility* angedeutet. Da die *jurisdiction* eines Staates notwendige Voraussetzung seiner Verpflichtung nach der EMRK ist, könnte die Entscheidung über die „Natur" der ausgeübten Hoheitsgewalt notwendige Vorfrage einer Verletzung von Konventionsrechten und damit von der Entscheidungskompetenz des Gerichtshofs erfasst sein. Zweiter möglicher Ansatzpunkt ist die Untersuchung der Konventionsverletzungen nach Art. 6 EMRK, Art. 2 4. ZP EMRK und Art. 14 EMRK iVm Art. 2 4. ZP EMRK in den *merits*. Wenn für die Prüfung der Konventionsverletzungen die Bestimmung des (rechtmäßigen) Inhabers territorialer Souveränität über das Gebiet erforderlich ist, ist die Beantwortung der Souveränitätsfrage für die Befassung des Gerichtshofes ein notwendiger Zwischenschritt.

Welche Perspektiven ergeben sich nach der Betrachtung des EGMR also für eine Stellungnahme zu dem zugrundeliegenden Souveränitätskonflikt?

a. Einbettung in die *admissibility*

Folgt man der vom EGMR angedeuteten „Unterscheidung" nach der „Natur" der *jurisdiction* im Sinne von Art. 1 EMRK, so müsste zur Eröffnung der Zuständigkeit des EGMR bestimmt werden, ob Russland seine Hoheitsgewalt als territoriale Hoheitsgewalt auf „eigenem" Staatsgebiet ausgeübt hat, oder ob ein Ausnahmefall der extraterritorialen Anwendung von Hoheitsgewalt vorlag. Art. 1 EMRK regelt, dass die Vertragsparteien allen ihrer Hoheitsgewalt unterstehenden Personen die Einhaltung der Konventionsverpflichtungen zusichern. Eine Verpflichtung des Staates zur Wahrung der Konventionsrechte entsteht damit gegenüber denjenigen Personen, die seiner Hoheitsgewalt unterliegen. Art. 1 EMRK stellt für das Bestehen der Hoheitsgewalt aber nicht auf das Territorium des Mitgliedstaates ab, sondern regelt die Anwendbarkeit der EMRK personell.

---

746 EGMR, re Crimea, Decision, paras. 342 f.

Dennoch erstreckt sich die Hoheitsgewalt und damit die Verpflichtung des Staates nach der EMRK grundsätzlich auf das Staatsgebiet – somit wird das Bestehen von Hoheitsgewalt im Sinne von Art. 1 EMRK primär territorial bestimmt.[747] Es besteht eine widerlegbare Vermutung dafür, dass der Staat seine Hoheitsgewalt auf seinem gesamten Territorium ausübt.

Eine Ausnahme von dieser Grundregel bildet die Ausübung extraterritorialer Hoheitsgewalt, d.h. die *jurisdiction* eines Staates außerhalb seines Territoriums.[748] Eine Verpflichtung zur Wahrung der Konventionsrechte besteht auch auf dem Staatsgebiet eines Drittstaates, wenn dort eine effektive Gesamtkontrolle ausgeübt wird (*effective overall control*) oder wenn zwar keine wirksame Gesamtkontrolle ausgeübt wird, aber Individuen in dem Gebiet unter dem Einfluss der staatlichen *authority and control* bestehen, etwa durch das Handeln diplomatischer oder konsularischer Vertreter eines Staates auf fremdem Territorium.[749]

Ob die Ausübung von Hoheitsgewalt territorial oder extraterritorial erfolgt, kann also nur bestimmt werden, wenn der rechtmäßige Inhaber der Souveränität über das Gebiet bestimmt wird. Implizit würde so die von der Ukraine in der mündlichen Verhandlung angedeutete Entscheidung über die Souveränität über die Krim erreicht. Allerdings liefe dies der zentralen Prämisse des EGMR zuwider, die Befassung mit der Völkerrechtswidrigkeit der „*invasion*" liege außerhalb des *scope of the case*.

Letztlich aber hat der Gerichtshof trotz der angedeuteten abweichenden Qualifizierung der Hoheitsgewalt unter Art. 1 EMRK die „*legal basis*" der *jurisdiction* in der Zulässigkeitsentscheidung nicht behandelt, sondern ist für die Zwecke der Entscheidung über die *admissibility* des Vorbringens vom Bestehen effektiver Kontrolle über das Gebiet der Krim ausgegangen: „*Consequently, for the purposes of this admissibility decision the Court will proceed on the basis of the assumption that the jurisdiction of the respondent State over Crimea is in the form or nature of „effective control over an area" rather than in the form or nature of territorial jurisdiction."*.[750]

---

747 EGMR, Bankovic et. al. v. Belgium et. al., Decision, para. 59; Ilascu et. al. v. Moldova and Russia, App. No. 48787/99, Judgment (Merits and Just Satisfaction), 08.07.2004, para. 312; Al-Skeini et. al. v. The United Kingdom, Judgment, para. 131; Catan et. al. v. The Republic of Moldova and Russia, app. nos. 43370/04, 8252/05, 18454/06, Judgment (Merits and Just Satisfaction), 19.10.2012, para. 104; re Crimea, Decision, para. 345.

748 EGMR, Bankovic et. al. v. Belgium et. Al., Decision, paras. 61, 67; Al-Skeini et. al. v. The United Kingdom, Judgment, para. 131.

749 EGMR, Al-Skeini et. al. v. The United Kingdom, Judgment, paras. 133 ff.

750 EGMR, re Crimea, Decision, para. 349.

Auch dieses Fazit lässt sich aber doppeldeutig lesen: Hierin kann einerseits die bloße Feststellung bestehen, dass für die Zulässigkeitsentscheidung die Annahme einer *jurisdiction* im Sinne der effektiven Kontrolle über das Bezugsgebiet ausreicht. Andererseits aber kann der letzte Halbsatz *„rather than in the form or nature of territorial jurisdiction"* auch als Ablehnung der territorialen Hoheitsgewalt über das Gebiet und damit als implizite Feststellung interpretiert werden, dass die Krim gerade kein russisches Hoheits- bzw. Staatsgebiet geworden ist.

b. Einbettung in den *merits*

In Betracht kommt eine inzidente Stellungnahme zur territorialen Souveränität über die Krim noch in den *merits* des Verfahrens im Rahmen der Prüfung der Konventionsverletzungen. Diese Möglichkeit hat der EGMR in seiner Entscheidung zur Zulässigkeit offengelassen, indem er eine Bestimmung der (Rechts-)Natur der *jurisdiction* eines Staates für solche Fälle im Rahmen seiner Entscheidungskompetenz verortete, die für die Ausübung des Auftrags an den Gerichtshof nach Art. 19 EMRK eine solche Entscheidung notwendig machten.[751]

Dazu gehören die Vorwürfe einer Verletzung von Art. 6 (Recht auf ein faires Verfahren), Art. 2 4. ZP (Freizügigkeit) und Art. 14 iVm Art. 2 4. ZP EMRK (Diskriminierungsverbot).[752] Eine Verletzung von Art. 6 EMRK ergibt sich nach dem Vorbringen der Ukraine aus der rechtswidrigen Änderung ukrainischer Gerichtsurteile nach russischem Recht unter Verletzung von Art. 6 EMRK. Eine Prüfung dieses Vorwurfs erforderte nach Auffassung des Gerichtshofes zwingend die Bestimmung, welches Recht – das russische oder das ukrainische – das „nationale Recht" sei.[753] Für die mögliche Verletzung von Art. 2 4. ZP EMRK ergibt sich die Notwendigkeit einer Entscheidung über die territoriale Souveränität über die Krim daraus, dass nach Absatz 1 der Vorschrift jede Person Freizügigkeit im gesamten Staatsgebiet genießt. Beschränkungen dieser Freizügigkeit ergäben sich aus der *„de facto transformation"* der Verwaltungsgrenzlinie zwischen der Krim und dem Festland der Ukraine in eine Staatsgrenze. Eine solche Verletzung aber bestünde nicht, wenn die von Russland im relevanten Zeitraum ausgeübte Hoheitsgewalt über die Krim klassische *territorial ju-*

---

751 EGMR, re Crimea, Decision, para. 341.
752 EGMR, re Crimea, Decision, paras. 342 f.
753 EGMR, re Crimea, Decision, para. 342.

risdiction gewesen wäre, die Krim also Teil des russischen Staatsgebiets wäre. Es handelte sich dann nicht um eine Beschränkung der Freizügigkeit innerhalb eines Staatsgebietes, da sich die Grenzlinie tatsächlich als Staatsgrenze darstellen würde.[754] Die Entscheidung über die territoriale Zugehörigkeit der Halbinsel schließt der EGMR als notwendige Vorfrage der Untersuchung der Konventionsverletzungen nach Art. 6, Art. 2 4. ZP und Art. 14 iVm Art. 2 4. ZP EMRK demnach nicht aus, sondern benennt die Möglichkeit bzw. gar die Erforderlichkeit einer Beantwortung dieser Vorfrage in den *merits* des Verfahrens im Rahmen der Zulässigkeitsentscheidung ausdrücklich.

4. Bewertung

Im Rahmen der Zulässigkeitsprüfung hat der EGMR mit den Ausführungen zur *„legal basis"* der *jurisdiction* im Sinne von Art. 1 EMRK ein Einfallstor für Erwägungen zur Souveränität über die Halbinsel Krim eröffnet. Kommt es für das Bestehen der Verpflichtung nach Art. 1 EMRK nicht „nur" auf das Bestehen von *effective control*, also faktischer Hoheitsgewalt über das Gebiet, sondern auch auf die (rechtliche) Einordnung dieser Kontrolle als territoriale bzw. extraterritoriale Ausübung von Hoheitsgewalt an, so liegt darin eine Aussage über den Rechtsstatus der Halbinsel.

Die Unterscheidung zwischen den verschiedenen „Arten" der Hoheitsgewalt an sich aber ist problematisch, weil an das Bestehen von Hoheitsgewalt gleich welcher Natur eine einheitliche Rechtsfolge gebunden ist: die Verpflichtung nach der EMRK. Das Grundprinzip der Bestimmung von Hoheitsgewalt in der Rechtsprechung des EGMR ist das bloße faktische Bestehen der Kontrolle (*effective control*).[755] Ob die Ausübung von Hoheitsgewalt auf einer völkerrechtmäßigen Grundlage beruht, ist für die Anwendbarkeit der EMRK unbeachtlich – es kommt lediglich darauf an, *ob* eine solche Kontrolle besteht.[756] Art. 1 EMRK unterscheidet nach seinem Wortlaut nicht zwischen der klassischen „territorialen" und der ausnahms-

---

754 EGMR, re Crimea, Decision, para. 343.

755 EGMR, Loizidou v. Turkey, app. no. 15318/89, Judgment (Preliminary Objections), 23.03.1995, para. 62; Judgment, 18.12.1996, para. 52; s. auch: EGMR, Al-Skeini et. al. v. The United Kingdom, Judgment, paras. 138 ff.

756 *„Bearing in mind the object and purpose of the Convention, the responsibility of a Contracting Party may also arise when as a consequence of military action – whether lawful or unlawful – it exercises effective control of an area outside its national territory.",* EGMR, Loizidou v. Turkey, Judgment, para. 62; vgl. auch: EGMR,

weisen „extraterritorialen" Hoheitsgewalt. Auf diese Rechtsprechung bezog sich der EGMR auch in der Entscheidung zur Zulässigkeit und ging vom Bestehen effektiver Kontrolle Russlands auf der Krim aufgrund der massiv erhöhten militärischen Präsenz und des Verhaltens der Soldaten aus.[757] Mit der Feststellung des Bestehens dieser *effective control* hätte der Gerichtshof es nach Maßgabe der *Loizidou* Rechtsprechung, die dieses Prinzip als vorrangig verankert hat, auch bewenden lassen können.[758]

Trotzdem aber sah sich der EGMR dazu veranlasst, die Zeiträume vor und nach dem 18.03.2014 getrennt zu behandeln und hierbei auf die „*nature*" oder „*legal basis*" der *jurisdiction* Russlands einzugehen. Durch das Hervorheben dieser Qualifizierung einer *jurisdiction* als territorial bzw. extraterritorial erweckt der Gerichtshof den Eindruck, dass die Rechtsnatur der Hoheitsgewalt für die Entscheidung über die Anwendbarkeit und Erfüllung der Verpflichtungen aus der EMRK von Bedeutung ist. Auf diese Unterscheidung aber kommt es aus einer rein rechtlichen Perspektive für die Beurteilung einer Konventionsverletzung nicht an. Auch der Hinweis auf die Verurteilung der russischen Annexion in der Staatengemeinschaft und durch internationale Organisationen überrascht vor dem Hintergrund des rein faktischen Verständnisses der Hoheitsgewalt. Ob militärisches Handeln und die Übernahme der Kontrolle über einen Teil fremden Staatsgebiets mit dem Völkerrecht vereinbar sind oder nicht, hat für die Verpflichtung zur Gewährleistung der Konventionsrechte keine Bedeutung, wenn ihr das Bestehen von *effective control* zugrunde gelegt wird. Ob die Hoheitsgewalt „klassisch" territorial oder extraterritorial ausgeübt wird, verändert die Rechtsfolge der Bindung an die EMRK nicht. Mit Blick auf dieses Grundprinzip ist der Entschluss des EGMR in *re Crimea*, sich im Rahmen der *admissibility* nicht zur Natur der *jurisdiction* zu verhalten, sondern sich für die Zwecke der *admissibility* darauf zurückzuziehen, eine *jurisdiction* als „*effective control over an area*" anzunehmen, konsequent. Mit Blick auf seine vorangegangenen Ausführungen zur *nature* der *jurisdiction* überrascht dieses Ergebnis dagegen.

Ilascu et. al. v. Moldova and Russia, App No. 48787/99, Judgment (Merits and Just Satisfaction), 08.07.2004, para. 314.

757 EGMR, re Crimea, Decision, paras. 303 ff.

758 EGMR, Loizidou v. Turkey, app. no. 15318/89, Judgment (Preliminary Objections), 23.03.1995, para. 62; Judgment, 18.12.1996, para. 52; s. auch: EGMR, Al-Skeini et. al. v. The United Kingdom, Judgment, paras. 138 ff.

Haben aber die Ausführungen zur „*legal basis*" der *jurisdiction* insofern keinen „rechtlichen" Mehrwert für die Bestimmung der *jurisdiction*, so müssen sie sich anders erklären lassen.[759]

Ein Erklärungsansatz für diese zweischneidige Argumentation des EGMR – einerseits ausdrücklich festzustellen, dass keine direkte Entscheidung über die Souveränität über die Halbinsel von ihm erwartet werden könne, andererseits aber indirekt auf die (Rechts-)Natur der *jurisdiction* abzustellen – ist der Ansatz in der Rechtsprechung des EGMR, Verpflichtungen der Staaten völlig unabhängig von der tatsächlichen, faktischen Kontrolle eines Gebiets allein an das Bestehen eines (vermeintlichen) Rechtstitels und damit der staatlichen Souveränität im rechtlichen Sinne über ein Gebiet anzuknüpfen.[760] Insbesondere im Fall *Ilascu* tauchte die Unterscheidung nach der Rechtsnatur der *jurisdiction* bereits auf. So hat der Gerichtshof in *Ilascu v. Moldova and Russia* für das in Rede stehende Gebiet in der Republik Moldau die *effective control* und damit die Verpflichtung Russlands nach der EMRK angenommen. Darüber hinaus aber formulierte er fortbestehende „*positive obligations*" der Republik Moldau, insbesondere Bemühungen zur Rückgewinnung der Kontrolle in Transnistrien und der damit einhergehenden Erfüllung ihrer Verpflichtungen nach der EMRK – und das trotz des vollständigen Verlusts effektiver Kontrolle der Republik Moldau.[761] Grundlage ihrer Verpflichtung nach der Konvention konnte damit allein die Verpflichtung aufgrund des fortbestehenden souveränen Rechtstitels über das Gebiet sein. In der Logik der Unterscheidung nach der *legal basis* der *jurisdiction* kam Russland da-

---

759 Anders wäre die Frage möglicherweise zu beurteilen gewesen, wenn gleichzeitig Verpflichtungen der Ukraine nach der EMRK zu untersuchen gewesen wären – vergleichbar der angenommenen *positive obligations* der Republik Moldau nach der *Ilascu*-Rechtsprechung. Dann hätte der Gerichtshof das Fortbestehen eines souveränen Rechtstitels der Ukraine über die Krim ausdrücklich annehmen und hieraus (begrenzte) Verpflichtungen der Ukraine herleiten können, die schon nach ihrer Konzeption in sich problematisch sind, vgl. *Milanovic*, EJIL-Talk!, 15.01.2021.

760 Vgl.: *Milanovic*, EJIL-Talk!, 15.01.2021.

761 EGMR, Ilascu et. al. v. Moldova and Russia, app. no. 48787/99, Judgment, 08.07.2004, paras. 330–340. Insbes. para. 330 f.: „*even in the absence of effective control over the Transdniestrian region, Moldova still has a positive obligation under Article 1 of the Convention to take the diplomatic, economic, judicial or other measures that it is in its power to take and are in accordance with international law to secure to the applicants the rights guaranteed by the Convention*". Anm.: Bestätigt und weitergeführt hat der Gerichtshof diese Rechtsprechung auch in: Catan et. al. v. The Republic of Moldova and Russia, app. nos. 43370/04, 8252/05, 18454/06, Judgment (Merits and Just Satisfaction), 19.10.2012, paras. 109 f.

mit extraterritoriale, der Republik Moldau territoriale Hoheitsgewalt zu, was die „Doppelverpflichtung" begründete. Die tatsächliche Kontrolle des Gebiets durch Russland wurde dabei als extraterritoriale Ausübung von Hoheitsgewalt eingeordnet, sodass beide Staaten nebeneinander unter der EMRK verpflichtet waren. Diese Rechtsprechung erweckt den Eindruck, dass es für die Anwendbarkeit der EMRK nicht nur auf die tatsächliche Ausübung der Kontrolle über ein Gebiet ankommt, sondern auch auf die Frage, wer das *Recht* zur Ausübung der Hoheitsgewalt hat. Dieser Ansatz der Unterscheidung nach der *legal basis* der Hoheitsgewalt könnte vom EGMR in *re Crimea* rezipiert worden sei.

Diese Unterscheidung nach der Rechtsnatur der Hoheitsgewalt aber bricht mit dem rein faktischen Verständnis der *jurisdiction* im Sinne von Art. 1 EMRK, die insbesondere in der zentralen Entscheidung *Loizidou* Ausdruck gefunden hat: Hierin statuierte der EGMR die Unerheblichkeit der Rechtmäßigkeit der Ausübung von Hoheitsgewalt für das Bestehen von *jurisdiction* im Sinne von Art. 1 EMRK auf einem Gebiet: „[...] *the responsibility of a Contracting Party may also arise when as a consequence of military action – whether lawful or unlawful – it exercises effective control of an area outside its national territory".*[762] Der Grundsatz der Unbeachtlichkeit der Rechtmäßigkeit einer der *jurisdiction* zugrunde liegenden effektiven Kontrolle ist vom Gerichtshof wiederholt bestätigt worden.[763] Mangels anderweitiger Regelung im Konventionsrecht und mit Blick auf den Zweck des Übereinkommens, die Gewährleistungen der EMRK möglichst weitgehend zur Anwendung zu bringen, ist die Auslegung der Hoheitsgewalt im Sinne von Art. 1 EMRK unabhängig von der Rechtsnatur der Kontrolle auch notwendig. Klare und rechtssichere Verantwortungszuweisungen für die Gewährleistung der Konventionsstandards sind mit dem faktischen Bestehen von effektiver Kontrolle über ein Gebiet nach dem klassischen

---

762 In der Rechtsprechung zu *Loizidou* hatte der Gerichtshof aufgrund der Ausübung von *effective overall control* seitens der türkischen Armee über das Gebiet Nordzyperns die Verpflichtung der Türkei nach der EMRK angenommen. Dabei kam es nach der ausdrücklichen Stellungnahme des Gerichtshofes nicht darauf an, ob die Ausübung effektiver Kontrolle im Einklang mit dem Völkerrecht erfolgte, sondern deren faktisches Bestehen reichte für die Begründung der *jurisdiction* aus., EGMR, Loizidou v. Turkey, app. No. 15318/89, Judgment, Preliminary Objections, 23.03.1995, para. 62; Judgment, 18.12.1996, paras. 52–57.

763 EGMR, Al-Skeini et. al. v. The United Kingdom, Judgment, paras. 138 ff.; Ilascu et. al. v. Moldova and Russia, Judgment, para. 314; Bankovic et. al. v. Belgium et. al., Decision, para. 70.

Ansatz des EGMR aus der *Loizidou*-Rechtsprechung möglich und verhelfen dem Menschenrechtsschutz zu größtmöglicher Anwendung. Die Abkehr von diesem rein faktischen Verständnis der *jurisdiction* als Grundlage der *admissibility* eines Vorbringens hin zu einer rechtlichen Qualifizierung der Hoheitsgewalt bewegt sich daher dogmatisch auf schwierigem Terrain.[764] Im Fall der Ukraine waren die Ausführungen zur *legal basis* der *jurisdiction* im Rahmen der Zulässigkeitsentscheidung daher rechtlich nicht notwendig. Für den streitigen Zeitraum vor dem „Beitritt" der Krim zur Russischen Föderation hat der Gerichtshof mit dem Bestehen effektiver Kontrolle Russlands über das Gebiet der Krim die Verantwortung für die Konventionsstandards eindeutig festgestellt. Eine darüberhinausgehende Stellungnahme zur Rechtsgrundlage der Hoheitsgewalt wäre zur Beurteilung einer Konventionsverletzung gar nicht erforderlich gewesen. Für den Zeitraum nach dem „Beitritt" kam es darauf erst recht nicht an, da die Ausübung russischer Hoheitsgewalt über das Gebiet ab diesem Zeitpunkt sogar unstreitig war. Letztlich hat der EGMR eine Stellungnahme zur *legal basis* der *jurisdiction* durch die Annahme der *jurisdiction* auf der Grundlage von *effective control* für die Zwecke der Zulässigkeit auch vermieden, sodass die Entscheidung im Ergebnis im Einklang mit dem Grundsatz der Unbeachtlichkeit der „*legal nature*" der Hoheitsgewalt für die Anwendbarkeit der EMRK steht.

Die Ausführungen des EGMR in *re Crimea* zur *legal basis* der *jurisdiction* lassen sich aber auch aus einer (rechts-)politischen Perspektive begründen. Die scharfe Verurteilung des russischen Verhaltens auf der Bühne der Weltöffentlichkeit hat auch der Gerichtshof zur Kenntnis genommen und in seiner Entscheidung darauf hingewiesen, dass eine Reihe von Staaten und internationalen Organisationen bzw. Einrichtungen eine Veränderung des Rechtsstatus' der Krim nicht anerkennen wollten.[765] Auf diese Weise nimmt die rechtliche Bewertung der Annexion Einzug in die Entscheidung, ohne dass der EGMR hierzu direkt Stellung bezogen hätte. Das russische Vorbringen zur Entscheidungskompetenz des EGMR trifft insoweit zu – der Gerichtshof ist „nur" zur Sicherstellung der Einhaltung der Verpflichtungen der EMRK eingerichtet und zuständig, Art. 19 EMRK. Eine direkte Geltendmachung der Annexion war vor dem EGMR nicht

---

764 *Milanovic* sieht in den Ausführungen des EGMR in *re Crimea* die Lösung eines „*self-made non-problem*", der Unterscheidung zwischen *territorial* und *extraterritorial jurisdiction*, Milanovic, EJIL-Talk!, 15.01.2021. S. auch: *Harary*, MJIL Online, Vol. 41, 20.02.2020.

765 EGMR, Ukraine v. Russian Federation (Re Crimea), Decision, para. 348.

möglich. Das bedeutet aber nicht, dass diese Aspekte vom Gerichtshof gar nicht adressiert werden könnten – und die Ausführungen in der Zulässigkeitsentscheidung zeigen das deutlich. Der Hinweis auf die Verurteilung russischen Verhaltens in der internationalen Gemeinschaft könnte deshalb auch als (mehr oder weniger) indirekte Stellungnahme des Gerichtshofs verstanden werden, sich dieser weitgehenden Verurteilung anzuschließen. Auch im abschließenden Fazit zur *admissibility* kann ein Hinweis auf die Position des Gerichtshofs in der Frage der Krim-Annexion gesehen werden, wenn man den Wortlaut als „Ablehnung" der *territorial jurisdiction* der Russischen Föderation deutet.[766]

Direkter könnte die Befassung mit der Souveränitätsfrage dagegen in den *merits* der Entscheidung ausfallen. Erfordert die Sicherstellung der Einhaltung der Verpflichtungen der EMRK die Entscheidung über die rechtliche Souveränität über ein Gebiet, so kann es im Interesse eines möglichst umfassenden und effektiven Menschenrechtsschutzes nur der Ansatz des Gerichtshofes sein, diese (mit-)zu behandeln, sofern Souveränitätsaspekte möglichen Konventionsverletzungen so weit untergeordnet sind, dass sie den menschenrechtlichen Anteil des Konflikts nicht vollständig überwiegen.[767] Vor diesem Hintergrund kommt – wie in der Zulässigkeitsentscheidung bereits angeklungen – eine inzidente Entscheidung des EGMR zur Souveränität über die Halbinsel bei der Befassung mit einer Verletzung der Art. 6 und Art. 2 4. ZP EMRK in Betracht. Eine Prüfung dieser Konventionsverletzungen ist ohne eine Lösung der Souveränitätsfrage nicht möglich.

Eine auch nur implizite bzw. indirekte Stellungnahme des EGMR zur Souveränität über die Krim wird allerdings mit Blick auf einen möglichen *„political backlash"* einer solchen Entscheidung teils kritisch gesehen.[768] Befürchtet wird, dass die von einer solchen Entscheidung betroffenen Staaten auf eine solche „Überschreitung" der Kompetenzen des EGMR gar mit der Kündigung der EMRK reagieren könnten.[769] Vor dem Hintergrund eines umfassenden und effektiven Menschenrechtsschutzes als Ziel der EMRK leuchtet diese Argumentation zunächst ein. Der Schutz von Menschen-

---

766 S. hierzu in diesem Kapitel, B., II., 3., a.

767 Eine solche Verknüpfung erinnert an die Rechtsprechung der Schiedsinstanzen im seevölkerrechtlichen Kontext, die eine Entscheidung der Souveränitätsfrage nur dann anerkannten, wenn die *„relative weight of the dispute"* im Seerecht zu verorten war bzw. die Souveränitätsfragen *„ancillary"* zur seerechtlichen Komponente waren, s. hierzu sogleich: C.

768 S. etwa: *Milanovic*, EJIL-Talk!, 24.09.2019.

769 *Milanovic*, EJIL-Talk!, 15.01.2021.

rechtsbelangen genießt nach der Ausrichtung des EGMR oberste Priorität, selbst wenn dabei Fragen des allgemeinen Völkerrechts offenbleiben. Das gilt selbst im Falle einer weitgehenden Verurteilung des in Rede stehenden Verhaltens in der Staatengemeinschaft. Auftrag des EGMR ist nach Art. 19 EMRK die Sicherstellung der Einhaltung der Verpflichtungen der EMRK, nicht die Behandlung von Souveränitätsfragen. Deshalb beschränkt Art. 33 EMRK die Entscheidungskompetenz des Gerichtshofes im Rahmen einer Staatenbeschwerde auf behauptete Verletzungen der EMRK und ihrer Zusatzprotokolle. Fragen der territorialen Souveränität im engeren Sinne müssten in der Zulässigkeitsprüfung keine Erwähnung finden, da es auf die Rechtsnatur der ausgeübten *jurisdiction* nicht ankommt.[770] Hinzu kommt, dass sich die Bereitschaft Russlands zur Umsetzung der Urteile des EGMR nicht erhöhen wird, wenn dieser sich zu der Souveränitätsfrage nicht im Sinne der Russischen Föderation verhält.

Doch dieser Argumentation ist entgegenzuhalten, dass Anspruch des EGMR nicht sein kann, sich aus politischen Erwägungen, etwa der Befürchtung, ein betroffener Staat werde die Konventionsstandards nun „erst recht" nicht einhalten, einer impliziten, aber rechtlich notwendigen Entscheidung über Fragen der Souveränität zu enthalten. Die bestehende Gefahr eines Austritts der Russischen Föderation aus dem Europarat bzw. der EMRK hat sich im Rahmen des Angriffskrieges bereits realisiert – ein Ausschluss Russlands aber wurde gleichermaßen beschlossen.[771] Russland ist kein Mitglied des Europarats mehr und unterliegt der Entscheidungskompetenz des EGMR nur noch bis Mitte September 2022. Ein *„political backlash"* könnte sich daher allenfalls auf andere Mitgliedstaaten in vergleichbarer Position auswirken. Ist eine Befassung des EGMR mit der Souveränitätsfrage zur Entscheidung über eine Verletzung der Konventionsrechte rechtlich notwendig, so darf die (unterstellte) Gefahr eines etwaigen *„political backlash"* diese Entscheidung nicht beeinflussen. Auch die Tatsache, dass eine Entscheidung des EGMR keine direkte Rechtsfolge für den völkerrechtlichen Status eines Gebiets hat, kann keine abweichende Bewertung rechtfertigen. Die Durchsetzung der Entscheidung obliegt nicht dem Gerichtshof, sondern der internationalen Staatengemeinschaft, die durch eine gezielte und geschlossene Reaktion die Russische Föderation zur Einhaltung der Konventionsrechte anhalten müsste.

---

770 *Milanovic*, EJIL-Talk!, 23.09.2019; 24.09.2019; *Tzeng*, YJIL 41 (2016), 459 (463 f.).
771 COE, Resolution CM/Res(2022)2 on the cessation of the membership of the Russian Federation to the Council of Europe, 16.03.2022.

Die Gefahr des „*political backlash*" ergibt sich außerdem auch für die Nichtbefassung mit der Souveränitätsfrage. Würde die weitgehende Verurteilung der Annexion in der internationalen Gemeinschaft durch den Gerichtshof ausgeblendet und im Sinne der *Ilascu*-Rechtsprechung gar eine (Rest-)Verpflichtung der Ukraine nach der EMRK angenommen, so können hieraus auch politische Spannungen entstehen, die den Eindruck einer „milden" Entscheidung zugunsten Russlands erwecken könnten.[772] Vorzugswürdig ist im Interesse der Wahrung der völkerrechtlichen Friedensordnung und der Verurteilung eklatanter Völkerrechtsverletzungen auch durch internationale Spruchkörper ein Ausschöpfen ihrer Möglichkeiten, derartige Verletzungen auch als solche zu benennen. Die Möglichkeiten einer inzidenten Befassung werden in der Rechtsprechung des EGMR in der Befassung mit den *merits* zu suchen sein. Die Ausführungen in der Zulässigkeitsentscheidung lassen sich nur vor dem rechtspolitischen Hintergrund erklären, dass der EGMR die Annexion der Krim nicht unkommentiert lassen wollte. Auch von der andeutungsweisen Stellungnahme rund um die Ausführungen zur *legal basis of jurisdiction* geht eine gewisse Ausstrahlungswirkung aus. Dass der EGMR in seiner Entscheidung die Verurteilung der Annexion der Krim ausdrücklich anführt, ist als Ausdruck dieser Verquickung politischer und rechtlicher Belange zu verstehen.

Mit Spannung zu erwarten bleibt die Entscheidung des Gerichtshofs zu den *merits* des Verfahrens. Die Notwendigkeit einer inzidenten Entscheidung über die Zugehörigkeit der Krim zur Ukraine hat der Gerichtshof schon in der Zulässigkeitsprüfung betont. Soweit Souveränitätsfragen den Menschenrechtsbelangen derart vorgelagert sind, dass eine Entscheidung über die Verletzung von Konventionsverpflichtungen unmöglich würde, ohne die Souveränitätsfrage zu klären, muss dem Gerichtshof zur Gewährleistung umfassenden Menschenrechtsschutzes eine entsprechend weite Entscheidungskompetenz zukommen. Mit Blick auf die angeführten Verletzungen – und damit auch nur im Hinblick auf diese Normen – wird demnach eine Entscheidung des EGMR über die Souveränität einer der Konfliktparteien einhergehen müssen. Diese beruht aber nicht auf der Notwendigkeit einer Qualifikation der Hoheitsgewalt als territorial oder extraterritorial, sondern ergibt sich aus den speziellen Anforderungen der jeweils betroffenen Schutznorm. Wie der Gerichtshof das Ungleichgewicht wieder ausräumt, das er durch den ausdrücklichen Ausschluss seiner Kompetenz zur rechtlichen Bewertung der „Wiedereingliederung" der Krim

---

772 *Harary*, MJIL Online, Vol. 41, 20.02.2020.

im Gegensatz zur Notwendigkeit einer impliziten Untersuchung ihrer Zugehörigkeit im Rahmen der *merits* geschaffen hat, wird von besonderem Interesse sein.[773]

III. Exkurs: Befassung des EGMR mit dem Angriffskrieg

Mit dem Beginn des russischen Angriffskriegs leitete die Ukraine umgehend ein weiteres Staatenbeschwerdeverfahren vor dem EGMR ein.[774] Der Gerichtshof verpflichtete die Russische Föderation im Wege des Eilrechtsschutzes unter Hinweis auf das Bestehen einer tatsächlichen und andauernden Gefahr schwerwiegender Verletzungen der Konventionsrechte, im Besonderen mit Blick auf Art. 2, 3 und 8 EMRK, zur Unterlassung militärischer Angriffe gegen Zivilisten und zivile Ziele sowie zur Gewährleistung der Sicherheit medizinischer Einrichtungen, ihres Personals sowie ihrer Einsatzfahrzeuge in dem von russischen Truppen angegriffenen oder besetzten Gebiet.[775]

Nach der Entscheidung des EGMR in *Georgia v. Russia* (II), die das Bestehen eines aktiven internationalen bewaffneten Konflikts als Ausschlusskriterium für die Ausübung hinreichender effektiver Kontrolle einer Konfliktpartei zur Begründung ihrer Verpflichtung nach Art. 1 EMRK ausgemacht hatte, könnte der Gerichtshof mit dem umgehenden Erlass einstweiliger Maßnahmen in *Ukraine v. Russia* (X) eine abweichende Rechtsauf-

---

773 Anm.: In dem Komplex der Staatenbeschwerdeverfahren zur Ostukraine bringt die Russische Föderation zahlreiche Einwände gegen die *jurisdiction* des Gerichtshofs und die *admissibility* des Vorbringens vor. Zentraler Einwand ist hierbei das Nichtbestehen russischer *jurisdiction* in diesen Gebieten, da Russland das Bestehen von *effective control* in diesen Gebieten bestreitet. Jegliche Verantwortlichkeit für den Abschuss des Passagierflugzeugs MH17 wird von der Russischen Föderation zurückgewiesen. Insbesondere sei die russische Beteiligung bzw. Verantwortlichkeit für den Abschuss der tödlichen Rakete nicht nachgewiesen. S. hierzu: EGMR, Ukraine and the Netherlands v. Russia, Grand Chamber Hearing, 26.01.2022. Die Frage der inzidenten Geltendmachung der Souveränitätsverletzung stellt sich mit Blick auf die Gebiete in der Ostukraine nicht in vergleichbarer Weise, da die Russische Föderation diese bis dato nicht für sich als Staatsgebiet in Anspruch genommen hatte. Unter Zugrundelegung des faktischen Ansatzes in der Bestimmung der *jurisdiction* reicht die Annahme effektiver Kontrolle über das Gebiet der Ostukraine für eine Verpflichtung der Russischen Föderation unter der EMRK aus.

774 EGMR, Ukraine v. Russia (X), app. no. 11055/22, 28.02.2022.

775 EGMR, Ukraine v. Russia (X), Press Release 068 (2022), 01.03.2022.

fassung vertreten haben.[776] In der Entscheidung zum Georgien-Krieg hatte der Gerichtshof vor dem Hintergrund der „besseren" Erfassung der Kriegs-situation durch die Vorschriften des humanitären Völkerrechts eine Wei-terentwicklung seines Begriffs der *jurisdiction* im Sinne von Art. 1 EMRK mit Blick auf den aktiven bewaffneten Konflikt abgelehnt.[777] Während der aktiven Phase der Kriegsführung ging der EGMR davon aus, dass keine der Parteien hinreichende *jurisdiction* im Sinne der EMRK erreicht hatte. Für die Phase der *occupation* des georgischen Gebiets nach der Beendigung der aktiven Kampfhandlungen hatte der EGMR demgegenüber seine Ent-scheidungskompetenz aufgrund der Etablierung von *effective control* der Russischen Föderation durch die Präsenz russischer Soldaten und die Ab-hängigkeit der Regionen Südossetien und Abchasien von der Russischen Föderation angenommen und insofern eine Verantwortlichkeit Russlands nach der EMRK begründet.[778]

Ob in der Entscheidung des EGMR zum Erlass einstweiliger Maßnah-men gegen Russland im Rahmen des Angriffskrieges gegen die Ukraine tatsächlich eine Abkehr von der Schlussfolgerung in *Georgia v. Russia* (II) liegt, wird sich erst im Rahmen der Befassung des Gerichtshofes mit den *merits* des Verfahrens zeigen. Die einstweiligen Maßnahmen erschöpfen sich weitgehend in der Bestätigung geltender Prinzipien des humanitären Völkerrechts, etwa dem Schutz der Zivilbevölkerung im internationalen bewaffneten Konflikt.[779] Gleichwohl hat das Verfahren das Potenzial, einen wichtigen Beitrag zur Aufarbeitung des Angriffskrieges und der damit einhergehenden schwerwiegenden Menschenrechtsverletzungen zu leisten. Geht der EGMR von seiner Entscheidungskompetenz in der Sache aus, so ist eine Verurteilung russischer Menschenrechtsverletzungen im Rahmen des Angriffskrieges unausweichlich.

---

776 „*the very reality of armed confrontation and fighting between enemy military forces seeking to establish control over an area in a context of chaos not only means that there is no „effective control" over an area as indicated above, but also excludes any form of „State agent authority and control" over individuals*", EGMR, Georgia v. Russia (II), app. no. 38263/08, Judgment (Merits), 21.01.2021, para. 137.

777 „*However, having regard in particular to the large number of alleged victims and contested incidents, the magnitude of the evidence produced, the difficulty in establis-hing the relevant circumstances and the fact that such situations are predominantly regulated by legal norms other than those of the Convention (specifically, international humanitarian law or the law of armed conflict), the Court considers that it is not in a position to develop its case-law beyond the understanding of the notion of "jurisdic-tion" as established to date.*", EGMR, Georgia v. Russia (II), para. 141.

778 EGMR, Georgia v. Russia (II), paras. 174 f.

779 S. zum Ganzen: *Johann*, VerfBlog, 03.03.2022.

IV. Austritt bzw. Ausschluss Russlands aus dem Europarat

Probleme in der Befassung des EGMR ergeben sich aus dem Ende der Mitgliedschaft Russlands im Europarat. Infolge des Angriffskrieges waren die Repräsentationsrechte der Russischen Föderation durch das Ministerkomitee zunächst suspendiert worden[780], wenig später folgte der Ausschluss Russlands[781].[782] Die Russische Föderation hatte zwischenzeitlich ihrerseits den Austritt aus dem Europarat und die Kündigung der EMRK erklärt.[783] Die Suspendierung der Repräsentationsrechte hat keine direkten Rechtsfolgen, der Mitgliedstaat bleibt weiterhin Mitglied des Europarats und ist der EMRK und der Rechtsprechung des EGMR unterworfen. Die Konsequenzen eines Ausschlusses aus dem Europarat für die Gerichtsbarkeit des EGMR sind in der EMRK nicht ausdrücklich geregelt. Für die Kündigung der EMRK bestimmt Art. 58 I EMRK eine Übergangsfrist von sechs Monaten. Der EGMR und der Europarat gehen übereinstimmend von einem Fortbestehen der Mitgliedschaft der Russischen Föderation in der EMRK während der Übergangsfrist aus. Die Zuständigkeit des Gerichtshofes besteht damit für sämtliche gegen die Russische Föderation gerichteten Beschwerden hinsichtlich von Sachverhalten, die zeitlich vor dem 16.09.2022 liegen.[784] Zwar bleibt der russische Richter am EGMR bis zum endgülti-

---

780 Europarat, Committee of Ministers, Decision, CM/Del/Dec(2022)1426ter/2.3, 25.02.2022.

781 Europarat, Committee of Ministers, Decision, CM/Del/Dec(2022)1428ter/2.3, 16.03.2022.

782 Art. 8 der Satzung des Europarates bestimmt den Ablauf des Ausschlussverfahrens. Hiernach kann das Minister-Komitee ein Mitglied des Europarates im Falle eines schweren Verstoßes gegen die Verpflichtungen zur Wahrung des Rechts und der Gewährleistung der Menschenrechte (Art. 3 d. Satzung) dazu auffordern, aus dem Europarat auszutreten, bzw. – sollte das Mitglied dieser Aufforderung nicht nachkommen – das betreffende Mitglied aus dem Europarat ausschließen.

783 Foreign Ministry (RUS) statement on initiating the process of withdrawing from the Council of Europe, 15.03.2022, abrufbar unter: https://mid.ru/ru/forei gn_policy/news/1804379/?lang=en&TSPD_101_R0=08765fb817ab2000e42f6254 5cc05016b7e50a1af33310470ae587d38f8aa3b77eb8ae9c5e9fcb4a08e5ea500c1430 00394c64491e9f2d98e0c8e771f315175e46aa61cdc020af5671326b98961c9ec66cd 779060a4a5c0bfd6650027a3a5f66.

784 EGMR, Resolution of the European Court of Human Rights on the consequences of the cessation of membership of the Russian Federation to the Council of Europe in light of Article 58 of the European Convention on Human Rights, 22.03.2022; Europarat, Committee of Ministers, Resolution CM/Res(2022)3 on legal and financial consequences of the cessation of membership

gen Ausscheiden der Russischen Föderation aus dem Europarat im Amt. Da der Gerichtshof aber die Vielzahl bestehender Verfahren gegen die Russische Föderation nicht bis zum Ausscheiden Russlands beenden können wird und zudem nach wie vor die Möglichkeit besteht, neue Verfahren mit zeitlichem Anknüpfungspunkt vor dem 16.09.2022 vor dem EGMR einzuleiten, entsteht spätestens mit dem Ausscheiden des russischen Richters eine Patt-Situation. Nach Art. 26 IV 1 EMRK gehören der Kammer und der Großen Kammer beim EGMR von Amts wegen der für die jeweilige Vertragspartei gewählte Richter an. Sollte kein entsprechender Richter vorhanden sein, so nimmt nach Art. 26 IV 2 EMRK eine Person in der Eigenschaft eines Richters an den Sitzungen teil, die der Präsident des Gerichtshofes aus einer Liste auswählt, die ihm die Vertragspartei vorab unterbreitet hat. Die Mitwirkung der Russischen Föderation bzw. etwaiger Vertreter dieser als (Ersatz-)Richter wird wegen der bestehenden politischen Lage aber kaum realistisch sein. Eine Entscheidung über Verfahren mit russischer Beteiligung wäre nach dem Ausscheiden des russischen Richters nur über eine Auflösung des Konflikts zu Art. 26 IV EMRK zu erwarten.

Die Russische Föderation wird nach ihrem Ausscheiden zudem noch weniger geneigt sein, die Urteile des EGMR innerstaatlich umzusetzen, als dies bislang der Fall war.[785] Schon durch die Verfassungsreform aus dem Jahr 2020, die eine Kontrollbefugnis des russischen Verfassungsgerichts für sämtliche Entscheidungen internationaler Spruchkörper in der Verfassung verankert hat, wurde die Praxis der weitgehenden Nichtbefolgung im nationalen russischen Recht manifestiert.[786] Art. 79 der Verfassung weitet

---

of the Russian Federation in the Council of Europe, 23.03.2022. Anm.: Diese Schlussfolgerung ist vor dem Hintergrund der fehlenden ausdrücklichen Regelung nicht alternativlos, s. *Dzehtsiarou/Helfer*, EJIL-Talk!, 29.03.2022.

785 S. zur bestehenden Praxis der Nichtbefolgung: *Padskocimaite*, in: Research HB, Chapter 8, S. 136–182.

786 Art. 79 der russischen Verfassung bestimmt, dass Entscheidungen zwischenstaatlicher Spruchkörper, die auf der Grundlage völkerrechtlicher Verträge ergehen, nicht umgesetzt werden, sofern sie der russischen Verfassung widersprechen. Ob eine Entscheidung im Widerspruch zu nationalem Verfassungsrecht steht, wird nach Art. 125 V lit. b) der russischen Verfassung vom russischen Verfassungsgericht festgestellt. Trotz des grundsätzlichen Anerkenntnisses in Art. 15 V der russischen Verfassung, das Völkerrecht sei Teil des russischen Rechtssystems, hat Russland somit ein absolutes Entscheidungsmonopol des nationalen Verfassungsgerichts in der Verfassung verankert. Die in der Verfassung nunmehr ausformulierte russische Rechtsauffassung zum Vorrang der Entscheidungen des russischen Verfassungsrechts ist der russischen Doktrin

die Kontroll- und Verwerfungsbefugnis des nationalen Verfassungsgerichts auf die Entscheidungen sämtlicher internationaler Spruchkörper aus.[787] Vor dem Hintergrund der vereinfachten Möglichkeit für den Präsidenten, Richter aufgrund einer „Verletzung der Ehre und Würden des Richteramtes" zu entlassen, hat die Verfassungsreform die Gefahr der Beeinflussung richterlicher Entscheidungen durch die Exekutive erhöht.[788] Die Grenzlinien des Gewaltenteilungsgrundsatzes werden durch die Regelungen verwischt.

Für russische Bürger entfällt außerdem mit der Beendigung der Mitgliedschaft Russlands eine zentrale Rechtsschutzmöglichkeit: Sie können den EGMR für Sachverhalte nach dem 16.09.2022 nicht mehr als Berufungsinstanz nutzen. Insbesondere mit Blick auf die hohe Zahl von Beschwerden gegen die Russische Föderation vor dem EGMR – derzeit richten sich rund ein Viertel der anhängigen etwa 70.000 Beschwerden gegen

---

grundsätzlich nicht fremd. Das Verfassungsgericht hatte schon 2015 angenommen, dass eine Entscheidung des EGMR innerstaatlich nicht umzusetzen sei, soweit diese in Widerspruch zur russischen Verfassung stehe, s.: Entscheidung des russischen Verfassungsgerichts, 14.07.2015, No. 21-P.Die Venedig Kommission hat die Verankerung dieser Vorrangstellung in der russischen Verfassung als Verletzung der Verpflichtungen aus der EMRK verurteilt und ihre Alarmierung über die Regelung zum Ausdruck gebracht.; s.: Venedig Kommission, CDL-AD(2020)009-e, Russian Federation, Opinion on draft amendments to the Constitution (as signed by the President of the Russian Federation on 14 March 2020) related to the execution in the Russian Federation of decisions by the European Court of Human Rights, adopted by the Venice Commission on 18 June 2020 by a written procedure replacing the 123rd Plenary Session, para. 64. *„The Constitutional Court of the Russian Federation: b) in the order established by the federal constitutional law shall resolve the issue of possibility to execute decisions of interstate bodies, adopted on the basis of international treaties of the Russian Federation in their interpretation contradicting the Constitution of the Russian Federation, as well as of possibility to execute decision of foreign or international (interstate) court, foreign or international mediation court (arbitrage) imposing obligations on the Russian Federation, in the event if this decision contradicts the basis of public order of the Russian Federation"*, Art. 125 V lit. b) d. russischen Verfassung.

787 *„The Russian Federation may participate in interstate associations and transfer some of its powers to those associations in accordance with international treaties of the Russian Federation provided that this does not entail restrictions on human and civil rights and freedoms and does not conflict with the basic principles of the constitutional order of the Russian Federation. Decisions of international bodies, taken on the basis of provisions of international treaties of the Russian Federation in their interpretation that contradicts the Constitution of the Russian Federation shall not be executed in the Russian Federation."*, Art. 79 d. russischen Verfassung.

788 S. hierzu auch die Entscheidung der Venedig Kommission, CDL-AD(2020)009-e, para. 66.

Russland – ist diese Konsequenz ein erheblicher Nachteil für Rechtsschutz-suchende.[789]

V. Fazit zur Befassung des EGMR

Die Möglichkeiten einer gerichtlichen Geltendmachung der russischen Verstöße gegen das Gewalt- und Annexionsverbot vor dem EGMR sind begrenzt. Die Ausführungen des EGMR in der Zulässigkeitsentscheidung zur *legal basis of jurisdiction* lassen sich im Zusammenhang mit dem Hinweis auf die weitgehende Verurteilung des russischen Verhaltens als völkerrechtswidrig in der Staatengemeinschaft als implizite (rechts-)politische Stellungnahme des Gerichtshofes auslegen. Rechtlich notwendig waren sie nicht. Eine endgültige Entscheidung zur Rechtsnatur der *jurisdiction* ist aber in der Zulässigkeitsentscheidung auch nicht erfolgt. Die Befassung des EGMR mit gewissen Konventionsverletzungen in der Verfahrensstufe der *merits* bietet die Möglichkeit einer inzidenten Stellungnahme zu Verletzungen der territorialen Integrität und Souveränität der Ukraine auf der Krim, würde aber im Konflikt zur ausdrücklichen Beschränkung der Entscheidungskompetenz des EGMR im Rahmen der Zulässigkeitsentscheidung stehen.

Für das Verfahren zur Ostukraine wird es zentral darauf ankommen, ob der Gerichtshof die effektive Kontrolle der Russischen Föderation über die Gebiete in der Ostukraine annehmen wird. Eine inzidente Geltendmachung der Völkerrechtsverletzungen mit Blick auf das Gewalt- und Annexionsverbot kommt hier nicht in vergleichbarer Weise in Betracht, da die Russische Föderation bis dato nicht für sich in Anspruch genommen hatte, die Gebiete im Osten der Ukraine als russisches Staatsgebiet zu qualifizieren.[790] Gleichwohl kann der EGMR mit Blick auf die Ostukraine den Zeitpunkt der Übernahme russischer *effective control* und damit die Verletzung von Konventionsrechten schon in der frühen Phase des Konflikts feststellen.

Der Erlass einstweiliger Maßnahmen durch den Gerichtshof mit Blick auf den russischen Angriffskrieg birgt das Potenzial einer Abkehr von der

---

789 S. hierzu die Statistik des EGMR, Stand vom 31.12.2021, abrufbar unter: https://echr.coe.int/Documents/stats_pending_2022_BIL.pdf.

790 Dies hat sich erst durch die erneute Abhaltung von Referenden im Herbst 2022 in den durch Russland besetzten Gebieten geändert, die zu einer entsprechenden „Eingliederung" dieser Gebiete in die Russische Föderation geführt haben.

Begründung der *jurisdiction* auch in einer Situation bestehender Kampfhandlungen. Hierin könnte eine Neuausrichtung der Rechtsprechung des Gerichtshofes begründet werden, die sich im weiteren Verlauf des Verfahrens noch zeigen muss.

Selbst wenn trotz der bestehenden verfahrensrechtlichen Schwierigkeiten ein Urteil des EGMR gegen die Russische Föderation erginge, ist höchst zweifelhaft, ob es in der Russischen Föderation Beachtung finden würde. Schon vor Beginn des Angriffskrieges und dem Ausscheiden aus dem Europarat blieb die Umsetzung von Urteilen des EGMR in Russland häufig aus. Unklar ist, ob im Rahmen des Staatenbeschwerdeverfahrens eine dem Verfahren der Individualbeschwerde vergleichbare Möglichkeit besteht, eine Konventionsverletzung auch durch die Nichtbefolgung einstweiliger Maßnahmen zu begründen. Dann könnte der EGMR die *non-compliance* Russlands mit den angeordneten Maßnahmen feststellen und hierin eine eigene Konventionsverletzung statuieren. Auch hierdurch wird allerdings keine höhere Wahrscheinlichkeit begründet werden können, dass Russland ein solches Urteil umsetzt, sodass das Hindernis der fehlenden Durchsetzungsbefugnisse der Effektivität eines etwaigen Urteils ohnehin entgegensteht.

Die größte Hürde in der Befassung des EGMR mit den Völkerrechtsverletzungen der Russischen Föderation bilden der Ausschluss bzw. Austritt Russlands aus dem Europarat und der EMRK und die damit einhergehenden verfahrensrechtlichen Probleme. Spätestens mit dem Ausscheiden des russischen Richters am EGMR wird der Gerichtshof faktisch weitgehend handlungsunfähig sein. Auch die Ambitionen der Russischen Föderation zur Umsetzung etwaiger Urteile des EGMR werden durch die Entwicklungen keineswegs steigen, vielmehr ist von einer weitgehenden Nichtbeteiligung an bestehenden Verfahren schon vor dem 16.09.2022 auszugehen. Dennoch kommt den Entscheidungen des EGMR als zentraler regionaler Menschenrechtsgerichtshof große symbolische und politische Bedeutung zu. Seine Befassung kann einen wesentlichen Beitrag zur Isolation und Verurteilung des russischen völkerrechtswidrigen Verhaltens in der Staatengemeinschaft leisten und bildet einen notwendigen Baustein in der Dokumentation und Untersuchung der Verletzung von grundlegenden Menschenrechtsnormen durch die Russische Föderation.

C. Seevölkerrechtliche Aspekte

Im seevölkerrechtlichen Kontext sind derzeit zwei Verfahren vor Schiedsgerichten nach Annex VII SRÜ anhängig, wobei die Ukraine in einem der Verfahren im Wege des einstweiligen Rechtsschutzes auch den ISGH in Hamburg angerufen hatte.[791] Unter der Geltung des SRÜ, dessen Vertragsparteien auch die Ukraine und die Russische Föderation sind, sind die Staaten nach Art. 287 I SRÜ dazu berechtigt, durch schriftliche Erklärung ein Mittel der Streitbeilegung zu wählen. Sowohl die Ukraine als auch Russland haben Erklärungen nach Art. 287 I lit. c) SRÜ abgegeben, die die Schiedsgerichte nach Annex VII SRÜ als zentralen Streitbeilegungsmechanismus festlegen.[792] Die seevölkerrechtlichen Verfahren sind für die Möglichkeit der inzidenten Geltendmachung der Krim-Annexion von besonderer Bedeutung, da die Streitbeilegungsgremien hier ausdrücklich zur Frage der inzidenten Geltendmachung von Souveränitätsfragen Stellung genommen haben.

I. Faktischer Hintergrund

Bezugspunkt der seevölkerrechtlichen Auseinandersetzung sind die Gebiete des Asowschen Meers, eines Nebenmeers des Schwarzen Meers, und der Straße von Kertsch (*Kerch-Yeni-Kale-Kanal*). Küstenstaaten des rund 40.000

---

791 PCA, Case No. 2017–06, Dispute Concerning Coastal State Rights in the Black Sea, Sea of Azov, and Kerch Strait (Ukraine v. the Russian Federation), 16.09.2016; PCA, Case No. 2019–28, Dispute Concerning the Detention of Ukrainian Naval Vessels and Servicemen (Ukraine v. the Russian Federation), 01.04.2019; ISGH, Case No. 26, Case Concerning the Detention of three Ukrainian Naval Vessels (Ukraine v. Russian Federation), Provisional Measures, 16.04.2019.

792 PCA, 2017–06, Award on Preliminary Objections, S. 14, para. 41. Anm.: Nach Art. 2 Annex VII SRÜ führt der Generalsekretär der Vereinten Nationen eine Liste der Schiedsrichter. Jede Vertragspartei des SRÜ ist berechtigt, vier Schiedsrichter für diese Liste zu ernennen. Das Schiedsgericht nach Annex VII wird *ad hoc* gebildet und mit fünf Personen besetzt, von denen je eine durch die Streitparteien benannt wird, während die übrigen drei Mitglieder grundsätzlich von den Parteien einvernehmlich bestellt werden, s. Art. 3 Annex VII SRÜ. Die Liste der Schiedsrichter wird beim Ständigen Schiedshof (Permanent Court of Arbitration, PCA) in Den Haag geführt. Der Ständige Schiedshof ist kein ständiger Spruchkörper, sondern stellt die Infrastruktur für die Streitbeilegung zur Verfügung.

m² großen Binnenmeers des Asowschen Meeres sind die Ukraine an der Westküste und Russland an der Ostküste. Die Straße von Kertsch verbindet das Asowsche Meer mit dem Schwarzen Meer und liegt zwischen der russischen Halbinsel Taman und der ukrainischen Halbinsel Krim.[793] Die Wasserstraße ist ungefähr 40 km lang und an ihrer engsten Stelle lediglich 5 km breit.[794] Unstreitig ist, dass das Asowsche Meer und die Straße von Kertsch zu Zeiten der Sowjetunion innere Gewässer der Sowjetunion waren. Für den Rechtsstatus der Gewässer nach dem Zerfall der Sowjetunion gibt es zwei Möglichkeiten: Der Status des „inneren Gewässers" könnte auf die Nachfolgestaaten, die Ukraine und Russland, „gemeinsam" übergegangen sein und so den Status des „gemeinsamen inneren Gewässers" begründet haben oder aufgrund der nach dem Zerfall der Sowjetunion bestehenden mehreren Küstenstaaten nicht mehr bestehen. Handelt es sich nicht mehr um ein inneres Gewässer, so wäre die Abgrenzung der Gewässer nach den allgemeinen Regelungen des SRÜ zur Bemessung der Meereszonen notwendig, die von den Grenzen der Landgebiete der Nachfolgestaaten Russland und Ukraine abhängt.[795] Eine solche Abgrenzung der Meereszonen aber hat zwischen der Ukraine und Russland nie stattgefunden.[796] Seit Russland die Krim nach ihrer „Wiedereingliederung" als

---

793 *Schatz/Koval*, ODIL 50/2–3 (2019), 275 (277); *Skaridov*, in: *Caron/Oral*, S. 230.

794 *Skaridov*, in: *Caron/Oral*, S. 230.

795 Ob Mehrstaatenbuchten genauso wie Einstaatenbuchten nach Art. 10 I SRÜ zu inneren Gewässern geschlossen werden können ist nach wie vor Gegenstand der wissenschaftlichen Debatte. Im Vordringen befindet sich die Auffassung, dass jedenfalls unter der Voraussetzung einer Einigung aller Küstenstaaten und der Gewährleistung von Durchfahrtsrechten für Drittstaaten auch das Schließen einer Mehrstaatenbucht zu inneren Gewässern möglich sein müsse. Ob dies auch für Gewässer gilt, die groß genug sind, ausschließliche Wirtschaftszonen zu enthalten und wie die Abgrenzung zu den (halb-)umschlossenen Meeren nach Art. 122 SRÜ vollzogen werden soll, ist außerdem streitig., s. hierzu etwa: *Allmendinger*, S. 189–227 mwNW; *Dahm/Delbrück/Wolfrum*, VöR, Bd. I/1, § 65, S. 416; *Heintschel v. Heinegg*, in: *Ipsen*, VöR, § 39, Rn. 9; insbes.: *Schatz/Koval*, VöR-Blog, 10.01.2018.

796 Zwar hatten die Ukraine und Russland im Jahr 2003 einen Kooperationsvertrag für die Gebiete geschlossen, dieser enthält aber keine abschließende Regelung für die Grenzziehung. Während Russland Art. 1 des Abkommens als: *„The Sea of Azov shall be historical internal water bodies of the Russian Federation and Ukraine. The Sea of Azov shall be delimited by the State border in accordance with the agreement between the Parties."* übersetzt, s. PCA, 2017–06, Preliminary Objections (RUS), Exhibits, RU-20; geht die Ukraine von folgender Übersetzung aus: *„The Sea of Azov and the Kerch Strait historically constitute internal waters of the Russian Federation and Ukraine. The Sea of Azov shall be delimited by the state border line in accordance with an agreement between the Parties.",* PCA, 2017–06, Written

russisches Staatsgebiet betrachtet, beansprucht es als vermeintlich einziger Küstenstaat des Gewässers die ausschließlichen Hoheitsrechte über die Straße von Kertsch für sich und kontrolliert so den einzigen Zufahrtsweg

---

Observations (UKR), S. 37 f., para. 80; insbes. S. 38, Fn. 128. Einigkeit besteht über den Wortlaut eines gemeinsamen Statements der Präsidenten der Ukraine und Russlands vom 24.12.2003, in dem es heißt: *„historically the Sea of Azov and the Strait of Kerch are inland waters of Ukraine and Russia, and settlement of matters relating to the said area of water is realized by agreement between the Ukraine and Russia in accordance with international law"*, s. UN, Law of the Sea Bulletin, No. 54 (2004), S. 131; dazu: PCA, 2017–06, Preliminary Objections (RUS), S. 35 ff., paras. 106 ff.; Reply (RUS), S. 41 ff., paras. 107 ff.; Written Observations (UKR), S. 38, paras. 82 ff. Kern des Auslegungskonflikts, der sich auch in den divergierenden Übersetzungen spiegelt, ist, ob sich die Parteien abschließend auf den Rechtsstatus des „gemeinsamen (historischen?) inneren Gewässers" geeinigt haben, oder ob lediglich ein Ist-Zustand beschrieben wurde, der zukünftig durch eine Einigung zu lösen wäre. Die Ukraine betont, der Rechtsstatus der Gewässer könne nur über eine – zukünftig noch zu erzielende – Einigung der Parteien abschließend geregelt werden. Das Adverb *„historically"* sei deklaratorisch als historische Beschreibung der Gewässer als innere Gewässer der Sowjetunion zu verstehen, habe aber keine rechtliche Qualifikation der Gewässer zum Inhalt., s. PCA, 2017–06, Written Observations (UKR), S. 37 f., paras. 80 f. Diese Auffassung ist auch in der Literatur vertreten worden: Die Terminologie der *„(historically) internal waters"* sei als geografische, ökonomische oder etwa historische Beschreibung des Status' der Gewässer einzuordnen, nicht aber als rechtliche Qualifizierung., s. *Skaridov*, in: *Caron/Oral*, S. 234; anderer Auffassung sind dagegen beispielsweise *Katuoka/Klumbytè*, POL 145 (2019), 225 (231) und *Luchterhandt*, OE 69 1–2 (2019), 3 (11), die von einer vertraglichen Einigung auf den Status als inneres Gewässer beider Staaten ausgehen. *Katuoka/Klumbytè* gehen dabei gar so weit, den Status des „gemeinsamen inneren Gewässers" als im Wege der Nachfolge in die Sowjetunion auf die Ukraine und Russland übergegangen anzusehen, s. POL 145 (2019), 225 (234 f.). Die Russische Föderation dagegen versteht die Formulierungen Art. 5 *State Border Treaty* und Art. 1 S. 1 des *Cooperation Treaty* als abschließende Einigung über den Status als inneres Gewässer beider Staaten und sieht diesen, ebenso wie den Status des Asowschen Meeres als historische Bucht, als durch das Joint Statement und weitere Praxis beider Staaten bestätigt an., s. PCA, 2017–06, Preliminary Objections (RUS), S. 33 f., paras. 96 ff.; s. insbes. S. 35, para. 102.; Russland führt dazu insbesondere auch das UN-Memorandum on Historic Bays (Doc. A/CONF.13/1, Official Records of the United Nations Conference on the Law of the Sea, Vol. I (Preparatory Documents), 1958) als Nachweis des Charakters des Asowschen Meeres als historische Bucht an, vgl. PCA, 2017–06, Preliminary Objections (RUS), S. 34, para. 101. Das Memorandum wurde jedoch 1958 und damit lange vor dem Ende der Sowjetunion verabschiedet, sodass die aus dem Zerfall der Sowjetunion resultierende Mehrstaatigkeit der Küstenstaaten in die Qualifizierung als historische Bucht nicht einbezogen wurde. Die Tragfähigkeit dieser Argumentation ist daher begrenzt.

zum Schwarzen Meer.[797] Verschärft wurde die Problematik der Zugänglichkeit des Asowschen Meers durch den Bau der sogenannten „Krim-Brücke", die im Mai 2018 von der Russischen Föderation eröffnet wurde. Sie schafft eine direkte Landverbindung zwischen dem russischen Festland und der Krim und verläuft über die Straße von Kertsch. Die Bauweise der Brücke ermöglicht nur noch Schiffen mit einer maximalen Höhe von 33 m (ausgenommen kleinere Schiffe mit einem Tiefgang von höchstens 3 m, die auf kleinere Wasserstraßen ausweichen können), die Passage unter der Brücke hindurch in das Asowsche Meer. Weiterhin schränkt die Brücke die Erreichbarkeit der ukrainischen Handelshäfen Mariupol und Berdjansk massiv ein. Russland führt in dem Gebiet zeitintensive Kontrollen durch, die zusätzliche wirtschaftliche Verluste begründen.[798] Die Ukraine betrachtet das Verhalten Russlands vor der Küste der Krim in weiten Teilen als massive Verletzung ihrer küstenstaatlichen Rechte aus dem SRÜ und hat deswegen im Jahr 2016 ein erstes seevölkerrechtliches Streitbeilegungsverfahren eingeleitet.[799] Das eingesetzte Schiedsgericht behandelte von Russland eingelegte Einwände als *preliminary objections* und hat hierüber im Februar 2020 eine Entscheidung getroffen.[800] Die Behandlung der *merits* des Verfahrens steht noch aus.[801]

Im November 2018 eskalierte die seevölkerrechtliche Konfrontation, als Angehörige des FSB drei ukrainische Kriegsschiffe, davon zwei Kriegsschiffe im Sinne von Art. 95 SRÜ und ein Hilfsschiff im Sinne von Art. 96 SRÜ, die nach eigenen Angaben in friedlicher Mission auf dem Weg in das Asowsche Meer die Straße von Kertsch durchqueren wollten, samt Besatzung gewaltsam gestoppt und teils auch beschossen hatten, obwohl diese in Reaktion auf die Blockade wieder umgekehrt waren.[802] Russland

---

797 PCA, 2017–06, Preliminary Objections (RUS), S. 5, para. 12.

798 FAZ, 28.11.2018, S. 2; Entschließung des Europäischen Parlaments, (2018/2870(RSP)), 24.10.2018, S. 3 f., lit. C, D; *Schatz/Koval*, ODIL 50/2–3 (2019), 275, (283); *Skaridov*, in: *Caron/Oral*, S. 232.

799 PCA, 2017–06, Notification under Art. 287 and Annex VII, Art. 1 UNCLOS and Statement of Claim and Grounds on Which it is Based, 14.09.2016, S. 1, para. 1.

800 PCA, 2017–06, Award on Preliminary Objections, 21.02.2020; Procedural Order No. 3, S. 5; Anm.: Die Ukraine lehnte die Einordnung des russischen Vorbringens als *preliminary objections* weitgehend ab, vgl. bspw. PCA 2017–06, Written Observations (UKR), S. 28, para. 62; S. 47, para. 97; S. 62 f., paras. 139 ff.; Rejoinder (UKR), S. 47 f., paras. 98 ff.

801 Der bestehende Zeitplan erfasst derzeit schriftliche Stellungnahmen beider Parteien bis in den September 2023, vgl. Procedural Order No. 8, 13.12.2021, S. 2.

802 ISGH, Case No. 26, Order, 25.05.2019, S. 9, para. 31; Request of Ukraine, 16.04.2019, S. 2 f., para. 11.

begründet die Festsetzung und Inhaftierung der Besatzungsmitglieder mit der Nichteinhaltung von Anmeldeauflagen und der Nichtbefolgung von Anweisungen der russischen Beamten sowie einer temporären Sperrung der Straße von Kertsch für durchfahrende Kriegsschiffe anderer Flaggenstaaten aus Sicherheitsgründen. Die Situation habe am Ende einer Reihe von Provokationen und militärischen Drohgebärden der Ukraine gestanden.[803] Die ukrainische Regierung verurteilte den Vorgang als *„act of armed aggression of the Russian Federation against Ukraine"*.[804] Sie leitete daraufhin das zweite seevölkerrechtliche Streitbeilegungsverfahren vor einem Schiedsgericht nach Annex VII ein.[805] Zudem wandte sie sich im Wege des einstweiligen Rechtsschutzes nach Art. 290 V SRÜ an den ISGH, der am 25. Mai 2019 einstweilige Maßnahmen erließ, die Russland zur sofortigen Freisetzung der Kriegsschiffe samt ihrer inhaftierten Besatzung verpflichteten.[806] Das in der Hauptsache nach Art. 287 I iVm Annex VII SRÜ eingesetzte Schiedsgericht entschied im Oktober 2020, die Einwände Russlands gegen die Jurisdiktionsgewalt als *preliminary objections* zu behandeln und setzte das Verfahren über die *merits* vorläufig aus.[807] Die Entscheidung über die *preliminary objections* der Russischen Föderation steht derzeit noch aus. Der Vorfall aus dem November 2018 wird als *„end of the „hybrid" phase of the armed conflict"* bezeichnet und hat eine besondere Brisanz, die sich aus der direkten militärischen Konfrontation begründet.[808]

Die nachfolgende Betrachtung widmet sich den beiden anhängigen Verfahren mit Blick auf die Frage einer inzidenten Geltendmachung des Souveränitätskonflikts. Hat dieser in den seevölkerrechtlichen Verfahren Ausdruck gefunden? Welche Aussichten bieten die Verfahren für die Aufarbeitung des Konflikts? Besteht die Möglichkeit einer inzidenten Entscheidung der Schiedsgerichte über die Verstöße Russlands gegen völkerrechtliche Grundnormen, insbesondere die Verletzung der ukrainischen Souveränität und territorialen Integrität?

---

803 ISGH, Case No. 26, Memorandum (RUS), S. 4 ff., paras. 10 ff.
804 Statement des ukrainischen Außenministeriums, 26.11.2018, abrufbar unter: https://mfa.gov.ua/en/news/68894-zajava-mzs-ukrajini-u-zvjazku-z-chergovim-aktom-agresiji-rosiji-proti-ukrajini.
805 PCA, 2019–28.
806 ISGH, Case No. 26, ITLOS Rep. 2019, 283 (311 ff.), para. 124.
807 PCA, 2019–28, Procedural Order No. 2, 27.10.2020. Die Ukraine dagegen hatte die Behandlung als *preliminary objections* abgelehnt, s. PCA, 2019–28, Observations of Ukraine on the Question of Bifurcation, 07.09.2020.
808 *Sayapin*, OJ, 04.01.2019.

II. Seevölkerrechtliche Verfahren im Überblick

1. Dispute Concerning Coastal State Rights in the Black Sea, Sea of Azov and Kerch Strait, PCA, 2017–06

Im ersten Verfahren rügt die Ukraine eine Verletzung ihrer Rechte als Küsten-, Flaggen- und Anliegerstaat des Schwarzen Meeres, des Asowschen Meeres und der Straße von Kertsch, etwa hinsichtlich der Nutzung der Meeresressourcen und der Bewirtschaftung sowie der Fischerei in den Gebieten. Außerdem sind Verletzungen ihrer Navigationsrechte sowie ihrer Souveränität über die Küstengewässer infolge des einseitigen Baus der Krim-Brücke und die Verletzung von Kooperations- und Schutzpflichten zur Bewahrung der Meeresumwelt sowie die Verschärfung der Streitigkeit durch Russland auch nach Beginn des Schiedsverfahrens durch fortlaufende Beeinträchtigungen Gegenstände des Verfahrens. Verletzungen des SRÜ ergeben sich nach Auffassung der Ukraine dabei mit Blick auf Art. 2, 21, 33, 38, 43, 44, 56, 58, 60, 61, 62, 73, 77, 92, 123, 192, 194, 204, 205, 206, 279, 303 SRÜ.[809]

Parallel zum Vorbringen vor dem IGH in *Ukraine v. Russian Federation (I)*[810] sieht Russland den wahren Kern des Verfahrens in dem „*claim to sovereignty over Crimea*" der Ukraine und bestreitet auf dieser Grundlage die Zuständigkeit des eingesetzten seevölkerrechtlichen Schiedsgerichts in der Sache.[811] Die Streitbeilegung nach Art. 288 I SRÜ erfasse Streitigkeiten über die Auslegung und Anwendung des SRÜ, nicht aber Souveränitätskonflikte über Landgebiete.[812] Über die Verletzung von Rechten der Ukraine als vermeintlicher Küstenstaat könne nur entschieden werden, wenn zunächst der Inhaber der territorialen Souveränität über die Krim

---

809 s. PCA, 2017–06, Award on Preliminary Objections, S. 5 f., para. 17 (in Ermangelung der Veröffentlichung des Original-Memorials der Ukraine), sowie: Written Observations (UKR), S. 1, para. 1; S. 9 f., paras. 21 ff., je mit NW aus dem von der Ukraine vorgelegten Memorial; vgl. auch: PCA, 2017–06, Press Release, 31.08.2018.

810 S. o. in diesem Kapitel, A., I., 1.

811 PCA, 2017–06, Preliminary Objections (RUS), S. 3, para. 7; S. 5, para. 13; S. 9, paras. 21 ff.; S. 18 f., para. 47; Procedural Order No. 3, S. 2.

812 PCA, 2017–06, Preliminary Objections (RUS), S. 19, para. 50.

bestimmt würde. Die Souveränitätsfrage bilde daher den Kern der Streitigkeit.[813]

Die Ukraine bringt vor, der territoriale Status der Krim sei von ihr nicht zum Gegenstand des Verfahrens gemacht worden.[814] Der zentrale Einwand der Russischen Föderation, hier bestehe eine Souveränitätsstreitigkeit, sei *„inadmissible and implausible"*.[815] Die Beanspruchung russischer Hoheitsgewalt über die Krim bzw. deren Annexion sei nicht zuletzt in Resolution 68/262 der Generalversammlung als völkerrechtswidrig verurteilt worden.[816] Die Souveränität der Ukraine über die Krim sei daher ein *„internationally recognized background fact"*, sodass eine Entscheidung des Schiedsgerichts hierüber ohnehin nicht nötig sei.[817] Selbst wenn aber die Frage der Souveränität über die Krim einen Aspekt der Streitigkeit bilde, sei eine Entscheidung des Schiedsgerichts in der Sache nicht ausgeschlossen.[818] Der Wortlaut von Art. 286 und 288 SRÜ gewährleiste eine breite Entscheidungskompetenz, die *„all issues relating to the law of the sea"* erfasse.[819] Entscheidend sei, dass der Schwerpunkt der Streitigkeit im Einzelfall seevölkerrechtlicher Art sei. Dies ergebe sich auch aus dem *case law*, insbesondere der Entscheidung des Schiedsgerichts im Fall *Mauritius v. United Kingdom (Chagos)*.[820] Die Ukraine rüge ernste und andauernde Verletzungen des Seevölkerrechts, weswegen der Schwerpunkt der Streitigkeit in der Auslegung und Anwendung des SRÜ liege.[821]

---

813 PCA, 2017–06, Preliminary Objections (RUS), S. 10, para. 25; S. 16, para. 42; S. 17, para. 44; S. 21, para. 56; Reply (RUS), S. 1, para. 2; Award on Preliminary Objections, S. 15 f., para. 47.

814 PCA, 2017–06, Written Observations (UKR), S. 2, paras. 5 f.

815 PCA, 2017–06, Written Observations (UKR), S. 8, para. 18; S. 16, para. 33, S. 21, para. 47; Rejoinder (UKR), S. 1, para. 3.

816 PCA, 2017–06, Written Observations (UKR), S. 11 f., para. 27.

817 PCA, 2017–06, Award on Preliminary Objections, S. 27, para. 86, zit. die mündliche Verhandlung in dem Verfahren vom 11.06.2019.

818 PCA, 2017–06, Rejoinder (UKR), S. 20, para. 42.

819 PCA, 2017–06, Written Observations (UKR), S. 7, para. 14.

820 *„For the purpose of characterizing the Parties' dispute, however, the Tribunal must evaluate where the relative weight of the dispute lies. Is the Parties' dispute primarily a matter of the interpretation and application of the term "coastal State", with the issue of sovereignty forming one aspect of a larger question? Or does the Parties' dispute primarily concern sovereignty, with the United Kingdom's actions as a "coastal State" merely representing a manifestation of that dispute?"*, PCA, 2011–03, Chagos Marine Protected Area Arbitration (Mauritius v. United Kingdom), Award, 18.03.2015, para. 211; Rejoinder (UKR), S. 20, para. 42.

821 PCA, 2017–06, Rejoinder (UKR), S. 4, para. 11.

Über die Einordnung der Streitigkeit als Souveränitätsstreitigkeit hinaus lehnt Russland die Jurisdiktionsgewalt der seevölkerrechtlichen Streitbeilegungsgremien mit der Begründung ab, es handle sich beim Asowschen Meer und der Straße von Kertsch um „gemeinsame" innere Gewässer der beiden Staaten.[822] Da das SRÜ keine Regelungen für innere Gewässer enthalte, seien auch Streitigkeiten, die diese beträfen, nicht von der Jurisdiktionsgewalt der Schiedsgerichte erfasst.[823] Hilfsweise beruft sich Russland auf einen historischen Rechtstitel, der das Asowsche Meer und die Straße von Kertsch als deren Eingang als „*historische Buchten/Gewässer*" qualifiziere, für die dem Schiedsgericht nach Art. 298 I lit. a) (i) SRÜ die Jurisdiktionsgewalt fehle.[824]

Die Ukraine erkennt die Einordnung der Gewässer als innere Gewässer ebenso wie das Bestehen eines historischen Rechtstitels nicht an.[825] Sie ordnet das Asowsche Meer als (halb-) umschlossenes Meer im Sinne von Art. 122 SRÜ, die Straße von Kertsch als internationale Meerenge nach Art. 37 SRÜ ein.[826] Die Jurisdiktionsgewalt des Schiedsgerichts könne daher nicht unter Berufung auf eine solche Qualifikation der Gewässer ausgeschlossen werden.

---

822 PCA, 2017–06, Preliminary Objections (RUS), S. 5 f., para. 15; S. 25, paras. 66 ff.; S. 30, paras. 84 ff.; S. 42, paras. 129 ff.; S. 43, para. 133; Reply (RUS), S. 21, para. 48.

823 PCA, 2017–06, Preliminary Objections (RUS), S. 25, para. 70; S. 39, para. 117; S. 42, para. 128; S. 43, paras. 132 f.

824 PCA, 2017–06, Preliminary Objections (RUS), S. 59, paras. 177, 179. Darüberhinausgehende Einwände der Russischen Föderation bezogen sich auf Einzelaspekte des Konflikts und wurden seitens des Schiedsgerichts zurückgewiesen, s. PCA, 2017–06, Award on Preliminary Objections, S. 142, para. 492 lit. a)-c). So brachte Russland etwa vor, einzelne Aspekte der Streitigkeit seien nach Art. 297, 298 SRÜ von der Entscheidungskompetenz der Schiedsgerichte nicht erfasst. Weiterhin sei die Jurisdiktionsgewalt des Schiedsgerichts nach Annex VII SRÜ sowohl aufgrund vorrangiger bilateraler Streitbeilegungsmechanismen als auch aufgrund vorrangiger Streitbeilegungsmechanismen nach dem SRÜ zum Teil ausgeschlossen, s. PCA, 2017–06, Preliminary Objections (RUS), S. 45 ff., paras. 134 ff.; S. 61 ff., paras. 180 ff.; S. 67 ff., paras. 198 ff.; S. 73, paras. 215 ff.

825 PCA, 2017–06, Written Observations (UKR), S. 28 ff., paras. 61 ff.; S. 38, para. 81; Rejoinder (UKR), S. 38 f., paras. 81 f.

826 PCA, 2017–06, Written Observations (UKR), S. 29, paras. 65 f.

2. Dispute Concerning the Detention of Ukrainian Naval Vessels and Servicemen, PCA, 2019–28

Das zweite seevölkerrechtliche Streitbeilegungsverfahren bezieht sich auf den Vorfall aus dem November 2018 in den Gewässern vor der Küste der Krim. Die Ukraine rügt darin eine Verletzung der Immunität von Kriegsschiffen und ihrer Besatzung. Nach Auffassung der Ukraine folge diese als Ausdruck der Souveränität des Flaggenstaates sowohl aus Art. 32, 58, 95 und 96 SRÜ als auch aus Völkergewohnheitsrecht.[827] Für Drittstaaten ergebe sich die Pflicht, jegliche Handlungen, die die uneingeschränkte Bewegungsfreiheit der Schiffe physisch oder auch rechtlich – etwa durch strafrechtliche Verfolgung in dem Drittstaat – beeinträchtigen könnten, zu unterlassen.[828] Zwischen den Konfliktparteien bestehe damit Streit über die Auslegung und Anwendung von Art. 32, 58, 95 und 96 SRÜ, weswegen sich die Zuständigkeit eines Schiedsgerichts nach Annex VII entsprechend Art. 286, 288 SRÜ ergebe.[829] Ausdrücklich betont die Ukraine, weder der ISGH noch ein einzusetzendes Schiedsgericht nach Annex VII habe sich dabei mit der Frage nach dem Küstenstaat der Gewässer zu befassen. Eine Verletzung von Seevölkerrecht ergebe sich auch unter der – von der Ukraine ausdrücklich abgelehnten – Prämisse, es habe sich bei den in Rede stehenden Gewässern um Küstengewässer Russlands gehandelt.[830]

Die Russische Föderation hat sich nicht an der mündlichen Verhandlung vor dem ISGH beteiligt. In einer schriftlichen Stellungnahme zu dem Fall lehnt Russland die Entscheidungskompetenz der Streitbeilegungsgremien auch im zweiten Verfahren aus mehreren Gründen ab.[831] Haupteinwand der Russischen Föderation ist das Bestehen einer Streitigkeit in Bezug auf eine militärische Handlung. Derartige Streitigkeiten habe die Russische Föderation im Wege einer Erklärung nach Art. 298 I lit. b) ausdrücklich vom Streitbeilegungsmechanismus unter dem SRÜ ausgenom-

---

827 ISGH, Request of Ukraine, 16.04.2019, S. 6 ff., paras. 23 ff.; Verbatim Record ITLOS/PV.19/C26/1/Rev. 1, 10.05.2019, S. 4; S. 10 ff.

828 Verbatim Record ITLOS/PV.19/C26/1/Rev. 1, 10.05.2019, S. 12 f.

829 ISGH, Request of Ukraine, 16.04.2019, S. 4, para. 16; Verbatim Record ITLOS/ PV.19/C26/1/Rev. 1, 10.05.2019, S. 15.

830 ISGH, Case No. 26, Verbatim Record ITLOS/PV.19/C26/1/Rev. 1, 10.05.2019, S. 13.

831 ISGH, Case No. 26, Note Verbale from the Embassy of the Russian Federation in the Federal Republic of Germany, 30.04.2019, S. 1; ISGH, Memorandum (RUS), 07.05.2019, S. 2, paras. 2 f.; S. 9, para. 24; vgl. auch: PCA, 2019–28, Preliminary Objections of the Russian Federation, 24.08.2020.

men.[832] Weitere Einwände beziehen sich auf die Nichterfüllung des Verhandlungserfordernisses nach Art. 283 I SRÜ[833] sowie eine abweichende Auslegung der von Art. 32 SRÜ erfassten Immunität von Kriegsschiffen.[834]

Im Rahmen des einstweiligen Rechtsschutzverfahrens vor dem ISGH brachte die Russische Föderation in einer ersten *Note Verbale* zudem vor, Fragen der Souveränität über die Halbinsel seien nicht von der Entscheidungskompetenz der seevölkerrechtlichen Streitbeilegungsinstanzen erfasst.[835] Während der Einwand der Souveränitätsstreitigkeit im ersten seevölkerrechtlichen Verfahren ein Schwerpunkt der russischen Argumentation gegen die Entscheidungskompetenz des Schiedsgerichts war, taucht dieser im Rahmen des Memorandums zum einstweiligen Rechtsschutz nur noch in einer Fußnote auf.[836] Darin bringt Russland vor, das Schiedsgericht sei nicht dafür zuständig, eine Entscheidung zur Küstenstaatlichkeit der Ukraine oder Russlands mit Blick auf die Krim zu treffen, da Fragen der territorialen Souveränität außerhalb seiner Zuständigkeit lägen. Auch soweit sich das Schiedsgericht mit der Immunität der ukrainischen Kriegsschiffe im Küstenmeer der Krim zu befassen habe, müsse es diese Beschränkung seiner Zuständigkeit beachten.[837]

---

832 PCA, 2019–28, Preliminary Objections (RUS), S. 3, para. 3; sowie insgesamt: Chapter 2, S. 7–28.; s. auch: ISGH, Case No. 26, Memorandum (RUS), S. 9–15, paras. 24–34.

833 PCA, 2019–28, Preliminary Objections (RUS), S. 3, para. 8; sowie insgesamt: Chapter 5, S. 43–48; s. auch: ISGH, Case No. 26, Memorandum (RUS), S. 16, paras. 36 f.

834 PCA, 2019–28, Preliminary Objections (RUS), S. 2, para. 7; sowie insgesamt: Chapter 3, S. 29–38. Darüber hinaus komme dem Schiedsgericht keine Entscheidungskompetenz für etwaige Verletzungen der Verpflichtungen aus dem einstweiligen Rechtsschutzverfahren vor dem ISGH zu, PCA, 2019–28, Preliminary Objections (RUS), S. 3, para. 9; sowie insgesamt: Chapter 4, S. 39–42.

835 ISGH, Case No. 26, Note Verbale from the Embassy of the Russian Federation in the Federal Republic of Germany, 30.04.2019, S. 2; ISGH, Memorandum (RUS), S. 9 ff., paras. 24 ff.; Im Rahmen des einstweiligen Rechtsschutzes vor dem ISGH rügte die Russische Föderation darüber hinaus das Fehlen der Dringlichkeit sowie ein Vorgreifen in der Hauptsache, s. ISGH, Case No. 26, Memorandum (RUS), S. 16–18, paras. 38–42.

836 ISGH, Case No. 26, Memorandum (RUS), S. 15, Fn. 58.

837 So etwa mit Blick auf die von der Ukraine vorgebrachte Verletzung des Art. 30 SRÜ, der eine vorherige Feststellung der Küstenstaatlichkeit erforderte, s. ISGH, Case No. 26, Memorandum (RUS), S. 15, Fn. 58.

Der ISGH ging vom *prima facie* Bestehen einer Streitigkeit über die Auslegung oder Anwendung des SRÜ nach Art. 288 I SRÜ aus.[838] Dass die Russische Föderation die Schiffe festgehalten und ihre Besatzungsmitglieder inhaftiert habe, indiziere eine abweichende Rechtsauffassung Russlands mit Blick auf die von der Ukraine gerügten Verletzungen der Art. 32, 58, 95, 96 SRÜ.[839] Der Einwand der Russischen Föderation mit Blick auf das Vorliegen einer militärischen Aktivität nach Art. 298 I lit. b) SRÜ wurde vom ISGH abgelehnt.[840] Die Streitigkeit beziehe sich im Kern auf Durchfahrtsrechte durch die Straße von Kertsch, die nicht per se als militärisch einzuordnen seien.[841] Auf den Rechtsstatus der Krim ging der ISGH nicht ein.

3. Zwischenfazit

Ein Überblick über die beiden Verfahren vor seevölkerrechtlichen Schiedsgerichten zeigt, dass die Souveränitätsfrage im Wesentlichen im ersten Verfahren Gegenstand der Befassung sein könnte. Die von der Ukraine gerügten Rechte leiten sich überwiegend aus der Küstenstaatlichkeit ab. Implizit erfordert eine Prüfung der Verletzung dieser Rechte dementsprechend die Feststellung der Eigenschaft der Ukraine als Küstenstaat der Gewässer des Asowschen Meeres und der Straße von Kertsch. Hierfür kommt es darauf an, ob das angrenzende Gebiet der Halbinsel Krim ukrainischer oder russischer Souveränität untersteht. Gleiches gilt für die Qualifikation der Gewässer als (gemeinsame) innere Gewässer. Nach Art. 8 I SRÜ sind innere Gewässer die landwärts der Basislinie des Küstenmeers gelegenen Gewässer, also diejenigen Gewässer, die einem Küstenstaat vorgelagert sind. Die Küstenstaatlichkeit ergibt sich aus der Inhaberschaft der territorialen Souveränität über das angrenzende Landgebiet, sodass auch diesbezüglich die Befassung mit der Souveränität über die an das Gewässer

---

838 ISGH, Case No. 26, Order, 25.05.2019, S. 13, para. 45. Die Einwände der Russischen Föderation nach Art. 283 I SRÜ sowie mit Blick auf die fehlende Dringlichkeit wurden abgewiesen. Die inhaltliche Überschneidung mit der Entscheidung des EGMR im vorläufigen Rechtsschutz, der die Haftbedingungen der Besatzungsmitglieder betraf, wurde ebenso wie eine Vorwegnahme der Hauptsache durch den Erlass einstweiliger Maßnahmen seitens des ISGH nicht aufgegriffen.
839 ISGH, Case No. 26, Order, 25.05.2019, S. 13, para. 44.
840 ISGH, Case No. 26, Order, 25.05.2019, S. 17 ff., paras. 63 ff.
841 ISGH, Case No. 26, Order, 25.05.2019, S. 19, para. 72.

angrenzende Halbinsel Krim erforderlich wäre. Die Hoheitsrechte über das Gebiet und daraus resultierende seevölkerrechtliche Rechte hängen von der territorialen Zugehörigkeit der Krim ab, weswegen deren Rechtsstatus in diesem Verfahren große Bedeutung hat.

Das zweite von der Ukraine eingeleitete seevölkerrechtliche Verfahren unterscheidet sich in dieser Hinsicht vom ersten Verfahren. Die Immunität eines Kriegsschiffes hängt nicht von der Souveränität eines Staates über angrenzende Landgebiete ab, sondern beruht auf der Eigenschaft als Flaggenstaat und der besonderen Eigenschaften des Schiffes als solchem.[842] Unabhängig von der Küstenstaatlichkeit der Ukraine kann das Schiedsgericht inhaltlich über die Verletzung einer etwaigen Immunität des Schiffes und seiner Besatzung entscheiden. Der Einwand mangelnder Jurisdiktionsgewalt über die Souveränitätsfrage ist im Rahmen des zweiten Verfahrens weder nachdrücklich von der Russischen Föderation erhoben noch vom ISGH behandelt worden. Eine inzidente Befassung mit Souveränitätsfragen ist daher allenfalls im ersten Verfahren denkbar. Für die konkrete Ausgestaltung einer solchen inzidenten Befassung kommt es auf die Reichweite der Jurisdiktionsgewalt seevölkerrechtlicher Schiedsgerichte unter dem SRÜ an.

III. Reichweite der Jurisdiktionsgewalt

Den Rahmen der Entscheidungskompetenz seevölkerrechtlicher Streitbeilegungsgremien bildet Art. 288 I SRÜ. Hiernach sind die Spruchkörper für jede Streitigkeit über die Auslegung oder Anwendung des SRÜ zuständig, die ihnen in Übereinstimmung mit Teil XV SRÜ unterbreitet wird, s. Art. 286 I, 288 I SRÜ.[843] Eine zwischenstaatliche Streitigkeit im

---

842 Für die Immunität der Kriegsschiffe und die Frage der Zulässigkeit des Beschusses eines solchen Schiffs kommt es darauf an, ob sich die beiden beteiligten Staaten in einem bewaffneten Konflikt befinden. Dann findet nicht das „friedliche" Seevölkerrecht, sondern das Seekriegsrecht Anwendung, in dem auch für den Beschuss militärischer Schiffe abweichende Regelungen gelten. Im zweiten seevölkerrechtlichen Verfahren könnte daher auch Gegenstand der Befassung werden, ob zwischen der Ukraine und Russland schon zum Zeitpunkt des Beschusses der Schiffe im November 2018 ein bewaffneter Konflikt bestand. Zur Begründung der Festsetzung und des Beschusses des Schiffes hat die Russische Föderation dies nicht vorgebracht. S. hierzu: *Kraska*, EJIL-Talk!, 03.12.2018.

843 *„A court or tribunal referred to in article 287 shall have jurisdiction over any dispute concerning the interpretation or application of this Convention which is submitted to it in accordance with this Part."*, Art. 288 I SRÜ.

Rahmen eines ausdifferenzierten völkerrechtlichen Vertragsregimes, hier des Seerechts, kann aber auch Aspekte erfassen, die jenseits des speziellen Regelungsregimes liegen. Nach dem Prinzip *„the land dominates the sea"* ist es der seevölkerrechtlichen Betrachtung immanent, dass sie einen engen Bezug zur territorialen Hoheitsgewalt über die angrenzenden Landgebiete aufweist und diese für die Entscheidung über seevölkerrechtliche Rechte von Bedeutung ist. Die befassten Spruchkörper tragen dann die Verantwortung, die Grenzen der eigenen Jurisdiktionsgewalt abzustecken. Die Grenzen ihrer Entscheidungskompetenz ergeben sich aus der Auslegung der jurisdiktionsbegründenden Vorschriften und Vertragswerke. Denkbar ist sowohl ein weites Verständnis der Jurisdiktionsgewalt, das die Entscheidungskompetenz der Schiedsgerichte für Souveränitätsfragen umfassend bejaht, als auch eine engere Auslegung der Jurisdiktionsgewalt, die sich strenger an der seevölkerrechtlichen Ausrichtung des Vertragswerkes orientiert. In diese Richtung geht auch das Vorbringen der Russischen Föderation, die mit dem Schwerpunkt der Streitigkeit argumentiert. Beide Ansätze sind in der schiedsgerichtlichen Befassung bereits vertreten worden.

1. Weites Jurisdiktionsverständnis

Erster Anknüpfungspunkt einer weiten Auslegung der Jurisdiktionsgewalt ist der Wortlaut der Jurisdiktionsklauseln des SRÜ, Art. 288, 297 SRÜ. Er gibt keinen Anlass, Streitigkeiten, die Fragen der territorialen Souveränität betreffen, prinzipiell aus der Jurisdiktionsgewalt der Schiedsgerichte nach Abschnitt XV SRÜ auszuklammern.[844]

Auch die Systematik der Ausnahmeregelungen der Art. 297, 298 SRÜ lässt ein weites Verständnis der Entscheidungskompetenz zu. Mit Art. 298 I lit. a) (i) SRÜ existiert eine explizite Ausnahme von der obligatorischen Streitbeilegung für Streitigkeiten über die Auslegung oder Anwendung der Art. 15, 74 und 3 SRÜ betreffend die Abgrenzung von Meeresgebieten oder historische Buchten oder Rechtstitel, die notwendigerweise die Prüfung der Souveränität über ein Landgebiet erfassen. In Art. 297 SRÜ fehlt eine entsprechende Regelung. Die ausdrückliche Nennung von Souveränitätsstreitigkeiten in Art. 298 I lit. a) (i) SRÜ aber ergibt nur Sinn, wenn hiermit eine Abweichung vom „Normalzustand" geregelt wird. Im Wege

---

844 PCA, 2011–03, Dissenting and Concurring Opinion, S. 8, para. 32; entsprechend argumentierte auch Mauritius in dem Verfahren, vgl. PCA, 2011–03, Award, S. 80 f., paras. 189 ff.; *Rao*, in: *Ndiaye/Wolfrum*, S. 891.

des *e contrario*-Schlusses spricht dies dafür, dass dem Grunde nach – wo also keine Erklärung nach Art. 298 I lit. a) SRÜ eingreift – Souveränitätsstreitigkeiten von der Jurisdiktionsgewalt der Schiedsgerichte erfasst sind.[845] Mit dem Regime der Art. 288 I, 297, 298 SRÜ existiert ein ausdifferenzierter Rahmen für die Jurisdiktionsgewalt, der keinen Anlass für weitergehende Beschränkungen der Entscheidungskompetenz gibt.[846] So wird durch Art. 288 I SRÜ zwar ein gewisser „*nexus*" zu einer seevölkerrechtlichen Frage gefordert, eine inzidente Entscheidung über Souveränitätsfragen aber nicht ausdrücklich ausgeschlossen.[847] Da das SRÜ zudem einen umfassenden Streitbeilegungsansatz für sich beansprucht, sind Ausnahmen von der Jurisdiktionsgewalt restriktiv auszulegen – was weiter für die Erfassung von Souveränitätsstreitigkeiten außerhalb des Anwendungsbereichs von Art. 298 I lit. a) (i) SRÜ spricht.[848]

Der Befürchtung einer unzulässigen Ausweitung der Jurisdiktionsgewalt von Streitbeilegungsinstanzen nach Abschnitt XV wird weiter entgegengehalten, dass auch für seevölkerrechtliche Streitigkeiten die Anrufung des IGH möglich ist. Aufgrund seiner breiten Jurisdiktionsgewalt könne der Gerichtshof innerhalb eines seevölkerrechtlichen Verfahrens über Souveränitätsaspekte entscheiden. Insofern bestehe eine solche breite Entscheidungskompetenz auch unter dem SRÜ.[849]

Ergänzend kann auch aus der Entstehungsgeschichte des SRÜ keine prinzipielle Ablehnung der Jurisdiktionsgewalt für Souveränitätsfragen in Art. 297 SRÜ hineininterpretiert werden.[850] Eine solche allgemeine Ausnahmeregelung wurde auf der Dritten Seerechtskonferenz zwar diskutiert, hat aber gerade keinen Eingang in Art. 297 SRÜ gefunden.[851]

Einen weiteren Ansatz zur Gewährleistung eines breiten Verständnisses der Jurisdiktionsgewalt bildet Art. 293 I SRÜ. Hiernach ist auch „allgemeines" Völkerrecht der Anwendung durch die Schiedsgerichte unterworfen – damit könnten auch weitergehende Fragen der Souveränität erfasst wer-

---

845 PCA, 2011–03, Dissenting and Concurring Opinion, S. 10, para. 40; *Boyle*, ICLQ 46/1 (1997), 37 (49); *Buga*, IJMCL 27 (2012), 59 (91); *Rao*, in: *Ndiaye/Wolfrum*, S. 890–892.

846 PCA, 2011–03, Dissenting and Concurring Opinion, S. 11, para. 44.

847 PCA, 2011–03, Dissenting and Concurring Opinion, S. 11 f., para. 45.

848 *Buga*, IJMCL 27 (2012), 59 (67); *Rao*, in: *Ndiaye/Wolfrum*, S. 896.

849 PCA, 2011–03, Dissenting and Concurring Opinion, S. 11, para. 43.

850 PCA, 2011–03, Dissenting and Concurring Opinion, S. 10, para. 37.

851 PCA, 2011–03, Dissenting and Concurring Opinion, S. 9 f., para. 36 f.

den.[852] In der Präambel des SRÜ werden die Regeln des allgemeinen Völkerrechts als Grundlage der Anwendung des SRÜ genannt. Die Jurisdiktionsgewalt nach Art. 288 I SRÜ könnte unter Heranziehung des allgemeinen Völkerrechts als so breit ausgelegt werden, dass sie auch *„gemischte"* Streitigkeiten erfasst, die die Entscheidung impliziter Fragen über die territoriale Souveränität beinhalten.[853] Eine entsprechende Auslegung von Art. 293 I SRÜ findet auch in der seevölkerrechtlichen Rechtsprechung eine Grundlage.[854] So stellte der ISGH in der Entscheidung *M/V Saiga* fest: *„Although the Convention does not contain express provisions on the use of force in the arrest of ships, international law, which is applicable by virtue of article 293 of the Convention, requires that the use of force must be avoided as far as possible".*[855] Auf diese Weise bezog der Seegerichtshof das allgemeine völkerrechtliche Gewaltverbot in das seerechtliche Verfahren ein und bezog sich dabei auf Art. 293 SRÜ.

2. Enges Jurisdiktionsverständnis

Einer weiten Auslegung der Jurisdiktionsgewalt entgegen steht die Rechtsprechung in den Kernverfahren *Chagos* und *South China Sea Arbitration*.[856]

---

852 Art. 293 I SRÜ: „Applicable Law. *A court or tribunal having jurisdiction under this section shall apply this Convention and other rules of international law not incompatible with this Convention.".*

853 S. etwa: *Rao,* in: *Ndiaye/Wolfrum,* S. 891.

854 ISGH, Case No. 2, The M/V Saiga Case (Saint Vincent and the Grenadines v. Guinea), Judgment, ITLOS Rep. 1999, 10 (61 f.), para. 155, (63), para. 159; ISGH, Case No. 19, The M/V Virgina G Case (Panama v. Guinea-Bissau), Judgment, ITLOS Rep. 2014, 4 (101 f.), para. 359 (zit. das Schiedsgericht aus dem vorhergehenden M/V Saiga Case); PCA, 2004–04, Guyana v. Suriname, Award, 17.09.2007, paras. 403–406 (unter Rückbezug auf die Entscheidung des ISGH im Saiga Case); s. dazu auch: *Marotti,* in: *del Vecchio/Virzo,* S. 386 f.; *Tzeng,* YLJ 126 (2016), 242 (243, 248 ff.).

855 ISGH, ITLOS Rep. 1999, 10 (61 f.), para. 155.

856 PCA, 2011–03; PCA, 2013–19, South China Sea Arbitration (The Republic of the Philippines v. The People's Republic of China), Award, 12.07.2016.

a. *Chagos*-Verfahren

Das *Chagos*-Verfahren behandelte einen Konflikt um den *Chagos*-Archipel im Indischen Ozean. Hierüber beanspruchten das Vereinigte Königreich und Mauritius bereits seit den 1980er-Jahren je die Souveränität. Nichtsdestotrotz deklarierte das Vereinigte Königreich im April 2010 unilateral ein Meeresschutzgebiet im Bereich der Inselgruppe.[857] Mauritius machte daraufhin im Rahmen eines schiedsgerichtlichen Verfahrens nach Annex VII SRÜ geltend, das Vereinigte Königreich sei kein Küstenstaat des Gebiets im Sinne des SRÜ und verletze durch die einseitige Erklärung des Meeresschutzgebiets Rechte Mauritius' als Küstenstaat.[858] Großbritannien bestritt – dem russischen Vorbringen im Konflikt um das Asowsche Meer und die Straße von Kertsch vergleichbar – die Jurisdiktionsgewalt des Schiedsgerichts. Es handele sich nicht um eine Streitigkeit im Sinne des SRÜ, sondern einen Konflikt über die territoriale Souveränität über den *Chagos*-Archipel.[859] Mauritius sah mit der Befugnis zur Deklarierung eines Gebiets als Meeresschutzgebiet eine seevölkerrechtliche Frage als Kern des Konflikts an. Seien Aspekte des allgemeinen Völkerrechts für die rechtliche Einordnung eines seevölkerrechtlichen Konflikts von Bedeutung, so sei die Schiedsinstanz nach Art. 293 SRÜ berechtigt und sogar verpflichtet, auch auf andere Quellen des Völkerrechts zurückzugreifen.[860]

Zur Einordnung des Konflikts untersuchte das Schiedsgericht, *„where the relative weight of the dispute lies".*[861] Zwar sei nicht ausgeschlossen, dass in einigen Fällen eine untergeordnete Frage territorialer Souveränität *„ancillary"* für einen seerechtlichen Konflikt sein könne. Bildeten Fragen der Souveränität aber den Kern der Streitigkeit, so fehle einem seevölkerrechtlichen Streitbeilegungsgremium die Jurisdiktionsgewalt.[862] Die Beschränkungen in Art. 297, 298 I lit. a) (i) SRÜ zeigten die zurückhaltende Einstellung der Gründungsstaaten mit Blick auf die obligatorische Streitbeilegung unter dem SRÜ. Da insoweit Fragen der Abgrenzung von Meeresgebieten von der Jurisdiktionsgewalt der Schiedsgerichte ausgenommen werden könnten, müsse dies erst recht für Fragen der territorialen Souveränität an Land gelten, die häufig von höherer Relevanz seien. Diese

---

857 *Gervasi*, in: *del Vecchio/Virzo*, S. 192 ff.
858 PCA, 2011–03, Award, S. 1 f., paras. 6 ff.
859 PCA, 2011–03, Award, S. 2, para. 12; S. 74, para. 170.
860 PCA, 2011–03, Award, S. 76, paras. 176 f.
861 PCA, 2011–03, Award, S. 87, para. 211.
862 PCA, 2011–03, Award, S. 90, paras. 220 f.

Grundeinstellung lasse erwarten, dass die Staaten grundlegende Fragen der territorialen Souveränität nicht unter die Jurisdiktionsgewalt der Schiedsgerichte nach Art. 288 I SRÜ hätten fassen wollen, ohne eine explizite Ausnahmeregelung in das Abkommen einzufassen. Dass dies nicht geschehen sei, unterstreiche allein die bestehende Einigkeit der Staaten, dass eine territoriale Streitigkeit nicht zu einem Konflikt über die Auslegung und Anwendung des SRÜ umgedeutet werden könne.[863] Da der Schwerpunkt der Streitigkeit für weite Teile des Vorbringens Mauritius' daher in einer Souveränitätsfrage bestehe und die Jurisdiktionsgewalt der Schiedsinstanzen nicht für jede inzidente Frage bestehe, sondern nur für solche, deren Kern eine Frage der Auslegung oder Anwendung des SRÜ sei, lehnte das Schiedsgericht seine Entscheidungskompetenz mit drei zu zwei Stimmen ab.[864] Die Richter *Kateka* und *Wolfrum* dagegen vertraten unter Heranziehung oben genannter Erwägungen[865] in einer *Dissenting and Concurring Opinion* eine breitere Auslegung der Jurisdiktionsgewalt.[866]

b. *South China Sea Arbitration*

South China Sea Arbitration behandelte einen Konflikt über die Rechte der Philippinen im Gebiet des Südchinesischen Meeres, das als halb-umschlossenes Meer im westlichen Pazifik neben Vietnam, Malaysia, Brunei, Singapur und Indonesien auch an die Philippinen und China grenzt.[867] Die Philippinen rügten in dem Verfahren Verstöße Chinas gegen das SRÜ unter anderem mit Blick auf die Beanspruchung „historischer Rechte" in dem Gewässer sowie die Verletzung von Fischerei-, Nutzungs- und Navigationsrechten der Philippinen.[868] Während die Philippinen betonten, keine Entscheidung des Schiedsgerichts über Aspekte der territorialen Souveränität zu beanspruchen, beteiligte sich China nicht an dem schiedsgerichtlichen Verfahren.[869] In einem Positionspapier des Außenministeriums brachte die Volksrepublik gleichwohl zum Ausdruck, dass nach chinesi-

---

863 Im Ganzen: PCA, 2011–03, Award, S. 89, paras. 215 ff.
864 PCA, 2011–03, Award, S. 90, paras. 220 f.; S. 93, para. 230.
865 S. in diesem Kapitel, C., III., 1.
866 PCA, 2011–03, Dissenting and Concurring Opinion.
867 PCA, 2013–19, Award on Jurisdiction and Admissibility, 29.10.2015, S. 1, para. 3.
868 PCA, 2013–19, Award on Jurisdiction and Admissibility, S. 1 f., paras. 4 ff.
869 PCA, 2013–19, Award on Jurisdiction and Admissibility, S. 2, paras. 8 ff.; S. 48, para. 141.

scher Auffassung Fragen der territorialen Souveränität den wahren Kern des Verfahrens bildeten, weswegen die Jurisdiktionsgewalt des Schiedsgerichts ausscheide.[870]

Das befasste Schiedsgericht lehnte ausdrücklich ab, dass das bloße Bestehen eines Konflikts über Souveränitätsfragen zwingend dazu führen müsse, eine Streitigkeit vor dem seevölkerrechtlichen Schiedsgericht als Souveränitätskonflikt zu qualifizieren: *„The Tribunal does not accept, however, that it follows from the existence of a dispute over sovereignty that sovereignty is also the appropriate characterisation of the claims the Philippines has submitted in these proceedings.“.*[871] Beurteilungsmaßstab für die Jurisdiktionsgewalt war die Frage des *„real issue in the case“.*[872] Die Entscheidungskompetenz bestehe nur so weit, wie der *„real issue“* ein seevölkerrechtliches Vorbringen und nicht eine Frage der territorialen Souveränität sei. Letztere bildete den Schwerpunkt der Streitigkeit, wenn entweder die Auflösung des Vorbringens eine implizite oder ausdrückliche Vorentscheidung zur Souveränität erfordere oder wenn das Verfahren im Kern auf die Festigung der eigenen Position im Konflikt um die territoriale Hoheitsgewalt über das Gebiet abziele.[873] Im konkreten Fall verortete das Schiedsgericht den Schwerpunkt der Streitigkeit im seevölkerrechtlichen Vorbringen und erhielt seine Jurisdiktionsgewalt aufrecht.[874]

3. Entscheidung des Schiedsgerichts im konkreten Fall (PCA, 2017–06)

In seiner Entscheidung zu den *preliminary objections* der Russischen Föderation hat sich das befasste Schiedsgericht weitgehend der Rechtsprechung zu *Chagos* und *South China Sea Arbitration* angeschlossen. Mit Blick auf seine Entscheidungskompetenz ging das Streitbeilegungsgremium davon aus, dass Souveränitätsstreitigkeiten grundsätzlich nicht von der Entschei-

---

870 PCA, 2013–19, Award on Jurisdiction and Admissibility, S. 11, para. 14; S. 45 f., paras. 133 ff.

871 PCA, 2013–19, Award on Jurisdiction and Admissibility, S. 59, para. 152.

872 PCA, 2013–19, Award on Jurisdiction and Admissibility, S. 58, para. 150.

873 *„The Tribunal might consider that the Philippines' Submissions could be understood to relate to sovereignty if it were convinced that either (a) the resolution of the Philippines' claims would require the Tribunal to first render a decision on sovereignty, either expressly or implicitly; or (b) the actual objective of the Philippines' claims was to advance its position in the Parties' dispute over sovereignty.“,* PCA, 2013–19, Award on Jurisdiction and Admissibility, S. 59, para. 153.

874 PCA, 2013–19, Award on Jurisdiction and Admissibility, S. 59 f., para. 153.

dungskompetenz der Schiedsinstanzen erfasst seien, es sei denn diese wären *„ancillary"* zu einer Frage der Auslegung oder Anwendung des SRÜ.[875] Weder die Beschränkungen noch die fakultativen Ausnahmen des obligatorischen Streitbeilegungsmechanismus' des SRÜ erfassten Souveränitätsstreitigkeiten. Dies deute darauf hin, dass die Urheber des Übereinkommens eine solche Streitigkeit nicht als *„dispute concerning the interpretation or application"* im Sinne von Art. 288 I SRÜ wahrnahmen.[876] Damit erfasse die Entscheidungskompetenz der seevölkerrechtlichen Schiedsgerichte grundsätzlich keine Souveränitätsstreitigkeiten.

Die Uneinigkeit der Parteien bezog sich nach Auffassung des Schiedsgerichts aber nicht auf die Reichweite der Jurisdiktionsgewalt unter Art. 288 I SRÜ *per se*, sondern auf das tatsächliche Bestehen eines Souveränitätskonflikts.[877] Die Ukraine habe vorgebracht, es bestehe gar kein Konflikt über die Souveränität, sondern die Krim sei eindeutig ukrainisches Territorium. Dies leite sie insbesondere aus der Resolution 68/262 der Generalversammlung, die die Pflicht zur Nichtanerkennung der Statusänderung der Krim beinhaltet habe, sowie den Reaktionen der internationalen Gemeinschaft her.[878] Nur hilfsweise gehe sie von der Entscheidungskompetenz des Schiedsgerichts aus, die darauf begründet sei, dass die Souveränitätsfrage *„ancillary"* zu den seevölkerrechtlichen Aspekten sei. Russland dagegen verorte den Schwerpunkt der Streitigkeit in der Souveränitätsfrage und gehe deshalb vom Fehlen der Jurisdiktionsgewalt des Schiedsgerichts aus.[879]

Das grundsätzliche Bestehen eines Souveränitätskonflikts aber sei anhand zahlreicher Stellungnahmen der Parteien zum Status der Krim nachgewiesen.[880] Die Aussagekraft der in Bezug genommenen Generalversammlungsresolutionen sei vor dem Hintergrund des Stimmverhaltens, der lediglich mahnenden Formulierung der Resolutionen und ihrer begrenzten Rechtswirkung fragwürdig.[881] Ohnehin aber liege eine auch nur implizite Entscheidung über die rechtliche Zugehörigkeit der Krim zum ukrainischen Territorium außerhalb der Jurisdiktionsgewalt des Schiedsgerichts.[882] Das Zugrundelegen ukrainischer Souveränität über die Krim als

---

875 PCA, 2017–06, Award on Preliminary Objections, S. 49, para. 157.

876 PCA, 2017–06, Award on Preliminary Objections, S. 48 f., paras. 156–160.

877 PCA, 2017–06, Award on Preliminary Objections, S. 48, para. 154; S. 50, para. 161.

878 PCA, 2017–06, Award on Preliminary Objections, S. 51 f., paras. 167, 170.

879 PCA, 2017–06, Award on Preliminary Objections, S. 50, para. 161.

880 PCA, 2017–06, Award on Preliminary Objections, S. 51, para. 165.

881 PCA, 2017–06, Award on Preliminary Objections, S. 53 f., paras. 173 ff.

882 PCA, 2017–06, Award on Preliminary Objections, S. 54, para. 176.

„internationally recognised background fact" aber stelle eine solche implizite Entscheidung dar, weswegen dieser Auslegung der Ukraine nicht gefolgt werden könne.[883] Aus dem Wortlaut der Resolution 68/262 lasse sich darüber hinaus nicht ableiten, dass die bloße Feststellung der Existenz eines Souveränitätskonflikts der Nichtanerkennungsverpflichtung zuwiderlaufe.[884] Darüber hinaus betonte das Schiedsgericht, mit der Anerkennung einer Streitigkeit über die Souveränität über die Krim sei weder eine völkerrechtliche Bewertung des russischen Verhaltens auf der Krim noch eine Entscheidung über den Rechtsstatus der Krim verbunden.[885]

Da das grundsätzliche Vorliegen eines Souveränitätskonflikts zwischen den Parteien nachgewiesen war, kam es nach Auffassung des Schiedsgerichts darauf an, ob der Souveränitätskonflikt eine (untergeordnete) Vorfrage einer Streitigkeit über die Auslegung oder Anwendung des SRÜ darstellte und damit von der Entscheidungskompetenz des Schiedsgerichts im Einzelfall erfasst war.[886] Die Ukraine mache zwar die Verletzung von Rechten aus dem SRÜ geltend, diese beruhten aber größtenteils auf der Annahme ihrer Küstenstaatlichkeit und damit der Souveränität über die angrenzenden Landgebiete.[887] Der Souveränitätsstreit über die Krim sei daher nicht bloß einer seevölkerrechtlichen Frage untergeordnet, sondern bilde eine *„prerequisite to the Arbitral Tribunal's decision on a number of claims submitted by Ukraine under the Convention".*[888] Der Schwerpunkt der Streitigkeit liege nicht in der Auslegung oder Anwendung des SRÜ.[889] Für alle Aspekte des ukrainischen Vorbringens, die als notwendige Vorfrage die Bestimmung des Inhabers der territorialen Souveränität über das Gebiet beinhalteten, lehnte das Schiedsgericht daher seine Entscheidungskompetenz ausdrücklich ab:

> *„In light of the foregoing, the Arbitral Tribunal concludes that pursuant to Article 288, paragraph 1, of the Convention, it **lacks jurisdiction** over*

---

883 PCA, 2017–06, Award on Preliminary Objections, S. 54, para. 176.
884 PCA, 2017–06, Award on Preliminary Objections, S. 54 f., para. 177.
885 PCA, 2017–06, Award on Preliminary Objections, S. 55, para. 178.
886 PCA, 2017–06, Award on Preliminary Objections, Award on Preliminary Objections, S. 50, para. 161: *„the real issue of contention between the Parties in the present case is whether there exists a sovereignty dispute over Crimea, and if so, whether such dispute is ancillary to the determination of the maritime dispute brought before the tribunal by Ukraine";* S. 51, para. 165, S. 58, para. 194.
887 PCA, 2017–06, Award on Preliminary Objections, S. 47, para. 152; S. 58 f., para. 195.
888 PCA, 2017–06, Award on Preliminary Objections, S. 58 f., para. 195.
889 PCA, 2017–06, Award on Preliminary Objections, S. 59, para. 196.

*the dispute as submitted by Ukraine **to the extent that a ruling** of the Arbitral Tribunal on the merits of Ukraine's claims **necessarily requires it to decide, expressly or implicitly, on the sovereignty of either Party over Crimea**. As a result, the Arbitral Tribunal cannot rule on any claims of Ukraine presented in its Notification and Statement of Claim and its Memorial which are dependent on the premise of Ukraine being sovereign over Crimea.*" (Hervorhebung eingefügt).[890]

Der weitere Einwand der Russischen Föderation, das SRÜ sei ohnehin unanwendbar, da es sich um gemeinsame innere Gewässer handle, wies nach Ansicht des Schiedsgerichts keinen vorläufigen Charakter auf und sei in den *merits* zu untersuchen.[891] Dass es sich ursprünglich um innere Gewässer der Sowjetunion gehandelt habe, sei unstreitig. Unterschiedliche Auffassungen hätten die Parteien hinsichtlich der Aufrechterhaltung dieses Status' nach dem Zerfall der Sowjetunion.[892] Grundsätzlich führe aber auch das Vorliegen eines inneren Gewässers nicht zwangsläufig zum Entfall der Jurisdiktionsgewalt: Das SRÜ enthalte sehr wohl Regelungen für innere Gewässer, etwa deren Definition oder das Recht zur friedlichen Durchfahrt durch innere Gewässer in besonderen Fällen.[893] In der Vergan-

---

890 PCA, 2017–06, Award on Preliminary Objections, S. 59, paras. 197 f.; S. 142, para. 492, lit. a). Anm.: Nach Auffassung Russlands betrifft dies das Vorbringen der Ukraine in Bezug auf die Transitdurchfahrt und ihre Navigationsrechte ebenso wie auf die Zusammenarbeit in Umweltfragen und die Rechtsstellung der Schiffe nach Art. 92 SRÜ. Auch die Berufung auf eine Verletzung nach Art. 279 SRÜ, soweit sie auf der Grundlage eines Verhaltens in einem bestimmten Seegebiet, das die Ukraine für sich beansprucht, geltend gemacht würde, hinge von der vorherigen Entscheidung über die Küstenstaatlichkeit ab. Das SRÜ regle nicht Rechte und Pflichten in Streitigkeiten, die die Küstenstaatlichkeit als Ergebnis der Territorialhoheit an Land beträfen. Die Ukraine vertritt demgegenüber, die Verletzung ihrer Rechte zur Transitdurchfahrt und die Verpflichtungen Russlands zum Schutz der Meeresumwelt, ebenso wie die Verschlimmerung des Konflikts und die Pflichten der Anliegerstaaten eines (halb-) umschlossenen Meeres und die Rechtsstellung der Schiffe nach Art. 92 SRÜ beruhten nicht auf der Berufung auf die Küstenstaatlichkeit der Ukraine. Sehr wohl regle das SRÜ auch die Rechte und Pflichten von Streitparteien, die uneins über die Ausübung der Rechte des Küstenstaates eines bestimmten Gebiets seien. Anderenfalls würde die bloße Existenz eines „künstlich heraufbeschworenen" Streits über die Ausübung der Rechte des Küstenstaates die Verpflichtungen des SRÜ unterlaufen., PCA, 2017–06, Award on Preliminary Objections, S. 45 ff., paras. 146–149.

891 PCA, 2017–06, Award on Preliminary Objections, S. 142, para. 492, lit. b).

892 PCA, 2017–06, Award on Preliminary Objections, S. 85, para. 290.

893 PCA, 2017–06, Award on Preliminary Objections, S. 85 f., para. 294.

genheit habe der ISGH mehrfach festgestellt, dass das SRÜ für *„all maritime areas"* Geltung entfalte, also auch für innere Gewässer.[894] Ob es sich bei den in Rede stehenden Gebieten um „gemeinsame" innere Gewässer handeln könne, sei daher eine Frage der *merits*.[895] Gleiches gelte für das Bestehen eines historischen Rechtstitels im Sinne von Art. 298 I lit. a) (i) SRÜ.[896]

IV. Bewertung

Das Schiedsgericht hat mit Blick auf die Möglichkeit einer inzidenten Geltendmachung der Souveränitätsansprüche über die Krim vor dem Hintergrund der Rechtsprechung in *Chagos* und *South China Sea Arbitration* seine Entscheidungskompetenz eng ausgelegt. Für diese Auslegung spricht die grundsätzliche Ausrichtung des SRÜ: Sein Streitbeilegungsmechanismus erfasst nur die Streitigkeiten, die die Auslegung und Anwendung des SRÜ betreffen – solche also, die vorrangig (*„predominantly"*) seevölkerrechtlicher Natur sind.[897] Das Genügenlassen einer irgendwie gearteten Verbindung zum Seerecht zur Begründung einer breiten Entscheidungskompetenz birgt die Gefahr einer übermäßigen Ausdehnung der Entscheidungskompetenzen, die die Behandlung einer undefinierten Menge von Fragen außerhalb des Seevölkerrechts begründen könnte.[898] Auch der *e contrario* Schluss aus Art. 298 I lit. a) (i) SRÜ kann dieses Ergebnis nicht erschüttern. Im abgeschlossenen seevölkerrechtlichen System regelt er den Sonderfall einer Streitigkeit über die Abgrenzung von Meeresgebieten bzw. historische Buchten. Art. 298 I lit. a) (i) SRÜ kann als rein deklaratorische Bestätigung der allgemeinen Regel verstanden werden, dass Gegenstände, die in völkerrechtlichen Abkommen nicht ausdrücklich von der Jurisdiktionsgewalt einer auf Grundlage ebendieses Abkommens entstandenen Streitbeilegungsinstanz erfasst sind, dieser auch nicht unterworfen werden können.[899] Dass eine Regelung für die Behandlung von Streitigkeiten über die territoriale Souveränität an Land fehlt, spricht ebenso wie die Rechtsprechung in den Verfahren *Chagos* und *South China Sea Arbitration*

---

894 PCA, 2017–06, Award on Preliminary Objections, S. 86, para. 295.
895 PCA, 2017–06, Award on Preliminary Objections, S. 86, para. 297.
896 PCA, 2017–06, Award on Preliminary Objections, S. 112, paras. 388 f.
897 *Proelß*, HJLP 46 (2018), 47 (54).
898 *Marotti*, in: *del Vecchio/Virzo*, S. 395.
899 *Marotti*, in: *del Vecchio/Virzo*, S. 404; *Proelß*, HJLP 46 (2018), 47 (54).

dafür, die Kompetenz der Schiedsgerichte ausschließlich auf vorrangig seevölkerrechtliche Fragen zu beschränken.[900] Historische Erwägungen, darunter die Diskussion einer allgemeinen Ausnahme für Souveränitätsstreitigkeiten in Art. 297 SRÜ, sind nach den allgemeinen Auslegungsregelungen (vgl. Art. 32 WVK) nur ergänzend heranzuziehen und liefern keine überzeugende Begründung für den weitreichenden Schluss, Souveränitätskonflikte grundsätzlich von der Entscheidungskompetenz der Schiedsgerichte erfasst zu sehen.

Auch das Argument, Souveränitätsaspekte seien durch die Möglichkeit, den IGH mit seevölkerrechtlichen Streitigkeiten zu befassen, ohnehin erfasst, trägt nicht. Seine dem Grunde nach breit angelegte Jurisdiktionsgewalt ist durch das Erfordernis von Unterwerfungserklärungen der Konfliktparteien beschränkt. Solange diese den Internationalen Gerichtshof nicht aktiv mit einer Frage befassen, kann er auch keine Entscheidung treffen (Art. 287 SRÜ). Es ist also nicht etwa so, dass eine der Streitbeilegungsinstanzen des SRÜ in jedem Fall über Souveränitätsfragen entscheiden könnte, woraus zu schlussfolgern wäre, dass dann auch die anderen Streitbeilegungsgremien nach Art. 287 SRÜ für solche Fragen zuständig wären. Ein Rückschluss auf die Entscheidungskompetenzen eines (ebenfalls konsensual) begründeten Schiedsgerichts verbietet sich insoweit.

Gegen die Heranziehung von Art. 293 I SRÜ als Anhaltspunkt für ein weites Jurisdiktionsverständnis spricht schon dessen Wortlaut. Art. 293 I SRÜ knüpft an eine bereits bestehende Jurisdiktionsgewalt des Schiedsgerichts an: *„A court or tribunal **having jurisdiction** [...]"* (Hervorhebung

---

900 PCA, 2011–03, Award, 18.03.2015, paras. 220 f.: *„220. As a general matter, the Tribunal concludes that, where a dispute concerns the interpretation or application of the Convention, the jurisdiction of a court or tribunal pursuant to Article 288 (1) extends to making such findings of fact or ancillary determinations of law as are necessary to resolve the dispute presented to it [...]. Where the „real issue in the case" and the „object of the claim" [...] do not relate to the interpretation or application of the Convention, however, an incidental connection between the dispute and some matter regulated by the Convention is insufficient to bring the dispute, as a whole, within the ambit of Article 288 (1). 221. The Tribunal does not categorically exclude that in some instances a minor issue of territorial sovereignty could indeed be ancillary to a dispute concerning the interpretation or application of the Convention. That, however, is not this case, and the Tribunal therefore has no need to rule upon the issue. The Parties' dispute regarding sovereignty over the Chagos Archipelago does not concern the interpretation or application of the Convention. Accordingly, the Tribunal finds itself without jurisdiction to address Mauritius' First Submission."*; vgl. auch: Tzeng, DJILP 46/1 (2017), 1 (5).

eingefügt).[901] Systematisch muss zwischen der Regelung der Jurisdiktions-gewalt als erstem Schritt (Art. 288 I SRÜ) und der Regelung des anwend-baren Rechts als zweitem Schritt (Art. 293 I SRÜ) klar unterschieden werden.[902] Art. 293 I SRÜ greift nur ein, wenn Regelungen des SRÜ implizit andere Regelungen des allgemeinen Völkerrechts beinhalten und erweitert nicht die Jurisdiktionsgewalt dem Grunde nach.[903] Eine weitge-hende Auslegung der Entscheidungskompetenz der Schiedsgerichte würde zwar den betroffenen Staaten zu breitem Rechtsschutz verhelfen, könnte andererseits aber auch die Rechtssicherheit und das Vertrauen in den Streitbeilegungsmechanismus erschüttern. Da die Staaten sich diesem auf der Grundlage eines Konsenses unterwerfen, kann die Jurisdiktionsgewalt der Schiedsgerichte auch nur so weit gehen, wie dieser Konsens Bestand hat. Werden Fragen des allgemeinen Völkerrechts behandelt, obwohl die Entscheidungskompetenz nach dem Wortlaut des Abkommens auf Strei-tigkeiten über die Auslegung und Anwendung des SRÜ beschränkt ist, so sinkt die Akzeptanz für die seevölkerrechtliche Schiedsgerichtsbarkeit in der Staatengemeinschaft und damit ihre Legitimation im Ganzen.[904]

Andererseits aber birgt der Ausschluss der Möglichkeit, eine Streitigkeit einem seevölkerrechtlichen Streitbeilegungsgremium zu unterwerfen, nur weil gleichzeitig Fragen des allgemeinen Völkerrechts betroffen sind, sei-nerseits Gefahren. Betrifft die Streitigkeit jedenfalls primär die Auslegung und Anwendung des SRÜ, so würde die Effektivität der seevölkerrechtli-chen Streitbeilegung untergraben, wenn die Mitbetroffenheit einer Frage der territorialen Souveränität die Entscheidungskompetenz der Schiedsge-richte vollständig ausschlösse.[905] Für die Gewährleistung effektiven seevöl-kerrechtlichen Rechtsschutzes kann die inzidente Entscheidung von Fra-gen des allgemeinen Völkerrechts erforderlich sein.[906] Wenn über die Aus-

---

901 *Tzeng*, YLJ 126 (2016), 242 (247).
902 *Marotti*, in: *del Vecchio/Virzo*, S. 388; *Tzeng*, YLJ 126 (2016), 242 (248).
903 PCA, 2014–02, The Arctic Sunrise Arbitration (Netherlands v. Russia), Award on the Merits, 14.08.2015, para. 188; vgl. auch: PCA, 2002–01, MOX Plant Case (Ireland v. United Kingdom), Procedural Order No. 3, 24.06.2003, para. 19; PCA, 2014–07, The Duzgit Integrity Arbitration (Malta v. São Tomé and Príncipe), Award, 05.09.2016, paras. 207 f.; Die abweichende Auslegung von Art. 293 I SRÜ in den Verfahren *M/V Saiga*, *M/V Virgina G* und *Guyana v. Suriname* führt *Tzeng* auf politische und verfahrenstechnische Gründe, etwa die Besetzung der Schiedsgerichte, zurück., *Tzeng*, YLJ 126 (2016), 242 (256 ff.).
904 *Proelß*, HJLP 46 (2018), 47 (58); *Tzeng*, YLJ 126 (2016), 242 (259 f.).
905 *Proelß*, HJLP 46 (2018), 47 (55); *Rao*, in: *Ndiaye/Wolfrum*, S. 891, 896; vgl. auch angedeutet: *Schatz/Koval*, VöR-Blog, 15.01.2018.
906 Vgl. *Marotti*, in: *del Vecchio/Virzo*, S. 390.

legung oder Anwendung des SRÜ nur unter vorheriger Befassung mit Vorfragen der territorialen Souveränität entschieden werden kann, muss die Streitbeilegungsinstanz im konkreten Fall den Schwerpunkt der Streitigkeit ausmachen und daran den Rahmen ihrer Entscheidungsbefugnis messen.[907] Die absolute Grenze der schiedsgerichtlichen Entscheidungskompetenz begründet sich, wo alleiniger Gegenstand des Konfliktes Fragen der territorialen Souveränität an Land sind, bei denen gar keine Verbindung zum Seevölkerrecht gegeben ist.[908] Im Kern umstritten bleiben die Verläufe der Grenzlinien der Jurisdiktionsgewalt in „gemischten" Konflikten. Für die Reichweite der Jurisdiktionsgewalt eines seevölkerrechtlichen Schiedsgerichts bleibt damit festzuhalten, dass die Entscheidungskompetenz des Schiedsgerichts nur so weit geht, wie eine Frage der territorialen Souveränität *„ancillary"* zu einem seevölkerrechtlichen Streitgegenstand ist. Die Auslegung der konkreten Streitigkeit nach dem *„real issue in the case"* hängt von der Qualifikation des Schiedsgerichts und vom Vorbringen der Parteien im Einzelfall ab.

Im konkreten Fall hat sich das befasste Schiedsgericht auf den Standpunkt zurückgezogen, dass zwischen den Parteien Uneinigkeit über die Souveränität über die Halbinsel Krim bestehe und diese Frage auch den Schwerpunkt der Streitigkeit bilde. Der Ansatz der Ukraine, es liege ohnehin kein *„legal dispute concerning sovereignty over Crimea"* vor, da die Zugehörigkeit der Krim zur Ukraine offensichtlich sei, ist auch in der Literatur vorgeschlagen worden, hat aber nicht zum gewünschten Erfolg geführt.[909] Die weitgehende Verurteilung des russischen Eingreifens auf der Krim in der Staatengemeinschaft ebenso wie im Rahmen internationaler Organisationen, beispielsweise der UN-Generalversammlung, hebt das Verfahren von den Umständen der bisherigen Rechtsprechung, insbesondere in *Chagos* und *South China Sea Arbitration*, ab. Letztlich ändert die Tatsache, dass diese „Rechtsauffassung" durch unverbindliche Generalversammlungsresolutionen bestätigt wurde, aber nichts an der Konsequenz, dass das Schiedsgericht auch unter Annahme dieser Ausgangsposition eine implizite Entscheidung über die Souveränität über die Krim träfe – in die-

---

907 *Proelß*, HJLP 46 (2018), 47 (55 f.).

908 *Buga*, IJMCL 27 (2012), 59 (68 f., 80, 90); *Gervasi*, in: *del Vecchio/Virzo*, S. 197; *Rao*, in: *Ndiaye/Wolfrum*, S. 887, 890, 892; *Tzeng*, YLJ 126 (2016), 242 (259).

909 PCA, 2017–06, Rejoinder (UKR), S. 20, para. 42; Award on Preliminary Objections, S. 27, para. 86, zit. die mündliche Verhandlung in dem Verfahren vom 11.06.2019; vgl. *Tzeng*, DJILP 46/1 (2017), 1 (7).

sem Fall zugunsten des bisherigen *status quo* und der Ukraine. Hierin läge eine unzulässige Überschreitung der Kompetenzen des Schiedsgerichts.

Auch in der Literatur ist vertreten worden, dass der Konflikt um die Souveränität der Krim klar vorherrschend sei, eine Behandlung dieser Fragen deswegen in einem seevölkerrechtlichen Kontext ausscheide.[910] Diese Einschätzung könnte zumindest insoweit in Zweifel gezogen werden, als das Zugrundeliegen eines schwelenden Konflikts um die Souveränität – der im Fall der Krim nicht von der Hand zu weisen sein wird – nicht automatisch zur Ablehnung jeglicher weiterer Belange führen kann. Die eingeschränkte Erreichbarkeit einer Küste über das Wasser ebenso wie die Beeinträchtigung von Durchfahrts- und wirtschaftlichen Nutzungs- sowie Ausbeutungsrechten sind Kernaspekte des Seerechtsübereinkommens. Gleichwohl ist die Bestimmung der Küstenstaatlichkeit ein notwendiger Zwischenschritt, der vor dem Hintergrund des umfassenden Souveränitätskonflikts zwischen der Ukraine und Russland nicht als *„ancillary"* behandelt werden kann. Zwar hatte das Schiedsgericht mit der Verlagerung des Einwands der „gemeinsamen inneren Gewässer" in die *merits* der Geltendmachung seevölkerrechtlicher Aspekte in Zusammenhang mit der Souveränitätsfrage die Tür geöffnet. Dennoch begrenzt der abgesteckte Bereich der Jurisdiktionsgewalt im Hinblick auf die Qualifizierung als „Vorfrage" das zu erwartende Urteil in seinem Umfang stark. Die Vorlage des aktualisierten Memorials der Ukraine muss nach den Vorgaben des Schiedsgerichts ausdrücklich diese Grenzen der Jurisdiktionsgewalt berücksichtigen.[911]

V. Fazit zur seevölkerrechtlichen Befassung

Die tatsächlichen Erfolgsaussichten einer inzidenten Geltendmachung der Souveränität über die Krim sowie des damit einhergehenden Gewaltverbotsverstoßes vor seevölkerrechtlichen Streitbeilegungsinstanzen sind daher gering. Das gilt auch für den aktuelleren seevölkerrechtlichen Konflikt um die Festsetzung der Soldaten und Marineschiffe aus dem Jahr 2018. Die Entscheidung des Schiedsgerichts über die *preliminary objections* steht noch aus, wird sich aber im Wesentlichen auf die Einschlägigkeit von Art. 298 I lit. b) SRÜ beziehen. Denkbar wäre in diesem Zusammenhang im Rahmen der Prüfung einer militärischen Handlung im Sinne von

---

910 *Oral*, ILS 97 (2021), 478 (495, 507); *Tzeng*, YJIL 41 (2016), 459 (466).
911 PCA, 2017–06, Award on Preliminary Objections, S. 59, para. 196.

Art. 298 I lit. b) SRÜ die Feststellung einer Gewaltanwendung der Russischen Föderation gegen die Ukraine durch den Beschuss der (Kriegs-)Schiffe durch Angehörige des FSB. Zur Qualifizierung einer Streitigkeit als Streitigkeit im Sinne von Art. 298 I lit. b) SRÜ aber wird die Feststellung der Völkerrechtswidrigkeit der militärischen Gewaltanwendung nicht notwendig sein, sodass die Verurteilung dieser Handlung als Verstoß gegen das allgemeine Gewaltverbot auch im zweiten schiedsgerichtlichen Verfahren unwahrscheinlich ist. Eine inzidente Verurteilung der Völkerrechtswidrigkeit des russischen Verhaltens auf der Krim als solchem bzw. die Feststellung ukrainischer Souveränität über die Krim aber ist in diesem Gerichtszweig aller Voraussicht nach nicht zu erreichen. Eine weitergehende Auslegung der Entscheidungskompetenz des Schiedsgerichts überschritte die Grenzen der konsensual begründeten Zuständigkeit für Streitigkeiten über die „Auslegung und Anwendung des SRÜ", die die Dominanz seevölkerrechtlicher Aspekte für die Begründung der Entscheidungskompetenz seevölkerrechtlicher Streitbeilegungsinstanzen erfordert.

D. Investitionsschutzrechtliche Verfahren

I. Überblick[912]

Anknüpfungspunkt der schiedsgerichtlichen Geltendmachung im Investitionsschutzrecht ist das bilaterale Investitionsschutzabkommen zwischen Russland und der Ukraine (russisch-ukrainisches BIT)[913], das im Jahr 2000 in Kraft getreten ist. Nach Art. 9 des BIT können Streitigkeiten *„in connection with the investments"* nach Ablauf einer Verhandlungsperiode von sechs Monaten einem *ad hoc* Schiedsgericht unter Anwendung der UN-

---

912 Anm.: Die investitionsrechtlichen Verfahren sind in weiten Teilen vertraulich, sodass lediglich auf die von den Schiedsinstanzen zugänglich gemachten Pressemitteilungen sowie auf Berichte Dritter Bezug genommen werden kann. Im Übrigen kann die rechtliche Argumentation hinter diesen Entscheidungen nur vor dem Hintergrund der verfügbaren Informationen erschlossen werden. Eine Veröffentlichung der vollständigen Entscheidungen ist vor dem Hintergrund der politischen Brisanz etwaiger Kompensationszahlungen Russlands an ukrainische Investoren unwahrscheinlich.

913 Agreement between the Government of the Russian Federation and the Cabinet of Ministers of the Ukraine on the encouragement and mutual protection of Investments, unterzeichnet am 27.11.1998.

CITRAL Schiedsverfahrensordnung vorgelegt werden.[914] Insgesamt sind auf der Grundlage des russisch-ukrainischen BIT rund ein Dutzend Streitbeilegungsverfahren gegen Russland vor Schiedsgerichten nach den UNCITRAL Schiedsregeln initiiert worden.[915] Antragsteller sind ukrainische Unternehmen aus dem Öl- und Gas-, Energie-, Immobilien- oder auch Bankensektor. Unter ihnen sind sowohl staatliche als auch nicht-staatliche Unternehmen. Allen Verfahren gemein ist, dass sich die Antragsteller auf eine Verletzung ihrer Rechte aus dem BIT berufen, etwa wegen unzulässiger Enteignungen und der Unterbindung wirtschaftlicher Betätigung, die sich aus der „Wiedereingliederung" der Krim im Frühjahr 2014 und der damit einhergehenden Kontrollübernahme durch die Russische Föderation auf der Krim ergaben.[916] Inhaltlich beziehen sie sich auf Art. 5 BIT, der den Investoren auf dem Territorium der jeweils anderen Vertragspartei Schutz vor Enteignungen und vergleichbaren Maßnahmen gewährt.[917]

---

914 „*In the event the dispute cannot be resolved through negotiations within six months [...] then the dispute shall be passed over for consideration to [...] c) an „ad hoc" arbitration tribunal, in conformity with the Arbitration Regulations of the United Nations Commission for International Trade Law (UNCITRAL).*", Art. 9 II BIT.

915 PJSC Ukrnafta v. The Russian Federation, PCA, 2015–34; Stabil LLC et. al. v. The Russian Federation, PCA, 2015–35; Everest Estate LLC et. al. v. The Russian Federation, PCA, 2015–36; JSB CB PrivatBank (and Finilon) v. The Russian Federation, PCA, 2015–21, Anm.: Die Vorwürfe der Finance Company Finilon LLC wurden später als außerhalb der *jurisdiction* des Schiedsgerichts abgewiesen, weswegen das Unternehmen nicht länger Partei des Verfahrens ist, Press Release, 22.11.2019; Aeoroport Belbek LLC and Mr. Igor Valerievich Kolomisky v. The Russian Federation, PCA, 2015–07; Lugzor LLC et. al. v. The Russian Federation, PCA, 2015–29; Oschadbank v. The Russian Federation, PCA, 2016–14; NJSC Naftogaz of Ukraine (Ukraine) et. al. v. The Russian Federation, PCA, 2017–16; DTEK Krymenergo v. The Russian Federation; Ukrenergo v. The Russian Federation; s. Agreement between the Government of the Russian Federation and the Cabinet of Ministers of Ukraine on the Encouragement and Mutual Protection of Investments (27.11.1998). Im Mai 2021 hat zudem das staatliche ukrainische Energieunternehmen Energoatom ein weiteres Streitbeilegungsverfahren unter dem BIT eingeleitet, s. https://www.iareporter.com/articles/ukrainian-energy-company-puts-russia-on-notice-of-treaty-based-dispute/.

916 Vgl. etwa: PCA, 2015–34 und PCA, 2015–35, Press Release, 02.05.2016; PCA, 2015–36, Press Release, 09.08.2016; PCA, 2015–21, Press Release, 30.03.2016; PCA, 2015–07, Press Release, 06.01.2016; Ein Überblick zu den einzelnen Fällen findet sich bei: *Rachkov/Rachkova*, MJIL 4 (2020), 119, 127 ff. sowie unter: https://investmentpolicy.unctad.org/investment-dispute-settlement/country/175/russian-federation (Investment Dispute Settlement Navigator der UNCTAD).

917 „*The investments of investors of either Contracting Party, carried out on the territory of the other Contracting Party, shall not be subject to expropriation, nationalization*

Art. 9 und Art. 5 BIT bilden somit die Anknüpfungspunkte für die Geltendmachung der Verletzung von Rechten ukrainischer Investoren.

Der Ukraine als in diesen Verfahren dem Grunde nach unbeteiligte Dritte wurde von den befassten Schiedsgerichten regelmäßig gestattet, schriftliche Beiträge zu leisten, eine darüber hinausgehende Teilnahme an den mündlichen Verhandlungen blieb ihr aber versagt.[918] Zwar sind im Investitionsschutzrecht auch zwischenstaatliche Streitbeilegungsverfahren möglich, die Ukraine hat von dieser Möglichkeit aber bisher keinen Gebrauch gemacht.[919] Insofern unterscheidet sich die investitionsrechtliche Geltendmachung in der Konstellation der Verfahrensparteien von den zuvor betrachteten zwischenstaatlichen Verfahren. Gleichwohl kann die Befassung der Schiedsinstanzen in den Investor-Staat-Verfahren auch Bedeutung für den zugrundeliegenden territorialen Konflikt um die Krim und das zwischenstaatliche Verhältnis entfalten, wenn in diesem Gerichtszweig eine inzidente Befassung mit der Souveränität über die Halbinsel in Betracht käme.

Die Russische Föderation bestreitet die Jurisdiktionsgewalt der Schiedsgerichte im Rahmen des BIT für die in Rede stehenden Verfahren.[920] Im Einklang mit der bisherigen Argumentation der Russischen Föderation in anderen völkerrechtlichen Gerichtszweigen ist davon auszugehen, dass vorgebracht wurde, die Souveränitätsstreitigkeit sei der „wahre Kern" des Verfahrens und hierfür bestehe keine Entscheidungskompetenz der Schiedsgerichte im Investitionsschutzrecht.[921] Russland hat sich daher

---

or other measures, equated by its consequences to expropriation (hereinafter referred to as expropriation), with the exception of cases, when such measures are not of a discriminatory nature and entail prompt, adequate and effective compensation.", Art. 5 I BIT.

918 S. zB PCA, 2015–34 und PCA, 2015–35, Press Releases vom 04.08.2016; PCA, 2015–36, Press Release vom 13.01.2017; PCA, 2015–21 und PCA, 2015–07 Press Releases vom 15.08.2016.

919 S. hierzu: 8. Kapitel, D., IV.

920 PCA, 2015–34, Press Release, 02.05.2016; ebenso PCA, 2015–35; PCA, 2015–36, Press Release, 09.08.2016; PCA, 2015–21, Press Release vom 30.03.2016; PCA, 2015–07, Press Release vom 06.01.2016.

921 Weiterer Einwand gegen die Zuständigkeit der Schiedsgerichte mit Blick auf investitionsschutzrechtliche Belange ist deren Zuständigkeit *ratione personae* bzw. *ratione temporis*. Art. 1 II BIT regelt, dass Investoren als *„any legal entity, set up or instituted in conformity with the legislation prevailing on the territory of the given Contracting Party, under the condition that the said legal entity is legally capable, under the legislation of its respective Contracting Party, to carry out investments on the territory of the other Contracting Party"* qualifiziert werden. Zum Zeitpunkt des Beginns der Investments gehörte die Krim unstreitig zur Ukraine,

an den investitionsrechtlichen Verfahren zunächst nicht beteiligt.[922] Die

---

erst nach der „Wiedereingliederung" könnte unter der Voraussetzung, dass die Krim als Teil des *„territory"* der Russischen Föderation einzuordnen wäre, ein Investment auf fremdem Territorium vorliegen, s. *Rachkov/Rachkova*, MJIL 4 (2020), 119 (141). Es kommt damit für die Begründung der Anwendbarkeit des BIT auf den Zeitpunkt der Betrachtung an. Russland will den Begriff des *„investments"* nach Art. 1 Nr. 1 BIT so verstehen, als dass dies nur solche Investitionen erfassen soll, die von vornehrein in dem Gebiet der anderen Vertragspartei, das zum Zeitpunkt des Vertragsschlusses auch als Solches qualifiziert worden war, erhoben worden sind, vgl. Entscheidungen des Schweizer Bundesgerichts vom 16.10.2018, 4A_396/2017 und 4A_398/2017, para(s). E. 4.4.2; 4.3. Diese Argumentation könnte im Wege eines streng formalen Verständnisses tragen, da die ukrainischen Investoren zum Zeitpunkt der erstmaligen Tätigung ihrer Investition keine besondere Schutzbedürftigkeit genossen, erfolgten diese doch im Heimatstaat, s. *Vaccaro-Incisa*, EJIL-Talk!, 09.05.2018. Der Wortlaut des BIT ermöglicht keine Rückschlüsse auf die Frage der Erfassung von Investitionen im Rahmen von Gebietsveränderungen. Mit Blick auf den Sinn und Zweck des Abkommens, das dem möglichst umfassenden Schutz von Investitionen auf dem Territorium der beiden Parteien dienen soll, kann es auf den Zeitpunkt des „Beginns" eines Investments aber nicht ankommen. Um den Schutz des BIT begründen zu können, muss das Bestehen eines Investments auf dem Territorium einer der Vertragsparteien zum Zeitpunkt der Streitbeilegungseinleitung genügen. Diese Auslegung ist in einer Reihe von investitionsschutzrechtlichen Verfahren auch bereits vertreten worden, s. Everest Estate LLC et. al. v. The Russian Federation (PCA, 2015–36), s. *Rachkov/Rachkova*, MJIL 4 (2020), 119 (128); Entscheidungen des Schweizer Bundesgerichts vom 16.10.2018, 4A_396/2017 und 4A_398/2017, para(s). E. 4.2. Ein Investment auf dem Territorium der Vertragsparteien soll vor unzulässigen Beeinträchtigungen durch den Staat geschützt werden. Wenn die staatliche Hoheitsgewalt über ein Gebiet wechselt, das Investment aber fortbesteht, so muss die Schutzwirkung sich auch für solche Investitionen einstellen, die ursprünglich auf dem Territorium des anderen Staates aufgenommen wurden. Schon nach dem Grundprinzip der beweglichen Vertragsgrenzen, das sich aus Art. 29 WVK ergibt, entfaltet ein völkerrechtlicher Vertrag seine Geltung auf dem gesamten Territorium, sodass auch bei Gebietsveränderungen eine Fortgeltung des völkerrechtlichen Vertrages besteht, so auch die Argumentation in einigen der Schiedsverfahren und bspw. des Schweizer Bundesgerichts in den *setting aside proceedings*, vgl. Entscheidungen des Schweizer Bundesgerichts vom 16.10.2018, 4A_396/2017 und 4A_398/2017, para(s). E. 4.3. Die Schiedsgerichte in den Verfahren PJSC Ukranafta v. The Russian Federation (PCA, 2015–34) und Stabil et. al. v. The Russian Federation (PCA, 2015–35) haben weiter angenommen, dass für die Einhaltung nationaler Vorschriften der Zeitpunkt entscheidend sei, in dem das Investment dem Schutz des BIT unterfalle – dem Zeitpunkt der formalen „Wiedereingliederung" der Krim in die Russische Föderation, dem 21.03.2014. Die anderenfalls bestehende Gefahr für die Investoren, schutzlos gestellt zu werden, obwohl der neue Souveränitätsinhaber – in diesem Fall Russland – auch den wirtschaftlichen Profit aus der Ansiedelung der Investitionen zieht,

Schiedsinstanzen haben in einer Reihe von Verfahren ihre Zuständigkeit angenommen, zum Teil sogar bereits zugunsten ukrainischer Investoren entschieden.[923] Russland hat – wohl auch in Reaktion auf aus russischer Perspektive negative Verfahrensausgänge – die Strategie der strikten Nichtbeteiligung indessen aufgegeben und ist dazu übergegangen, sich inhaltlich gegen die Vorwürfe zu verteidigen.[924] Zu diesem Zweck hat die Russi-

---

liefe dem Ziel und Zweck des Investitionsrechts zuwider, s. *Rachkov/Rachkova*, MJIL 4 (2020), 119 (141); *Tuzheliak*, UCLJLJ 6/2 (2017), 14 (26); *Vaccaro-Incisa*, EJIL-Talk!, 09.05.2018, sowie die Entscheidungen des Schweizer Bundesgerichts vom 16.10.2018, 4A_396/2017 und 4A_398/2017, para(s). E. 4.2.

922 So etwa in den Verfahren PJSC Ukranafta v. The Russian Federation (PCA, 2015–34), Stabil et. al. v. The Russian Federation (PCA, 2015–35), die von einem identisch besetzten Schiedsgericht in einem gleichläufigen Verfahren behandelt und durch einen Final Award zugunsten der Investoren am 12.04.2019 abgeschlossen wurden., vgl. Press Release(s) zu beiden Verfahren vom 02.05.2016 und 24.04.2019. Ebenso in: Everest Estate LLC et. al. v. The Russian Federation (PCA, 2015–36), Press Release, 09.08.2016.

923 Abgeschlossen und zugunsten der Investoren entschieden worden sind etwa die Verfahren PJSC Ukranafta v. The Russian Federation (PCA, 2015–34), Stabil et. al. v. The Russian Federation (PCA, 2015–35), Press Releases vom 04.07.2017 (Award on Jurisdiction) und 24.04.2019 (Final Award).; Everest Estate LLC et. al. v. The Russian Federation (PCA, 2015–36), Press Releases vom 05.04.2017 (Award on Jurisdiction) und 09.05.2018 (Final Award); Oschadbank v. The Russian Federation (PCA, 2016–14). Ihre Jurisdiktionsgewalt bejaht haben die jeweiligen Schiedsgerichte zudem in den Verfahren JSB CB PrivatBank v. The Russian Federation (PCA, 2015–21) und Viktor Aeroport Belbek LLC and Mr. Igor Valerievich v. Russia (PCA, 2015–07), hier war das Schiedsgericht gleichermaßen besetzt., Press Releases vom 09.03.2017, 15.02.2019 Außerdem in: NJSC Naftogaz of Ukraine (Ukraine) et. al. v. The Russian Federation, PCA, 2017–16; s. *Rachkov/Rachkova*, MJIL 4 (2020), 119, 137. In dem Verfahren Lugzor LLC et. al. v. The Russian Federation (PCA, 2015–29) besteht die Besonderheit, dass das eingesetzte Schiedsgericht beabsichtigt, in einem einzigen Final Award zu *jurisdiction, admissibility* und den *merits* Stellung zu nehmen. Mitgeteilt wurde den Parteien aber, dass das Schiedsbericht die Jurisdiktionsgewalt aufrechterhalten und das Vorbringen der Antragsteller vollständig für zulässig erklären wird., PCA, 2015–29, Press Release, 13.12.2017.

924 So etwa in den Verfahren JSB CB PrivatBank v. The Russian Federation (PCA, 2015–21) und Viktor Aeroport Belbek LLC and Mr. Igor Valerievich v. Russia (PCA, 2015–07), in denen sich Russland nach der Entscheidung des Schiedsgerichts über die *jurisdiction* plötzlich und erstmalig am Verfahren beteiligen wollte, woraufhin ihm das Schiedsgericht einräumte, begrenzte Stellungnahmen mit Blick auf die Investments der JSB CB PrivatBank in dem Verfahren geltend zu machen, für die Argumente gegen die Jurisdiktionsgewalt des Schiedsgerichts aber auf das Verfahren vor dem niederländischen Court of Appeal verwies, das durch Russland bereits eingeleitet worden war., PCA, 2015–21, PCA, 2015–07,

sche Föderation gegen die *Final Awards* in einigen Verfahren sogenannte *„setting aside proceedings"* im nationalen Rechtsweg eingeleitet, die jedoch ihrerseits erfolglos blieben.[925]

II. Einfallstor der Befassung mit dem Rechtsstatus der Krim

In den investitionsschutzrechtlichen Verfahren kommt mit Blick auf Art. 5 des BIT eine inzidente Befassung mit der Frage der Souveränität über die

---

Press Releases, 22.11.2019. Ebenso auch im Verfahren Lugzor LLC et. al. v. The Russian Federation (PCA, 2015–29), Press Release, 28.11.2019. Auch in dem jüngeren Verfahren DTEK Krymenergo v. The Russian Federation verteidigt sich die Russische Föderation aktiv., s. *Rachkov/Rachkova*, MJIL 4 (2020), 119 (127).

925 Bei diesen Verfahren handelt es sich um Verfahren, die sich nach der Auswahl des Sitzes des Investitionsschiedsgerichts unter den UNCITRAL Regeln richten. Die Möglichkeit eines solchen *„setting aside proceedings"*, dessen Ziel die Überprüfung der abschließenden Entscheidung eines Schiedsgerichts ist, richtet sich nach den Regelungen im nationalen Recht des Sitzstaates. In diesen Verfahren wird regelmäßig keine vollständige Kontrolle der *merits* des Schiedsspruchs durchgeführt, sondern die Einhaltung prozessualer Grundprinzipien, insbesondere der *jurisdiction* des Schiedsgerichts, überprüft. So zB in den Verfahren PJSC Ukranafta v. The Russian Federation (PCA, 2015–34), Stabil et. al. v. The Russian Federation (PCA, 2015–35), in denen Russland sowohl die Entscheidungen des Schiedsgerichts zur *jurisdiction* als auch zu den *merits* ohne Erfolg vor dem Schweizerischen Bundesgericht angegriffen hatte. Das Schweizer Bundesgericht lehnte das Vorbringen der Russischen Föderation unter Hinweis auf eine dynamische Auslegung des BIT ab. Von Interesse ist dabei insbesondere, dass das Gericht den Einwand, die Streitigkeit betreffe keine investitionsschutzrechtlichen Aspekte, sondern den Status der Krim, zurückwies, s. *Rachkov/Rachkova*, MJIL 4 (2020), 119 (141 ff.); https://www.iareporter.com/articles/russia-fails-to-set-aside -two-crimea-related-awards-at-swiss-seat/. Ein ähnlicher Versuch der Russischen Föderation in dem Verfahren Everest Estate LLC et. al. v. The Russian Federation (PCA, 2015–36) vor dem Court of Appeal in Den Haag gegen die *jurisdiction* läuft noch. Im Eilrechtsschutz gegen die Umsetzung des Schiedsspruchs hat dasselbe Gericht den Antrag der Russischen Föderation jedoch abgewiesen, da kein *„high potential"* für einen positiven Ausgang der Hauptsache gesehen wurde, insbesondere weil die von Russland geltend gemachten Einwände noch in den *merits* des Schiedsverfahrens vorgebracht werden könnten., s. Bundesgericht, Urteile vom 16.10.2018, 4A_398/2017 bzw. 4A_396/2017. Im Verfahren Oschadbank v. The Russian Federation (PCA, 2016–14) hat der Court of Appeal in Frankreich den Schiedsspruch des Schiedsgerichts aufgehoben, da die Investments der Oschadbank den zeitlichen Bedingungen des russisch-ukrainischen BITs (vor 01.01.1992 gemachte Investments sind nicht erfasst) nicht entsprachen, s. Judgment of the Paris Court of Appeal, 30.03.2021, paras. 101 ff.

Halbinsel Krim in Betracht. Art. 5 BIT setzt voraus, dass die Investoren ein *„investment [...] on the territory of the other Contracting Party"* vorgenommen haben. Investments im Sinne des BIT sind nach Art. 1 Nr. 1 BIT *„all kinds of property and intellectual values, which are put in by the investor of one Contracting Party* **on the territory** *of the other Contracting Party in conformity with the latter's legislation"* (Hervorhebung eingefügt). Art. 1 Nr. 4 BIT definiert den Begriff des *„territory"* als *„the territory of the Russian Federation or the territory of the Ukraine and also their respective exclusive economic zone and the continental shelf as defined in conformity with the international law"*.

Um eine Entscheidung über den Rechtsstatus der Krim im Wege des Investitionsschutzes zu erreichen, müsste der Begriff des *„territory"* im Rahmen des BIT eine Bestimmung des *de jure* Territoriums eines Staates erfordern – das Territorium sich also nach souveränitätsrechtlichen Gesichtspunkten bestimmen. Hinsichtlich der Frage der Anwendbarkeit des BIT für Investitionen auf der Krim wäre danach die Frage zu beantworten, ob es sich hierbei um das *„territory"* der Russischen Föderation als Vertragspartei handelt. Für die Schiedsgerichte bestünde damit die Möglichkeit, inzident auf die völkerrechtswidrige Annexion der Krim einzugehen, indem sie die Zugehörigkeit der Krim zum russischen *„territory"* ablehnten. Die Verfahren ukrainischer Investoren gegen die Russische Föderation wären in der Konsequenz durchweg erfolglos, weil unter dieser Prämisse die Grundvoraussetzung der Anwendbarkeit des BIT nicht gegeben wäre. Das subjektive Interesse der Investoren, ihre Investitionen unter Anwendung des russisch-ukrainischen BIT zu schützen, steht damit im Spannungsverhältnis zum Interesse der Ukraine, die rechtliche Zugehörigkeit der Krim zu ihrem Staatsgebiet feststellen zu lassen und damit die Annexion gerichtlich geltend machen zu können.[926] Da eine Reihe von Verfahren aber bereits zugunsten der ukrainischen Investoren entschieden worden sind, ist eine Untersuchung des Jurisdiktionsverständnisses der Schiedsgerichte gerade im Hinblick auf die Auslegung des *„territory"* im Sinne von Art. 1 Nr. 4 BIT erforderlich. Erneut stellt sich die Frage, ob die Schiedsgerichtsbarkeit eine Entscheidung zu Fragen der völkerrechtlichen Souveränität über ein Gebiet treffen kann und welche Aussichten sich für die Ukraine mit Blick auf eine gerichtliche Aufarbeitung des Krim-Konflikts in diesem Gerichtszweig ergeben.

---

926 *Happ/Wuschka*, JIA 33/3 (2016), 245 (255; 267).

III. Konturen der Jurisdiktionsgewalt – Art. 9 I BIT

Den Rahmen der Jurisdiktionsgewalt investitionsschutzrechtlicher Schiedsgerichte bestimmt Art. 9 des russisch-ukrainischen BIT, wonach diese für alle Streitigkeiten zuständig sind, die *„in connection with the investments"* erfolgen. Der breite Wortlaut der Vorschrift ermöglicht ein weites Verständnis der Entscheidungskompetenz der Schiedsinstanzen. Sofern eine Streitigkeit eine irgendwie geartete Verbindung zu Investments auf dem Territorium einer der Vertragsparteien aufwiese, wäre die Jurisdiktionsgewalt der Schiedsgerichte begründet. Dies würde implizieren, dass zur Bestimmung, ob ein Investment im Anwendungsbereich des BIT – *„on the territory"* Russlands – getätigt wurde, auch die Frage nach der territorialen Souveränität über die Krim von der Entscheidungskompetenz der Schiedsgerichte erfasst wäre. Der Wortlaut des BIT lässt nicht erkennen, dass Souveränitätsfragen, so sie denn *„in connection with an investment"* auftreten, von vorneherein nicht von der Entscheidungskompetenz der Schiedsgerichte umfasst wären.[927] Vielmehr ist die Formulierung *„in connection with"* im Vergleich zu der häufig bestehenden Formulierung der Entscheidungskompetenz für Fragen der *„Auslegung und Anwendung"* eines etwaigen Vertrages weiter gefasst.[928]

Auch mit dem Telos der Investitionsschutzabkommen lässt sich für die Erfassung von Souveränitätsfragen argumentieren. Sinn und Zweck dieser Verträge ist der möglichst umfassende Schutz von Investitionen der Vertragsparteien im Anwendungsbereich des Abkommens, das heißt im Territorium der Vertragsparteien. Ein weitreichender Schutz von Investoren setzt zunächst die Bestimmung des richtigen Verfahrensgegners eines Investor-Staat-Verfahrens voraus. Damit wäre unter einer Auslegung des Begriffs *„territory"* als das *de jure* Territorium eines Staates notwendigerweise die Zuordnung des Inhabers territorialer Souveränität im völkerrechtlichen Sinne verbunden.

---

927 *Grant*, ChiJIL 16/1 (2015), 1 (34).
928 Diese Formulierung besteht für die Zuständigkeit der Schiedsgerichte im Rahmen der zwischenstaatlichen investitionsrechtlichen Verfahren, s. Art. 10 des russisch-ukrainischen BIT: *„1. Disputes between the Contracting Parties as to the interpretation and application of this Agreement shall be resolved by way of negotiations. 2. In the event a dispute cannot be resolved through negotiations within six months as of the notification in writing of the origin of a dispute, then at the request of either Contracting Party, it shall be passed over for consideration to the arbitral tribunal."*.

Im Rahmen von Investor-Staat-Verfahren wird außerdem die Argumentation, eine Streitigkeit behandle „im Kern" nicht ein Investment, sondern die Souveränitätsfrage, deutlich weniger tragfähig sein als in zwischenstaatlichen Verfahren. Dem Investor wird es nicht in erster Linie darauf ankommen, die Souveränitätsfrage gerichtlich zu klären. Der Schwerpunkt seines Verfahrensinteresses liegt vielmehr auf dem wirtschaftlichen Vor- bzw. Nachteil, den er investitionsschutzrechtlich geltend machen will. Die Souveränitätsfrage bildet unter der Auslegung des Territoriums als das *de jure* Territorium der Vertragsparteien zwar eine Vorfrage dieses Interesses, aber nicht den Schwerpunkt der Geltendmachung durch den Investor. Die Frage der Auslegung des Begriffs des *„territory"* in Art. 1 Nr. 4 BIT ist also ein integraler Bestandteil einer Streitigkeit unter dem BIT.[929] Eine inzidente Befassung mit der Frage der Souveränität über das Gebiet kommt aber nur dann in Betracht, wenn das *„territory"* im Sinne des BIT als das *de jure* Territorium der Vertragspartei auszulegen ist.

IV. *„territory"* im Sinne des BIT

In Betracht kommt neben einem Verständnis des *„territory"* als Territorium *de jure* auch die Auslegung als das Territorium, über das die Vertragspartei die effektive Kontrolle ausübt.[930] Die damit notwendige Auslegung des Begriffs *„territory"* erfolgt anhand der Auslegungsregeln, Art. 31, 32 WVK.

1. Wortlaut

Der Wortlaut der Vorschrift(en) des BIT lässt keinen Rückschluss darauf zu, dass die rechtliche Souveränität eines Staates über ein Gebiet Voraussetzung seiner Verpflichtung nach dem BIT ist. Art. 1 Nr. 4 BIT definiert zwar das Territorium als *„the territory of the Russian Federation or the territo-*

---

929 *Grant*, ChiJIL 16/1 (2015), 1 (35).

930 *Tzeng*, BJIL 14/2 (2017), 122 (133 f.). Diese Auslegung wurde auch von einigen Schiedsgerichten bereits vertreten. So etwa in den Verfahren PJSC Ukranafta v. The Russian Federation (PCA, 2015–34), Stabil et. al. v. The Russian Federation (PCA, 2015–35); Oschadbank v. The Russian Federation, PCA, 2016–14; s.: Entscheidungen des Schweizer Bundesgerichts vom 16.10.2018, 4A_396/2017 und 4A_398/2017, para(s). E. 4.2; https://www.iareporter.com/articles/uncovered-tribunal-in-previously-unseen-award-against-russia-upheld-jurisdiction-over-crimea-related-claims-and-awarded

ry of the Ukraine and also their respective exclusive economic zone and the continental shelf *as defined in conformity with the international law*" (Hervorhebung eingefügt). Dieser letzte Halbsatz lässt aber mehrere Deutungen zu. Einerseits könnte der Wortlaut so verstanden werden, dass sich die Einordnung eines Gebiets als „*territory*" einer Vertragspartei im Sinne des BIT „*in conformity with the international law*" bestimmt – sich also nach allgemeinen völkerrechtlichen Kriterien richtet. Letztere könnten nach dem klassischen Verständnis des Begriffs des „Territoriums" eines Staates an die staatliche Souveränität und die rechtliche Zugehörigkeit eines Gebiets zu einem Staat anknüpfen. Im Rahmen eines solchen Verständnisses wäre für eine Entscheidung über die Anwendbarkeit des BIT eine Untersuchung des Rechtsstatus' der Krim erforderlich und damit eine inzidente Entscheidung über die Krim-Annexion denkbar. Dafür spricht, dass der Wortlaut der Regelungen im russisch-ukrainischen BIT keinen Hinweis darauf gibt, dass auch solche Territorien erfasst wären, die unter der effektiven Kontrolle der Vertragsparteien stünden. Anders ist das in einigen menschenrechtlichen Verträgen, etwa dem ICCPR oder der EMRK, die ausdrücklich den Anwendungsbereich der Verträge auf alle Menschen erstrecken, die der Hoheitsgewalt der Vertragsparteien unterliegen.[931] Das Fehlen einer solchen Erweiterung im Wortlaut des BIT spricht für die enge Auslegung des „*territory*" als beschränkt auf das *de jure* Territorium eines Staates.

Auch die Kommasetzung in der authentischen ukrainischen und russischen Fassung des BIT könnte für eine enge Auslegung sprechen. Der Einschub „*as well as their respective exclusive economic zone and continental shelf*" ist in den authentischen Fassungen durch zwei Kommata vom Rest des Satzes getrennt. Hieraus könnte sich ergeben, dass sich der Halbsatz „*as defined in conformity with international law*" auf den ersten Teil des Satzes, also „*the territory of the Russian Federation or the territory of the Ukraine*" bezieht.[932]

Auch die umgekehrte Deutung ist vom Wortlaut aber nicht ausgeschlossen. Eine nähere Bestimmung des „*territory*" als das *de jure* Territorium lässt sich dem Wortlaut des russisch-ukrainischen BIT an keiner Stelle ent-

---

931 Art. 2 I ICCPR: „*Each State Party to the present Covenant undertakes to respect and to ensure to all individuals within its territory and **subject to its jurisdiction** the rights recognized in the present Covenant [...]*"; Art. 1 EMRK: „*The High Contracting Parties shall secure to everyone **within their jurisdiction** the rights and freedoms defined in Section I of this Convention.*" (Hervorhebung eingefügt).
932 So: *Vaccaro-Incisa*, EJIL-Talk!, 09.05.2018.

nehmen. Der Halbsatz „*as defined in conformity with the international law*" kann sich nach der Formulierung der Vorschrift auch auf den Einschub „*and also their respective exclusive economic zone and the continental shelf*" beziehen.[933] Die Bemessung der ausschließlichen Wirtschaftszone und des Festlandsockels nach dem sonstigen Völkerrecht, konkret den Vorschriften des SRÜ, könnten auf diese Weise in das BIT übertragen werden. Für eine solche Auslegung spricht der semantische Aufbau des Art. 1 Nr. 4 SRÜ sowie die Systematik der Verträge. Die exklusive Wirtschaftszone und der Festlandsockel sind im BIT nicht definiert, weswegen für deren Definition auf das Seevölkerrecht verwiesen wird.

Im Einklang mit Art. 31 I WVK könnte der Begriff des „*territory*" zudem nach seinem „*ordinary meaning*" ausgelegt werden. Die Grundregel des Art. 29 WVK, wonach Verträge grundsätzlich die Vertragsparteien „hinsichtlich ihres gesamten Hoheitsgebiets" binden, enthält keine ausdrückliche Beschränkung insofern, als dass Verträge nur auf dem „rechtmäßig kontrollierten" Gebiet oder nur auf rechtlich dem jeweiligen Staat zugeordnetem Gebiet gelten. Hieraus wird zum Teil geschlossen, dass die Geltung von Verträgen im „*entire territory*" sich nicht auf die rechtmäßige Ausübung von Hoheitsgewalt über ein Gebiet beschränkt.[934] Weitgehend wird mit Blick auf die Entstehungsgeschichte von Art. 29 WVK aber vertreten, dass nach seinem Grundverständnis zum „*entire territory*" nur das Territorium gehört, das *de jure* der Souveränität des jeweiligen Staates unterliegt, nicht aber völkerrechtswidrig besetztes oder annektiertes Gebiet.[935]

Unter Bezug auf ihren abweichenden Wortlaut lassen sich außerdem Art. 15 und Art. 6 des Wiener Übereinkommens über die Staatennachfolge in Verträge zur Argumentation anführen.[936] Art. 15 WKRSV regelt, dass im Fall der Staatennachfolge Verträge des Vorgängerstaates außer Kraft treten und die Verträge des Nachfolgestaates für das neu hinzugekommene

---

933 So auch: *Dumberry*, JIDS 9 (2018), 506 (524).

934 *Happ/Wuschka*, JIA 33/3 (2016), 245 (258). Auch dieser Argumentationsansatz wurde in den Verfahren PJSC Ukranafta v. The Russian Federation (PCA, 2015–34), Stabil et. al. v. The Russian Federation (PCA, 2015–35) bereits vertreten. S. dazu: Entscheidungen des Schweizer Bundesgerichts vom 16.10.2018, 4A_396/2017 und 4A_398/2017, para(s). E. 4.3.

935 So hatte der Vertreter Großbritanniens in den Beratungen über Art. 29 WVK zum Ausdruck gebracht: „*the expression „its entire territory" applied solely to the territory over which a party to the treaty in question exercised its sovereignty*", First UN Conference on the Law of Treaties, Off. Records, A/CONF.39/11, S. 429, para. 54; *Aust*, in: MPEPIL, Treaties, Territorial Application, Rn. 2; *Dumberry*, JIDS 9 (2018), 506 (515); *von der Decken*, in: VCLT, Art. 29, para. 21.

936 Ähnlich: *Happ/Wuschka*, JIA 33/3 (2016), 245 (258).

Hoheitsgebiet gelten, allerdings nur sofern die Staatennachfolge im Einklang mit dem internationalen Recht geschieht, Art. 6 WKRSV. Das Erfordernis eines Einklangs des Gebietsübergangs mit internationalem Recht als Voraussetzung der Fortgeltung der Verträge ist im WKRSV ausdrücklich festgehalten worden, während dies in der WVK nicht der Fall ist. Im Umkehrschluss könnte daher für Art. 29 WVK eine über den bloßen Wortlaut hinausgehende Einschränkung des Territoriums auf „rechtmäßig" der Souveränität des Staates unterliegendes Territorium nicht angelegt sein. Für eine solche Deutung enthält das BIT aber keine hinreichenden Anknüpfungspunkte im Wortlaut. Im Ergebnis lässt die Wortlautbetrachtung deshalb keine eindeutige Schlussfolgerung für die Qualifikation des *„territory"* im Rahmen des BIT zu.

2. Systematik

Für eine weite, über das *de jure* Territorium hinausgehende Auslegung des Begriffs spricht, dass anders als im ukrainisch-russischen BIT in anderen bilateralen Investitionsschutzabkommen eine ausdrückliche Definition des *„territory"* als nur das *de jure* Territorium einer Vertragspartei verankert ist.[937]

Weiterhin spricht für diese Auslegung, dass nach den Erkenntnissen eines der befassten Schiedsgerichte der Zusatz *„as defined in conformity with international law"* nur in solchen BITs der Russischen Föderation existiert, die mit Staaten abgeschlossen wurden, mit denen Russland maritime Grenzen teilt.[938] Dies spricht dafür, dass sich der Halbsatz nur auf die Bestimmung der Meereszonen bezieht. Andererseits enthalten nicht alle

---

937 Das BIT zwischen der Ukraine und Estland enthält beispielsweise in seinem Art. 1 IV die Bestimmung: *„The term „territory" shall mean in respect of each Contracting Party the territory under its sovereignty and the sea and submarine areas over which the Contracting Party exercises, in conformity with international law, sovereignty, sovereign rights or jurisdiction".* Das Fehlen einer ausdrücklichen Qualifizierung des Territoriums als das *„territory under sovereignty"* im russisch-ukrainischen BIT wurde auch von den Schiedsgerichten in den Verfahren PJSC Ukrnafta v. The Russian Federation (PCA, 2015–34), Stabil et. al. v. The Russian Federation (PCA, 2015–35) zur Argumentation für eine weite Auslegung des Begriffs angeführt, s. *Rachkov/Rachkova*, MJIL 4 (2020), 119 (140).

938 https://www.iareporter.com/articles/investigation-further-russia-investment-treaty-decisions-uncovered-offering-broader-window-into-arbitrators-approaches-to-crimea-controversy/.

BITs zwangsläufig eine Definition des *„territory"*, sodass die tatsächliche Indizwirkung dieser Erwägung in Zweifel gezogen werden kann.[939]

In systematischer Hinsicht verwies das Schiedsgericht in dem Verfahren *Oschadbank v. The Russian Federation* außerdem darauf, dass im russisch-ukrainischen BIT der Begriff des *„territory"* siebzehnmal verwandt wurde, dabei aber grundsätzlich als die *„ability effectively to legislate and to enforce its laws"* verstanden werde.[940] Die rechtliche Legitimierung der Hoheitsausübung dagegen wird im Rahmen des BIT an keiner Stelle gefordert. Die Begründung der Verpflichtung eines Staates, gewisse Rechte in einem Gebiet zu schützen, weil er effektive Kontrolle in ebendiesem ausübt, ist dem Völkerrecht nicht fremd, sondern im Bereich der Menschenrechte etabliert. Auch die EMRK verpflichtet Staaten in dem Gebiet, über das sie effektive Kontrolle ausüben. Dieses Prinzip könnte auf das Investitionsschutzrecht übertragen werden, das seinerseits den Schutz von Investoren gegenüber staatlicher Beeinträchtigung bezweckt.

Einer solchen Auslegung steht aber entgegen, dass die EMRK die Bindung der Vertragsparteien ausdrücklich auf diejenigen Personen erstreckt, die der Hoheitsgewalt der Vertragsparteien unterstehen. Von einer Beschränkung der vertraglichen Geltung auf das Territorium der Vertragsparteien ist hier – anders als im BIT – keine Rede. Der Anknüpfungspunkt der EMRK ist die Ausübung von Hoheitsgewalt über die Schutzbedürftigen, nicht „nur" die Anwendbarkeit eines Vertrages auf einem gewissen Gebiet.

3. Telos

Für eine Auslegung des *„territory"* nach Gesichtspunkten der effektiven Kontrolle über ein Gebiet streiten jedoch der Sinn und Zweck des Investitionsrechts im Allgemeinen sowie des BIT im Konkreten.[941] Ziel des Investitionsrechts ist der möglichst weitgehende Schutz der Investoren und die Förderung wirtschaftlicher Beziehungen zwischen den Staaten. Diesem Zweck dient eine möglichst weitgehende Anwendung der Inves-

---

939 Hierauf weist *Vaccaro-Incisa* etwa mit Blick auf die Abkommen Russlands mit Japan, Kasachstan und den Vereinigten Staaten hin., s. EJIL-Talk!, 09.05.2018.

940 PCA, 2016–14; https://www.iareporter.com/articles/uncovered-tribunal-in-previ ously-unseen-award-against-russia-upheld-jurisdiction-over-crimea-related-claim s-and-awarded-over-1-3-billion-usd-in-compensation/; s. auch: *Tuzheliak*, UCLJLJ 6/2 (2017), 14 (24).

941 So auch: *Tzeng*, BJIL 14/2 (2017), 122 (133), der aber die Auffassung vertritt, dass eine derartige Auslegung dem Wortlaut des BIT zuwiderliefe.

titionsschutzabkommen und damit die Bestimmung des *„territory"* nach dem Kriterium der Ausübung effektiver Kontrolle über ein Gebiet.[942] Ein formal-rechtliches Verständnis des Territoriums im Rahmen des BIT würde die Investoren in einem Fall der Annexion oder Okkupation eines Gebiets effektiver Rechtsschutzmöglichkeiten gegen den das Territorium kontrollierenden Drittstaat entheben. Der Investor wäre faktisch schutzlos gestellt, was dem Ziel und Zweck des BIT zuwiderliefe.[943] Zur Sicherung seiner Rechte wäre er darauf zurückgeworfen, seinen Heimatstaat um diplomatischen Schutz anzurufen. Nachteil des diplomatischen Schutzes ist das Abhängigkeitsverhältnis des Investors zum Mutterstaat, das durch die Regelungen des Investitionsrechts gerade verhindert werden sollte.[944] Auch das im Fall einer Okkupation unter Umständen anwendbare humanitäre Völkerrecht gibt den Investoren keine Möglichkeit, Ersatz für wirtschaftliche Verluste und den Schutz ihrer Investitionen von dem okkupierenden Staat zu erlangen. Es bliebe die Möglichkeit, wegen einer Verletzung der Eigentumsrechte vor dem EGMR gegen den Inhaber effektiver Kontrolle vorzugehen. Dies hätte für die Investoren den Vorteil, dass der Anwendungsbereich der EMRK sich auf „alle Personen unter der Hoheitsgewalt des betreffenden Staates" erstreckt. Nachteilig aber ist neben der praktischen Tatsache, dass der EGMR Investoren naturgemäß weniger

---

942 Mit ähnlicher Argumentation nahm das Schiedsgericht im Vefahren Sanum Investments LTD v. The Government of the Lao People's Democratic Republic (PCA, 2013–13) die Anwendbarkeit des BIT zwischen der Volksrepublik China und Laos auf das Gebiet Macaos an: *„The purpose is twofold: to protect the investor and develop economic cooperation. The Tribunal does not find [...] that the extension of the PRC/Laos BIT could be contrary to such a dual purpose. In fact, the larger scope the Treaty has, the better fulfilled the purposes of the Treaty are in this case: more investors [...] are internationally protected, and the economic cooperation benefits a larger territory that would otherwise not receive such benefit."*, PCA, Case No. 2013–13, In the Matter of an Arbitration under the Agreement between the Government of the People's Republic of China and the Government of the Lao People's Democratic Republic concerning the Encouragement and Reciprocal Protection of Investments dated 31 January 1993 and the 2010 UNCITRAL Arbitration Rules, Award on Jurisdiction, 13.12.2013, para. 240.

943 Vgl. mit Blick auf die Argumentation der Schiedsgerichte in den Verfahren PJSC Ukranafta v. The Russian Federation (PCA, 2015–34), Stabil et. al. v. The Russian Federation (PCA, 2015–35): *Rachkov/Rachkova*, MJIL 4 (2020), 119 (140).

944 *Happ/Wuschka*, JIA 33/3 (2016), 245 (250 f.); *Rees-Evans*, in: *Fach-Gómez*, S. 177; *Wuschka*, in: *Duval/Kassoti*, S. 246 f.; zu den Vor- und Nachteilen der Geltendmachung von investitionsrechtlichen Belangen im diplomatischen Schutz s.: *Tuzheliak*, UCLJLJ 6/2 (2017), 14 (39 ff.).

zugewandt ist als investitionsrechtliche Schiedstribunale, dass die Investoren für eine Geltendmachung vor dem EGMR zunächst nationale Rechtsmittel ausschöpfen müssten, s. Art. 35 I EMRK.[945] Zudem kommen die investitionsschutzrechtlichen Verfahren in der Regel schneller zu einem Abschluss und ermöglichen somit einen zügigeren Rechtsschutz.[946]

Darüber hinaus kommt es bei den Verpflichtungen zum Schutz und zur Ermöglichung von Investitionen auf dem eigenen Territorium nicht auf das Innehaben eines Rechtstitels über das Gebiet an. Um diesen Verpflichtungen nachkommen zu können, genügt es, dass der jeweilige Staat die effektive Kontrolle über das Gebiet, in dem die Investition getätigt wurde, ausübt.[947]

4. Zwischenfazit

Die Auslegung des Begriffs „*territory*" im Sinne des BIT zeigt, dass eine inzidente Entscheidung der Schiedsgerichte zur Frage der rechtlichen Zugehörigkeit der Krim in den investitionsschutzrechtlichen Verfahren zumindest nicht ausgeschlossen ist. Für ihre weitgehende Entscheidungskompetenz spricht der weitere Wortlaut von Art. 9 I BIT im Vergleich zu den Rechtsgrundlagen der Jurisdiktion anderer Gerichtszweige. Der Wortlaut steht einem Verständnis des „*territory*" als *de jure* Territorium eines Staates nicht entgegen. Umgekehrt liegt aber eine Auslegung des Begriffs als das Gebiet, in dem eine Vertragspartei effektive Kontrolle ausübt, nahe. Die Auslegung des Begriffs im Sinne eines „*effective control*" Verständnisses ist insbesondere vor dem Hintergrund des Telos' des Investitionsrechts und der Interessen der Streitparteien überzeugend. So wäre eine schiedsgerichtliche Befassung im Investitionsschutzrecht möglich, die ohne eine Entscheidung zum Rechtsstatus der Krim auskäme. Fraglich bleibt, ob eine Entscheidung der Schiedsgerichte über die rechtliche Zugehörigkeit der Krim im Rahmen der investitionsschutzrechtlichen Verfahren vor diesem Hintergrund ein realistischer Ausgang ist.

---

945 *Wuschka*, in: *Duval/Kassoti*, S. 245 f.
946 *Wuschka*, in: *Duval/Kassoti*, S. 249.
947 *Happ/Wuschka*, JIA 33/3 (2016), 245 (263 f.); *Rachkov/Rachkova*, MJIL 4 (2020), 119 (139 f.), mit Bezug auf die Verfahren PJSC Ukranafta v. The Russian Federation (PCA, 2015–34), Stabil et. al. v. The Russian Federation (PCA, 2015–35).

V. Bewertung

Trotz der grundsätzlichen Möglichkeit einer inzidenten Geltendmachung der Annexion stehen einer inzidenten Entscheidung des Schiedsgerichts über Souveränitätsfragen verschiedene Erwägungen entgegen. Erster Anknüpfungspunkt könnten entgegenstehende Interessen der Ukraine sein, die eine Entscheidung über den Rechtsstatus der Krim im Rahmen der investitionsschutzrechtlichen Verfahren sperren könnten. Darüber hinaus könnten die grundsätzliche Ausrichtung des Investitionsschutzrechts und der Sinn und Zweck der Streitbeilegung in diesem Zusammenhang einer Geltendmachung der Souveränitätsfrage entgegenstehen und für eine Auslegung des *„territory"* als das effektiv kontrollierte Gebiet streiten. Hierzu kommt es darauf an, ob und wie die Schiedsgerichte investitionsrechtliche Ansprüche der Investoren behandeln können, ohne sich dabei zur Frage des Souveränitätskonflikts zu verhalten. Hierfür gibt es verschiedene Lösungswege, deren Betrachtung sich anschließt.

1. Entgegenstehende Interessen der Ukraine – *Monetary Gold?*

Die Ukraine als solche ist keine Partei der Verfahren, obwohl eine – wenn auch implizite – Entscheidung über die Zugehörigkeit der Krim zu Russland für sie von essenzieller Bedeutung wäre. Parteien des Verfahrens sind ukrainische Investoren sowie die Russische Föderation. Im *Monetary Gold*-Verfahren erklärte der IGH, dass er seine Jurisdiktionsgewalt in einer Frage nicht ausüben könne, wenn die rechtlichen Interessen eines Drittstaates *„the very subject-matter of the decision"* bildeten.[948] Angewandt

---

948 *„To adjudicate upon the international responsibility of Albania without her consent would run counter to a well-established principle of international law embodied in the Court's Statute, namely, that the Court can only exercise jurisdiciton over a State with its consent. [...] In the present case, Albania's legal interests would not only be affected by a decision, but would form the very subject-matter of the decision. In such a case, the Statute cannot be regarded, by implication, as authorizing proceedings to be continued in the absence of Albania.",* IGH, Case of the monetary gold removed from Rome in 1943 (Italy v. France, United Kingdom of Great Britain and Northern Ireland and United States of America), Judgment, 15.06.1954, ICJ Rep. 1954, 19 (32). In dem Verfahren war Italien gegen Frankreich, das Vereinigte Königreich und die USA vorgegangen und verlangte die Herausgabe albanischen Münzgoldes, das von der deutschen Wehrmacht im Rahmen des zweiten Weltkrieges aus Rom entwendet worden war. Nach dem Ende des zweiten Weltkrieges sollte nach dem Pariser Reparationsabkommen, zu dessen 18 Vertragsparteien auch

auf die investitionsschutzrechtlichen Verfahren könnten dementsprechend die Schiedsgerichte ihre Entscheidungskompetenz mit der Begründung ablehnen, dass eine Entscheidung des Investor-Staat-Verfahrens im Kern die Rechtsstellung der Ukraine betreffen würde, die keine direkte Streitpartei ist.

Das Hauptinteresse der ukrainischen Unternehmer aber ist nicht die Feststellung ukrainischer Souveränität über die Krim, sondern die Absicherung ihrer unbeeinträchtigten wirtschaftlichen Betätigung auf der Krim. Ob der Rechtsstatus der Halbinsel als *„very subject-matter"* der Verfahren angesehen werden kann, ist daher zweifelhaft.[949] Zwar ist die Bestimmung des *„territory"* im Sinne des BIT unter einer streng formalen Auslegung eine Rechtsfrage, die die Ukraine direkt betrifft. Für das Verfahren zwischen dem Investor und der Russischen Föderation ist sie aber kein Kernelement, sondern lediglich eine Vorfrage.

Fraglich ist ohnehin, ob die Erwägungen der *Monetary Gold* Entscheidung im Investitionsschutzrecht überhaupt Anwendung finden, insbesondere vor dem Hintergrund der Tatsache, dass die Verfahren keinen zwi-

---

Albanien, Frankreich, das Vereinigte Königreich und die USA zählten und zu dem Italien 1947 im Wege eines zusätzlichen Friedensvertrages zugelassen wurde, derartiges Münzgold zwischen den Staaten aufgeteilt werden, denen nachweislich von der deutschen Wehrmacht Münzgold entwendet worden war. Das in Rede stehende Münzgold war im Rahmen des Pariser Abkommens sowohl von Albanien als auch von Italien für sich beansprucht worden, wurde aber in einem Schiedsverfahren letztlich Albanien zugesprochen. Die Alliierten hatten für diesen Fall vereinbart, dass das Münzgold Großbritannien zur Befriedigung seiner Ansprüche gegen Albanien aus dem Corfu-Channel-Verfahren zufließen sollte. Italien beantragte sodann vor dem Internationalen Gerichtshof, festzustellen, dass das Münzgold Italien zustand. Im weiteren Verlauf machte Italien geltend, der IGH habe ohnehin nicht die notwendige Entscheidungskompetenz, da das Verfahren die rechtlichen Interessen Albaniens als am Verfahren Unbeteiligte im Kern betreffe. Dieser Argumentation folgte der Gerichtshof und sah sich daran gehindert, eine Sachentscheidung in dem Verfahren Italiens gegen Frankreich, das Vereinigte Königreich und die USA zu fällen., s. IGH, ICJ Rep. 1954, 19 (25 ff.). Weitere zentrale Fälle, in denen das Prinzip zur Anwendung gebracht wurde sind die Verfahren: IGH, Case concerning certain phosphate lands in Nauru (Nauru v. Australia), ICJ Rep. 1992, 240 und East Timor (Portugal v. Australia), ICJ Rep. 1995, 90. Zum Teil wird das Prinzip auch als *„doctrine of indispensable parties"* bezeichnet, s. etwa: *Tzeng*, BJIL 14/2 (2017), 122 (123).

949 Vgl. auch: *Tzeng*, BJIL 14/2 (2017), 122 (126), der den Vorschlag in den Raum stellt, das Prinzip der *„indispensable parties"* für Investitionsverfahren mit Bezug auf *„disputed territory"* abzuändern oder gar nicht anzuwenden.; *Wuschka*, in: *Akbaba/Capurro*, S. 34.

schenstaatlichen Charakter haben.[950] Für die Begründung einer Sperrwirkung vor dem Hintergrund der Betroffenheit der Interessen der Ukraine spricht, dass Grundlage jeglicher internationalen Streitbeilegung das Prinzip des Konsenses ist und die Ukraine sich den Verfahren *in concretu* nicht unterworfen hat. Ohnehin aber hat die Annahme, ein Gebiet sei „*territory*" im Sinne des BIT, keine finalen Rechtsfolgen für den Rechtsstatus des betreffenden Gebiets. Selbst wenn ein Schiedsgericht im Rahmen des Investitionsschutzrechtes einem ukrainischen Investor einen Anspruch auf Schadensersatzzahlungen gegen Russland gewährte und dabei zu dem Ergebnis käme, die Krim gehöre zum „*territory*" der Russischen Föderation, ergäbe sich hieraus keine für Drittstaaten oder gar die Staatengemeinschaft verbindliche Feststellung, dass die Krim Teil des russischen Staatsgebiets ist. Die Entscheidung des Schiedsgerichts entfaltet ihre Bindungswirkung nur zwischen den Streitparteien des Verfahrens (*inter partes*). Die Souveränitätsfrage bildet insofern eine *res inter alios acta*.[951] Es bliebe der Einwand, dass auch von einer Entscheidung eines investitionsschutzrechtlichen Schiedsgerichts, die Krim gehöre zum russischen „*territory*", eine gewisse Ausstrahlungswirkung ausginge. Dem könnte aber entgegengewirkt werden, indem die Schiedsgerichte ihre Stellungnahme zur Frage des „*territory*" auf eine Einordnung der Krim als „*territory*" *im Sinne des BIT* beschränken. Damit wäre keine Aussage über das Territorium eines Staates im Sinne rechtlicher Souveränität verbunden.[952]

Hinzu kommt, dass beide Parteien des investitionsschutzrechtlichen Verfahrens in dieser Konstellation ein Interesse an der Zugehörigkeit des umstrittenen Gebiets – in diesem Fall der Krim – zur Russischen Föderation haben. Die ukrainischen Investoren haben ein Interesse daran, dass die Schiedsgerichte sich für zuständig erklären, denn nur so können sie eine ihnen günstige Entscheidung erreichen. Russland versucht zwar, sich auf allen Ebenen gegen diese Verfahren zu verteidigen. Eine Berufung auf das *Monetary Gold*-Prinzip würde aber in letzter Konsequenz bedeuten, dass Russland seinerseits vom Status der Krim als „*disputed territory*" und nicht von dessen eindeutiger Zugehörigkeit zur Russischen Föderation ausginge. Mit dem Einwand, es handle sich nicht um eine Investition auf dem eigenen Staatsgebiet, da die Krim nicht zu Russland gehöre, würde Russland angesichts der offenen Beanspruchung russischer Souveränität

---

950 S. zur Anwendbarkeit des Prinzips im Allgemeinen: *Pomson*, JIDS 10/1 (2019), 88.
951 *Tzeng*, BJIL 14/2 (2017), 122 (126).
952 *Wuschka*, in: *Akbaba/Capurro*, S. 34.

über die Krim nach Maßgabe von Treu und Glauben in den Verfahren nicht gehört.[953] Möglicherweise hat sich Russland aus diesem Dilemma heraus zunächst nicht aktiv an den Verfahren beteiligt.[954] Die Berufung einer der Verfahrensparteien des Investor-Staat-Verfahrens auf das Fehlen der Jurisdiktionsgewalt des Schiedsgerichts wegen einer Verletzung des *Monetary Gold*-Prinzips ist daher unwahrscheinlich.[955]

2. Alternative Entscheidungswege

Angesichts der weitgehenden Verurteilung der russischen Annexion der Krim in der internationalen Staatengemeinschaft ist eine Feststellung der Schiedsgerichte, die Krim sei – im Rechtssinne – Teil des russischen Staatsgebiets, nahezu ausgeschlossen. Für die befassten Schiedsgerichte bleiben verschiedene Möglichkeiten: Sie könnten einerseits zur Frage der Souveränität über die Krim inhaltlich und rechtlich Stellung beziehen, müssten dann aber konsequenterweise zur eigenen Unzuständigkeit bzw. zur Unanwendbarkeit des BIT gelangen, indem sie die Zugehörigkeit der Krim zum russischen Territorium ablehnen. Für die Investoren würden hierdurch Rechtsschutzmöglichkeiten im Rahmen des Investitionsschutzrechts gegen die faktische Beeinträchtigung durch die russische Kontrollübernahme auf der Krim ausgeschlossen. Andererseits könnte die Souveränitätsfrage umgangen werden, etwa indem an die Investments *„on the territory"* einer der Vertragsparteien der Maßstab der effektiven Kontrolle über das Gebiet angelegt wird und die Zugehörigkeit der Krim zu Russland nur *„im Sinne des BIT"* festgestellt würde. Ansätze einer solchen Umgehung der Souveränitätsfrage sind in den bisher bekannt gewordenen Details über bereits ergangene Entscheidungen im Investitionsschutzrecht erkennbar: In einer Reihe von Verfahren haben die Schiedsgerichte bereits ausdrücklich hervorgehoben, dass für ihre Entscheidung über die Jurisdiktionsgewalt eine Stellungnahme zur Rechtmäßigkeit der „Wiedereingliederung" der Krim nicht erforderlich sei.[956] Dieser Ansatz stünde im Einklang mit der

---

953 *Happ/Wuschka*, JIA 33/3 (2016), 245 (261 f.); *Rachkov/Rachkova*, MJIL 4 (2020), 119 (140); *Wuschka*, in: *Akbaba/Capurro*, S. 34.

954 *Tzeng*, BJIL 14/2 (2017), 122 (126); *Wuschka*, in: *Akbaba/Capurro*, S. 34.

955 *Happ/Wuschka*, JIA, Vol. 33/3 (2016), 245 (265); *Repousis*, AI 32/3 (2016), 459 (480).

956 Für die Verfahren PJSC Ukrnafta v. The Russian Federation (PCA, 2015–34) und Stabil LLC et. al. v. The Russian Federation (PCA, 2015–35): Entscheidungen des Schweizer Bundesgerichts vom 16.10.2018, 4A_396/2017

bisherigen Rechtsprechung in anderen Gerichtszweigen. Möglich wäre zudem, unter strenger Orientierung am Konsensprinzip der schiedsgerichtlichen Streitbeilegung eine Stellungnahme zur Frage der Souveränität über das Gebiet zu umgehen.

a. Konsensprinzip

Die erste Möglichkeit der Umgehung der Souveränitätsfrage könnte sich schon aus dem Grundprinzip des Konsenses im Rahmen der schiedsgerichtlichen Streitbeilegung ergeben. Für das Bestehen ihrer Entscheidungskompetenz und die Anwendbarkeit des BIT könnten es die Schiedsrichter genügen lassen, dass sich die Verfahrensbeteiligten über die Verpflichtung der Russischen Föderation zur Wahrung der investitionsschutzrechtlichen Standards auf der Krim einig sind. Auf welcher rechtlichen Grundlage diese Verpflichtung beruht, ob also die Ausübung tatsächlicher Hoheitsgewalt auf der Krim Ergebnis einer völkerrechtmäßigen „Wiedervereinigung" der Krim mit Russland ist oder nicht, wäre dann unbeachtlich.[957] Dieser „Ausweg" ist wohl von dem Schiedsgericht im Verfahren *Everest Estate LLC et. al. v. The Russian Federation* gewählt worden.[958] Die Aussparung der Souveränitätsfrage folgt dem Verständnis, dass ein schiedsgerichtliches Streitbeilegungsgremium streng an das Vorbringen der Parteien und damit an den Grundsatz gebunden ist, dass eine Entscheidung nur über die zwischen den Verfahrensbeteiligten streitigen Aspekte erfolgt. Wenn beide Verfahrensparteien von der Verpflichtung der Russischen Föderation nach dem BIT ausgingen, käme es für das investitionsschutzrechtliche Verfahren im Einzelfall nicht auf die Souveränitätsfrage an. Einer inzidenten

---

und 4A_398/2017, para(s). E. 4.2. Ebenso für die Verfahren JSB CB PrivatBank (and Finilon) v. The Russian Federation, PCA, 2015–21 und Aeoroport Belbek LLC and Mr. Igor Valerievich Kolomisky v. The Russian Federation, PCA, 2015–07.

957 *Repousis*, AI 32/3 (2016) 459 (469 f.); *Tzeng*, YJIL 41 (2016), 459 (462 f.); ähnlich auch: *Happ/Wuschka*, JIA, Vol. 33/3 (2016), 245 (265), die im Nichtbestreiten der Jurisdiktionsgewalt der Schiedsgerichte durch die Streitparteien eine *ad hoc* Unterwerfung unter die Entscheidungsgewalt der Schiedsgerichte sehen. aA: *Dumberry*, JIDS 9 (2018), 506 (521, 532), der eine Pflicht der Schiedsgerichte zur Entscheidung über ihre Jurisdiktionsgewalt *ex officio* annimmt und für eine streng rechtliche Bestimmung des Territoriums nach Art. 1 Nr. 4 BIT plädiert, die zur Ablehnung der Entscheidungskompetenz der Schiedsgerichte hätte führen müssen, da die Krim *de jure* nach wie vor ein Teil der Ukraine ist.

958 *Rachkov/Rachkova*, MJIL 4 (2020), 119 (130).

Stellungnahme zur rechtlichen Zugehörigkeit der Krim zum russischen „*territory*" könnten sich Schiedsgerichte daher schon angesichts der Tatsache, dass beide Streitparteien dieser investitionsschutzrechtlichen Konflikte (die Russische Föderation ebenso wie die ukrainischen Investoren) ein Interesse an der Feststellung der Zugehörigkeit der Krim zur Russischen Föderation – jedenfalls im Sinne des BIT – haben, enthalten.[959] Das aber bedeutet nicht, dass die Jurisdiktionsgewalt der Schiedsgerichte rechtlich keine inzidente Stellungnahme über die rechtliche Zugehörigkeit erfassen würde, sondern streitet aus praktischen bzw. politischen Erwägungen für eine Aussparung dieser Frage.

b. Genügenlassen von *effective control*

Zwar ist die Annahme des Konsenses der Parteien über die Verpflichtung Russlands nach dem BIT ein Lösungsweg, der eine Umgehung der Souveränitätsfrage ermöglichte. Dass die Schiedsgerichte die Frage des Bestehens einer Investition im „*territory*" der Vertragsparteien aber vollständig aussparen, ist angesichts der Definition in Art. 1 BIT unwahrscheinlich. Die Vornahme eines Investments im Territorium der Vertragspartei ist die Grundvoraussetzung der Anwendbarkeit des Abkommens. Um die hochpolitische und rechtlich brisante Frage der Souveränität zu umgehen, bleibt eine Auslegung des Begriffs des „*territory*" als das Territorium, über das die Vertragspartei tatsächlich die effektive Kontrolle ausübt. Diese Auslegung von Art. 1 Nr. 4 BIT liegt vor dem Hintergrund des Schutzzwecks des Investitionsschutzrechts und dessen grundlegender Ausrichtung nahe.[960] Allgemeine Fragen des Völkerrechts, die etwa das Gewalt- und Annexionsverbot betreffen, liegen nicht im klassischen Anwendungsbereich des Investitionsschutzrechts, das in seinem Kernbestand dazu dient, Investitionen auf fremdem Territorium zu schützen. Das zeigt sich unter anderem darin, dass die eingesetzten Schiedsrichter in einer Vielzahl von Fällen einen wirtschaftlichen, nicht aber einen allgemeinen völkerrechtlichen Hintergrund haben und ihre Expertise einen entsprechenden Schwerpunkt hat.[961] Hinzu kommt, dass die territoriale Souveränität über ein Gebiet die Interessen von Staaten betrifft. Der Großteil der investitionsschutzrechtlichen Verfahren beteiligt nur auf einer Verfahrens-

---

959 *Tzeng*, YJIL 41 (2016), 459 (462).
960 *Grant*, ChiJIL 16/1 (2015), 1 (33 f.); *Vaccaro-Incisa*, EJIL-Talk!, 09.05.2018.
961 *Tzeng*, BJIL 14/2 (2017), 122 (131 f.).

seite einen Staat, auf der anderen einen privaten Investor. Beide Verfahrensparteien benennen aber je mindestens einen der Schiedsrichter, sodass die Befürchtung entstehen könnte, dass ein Ungleichgewicht mit Blick auf die Auswahl der Entscheidenden im Verhältnis zum Inhalt der Entscheidung und den davon betroffenen Interessen begründet würde.[962] Die Ukraine hat ihrerseits in einigen Verfahren zum Ausdruck gebracht, dass sie eine Verpflichtung der Russischen Föderation zum Schutz ukrainischer Investoren nach der Annexion der Krim aufgrund der effektiven Kontrolle des Gebiets befürwortet.[963] Diese Auslegung entspräche auch dem Schutzzweck des Investitionsschutzrechts, weil sie einen möglichst weitgehenden Schutz von Investitionen auf fremdem – wenn auch völkerrechtswidrig besetztem – Territorium gewährleistet.

3. Hindernisse einer Umgehung – Pflicht zur Nichtanerkennung?

Dem Dahinstehenlassen einer Entscheidung über die rechtliche Zugehörigkeit der Krim zum russischen *„territory"* könnte entgegengehalten werden, dass das Schiedsgericht damit indirekt eine völkerrechtswidrige Gebietsveränderung – die Annexion der Krim – anerkennt. Hierin könnte ein Verstoß gegen die Pflicht zur Nichtanerkennung völkerrechtswidriger Gebietsveränderungen liegen, die unter anderem in Art. 41 ASR zum Ausdruck kommt. Diese Pflicht begründet sich aus dem Prinzip *ex iniuria ius non oritur*: Geht eine Gebietsveränderung auf einen *serious breach* einer Norm des zwingenden Völkerrechts zurück – etwa des Gewaltverbots – so sind die Staaten verpflichtet, jegliche Handlungen zu unterlassen, die eine formale Anerkennung dieser Gebietsveränderung implizieren könnten.[964]

---

962 *Tzeng*, BJIL 14/2 (2017), 122 (132).

963 *Dumberry*, JIDS 9 (2018), 506 (508).

964 *Dawidowicz*, in: International Responsibility, S. 686. Dieser Ansatz findet sich bereits in der sog. *Stimson*-Doktrin, die ihrerseits die Pflicht der Staaten zur Nicht-Anerkennung einer Annexion festlegte., s. *Epping*, in: *Ipsen*, VöR, § 7, Rn. 32. S. zur Nichtanerkennungspflicht außerdem: ILC, Yearbook 2001, Vol. II/2, ILC Report, S. 114, para. 5: „*It not only refers to the formal recognition of these situations, but also prohibits acts which would imply such recognition.*"; sowie: IGH, Legal Consequences for States of the Continued Presence of South Africa in Namibia (South West Africa) notwithstanding Security Council Resolution 276 (1970), Advisory Opinion, 21.06.1971, ICJ Rep. 1971, 16 (58), para. 133: *„State Members of the United Nations are under obligation to recognize the illegality of South Africa's presence in Namibia and the invalidity of its acts on behalf of or concerning Namibia, and to refrain from any acts and in particular **any dealings***

Jede Entscheidung eines Schiedsgerichts, die nicht ausdrücklich Stellung zur rechtlichen Zugehörigkeit der Krim zur Ukraine nimmt, könnte den „weichen" Eindruck einer Anerkennung der Annexion begründen, wenn man zur Erfüllung der Nichtanerkennungspflicht eine ausdrückliche Verurteilung der Gebietsveränderung forderte.

Um eine Verletzung der Pflicht zur Nichtanerkennung überhaupt betrachten zu können, stellt sich zunächst die Frage, ob diese internationale (Schieds-) Gerichte überhaupt verpflichtet. Ausdrücklich erfasst von der Pflicht zur Nichtanerkennung sind Staaten.[965] Entsprechend gebunden sind nationale Gerichte, die anderenfalls die Staatenverantwortlichkeit ihres Heimatstaates für einen Akt, der einer Anerkennung der völkerrechtswidrigen Gebietsveränderung gleichkäme, begründen würden.[966] Internationale schiedsgerichtliche Spruchkörper dagegen handeln nicht im Namen eines Staates und können für ihr Handeln keine Staatenverantwortlichkeit begründen, weswegen die Pflicht zur Nichtanerkennung für sie entfallen könnte.

Eine Bindung internationaler (Schieds-)Gerichte ließe sich andererseits unter Betonung des völkergewohnheitsrechtlichen Charakters der Verpflichtung zur Nichtanerkennung völkerrechtswidriger Gebietsveränderungen und der Bindung internationaler Spruchkörper an Völkergewohnheitsrecht herleiten.[967] Die konsequente Anwendung des Prinzips der Nichtanerkennung würde bedeuten, dass Schiedsgerichte ihre Jurisdiktionsgewalt für die Verfahren ablehnen müssten, um den Anschein einer Anerkennung der Zugehörigkeit der Krim zur Russischen Föderation voll-

---

with the Government of South Africa implying recognition of the legality of, or *lending support or assistance to, such presence and administration*" (Hervorhebung eingefügt) und IGH, Legal Consequences of the Construction of a Wall in the Occupied Palestinian Territory, Advisory Opinion, 09.07.2004, ICJ Rep. 2004, 136 (200), para. 159: „[...] *all States are under an obligation not to recognize the illegal situation resulting from the construction of the wall in the Occupied Palestinian Territory, including in and around East Jerusalem. They are also under an obligation not to render aid or assistance in maintaining the situation created by such construction.*".

965 „**No State** *shall recognize as lawful a situation created by a serious breach within the meaning of article 40, nor render aid or assistance in maintaining that situation.*" (Hervorhebung eingefügt), Art. 41 II ASR.

966 *Happ/Wuschka*, JIA 33/3 (2016), 245 (254 f.)

967 *Dumberry*, JIDS 9 (2018), 506 (527). Die gewohnheitsrechtliche Geltung der Pflicht zur Nichtanerkennung ist weitgehend anerkannt, s. nur: *Frowein*, in: MPEPIL, Non-Recognition, Rn. 3; und kommt auch in zahlreichen Dokumenten zum Ausdruck, so bspw. in der Friendly Relations Declaration (1970) und der Definition der Aggression (1974).

ständig zu vermeiden. Lehnten Schiedsgerichte aber mit Blick auf die Pflicht zur Nichtanerkennung ihre Jurisdiktionsgewalt ab, so entstünde eine Situation, die dem Sinn und Zweck der Pflicht zur Nichtanerkennung zuwiderliefe: Der okkupierende Staat würde durch die vollständige Ablehnung der Entscheidungskompetenz der Schiedsgerichte vor der Geltendmachung investitionsrechtlicher Belange gegen ihn geschützt.[968] Die Begründung der Verpflichtungen des Investitionsschutzrechts für den besetzenden Staat steht dagegen im Einklang mit dem Telos der Nichtanerkennungspflicht: Der umfassenden Verurteilung völkerrechtswidriger Gebietsveränderungen und der Verhinderung von Vorteilen, die dem Aggressor aus der Völkerrechtsverletzung zuteilwerden könnten.[969]

Selbst wenn die Pflicht zur Nichtanerkennung auch auf internationale (Schieds-) Gerichte Anwendung fände – was angesichts der Ausrichtung der Verpflichtung auf Staaten und die ohnehin begrenzten tatsächlichen *Rechts*folgen einer (Nicht-) Anerkennung schon zweifelhaft ist –, so könnte der Gefahr dieses Anscheins durch eine entsprechende Beschränkung der Entscheidung durch die Schiedsgerichte begegnet werden. Es ist davon auszugehen, dass die Schiedsinstanzen ihre Entscheidungen entsprechend der eigenen Jurisdiktionsgewalt ausdrücklich auf den Boden des Investitionsrechts beschränken werden. Dies könnte und ist bereits bewerkstelligt worden, indem ausdrücklich darauf hingewiesen wird, dass auch die Annahme einer Verpflichtung der Russischen Föderation nach dem russisch-ukrainischen BIT (die etwa auf der effektiven Kontrolle des Gebiets der Krim beruht) keine Aussage zur rechtlichen Zugehörigkeit des Gebiets zur Russischen Föderation beinhaltet. Diese Strategie der begrenzten Annahme der Jurisdiktionsgewalt eines Spruchkörpers ist auch in den anderen Gerichtszweigen bereits zu beobachten.[970] Die Nichtanerkennungspflicht stellt daher kein Hindernis der Anerkennung der Jurisdiktionsgewalt der

---

968 *Wuschka*, in: *Akbaba/Capurro*, S. 32, 36.

969 *Happ/Wuschka*, JIA 33/3 (2016), 245 (263 f.). Die Befürchtung, dass Russland auf diese Weise von der Völkerrechtswidrigkeit der Gebietsveränderung profitieren würde, indem nicht einmal die Verpflichtungen aus dem Investitionsschutzrecht für die Russische Föderation erwachsen würden, weist *Dumberry* unter Begründung der langfristigen Folgen einer solchen klaren rechtlichen Konturierung zurück: Besteht in Ermangelung der Anwendbarkeit der BITs für Investoren auf der Krim kein Schutz ebendieser Investments, so könnte das bei etwaigen Investoren für Zurückhaltung sorgen, von der Russland erst recht nicht profitieren könnte, sondern die die gewünschte Sanktionswirkung im Gegenteil erst entfalten würde, *Dumberry*, JIDS 9 (2018), 506 (532).

970 S. etwa die Ausführungen zur Befassung des IGH und seevölkerrechtlicher Schiedsinstanzen in diesem Kapitel unter A., I., 2. Und C., III., 3.

Schiedsgerichte dar. Sie macht eine inhaltliche Entscheidung über die Zugehörigkeit der Krim aber auch nicht wahrscheinlicher, da eine Umgehung der Problematik durch eine entsprechende Begrenzung der Entscheidung seitens der Schiedsgerichte möglich ist.

4. Zwischenfazit

Die Wahrscheinlichkeit einer Entscheidung über den Rechtsstatus der Krim in den anhängigen Investor-Staat-Verfahren ist vor dem Hintergrund der bisherigen Betrachtung zwar rechtlich nicht vollständig ausgeschlossen, aber eher unwahrscheinlich. Für die Schiedsgerichte existieren insbesondere mit dem Lösungsweg über die Auslegung des Begriffs des Territoriums im Sinne des BIT nach dem *effective control* Prinzip Möglichkeiten, die rechtlich und politisch brisante Souveränitätsfrage auszuklammern. Unter dem Eindruck von Sinn und Zweck des BIT und des Investitionsrechts als Ganzem sowie den Berichten zu bisher ergangenen Schiedssprüchen ist davon auszugehen, dass die Schiedsgerichte im Sinne der Investoren eher von einer Auslegung des Territoriums nach den Grundsätzen des *effective control* Prinzips ausgehen werden. Auf diese Weise können sie einen weitgehenden Schutz der Investitionen im Gebiet der Halbinsel erreichen, ohne Stellung zu einer Frage des allgemeinen Völkerrechts zu beziehen, zu deren Beurteilung sie nach der Ausrichtung der investitionsrechtlichen Geltendmachung nicht berufen sind.

Die Interessen der Ukraine sind in den Investor-Staat-Verfahren zwar relevant, werden aber auch durch eine Entscheidung, die die Verantwortlichkeit Russlands nach dem BIT annimmt, nicht direkt betroffen. Eine Entscheidung über die Zugehörigkeit der Krim zum „*territory*" im Sinne des BIT hat keine direkten Rechtsfolgen für die Ukraine und wird nach den bisherigen Betrachtungen auch keine Stellungnahme zur Völkerrechtswidrigkeit der Annexion der Krim enthalten. Weder die (Mit-)Betroffenheit der Ukraine, noch die Pflicht zur Nichtanerkennung hindern eine Entscheidung investitionsrechtlicher Schiedsinstanzen, die eine Umgehung der Souveränitätsfrage durch die Zugrundelegung der Zugehörigkeit der Krim zum russischen Territorium *im Sinne des BIT* erreichen können.

VI. state-to-state investment arbitration

Für die Ukraine bleibt die zusätzliche Möglichkeit, ein zwischenstaatliches Streitbeilegungsverfahren unter dem russisch-ukrainischen BIT einzuleiten. Nach Art. 10 II des russisch-ukrainischen BIT können Streitigkeiten zwischen den Vertragsparteien über die Auslegung und Anwendung des Vertrages nach Ablauf einer Verhandlungszeit von sechs Monaten einem Schiedsgericht vorgelegt werden.[971] Die Ukraine könnte auf Grundlage dieser Vorschrift ein Verfahren gegen Russland über die Auslegung und Anwendung des Begriffs *„territory"* in Art. 1 Nr. 4 BIT anstrengen.[972] Da sich die Streitigkeit direkt auf die Auslegung einer Bestimmung aus dem Abkommen bezöge, wäre der Einwand, die Streitigkeit betreffe nicht „im Kern" die Auslegung oder Anwendung des Abkommens, hier wenig erfolgversprechend. In einem zwischenstaatlichen Streitbeilegungsverfahren dürfte der Druck auf die Russische Föderation, sich an dem Verfahren aktiv zu beteiligen, im Vergleich zu den Investor-Staat-Verfahren steigen.[973] Käme das Schiedsgericht in diesem Verfahren zu dem Ergebnis, als Territorium im Sinne des BIT sei nur das *de jure* Territorium der Vertragsparteien zu verstehen, so müsste in der Konsequenz der Rechtsstatus der Krim für die investitionsrechtlichen Belange untersucht werden.[974] Die Wahrscheinlichkeit einer solchen Auslegung durch die Schiedsinstanzen aber ist nach der oben vorgenommenen Betrachtung gering.

Hinzu kommt, dass die Ukraine auf diese Weise zugleich die investitionsschutzrechtlichen Verfahren der ukrainischen Investoren untergraben würde. Griffen die Schutzmechanismen des BIT nur auf dem *de jure* Territorium eines Staates ein, so wäre das BIT auf der Krim unanwendbar und die Verfahren ukrainischer Investoren gegen Russland erfolglos. Ansprüche der Investoren können sich nur ergeben, wenn eine Verpflichtung der Russischen Föderation nach dem BIT vorliegt, die Krim also zum russischen *„territory"* gehört. Würde im zwischenstaatlichen Streitbeilegungsmechanismus ein Verfahren mit dem „Ziel" geführt, dass die Schiedsgerichte zu einem *de jure* Verständnis des Territoriums gelangten, so wären

---

971 *„2. In the event a dispute cannot be resolved through negotiations within six months as of the notification in writing of the origin of a dispute, then at the request of either Contracting Party, it shall be passed over for consideration to the arbitral tribunal."*, Art. 10 II d. russisch-ukrainischen BIT.

972 In diese Richtung schon: *Grant*, S. 88.

973 *Vaccaro-Incisa*, EJIL-Talk!, 09.05.2018.

974 *Grant*, ChiJIL 16/1 (2015), 1 (34 f.); *Tzeng*, YJIL 41 (2016), 459 (467); *Repousis*, AI 32/3 (2016), 459 (481).

die Ausgangspositionen gegenläufig.[975] Unklar ist zwar, ob eine Entscheidung im zwischenstaatlichen Verfahren eine Bindungswirkung für die Investor-Staat-Verfahren zur Folge hätte.[976] Eine ausdrückliche Regelung zum Verhältnis der Verfahren nach Art. 9 und 10 BIT enthält das Abkommen nicht. Dass von einer Entscheidung zur Auslegung der Vorschrift dennoch eine gewisse Indizwirkung ausgehen würde, ist nicht auszuschließen. Von der Einleitung eines zwischenstaatlichen Streitbeilegungsverfahrens nach Art. 10 BIT ist bisher nichts bekannt. Demgegenüber hat die Ukraine ukrainische Investoren dazu ermutigt, Verfahren gegen Russland unter dem Investor-Staat-Streitbeilegungsmechanismus anzustrengen.[977]

Der zwischenstaatliche Streitbeilegungsmechanismus ist im Investitionsrecht bisher kaum genutzt worden, sodass wenig Erfahrung mit den Bedingungen und Verläufen dieser Verfahren besteht.[978] Insbesondere für die Geltendmachung territorialer Konflikte ist die Streitbeilegung unter dem BIT nicht als gängiger Mechanismus betrachtet worden, hat sich der Abschluss von bilateralen Investitionsschutzabkommen doch gerade aus der friedlichen Begründung wirtschaftlicher Beziehungen zwischen den Staaten ergeben.[979] Voraussetzung eines funktionierenden Systems des internationalen Investitionsschutzrechts ist gerade, dass die Vertragsparteien sich über den räumlichen Anwendungsbereich des Abkommens im Klaren sind. Das Ziel der Investitionsschutzabkommen als zwischenstaatliche Abkommen ist, die Abhängigkeit des Investors vom Heimatstaat zu beenden und dem Investor direkte Rechtsschutzmöglichkeiten gegen den Drittstaat zu geben. Diese Vorteile würden im zwischenstaatlichen Streitbeilegungsverfahren für die Investoren wieder entfallen. Die Einleitung eines zwischenstaatlichen Schiedsverfahrens im Rahmen des BIT ist deshalb insgesamt unwahrscheinlich.

VII. Fazit zur investitionsschutzrechtlichen Befassung

Die investitionsschutzrechtliche Geltendmachung eröffnet dem Grunde nach die Möglichkeit einer inzidenten Geltendmachung der Völkerrechts-

---

975 S. dazu: *Dumberry*, JIDS 9 (2018), 506 (522 f.); *Repousis*, AI 32/3 (2016), 459 (476 ff.).

976 *Rees-Evans*, in: *Fach-Gómez*, S. 177 f.; *Tzeng*, YJIL 41 (2016), 459 (468).

977 *Rees-Evans*, in: *Fach-Gómez*, S. 178.

978 *Grant*, ChiJIL 16/1 (2015), 1 (27 f.); *Tzeng*, YJIL 41 (2016), 459 (466).

979 *Grant*, ChiJIL 16/1 (2015), 1 (40).

widrigkeit der Annexion der Krim. Die Erfassung aller Streitigkeiten „*in connection with investments*" im Rahmen der Investor-Staat-Verfahren bietet einen breiteren Ansatz der Entscheidungskompetenz der Schiedsgerichte als die sonst übliche Beschränkung auf Streitigkeiten über Auslegung und Anwendung der Verträge. Diese Beschränkung aber besteht für zwischenstaatliche Investitionsschutzverfahren.

Der Wortlaut des bilateralen Investitionsabkommens schließt die Geltendmachung einer Souveränitätsstreitigkeit als solcher nicht aus. Dennoch ist der Einwand nicht von der Hand zu weisen, dass die schiedsgerichtliche Befassung im Investitionsrecht nicht mit der grundlegenden Expertise ausgestattet sein wird und erst recht nicht darauf ausgelegt war, territoriale Konflikte und Fragen des allgemeinen Völkerrechts, etwa eines Gewaltverbotsverstoßes, zu behandeln. Nicht zuletzt wegen der besonderen Brisanz und der Interessenkollision bei der Geltendmachung investitionsrechtlicher Belange in den Investor-Staat-Verfahren mit der Verurteilung der Annexion ist eine Stellungnahme der Schiedsgerichte zum Rechtsstatus der Krim unwahrscheinlich. Soweit zu den bisherigen Verfahren Informationen an die Öffentlichkeit gelangt sind, haben die Schiedsgerichte es vermieden, sich zu dieser Rechtsfrage zu verhalten.[980] Auch die Brisanz einer Geltendmachung territorialer Souveränitätsansprüche in einem Gerichtszweig, dessen grundsätzliche Ausrichtung die Befassung mit Wirtschaftsfragen und Investitionsschutz ist, wird die Schiedsgerichte hierzu bewogen haben. Mit der Auslegung des „*territory*" im Sinne des BIT als Gebiet, über das die effektive Kontrolle einer der Vertragsparteien besteht, bietet sich für die Schiedsgerichte ein pragmatischer Ausweg aus dem diffizilen Geflecht der staatlichen und unternehmerischen Interessen sowie der Einwände gegen die eigene Entscheidungskompetenz. Diese Entscheidungspraxis entspricht dem Telos des Investitionsrechts – der möglichst umfassenden Schaffung und Erhaltung günstiger Bedingungen für bestehende Investitionen und der Ermutigung weiterer Investitionen im Verhältnis der Vertragsparteien zueinander. Für eine Geltendmachung der Völkerrechtswidrigkeit der Krim-Annexion bieten die Investor-Staat-Verfahren so zwar einen möglichen Anknüpfungspunkt, angesichts der

---

980 Für die Verfahren PJSC Ukrnafta v. The Russian Federation (PCA, 2015–34) und Stabil LLC et. al. v. The Russian Federation (PCA, 2015–35): Entscheidungen des Schweizer Bundesgerichts vom 16.10.2018, 4A_396/2017 und 4A_398/2017, para(s). E. 4.2. Ebenso für die Verfahren JSB CB PrivatBank (and Finilon) v. The Russian Federation, PCA, 2015–21 und Aeoroport Belbek LLC and Mr. Igor Valerievich Kolomisky v. The Russian Federation, PCA, 2015–07.

entgegenstehenden Interessen der Verfahrensbeteiligten und der Grundausrichtung der investitionsschutzrechtlichen Streitbeilegung ist eine Befassung der Schiedsgerichte mit dieser Frage jedenfalls im Investor-Staat-
Verfahren keine realistische Perspektive.

Auch die zwischenstaatliche Streitbeilegung nach dem BIT bietet für
die Geltendmachung der Annexion zwar einen gangbaren Weg, der sogar
eher der Ausrichtung des Streitbeilegungsmechanismus' entsprechen dürfte. Mit der Anknüpfung an die Bestimmung des Territoriums im Sinne
des BIT dürfte im Rahmen des Investitionsschutzes der Einwand, im Kern
drehe sich die Streitigkeit nicht um die „Auslegung oder Anwendung"
des Vertrags, eher nicht tragen. Trotzdem ist schon die Einleitung eines
solchen Verfahrens durch die Ukraine unwahrscheinlich, da sie sich ihrerseits einem Interessenkonflikt mit Blick auf ihre Wirtschaftsinteressen
und den Schutz ukrainischer Investoren ausgesetzt sähe – ganz zu schwei-
gen von der Unklarheit in der Frage, wie eingesetzte Schiedsgerichte
den Begriff des Territoriums im Rahmen des BIT auslegen und welche
Konsequenzen sie hieraus für eine Entscheidung des zwischenstaatlichen
Verfahrens ziehen würden. Es besteht eine hohe Wahrscheinlichkeit dafür,
dass ein befasstes Schiedsgericht das Territorium im Sinne des BIT nicht
als *de jure* Territorium verstehen und damit einer Entscheidung über den
Rechtsstatus der Krim ausweichen würde. Ohnehin könnte ein investiti-
onsrechtliches Schiedsgericht keineswegs die Verpflichtung Russlands zur
„Rückgabe der Krim an die Ukraine" verfügen, sondern wäre auf die
Entscheidung investitionsrechtlicher Fragen beschränkt. Im Ergebnis bietet die investitionsrechtliche Aufarbeitung des Konflikts zwar eine Reihe
von Ansatzpunkten für eine gerichtliche Einflechtung der Krim-Annexion,
eröffnet aber keine realistische Perspektive für eine Entscheidung hierüber.

E. *Exkurs: Völkerstrafrechtliche Geltendmachung*

Eine weitere Perspektive gerichtlicher Aufarbeitung des Konflikts bietet
die völkerstrafrechtliche Befassung. Dieser Gerichtszweig unterscheidet
sich in seiner Ausrichtung maßgeblich vom Ansatz der unmittelbar zwischenstaatlichen Geltendmachung von Völkerrechtsverstößen. Kern der
völkerstrafrechtlichen Verfahren ist die Aufarbeitung völkerstrafrechtlich
relevanten Individualverhaltens. Anders als in den zuvor betrachteten
Verfahren liegt nicht die Staatenverantwortlichkeit im Fokus der Befassung, sondern die individuelle Verantwortlichkeit Einzelner. Zwar sind
weder die Ukraine noch die Russische Föderation Vertragsparteien des

IStGH-Statuts, doch hatte die Ukraine schon im April 2014 eine Erklärung nach Art. 12 III IStGH-Statut abgegeben und sich so der Zuständigkeit des IStGH für die Untersuchung von Völkerstraftaten auf ukrainischem Territorium zwischen dem 21.11.2013 und dem 22.02.2014 unterworfen. Am 08.09.2015 wurde die zeitliche Beschränkung durch eine zweite Erklärung der Ukraine aufgehoben und die Zuständigkeit des IStGH ab dem 20.02.2014 für unbegrenzte Zeit für auf dem Territorium der Ukraine begangene Völkerstraftaten begründet.[981]

Besondere Relevanz entfaltet die völkerstrafrechtliche Perspektive auf den Konflikt seit der Eröffnung des offiziellen Ermittlungsverfahrens nach Beginn des Angriffskrieges. *Fatou Bensouda*, die ehemalige Chefanklägerin des IStGH, hatte umfassende Vorermittlungen durchgeführt, aber bis zur Übergabe ihres Amtes an *Karim Ahmad Khan* am 16.06.2021 noch keine richterliche Verfügung zur Eröffnung eines Ermittlungsverfahrens nach Art. 15 III, IV IStGH-Statut beantragt. Schon die Vorermittlungen *Bensoudas* hatten hinreichende Anhaltspunkte für die Verwirklichung von Kriegsverbrechen und Verbrechen gegen die Menschlichkeit in der Ukraine in dem beobachteten Zeitraum ergeben.[982] Nach dem Beginn des Angriffskrieges Ende Februar 2022 gaben insgesamt 43 Staaten eine Erklärung nach Art. 14 IStGH-Statut ab und unterbreiteten dem Chefankläger so die Situation in der Ukraine.[983] Dieser hatte zuvor bereits angekündigt, ein offizielles Ermittlungsverfahren eröffnen zu wollen.[984] Die Unterbreitung einer *„situation"* sowie die Erklärung der Ukraine nach Art. 12 III IStGH-Statut begründen die Zuständigkeit des Internationalen Strafgerichtshofs

---

981 IStGH, Declaration of Ukraine, 08.09.2015, unter Bezugnahme auf die Erklärung des ukrainischen Parlaments: *Declaration of the Verkhovna Rada of Ukraine On the recognition of the jurisdiction of the International Criminal Court by Ukraine over crimes against humanity and war crimes committed by senior officials of the Russian Federation and leaders of terrorist organizations „DNR" and „LNR", which led to extremely grave consequences and mass murder of Ukrainian nationals.*

982 Statement of the Prosecutor, *Fatou Bensouda*, on the conclusion of the preliminary examination in the situation in Ukraine, 11.12.2020, abrufbar unter: https://www.icc-cpi.int/news/statement-prosecutor-fatou-bensouda-conclusion-preliminary-examination-situation-ukraine.

983 Bis zur Ankündigung des Chefanklägers vom 01.03.2022, er habe ein offizielles Ermittlungsverfahren eröffnet, hatten 39 Staaten eine Erklärung nach Art. 14 IStGH-Statut abgegeben. Bis zum 01.04.2022 hatten noch vier weitere Staaten eine solche Erklärung abgegeben.

984 Statement of ICC Prosecutor, Karim A. A. Khan QC, on the Situation in Ukraine, 28.02.2022, abrufbar unter: https://www.icc-cpi.int/news/statement-icc-prosecutor-karim-aa-khan-qc-situation-ukraine-i-have-decided-proceed-opening.

für sämtliche im Territorium der Ukraine im Rahmen der *„situation"* begangenen Völkerstraftaten, unabhängig davon, ob sie von russischen oder ukrainischen Konfliktbeteiligten begangen wurden.

I. Anknüpfungspunkte der Strafbarkeit

Die Gerichtsbarkeit des Internationalen Strafgerichtshofs erstreckt sich auf die Verfolgung von Individuen wegen Völkermordes, Verbrechen gegen die Menschlichkeit, Kriegsverbrechen und der Aggression, Art. 5 IStGH-Statut. Diese Kerntatbestände (sog. *core crimes*) stellen schwerste Verbrechen dar, deren Verfolgung als Interesse der gesamten Staatengemeinschaft angesehen wird, weil sie in einem besonderen Kontext systematischer oder massenhafter Gewaltanwendung geschehen.[985] Dieses besondere Verfolgungsinteresse spiegelt sich in der Umsetzung der völkerstrafrechtlichen Vorschriften im nationalen Recht, in Deutschland dem Völkerstrafgesetzbuch. Die Strafverfolgung unterliegt dem sogenannten Weltrechtsprinzip, wonach die Strafbarkeit wegen der *core crimes* – abgesehen von dem Verbrechen der Aggression – in jedem Staat der Welt verfolgt werden kann, unabhängig von der Staatsangehörigkeit der Täter bzw. Opfer oder dem Ort des Tatgeschehens, s. etwa § 1 S. 1 VStGB, sog. Universalitätsprinzip. Der IStGH folgt dem sogenannten Komplementaritätsprinzip, wonach die internationale Strafgerichtsbarkeit nur ergänzend eingreift.[986] Die Verfolgung auf nationaler Ebene ist vorrangig, es sei denn, der zur Aburteilung berufene Staat ist nicht willens oder nicht fähig, die Strafverfolgung im Einzelfall zu gewährleisten, vgl. Art. 17 IStGH-Statut.[987]

Vor dem Hintergrund des Beginns des Angriffskrieges käme eine völkerstrafrechtliche Verfolgung wegen des Verbrechens der Aggression in Betracht. Das Verbrechen der Aggression erfasst nach Art. 8*bis* IStGH-Statut die Planung, Vorbereitung, Einleitung oder Ausführung einer Angriffshandlung, die nach ihrer Art, Schwere oder ihrem Umfang eine offenkundige Verletzung der Charta der Vereinten Nationen darstellt, durch eine Person, die tatsächlich in der Lage ist, das politische oder militärische Handeln eines Staates zu kontrollieren oder zu lenken. Es handelt sich

---

985 *Satzger*, § 12, Rn. 2 f., § 24, Rn. 5; *Werle/Jeßberger*, Rn. 118.
986 *Frau*, in: *Ipsen*, VöR, § 37, Rn. 48; *Satzger*, § 14, Rn. 17; *Werle/Jeßberger*, Rn. 313 f.
987 Schon in der Präambel des IStGH-Status wird auf die Pflicht eines jeden Staates hingewiesen, seine Strafgerichtsbarkeit über die für internationale Verbrechen Verantwortlichen auszuüben.

demnach um ein Führungsdelikt, das eine spezifische Täterqualifikation erfordert.[988] Eine Angriffshandlung im Sinne der Definition bedeutet die gegen die Souveränität, die territoriale Integrität oder die politische Unabhängigkeit eines Staates gerichtete oder sonst mit der Charta der Vereinten Nationen unvereinbare Anwendung von Waffengewalt gegen einen anderen Staat, Art. 8*bis* II IStGH-Statut. Das Verbrechen der Aggression erfasst also die Konstellation eines Angriffskrieges. Für die Verfolgung wegen dieses Delikts aber besteht nach Art. 15*bis* V IGH-Statut eine zusätzliche Zuständigkeitshürde. Eine Strafverfolgung am IStGH ist nur möglich, wenn der Aggressor Vertragspartei des Statuts ist.[989] Auch im Rahmen der nationalen Strafverfolgung existieren zusätzliche Verfolgungshürden.[990] Da die Russische Föderation kein Mitglied des IStGH-Statuts ist, kommt eine Verfolgung wegen des Verbrechens der Aggression nicht in Betracht.

Möglich aber ist eine Verfolgung wegen der drei weiteren Völkerstraftaten. Insbesondere mit Blick auf Verbrechen gegen die Menschlichkeit (Art. 7 IStGH-Statut) und die Begehung von Kriegsverbrechen (Art. 8 IStGH-Statut), die sich aus den jeweiligen Vorschriften der Genfer Abkommen ergeben, bestehen im Kontext des russischen Angriffskrieges bereits zahlreiche Hinweise, die etwa durch die von der OSZE in Anwendung des Moskauer Mechanismus' eingesetzte Sonderkommission dokumentiert wurden.[991] Taugliche Verletzungshandlungen sind unter anderem die gezielte Bombardierung ziviler Ziele sowie die Misshandlung, Vergewaltigung, Folter oder Tötung von Zivilisten im Rahmen eines ausgedehnten oder systematischen Angriffs gegen die zivile Bevölkerung, die im Ukraine-Krieg beobachtet werden konnten.[992] Hinzu kommt unter dem Eindruck humanitärer Katastrophen wie den Anzeichen der grausamen Ermordung von Zivilisten in Orten wie Butscha der Vorwurf eines Völkermordes der Russischen Föderation an Ukrainern. Ein Völkermord liegt nach Art. 6

---

988 *Werle/Jeßberger*, Rn. 1586.

989 Das Verbrechen der Aggression konnte erst durch die Konferenz von Kampala im Jahr 2010 im IStGH-Statut verankert werden, s. Art. 8*bis* IStGH-Statut, IStGH, Resolution ICC-ASP/16/Res.6, Activation of the jurisdiction of the Court over the crime of aggression, 14.12.2017.

990 In Deutschland kann wegen des Verbrechens der Aggression nur nach dem Völkerstrafgesetzbuch ermittelt werden, wenn der Täter deutscher Staatsangehöriger ist oder die Tat sich gegen die Bundesrepublik Deutschland richtet, § 1 S. 2 VStGB.

991 OSZE, Report on Violations of International Humanitarian and Human Rights Law, War Crimes and Crimes against Humanity, committed in Ukraine since 24 February 2022, ODIHR.GAL/26/22/Rev.1.

992 S. hierzu schon oben: 5. Kapitel, B.

IStGH-Statut vor, wenn eine Tathandlung im Sinne der Norm, etwa die Tötung oder die Zufügung schwerer körperlicher oder seelischer Schäden, in der Absicht, eine nationale, rassische, religiöse oder ethnische Gruppe als solche ganz oder teilweise zu zerstören, vorgenommen wird.[993] Um die begangenen Tathandlungen in der Ukraine als Völkermord zu qualifizieren, müsste insbesondere die subjektive Absicht nachgewiesen werden, die Russische Föderation beabsichtige die vollständige Auslöschung bzw. Zerstörung des ukrainischen Volkes als solchem. Im Vergleich zu den – nicht minder schweren – Völkerstraftaten der Verbrechen gegen die Menschlichkeit sowie der Kriegsverbrechen wird diesbezüglich die Beweisführung größere Schwierigkeiten begründen. Für die Verbrechen gegen die Menschlichkeit sowie die Begehung von Kriegsverbrechen aber kommt eine völkerstrafrechtliche Verfolgung sowohl auf der Ebene des IStGH als auch vor nationalen Gerichten in jedem Fall in Betracht.

II. Individuelle Verantwortlichkeit

Möglich ist grundsätzlich eine völkerstrafrechtliche Verfolgung sowohl der unmittelbar handelnden Einzelpersonen als auch der Führungsverantwortlichen, etwa *Wladimir Putins* als Regierungsoberhaupt der Russischen Föderation. Neben der Begründung der Zurechnung sind für die Verantwortlichkeit von Führungspersonen wie etwa der Regierungsmitglieder etwaige Immunitätsregelungen zu beachten. Im Völkerrecht gilt insbesondere für das den Staat repräsentierende amtierende Staatsoberhaupt eine vollumfängliche Immunität *rationae personae*, die sich auch auf privates Handeln erstreckt.[994] Für Handlungen, die während der Amtszeit in Ausübung der hoheitlichen Funktion begangen wurden, besteht auch nach dem Ende der Amtszeit weiterhin eine funktionale Immunität *ratione materiae*.[995] Das Bestehen funktioneller Immunität für Hoheitsakte ergibt sich aus dem Gleichordnungsverhältnis der Staaten.

Für die völkerstrafrechtliche Verantwortlichkeit ist die amtliche Eigenschaft einer Person dagegen unbeachtlich, Art. 27 I IStGH-Statut. Dementsprechend bestimmt Art. 27 II IStGH-Statut, dass etwaige Immunitäten,

---

993 *Frau*, in: *Ipsen*, VöR, § 36, Rn. 30; *Hobe*, S. 518.
994 *Epping*, in: *Ipsen*, VöR, § 7, Rn. 286; *Herdegen*, § 37, Rn. 3; *Satzger*, § 15, Rn. 45; *Wickremasinghe*, in: *Evans*, S. 363 f.
995 *Epping*, in: *Ipsen*, VöR, § 7, Rn. 286; *Kempen*, in: *Kempen/Hillgruber/Grabenwarter*, § 32, Rn. 30–32.

die sich aus der amtlichen Eigenschaft ergeben, die Gerichtsbarkeit des IStGH nicht hindern. Diese Regelung gilt für die Vertragsparteien des Statuts und erfasst sowohl die Immunität *rationae materiae*, als auch die Immunität *ratione personae*.[996] Die Entscheidung des IStGH, Jordanien hätte das damalige amtierende sudanesische Staatsoberhaupt *Al-Baschir* bei seinem Besuch in Jordanien festnehmen müssen, spricht neben dem universellen Verfolgungsinteresse bei den Völkerstraftaten entscheidend für eine völkergewohnheitsrechtlich verankerte Erstreckung dieser Unbeachtlichkeit der Immunität auch auf amtierende Staatsoberhäupter von Nichtvertragsstaaten.[997] In der nationalen Strafverfolgung ist die Immunität *rationae materiae* ebenfalls unbeachtlich.[998] Die Immunität *rationae personae* bildet dagegen auch bei der Verfolgung von Völkerstraftaten im nationalen Recht ein Verfahrenshindernis.[999]

III. Aussichten der völkerstrafrechtlichen Verfolgung

Nach dem Abschluss eines umfassenden Ermittlungsverfahrens, das angesichts der Vielzahl von Hinweisen und der Erheblichkeit der Verbrechen einen langen Zeitraum in Anspruch nehmen wird, ist durchaus denkbar, dass sich Beteiligte des Angriffskrieges gegen die Ukraine vor dem IStGH für ihre Taten verantworten müssen. Wegen der Kapazitäten des Gerichtshofes wird sich die Verfolgung hier auf die Hauptverantwortlichen konzentrieren müssen. Auch vor nationalen Gerichten kommt eine Geltendmachung der in Rede stehenden Völkerstraftaten außerhalb des

---

996 *Satzger*, § 15, Rn. 46; *Werle/Jeßberger*, Rn. 817.

997 IStGH, The Prosecutor v. Omar Hassan Ahmad Al-Bashir, Judgment in the Jordan Referral re Al-Bashir Appeal, No. ICC-02/05–01/09 OA2, 06.05.2019, para. 113: „[...] *there is neither State practice nor opinio juris that would support the existence of Head of State immunity under customary international law vis-à-vis an international court. To the contrary* [...] *such immunity has never been recognised in international law as a bar to the jurisdiction of an international court.*". Dieses Prinzip war schon im Rahmen der Nürnberger Prozesse angewandt worden, s. Principles of International Law Recognized in the Charter of the Nürnberg Tribunal and in the Judgment of the Tribunal, Principle III: „*The fact that a person who committed an act which constitutes a crimes under international law acted as Head of State or responsible Government official does not relieve him from responsibility under international law.*".

998 *Werle/Jeßberger*, Rn. 811.

999 *Werle/Jeßberger*, Rn. 819.

Immunitätsschutzes *ratione personae* in Betracht.[1000] Auch vor Beginn des Angriffskrieges begangene Tathandlungen können im Rahmen des Ermittlungsverfahrens Gegenstand des Verfahrens werden, im Fokus wird aber die Aufarbeitung des Angriffskrieges liegen. Für die Feststellung der Staatenverantwortlichkeit Russlands mit Blick auf die Annexion der Krim und den Beginn des Angriffskrieges bildet der IStGH wegen seiner Ausrichtung auf die individuelle Völkerstrafbarkeit aber kein Forum.

F. Fazit

Die Aufarbeitung des Krim-Konflikts vor internationalen Spruchkörpern hat bisher eher ernüchternde Ergebnisse erzielt: Trotz der weitgehenden Verurteilung der Annexion in der Weltöffentlichkeit ist bislang in keinem Verfahren eine eindeutige Feststellung gravierender Völkerrechtsverletzungen der Russischen Föderation erfolgt. Insbesondere angesichts der Vielzahl der Fälle und der besonderen Verfahrensdauer zwischenstaatlicher Streitbeilegungsverfahren überrascht dieses Ergebnis nicht. Die Untersuchung der Konturen der Entscheidungskompetenz der verschiedenen mit dem Konflikt befassten Spruchkörper hat gezeigt, dass das einzige Gericht, das nach seiner Grundausrichtung zu einer tatsächlichen Feststellung einer Verletzung des Gewalt- und Annexionsverbots bemächtigt wäre, der Internationale Gerichtshof ist. Die Geltendmachung der russischen Völkerrechtsverletzungen stößt aber in diesem Verfahren ebenso wie in den weiteren Zweigen der internationalen Gerichtsbarkeit an die Grenze des Konsensprinzips, das Grundpfeiler der völkerrechtlichen Rechtsordnung ist. Die Ukraine hat sich in den Verfahren vor dem IGH kreativer Begründungswege für die Jurisdiktionsgewalt des Gerichtshofs bedient. Eine inzidente Stellungnahme des Gerichtshofs zu Fragen des Gewalt- und Annexionsverbots aber ist mit Blick auf das erste eingeleitete Verfahren nach der Entscheidung zu den *preliminary objections* weitgehend ausgeschlossen. Eine Verurteilung der Annexion der Krim und des Gewaltverbotsverstoßes Russlands in der Ukraine schon zu Beginn des Konflikts wird daher vor

---

1000 Anm.: Die ehemaligen Bundesminister *Gerhart Baum* und *Sabine Leutheuser-Schnarrenberger* haben im April 2022 eine umfassende Strafanzeige wegen Kriegsverbrechen und Verbrechen gegen die Menschlichkeit beim Generalbundesanwalt erhoben, die neben *Wladimir Putin* auch weitere Angehörige des russischen Militärs, etwa auch einzelne Kommandeure benennt.

dem IGH – jedenfalls unter der Prämisse der bestehenden Verfahren – nicht zu erreichen sein.

Die Befassung des EGMR mit dem Vorwurf von Konventionsverletzungen, die einen Bezug zum Rechtsstatus der Krim aufweisen, hat dagegen eine Perspektive für die Geltendmachung der Krim-Annexion eröffnet. Schon in der Entscheidung zur Zulässigkeit des Verfahrens hat der EGMR die weitgehende Bewertung der „Wiedereingliederung" als völkerrechtswidrig in der Weltöffentlichkeit ausdrücklich hervorgehoben, obwohl hierzu rechtlich keine Notwendigkeit bestand. Mit den Ausführungen zur Notwendigkeit einer entsprechenden Entscheidung über den Rechtsstatus der Krim in den *merits* hat die Befassung des EGMR zumindest die Möglichkeit einer gerichtlichen Verurteilung des russischen Verhaltens mit Blick auf die „Wiedereingliederung" der Krim offengelassen. Auch in diesem Verfahren ist eine Stellungnahme des Gerichtshofes aber wegen der ausdrücklichen Ablehnung der Notwendigkeit einer Entscheidung zum Rechtsstatus der Krim zweifelhaft.

Zwar hat die Ukraine regelmäßig vorgebracht, ihr Ziel sei nicht die Geltendmachung der Annexion als solche. Dieses Vorbringen war aber, wie die Analyse der jeweiligen Jurisdiktionsklauseln gezeigt hat, notwendig, um die Zuständigkeitsbegründung der jeweiligen Spruchkörper sicherzustellen. Über den Umweg einer inzidenten Befassung mit der Frage wäre eine Stellungnahme der Schiedsinstanzen im Seevölkerrecht und insbesondere im Investitionsschutzrecht rechtlich denkbar. Besondere Herausforderungen in den internationalen Beziehungen, zu denen auch die in diesem Ausmaß nicht vorherzusehenden Akte der Aggression in einer globalisierten Welt gehören, erfordern den mitunter *„creative use of procedures which everybody had assumed existed only to serve other, more limited, needs".*[1001] Die genauere Betrachtung der Konsequenzen einer – wenn auch impliziten – Befassung von Schiedsinstanzen mit der rechtlichen Einordnung der „Wiedereingliederung", hat aber gezeigt, dass auch in der schiedsgerichtlichen Befassung inzidente Stellungnahmen zur Verletzung allgemeiner völkerrechtlicher Grundnormen eher nicht zu erwarten sind. Die Streitbeilegungsgremien des Seevölkerrechts sowie des Investitionsschutzrechts sind in ihrer Ausrichtung als Spruchkörper in besonderen völkerrechtlichen Regelungsregimen daran gebunden, den Schwerpunkt ihrer Befassung in der konsensbasierten Begründung ihrer Zuständigkeit und damit dem inhaltlichen Bezug zu ihrem Regelungsregime zu verorten. In beiden Gerichtszweigen bieten sich für die Spruchkörper Möglich-

---

1001 *Grant*, ChiJIL 16/1 (2015), 1 (42).

keiten, zu den speziellen völkerrechtlichen Aspekten auf dem Gebiet ihrer Zuständigkeit Stellung zu nehmen, ohne dabei auf die brisante Frage der Souveränität über die Krim und die Frage des Gewaltverbotsverstoßes Russlands einzugehen. Dem Ziel der Gewährleistung effektiven und umfassenden Rechtsschutzes in territorialen Konflikten unter Verletzung des zwischenstaatlichen Gewaltverbots steht die Etablierung der zwischenstaatlichen Streitbeilegung auf dem Fundament eines stabilen Konsenses entgegen, der die Jurisdiktionsgewalt des einzelnen Spruchkörpers begründet und gleichermaßen begrenzt. Darin zeigt sich der Grundkonflikt des Völkerrechts: Die gesamte völkerrechtliche Rechtsordnung basiert auf den Grundprinzipien der Staatengleichheit und der Souveränität. Eine obligatorische Gerichtsbarkeit, die das gesamte Völkerrecht auslegen und anwenden kann, kann es schon nach dieser Grundkonzeption nicht geben – es bleibt eine Rechtsordnung des Konsenses. Ob aber der Respekt der Staatengemeinschaft für die Entscheidungen der Streitbeilegungsinstanzen steigt, wenn deren Bedeutsamkeit durch eine starke Beschränkung ihrer Entscheidungskompetenz deutlich sinkt, ist genauso zweifelhaft, wie die Bewahrung des staatlichen Vertrauens in diese Instanzen im Fall der übermäßigen Ausdehnung der Jurisdiktionsgewalt.

Die bloße Mitbetroffenheit eines Aspekts der territorialen Souveränität kann zwar nicht zwangsläufig dazu führen, dass der Schwerpunkt der Streitigkeit und der Kern des Konflikts in der Souveränitätsfrage zu verorten ist. Würde man eine solche Auslegung annehmen, so schiede für Betroffene einer Souveränitätsstreitigkeit die Geltendmachung ihrer Belange in spezialisierten völkerrechtlichen Streitbeilegungszweigen vollständig aus, weil sie jederzeit auf den Souveränitätskonflikt zurückgeworfen wären. In dieser Hinsicht liefe der Prozess der Ausdifferenzierung völkerrechtlicher Gerichtsbarkeit seinem eigentlichen Zweck, der breiten Erfassung völkerrechtlicher Streitigkeiten auch auf Gebieten des besonderen Völkerrechts, gerade zuwider. Er hätte zur Konsequenz, dass die Schaffung mehrerer Foren zur Geltendmachung von Aspekten eines völkerrechtlichen Konflikts gerade nicht dazu führt, dass einzelne Spezialaspekte von hierfür eigens eingerichteten Streitbeilegungsinstanzen behandelt würden, sondern stellte die Streitparteien vor die unlösbare Aufgabe der Anrufung eines „allgemeinen (obligatorischen) Staatengerichtshofs", den zu bilden auch der IGH nach seiner heutigen Ausgestaltung nicht in der Lage ist. Dennoch können die Streitbeilegungsinstanzen ihre Jurisdiktionsgewalt nicht übermäßig ausdehnen. Ein seevölkerrechtliches oder investitionsschutzrechtliches Schiedsgericht ist nach seiner grundsätzlichen Ausrichtung im System des internationalen Rechtsschutzes schlicht nicht zur Befassung mit Fragen des allgemeinen Völkerrechts berufen. Dass eine rein rechtliche Betrachtung die Befassung mit dem Souveränitätskonflikt als inzidenten Aspekt einer von der Entscheidungsgewalt des Spruchkörpers tatsächlich zugewiesenen Rechtsfrage nicht ausschließen muss, hat die Auslegung des rechtlichen Rahmens der Jurisdiktionsgewalt ebenso wie die Untersuchung der teilweise bestehenden Ansätze in der Staatenpraxis gezeigt. Dennoch haben sich die befassten Streitbeilegungsinstanzen häufig darauf zurückgezogen, die Frage der Souveränität über die Halbinsel Krim ausdrücklich von der Entscheidung auszunehmen oder gar festzustellen, dass diese Frage für die bestehende Streitigkeit nicht von Bedeutung sei. Dieser Lösungsweg ist angesichts der politischen und rechtlichen Brisanz der Souveränitätsfrage nicht überraschend. Auf diese Weise haben die Streitbeilegungsorgane der strengen Wahrung des Konsensprinzips den Vorrang vor der effektiven Geltendmachung schwerwiegender Völkerrechtsverstöße gegeben. Die Aussichten einer gerichtlichen Geltendmachung der Krim-Annexion und der Gewaltverbotsverstöße in der frühen Phase des Konflikts sind nach alledem sehr begrenzt. Die tatsächliche gerichtliche Feststellung der Völkerrechtswidrigkeit der Krim-Annexion ist in den betrachteten Verfahren nicht zu erwarten. Vor dem Hintergrund des Gleichordnungsverhältnisses der Staaten und der Beschränkung der Entscheidungskompetenzen zwischenstaatlicher Spruchkörper erweist sich die justizielle Aufarbeitung der frühen Phase des Ukraine-Konflikts als wenig erfolgversprechend.

Eine zusätzliche Perspektive der justiziellen Geltendmachung ergibt sich demgegenüber mit der Einleitung weiterer Verfahren nach dem Beginn des russischen Angriffskrieges. Der eklatante und massive Bruch des Völkerrechts hat sowohl in der Befassung des IGH als auch in der Befassung des EGMR zu besonders schnellen und außergewöhnlichen Reaktionen geführt. Der IGH hat mit der Begründung seiner Jurisdiktionsgewalt im zweiten eingeleiteten Verfahren eine Perspektive der inzidenten Stellungnahme zur Völkerrechtswidrigkeit der russischen Invasion eröffnet. Zwar wird hierdurch keine Befassung mit den vorhergegangenen Völkerrechtsverstößen von 2014 ermöglicht, allerdings ist die Annahme seiner *prima facie* Entscheidungskompetenz auf der Grundlage der Genozidkonvention für die Ukraine ein großer Fortschritt im Vergleich zum ersten IGH-Verfahren. In diesem Zusammenhang könnte der IGH das Nichtbestehen eines Völkermordes in der Ukraine und die daraus folgende Völkerrechtswidrigkeit der Gewaltanwendung unter Bezug auf die vermeintliche Prävention dieses Völkermordes ausdrücklich feststellen. Auch der EGMR hat durch die implizite Verurteilung des russischen Vorgehens und die umfassenden Maßnahmen im einstweiligen Rechtsschutz, allein schon durch die Begründung seiner Zuständigkeit auch im Rahmen eines vollumfänglichen bewaffneten Konflikts, eine außergewöhnliche Entscheidung getroffen. Die völkerstrafrechtliche Aufarbeitung hat durch die Eröffnung des offiziellen Ermittlungsverfahrens im Vergleich zur früheren Phase des Konflikts ebenfalls Fahrt aufgenommen. Dennoch gilt auch in Bezug auf die Aufarbeitung des Angriffskrieges, dass eine direkte Stellungnahme zur Völkerrechtswidrigkeit der russischen Anwendung von Gewalt gegenüber der Ukraine in justizieller Hinsicht aufgrund der strengen Geltung des Konsensprinzips nicht zu erwarten ist. Die Durchsetzung von Entscheidungen, etwa des IGH oder des EGMR, steht darüber hinaus vor der Schwierigkeit, dass Vollstreckungsmechanismen im Völkerrecht fehlen. Eine Umsetzung von Entscheidungen über den Sicherheitsrat scheidet wegen der Vetomacht der Russischen Föderation aus.

Die Möglichkeiten einer gerichtlichen Aufarbeitung des Konflikts sind vor diesem Hintergrund insgesamt begrenzt. Zwar können einzelne Aspekte im besonderen Kontext der jeweils betroffenen Vertragsmaterien gegebenenfalls einer gerichtlichen Entscheidung zugeführt werden. Die ausdrückliche Feststellung, Russland habe zwingendes Völkerrecht verletzt, indem es die Halbinsel Krim annektierte und in der Ostukraine separatistische Gruppierungen unterstützte, wird aber in keinem der betrachteten Verfahren ernsthaft zu erwarten sein. Die Geltendmachung des Angriffskrieges im Rahmen des IGH-Verfahrens eröffnet zwar eine Perspektive, Gegenstand der Klage ist aber auch hier nicht direkt der Verstoß gegen das völkerrechtliche Gewaltverbot. Das Fazit der gerichtlichen Aufarbeitung fällt daher für die Ukraine bisher unbefriedigend aus. Der Ansatz der Ukraine, in verschiedenen völkerrechtlichen Gerichtszweigen eine Geltendmachung einzelner Aspekte des Konflikts herbeizuführen, unterstreicht gleichwohl ihr Bekenntnis zu friedlichen Streitbeilegungsmechanismen und das Vertrauen in die Rechtsordnung des Völkerrechts. Urteile internationaler Spruchkörper können wichtige Signalwirkung für die Verurteilung von Völkerrechtsverletzungen in der internationalen Staatengemeinschaft entfalten. Sie bilden einen Baustein des Mosaiks der internationalen Rechtsordnung, die wegen der mangelnden Durchsetzungsbefugnisse in weiten Teilen auf die symbolischen und rechtspolitischen Signale zurückgeworfen ist. Judikate internationaler Spruchkörper sind deswegen aber nicht minder relevant für das Bekenntnis der Staatengemeinschaft zu einer gemeinsamen Rechts- und Werteordnung, deren Ausdruck das Völkerrecht ist.

Zweifelhaft ist aber auch, ob das Völkerrecht als Rechtsordnung, die in weiten Teilen auf dem Einfluss zwischenstaatlicher Beziehungen und der Stellung eines Staates in der Staatengemeinschaft beruht, eine effektive Aufarbeitung im gerichtlichen Kontext überhaupt leisten kann. Die Ausrichtung des Völkerrechts, das gerade keine obligatorische Gerichtsbarkeit kennt und die Prinzipien der Gleichordnung der Staaten und des Konsenses als absoluten Geltungsgrund aufweist, könnte in der Aufarbeitung an ebendiese Prinzipien anknüpfen. Effektiver als die Geltendmachung vor internationalen Spruchkörpern könnte daher die Aufarbeitung der Völkerrechtsverstöße der Russischen Föderation auf der unmittelbar zwischenstaatlichen Ebene sein. Die außergerichtliche Komponente der Aufarbeitung, die insbesondere in der Ausübung von Druck auf den völkerrechtswidrig handelnden Staat auch in Gestalt völkerrechtlicher Gegenmaßnahmen besteht, könnte insofern den vielversprechenderen Ansatz für die Aufarbeitung der bisherigen Völkerrechtsverstöße im Ukraine-Konflikt bieten. Gleichermaßen könnte die unmittelbar zwischenstaatliche Aufarbeitung ohne Beteiligung eines internationalen Spruchkörpers höheres Präventionspotenzial für eine vergleichbare Missachtung der Grundregeln des Völkerrechts in Zukunft entfalten als die justizielle Aufarbeitung. Das Folgekapitel befasst sich daher mit Mechanismen der außergerichtlichen Aufarbeitung des völkerrechtswidrigen russischen Verhaltens im Ukraine-Konflikt.

9. Kapitel: Außergerichtliche Aufarbeitungsansätze

Neben der justiziellen Aufarbeitung durch die Einleitung gerichtlicher Verfahren gegen Russland hat der Ukraine-Konflikt auch im breiteren zwischenstaatlichen Kontext zahlreiche Reaktionen ausgelöst. Sowohl einzelne Staaten neben der Ukraine als unmittelbar benachteiligtem Staat als auch internationale Organisationen haben durch verschiedenste Maßnahmen und mit unterschiedlichsten Zielen auf das Verhalten Russlands reagiert und so an der Aufarbeitung des Konflikts mitgewirkt. Sie haben das russische Vorgehen öffentlich als völkerrechtswidrig verurteilt, bilaterale Gesprächsformate eingestellt, die Russische Föderation aus einer Reihe politischer Gremien wie etwa der Vereinigung der G8[1002] ausgeschlossen und nicht zuletzt immer wieder „Sanktionen" gegen Russland angedroht und eingelegt. Die Intensität dieser Maßnahmen hat sich seit 2014 kaum abgemildert, sondern ist wegen des fortbestehenden völkerrechtswidrigen Zustands der Ausübung russischer Kontrolle über die Krim sowie die fortlaufende Eskalation des Konflikts durch Ereignisse wie den Abschuss des Passagierflugzeugs MH17, den Bau der Krim-Brücke oder massive Truppenbewegungen in der Nähe der ukrainischen Grenze immer wieder aufgeflammt. Eine massive Sanktionswelle hat darüber hinaus der Einmarsch russischer Truppen in die Ukraine im Februar 2022 ausgelöst. Die Ergreifung derartiger „Sanktionen" bildet neben der gerichtlichen Geltendmachung den zweiten zentralen Weg, die Verantwortlichkeit Russlands für die festgestellten Völkerrechtsverstöße geltend zu machen. Rechtlich betreffen diese Maßnahmen vorrangig den Komplex der Staatenverantwortlichkeit: Die Verletzung des Gewalt- und Annexionsverbots in der Ukraine stellen *„internationally wrongful act(s)"* im Sinne der Art. 1–3 ASR dar, für die die Russische Föderation völkerrechtlich verantwortlich ist. Die in Reaktion auf diesen *internationally wrongful act* ergriffenen Maßnahmen außerhalb der gerichtlichen Geltendmachung werden nach der Bestimmung der begrifflichen Grundlagen zunächst überblicksweise dargestellt, sodann einer rechtlichen Einordnung unterzogen. Der rechtlichen Einordnung folgt ein Fazit zur Bedeutung dieses Ansatzes der Aufarbeitung des Kon-

---

1002 Zusammenschluss der führenden Industrienationen Deutschland, Frankreich, Großbritannien, Italien, Japan, Kanada, Vereinigte Staaten von Amerika sowie ehemals Russland.

flikts in rechtlicher wie auch in (sicherheits-)politischer Sicht insbesondere vor dem Hintergrund der Eskalation in einen Angriffskrieg Russlands im Jahr 2022. Dabei fließen in die Betrachtung der rechtlichen Grundlagen dieser Reaktionsmöglichkeiten sowohl in Reaktion auf die frühe Phase des Konflikts ergriffene Maßnahmen wie erste wirtschaftliche Restriktionen gegenüber der Russischen Föderation als auch in Reaktion auf den Angriffskrieg ergriffene Maßnahmen wie etwa der Ausschluss Russlands aus dem Europarat ein.[1003]

A. Begriffsbestimmung

In der öffentlichen Debatte ist weitgehend von „Sanktionen" gegen die Russische Föderation die Rede, unabhängig davon, um welche konkrete Maßnahme es sich handelt.[1004] „Sanktionen" werden nach diesem allgemeinen Verständnis als Reaktionen auf ein jedenfalls unerwünschtes, wenn nicht gar rechtswidriges Handeln oder Unterlassen begriffen. Dabei ist weder näher bestimmt, welche Maßnahmen als „Sanktionen" bezeichnet werden können, wer sie ergreift, noch zu welchem Zweck oder mit welchen Mitteln sie umgesetzt werden. Handeln können etwa einzelne Staaten, Staatenzusammenschlüsse oder internationale Organisationen, um eine bestehende Völkerrechtsverletzung zu ahnden oder auf ihre Beendigung hinzuwirken, um ein Signal gegen die Verletzung der betroffenen Pflicht in der internationalen Staatengemeinschaft zu bewirken, sich zu deren Geltung öffentlich zu bekennen, um präventiv gegen weitere Völkerrechtsverstöße vorzugehen, um den internationalen Frieden und die Sicherheit zu erhalten oder schlicht eine Verhaltensänderung des sanktionierten Staates hervorzurufen. Gleichermaßen sagt die Bezeichnung einer Maßnahme als „Sanktion" nichts darüber aus, ob sie grundsätzlich rechtmäßig ist. Vielmehr ist der Sanktionsbegriff weder legal definiert noch unterliegt er einem einheitlichen rechtlichen Verständnis. Da im Verhältnis zur Russischen Föderation verschiedenste Maßnahmen ergangen sind,

---

1003 S. bspw.: Rat d. Europäischen Union, Council Decision 2014/145/CFSP of 17 March 2014 *concerning restrictive measures in respect of actions undermining or threatening the territorial integrity, sovereignty and independence of Ukraine*, OJ L 78, 17.03.2014, S. 16–21; Europarat, Resolution CM/Res(2022)2 on the cessation of the membership of the Russian Federation to the Council of Europe, 16.03.2022.

1004 S. etwa: EU weitet Krim-Sanktionen aus, FAZ, Nr. 237, 12.10.2021, S. 4.

kommt es auf die Kriterien zur Unterscheidung bzw. Qualifizierung von „Sanktionen" an.

Den ersten Anknüpfungspunkt einer Qualifizierung der Maßnahmen bildet ihre Rechtsnatur. So kann es sich dabei um dem Grunde nach völkerrechtswidrige Akte handeln, die in der klassischen völkerrechtlichen Terminologie als Repressalien bezeichnet wurden, oder es liegen unfreundliche, aber an sich nicht völkerrechtswidrige Akte vor, die klassisch als Retorsion bezeichnet werden.[1005] Der Begriff der Repressalie ist heute mit Blick auf nicht gewaltsame Maßnahmen weitgehend durch den Begriff der Gegenmaßnahme (*„countermeasure"*) abgelöst worden.[1006] Gegenmaßnahmen sind unilaterale, nicht gewaltsame Maßnahmen, die dem Grunde nach völkerrechtswidrig sind, ausnahmsweise aber als Reaktion auf ein vorhergegangenes völkerrechtswidriges Handeln eines anderen Staates gegenüber dem die Gegenmaßnahme ergreifenden Staat gerechtfertigt sind, s. Art. 22 ASR.[1007] Ziel der als *„countermeasures"* ergriffenen Maßnahmen ist die Beendigung des völkerrechtswidrigen Verhaltens (*cessation*) sowie die Wiedergutmachung (*reparation*) der Völkerrechtsverletzung im

---

1005 *Giegerich*, in: MPEPIL, Retorsion, Rn. 1 f.; *Herdegen*, VöR, § 59, Rn. 7.

1006 Als Repressalien werden im Gegensatz zu Gegenmaßnahmen als friedliche Zwangsmittel heute nur noch solche Maßnahmen bezeichnet, die militärischer bzw. gewaltsamer Natur sind. S. etwa: *Dörr*, in: *Ipsen*, VöR, § 30, Rn. 41; *Hobe*, S. 256; *Kempen*, in: *Kempen/Hillgruber/Grabenwarter*, § 34, Rn. 70; *Ruffert*, in: MPEPIL, Reprisals, Rn. 7 sowie die Kommentierung der ILC: ILC, Yearbook 2001, Vol. II, Part 2, Report of the Commisssion to the General Assembly on the work of its fifty-third session, S. 75, para. 3. Dagegen bezeichnet *Herdegen*, VöR, § 59, Rn. 6, derartige Maßnahmen nach wie vor als „Repressalien".

1007 Art. 22 ASR: *„Countermeasures in respect of an internationally wrongful act. The wrongfulness of an act of a State not in conformity with an international obligation towards another State is precluded if and to the extent that the act constitutes a countermeasure taken against the latter State in accordance with chapter II of part three."*; s. entsprechend auch: Art. 22 ARIO: *„Countermeasures. 1. Subject to paragraphs 2 and 3, the wrongfulness of an act of an international organization not in conformity with an international obligation towards a State or another international organization is precluded if and to the extent that the act constitutes a countermeasure taken in accordance with the substantive and procedural conditions required by international law, including those set forth in Chapter II of Part Four for countermeasures taken against another international organization. [...]"*; *Alland*, in: International Responsibility, S. 1129; *Crawford*, State Responsibility, S. 685; *Paddeu*, in: MPEPIL, Countermeasures, Rn. 1; *Ronzitti*, in: Coercive Diplomacy, S. 12.

Verhältnis zu dem die Maßnahmen ergreifenden Staat.[1008] Dogmatisch handelt es sich um einen „circumstance precluding wrongfulness". Die Rechtswidrigkeit einer ergriffenen Maßnahme wird im Rahmen von Art. 22 ASR ausgeschlossen, soweit die Maßnahme in Reaktion auf ein vorangegangenes völkerrechtswidriges Verhalten („internationally wrongful act", Art. 49 I ASR), ergeht. Voraussetzung für den Ausschluss der Rechtswidrigkeit ist die Einhaltung gewisser (Verfahrens-) Voraussetzungen, Art. 49–53 ASR.[1009] Gegenmaßnahmen sind in ihrer Anwendung zeitlich zu begrenzen und müssen grundsätzlich reversibel sein. Sie dürfen sich nur gegen den für die Völkerrechtsverletzung verantwortlichen Staat richten und dürfen nicht von zentralen Verpflichtungen des zwingenden Völkerrechts abweichen, Art. 49 II, III, 50, 53 ASR. Erforderlich sind zudem ihre vorherige Ankündigung und die Einhaltung des Grundsatzes der Verhältnismäßigkeit, Art. 51, 52 ASR. Die Gegenmaßnahme ist Ausdruck des zwischenstaatlichen Charakters des Völkerrechts: Sie dient dazu, einen anderen Staat im bilateralen Verhältnis zur Einhaltung seiner völkerrechtlichen Verpflichtungen zu bewegen, indem auf diesen durch die Ergreifung einer Gegenmaßnahme ein Handlungsdruck ausgeübt wird.[1010] Erstes zentrales Kriterium in der Betrachtung der Reaktionen auf den russischen Völkerrechtsbruch ist also die Rechtsnatur der ergriffenen Maßnahme. Handelt es sich um Maßnahmen, die zwar unfreundlicher Natur sind, aber keine völkerrechtlichen Pflichten der sanktionierenden Staaten verletzen, so handelt es sich um Retorsionen. Eine Retorsion als völkerrechtsgemäße Handlung ist in jedem Fall eine zulässige Reaktionsmaßnahme. Verletzt der handelnde Staat durch die ergriffenen Maßnahmen völkerrechtliche Pflichten, liegt ein dem Grunde nach völkerrechtswidriges Verhalten vor. Derartige Maßnahmen können aber, wenn sie als Reaktion auf einen internationally wrongful act ergriffen werden, als Gegenmaßnahmen im Sinne

---

1008   ILC, Yearbook 2001, Vol. II, Part 2, S. 129, para. 6; Herdegen, VöR, § 59, Rn. 6; Paddeu, in: MPEPIL, Countermeasures, Rn. 1; 16.

1009   S. hierzu ausführlich: Crawford, State Responsibility, S. 688 – 702.

1010   Ob der Begriff der Gegenmaßnahme auch Handlungen erfasst, die unfreundlich, aber dem Grunde nach nicht völkerrechtswidrig sind (sog. Retorsionen), ist nicht abschließend geklärt. Dagegen aber spricht der Wortlaut von Art. 22 ASR: Das Bestehen eines „circumstance precluding wrongfulness" setzt notwendigerweise voraus, dass die in Rede stehende Handlung als solche rechtswidrig ist. Dies ist bei einer unfreundlichen, aber nicht völkerrechtswidrigen Maßnahme nicht der Fall, weswegen eine Retorsion von Art. 22 ASR nicht erfasst sein kann., s. Alland, in: International Responsibility, S. 1131 f.; ILC, Yearbook 2001, Vol. II, Part 2, S. 128, para. 3; Paddeu, in: MPEPIL, Countermeasures, Rn. 12.

von Art. 22 ASR unter Einhaltung der Voraussetzungen der Art. 49–53 ASR ihrer Rechtswidrigkeit entbunden werden.

Unterschieden werden kann darüber hinaus nach dem Adressaten der Maßnahme. *Countermeasures* sind nach Maßgabe von Art. 49 I ASR nur Maßnahmen, die sich gegen Staaten richten. Die vielfach als „Sanktionen" bezeichneten individuellen Maßnahmen fallen dem Grunde nach nicht unter die Konzeption der Gegenmaßnahme als Mechanismus der Staatenverantwortlichkeit.[1011] Derartige Maßnahmen werden als *targeted* oder *smart sanctions* bezeichnet und dienen dem möglichst weitgehenden Schutz der Zivilbevölkerung vor Beeinträchtigungen durch die Sanktionsmaßnahmen, indem sie gezielt gegen einzelne Personen gerichtet werden, anstatt ganze Wirtschaftssektoren oder Gebiete zu erfassen.[1012] Klassische Varianten der *targeted sanctions* sind Einreisebeschränkungen für Einzelpersonen ebenso wie die Einfrierung von Vermögenswerten. Von *targeted sanctions* betroffene Personen können individuellen Rechtsschutz gegen die Maßnahmen erlangen. Im Rahmen von Sanktionen der Europäischen Union ist gegen diese individuellen Sanktionsmaßnahmen etwa die Nichtigkeitsklage nach Art. 263 IV AEUV iVm Art. 275 II AEUV statthaft. Gegen sektorale Sanktionen, die die Zivilbevölkerung „mittelbar" betreffen, stehen dagegen keine individuellen Rechtsschutzmöglichkeiten offen.[1013]

Für die rechtliche Einordnung dieser Maßnahmen kommt es darauf an, ob sie als Maßnahme gegen einen Staat oder als Maßnahme gegen eine Privatperson oder ein privates Unternehmen gelesen werden können. In die Systematik der völkerrechtlichen Gegenmaßnahmen lassen sich nur solche Maßnahmen einordnen, die in Bezug auf eine die Staatenverantwortlichkeit auslösende völkerrechtswidrige Handlung gegenüber dem verantwortlichen Staat ergehen. Maßnahmen gegen Einzelpersonen aufgrund ihres individuellen Fehlverhaltens fügen sich in diese Rechtfertigungssystematik nicht ein, wenn sie keinen staatlichen Bezug haben. Dieser Bezug besteht, wenn die Handlungen der betroffenen Personen dem Staat zugerechnet werden können (Art. 4–10 ASR) und so eine Staatenverantwortlichkeit aufgrund ihres völkerrechtswidrigen Verhaltens begründet würde.[1014] Lässt sich die individuelle Maßnahme demgegenüber nicht als Maßnahme gegenüber einem „Staat" bzw. einer Person, die in staatlicher Funktion

---

1011 *Hofer*, in *Beaucillon*, S. 190 f.

1012 *Pellet/Miron*, in: MPEPIL, Sanctions, Rn. 34 f.; s. auch: *Beaucillon*, in: *Beaucillon*, S. 4 f.

1013 *Moiseienko*, in: *Beaucillon*, S. 405.

1014 *Hofer*, in: *Beaucillon*, S. 190 f.

betroffen ist, einordnen, so ist das Regime der ASR nicht anwendbar und eine rechtliche Qualifizierung als Gegenmaßnahme im Sinne der ASR ausgeschlossen. Diese individuellen Maßnahmen können im Konflikt zu menschenrechtlichen Verpflichtungen, etwa dem Eigentumsrecht, stehen.[1015] Die folgende Untersuchung beschränkt sich auf Maßnahmen, die sich als Reaktionen auf das unerwünschte bzw. völkerrechtswidrige Verhalten eines *Staates* gegen diesen richten. Hierunter können wie bereits dargelegt auch Individualmaßnahmen wie die Verhängung von Einreisesperren oder Wirtschaftsbeschränkungen in Bezug auf Einzelunternehmen fallen, wenn ein entsprechender staatlicher Bezug besteht.

Weiterer Anknüpfungspunkt einer Unterscheidung der ergriffenen Maßnahmen ist ihre Differenzierung nach den Handlungsakteuren. Hier können entweder einzelne Staaten, mehrere Staaten gemeinsam oder auch internationale Organisationen tätig werden. Werden Sanktionsmaßnahmen innerhalb einer internationalen Organisation gegen ein Mitglied dieser Organisation ergriffen, so richtet sich ihre rechtliche Bewertung nach dem organisationsinternen Recht. Gleichwohl können derartige Maßnahmen auch von internationalen Organisationen gegenüber Nicht-Mitgliedern beschlossen werden oder auf der Grundlage eines „losen" Staatenzusammenschlusses entstehen. Im Rahmen der ILC ist in der Kommentierung zu den ARIO der Begriff der *„sanction"* als eine völkerrechtsgemäße Maßnahme innerhalb einer internationalen Organisation gegenüber einzelnen Mitgliedern der Organisation beschrieben worden, die den *countermeasures* ausdrücklich nicht gleichgesetzt werden könne.[1016] Auf der Grundlage dieser Kommentierung werden „Sanktionen" im völkerrechtlichen Sinne zum Teil nur als nicht gewaltsame Zwangsmaßnahmen verstanden, die auf Grundlage einer *kollektiven Entscheidung einer internationalen Organisation* ergriffen werden, so insbesondere Maßnahmen der Vereinten Nationen zur Erhaltung des Friedens und der internationalen

---

1015 *Hofer*, in *Beaucillon*, S. 190 f.; *Ruys*, in: *v. d. Herik*, S. 31. Anm.: Mit Blick auf das Erkenntnisziel dieser Untersuchung, der Analyse möglicher Reaktionen auf ein völkerrechtswidriges Verhalten der Russischen Föderation und der Effektivität völkerrechtlicher Mechanismen in dieser Frage, sind diese menschenrechtlichen Aspekte kein Gegenstand der Betrachtung. S. zu diesen Fragen etwa die Kapitel 21–25 in: *Beaucillon*, oder mit Bezug zur Ukraine-Krise *Gornig*, S. 454 ff.

1016 *„Sanctions, which an organization may be entitled to adopt against its members according to its rules, are per se lawful measures and cannot be assimilated to countermeasures."*, ILC, Yearbook 2011, Vol. II, Part 2, S. 72, para. 3.

Sicherheit nach Art. 41 UN-Charta.[1017] Von Gegenmaßnahmen unterscheiden sich Sanktionen nach diesem Verständnis in erster Linie durch den handelnden Akteur und ihren Geltungsgrund: Während eine „völkerrechtliche Sanktion" nach diesem Verständnis auf eine *kollektive* Entscheidung einer internationalen Organisation zurückgeht, erfolgt eine Gegenmaßnahme durch das *unilaterale* Handeln eines von einem Völkerrechtsverstoß betroffenen Staates. Die Gegenmaßnahme ist hiernach eine Maßnahme der Selbsthilfe im bilateralen Verhältnis. Mit einer völkerrechtlichen Sanktion dagegen reagiert eine internationale Organisation nach dieser Auslegung insbesondere im Fall des Art. 41 UN-Charta auf eine Gefährdung oder einen Bruch der internationalen Sicherheit oder des Friedens und übt zu diesem Zweck Druck auf den betroffenen Staat aus, seine völkerrechtlichen Verpflichtungen einzuhalten und signalisiert zugleich die Missbilligung der Völkerrechtsverstöße für die gesamte Staatengemeinschaft.[1018] In der Regel wird in einem solchen Falle auch ein *„internationally wrongful act"* bestehen. Anders als bei Gegenmaßnahmen im Sinne der ASR ist das Vorliegen eines solchen Aktes aber nicht Voraussetzung einer völkerrechtlichen „Sanktion" unter dieser Auslegung. Zum Teil wird daher auch eine Unterscheidung zwischen „unilateralen" und „multilateralen" Sanktionsmaßnahmen anhand der Zuständigkeit des UN-Sicherheitsrates vorgenommen. Hiernach wären *multilaterale* oder *kollektive* Sanktionen solche, die auf der Grundlage einer Kollektiventscheidung des Sicherheitsrates nach Kapitel VII UN-Charta ergriffen würden, während als *unilaterale* Sanktionen alle Maßnahmen außerhalb einer solchen Entscheidung begriffen würden.[1019]

1017 *„The Commission has thus made allowance for the trend in modern international law to reserve the term „sanction" for reactive measures applied by virtue of a decision taken by an international organization following a breach of an international obligation having serious consequences for the international community as a whole, and in particular for certain measures which the United Nations is empowered to adopt, under the system established by the Charter, with a view to the maintenance of international peace and security.",* ILC, Yearbook 1979, Vol. II, Part. 2, S. 121, para. 21; s. auch: ILC, Yearbook 2001, Vol. II, Part. 2, S. 75, para. 3; *Pellet/ Miron,* in: MPEPIL, Sanctions, Rn. 8; *Ronzitti,* in: Coercive Diplomacy, S. 11; *Thouvenin,* in: *Beaucillon,* S. 150 f.; *Verhoeven,* in: International Responsibility, S. 128; *White/Abass,* in: *Evans,* S. 537 ff.; *White,* IYIL 27/1 (2018), 1 (4).

1018 *Giumelli,* EUISS Chaillot Papers 129 (2013), S. 18 f.; *Moret et. al.,* International Sanctions against Russia, S. 10; *Pellet/Miron,* in: MPEPIL, Sanctions, Rn. 8; *White,* IYIL 27/1 (2018), 1 (9 f.).

1019 S. hierzu: *Beaucillon,* in: *Beaucillon,* S. 3.

Diese Eingrenzung des Begriffs der „Sanktion" auf Maßnahmen im Rahmen einer Kollektiventscheidung (des Sicherheitsrates) aber findet in der Praxis keinen Rückhalt.[1020] Vielmehr wird der Begriff der „Sanktion" regelmäßig als Sammel- bzw. Oberbegriff verwandt.[1021] Auch Art. 41 UN-Charta, der den Hauptanwendungsfall einer solchen nicht gewaltsamen „völkerrechtlichen Sanktion" bilden würde, definiert derartige Maßnahmen nicht als *„sanctions"*, sondern bloß als *„measures"*.[1022] Die ARIO regeln darüber hinaus nur die Verantwortlichkeit internationaler Organisationen, sind also für Maßnahmen gegenüber Staaten nicht anwendbar. Auch die Unterscheidung zwischen unilateralen und multilateralen Sanktionsmaßnahmen anhand einer Kollektiventscheidung des Sicherheitsrates ermöglicht keine eindeutige Abgrenzung. Auch außerhalb von Sicherheitsratsentscheidungen können Sanktionen als „multilateral" qualifiziert werden, wenn sie von mehreren Staaten gemeinsam ergriffen werden. Angesichts dieser uneinheitlichen Verwendung des Sanktionsbegriffs werden im Folgenden als *Sanktionen* alle Maßnahmen von Staaten und/oder internationalen Organisationen verstanden, die auf ein völkerrechtlich unerwünschtes oder gar völkerrechtswidriges Handeln oder Unterlassen reagieren und den sanktionierten Staat im weitesten Sinne zu einer Änderung dieses Verhaltens bewegen sollen. Erfasst sind von diesem Oberbegriff sowohl Gegenmaßnahmen im engeren Sinne als auch Retorsionen, aber keine gewaltsamen Handlungen. Die Anwendung von Gewalt kann nur in den eng umgrenzten Ausnahmefällen vom Gewaltverbot im Einklang mit dem Völkerrecht stehen, insbesondere im Falle der Selbstverteidigung nach Art. 51 UN-Charta. Sanktionsmaßnahmen, die außerhalb eines Beschlusses des UN-Sicherheitsrates ergehen, werden wegen der anderenfalls verwirrenden Bezeichnung als „unilaterale bzw. multilaterale" Sanktionen als *autonome*, d.h. unabhängig von einem Beschluss des Sicherheitsrates ergehende Sanktionsmaßnahmen, bezeichnet.

Über die Möglichkeit der Rechtfertigung einer Sanktion als Gegenmaßnahme hinaus sind im Rahmen der Spezialregelungen organisationsinter-

---

1020 Vgl. *Ruys*, in: *v. d. Herik*, S. 21.

1021 Vgl. *Alland*, in: International Responsibility, S. 1134; *Spagnolo*, in EU Law Enforcement, S. 218.

1022 *„The Security Council may decide what measures not involving the use of armed force are to be employed to give effect to its decisions, and it may call upon the members of the United Nations to apply such measures.",* Art. 41 UN Charta. Lediglich in Art. 42 UN-Charta ist ausdrücklich von *„military sanctions"* die Rede, was gar nahelegen könnte, die Bezeichnung als *„sanction"* sei an die militärische bzw. gewaltsame Natur einer Handlung geknüpft.

ner Vorgaben Maßnahmen der Vereinten Nationen auf der Grundlage eines entsprechenden Beschlusses des Sicherheitsrates nach Art. 39–42 UN-Charta möglich. Auch spezielles Völkervertragsrecht kann Vorgaben zur Zulässigkeit der Abweichung von völkerrechtlichen Verpflichtungen beinhalten, wenn Sanktionsmaßnahmen zwischen Vertragsparteien ergriffen werden. Liegt weder ein Beschluss des Sicherheitsrates, noch eine Rechtfertigung nach sonstigen völkervertraglichen Spezialregelungen vor und sind darüber hinaus auch die Voraussetzungen einer allgemeinen völkerrechtlichen Gegenmaßnahme im engeren Sinne nicht erfüllt, so handelt es sich schlicht um ein völkerrechtswidriges Verhalten – einen *internationally wrongful act* – der seinerseits die völkerrechtliche Verantwortlichkeit des handelnden Staates auslöst.

Für dem Grunde nach nicht völkerrechtswidrige Handlungen, die lediglich „unfreundlicher" Natur sind, bleibt die Bezeichnung als Retorsion bestehen. Im Übrigen werden die ergriffenen Maßnahmen einer genaueren Einordnung im Einzelfall unterzogen, insbesondere was die Unterscheidung zwischen Maßnahmen im bilateralen Verhältnis zwischen Verletzerstaat und benachteiligtem Staat und Maßnahmen, die weitere Akteure erfassen, seien es weitere Staaten außerhalb dieses unmittelbaren Verhältnisses oder internationale Organisationen, angeht. Sanktionen können auf ganz verschiedenen Rechtsgrundlagen beruhen: Erster Ansatzpunkt einer Ergreifung von Maßnahmen gegenüber völkerrechtsbrüchigen Staaten ist eine Reaktion des Sicherheitsrates, der nach Art. 39 UN-Charta das Bestehen einer Bedrohung oder eines Bruchs des Friedens oder eine Angriffshandlung feststellt und auf dieser Grundlage Maßnahmen unter Ausschluss von Waffengewalt nach Art. 41 UN-Charta, aber auch gewaltsame Maßnahmen nach Art. 42 UN-Charta beschließen kann. Alternativ können auf Grundlage von Art. 51 UN-Charta Maßnahmen der individuellen oder kollektiven Selbstverteidigung ergriffen werden, sofern ein bewaffneter Angriff vorliegt. Außerhalb dieser speziellen Regime der Reaktion innerhalb des Systems der UN-Charta oder anderer völkervertraglicher Spezialregelungen können staatliche Reaktionsmaßnahmen allgemein als Retorsion, also als eine unfreundliche, aber nicht völkerrechtswidrige Maßnahme eines Staates qualifiziert werden. Alternativ können sie als Gegenmaßnahme im Sinne von Art. 22 ASR, unter Verletzung bzw. Suspendierung einer eigenen völkerrechtlichen Verpflichtung, die ihrer Rechtswidrigkeit aufgrund ihrer Natur als Reaktion auf einen Völkerrechtsbruch enthoben ist, eingeordnet werden. Auf der Grundlage dieser Systematik schließt sich im folgenden Abschnitt eine Analyse der in Reaktion auf die Annexion der Krim und die Destabilisierung der Ukraine ergriffenen

Maßnahmen der Staatengemeinschaft an, die sowohl eine rechtliche Einordnung als auch eine Bewertung der Konsequenzen dieser Maßnahmen für die Entwicklung des Konflikts beinhaltet. Die Annexion der Krim sowie die fortlaufende Eskalation des Konflikts in der Ostukraine haben zu Reaktionen internationaler ebenso wie regionaler Organisationen, aber auch einzelner Staaten und Staatenzusammenschlüsse geführt. Ob diese Maßnahmen im Einklang mit dem Völkerrecht stehen, hängt sowohl vom Handlungsakteur als auch von der (Rechts-)Natur der Maßnahme ab. Entsprechend unterscheidet die folgende Untersuchung nach den Handlungsakteuren und betrachtet die Reaktion internationaler Organisationen als institutionelle Reaktion getrennt von Maßnahmen einzelner Staaten. Der Schwerpunkt der Betrachtung liegt auf der Untersuchung der Maßnahmen, die vor Beginn des Angriffskrieges ergriffen worden sind. Von Interesse sind dabei sowohl Art und Umfang der ergriffenen Sanktionen als auch die beteiligten Akteure, die Rechtsgrundlagen der Reaktionsmaßnahmen sowie ihre Effektivität. Im Verlauf der Untersuchung werden auch die nach Beginn des Angriffskrieges ergriffenen Maßnahmen und ihre rechtliche wie tatsächliche Bedeutung im Verhältnis zu den Sanktionsmaßnahmen vor Beginn des Krieges in den Blick genommen, um ein übergreifendes Fazit zur Effektivität dieser Aufarbeitungsmechanismen im Lichte des umfassenden Ukraine-Konflikts zu ermöglichen.

B. Aufarbeitung im Rahmen internationaler Organisationen

Internationale Organisationen, deren Reaktionen auf den Konflikt besonderes Augenmerk verdienen, sind die Vereinten Nationen und die NATO als zentrale internationale Organisationen zum Erhalt des Friedens und der Sicherheit. Eine Sonderposition nimmt darüber hinaus die OSZE ein. Besondere Bedeutung hat vor dem Hintergrund der Zuständigkeit des EGMR auch die Befassung des Europarates.[1023]

I. Die Vereinten Nationen

Mit Blick auf die unterschiedliche Ausrichtung und ihre unterschiedlichen Kompetenzen bietet sich im Rahmen der Vereinten Nationen eine

---

1023 S. hierzu oben: 8. Kapitel, B., III.

getrennte Betrachtung der Reaktionen des Sicherheitsrates und der Generalversammlung an.

1. Überblick

Der UN-Sicherheitsrat ist das zentrale Organ der völkerrechtlichen Friedenssicherung. Seine Hauptaufgabe ist die Wahrung des Weltfriedens und der internationalen Sicherheit, Art. 24 I UN-Charta. Er ist als einziges Organ der Vereinten Nationen dazu befähigt, für die Mitgliedstaaten verbindliche Entscheidungen zu treffen. Dazu gehören die Maßnahmen bei einer Bedrohung oder einem Bruch des Friedens sowie bei Angriffshandlungen nach Kapitel VII UN-Charta, die nicht gewaltsame Maßnahmen nach Art. 41 UN-Charta und militärische Maßnahmen nach Art. 42 UN-Charta erfassen. Die Kompetenz des Sicherheitsrates zum Beschluss derartiger Maßnahmen ist durch das Vetorecht der fünf ständigen Mitglieder des Sicherheitsrates begrenzt, zu denen auch Russland gehört. Die Verabschiedung einer Resolution im Sicherheitsrat, die entweder die Ergreifung nicht gewaltsamer Maßnahmen nach Art. 41 UN-Charta, etwa die vollständige oder teilweise Unterbrechung der Wirtschaftsbeziehungen, oder gar militärische Maßnahmen gegen Russland auf Grundlage von Art. 42 UN-Charta beinhalten würde, ist also nach der aktuellen Ausgestaltung der Kompetenzstrukturen des Sicherheitsrates undenkbar. Das Vetorecht Russlands blockiert die Handlungsfähigkeit des Sicherheitsrates. Ein Resolutionsentwurf, der das Referendum auf der Krim wegen der fehlenden Zustimmung der ukrainischen Regierung als *„invalid"* verurteilt und die Nichtanerkennung jeglicher Änderung des Rechtstatus' der Krim auf der Grundlage dessen zum Ausdruck gebracht hatte, scheiterte am Veto der Russischen Föderation.[1024] Einstimmig verabschiedet wurden dagegen im

---

1024 Der Resolutionsentwurf wurde von über 40 Staaten, darunter die ständigen Mitglieder Frankreich, Großbritannien und die Vereinigten Staaten von Amerika, vorgelegt. In dem Entwurf hieß es: „[...] *Declares that this referendum can have no validity, and cannot form the basis for any alteration of the status of Crimea; and calls upon all States, international organizations and specialized agencies not to recognize any alteration of the status of Crimea on the basis of this referendum and to refrain from any action or dealing that might be interpreted as recognizing any such altered status* [...]", UN Security Council, Draft Resolution, 15.03.2014, S/2014/189. In der Diskussion betonte der russische Vertreter das Selbstbestimmungsrecht der Krimbewohner und den besonderen politischen, rechtlichen und historischen Hintergrund der Durchführung des

Juli 2014 eine Resolution, die die Unterstützung einer lückenlosen Aufklärung des Abschusses des Passagierflugzeuges zum Gegenstand hatte sowie eine Resolution, die große Besorgnis über die gewaltsamen Entwicklungen in der Ostukraine zum Ausdruck brachte und die Einhaltung der Verpflichtungen des ersten Minsker Abkommens bekräftigte.[1025] Im Übrigen hat sich die Aktivität des Sicherheitsrates auf die wiederholte Diskussion der politischen Lage, der humanitären Bedingungen, der Gewährleistung von Menschenrechten und der Möglichkeiten zur friedlichen Beilegung des Ukraine-Konflikts beschränkt.[1026]

Anders als Resolutionen des Sicherheitsrates entfalten Resolutionen der Generalversammlung keine rechtliche Bindungswirkung, sondern haben nur Empfehlungscharakter, Art. 11 UN-Charta. Sie sind von vornherein schwächer ausgestaltet als etwaige Resolutionen des Sicherheitsrates. Beschlüsse der Generalversammlung bedürfen grundsätzlich einer einfachen Mehrheit, wenn es sich um wichtige Fragen handelt einer Zweidrittelmehrheit der anwesenden und abstimmenden Mitglieder, Art. 18 UN-Charta. Anders als im Sicherheitsrat gibt es in der Generalversammlung keine Vetomächte. Deshalb konnte die Generalversammlung die zentrale

---

Referendums. Vertreter der anderen anwesenden Staaten dagegen verurteilten das russische Vorgehen als völkerrechtswidrige Annexion und betonten die besondere Bedeutung der Achtung der territorialen Integrität der Ukraine (etwa Frankreich, die Vereinigten Staaten, das Vereinigte Königreich, Chile, Australien), UN/S/PV.7138, 15.03.2014.

1025 UN Security Council, Resolution 2166 (2014), 21.07.2014, UN/S/PV.7221; Resolution 2202 (2015), 17.02.2015, UN/S/PV.7384. Der Versuch der Einsetzung eines Internationalen Tribunals zur Verfolgung der Verantwortlichen für Verbrechen im Zusammenhang mit dem Abschuss des Passagierflugzeugs MH17 scheiterte demgegenüber erneut am Veto der Russischen Föderation. UN Security Council, Draft Resolution, 29.07.2016, S/2015/562, S/PV.7498. Hierbei war jedoch schon die Rechtsgrundlage zur Begründung eines derartigen Tribunals in Frage zu stellen, da eine entsprechende Kompetenz des Sicherheitsrates in der UN-Charta nicht ausdrücklich verankert ist, s. *Douhan*, in: *Czaplinski*, S. 263.

1026 S. etwa: Letter dated 28 February 2014 from the Permanent Representative of Ukraine to the United Nations addressed to the President of the Security Council (S/2014/136), Letter dated 13 April 2014 from the Permanent Representative of the Russian Federation to the United Nations addressed to the President of the Security Council (S/2014/264); Repertoire of the Practice of the Security Council, 2014–2015, ST/PSCA/1/Add.19, S. 69, Meetings: S/ PV.7123, 7124, 7125, 7131, 7134, 7138, 7144, 7154, 7157, 7165, 7167, 7185, 7205, 7219, 7221, 7234, 7239, 7253, 7269, 7287, 7311, 7365, 7368, 7384, 7395, 7400, 7457, 7498, 7576; 7635, 7683 (2016), 7876 (2017), 8270, 8276, 8386, 8410 (2018), 8461, 8516, 8529, 8575 (2019), 8726 (2020).

Resolution 68/262 zur territorialen Integrität der Ukraine verabschieden, die die Staaten zur Nichtanerkennung jeglicher Statusänderung der Krim im Hinblick auf das abgehaltene Referendum aus dem März 2014 anhält und die territoriale Integrität, Souveränität und Unabhängigkeit der Ukraine betont.[1027] Die Resolution wurde mit 100 Ja-Stimmen, 58 Enthaltungen und 11 Nein-Stimmen angenommen. Da sich die Mehrheiten in der Generalversammlung nach Regel 86 der *Rules of Procedure* ohne Berücksichtigung der Enthaltungen bemessen, wurde die von Art. 18 UN-Charta geforderte Zweidrittelmehrheit der anwesenden und abstimmenden Mitglieder für wichtige Entscheidungen mit 100 zu 11 Stimmen erreicht.[1028]

Unter Rückbezug auf diese zentrale Resolution hat die Generalversammlung zahlreiche weitere Resolutionen verabschiedet, die Russland etwa zur Gewährleistung der Menschenrechte auf der Krim nach der auch in den Resolutionen als völkerrechtswidrige Annexion benannten „Wiedereingliederung" der Halbinsel aufforderten.[1029] Die Generalversammlung hat umfassende Berichte sowohl des Generalsekretärs[1030] als auch periodische Berichte des OHCHR[1031] zur Situation der Menschenrechte auf der Krim und im Gebiet der Stadt Sewastopol eingeholt und in ihre Befassung mit einbezogen. Auch die umfassende Militärpräsenz im Gebiet der Krim und die militärischen Aktivitäten der Russischen Föderation im Schwarzen Meer und im Asowschen Meer, unter besonderer Bezugnahme auf den bereits angesprochenen Vorfall aus dem November 2018, bei dem mehrere ukrainische Kriegsschiffe und ihre Besatzung von der Russischen Föderation festgesetzt worden waren, wurden von der Generalversamm-

---

1027 UN/GA/RES/68/262.

1028 Aufgrund der Tatsache, dass „nur" 100 Mitglieder der Vereinten Nationen explizit für die Resolution gestimmt haben und somit nur knapp mehr als die Hälfte der Mitglieder für die Resolution war, wird die Aussagekraft und die Bedeutung als einhellige *opinio iuris* dieser Entscheidung bei *Douhan*, in: *Czaplinski*, S. 264, in Frage gestellt.

1029 UN/GA/RES/71/205, 19.12.2016; UN/GA/RES/72/190, 19.12.2017; UN/GA/RES/73/263, 22.12.2018; UN/GA/RES/74/168, 18.12.2019; UN/GA/RES/75/192, 16.12.2020.

1030 S. zB.: UN/GA/74/276, 02.08.2019; UN/GA/75/334, 01.09.2020; UN/GA/76/260, 02.08.2021, Situation of human rights in the Autonomous Republic of Crimea and the city of Sevastopol, Ukraine, Report(s) of the Secretary General.

1031 Relevant sind hierzu die Berichte der Human Rights Monitoring Mission (HRMMU) in der Ukraine, die in regelmäßigen Abständen über die Menschenrechtssituation in der Ukraine, im Speziellen in den besetzten Gebieten der Ostukraine und der Krim und Sewastopol, berichtet., s.: Ukraine – OHCHR Reports, abrufbar unter: https://www.ohchr.org/EN/Countries/ENACARegion/Pages/UAReports.aspx.

lung in entsprechenden Resolutionen verurteilt und Russland zum Abzug seiner Streitkräfte aufgefordert.[1032] Neben den zentralen Organen, dem Sicherheitsrat und der Generalversammlung, haben unter anderem die amtierenden Generalsekretäre über die Jahre immer wieder ihre Unterstützung für die ukrainische Souveränität und die Verurteilung der russischen Annexion der Krim zum Ausdruck gebracht und die Streitparteien zu einer friedlichen Beilegung des Konflikts angehalten.[1033]

Gleichermaßen wie bei der Verurteilung der Krim-Annexion als völkerrechtswidrig scheiterte im Februar 2022 ein Resolutionsentwurf im Sicherheitsrat, der die russische Invasion in die Ukraine als völkerrechtswidrige Aggression und Verletzung des Gewaltverbots verurteilt und Russland zum Truppenabzug, zur umgehenden Beendigung der Aggression und zur Einhaltung der Vereinbarungen der Minsker Verträge aufgefordert hatte. Hiergegen legte die Russische Föderation ihr Veto ein; China, Indien und die Vereinigten Arabischen Emirate enthielten sich der Abstimmung.[1034] Nachdem der Resolutionsentwurf gescheitert war, beschloss der Sicherheitsrat unter Bezug auf die *Uniting for Peace* Resolution, die Frage im Rahmen einer *emergency session* in der Generalversammlung zu behandeln.[1035] In der folgenden Dringlichkeitssitzung stimmten 141 Mitgliedstaaten der Vereinten Nationen bei fünf Gegenstimmen für den Resolutionsentwurf, der die russische Invasion als Bruch des Völkerrechts verurteilt und Russland zum umgehenden Abzug seiner Truppen aus der Ukraine auffordert.[1036] Die Generalversammlung fasste darüber hinaus im April 2022 den Beschluss, Russlands Mitgliedschaftsrechte im UN-Menschenrechtsrat

---

1032 UN/GA/RES/73/194, 17.12.2018; UN/GA/RES/74/17, 09.12.2019; UN/GA/RES/75/29, 07.12.2020.

1033 zB über den Sprecher von António Guterres im Dezember 2019: „*He reiterates his full support for the independence, sovereignty and territorial integrity of Ukraine within its internationally recognized borders.*", https://www.un.org/press/en/2019/sgsm19904.doc.htm.

1034 UN/S/PV.8979, 27.02.2022; Draft Resolution, S/2022/155.

1035 UN/S/RES/2623, 27.02.2022. Die Resolution *Uniting for Peace* gibt der Generalversammlung die Möglichkeit, eine Dringlichkeitssitzung abzuhalten, wenn der UN-Sicherheitsrat aufgrund der Ausübung des Vetorechts durch eines der Ständigen Mitglieder handlungsunfähig ist, s.: UN/GA/RES/377 (V), *Uniting for Peace*.

1036 UN/GA/ES-11, ab 28.02.2022; UN/GA/RES/ES-11/1, *Aggression against Ukraine*. Gegen den Entwurf stimmten neben der Russischen Föderation Eritrea, Syrien, Belarus und Nord-Korea. 35 Staaten enthielten sich der Entscheidung, darunter China, Indien und eine Reihe afrikanischer Länder. S. auch: UN/GA/RES/ES-11/2, *Humanitarian consequences of the aggression against Ukraine*, 140 Ja-Stimmen, 38 Enthaltungen, 5 Nein-Stimmen.

wegen der in der Ukraine zu beobachtenden *„gross and systematic violations and abuses of human rights"* zu suspendieren.[1037] Der Menschenrechtsrat hatte Anfang März eine unabhängige internationale Untersuchungskommission eingesetzt, die in enger Abstimmung mit der HRMMU und dem OHCHR die Menschenrechtslage in der Ukraine infolge der russischen Invasion dokumentieren sollte.[1038] Mitte Mai 2022 wurde das Mandat nach der Feststellung einer massiven Verschlechterung der Menschenrechtslage in der Ukraine auf die Ereignisse in den Gebieten von Kiew, Chernihiv, Charkiw und Sumy erweitert.[1039] Der Menschenrechtsrat hatte zudem in entsprechenden Resolutionen die Menschenrechtsverletzungen und die Verletzung des humanitären Völkerrechts durch die Russische Föderation in der Ukraine verurteilt und Russland zur unverzüglichen Beendigung dieser Handlungen sowie zum Abzug seiner Truppen aus dem gesamten Gebiet der Ukraine aufgefordert.[1040]

Auch im Sicherheitsrat folgten seit Beginn der Invasion mehrere Sitzungen, in denen die Aggression gegen die Ukraine und die gravierende humanitäre Krise thematisiert wurden.[1041] Anfang Mai 2022 verabschiedete der Sicherheitsrat erstmals ein gemeinsames Statement zur Situation in der Ukraine, das „tiefste Besorgnis über die Wahrung des Friedens und der Sicherheit in der Ukraine" zum Ausdruck bringt und daran erinnert, dass sich alle Mitgliedstaaten nach der UN-Charta zur friedlichen Beilegung ihrer internationalen Streitigkeiten verpflichtet haben. Darüber hinaus be-

---

1037 UN/GA/RES/ES-11/3, *Suspension of the rights of membership of the Russian Federation in the Human Rights Council*, 93 Ja-Stimmen, 58 Enthaltungen, 24 Nein-Stimmen. Gegen die Resolution stimmten neben Russland, Eritrea, Syrien, Belarus und Nord-Korea zB auch afrikanische Staaten, China, der Iran und Nicaragua.

1038 UN/GA/HRC/RES/49/1, *Situation of human rights in Ukraine stemming from the Russian aggression*. Die Entscheidung wurde mit 32 zu 2 Stimmen bei 13 Enthaltungen getroffen. Russland und Eritrea hatten mit Nein gestimmt, während sich unter anderem China, Indien und eine Reihe afrikanischer Staaten enthalten hatten.

1039 UN/GA/HRC/RES/S-34/1, *The deteriorating human rights situation in Ukraine stemming from the Russian aggression*. Die Entscheidung wurde mit 33 zu 2 Stimmen bei 12 Enthaltungen getroffen. Nach dem Ausscheiden Russlands aus dem Menschenrechtsrat stimmten Eritrea und China gegen die Resolution, während sich Indien und eine Reihe afrikanischer Staaten enthielten.

1040 *„The Human Rights Council [...] 1. Condemns in the strongest possible terms the human rights violations and abuses and violations of international humanitarian law resulting from the aggression against Ukraine by the Russian Federation"*, UN/GA/HRC/RES/49/1.

1041 S. etwa: UN/S/PV.8983, 28.02.2022.

grüßt die Erklärung die Bemühungen des UN-Generalsekretärs bei dem Versuch der Vermittlung.[1042]

2. Rechtliche Einordnung

In Ermangelung eines entsprechenden Beschlusses des Sicherheitsrates handelt es sich bei den seitens der Vereinten Nationen ergriffenen Maßnahmen nicht um rechtserhebliche Maßnahmen. Wegen des Vetorechts der Russischen Föderation sind verbindliche Maßnahmen aufgrund eines Sicherheitsratsbeschlusses auch künftig undenkbar. Maßnahmen nach Art. 41, 42 UN-Charta als Sonderregelung in der Systematik der Sanktionsmaßnahmen sind nicht ergriffen worden und stehen auch nicht in Aussicht. Sanktionsmaßnahmen, die einzelne Staaten etwa in wirtschaftlicher Sicht ergriffen haben, können nicht mit Blick auf entsprechende Sicherheitsratsresolutionen rechtlich untermauert werden. Die im Sicherheitsrat zustande gekommenen Resolutionen beschränken sich auf allgemein gehaltene Absichtserklärungen, die sich auf die Untersuchung der Vorgänge rund um den Abschuss von MH17 und ein grundsätzliches Bekenntnis zur friedlichen Aufarbeitung des Konflikts beziehen. Diese Resolutionen enthalten keine rechtliche Bewertung des russischen Verhaltens und konnten deswegen aus russischer Perspektive mitgetragen werden.

Die Generalversammlungsresolutionen ebenso wie die Resolutionen des UN-Menschenrechtsrates dagegen benennen ausdrücklich die Annexion, die völkerrechtswidrige Okkupation des Gebiets und massive Verstöße Russlands gegen das Völkerrecht.[1043] Ihr Hauptzweck ist die Entfaltung politischer Signalwirkung durch die gemeinsame Verurteilung des russischen Vorgehens in der Ukraine. Gleichzeitig können die Resolutionen wegen ihres Empfehlungscharakters nur „weich" wirken. Sie verletzen ihrerseits keine völkerrechtlichen Verpflichtungen und sind nicht in die Systematik der Gegenmaßnahmen nach den ASR einzuordnen, sondern beruhen auf den Rechtsgrundlagen der UN-Charta, insbesondere Art. 10 ff. UN-Charta. Die wiederholte Verurteilung des russischen Vorgehens als völkerrechtswidrig und die ausdrückliche Betonung der Nichtanerkennung einer etwaigen Statusänderung der Krim im Kontext der Vereinten

---

1042 Statement by the President of the UN Security Council on Ukraine, S/PRST/ 2022/3, 06.05.2022.

1043 S. nur die zentrale Resolution 68/262 der Generalversammlung zur territorialen Integrität der Ukraine.

Nationen können allenfalls als Ausdruck der Pflicht zur Nichtanerkennung einer Situation gewertet werden, die auf einen schwerwiegenden Bruch des Völkerrechts zurückgeht (s. Art. 41 ASR). Die Pflicht zur Nichtanerkennung obliegt aber nicht speziell den Vereinten Nationen als internationale Organisation, sondern sie besteht für alle Staaten. Die Suspendierung der Mitgliedschaftsrechte der Russischen Föderation im UN-Menschenrechtsrat ist ein außergewöhnlicher Schritt, der in der Geschichte der UN-Generalversammlung zuvor nur einmal mit Blick auf das *Gaddafi*-Regime in Libyen ergriffen worden ist.[1044] Da Russland aber im gleichen Atemzug den Austritt aus dem Nebenorgan der Generalversammlung erklärt hat[1045] und es sich hierbei außerdem um eine organisationsinterne Maßnahme handelt, fügt sich diese Maßnahme nicht in den Rahmen der völkerrechtlichen staatlichen Sanktionsmaßnahmen ein, deren Betrachtung das Ziel dieses Abschnitts ist.

3. Bewertung

Die Vereinten Nationen haben durch ihre Reaktionen auf den Ausbruch des Ukraine-Konflikts keinen hinreichenden Druck auf Russland ausüben können, der eine Verhaltensänderung begründet hätte. Das zeigt sich nicht zuletzt darin, dass die Resolutionen zur Unterstützung der Souveränität der Ukraine Jahr für Jahr mit ähnlichem Inhalt erneut verabschiedet wurden, wobei die Liste der der Russischen Föderation vorgeworfenen Völkerrechtsverstöße immer länger wird. Auch die russische Invasion im Februar 2022 ist von den Vertretern der Vereinten Nationen verurteilt und die umgehende Einstellung der Kriegführung sowie die Achtung des humanitären Völkerrechts eingefordert worden.[1046] Der Beginn eines Krieges

---

1044 UN/GA/RES/65/265, *Suspension of the rights of membership of the Libyan Arab Jamahiriya in the Human Rights Council*, 03.03.2011.

1045 Der russische Vertreter erklärte allerdings direkt im Anschluss an die Entscheidung über die Resolution, Russland habe sich zur vorzeitigen Beendigung seiner Mitgliedschaft im UN-Menschenrechtsrat entschlossen, da der Menschenrechtsrat von einer Gruppe von Staaten zu ihrem eigenen Nutzen „gekapert" worden sei, zumal dieselben Staaten jahrelang eklatant menschenrechtliche Verpflichtungen verletzt hätten., s. UN/GA/ES-11/PV.10, S. 22 f.

1046 S. etwa: UN/GA/12404, Press Release, 28.02.2022, United Nations Stands with People of Ukraine, Secretary-General Tells General Assembly, Stressing ‚Enough Is Enough', Fighting Must Stop, as Emergency Session Gets Under Way.

im Herzen Europas durch die Invasion in die Ukraine hat die verheerende Handlungsunfähigkeit der Organe der Vereinten Nationen im Falle der direkten Beteiligung eines Ständigen Mitglieds des Sicherheitsrates an einem Konflikt gezeigt.

Verbindliche Maßnahmen können angesichts der Sperrwirkung der russischen Vetoposition im Sicherheitsrat der Vereinten Nationen nicht beschlossen werden. Die Organe der Vereinten Nationen bilden für den Konflikt ein Diskussionsgremium, in dem eine fortlaufende politische Auseinandersetzung mit dem Konflikt gewährleistet ist, darüber hinaus aber keine weiteren Handlungsoptionen bestehen.

Handlungsfähigkeit könnten die Vereinten Nationen allenfalls gewinnen, wenn Russlands Position als Vetomacht im Sicherheitsrat endete. Für einen Ausschluss eines Staates aus den Vereinten Nationen existiert mit Art. 6 UN-Charta zwar eine Rechtsgrundlage, die im Falle einer beharrlichen Verletzung der Grundsätze der Charta den Ausschluss eines Mitglieds ermöglicht – Voraussetzung dieses Ausschlusses aber ist eine Empfehlung des Sicherheitsrates. Auch die „bloße" Suspendierung der Mitgliedschaftsrechte nach Art. 5 UN-Charta gründet auf einer Entscheidung des Sicherheitsrates, sodass diese Optionen ebenso gesperrt sind wie ein etwaiges Tätigwerden des Sicherheitsrates auf der Grundlage von Kapitel VII UN-Charta. Zwar ist eine beharrliche Verletzung der Charta-Grundsätze zweifelsohne mit Blick auf den russischen Angriffskrieg anzunehmen. Dass aber die Vetomächte des Sicherheitsrates eine Abkehr vom System der Vetoposition unterstützen würden, ist vor dem Hintergrund fortlaufender fruchtloser Reformbemühungen und des entgegenstehenden Protests der Vetostaaten höchst unwahrscheinlich.[1047]

Ausweichend könnte durch eine Verweigerung der Akkreditierung der russischen Vertreter bei den Vereinten Nationen eine Abwesenheit der Russischen Föderation erzwungen werden, um eine Entscheidung ohne Ausübung des russischen Vetorechts herbeizuführen. Ein vergleichbares Vorgehen hatten die Vereinten Nationen mit Blick auf die Apartheid gegenüber den Vertretern Südafrikas im Jahr 1974 angewandt.[1048] Ob diese „faktische Suspendierung" Südafrikas völkerrechtsgemäß war, ist um-

---

1047 S. etwa: *de Cot*, in: MPEPIL, United Nations, Reform; *Fassbender*, Max Planck UNYB 7 (2003), 183 (193 ff.); *Nollkaemper*, EJIL-Talk!, 11.04.2022; *Talmon*, GPIL, 30.09.2021.

1048 Die Generalversammlung hatte zuvor wiederholt den Repräsentanten der südafrikanischen Delegation die Akkreditierung verweigert, was der Präsident der Generalversammlung als Ablehnung einer Beteiligung der südafrikanischen Delegation an der Arbeit der Generalversammlung deutete. Diese Entschei-

stritten. Die Stellungnahme des damaligen *UN Legal Counsel* ging von einem Verstoß dieser Praxis gegen die UN-Charta aus.[1049] Hinzu kommt, dass Südafrika kein ständiges Mitglied des UN-Sicherheitsrates war und der Entzug der Akkreditierung bzw. deren Nichtgewährung ausdrücklich keinen Einfluss auf die Mitgliedschaft im Sicherheitsrat haben konnte. Diese ist durch Art. 5, 6 UN-Charta abschließend geregelt. Eine Form des indirekten Einflusses der Generalversammlung auf Entscheidungsmöglichkeiten des Sicherheitsrates über die Verweigerung der Akkreditierung liefe zudem dem Kompetenzgefüge der Organe innerhalb der Vereinten Nationen zuwider, innerhalb dessen verbindliche Entscheidungen nur durch den Sicherheitsrat möglich sind und schon gar keine Einwirkung der Generalversammlung auf die Entscheidungen des Sicherheitsrates angelegt ist. Der Versuch eines „Ausschlusses" der Russischen Föderation aus den Vereinten Nationen bildet deshalb keine realistische Option.[1050]

Auch der Ansatz einer Verpflichtung zur Enthaltung der Streitparteien im Hinblick auf Art. 27 III UN-Charta verspricht keine nachhaltige Erweiterung der Handlungsmöglichkeiten der Vereinten Nationen, da sich die Vorschrift – unabhängig von ihrer konkreten Auslegung (die ihrerseits unklar ist[1051]) nur auf Entscheidungen nach Kapitel VI UN-Charta bezieht, also unverbindliche Entscheidungen zur friedlichen Streitbeilegung betrifft.[1052] Die Vereinten Nationen sind damit als Akteur in der Ukraine-Krise weitgehend auf politische und diskursive Beteiligung zurückgeworfen, eine aktive Handlungsoption mit verbindlicher Rechtswirkung steht der Organisation nicht offen.

---

dung kam faktisch einer Suspendierung gleich, s. UN/GA/PV.2281,12.11.1974, paras. 153–160.

1049 „*Should the General Assembly, where there is no question of rival claimants, reject credentials satisfying the requirements of rule 27 for the purpose of excluding a Member State from participation in its meetings, this would have the effect of suspending a Member State from the exercise of rights and privileges of membership in a manner not foreseen by the Charter.*", UN/GA/8160, 11.11.1970, para. 6; s. auch: *Suttner,* CILSA 17/3 (1984), S. 279–301; *Tams,* in: UN Charter, Art. 5, Rn. 27 mwNW.

1050 S. hierzu: *Barber,* EJIL-Talk!, 01.03.2022; sowie: *Studt,* JuWiss-Blog 21 (2022), 12.04.2022, mit weiteren Erwägungen zur Frage der „Mitgliedschaft" Russlands angesichts der Nennung der UdSSR als Mitglied der Vereinten Nationen in Art. 23 I UN-Charta.

1051 S. nur: *Zimmermann,* in: UN Charter, Art. 27, Rn. 172 ff.

1052 S. zu dieser Frage ausführlich: *Milano,* ZaöRV 75 (2015), S. 215–231.

II. Die NATO

1. Überblick

Die NATO nimmt im Ukraine-Konflikt aus sicherheitspolitischer Sicht eine zentrale Position ein. Russland sieht sich durch die NATO einer vermeintlichen – im Zweifel auch militärischen – Bedrohung ausgesetzt.[1053] So hat die Russische Föderation mit Blick auf ihre Sicherheitsinteressen die Abgabe von „Sicherheitsgarantien" ihr gegenüber verlangt, die in „Vertragsentwürfen" an die Vereinigten Staaten von Amerika sowie die NATO übermittelt wurden. Kernforderung Russlands ist dabei, dass keine weitere NATO-Erweiterung nach Osten erfolgt. Die Russische Föderation beruft sich nach wie vor auf das (vermeintliche) Versprechen aus dem Jahr 1990, die NATO werde sich nicht über die Grenze der ehemaligen DDR nach Osten ausdehnen. Schriftlich festgehalten wurde diese Vereinbarung nicht, sodass sich der Streit zwischen Russland und dem politischen Westen um die rechtliche Bedeutung mündlicher Zusagen insbesondere des ehemaligen Bundeskanzlers *Helmut Kohl*, des ehemaligen Außenministers *Hans-Dietrich Genscher* und des damaligen US-Außenministers *James Baker* gegenüber dem früheren Präsidenten der Sowjetunion *Michail Gorbatschow* dreht.[1054] Neben der Aufforderung zum Ausschluss jeder Ost-Erweiterung enthalten die Vertragsentwürfe ein weitgehendes Verbot der Stationierung von Truppen oder Ausrüstung in denjenigen NATO-Staaten, die nicht schon zum Zeitpunkt der Unterzeichnung der NATO-Russland-Akte vom 27.05.1997 Mitglieder der NATO waren. Hierdurch wären die im Rahmen der letzten NATO-Osterweiterung erfassten baltischen Staaten faktisch von der Bündnisklausel in Art. 5 des NATO-Vertrages ausgenommen.[1055] Das

---

1053 S. etwa: *„Ukraine joining NATO is a direct threat to Russia's security"*, Address of the President of the Russian Federation, 21.02.2022.

1054 S. hierzu: Wie Putin mit falschem Mythos Politik macht, ZDFheute online, 03.12.2021, https://www.zdf.de/nachrichten/politik/putin-russland-nato-osterw eiterung-luege-100.html; Hat die NATO Versprechen gebrochen?, Tagesschau online, 03.12.2021, https://www.tagesschau.de/faktenfinder/nato-erweiterung -mittel-ost-europa-101.html. Auf den „Wortbruch" des Westens berief sich Putin auch in seiner Rede zur „Wiedereingliederung" der Krim vom 18.03.2014 und in seiner letzten jährlichen Pressekonferenz vom 23.12.2021, jew. abrufbar unter: http://en.kremlin.ru/events/president/news/20603: http://en.kremlin.ru/ events/president/transcripts/press_conferences/67438.

1055 FAZ, Aufforderung zur Kapitulation, Nr. 7, 10.01.2022, S. 10. S. auch die Bezugnahme des russischen Präsidenten auf die Vertragsentwürfe in seiner Rede vom 21.02.2022: *„We responded to this accordingly and pointed out that we*

Ziel Russlands dürfte neben der Verhinderung eines NATO-Beitritts der Ukraine besonders die Verhinderung einer Eingliederung von Schweden und Finnland in die NATO sein. Beide Staaten haben jedoch im Angesicht des russischen Angriffskrieges Beitrittsgesuche an die NATO gerichtet, die im Juni 2022 auf dem NATO-Gipfel in Madrid offiziell angenommen wurden.[1056]

Die NATO hat Russlands Völkerrechtsverstöße schon in Reaktion auf den Beginn der Krise im Jahr 2014 wiederholt öffentlich streng verurteilt und die praktische Kooperation mit Russland suspendiert.[1057] Gleichwohl

---

were ready to follow the path of negotiations, provided, however, that all issues are considered as a package that includes Russia's core proposals which contain three key points. First, to prevent further NATO expansion. Second, to have the Alliance refrain from deploying assault weapon systems on Russian borders. And finally, rolling back the bloc's military capability and infrastructure in Europe to where they were in 1997, when the NATO-Russia Founding Act was signed. [...] I would like to be clear and straightforward: in the current circumstances, when our proposals for an equal dialogue on fundamental issues have actually remained unanswered by the United States and NATO, when the level of threats to our country has increased significantly, Russia has every right to respond in order to ensure its security. That is exactly what we will do.", Address of the President of the Russian Federation, 21.02.2022.

1056 NATO, Madrid Summit Declaration, Issued by NATO Heads of State and Government participating in the meeting of the North Atlantic Council in Madrid, 29.06.2022, para. 18. Anm.: Der Beitritt Finnlands und Schwedens ist durch die offizielle Unterzeichnung der Beitrittsverträge und den Beginn des Ratifikationsprozesses nunmehr sicher. Zwischenzeitlich hatte die Türkei aus eigenen geopolitischen Interessen mit Blick auf die Bekämpfung des Terrorismus' und die Behandlung der Mitglieder kurdischer extremistischer Gruppierungen in den skandinavischen Staaten den Beitritt Finnlands und Schwedens blockiert., s. FAZ, Türkei blockiert NATO-Erweiterung, Nr. 116, 19.05.2022, S. 5. Diese Position hat die Türkei nach umfassenden Verhandlungen mit den Beitrittskandidaten jedoch im Juni 2022 aufgegeben.

1057 S. zB: NATO Secretary General *Anders Fogh Rasmussen*, 18.03.2014: „*Russia continues to violate Ukraine's sovereignty and territorial integrity, and remains in blatant breach of its international commitments. There can be no justification to continue on this course of action that can only deepen Russia's international isolation. Crimea's annexation is illegal and illegitimate and NATO Allies will not recognise it.*", abrufbar unter: https://www.nato.int/cps/en/natohq/news _108100.htm?selectedLocale=en; Statement by the North Atlantic Council on Crimea, 18.03.2019: „*Five years ago, Russia used force against Ukraine to illegally and illegitimately annex Crimea. This violation of Ukraine's sovereignty and territorial integrity is a serious breach of international law and a major challenge to Euro-Atlantic security. We strongly condemn this act, which we do not and will not recognise. We call on Russia to return control of Crimea to Ukraine. We reiterate our full support for Ukraine's sovereignty and territorial integrity within its*

betont sie die Notwendigkeit, Gesprächskanäle zu Russland offen zu halten. Der Ansatz der Organisation besteht in einem Zusammenspiel von „defence" und „dialogue".[1058] Zudem wurde mit Blick auf die veränderte Sicherheitslage im Osten Europas der sogenannte Readiness Action Plan (RAP) verabschiedet, der zwei maßgebliche Ziele hat: Die Zusicherung von Unterstützung für die NATO-Verbündeten und deren Bevölkerung in Mittel- und Osteuropa (assurance) und die Abschreckung (adaptation) zur Prävention zukünftiger Bedrohungen.[1059] 2016 hat die NATO ihre Maßnahmen im sogenannten Comprehensive Assistance Package (CAP) festgehalten, das Sicherheits- und Verteidigungsmaßnahmen zur Unterstützung der Ukraine enthält.

Im Oktober 2021 entzog die NATO acht russischen Diplomaten die Akkreditierung, bei denen es sich um Mitglieder des russischen Geheimdienstes gehandelt haben soll. Weiterhin wurde die Maximalgröße der russischen Vertretung bei der NATO von 20 auf 10 Personen reduziert.[1060] Russland hatte daraufhin seine Ständige Vertretung abgezogen und die Verbindungs- und Informationsbüros der NATO in Moskau geschlossen. Die NATO ist nach Auffassung der Russischen Föderation nicht an einem gleichberechtigten Dialog oder einer Zusammenarbeit interessiert, vielmehr werde der Ton Russland gegenüber aggressiver.[1061] Die NATO hat ihrerseits die russische Invasion in die Ukraine als „gravest threat to Euro-

---

internationally recognised borders and territorial waters. Crimea is the territory of Ukraine.", abrufbar unter: https://www.nato.int/cps/en/natohq/news_164656.ht m?selectedLocale=en.

1058 s.: NATO-Russia: setting the record straight, https://www.nato.int/cps/en/nato hq/115204.htm.

1059 Zum Zwecke der Ermöglichung schnellerer Reaktionen und der Umsetzung des RAP wurden etwa in Osteuropa neue Hauptquartiere der NATO eingerichtet, die Kräfte der NATO Response Force verdreifacht und eine sehr kurzfristig einsetzbare sogenannte Very High Readiness Joint Task Force (VJTF) eingerichtet, die als „Speerspitze" in etwaigen Konflikten dienen soll, https://w ww.nato.int/cps/en/natohq/topics_119353.htm.

1060 FAZ, Nr. 233, 07.10.2021, S. 4, s. auch: Press Conference by NATO Secretary General Jens Stoltenberg following the meeting of the North Atlantic Council Meeting with the National Security Advisers, 07.10.2021, abrufbar unter: https://www.nato.int/cps/en/natohq/opinions_187209.htm.

1061 Foreign Ministry [of the Russian Federation], Statement on response measures to NATO decisions regarding the Russian Permanent Mission to NATO in Brussels, 18.10.2021, abrufbar unter: https://www.mid.ru/en/foreign_policy/ne ws/-/asset_publisher/cKNonkJE02Bw/content/id/4907931.

Atlantic security in decades" verurteilt.[1062] Sie rief Russland außerdem zur sofortigen Beendigung des militärischen Angriffs auf die Ukraine auf und kündigte an, mit der Europäischen Union und anderen internationalen Partnern zusammenzuarbeiten, um den Preis in die Höhe zu treiben, den Russland für die Invasion zu zahlen habe. Zudem hat die NATO erstmalig ihre Verteidigungspläne in Osteuropa aktiviert und ihre militärische Präsenz an der Ostflanke deutlich verstärkt, sowie die Truppen in Alarmbereitschaft versetzt.[1063] Nicht zuletzt das im Juni 2022 von der NATO verabschiedete Strategiekonzept zeigt, dass die Beziehungen zwischen der NATO und Russland auf einen neuen Tiefpunkt gesunken sind. Darin wird Russland als *„most significant and direct threat to Allies' security and to peace and stability in the Euro-Atlantic area"* bezeichnet.[1064]

2. Rechtliche Einordnung

Die Suspendierung der Zusammenarbeit mit Russland und die Verurteilung der russischen Handlungen durch NATO-Vertreter sind rein politischer Natur. Der NATO-Vertrag enthält abgesehen von der Möglichkeit der Auslösung des Bündnisfalls nach Art. 5 keine Vorschriften, die eine aktive Ergreifung von militärischen oder nicht-militärischen Sanktionen beinhalten würden, sodass unter dem Spezialregime der NATO keine weiteren rechtserheblichen Maßnahmen möglich sind. Ohnehin ist die Russische Föderation nicht Mitglied der Organisation. Da auch die Ukraine nicht Mitglied der NATO ist, greift die Beistandsklausel für sie nicht ein. Ein militärisches Tätigwerden der NATO ist deswegen bisher ausgeblieben und auch zukünftig ausgeschlossen, solange kein Angriff auf einen Mitgliedstaat der NATO erfolgt. Zwar strebt die Ukraine nach wie vor

---

1062 Statement by NATO Heads of State and Government, Press Release 61 (2022), 24.03.2022, abrufbar unter: https://www.nato.int/cps/en/natohq/official_texts_193719.htm.
1063 Statement by NATO Heads of State and Government on Russia's attack on Ukraine, Press Release 46 (2022), 25.02.2022: *„We condemn in the strongest possible terms Russia's full-scale invasion of Ukraine, enabled by Belarus. We call on Russia to immediately cease its military assault, to withdraw all its forces from Ukraine and to turn back from the path of aggression it has chosen.",* abrufbar unter: https://www.nato.int/cps/en/natohq/official_texts_192489.htm?select edLocale=en. Zuletzt: Statement by NATO Heads of State and Government, Brussels Summit, 24.03.2022, abrufbar unter: https://www.nato.int/cps/en/nato hq/official_texts_193719.htm?selectedLocale=en.
1064 NATO, Madrid Summit Declaration, 29.06.2022, para. 18.

den NATO-Beitritt an, die Aussicht hierauf erschöpft sich bis dato aber in der grundsätzlichen Beitrittsperspektive, die auf dem NATO-Gipfel in Bukarest 2008 eröffnet wurde.[1065] Sie ist angesichts des bestehenden territorialen Konflikts faktisch in weite Ferne gerückt.

3. Bewertung

Die Annexion der Krim bedeutete für die NATO einen Wendepunkt. Der (erneute) Ausbruch eines territorialen Konflikts im Herzen Europas hat die Frage nach der Notwendigkeit der NATO als Verteidigungsbündnis im engeren Sinne nach sich gezogen. Insbesondere seitens der baltischen Staaten wird die Tendenz der Russischen Föderation zur Reklamation territorialer Machtansprüche außerhalb des eigenen Staatsgebiets wie zuletzt in Georgien und in der Ukraine als reale Gefahr begriffen, weswegen sich die Forderungen nach einer vermehrten Stationierung von NATO-Truppen im Grenzgebiet zu Russland mehren.[1066] Hintergedanke einer solchen Stationierung ist das Setzen eines Zeichens der Wehrhaftigkeit der NATO und Osteuropas gegen die Ausdehnungstendenzen der Russischen Föderation.

Russland demgegenüber hat Ende des Jahres 2021 nicht nur die Aufnahme der Ukraine in die NATO als absolute „rote Linie" formuliert, sondern die Abgabe von Sicherheitsgarantien gefordert, die jegliche NATO-(Ost-)Erweiterung sowie die Stationierung von Waffensystemen im unmittelbaren Umfeld der russischen Grenzen ausschließen.[1067] Die Aufnahme neuer Mitglieder in die NATO aber liegt allein in der Entscheidungsgewalt der Organisation, in der Russland nicht Mitglied ist. Eine schriftliche Fixierung des von Russland beschworenen Versprechens des Ausschlusses der Ost-Erweiterung existiert nicht. Eine NATO-Erweiterung nach Osten mit Blick auf Georgien und die Ukraine ist angesichts der bestehenden

---

1065 NATO, Bucharest Summit Declaration, issued by the Heads of State and Government participating in the meeting of the North Atlantic Council in Bucharest on 3 April 2008, para. 23, abrufbar unter: https://www.nato.int/cps/en/natolive/official_texts_8443.htm.

1066 Etwa: *Steinbuka/Avetisyan*, S. 115, zur Position Lettlands zu Sanktionen gegen Russland.

1067 FAZ, Amerika fordert Russland zum Rückzug seiner Truppen auf, Nr. 281, 02.12.2021, S. 1; FAZ, Putins flexible „rote Linien", Nr. 284, 06.12.2021, S. 8; FAZ, Moskau konkretisiert seine Verhandlungsanforderungen, Nr. 295, 18.12.2021, S. 6.

territorialen Konflikte ohnehin faktisch weitgehend ausgeschlossen. Das russische Narrativ fördert gezielt den Eindruck einer potentiellen Gefährdung der russischen Sicherheitsstruktur durch eine Annäherung an den Westen und erzielt so zugleich die Abschreckung kleinerer Nachbarstaaten vor einer zu deutlichen Annäherung an die NATO und/oder die Europäische Union.[1068]

Im politischen Konflikt um die Ukraine steht für Russland gerade mit Blick auf die Diskussion um eine NATO-Osterweiterung die Durchsetzung eigener Macht- und Sicherheitsinteressen im Vordergrund. Durch die russische Invasion in die Ukraine ist eine weitere Eskalationsstufe erreicht und die Bedrohungsszenarien gerade in den baltischen Staaten wurden noch einmal intensiviert. Die NATO hat durch ihr erneutes Bekenntnis zur Bündnisverpflichtung und die Verstärkung der Truppen an der Ostflanke zwar Unterstützung signalisiert, eine militärische Unterstützung der Ukraine selbst ist aber ausgeschlossen, weil eine Aufnahme in die NATO zum aktuellen Zeitpunkt undenkbar ist. Der Wunsch der bisher neutralen Staaten Finnland und Schweden, in das Verteidigungsbündnis der NATO aufgenommen zu werden, eröffnete umgekehrt der Türkei die Möglichkeit, eigene geopolitische Interessen durch die Ausübung von Druck auf die skandinavischen Staaten zu verfolgen. Gleichwohl hat der Beginn des Angriffskrieges aus dieser Perspektive mit dem Beitritt der beiden skandinavischen Staaten genau das Gegenteil von dem bewirkt, was Russland bezweckte.

Die NATO befindet sich in einer schwierigen Gemengelage zwischen der Unterstützung ihrer osteuropäischen Mitglieds- und Partnerstaaten und der Demonstration ihrer Macht und Stärke einerseits und der Gefahr einer massiven militärischen Auseinandersetzung mit Russland andererseits. Für eine militärische Intervention durch die NATO in den Konflikt fehlt die Rechtsgrundlage, solange nicht der Bündnisfall eingetreten ist. Ohnehin findet sich hierfür derzeit keine politische Mehrheit. Darüberhinausgehende Sanktionsmechanismen stehen der NATO nicht zur Verfügung, sodass auch ihre Position im Ukraine-Konflikt rein politischer Natur ist. Die mittelbare Bedrohung der NATO-Mitgliedstaaten im Baltikum durch die russische Invasion der Ukraine bietet der NATO bisher keine Grundlage für ein Eingreifen in den Konflikt. Der schwierige Spagat zwischen Abschreckung und Dialog ist gerade im nordatlantischen Verteidigungsbündnis durch die Invasion in die Ukraine noch einmal potenziert

---

1068 *Krause*, in: Coercive Diplomacy, S. 284.

worden. Rechtsverbindliche Handlungsoptionen aber bleiben auch der NATO bis dato nicht.

III. Die OSZE

Die OSZE nimmt als Nachfolgerin der KSZE mit Blick auf ihre Rechtsnatur eine Sonderposition ein. Zwar hat sie eigene Organe und Verfahrensregeln, gleichwohl ist ihre Völkerrechtssubjektivität als internationale Organisation wegen des Fehlens eines völkerrechtlichen Gründungsvertrags nach wie vor umstritten.[1069] Die im Konsens getroffenen Entscheidungen der OSZE-Organe entfalten zwar politische Bedeutung, sind aber nicht rechtsverbindlich. Die OSZE bildet nichtsdestotrotz ein staatliches Forum mit institutionellen Strukturen und hat in der Ukraine-Krise eine besondere Position eingenommen.

1. Überblick

Die OSZE hat im Rahmen des Versuchs der friedlichen Beilegung des Konflikts als Hauptvermittlungsakteur fungiert. Von zentraler Bedeutung ist dabei die im Juni 2014 gebildete sogenannte trilaterale Kontaktgruppe. Mitglieder der Kontaktgruppe sind je ein Vertreter der Ukraine und Russlands sowie ein Vertreter der OSZE. Die Gruppe tritt in regelmäßigen zeitlichen Abständen zu Verhandlungen zusammen, um den Friedensprozess voranzutreiben.[1070] Sie war unter anderem an der Verhandlung der

---

1069 S. etwa: *Fastenrath/Fastenrath*, in: MPEPIL, OSCE, Rn. 40–42; So geht *Epping*, in: *Ipsen*, VöR, § 8, Rn. 232, von der überwiegenden Ablehnung der Völkerrechtssubjektivität aus. aA: *Hobe*, S. 117.
1070 *Tagliavini*, in: OSZE-Jahrbuch 2015, S. 239; *Zellner*, in: *Justenhoven*, S. 166 f.

Minsker Verträge[1071] beteiligt.[1072] Gegenstand dieser Vereinbarungen ist die friedliche Beilegung des Konflikts in der Ostukraine. Wesentliche Aspekte sind ein Waffenstillstand, humanitäre Schutzmaßnahmen für die Bewohner des Krisengebiets, die Durchführung vorgezogener Wahlen und die darauf basierende Einrichtung eines Sonderstatus' für die durch Separatisten kontrollierten Gebiete Donezk und Luhansk im Osten der Ukraine sowie das ständige Monitoring der humanitären Situation und der Einhaltung der Verpflichtungen aus den Minsker Verträgen in den betroffenen Gebieten durch die OSZE.[1073] Der (Rechts-) Status der Krim bzw. deren Annexion wird in den Minsker Verträgen nicht behandelt. Die Verpflichtungen aus den Verträgen sind nie vollständig erfüllt worden,

---

1071 Protokoll über die Ergebnisse der Beratungen der Trilateralen Kontaktgruppe (Minsk I), 05.09.2014; Memorandum zur Festlegung der Parameter für die Umsetzung der Verpflichtungen des Minsker Protokolls, 19.09.2014, Maßnahmenpaket für die Umsetzung des Minsker Protokolls (Minsk II), 12.02.2015; Zusatzerklärung des Präsidenten der Russischen Föderation, des Präsidenten der Ukraine, des Präsidenten der Französischen Republik und der Bundeskanzlerin der Bundesrepublik Deutschland zur Unterstützung des Maßnahmenpakets zur Umsetzung der Minsker Vereinbarungen, 12.02.2015. Unterzeichnet wurden die Vereinbarungen für die Ukraine von ihrem früheren Präsidenten *Leonid Kutschma*, für Russland vom russischen Botschafter in Kiew, *Michail Surabow* und für die OSZE von der Schweizer Diplomatin *Heidi Tagliavini*. Das erste Minsker Abkommen vom 05. September 2014 wurde am 19. September 2014 durch ein Memorandum ergänzt, das ausdrücklich zur Umsetzung der Verpflichtungen aus dem ersten Dokument dienen sollte. Diese waren in der Folge nahezu unerfüllt geblieben, weswegen im Februar 2015 ein zweites Maßnahmenpaket (Minsk II) folgte. Auch die Umsetzung dieses Maßnahmenpakets blieb trotz ausgiebiger Bemühungen insbesondere Deutschlands und Frankreichs aus, *Moret et. al.*, International Sanctions against Russia, S. 34; *Zellner*, in: *Justenhoven*, S. 170.

1072 An den Verhandlungen haben außerdem die Regierungschefs Deutschlands sowie Frankreichs teilgenommen (sog. Normandie-Format). Diese haben die Vereinbarungen aber nicht mitunterzeichnet, anders als zwei Vertreter der proklamierten Volksrepubliken Donezk und Luhansk. Diese aber interpretierten ihre Unterschrift nicht als bindend, sondern wollten damit nur zum Ausdruck gebracht wissen, dass sie den Inhalt der Vereinbarungen zur Kenntnis genommen hätten, s.: FAZ, Das nie befolgte Abkommen, Nr. 35, 11.02.2015, S. 2.

1073 Hierzu ausführlich: *Luchterhandt*, AdV 57/4 (2019), 428 (435 f.); s. auch: *Tagliavini*, in: OSZE-Jahrbuch 2015, 239 (241 f.), die Autorin war als Sonderbeauftragte des OSZE-Vorsitzes Teil der Verhandlungen der Trilateralen Kontaktgruppe in den Jahren 2014 und 2015. Auf sie folgte im Juni 2015 der österreichische Botschafter *Martin Sajdik* als nachfolgender Sonderbeauftragter des OSZE-Vorsitzes in der Trilateralen Kontaktgruppe.

insbesondere die Waffenruhe ist vielfach gebrochen worden. Auch die im Februar 2022 erfolgte Anerkennung der „Volksrepubliken" Donezk und Luhansk als „unabhängige Staaten" durch die Russische Föderation verletzt die Vereinbarungen. Nach der Anerkennung erklärte der russische Präsident in einem Interview, die Minsker Abkommen seien nicht länger existent.[1074]

Neben ihrer Vermittlungsfunktion spielt die OSZE in der Dokumentation und Aufbereitung des Konflikts eine wesentliche Rolle. Schon Ende März 2014 entsandte die OSZE auf Antrag der Ukraine[1075] eine Sonderbeobachtungsmission in die Ukraine (*Special Monitoring Mission in Ukraine – SMM*).[1076] Ziel der Mission ist der Abbau von Spannungen zur Förderung des Friedens, der Stabilität und der Sicherheit. Zu diesem Zweck soll die Mission Informationen über die Sicherheitslage und Verstöße gegen OSZE-Prinzipien und -Verpflichtungen sammeln und publizieren,

---

1074 *„So, we were compelled to take this decision and, in this sense, indeed, the Minsk agreements do not exist anymore. Why abide by them if we have recognised the independence of these entities?"*, Interview mit *Wladimir Putin* vom 22.02.2022, abrufbar unter: http://en.kremlin.ru/events/president/news/67838.

1075 OSZE, PC.DEL/222/14, 03.03.2014.

1076 OSZE, Ständiger Rat, PC.DEC/1117, Beschluss über die Entsendung einer Sonderbeobachtungsmission der OSZE in die Ukraine, 21.03.2014; Schwierigkeiten entstehen bei der Einsetzung der Beobachtermission insbesondere dadurch, dass das Gebiet der Krim zwar „auf dem Papier" von der Beobachtungsmission umfasst ist, de facto aber von den Beobachtungen ausgenommen ist, *Luchterhandt*, AdV 57/4 (2019), 428 (432); s. hierzu die Interpretativen Erklärungen der Ukraine und der Russischen Föderation zum Beschluss zur Einsetzung der Beobachtermission der OSZE, Anhänge 1 und 4 des Beschlusses 1117 (PC.DEC/1117, 21.03.2014). Der Text des OSZE-Beschlusses enthält keine geografische Begrenzung, die Ukraine hat die Erfassung der Krim vom Beobachtungsgebiet ausdrücklich erklärt, während Russland davon ausging „dass der geografische Bereich für den Einsatz und die Tätigkeit der Mission durch die Parameter des heute verabschiedeten Mandats strikt begrenzt wird, das den politischen und rechtlichen Gegebenheiten entspricht, die seit dem 21. März 2014 durch die Tatsache entstanden sind, dass die Republik Krim und Sewastopol integrierender Bestandteil der Russischen Föderation wurden.", PC.DEC/1117, Anhang 4. S. dazu in der Anlage zum letzten Verlängerungsbeschluss der Mission der Sonderbeobachter auch die Interpretativen Erklärungen Kanadas, der Vereinigten Staaten von Amerika, des Vereinigten Königreichs und der Europäischen Union mit Unterstützung der EFTA-Staaten sowie Georgiens, Andorras, San Marinos, Nordmazedoniens, Montenegros und Albaniens, PC.DEC/1401, 31.03.2021, Anhänge 1, 2, 5 und 7, die neben der ausdrücklichen Erstreckung des Mandats der Sonderbeobachter auf das Gebiet der Krim auch ausdrücklich die rechtswidrige Annexion des Gebiets verurteilen.

die Wahrung der Menschenrechte und Grundfreiheiten in den Gebieten überwachen und unterstützen, vor Ort den Dialog erleichtern und über etwaige Einschränkungen ihrer Arbeit berichten. Bei der Überwachung der Einhaltung der Verpflichtungen aus den Minsker Verträgen ergaben sich für die Beobachter Probleme beim Zugang zu bestimmten von den (pro-)russischen Gruppierungen kontrollierten Gebieten.[1077] Das Mandat der Beobachtermission war zunächst auf sechs Monate begrenzt, wurde seither aber bis Ende März 2022 immer wieder verlängert.[1078] Wegen der fehlenden Zustimmung der Russischen Föderation zur Verlängerung lief das Mandat zum 31.03.2022 aus.[1079] Auch das Mandat einer weiteren, im Sommer 2014 eingerichteten Beobachtungsmission an zwei russischen Grenzposten an der russisch-ukrainischen Grenze in der Umgebung von Donezk[1080] hatte bereits zum 30.09.2021 geendet.

Nach dem Beginn des Angriffskrieges entsandte die OSZE im März 2022 eine neue Untersuchungsmission in die Ukraine, die sich auf den sogenannten Moskauer Mechanismus stützte.[1081] Der Mechanismus ermög-

---

1077 S. etwa: OSCE SMM Spot Report 26/2021: Members of the armed formations denied the SMM access to Staromkhailivka and threatened to shoot down an SMM mini-UAV, 19.11.2021, https://www.osce.org/special-monitoring-mission -to-ukraine/504976.

1078 OSZE, PC.DEC/1117, para. 5; verlängert durch die Beschlüsse des Ständigen Rates zur Verlängerung des Mandats der Sonderbeobachtermission der OSZE in der Ukraine PC.DEC/1129; PC.DEC/1162, 12.03.2015; PC.DEC/1199, 18.02.2016; PC.DEC/1246, 16.03.2017; PC.DEC/1289, 22.03.2018; PC.DEC/ 1323, 29.03.2019; PC.DEC/1366, 19.03.2020; PC.DEC/1401, 31.03.2021.

1079 OSZE, Chairman-in-Office and Secretary General expressed regret that no consensus reached on extension of mandate of Special Monitoring Mission to Ukraine, 31.03.2022, abrufbar unter: https://www.osce.org/chairmanship/514 958.

1080 OSZE, PC.DEC/1130, Beschluss über die Entsendung von OSZE-Beobachtern an zwei russische Kontrollposten an der russisch-ukrainischen Grenze, 24.07.2014, verlängert durch die Beschlüsse PC.DEC/1135, 20.11.2014; PC.DEC/1155, 18.12.2014; PC.DEC/1160, 12.03.2015; PC.DEC/ 1172, 18.06.2015; PC.DEC/1178, 17.09.2015; PC.DEC/1198, 21.01.2016; PC.DEC/1205; 07.04.2016; PC.DEC/1212, 07.07.2016; PC.DEC/1221, 04.10.2016; PC.DEC/1249, 06.04.2017; PC.DEC/1264, 20.07.2017; PC.DEC/ 1268, 19.10.2017; PC.DEC/1286, 25.01.2018; PC.DEC/1291, 03.05.2018; PC.DEC/1304, 30.08.2018; PC.DEC/1308, 29.12.2018; PC.DEC/1328, 02.05.2019; PC.DEC/1344; 05.09.2019; PC.DEC/1359,19.12.2019; PC.DEC/ 1368, 14.05.2020; PC.DEC/1375, 03.09.2020; PC.DEC/1400, 21.01.2021; PC.DEC/1402, 28.05.2021; PC.DEC/1409, 22.07.2021.

1081 OSZE, Ukraine appoints mission of experts following invocation of the OSCE's Moscow Mechanism, 15.03.2022, abrufbar unter: https://www.osce

licht den Teilnehmerstaaten der OSZE die Einsetzung von Expertenkommissionen zur Untersuchung konkreter Menschenrechtsfragen auf dem Gebiet eines Teilnehmerstaates. Die Kommission bezog sich in ihrer Untersuchung auf Verstöße gegen das humanitäre Völkerrecht und sonstige menschenrechtliche Vorgaben auf dem Territorium der Ukraine zwischen dem 24.02.2022 und dem 01.04.2022. Ihr Bericht wurde am 13.04.2022 vorgelegt.[1082] Auf der Grundlage dieses Berichts wurde der Moskauer Mechanismus Anfang Juni 2022 erneut von 45 Teilnehmerstaaten der OSZE aktiviert.[1083] Der Folgebericht wurde am 14.07.2022 vorgelegt.[1084]

.org/odihr/513973. S. auch: Invocation of the Moscow Mechanism by 45 OSCE participating States (Albania, Andorra, Austria, Belgium, Bosnia and Herzegovina, Bulgaria, Canada, Croatia, Cyprus, Czech Republic, Denmark, Estonia, Finland, France, Georgia, Germany, Greece, Hungary, Iceland, Ireland, Italy, Latvia, Liechtenstein, Lithuania, Luxembourg, Malta, Moldova, Monaco, Montenegro, the Netherlands, North Macedonia, Norway, Poland, Portugal, Romania, San Marino, Serbia, Slovakia, Slovenia, Spain, Sweden, Switzerland, Turkey, the United Kingdom, and the United States of America) following consultation with Ukraine in order to *address the human rights and humanitarian impacts of the Russian Federation's invasion and acts of war, supported by Belarus, on the people of Ukraine, within Ukraine's internationally recognized borders and territorial waters.*", abrufbar unter: https://www.osce.org/odihr/human-dimension-mechanisms.

1082 OSZE, Report on Violations of International Humanitarian and Human Rights Law, War Crimes and Crimes against Humanity committed in Ukraine since 24 February 2022. S. hierzu auch oben: 5. Kapitel, B.

1083 OSZE, Ukraine appoints three experts to be part of a mission under the OSCE's Moscow Mechanism, 07.06.2022, abrufbar unter: https://www.osce.org/odihr/519834; PC.JOUR/1376, 02.06.2022, Agenda item 9 b): Invocation of the Moscow Mechanism to address the human rights and humanitarian impacts of Russia's invasion of and of acts of war against Ukraine, France (also on behalf of Albania, Andorra, Austria, Belgium, Bosnia and Herzegovina, Bulgaria, Canada, Croatia, Cyprus, the Czech Republic, Denmark, Estonia, Finland, Georgia, Germany, Greece, Hungary, Iceland, Ireland, Italy, Latvia, Liechtenstein, Lithuania, Luxembourg, Malta, Moldova, Monaco, Montenegro, the Netherlands, North Macedonia, Norway, Poland, Portugal, Romania, San Marino, Serbia, Slovakia, Slovenia, Spain, Sweden, Switzerland, Turkey, the United Kingdom and the United States of America), PC.DEL/811/22 OSCE+, Ukraine (PC.DEL/840/22), Russian Federation.

1084 OSZE, Report on Violations of International Humanitarian and Human Rights Law, War Crimes and Crimes against Humanity committed in Ukraine, 01 April-25 June 2022.

2. Rechtliche Einordnung

In Ermangelung einer Kompetenz zur Verabschiedung rechtsverbindlicher Entscheidungen ist die Beteiligung der OSZE rein politischer Natur. Ihre Aufgabe ist die Konfliktaufarbeitung und die Gewährleistung kollektiver Sicherheit durch die Förderung von Zusammenarbeit und Dialog in Europa. Ihr Tätigwerden beschränkt sich jedoch auf diese politische bzw. diplomatische Mitwirkung an einem verhandlungsbasierten Friedensprozess. In die völkerrechtliche Systematik der Sanktionsmaßnahmen passt sich ihre Beteiligung nicht ein.

3. Bewertung

Die OSZE hat den Friedensprozess durch ihre Berichterstattung vom Beginn des Konflikts an begleitet. Zwar kann sie keine rechtsverbindlichen Entscheidungen treffen und ist in ihrer Arbeit durch den eingeschränkten Zugang zu einzelnen Gebieten behindert worden, gleichwohl ist ihre Bedeutung in der Ukraine-Krise gewachsen. Ihre Informations-, Dokumentations- und Vermittlungsarbeit hat für den Aufarbeitungsprozess zentrale Bedeutung.[1085] Diese Entwicklung lässt sich auch mit der Handlungsunfähigkeit der Vereinten Nationen erklären. Die OSZE entscheidet zwar ihrerseits im Konsens, ihre Handlungsoptionen sind aber von vorneherein auf die „weichen" Mittel der Informations- und Öffentlichkeitsarbeit beschränkt. Eine Vermittlungsrolle der OSZE ist damit für die Russische Föderation auch politisch „leichter" zu akzeptieren als die Beteiligung einer Organisation mit jedenfalls theoretischen militärischen Reaktionsmechanismen.

IV. Der Europarat

Im Europarat, der größten regionalen internationalen Organisation zum Menschenrechtsschutz, sind die Rechte der Russischen Föderation in der Parlamentarischen Versammlung nach der Annexion der Krim für ein Jahr suspendiert worden.[1086] In der Folge hatte Russland die Parlamentarische

---

1085 S. hierzu: *Zellner*, in: *Justenhoven*, S. 163–179.
1086 PACE, Resolution 1990 (2014), Reconsideration on substantive grounds on the previously ratified credentials of the Russian delegation, abrufbar unter:

Versammlung boykottiert. Im Juni 2019 wurde die Suspendierung der Rechte gegen den Widerstand der Ukraine, Georgiens und der baltischen Staaten wieder aufgehoben.[1087]

In Reaktion auf den Ausbruch des Angriffskrieges hat die Russische Föderation nach der erneuten Suspendierung und der Ankündigung des Ausschlusses Russlands aus dem Europarat ihrerseits den Austritt aus der Organisation erklärt.[1088]

Die Suspendierung und der Ausschluss eines Mitglieds stellen organisationsinterne Sanktionsmaßnahmen des Europarates dar, die sich allein nach dem Binnenrecht des Europarats richten.[1089] Sie sind daher nicht in die oben dargelegte Systematik der staatlichen Reaktionen im Rahmen des völkerrechtlichen Sanktionssystems einzuordnen.

V. Zwischenfazit

Die Möglichkeiten einer institutionalisierten Aufarbeitung bzw. Reaktion auf die Völkerrechtsverstöße der Russischen Föderation beschränken sich auf die Eröffnung und Unterstützung politischer Gesprächsformate einerseits sowie die Verurteilung des russischen Handelns auf der Bühne der internationalen Weltgemeinschaft andererseits. Durch die Blockade des Sicherheitsrates sind rechtsverbindliche Sanktionsmaßnahmen nach Kapitel VII UN-Charta faktisch ausgeschlossen. Die Vereinten Nationen bleiben daher auf die Möglichkeit zur Verabschiedung von Resolutionen im Rahmen der Generalversammlung bzw. ihrer Unterorgane wie dem UN-Menschenrechtsrat zurückgeworfen, die keine Rechtsverbindlichkeit entfalten.

---

http://www.assembly.coe.int/LifeRay/APCE/pdf/Communication/2014/201404 10-Resolution1990-EN.pdf.

1087 Reuters, Council of Europe readmits Russia, five years after suspension over Crimea, 25.06.2019, https://www.reuters.com/article/us-europe-rights-council-r ussia-idUSKCN1TQ1VL.

1088 Europarat, Committee of Ministers, Decision, CM/Del/Dec(2022)1428ter/2.3, 16.03.2022; Resolution CM/Res(2022)2 on the cessation of the membership of the Russian Federation to the Council of Europe, 16.03.2022. S. hierzu schon oben: 8. Kapitel, B., III.

1089 *„ Any member of the Council of Europe which has seriously violated Article 3 may be suspended from its rights of representation and requested by the Committee of Ministers to withdraw under Article 7. If such member does not comply with this request, the Committee may decide that it has ceased to be a member of the Council as from such date as the Committee may determine.“*, Art. 8 der Satzung des Europarates.

Die OSZE kann zwar aufgrund ihrer Ausrichtung als zivile Organisation ohne direkte exekutive Handlungsoption und ohne völkervertraglichen Rechtsrahmen ebenfalls keine rechtsverbindlichen Maßnahmen ergreifen, fungiert aber als zentraler Vermittlungsakteur. Auch ihre Dokumentationsarbeit spielt in einer Situation der weitgehenden Blockade der Vereinten Nationen und wegen der sicherheitspolitischen Verflechtung der NATO und der Europäischen Union in die Auseinandersetzung eine wesentliche Rolle im Aufarbeitungsprozess. Die NATO kann ihrerseits nicht in den Konflikt eingreifen, da die Ukraine kein Mitglied der Organisation ist und ein Beitritt durch den schwelenden Konflikt vorläufig ausgeschlossen ist. Ein militärisches Engagement der NATO birgt zudem die Gefahr der Ausweitung des Krieges in weite Teile Europas. Gleichwohl bleibt die NATO auch wegen der von ihr vermeintlich ausgehenden „Bedrohung" Russlands ein bedeutsamer Akteur im diplomatischen und sicherheitspolitischen Dialog zwischen Ost und West. Über diese politische Beteiligung hinaus stehen ihr aber keine Reaktionsmöglichkeiten offen.

Die Suspendierung der Rechte Russlands in der Parlamentarischen Versammlung des Europarats richtet sich ebenso wie die Suspendierung und der Ausschluss aus dem Europarat als solcher nach Binnenrecht der Organisation. Es handelt sich damit um ein innerhalb dieser Organisation bestehendes „Sanktionsregime", das für die Fragen der Staatenverantwortlichkeit im weiteren Kontext nicht von Bedeutung ist.[1090] Gleiches gilt für die Suspendierung Russlands aus dem UN-Menschenrechtsrat. Hinzu kommt, dass Russland seinerseits den Austritt bzw. die vorzeitige Beendigung der Mitgliedschaft in beiden Gremien erklärt hat.[1091]

Internationale Organisationen wie die Vereinten Nationen oder die Sonderorganisation der OSZE können als Gesprächsgremien zwar wichtige Beiträge zu Versuchen der diplomatischen Konfliktlösung leisten, haben aber bislang keine nachhaltige Verhaltensänderung seitens Russlands bewirkt. In der rechtlichen Systematik der Gegenmaßnahmen bzw. Sanktionsmechanismen spielen sie aufgrund der Unverbindlichkeit ihrer

---

1090 S. ausführlich zur Suspendierung der Rechte Russlands in der PACE *Steininger*, ZaöRV 81 (2021), 533 (553–566).
1091 S. zum Austritt aus dem UN-Menschenrechtsrat: UN/GA/ES-11/PV.10, S. 22 f. sowie zum Austritt aus dem Europarat: Foreign Ministry (RUS) statement on initiating the process of withdrawing from the Council of Europe, 15.03.2022, abrufbar unter: https://mid.ru/ru/foreign_policy/news/1804379/?lang=en&TSP D_101_R0=08765fb817ab2000e42f62545cc05016b7e50a1af33310470ae587d38f 8aa3b77eb8ae9c5e9fcb4a08e5ea500c143000394c64491e9f2d98e0c8e771f315175 e46aa61cdc020af5671326b98961c9ec66cd779060a4a5c0bfd6650027a3a5f66.

Entscheidungen keine Rolle. Sie verletzen keine völkerrechtlichen Verpflichtungen der handelnden Akteure, haben aber auch keine direkte Rechtswirkung. Deshalb können von ihnen ergriffene Reaktionsmaßnahmen allenfalls als Retorsion eingeordnet werden. Ihre Funktion ist das Ausstrahlen einer Signalwirkung mit Blick auf die Verletzung völkerrechtlicher Grundnormen und die Verurteilung dieser Völkerrechtsbrüche in der Staatengemeinschaft. Besondere Aussagekraft entfaltet dabei das Abstimmungsverhalten der beteiligten Mitgliedsstaaten. Die Resolution zur Verurteilung des Angriffskrieges in der UN-Generalversammlung hat eine außergewöhnlich große Mehrheit gewonnen, die bei der Verurteilung der Krim-Annexion noch nicht erreicht worden war.[1092] Gleichwohl zeigt sich in diesem Zusammenhang ebenso wie bei der Entscheidung zur Suspendierung Russlands aus dem UN-Menschenrechtsrat, dass diese Maßnahmen in der Staatengemeinschaft keine uneingeschränkte Unterstützung genießen, insbesondere zentrale Akteure wie China und Indien sich enthalten oder gar gegen die Resolutionen gestimmt haben. Dies erklärt sich bei einigen Staaten durch enge politische und wirtschaftliche Verbindungen zur Russischen Föderation. Andere Staaten werden dagegen aus eigenen politischen Interessen beispielsweise einem Ausschluss aus dem Menschenrechtsrat schon deswegen nicht zustimmen können, weil sie sonst ihrerseits wegen ihres innerstaatlichen Verhaltens mit vergleichbaren Konsequenzen rechnen müssen. Gerade was die Volksrepublik China angeht, ist diese Einschätzung der politischen Motivation hinter den Abstimmungsentscheidungen naheliegend. Angesichts der begrenzten Handlungsmöglichkeiten internationaler Organisationen, im Besonderen der Vereinten Nationen, ist der Schwerpunkt der außergerichtlichen Aufarbeitungsmöglichkeiten außerhalb der institutionellen Strukturen internationaler Organisationen zu suchen. Besondere Relevanz entfalten die in der Staatengemeinschaft ergriffenen staatlichen Sanktionsmaßnahmen im Verhältnis zur Russischen Föderation.

C. Staatliche Reaktionen

Das Hauptaugenmerk der folgenden Betrachtung liegt auf der rechtlichen Einordnung staatlicher Reaktionen in die Systematik der oben dargelegten

---

1092 S. zum Abstimmungsverhalten für die Resolution 68/262 im Einzelnen: UN/GA/68/PV.80, S. 17; für die Resolution UN/GA/ES-11/1: UN/GA/ES-11/PV.5, S. 14.

Reaktionsmöglichkeiten für Völkerrechtsverstöße. Die ergriffenen Maßnahmen dienen nicht nur dazu, sich dem völkerrechtswidrigen russischen Verhalten in der Staatengemeinschaft entgegenzustellen, sondern bilden zugleich einen dezentralen Durchsetzungsmechanismus völkerrechtlicher Normen, der in einer auf dem Prinzip souveräner Staatengleichheit beruhenden Rechtsordnung besondere Bedeutung entfaltet.

I. Überblick

Neben der Verurteilung des russischen Verhaltens als völkerrechtswidrig sind als Sanktionsmechanismen im Ukraine-Konflikt gezielte Maßnahmen gegen Einzelpersonen und Unternehmen sowie Beschränkungen des Wirtschaftsverkehrs in bestimmten Handelssektoren zur Anwendung gekommen. Die folgenden Ausführungen konzentrieren sich auf die von der Europäischen Union und den Vereinigten Staaten von Amerika ergriffenen Maßnahmen, weil sie im sicherheitspolitischen Verhältnis zur Russischen Föderation zentrale Bedeutung haben.[1093] Die Europäische Union hat sich dabei immer wieder mit den Vereinigten Staaten abgestimmt, darüber hinaus haben sich auch Nicht-EU-Mitglieder, wie etwa Albanien, Australien, Kanada, Island, Japan, Liechtenstein, Moldau, Montenegro, Norwegen, die Schweiz und die Ukraine einem Teil der Maßnahmen angeschlossen, wobei diese je nach Einzelfall unterschiedlich scharf ausfielen.[1094] Demgegenüber haben sich zentrale Staaten wie China, Brasilien, Indien sowie eine Reihe afrikanischer Staaten weder den Sanktionsmaßnahmen angeschlossen noch die das russische Vorgehen verurteilenden Resolutionen der Generalversammlung zur territorialen Integrität der Ukraine unterstützt.[1095]

1093 Die Volksrepublik China als weiterer zentraler wirtschafts- und sicherheitspolitischer Akteur in einem schwelenden Konflikt geopolitischer Neuausrichtung ist mit Blick auf die Sanktionspolitik deswegen nicht von Bedeutung, weil sie im Rahmen des Ukraine-Konflikts politisch an der Seite Russlands steht, selbst keinerlei Sanktionen wegen der völkerrechtswidrigen Annexion der Krim ergriffen hat und im Schulterschluss mit der Russischen Föderation deren Forderung nach Sicherheitsgarantien gegenüber dem globalen Westen unterstützt.

1094 IHK Ifo Studie 10/2020, S. 9; *Moret et. al.*, International Sanctions against Russia, S. 8. Näher hierzu s.: *Hayashi*, in: Economic Sanctions, S. 227 ff.

1095 S. im Detail auch die Diskussion in der Generalversammlung, UN/GA/68/PV.80, 27.03.2014, Agenda item 33. Zum Abstimmungsverhalten s. UN/GA/68/PV.80, S. 17.

II. Maßnahmen der Europäischen Union

Die Europäische Union nimmt in der Betrachtung als supranationale Organisation eine Sonderrolle ein. Da Russland kein Mitglied der Europäischen Union ist, können Maßnahmen der Europäischen Union im Verhältnis zur Russischen Föderation nicht als organisationsinterne Sanktionsmaßnahmen innerhalb des geschlossenen Rechtsregimes der Union eingeordnet werden. Die Europäische Union besitzt zwar eigene Rechtspersönlichkeit, s. Art. 47 EUV, sie handelt aber in Ausübung der ihr von den Mitgliedstaaten übertragenen Hoheitsgewalt gegenüber Russland als Nicht-Mitglied der Organisation. Von der Europäischen Union ergriffene Sanktionen sind daher in ihrer Systematik eher einer einzelstaatlichen Reaktion vergleichbar als einer institutionellen Reaktion. In der Terminologie der Europäischen Union werden die Maßnahmen nicht als Sanktionen, sondern als „restriktive Maßnahmen" bezeichnet, um deutlich zu machen, dass die Maßnahmen keinen Strafcharakter haben, sondern zu einer Verhaltensänderung führen sollen.[1096] Die seitens der Europäischen Union in Reaktion auf das russische Verhalten in der Ukraine vor Beginn des Angriffskrieges ergriffenen Maßnahmen reichen von diplomatischen Maßnahmen bis zu umfassenden Wirtschaftssanktionen. Nach dem Beginn des Angriffskrieges hat die Union bestehende Sanktionsmaßnahmen ausgeweitet sowie neue Sanktionspakete verabschiedet.[1097]

1. Überblick

Schon vor der Abhaltung des Referendums auf der Krim haben Vertreter der Europäischen Union die Verletzung der territorialen Integrität der Ukraine durch die Russische Föderation verurteilt und nach dessen Ab-

---

1096 „*In spite of their colloquial name 'sanctions', EU restrictive measures are not punitive. They are intended to bring about a change in policy or activity by targeting non-EU countries, as well as entities and individuals, responsible for the malign behaviour at stake.*", s.: Overview of sanctions and related tools, abrufbar unter: https://ec.europa.eu/info/business-economy-euro/banking-and-finance/internat ional-relations/restrictive-measures-sanctions/overview-sanctions-and-related-to ols_en.

1097 Ein Überblick über die von der Union ergriffenen *restrictive measures* seit der Annexion der Krim 2014 findet sich unter: https://www.consilium.europa.eu/e n/policies/sanctions/restrictive-measures-against-russia-over-ukraine/history-rest rictive-measures-against-russia-over-ukraine/.

haltung die Nichtanerkennung jedweder Statusänderung der Krim durch das Referendum zum Ausdruck gebracht.[1098] Bilaterale Verhandlungen in Visa-Fragen sowie die Verhandlung eines neuen Partnerschaftsabkommens der Union mit Russland wurden abgebrochen. Auch der EU-Russland-Gipfel 2014 wurde abgesagt.[1099]

Im März 2016 verabschiedete die Europäische Union fünf zentrale Eckpunkte ihrer künftigen Russland-Politik. Sie beinhalteten die Forderung der vollständigen Umsetzung der Minsker Abkommen, den Aufbau engerer Beziehungen zu Russlands ehemals sowjetischen Nachbarstaaten, die Stärkung der europäischen Resilienz gegen etwaige russische Bedrohungen, die selektive Zusammenarbeit mit Russland in bestimmten Bereichen, etwa der Terrorismusbekämpfung, sowie die Unterstützung der russischen Zivilgesellschaft und insbesondere der Kontakte zwischen den Zivilgesellschaften.[1100] Wiederholt hat die Europäische Union das russische Vorgehen in der Ukraine offen als Völkerrechtsbruch benannt und zur Einhaltung der Verpflichtungen der Minsker Verträge aufgerufen.[1101] Auch die Anerkennung der Separatistengebiete als unabhängig und die Entsendung russischer Truppen in diese Gebiete hat die Union ausdrück-

---

1098 European Council, Statement of the Heads of State or Government on Ukraine, 06.03.2014, https://www.consilium.europa.eu/media/29285/14137 2.pdf; *„The sovereignty, territorial integrity and independence of Ukraine must be respected. The European Union does neither recognise the illegal and illegitimate referendum in Crimea nor its outcome. The European Union does not and will not recognise the annexation of Crimea and Sevastopol to the Russian Federation.",* Joint statement on Crimea by President of the European Council *Herman Van Rompuy* and President of the European Commission *José Manuel Barroso,* European Council, 18.03.2014, EUCO 63/14.

1099 Ein Überblick der von der Union seit 2014 ergriffenen Sanktionsmaßnahmen gegenüber Russland in Bezug auf das Verhalten in der Ukraine findet sich unter: https://www.consilium.europa.eu/en/policies/sanctions/restrictive-meas ures-against-russia-over-ukraine/.

1100 Europäisches Parlament, aktualisiertes Briefing vom Februar 2018, The EU's Russia policy – five guiding principles, abrufbar unter: https://www.europarl.e uropa.eu/RegData/etudes/BRIE/2018/614698/EPRS_BRI(2018)614698_EN.pdf, s. auch: *v. Elsuwege/Bossuyt,* in: Principled Pragmatism, S. 7–12.

1101 S. etwa: European Council, Press statement by President *Charles Michel* following his meeting in eastern Ukraine with President *Volodymyr Zelenskyy,* 02.03.2021, abrufbar unter: https://www.consilium.europa.eu/en/press/press-r eleases/2021/03/02/press-statement-by-president-charles-michel-following-hi s-meeting-in-eastern-ukraine-with-president-volodymyr-zelenskyy/; European Council, Joint statement following the 22nd EU-Ukraine Summit, 06.10.2020, abrufbar unter: https://www.consilium.europa.eu/en/press/press-releases/2020/ 10/06/joint-statement-following-the-22nd-eu-ukraine-summit-6-octobre-2020/.

lich als völkerrechtswidrige Verletzung der territorialen Unversehrtheit und Souveränität der Ukraine verurteilt.[1102]

Über diese Stellungnahmen hinaus hat die Union nach den Ereignissen der Jahre 2014 und 2015 in drei wesentlichen Handlungsschritten restriktive Maßnahmen gegen Einzelpersonen und Unternehmen sowie mit Bezug auf ganze Wirtschaftssektoren erlassen. In einem ersten Schritt wurden Einreisebeschränkungen gegen 21 Einzelpersonen verabschiedet, die als mitverantwortlich für die Gefährdung der territorialen Integrität der Ukraine angesehen wurden. Zudem wurden die Vermögenswerte der Betroffenen in der Union eingefroren.[1103] Auch gegen Einzelpersonen, die als verantwortlich für die Veruntreuung ukrainischen Staatsvermögens sowie für Menschenrechtsverletzungen in der Ukraine angesehen wurden, wurden entsprechende Maßnahmen verhängt.[1104] Unter dem Eindruck der weiteren Eskalation des Konflikts wurde der Kreis der Betroffenen dieser Maßnahmen kontinuierlich erweitert.

Nach dem Abschuss des Passagierflugzeugs MH17 im Sommer 2014 führte die Europäische Union in einem zweiten Schritt Importbeschränkungen für Waren mit Ursprung auf der Krim oder in Sewastopol ein, die nicht mit offiziellen Papieren der ukrainischen Behörden ausgestattet wa-

---

1102 Statement by the Presidents of the European Council and European Commission on Russian aggression against Ukraine, Press release, 22.02.2022, abrufbar unter: https://www.consilium.europa.eu/en/press/press-releases/2022/02/22/stat ement-by-the-presidents-of-the-european-council-and-european-commission-on -russian-aggression-against-ukraine/.

1103 Rat d. Europäischen Union, 17.03.2014, Press Release 153, 7764/14; Council Decision 2014/145/CFSP of 17 March 2014 *concerning restrictive measures in respect of actions undermining or threatening the territorial integrity, sovereignty and independence of Ukraine*, OJ L 78, 17.03.2014, S. 16–21; zul. verändert durch: Council Decision (CFSP) 2022/885, OJ L 153, 03.06.2022, S. 139; Council Regulation (EU), No. 269/2014 of 17 March 2014 *concerning restrictive measures in respect of actions undermining or threatening the territorial integrity, sovereignty and independence of Ukraine*, OJ L 78, 17.03.2014, S. 6–15; zul. verändert durch: Council Regulation (EU) 2022/880 of 03 June 2022, OJ L 153, S. 75.

1104 Council Decision 2014/119/CFSP of 5 March 2014 *concerning restrictive measures directed against certain persons, entities and bodies in view of the situation in Ukraine*, OJ L 66, 06.03.2014, S. 26–30; zul. verändert durch: Council Decision (CFSP) 2022/376 of 3 March 2022, OJ L 70, S. 7–12; Council Regulation (EU), No. 208/2014 of 5 March 2014 *concerning restrictive measures directed against certain persons, entities and bodies in view of the situation in Ukraine*, OJ L 66, 06.03.2014, S. 1–10; zul. verändert durch: Council Implementing Regulation (EU) 2022/595 of 11 April 2022, 12.04.2022, OJ L 114, S. 60–67.

ren. Tourismusdienstleistungen auf der Krim und in Sewastopol wurden untersagt.[1105]

In einem letzten Eskalationsschritt wurden Beschränkungen für den Handel und Investitionen in ganzen Wirtschaftsbereichen eingesetzt. Dies betraf insbesondere den Zugang Russlands zu bestimmen Technologien zur Erdölförderung, den Zugang russischer Banken und Unternehmen mit mehrheitlich staatlicher Beteiligung zu den Primär- und Sekundärkapitalmärkten der EU und die Aus- und Einfuhr von Waffen sowie Gütern mit doppeltem Verwendungszweck.[1106] In den jeweiligen Entscheidungen hatte der Rat auf seine scharfe Verurteilung der Verletzung ukrainischer Souveränität und territorialer Integrität seitens der Russischen Föderation durch die Europäische Union hingewiesen.[1107] Die wirtschaftlichen Maßnahmen wurden ausdrücklich *„in response to the illegal annexation of Crimea and Sevastopol"* bzw. wegen der weiteren Destabilisierung der Situation in der Ukraine durch die Russische Föderation ergriffen.[1108]

Im März 2015 knüpfte die Europäische Union die Beendigung der zuletzt beschlossenen Maßnahmen an die vollständige Erfüllung der Verpflichtungen aus den Minsker Verträgen.[1109] Da sich Russland und die Ukraine uneinig darüber waren, in welcher Reihenfolge die Verpflichtun-

---

1105 Council of the European Union, 23.06.2014, Press Release 346, 11076/14; Council conclusions on Ukraine, Foreign Affairs Council Meeting, 23.06.2014; Council Decision 2014/386/CFSP of 23 June 2014 *concerning restrictions on goods originating in Crimea or Sevastopol, in response to the illegal annexation of Crimea and Sevastopol*, OJ L 183, 24.06.2014, S. 70–71; zul. verändert durch: Council Decision (CFSP) 2021/1010 of 21 June 2021, OJ L 222, 22.06.2021, S. 20; Council Regulation (EU) No. 692/2014 of 23 June 2014 *concerning restrictions on the import into the Union of goods originating in Crimea or Sevastopol, in response to the illegal annexation of Crimea and Sevastopol*, OJ L 183, 24.06.2014, S. 9–14; zul. verändert durch: Council Regulation (EU) No 1351/2014 of 18 December 2014, OJ L 365, 19.12.2014 S. 46–59.

1106 Council Decision 2014/512/CFSP of 31 July 2014 *concerning restrictive measures in view of Russia's actions destabilising the situation in Ukraine*, OJ L 229, 31.07.2014, S. 13–17; zul. verändert durch: Council Decision (CFSP) 2022/884 of 03 June 2022, OJ L 153, 03.06.2022, S. 128–138; Council Regulation, No. 833/2014 of 31 July 2014 *concerning restrictive measures in view of Russia's actions destabilising the situation in Ukraine*, OJ L 229, 31.07.2014, S. 1–11, zul. verändert durch: Council Regulation (EU) 2022/879 of 03 June 2022, OJ L 153, 03.06.2022, S. 53–74.

1107 Etwa: Council Decision 2014/145/CFSP, Präambel.

1108 Etwa: Council Decision(s) 2014/386/CFSP und 2014/512/CFSP, Präambeln.

1109 European Council, 20.03.2015, EUCO 11/15, para. 11.

gen erfüllt werden mussten, verweigerte die Russische Föderation die umfassende Implementierung der vorgesehenen Maßnahmen.

Nach der Anerkennung der Separatistengebiete Donezk und Luhansk in der Ostukraine durch Präsident *Putin* als „unabhängige Volksrepubliken" im Februar 2022 sowie in Reaktion auf den Beginn des Angriffskriegs folgten weitere massive Sanktionspakete der Union. Die Maßnahmen zielen darauf, die Finanzierung des Kriegs zu erschweren sowie der für den Krieg als verantwortlich angesehenen politischen Elite wirtschaftliche und politische Kosten aufzuerlegen. Die Sanktionspakete beinhalten eine massive Ausweitung individueller Sanktionsmaßnahmen wie Einreisebeschränkungen und Vermögenseinfrierungen gegenüber Einzelpersonen, darunter auch *Wladimir Putin* und der russische Verteidigungsminister *Sergej Lawrow*, aber auch die Ausweitung sektoraler wirtschaftlicher Sanktionen im Finanz- und Bankensektor durch das Abschneiden russischer Banken von den europäischen Kapitalmärkten und dem internationalen Zahlungssystem *SWIFT* sowie im Technologie-, Energie- und Transportsektor, etwa durch die Sperrung des europäischen Luftraumes für russische Flugzeuge und ein Embargo auf russische Kohle und andere Rohstoffe. Sie beruhen im Wesentlichen auf den in der frühen Phase des Konflikts erlassenen Rechtsakten der Union.[1110] Darüber hinaus hat die Europäische Union die Ausstrahlung der staatlichen Programme *Russia Today* und *Sputnik* im gesamten Unionsgebiet ausgesetzt.[1111] In der Diskussion ist auch ein Embargo für russisches Gas, dieses wurde bis dato aber noch nicht umgesetzt.[1112] Die Anerkennung der separatistisch kontrollierten Regionen Donezk und Luhansk als unabhängige Volksrepubliken durch die Russische Föderation veranlasste die Union darüber hinaus, auch in Bezug auf diese Gebiete umfassende Handelsbeschränkungen einzuführen.[1113] Wegen der

---

1110 S. hierzu die entsprechenden Angaben in den Fußnoten zum letzten Änderungsdatum.

1111 S. Council Regulation (EU) 2022/350 of 01 March 2022 amending Regulation (EU) No. 833/2014 concerning restrictive measures in view of Russia's actions destabilizing the situation in Ukraine, OJ L 65, 02.03.2022, S. 1–4.

1112 Die Europäische Union hat ihre Absicht, die Abhängigkeit von fossilen Brennstoffen aus Russland bis 2027 abzubauen, im Rahmen des *REPowerEU Plan* festgehalten, s.: European Commission, Communication from the Commission to the European Parliament, the European Council, the Council, the European Economic and Social Committee and the Committee of the Regions (REPowerEU Plan), COM/2022/230 final, 18.05.2022.

1113 Council Decision (CFSP) 2022/266 of 23 February 2022 *concerning restrictive measures in response to the recognition of the non-government controlled areas of the Donetsk and Luhansk oblasts of Ukraine and the ordering of Russian armed forces*

politischen und militärischen Unterstützung des russischen Angriffskrieges durch Belarus wurden bestehende Sanktionsregime der Europäischen Union auch gegenüber Belarus im Jahr 2022 deutlich ausgeweitet.[1114]

2. Rechtliche Begründung

Die restriktiven Maßnahmen der Europäischen Union beruhen auf entsprechenden Beschlüssen des Rates nach Art. 29 EUV iVm. Art. 215 AEUV. Hiernach kann der Rat auf der Grundlage eines Beschlusses nach Art. 29 EUV erforderliche Maßnahmen, insbesondere die Aussetzung, Einschränkung oder vollständige Einstellung der Wirtschafts- und Finanzbeziehungen, entweder gegen einen oder mehrere Drittstaaten oder gegen natürli-

---

into those areas, OJ LI 42, 23.02.2022, S. 109–113; Council Regulation (EU) 2022/263 of 23 February 2022 *concerning restrictive measures in response to the recognition of the non-government controlled areas of the Donetsk and Luhansk oblasts of Ukraine and the ordering of Russian armed forces into those areas*, OJ LI 42, 23.02.2022, S. 77–94; zul. verändert durch: Council Regulation (EU) 2022/626 of 13 April 2022, OJ L 116, 13.04.2022, S. 3–5. Anm.: Die Beschränkung der Wirtschaftsbeziehungen mit den „Volksrepubliken" Donezk und Luhansk beinhaltet insbesondere ein Importverbot für Waren aus diesen Gebieten, ein Exportverbot für *dual use* Güter und entsprechende Technologien sowie ein Verbot von Touismusdienstleistungen. Sie ähneln stark den schon 2014 mit Blick auf die Krim und Sewastopol ergriffenen Beschränkungen. In Reaktion auf die Anerkennung der Separatistengebiete als unabhängig hat die Bundesrepublik Deutschland über die Umsetzung der von der Europäischen Union beschlossenen restriktiven Maßnahmen hinaus den Zertifizierungsprozess für die zuvor lange umstrittene Pipeline Nord Stream II gestoppt. Bundeskanzler *Scholz* hatte einen Bericht zur Energieversorgungssicherheit zurückgezogen, der im Genehmigungsprozess erforderlich gewesen wäre. Der Bericht muss der Genehmigungsbehörde im Verfahren vorliegen und stoppt damit faktisch das Projekt, s. FAZ, Scholz stoppt Gasleitung Nord Stream 2, Nr. 45, 23.02.2022, S. 1; FAZ, Russische Röhren in Deutschland, Nr. 24, 29.01.2022, S. 20.

1114 Council Decision 2012/642/CFSP of 15 October 2012 *concerning restrictive measures against Belarus*, OJ L 285, 17.10.2012, S. 1–52; zul. verändert durch: Council Decision (CFSP) 2022/882 of 03 June 2022 *amending Decision 2012/642/CFSP concerning restrictive measures in view of the situation in Belarus and the involvement of Belarus in the Russian aggression against Ukraine*, OJ L 153, 03.06.2022, S. 88–91; Council Regulation (EC) No. 765/2006 of 18 May 2006 *concerning restrictive measures against President Lukashenko and certain officials of Belarus*, OJ L 134, S. 1–11, zul. verändert durch: Council Regulation (EU) 2022/877 of 03 June 2022 *amending Regulation (EC) No. 765/2006 concerning restrictive measures in view of the situation in Belarus and the involvement of Belarus in the Russian aggression against Ukraine*, OJ L 153, 03.06.2022, S. 11–14.

che oder juristische Personen sowie Gruppierungen oder nichtstaatliche Einheiten erlassen. Die Umsetzung der in dem Beschluss enthaltenen Maßnahmen erfolgt entweder direkt durch die Mitgliedstaaten oder mittels einer Verordnung, die vom Rat nach einem gemeinsamen Vorschlag des Hohen Vertreters der Union für Außen- und Sicherheitspolitik und der Kommission auf Grundlage von Art. 215 AEUV mit qualifizierter Mehrheit geschaffen wird.[1115]

Restriktive Maßnahmen werden von der Europäischen Union als Instrument der Gemeinsamen Außen- und Sicherheitspolitik (GASP) ergriffen. Ihr Ziel ist eine Politik- oder Verhaltensänderung seitens des mit der Maßnahme belegten Staates, Unternehmens oder Individuums im Sinne der im GASP-Beschluss festgelegten Ziele.[1116] Die Ziele der GASP erfassen nach Art. 21 EUV die Achtung grundlegender Werte wie Demokratie, Rechtsstaatlichkeit, der Menschenrechte und Grundfreiheiten, aber auch die Achtung der Grundsätze der UN-Charta und des Völkerrechts. Die Europäische Union bekennt sich dabei einerseits zur uneingeschränkten Umsetzung vom Sicherheitsrat beschlossener Maßnahmen nach Kapitel VII UN-Charta, benennt aber ausdrücklich auch die Möglichkeit autonomer, also von einem Sicherheitsratsbeschluss unabhängiger Maßnahmen der Union.[1117] Diese autonomen Maßnahmen sollen insbesondere zur Bekämpfung des Terrorismus und der Verhinderung der Verbreitung von Massenvernichtungswaffen, zur Achtung der Menschenrechte, zur Einhaltung der Demokratie, der Rechtsstaatlichkeit und der verantwortungsvollen Staatsführung ergriffen werden.[1118] Die EU verfolgt damit einen werte-

---

1115 Rat d. Europäischen Union, Leitlinien zur Umsetzung und Evaluierung Restriktiver Maßnahmen (Sanktionen) im Rahmen der GASP, 04.05.2018, 5664/18, para. 7.

1116 Rat d. Europäischen Union, Leitlinien zur Umsetzung und Evaluierung Restriktiver Maßnahmen (Sanktionen) im Rahmen der GASP, 04.05.2018, 5664/18, para. 4.

1117 Rat d. Europäischen Union, Leitlinien zur Umsetzung und Evaluierung Restriktiver Maßnahmen (Sanktionen) im Rahmen der GASP, 04.05.2018, 5664/18, para.

1118 Rat d. Europäischen Union, Grundprinzipien für den Einsatz restriktiver Maßnahmen (Sanktionen), 07.06.2004, 10198/1/04, Anlage 1, paras. 2, 3: „2. *Wir werden gemäß Artikel 19 EUV unsere Bemühungen innerhalb der VN zur Koordinierung unserer Maßnahmen im Bereich der Sanktionen weiter verstärken. Wir werden die uneingeschränkte, wirkungsvolle und fristgerechte Umsetzung der vom VN-Sicherheitsrat beschlossenen Maßnahmen durch die Europäische Union sicherstellen. Wir werden zu diesem Zweck einen Dialog mit den VN einleiten. Der Rat wird nötigenfalls autonome EU-Sanktionen verhängen, um damit Maßnahmen zur Bekämpfung des Terrorismus und der Verbreitung von Massenvernichtungs-*

basierten Ansatz in ihrer Außenpolitik, der in der Ergreifung restriktiver Maßnahmen zum Ausdruck kommen soll.[1119] Eine Verletzung des Völkerrechts dagegen ist in den Grundprinzipien der Europäischen Union für den Einsatz restriktiver Maßnahmen nicht ausdrücklich als Grundlage für derartige Maßnahmen genannt. Dennoch nehmen die Beschlüsse des Rates ausdrücklich für sich in Anspruch, als Antwort auf die Destabilisierung der Ukraine durch Russland ergangen zu sein. Hierdurch wird das völkerrechtswidrige Handeln Russlands jedenfalls mittelbar in Bezug genommen. Die Union bekennt sich außerdem bei der Umsetzung restriktiver Maßnahmen zur Einhaltung internationaler Verpflichtungen und des Völkerrechts, insbesondere der WTO-Übereinkommen.[1120]

III. Maßnahmen der Vereinigten Staaten von Amerika

Die Vereinigten Staaten haben zwar eigenständige Maßnahmen gegen Russland eingesetzt, dabei aber immer wieder in Absprache mit der Europäischen Union und weiteren Nicht-EU-Mitgliedern, etwa Australien, Japan, Kanada, Norwegen und der Schweiz gehandelt, um Sanktionen effektiv ein- und umsetzen zu können.

1. Überblick

Nach dem Einmarsch russischer Soldaten im Gebiet der Krim und deren faktischer Besetzung Ende Februar 2014 verurteilte der damalige Außenminister *John Kerry* das russische Verhalten als *„incredible act of aggression"*, der die *„sovereignty of Ukraine"* ebenso wie *„international obligations"*

---

waffen zu unterstützen; solche Sanktionen sollen auch als restriktive Maßnahmen dienen, um die Achtung der Menschenrechte und die Einhaltung der Grundsätze der Demokratie, der Rechtsstaatlichkeit und der verantwortungsvollen Staatsführung zu gewährleisten. Dies wird im Einklang mit unserer Gemeinsamen Außen- und Sicherheitspolitik gemäß Artikel 11 EUV sowie unter uneingeschränkter Einhaltung unserer völkerrechtlichen Verpflichtungen geschehen.".

1119 *Hofer*, in: Principled Pragmatism, S. 89.
1120 Rat d. Europäischen Union, Leitlinien zur Umsetzung und Evaluierung Restriktiver Maßnahmen (Sanktionen) im Rahmen der Gemeinsamen Außen- und Sicherheitspolitik der EU, 04.05.2018, 5664/18, para. 11; Grundprinzipien für den Einsatz restriktiver Maßnahmen (Sanktionen), 07.06.2004, 10198/1/04, Anlage 1, para. 3.

der Russischen Föderation verletze und drohte die wirtschaftliche Isolation Russlands durch die Ergreifung verschiedener Sanktionsmaßnahmen an.[1121] Auch im weiteren Verlauf der Ukraine-Krise, insbesondere mit der Eskalation um die Anerkennung der Separatistengebiete im Februar 2022 und die Entsendung russischer Truppen in die Gebiete, verurteilten die Vereinigten Staaten wiederholt die Völkerrechtsverletzungen durch Russland und betonten ihre Unterstützung der Souveränität der Ukraine.[1122]

Anfang März 2014 hatten auch die Vereinigten Staaten schon vor der formalen „Wiedereingliederung" der Krim in die Russische Föderation erste Einreisebeschränkungen erlassen und Vermögenswerte von Einzelpersonen und Unternehmen, die *„governmental authority in the Crimean region without the authorization of the Government of Ukraine"* ausgeübt hatten und dadurch *„peace, security, stability, sovereignty and territorial integrity"* untergraben sowie staatliche Vermögenswerte veruntreut hatten, eingefroren.[1123] Der Kreis der von diesen Maßnahmen betroffenen Personen und Unternehmen wurde nach der Annexion der Krim unter anderem um Mitglieder der russischen Regierung sowie Personen und Unternehmen aus dem Waffensektor erweitert.[1124] Im Dezember 2014 folgten sektorale Wirtschaftsbeschränkungen gegen Russland, die vorrangig den Import und Export von Gütern, Dienstleistungen oder Technologie von und auf die Krim untersagten und Beschränkungen im Banken- und Energiesektor beinhalteten.[1125] Zudem bezogen die Vereinigten Staaten ihre Maßnahmen anders als die Europäische Union nicht nur auf die Krise in der Ukraine, sondern begründeten ihren Einsatz auch mit der russischen Unterstützung

---

1121 Reuters, Kerry condemns Russia's ‚incredible act of aggression' in Ukraine, 02.03.2014, https://www.reuters.com/article/us-ukraine-crisis-usa-kerry-idUSBR EA210DG20140302.

1122 S. etwa: US Secretary of State, Kremlin Decision on Eastern Ukraine, Press Statement, 21.02.2022, abrufbar unter: https://www.state.gov/kremlin-decision -on-eastern-ukraine/; US Secretary of State, Crimea is Ukraine, Press Statement, 25.02.2021, abrufbar unter: https://www.state.gov/crimea-is-ukraine/.

1123 United States of America, The President, Executive Order 13660, *Blocking Property of Certain Persons Contributing to the Situation in Ukraine*, Federal Register Vol. 79, No. 46, 06.03.2014.

1124 Executive Order 13661, *Blocking Property of Additional Persons Contributing to the Situation in Ukraine*, Fed. Reg. Vol. 79, No. 53, 16.03.2014; Executive Order 13662, *Blocking Property of Additional Persons Contributing to the Situation in Ukraine*, Fed. Reg. Vol. 79, No. 56, 20.03.2014.

1125 Executive Order 13685, *Blocking Property of Certain Persons and Prohibiting Certain Transactions With Respect to the Crimea Region of Ukraine*, Fed. Reg. Vol. 79, No. 247, 19.12.2014.

des Assad-Regimes in Syrien, illegalen Einmischungen in den US-Wahl-kampf und Cyber-Angriffen auf die Vereinigten Staaten. Hinzu kamen Sanktionen mit Blick auf die Beteiligung am Projekt Nord Stream II.[1126] Nach der weiteren Verschärfung des Konflikts im Frühjahr 2021 und der Invasion der Ukraine im Februar 2022 folgten zusätzliche individuelle und sektorale Sanktionsmaßnahmen, die insbesondere im russischen Ener-gie-, Transport- und Finanzsektor massiv ausgeweitet wurden.[1127] Auch die von den Vereinigten Staaten ergriffenen Sanktionen erfassen neben russischen auch belarussische Einzelpersonen und Unternehmen.[1128] Die von der Europäischen Union und den Vereinigten Staaten ergriffenen Maßnahmen verliefen weitgehend parallel, wobei die Vereinigten Staaten in der Regel etwas früher schwerwiegendere Maßnahmen ergriffen.[1129]

1126 S. bspw. Executive Order 13694, *Blocking the Property of Certain Persons Enga-ging in Significant Malicious Cyber-Enabled Activities*, Fed. Reg. Vol. 80, No. 63, 02.04.2015; Executive Order 14024, *Blocking Property With Respect To Specified Harmful Foreign Activities of the Government of the Russian Federation*, Fed. Reg. Vol. 86, No. 73, 19.04.2021; Executive Order 14039, *Blocking Property With Respect to Certain Russian Energy Export Pipelines*, Fed. Reg. Vol. 86, No. 161, 24.08.2021.

1127 Executive Order 14024; Executive Order 14065, *Blocking Property of Certain Persons and Prohibiting Certain Transactions With Respect to Continued Russian Efforts To Undermine the Sovereignty and Territorial Integrity of Ukraine*, Fed. Reg. Vol. 87, No. 36, 21.02.2022.

1128 Determination Pursuant to Executive Order 14024 of April 15, 2021, 22.02.2022; Executive Order 14039; Executive Order 14065, *Blocking Property of Certain Persons and Prohibiting Certain Transactions With Respect to Continued Russian Efforts To Undermine the Sovereignty and Territorial Integrity of Ukraine*, Fed. Reg. Vol. 87, No. 36, 21.02.2022; Executive Order 14066, *Prohibiting Cer-tain Imports and New Investments With Respect to Continued Russian Federation Efforts To Undermine the Sovereignty And Territorial Integrity Of Ukraine*, Fed. Reg. Vol. 87, No. 47, 10.03.2022; Executive Order 14068, *Prohibiting Certain Imports, Exports and New Investment with Respect to Continued Russian Federation Aggression*, Fed. Reg. Vol. 87, No. 50, 14.03.2022; *Executive Order Prohibiting New Investment In and Certain Services To The Russian Federation In Response To Continued Russian Federation Aggression*, Fed. Reg. Vol. 87, No. 68, 08.04.2022; s. auch: Fact Sheet: Joined by Allies and Partners and the United States Impos-es Devastating Costs on Russia, 24.02.2022, abrufbar unter: https://www.white house.gov/briefing-room/statements-releases/2022/02/24/fact-sheet-joined-by-a llies-and-partners-the-united-states-imposes-devastating-costs-on-russia/; sowie der Überblick unter: https://home.treasury.gov/policy-issues/financial-sanctio ns/sanctions-programs-and-country-information/ukraine-russia-related-sancti ons.

1129 *Moret et. al.*, International Sanctions against Russia, S. 31; *Timofeev*, in: *Beaucil-lon*, S. 97; *Wyciszkiewicz/Huterer*, OE 64/9–10 (2014), 191 (194).

2. Rechtliche Begründung

Die von den Vereinigten Staaten ergriffenen Maßnahmen gehen zurück auf *Executive Orders* des Präsidenten. Sie beziehen sich ähnlich wie die von der Union erlassenen Rechtsakte explizit auf die Gefährdung von *„peace, security, stability, sovereignty and territorial integrity"* der Ukraine durch die Stationierung russischer Soldaten auf der Krim, die Annexion der Krim und die Anwendung von Gewalt durch Russland als Anknüpfungspunkt der Maßnahmen. Das Verhalten Russlands begründete einen *„unusual and extraordinary threat to the national security and foreign policy of the United States"*.[1130] Die Maßnahmen gegen die Russische Föderation dienten ausdrücklich dazu, den Preis, den Russland für das völkerrechtswidrige Handeln in der Ukraine zu zahlen habe, zu erhöhen und die Föderation zur Beteiligung an einem Prozess der friedlichen Beilegung des Konflikts zu bewegen.[1131]

Rechtsgrundlagen dieser Verordnungen des Präsidenten sind nationale Gesetze, die die Ergreifung von wirtschaftlichen Beschränkungen ebenso wie Einreisebeschränkungen im Falle des Bestehens einer nationalen Notlage (*national emergency*) bzw. einer Gefährdung der nationalen Sicherheit ermöglichen.[1132] Im weiteren Verlauf der Ukraine-Krise haben die Vereinigten Staaten den neu geschaffenen *Countering America's Adversaries*

1130 S. etwa: Executive Order 13660, Präambel: *„I, BARACK OBAMA, President of the United States of America, find that the actions and policies of persons including persons who have asserted governmental authority in the Crimean region without the authorization of the Government of Ukraine that undermine democratic processes and institutions in Ukraine; threaten its peace, security, stability, sovereignty, and territorial integrity; and contribute to the misappropriation of its assets, constitute an unusual and extraordinary threat to the national security and foreign policy of the United States, and I hereby declare a national emergency to deal with that threat."*

1131 S. etwa: Rede des ehemaligen Präsidenten Barack Obama vom 17.03.2014: *„Today, I'm announcing a series of measures that will continue to increase the cost on Russia and on those responsible for what is happening in Ukraine."*, https://www.state.gov/ukraine-and-russia-sanctions/, zul. besucht: 09.09.2021; sowie: https://www.state.gov/ukraine-and-russia-sanctions/, zul. besucht: 09.09.2021.

1132 International Emergency Economic Powers Act (50 U.S.C. 1701 *et seq.*) (IEEPA); National Emergencies Act (50 U.S.C. 1601 *et seq.*) (NEA); section 212(f) Immigration and Nationality Act of 1952 (8 U.S.C. 1182(f)); section 301 of title 3, United States Code; auch: Protecting Europe's Energy Security Act of 2019 (PEESA); Ukraine Freedom Support Act of 2014 (UFSA); Support for the Sovereignty, Integrity, Democracy and Economic Stability of Ukraine Act of 2014 (SSIDES); International Emergency Economic Powers Act (IEEPA) (50 U.S.C., §§ 1701–1706.

Through Sanctions Act (CAATSA) und den *Ukraine Freedom Support Act* als weitere Rechtsgrundlagen herangezogen und dabei nicht nur die Verletzung der Souveränität der Ukraine sondern auch massive Menschenrechtsverletzungen in den von Russland kontrollierten Gebieten der Ukraine als Auslöser für Sanktionsmaßnahmen benannt.[1133]

IV. Ausgangspunkt: Rechtliche Kategorisierung ergriffener Maßnahmen

Die staatlicherseits ergriffenen Maßnahmen lassen sich im Wesentlichen in drei Kategorien einteilen. Rein politische bzw. diplomatische Maßnahmen wie die Verurteilung des russischen Verhaltens als völkerrechtswidrig oder der Abbruch bilateraler oder multilateraler Gesprächsformate wie des EU-Russland-Gipfels, gezielte Sanktionsmaßnahmen gegen Einzelpersonen oder einzelne Unternehmen (sog. *targeted* oder *smart sanctions*[1134]) und breit angelegte Maßnahmen, die ganze Sektoren bzw. Wirtschaftszweige oder ganze Gebiete betreffen (sog. *comprehensive sanctions*[1135]). Gegenstand der Betrachtung sind dabei nur solche Maßnahmen, die an die Staatenverantwortlichkeit anknüpfen. Ausgangspunkt der rechtlichen Bewertung der ergriffenen Maßnahmen ist die Frage, ob durch ihre Anwendung völkerrechtliche Verpflichtungen verletzt werden.

1. Politische Maßnahmen

Die „bloße" öffentliche Verurteilung eines Verhaltens als völkerrechtswidrig sowie die Einstellung von Gesprächen mit einem anderen Staat verletzt keine eigenen völkerrechtlichen Verpflichtungen. Die Dialogbereitschaft bildet die Grundlage des diplomatischen und zwischenstaatlichen Verkehrs, ihre Einstellung oder die Bewertung eines Verhaltens als völkerrechtswidrig ohne darüberhinausgehende Maßnahmen entfaltet aber keine Rechtserheblichkeit. Rein politische bzw. diplomatische Sanktionsmaßnahmen als nicht völkerrechtswidrige Akte bedürfen keiner besonde-

---

1133 Executive Order 13849, *Authorizing the Implementation of Certain Sanctions Set Forth in the Countering America's Adversaries Through Sanctions Act*, Fed. Reg. Vol. 83, No. 184, 21.09.2018.

1134 S. etwa: *Beaucillon*, in: EU Law Enforcement, S. 192; *Gestri*, in: Coercive Diplomacy, S. 74.

1135 S. etwa: *Moiseienko*, in: *Beaucillon*, S. 405.

ren Rechtfertigungsgrundlage. Sie stehen schon ihrer Natur nach als unfreundliche, aber nicht völkerrechtswidrige Handlungen (*Retorsionen*) im Einklang mit dem Völkerrecht. In diese Kategorie fallen die öffentlichen Erklärungen von Regierungs- und sonstigen Staatenvertretern sowie der Abbruch von Verhandlungsformaten mit Russland.[1136]

2. Individuelle Sanktionsmaßnahmen

Individuelle Sanktionsmaßnahmen, die sich gezielt gegen Führungspersonen einer politischen Elite oder gegen Verantwortliche eines völkerrechtswidrigen Verhaltens richten, werden als *smart sanctions* oder *targeted sanctions* bezeichnet.[1137] Individuelle Sanktionsmaßnahmen, die einen staatlichen Bezug haben, also etwa gegen Regierungsvertreter gerichtet sind, bedürfen einer gesonderten Rechtfertigungsgrundlage im Völkerrecht, wenn durch ihre Anwendung völkerrechtliche Verpflichtungen der die Sanktionen ergreifenden Staaten verletzt werden.

a. Verhängung von Einreisebeschränkungen

Die Verhängung von Einreisebeschränkungen gegenüber Individualpersonen liegt im Ermessen des betroffenen Staates, der völkerrechtlich dazu

---

1136 Einen Sonderfall könnte in diesem Zusammenhang der Stopp des Projekts der Pipeline Nord Stream II durch die deutsche Bundesregierung bilden. Die Einstellung beruht auf einer Unterbrechung des Zertifizierungsverfahrens bei der Bundesnetzagentur. Diese kann eine Genehmigung für die Inbetriebnahme der Pipeline nur unter Heranziehung eines Berichts zur Energieversorgungssicherheit der Europäischen Union erteilen. Betreiber der Pipeline Nord Stream II ist der russische Konzern Gazprom, dessen Anteile mehrheitlich vom russischen Staat gehalten werden. Sanktionsmaßnahmen gegen Gazprom können daher als zwischenstaatliche Sanktionen eingeordnet werden. Zwar besteht grundsätzlich keine Verpflichtung zur wirtschaftlichen Zusammenarbeit zwischen Staaten. Die Unterbrechung des Genehmigungsprozesses aber verletzt die vertraglichen Vereinbarungen mit Gazprom, sodass hier ein Verhalten vorliegt, das als Gegenmaßnahme im engeren Sinne gerechtfertigt werden könnte. Gegenmaßnahmen können als mögliche Reaktionsformen neben der Beschränkung des Wirtschaftsverkehrs auch die Suspendierung sonstiger vertraglicher Pflichten erfassen.

1137 S. etwa: *Beaucillon*, in: EU Law Enforcement, S. 192; *Gestri*, in: Coercive Diplomacy, S. 74.

berechtigt ist, den Zugang zu seinem Territorium nach seinen eigenen Maßgaben zu regulieren. Zwar ist das Recht, ein Land zu verlassen, ein Menschenrecht, s. Art. 12 II IPBPR, aber es besteht kein korrespondierendes Recht, das Staatsgebiet eines konkreten Staates betreten zu dürfen, weswegen Einreisebeschränkungen nicht am Maßstab einer völkerrechtlichen Gegenmaßnahme gemessen werden.[1138] Soweit die Einreisebeschränkungen als Sanktionsmaßnahme gegen Vertreter des Staates verhängt werden, sind sie grundsätzlich als Retorsion zu qualifizieren.[1139] Sie bedürfen keiner gesonderten (völkerrechtlichen) Rechtsgrundlage, sondern sind schon ihrer Natur nach völkerrechtsgemäß.

b. Einfrieren von Vermögenswerten

Abgesehen von menschenrechtlichen Aspekten der Einfrierung von Vermögenswerten kann mit Blick auf den staatlichen Bezug individueller Sanktionsmaßnahmen, etwa Vermögenswerten staatlicher Zentralbanken oder hoher Regierungsvertreter, ein Konflikt zum völkerrechtlichen Immunitätsschutz entstehen. Der Grundsatz staatlicher Immunität beschreibt die Immunität eines Staates vor den Gerichten anderer Staaten und basiert auf dem Prinzip der staatlichen Souveränität und der Gleichheit der Staaten.[1140] Hoheitsakte eines anderen Staates (*acta iure imperii*) unterliegen nach diesem Prinzip nicht der Entscheidungskompetenz der nationalen Gerichte anderer Staaten (*par in parem non habet iurisdictionem*).[1141] Die Vereinten Nationen haben mit der Konvention über die Immunität von Staaten und ihren Vermögenswerten in der nationalen Gerichtsbarkeit den Versuch einer Kodifikation dieses Prinzips vorgenommen, in Ermangelung der erforderlichen 30 Ratifikationen des Vertragstextes ist dieser aber noch nicht in Kraft getreten.[1142] In Art. 5 des Vertrages heißt es, dem völkergewohnheitsrechtlich verankerten Grundsatz entsprechend: *„A State enjoys immunity, in respect of itself and its property, from the jurisdiction of the*

1138 *Bothe*, in: Coercive Diplomacy, S. 39; *Gestri*, ebd., S. 74.

1139 *Hofer*, in: *Beaucillon*, S. 190.

1140 *Epping*, in: *Ipsen*, VöR, § 7, Rn. 264; *Herdegen*, § 37, Rn. 1; *Kempen*, in: *Kempen/Hillgruber/Grabenwarter*, § 32, Rn. 19 f.; *Stoll*, in: MPEPIL, State Immunity, Rn. 1.

1141 *Epping*, in: *Ipsen*, VöR, § 7, Rn. 265; *Kempen*, in: *Kempen/Hillgruber/Grabenwarter*, § 32, Rn. 19 f.; *Webb*, in: *Evans*, S. 326.

1142 United Nations Convention on Jurisdictional Immunities of States and Their Property, 02.12.2004, UN/Doc./A/59/508.

courts of another State subject to the provisions of the present Convention.".
Die Immunität eines Staates und seines Vermögens bezieht sich nach
der Grundausrichtung des Prinzips der Staatenimmunität demnach auf
gerichtliche Verfahren.[1143] Der Erlass von Sanktionsmaßnahmen gegen
Staatenvertreter oder staatliche Unternehmen aber betrifft diese gerichtliche Geltendmachung nicht.[1144] Sanktionen werden nicht von Gerichten
beschlossen oder erlassen, sondern sind Gegenstand der exekutiven Befassung. Auf dieser Grundlage könnte eine Anwendbarkeit der staatlichen
Immunitätsregelungen für die Einfrierung von Vermögenswerten abgelehnt werden.[1145] Gleichwohl wird als „Gericht" im Sinne der UN-Konvention jedes Organ eines Staates verstanden, das zur Ausübung gerichtlicher
Funktionen berechtigt ist.[1146] Weder die UN-Konvention noch der ihr vor-
angegangene Entwurf der ILC zur Staatenimmunität enthält eine nähere
Definition der „judicial functions". In der Kommentierung der ILC heißt
es: „The scope of judicial functions, however, should be understood to cover
such functions whether exercised by courts or by administrative organs. Judicial
functions may be exercised in connection with a legal proceeding at different
stages, prior to the institution or during the development of a legal proceeding, or
at the final stage of enforcement of judgments.".[1147] Auch die UN-Konvention
regelt dieses Prinzip in Art. 18 und 19.[1148] Die Immunität der Staaten und
ihres Vermögens erstreckt sich demnach auf jede Stufe des Verfahrens und
erfasst auch die Vollstreckung in staatliches Vermögen, soweit dieses für
hoheitliche Akte genutzt wird.[1149]

Im Rahmen einer weiten Auslegung dieses Prinzips könnte auch die Ergreifung von Sanktionsmaßnahmen, die auf der Grundlage verbindlicher
Beschlüsse des jeweils handelnden Staates ergehen, von der staatlichen

---

1143 *Stoll*, in: MPEPIL, State Immunity, Rn. 22.
1144 *Ruys*, in: Cambridge HB, S. 677–680; *ders.*, EJIL-Talk!, 12.05.2017.
1145 *Ruys*, EJIL-Talk!, 12.05.2017; aA: *Webb*, in: *Evans*, S. 337.
1146 Entsprechend der Entwurf der ILC zur Staatenimmunität aus dem Jahr 1991,
     der in Art. 2 vergleichbar bestimmt: „'court' means any organ of a State, however
     named, entitled to exercise judicial functions", ILC, Draft Articles on the Jurisdic-
     tional Immunities of States and Their Property, Yearbook 1991, Vol. II, Part 2,
     S. 13 ff.
1147 ILC, Yearbook 1991, Vol. II, Part. 2, S. 14, para. 3.
1148 „No pre-judgment measures of constraint, such as attachment or arrest, against
     property of a State may be taken in connection with a proceeding before a court
     of another State [...]", Art. 18; „No post-judgment measures of constraint, such
     as attachment, arrest or execution, against property of a State may be taken in
     connection with a proceeding before a court of another State [...]", Art. 19.
1149 *Epping*, in: *Ipsen*, VöR, § 7, Rn. 280; *Stoll*, in: MPEPIL, State Immunity, Rn. 49.

Immunität erfasst sein.[1150] Die Einfrierung von Vermögenswerten verletzte unter diesem Verständnis die völkerrechtliche Verpflichtung des handelnden Staates zur Gewährung umfassender staatlicher Immunität und bedürfte insofern einer völkerrechtlichen Rechtfertigungsgrundlage.[1151] Beschränkt man die staatliche Immunität dagegen auf die klassische Ausrichtung des Prinzips und versteht hierunter nur die Grenzlinie einer innerstaatlichen gerichtlichen Befassung, so stünden die Sanktionsmaßnahmen nicht im Widerspruch zu staatlichen Immunitätsregelungen. Sie beruhen gerade nicht auf einer gerichtlichen Entscheidung, sondern es handelt sich um Exekutivmaßnahmen. Hinzu kommt, dass auch die Kodifikationsansätze ausdrücklich von einem Konnex zu einem gerichtlichen Verfahren ausgehen und nur dann den Schutz des staatlichen Vermögens vor Vollstreckungsmaßnahmen festlegen. Dieser Konnex aber fehlt im Falle der Einfrierung von Vermögenswerten im Rahmen von Sanktionsmaßnahmen regelmäßig. Völkerrechtliche Immunitätsregelungen entfalten daher mit Blick auf die Ergreifung von Sanktionsmaßnahmen keine beschränkende Wirkung.[1152]

3. Wirtschaftssanktionen

Ein weiterer zentraler Zweig der betrachteten Sanktionsmaßnahmen betrifft Sanktionsmaßnahmen, die anders als die *targeted sanctions* breit angelegt und darauf ausgerichtet sind, den sanktionierten Staat als solchen durch die Ergreifung umfassender Restriktionen zu betreffen. Anknüpfungspunkte können etwa bestimmte Wirtschaftszweige oder Handelsgüter sein, darüber hinaus sind auch Beschränkungen in Bezug auf bestimmte Gebiete innerhalb des sanktionierten Staates denkbar. So haben die Europäische Union und die Vereinigten Staaten weitgehende Im- und Exportbeschränkungen für einzelne Wirtschaftszweige, etwa Kohle, Öl, militärische Güter und andere Rohmaterialien, aber auch Handelsbeschränkungen nach territorialen Kriterien, mit Blick auf den Handel mit der Halbinsel Krim und den separatistisch kontrollierten Gebieten Donezk und Luhansk, ergriffen.

Für die rechtliche Zulässigkeit entsprechender Maßnahmen gilt die oben dargelegte systematische Unterscheidung zwischen Retorsion und

---

1150 *Dupont*, JCSL 17/3 (2012), 301 (314); *Goldmann*, VerfBlog, 28.02.2022.
1151 *Goldmann*, VerfBlog, 28.02.2022; *Pilitu*, JICJ 1/2 (2003), 453 (460).
1152 S. umfassend: *Ruys*, in: Cambridge HB, insbes. 708 f.

völkerrechtlicher Gegenmaßnahme. Als gegen Staaten gerichtete Maßnahmen kommt es für ihre Völkerrechtmäßigkeit darauf an, ob durch ihre Anwendung völkerrechtliche Verpflichtungen des handelnden Staates verletzt werden und wenn ja, ob diese Maßnahmen unter dem Regelungsregime der völkerrechtlichen Gegenmaßnahmen oder einer Spezialregelung zu rechtfertigen sind. Zwar entfaltet sich das Prinzip umfassender staatlicher Souveränität auch im wirtschaftlichen Kontext, weswegen grundsätzlich keine völkerrechtliche Verpflichtung eines Staates besteht, Handel mit anderen Staaten oder ausländischen Unternehmen zu betreiben.[1153] Individuelle völkervertragliche Regelungen können hiervon aber abweichen – allen voran die Verpflichtungen des GATT[1154] und des GATS, darüber hinaus aber auch bilaterale Partnerschaftsabkommen zwischen den betroffenen Staaten.[1155]

Handelsbeschränkungen wie etwa das Verbot des Im- und Exports bestimmter Güter und die Einstellung der Zugänglichkeit der Finanzmärkte für russische Banken stellen Hindernisse für den freien Handelsverkehr dar und verletzen grundlegende Verpflichtungen aus dem GATT und GATS, insbesondere das Verbot mengenmäßiger Beschränkungen der Ein- und Ausfuhr nach Art. 11 GATT und das Gebot der Meistbegünstigung nach Art. 1 GATT, Art. 2 GATS.[1156] Sowohl Russland als auch die Europäische Union, die Vereinigten Staaten und die übrigen den Sanktionsmaßnahmen angeschlossenen Staaten wie etwa Kanada, Japan und Norwegen sind Parteien dieser Verträge. Die Ergreifung von Sanktionen in diesem Zusammenhang verletzt völkerrechtliche Verpflichtungen der handelnden Staaten, weswegen sie einer völkerrechtlichen Rechtsgrundlage bedürfen.

1153 *Ruys*, in: *v. d. Herik*, S. 26 f. In Betracht kommt auch eine Verletzung des Interventionsverbots durch die wirtschaftlichen Beschränkungen, s. hierzu: *Spagnolo*, in: EU Law Enforcement, S. 229; *White/Abass*, in: *Evans*, S. 528.

1154 In dieser Arbeit werden die Bestimmungen des GATT 1994 in Bezug genommen, sie werden einheitlich als Normen des „GATT" bezeichnet.

1155 Ein solches Partnerschaftsabkommen besteht zB zwischen der Europäischen Union und der Russischen Föderation, s.: Agreement on partnership and cooperation establishing a partnership between the European Communities and their Member States, of one part, and the Russian Federation, of the other part, OJ L 327, 28.11.1997, S. 3–69; zul. angepasst durch: Protocol to the Partnership and Cooperation Agreement establishing a partnership between the European Communities and their Member States, of the one part, and the Russian Federation, of the other part, to take account of the accession of the Republic of Croatia to the European Union, OJ L 373, 31.12.2014, S. 3–7.

1156 *Bothe*, in: Coercive Diplomacy, S. 35; *Ruys*, in: *v. d. Herik*, S. 30; ausführlich: *Gruszczynski/Menkes*, in: *Czaplinski*, S. 243–245.

Angesichts der eindeutigen Zuordnung dieser Maßnahmen als solche mit staatlichem Bezug aufgrund der Verantwortlichkeit der Russischen Föderation für die Völkerrechtsverletzungen im Rahmen der Ukraine-Krise und der herausragenden politischen Bedeutung dieser Maßnahmen liegt der Fokus der folgenden Betrachtung auf der rechtlichen Bewertung dieser wirtschaftlichen Maßnahmen.

V. Mögliche völkerrechtliche Rechtsgrundlagen

Die exemplarisch betrachteten Sanktionsmaßnahmen der Europäischen Union bzw. der Vereinigten Staaten sind inhaltlich auf das Bestehen einer Notstandssituation in internationalen Beziehungen oder eine Gefährdung der nationalen Sicherheit gestützt worden, die ihren rechtlichen Anknüpfungspunkt im Europarecht bzw. nationalen Recht findet.[1157] Im Einklang mit dem Völkerrecht stehen die Sanktionen aber nur, wenn das Völkerrecht entsprechende Rechtsgrundlagen bietet.[1158]

Soweit die Sanktionen völkerrechtliche Verpflichtungen verletzen, bestehen für ihre Ergreifung mehrere mögliche Anknüpfungspunkte im Völkerrecht. Erster Anknüpfungspunkt wäre eine Begründung der Maßnahmen über Art. 39, 41 UN-Charta als Maßnahmen der Vereinten Nationen auf der Grundlage eines Beschlusses des Sicherheitsrates (1.). Darüber hinaus kommt als spezielle Rechtsgrundlage Art. 51 UN-Charta in Betracht, wenn die Voraussetzungen des kollektiven Selbstverteidigungsrechts vorliegen (2.). Möglich ist zudem eine Rechtfertigung der Sanktionsmaßnahmen nach speziellem (bi- bzw. multilateralem) Völkervertragsrecht (3.) oder unter den Vorgaben des allgemeinen Völkerrechts als völkerrechtliche Gegenmaßnahmen im engeren Sinne (4.).

1157 S. zu den Maßnahmen der Europäischen Union und der Vereinigten Staaten oben: 9. Kapitel, C, II, 2.; sowie III, 2.; Maßnahmen Kanadas bezogen sich auf Abschnitt 4 (4) des *Special Economic Measures Act*, der als Grundlage von Sanktionsmaßnahmen insbesondere einen „*grave breach of international peace and security*" oder „*gross and systematic human rights violations*" erfasst, s. Abschnitt 1.1 SEMA, s.: https://www.international.gc.ca/world-monde/internatio nal_relations-relations_internationales/sanctions/russia-russie.aspx?lang=eng.

1158 *Hovell*, AJIL Unbound 113 (2019), 140 (143).

1. Fehlen eines Beschlusses des Sicherheitsrats

Erster Ansatzpunkt wirtschaftlicher Maßnahmen kann eine Entscheidung des Sicherheitsrates nach Art. 39, 41 UN-Charta sein. Hiernach stellt der Sicherheitsrat eine Bedrohung oder einen Bruch des Friedens oder eine Angriffshandlung fest, auf deren Grundlage Maßnahmen unter Ausschluss von Waffengewalt ergriffen werden können, die unter anderen die vollständige oder teilweise Unterbrechung der Wirtschaftsbeziehungen beinhalten können. Da ein entsprechender Beschluss des Sicherheitsrates nicht vorliegt und wegen der ständigen Mitgliedschaft und des damit verbundenen Vetorechts der Russischen Föderation auch zukünftig nicht denkbar ist, können die Maßnahmen nicht mit Blick auf Kapitel VII UN-Charta begründet werden. Es handelt sich um autonome Sanktionsmaßnahmen – autonom insofern, als dass sie nicht durch eine entsprechende Beschlussfassung des Sicherheitsrates gestützt sind. Deshalb stellt sich die Folgefrage, ob autonome Sanktionsmaßnahmen völkerrechtlich zulässig sind und, wenn ja, unter welchen Voraussetzungen diese ergriffen werden können.

a. Sperrwirkung der Art. 39, 41 UN-Charta?

Russland bringt diesbezüglich vor, der Sicherheitsrat sei die einzige völkerrechtliche Institution, die eine Bedrohung des Friedens und der internationalen Sicherheit feststellen und damit die Grundlage für die Ergreifung von Sanktionen schaffen könne. Die Ergreifung wirtschaftlicher Zwangsmaßnahmen ohne zugrundeliegenden Sicherheitsratsbeschluss hält die Russische Föderation grundsätzlich für völkerrechtswidrig. Diese Auffassung wird auch von weiteren Staaten der internationalen Gemeinschaft gestützt.[1159] Begründet wird sie mit Blick auf die Prinzipien der umfassen-

---

1159 „*The Russian Federation has always maintained that the unilateral imposition of restrictive economic measures as a means of exerting pressure on other countries is inadmissible. Such measures, taken in contravention of international law, are illegitimate and run counter to the accepted principles of fair competition and the freedom of trade and investment. They undermine trust between countries and the role of the United Nations as the sole legitimate arbitrator in such matters. We believe that only the Security Council may decide to impose sanctions, in line with the provisions of Chapter VII of the Charter of the United Nations (arts. 39–42).*", UN/GA/74/264, 31.07.2019, Annex, S. 11; S. auch: *Burke*, RLJ III/3 (2015), 126 (127 f.).

den staatlichen Souveränität und des Interventionsverbots, die wirtschafts-beschränkenden Maßnahmen entgegenstehen.[1160] Im Rahmen der Vereinten Nationen ist die Zulässigkeit wirtschaftlicher Zwangsmaßnahmen außerhalb eines Beschlusses des Sicherheitsrates insbesondere im Verhältnis zu Entwicklungsländern und unter dem Gesichtspunkt der aus derartigen Maßnahmen resultierenden Beeinträchtigung der Menschenrechte der mitbetroffenen Zivilbevölkerung regelmäßig diskutiert worden. Entsprechende Resolutionen, die sich gegen die Anwendung wirtschaftlicher Zwangsmaßnahmen außerhalb einer Ermächtigung des Sicherheitsrates richten, sind in der Generalversammlung wiederholt verabschiedet worden.[1161] Auffällig ist, dass Russland und China sowie die Mehrzahl der Entwicklungsländer die Resolutionen unterstützt haben, während sich die Staaten des „politischen Westens", etwa die Europäische Union und die Vereinigten Staaten, gegen entsprechende Resolutionen ausgesprochen haben.

Für eine Sperrwirkung von Art. 41 UN-Charta für wirtschaftliche Sanktionsmaßnahmen außerhalb eines Beschlusses des UN-Sicherheitsrates könnte die Systematik der Art. 53, 103 UN-Charta sprechen. Hiernach sind *„enforcement action(s)"* unter regionalen Abkommen oder von regionalen

---

1160 S. *Burke*, in: RLJ III/3 (2015), 126 (127; 132; 139).
1161 Zuletzt: UN/GA/RES/75/181, Human rights and unilateral coercive measures, 28.12.2020, paras. 1; 6: *„Urges all States to cease adopting or implementing any unilateral measures not in accordance with international law, international humanitarian law, the Charter of the United Nations and the norms and principles governing peaceful relations among States, in particular those of a coercive nature, with all their extraterritorial effects, which create obstacles to trade relations among States, thus impeding the full realization of the rights set forth in the Universal Declaration of Human Rights and other international human rights instruments, in particular the right of individuals and peoples to development"*; *„Condemns the continuing unilateral application and enforcement by certain Powers of unilateral coercive measures, and rejects those measures, with all their extraterritorial effects, as being tools for political or economic pressure against any country, in particular against developing countries, adopted with a view to preventing those countries from exercising their right to decide, of their own free will, their own political, economic and social systems, and because of the negative effects of those measures on the realization of all the human rights of vast sectors of their populations, in particular children, women, the elderly and persons with disabilities"*; s. auch: UN/GA/RES/74/200, Unilateral economic measures as a means of political and economic coercion against developing countries, 19.12.2019. Anm.: Die Resolutionen bezeichnen die Sanktionsmaßnahmen als *„unilateral economic measures"*, beziehen sich damit aber wie oben diskutiert auf die in dieser Untersuchung als „autonome" Sanktionsmaßnahmen bezeichneten Sanktionen außerhalb eines Beschlusses des Sicherheitsrates.

Institutionen ohne Autorisierung durch den Sicherheitsrat unzulässig. Da in Art. 41 UN-Charta das teilweise oder vollständige Aussetzen von Wirtschaftsbeziehungen in den Kontext einer Sicherheitsratsentscheidung gerückt wird, könnten in diesem Kontext autonome Wirtschaftssanktionen als *„enforcement actions"* unzulässig sein.

b. Zulässigkeit autonomer Sanktionsmaßnahmen

Dass aber jegliche Sanktionsmaßnahmen ohne entsprechenden Beschluss des Sicherheitsrates völkerrechtswidrig sein sollen, geht weder aus dem Text der UN-Charta noch aus der bisherigen Staatenpraxis hervor. Die Sperrwirkung für die Ergreifung von *„enforcement action(s)"* nach Art. 53 UN-Charta bezieht sich auf gewaltsame Maßnahmen, die außerhalb von Sicherheitsratsresolutionen nicht ergriffen werden dürfen.[1162] Auch in der Staatenpraxis sind in zahlreichen Fällen außerhalb eines Beschlusses des Sicherheitsrates nicht-gewaltsame Sanktionsmaßnahmen ergriffen worden.[1163] Die Europäische Union hat die Ergreifung autonomer restriktiver Maßnahmen in den Grundprinzipien zum Erlass restriktiver Maßnahmen ausdrücklich in Bezug genommen und die Einhaltung völkerrechtlicher Verpflichtungen bei ihrer Umsetzung betont.[1164] Damit impliziert sie die grundsätzliche Zulässigkeit der Ergreifung autonomer Sanktionen.

Die Beschränkung der Möglichkeit zur Ergreifung von Sanktionen auf Maßnahmen auf Grundlage eines Sicherheitsratsbeschlusses liefe auch ihrem Telos zuwider. Sanktionen dienen den Staaten dazu, ihre ureigenen Interessen im Verhältnis zu einem Völkerrechtsverletzer zu schützen und durchzusetzen und in der Staatengemeinschaft auf die Beachtung völkerrechtlicher Grundregeln hinzuwirken. Sanktionen aber beruhen gerade

---

1162 *Walter,* in: UN Charter, Art. 53, Rn. 8 f.

1163 *Dawidowicz,* BYIL 77/1 (2006), 333 (415–417); s. auch unten in diesem Kapitel: C., 4., h., aa.

1164 Rat d. Europäischen Union, Grundprinzipien für den Einsatz restriktiver Maßnahmen (Sanktionen), 07.06.2004, 10198/1/04, Anlage 1, para. 3: *„Der Rat wird nötigenfalls autonome EU-Sanktionen verhängen, um damit Maßnahmen zur Bekämpfung des Terrorismus und der Verbreitung von Massenvernichtungswaffen zu unterstützen; solche Sanktionen sollen auch als restriktive Maßnahmen dienen, um die Achtung der Menschenrechte und die Einhaltung der Grundsätze der Demokratie, der Rechtsstaatlichkeit und der verantwortungsvollen Staatsführung zu gewährleisten. Dies wird im Einklang mit unserer Gemeinsamen Außen- und Sicherheitspolitik gemäß Artikel 11 EUV sowie unter uneingeschränkter Einhaltung unserer völkerrechtlichen Verpflichtungen geschehen.".*

nicht in jedem Fall auf einer „Friedensbedrohung", wie sie Voraussetzung für die Ergreifung von „*measures*" nach Kapitel VII UN-Charta ist. Vielmehr besteht mit dem Regelungsregime der völkerrechtlichen Gegenmaßnahme die Möglichkeit, einen Staat wegen der Verletzung von Verpflichtungen im bilateralen Verhältnis zu einer Verhaltensänderung und damit zur Einhaltung seiner völkerrechtlichen Verpflichtungen zu bewegen. Es handelt sich also um eine Regelung, die das Prinzip der Staatengleichheit berücksichtigt und unterstützt: Wird eine Verpflichtung im bilateralen Verhältnis gebrochen, so erfolgt auch deren „Sanktionierung" und Aufarbeitung vorrangig in diesem Verhältnis. Dass darüber hinaus auf der Grundlage eines Sicherheitsratsbeschlusses auch Kollektivmaßnahmen zulässig wären, wird durch den Sonderfall der Feststellung einer Bedrohung des Friedens oder der internationalen Sicherheit im Rahmen des Sicherheitsrates und dessen besondere Legitimationswirkung gerechtfertigt. Kollektivmaßnahmen bilden vor diesem Hintergrund die Ausnahme, weil sie das Verhältnis der Staatengleichheit umkehren und eine einzelstaatliche Verletzungshandlung einer Geltendmachung durch das Kollektiv zugänglich machen. Der Einwand der grundsätzlichen Unzulässigkeit autonomer Gegenmaßnahmen ist daher zurückzuweisen.

c. Rechtsfolge

Solange und soweit ergriffene Maßnahmen allerdings nicht auf einen Beschluss des Sicherheitsrates gestützt werden können, muss eine rechtliche Begründung ihrer Zulässigkeit aus dem allgemeinen oder besonderen Völkerrecht folgen.[1165]

2. Begründung über Art. 51 UN-Charta

Im Rahmen des UN-Systems kommt eine Rechtfertigung der Wirtschaftssanktionen auch nach Art. 51 UN-Charta in Betracht. Im Falle eines bewaffneten Angriffs gegen ein Mitglied der Vereinten Nationen berechtigt Art. 51 UN-Charta zu Maßnahmen der kollektiven Selbstverteidigung. Die ergriffene Selbstverteidigungshandlung muss die Vorgaben der *necessity* und *proportionality* einhalten, also erforderlich und verhältnismä-

---

[1165] *Frowein*, S. 388 f.

ßig sein.[1166] Mit der russischen Invasion in die Ukraine liegt ab dem 24.02.2022 ein bewaffneter Angriff gegen die Ukraine vor, der dieser ein Selbstverteidigungsrecht nach Art. 51 UN-Charta gibt. Art. 51 UN-Charta berechtigt zur Anwendung von Waffengewalt in Reaktion auf einen bewaffneten Angriff, sofern die Selbstverteidigungshandlung im Rahmen der Verhältnismäßigkeit erfolgt.[1167] Nach Art. 51 S. 2 UN-Charta ist die Ausübung eines etwaigen Selbstverteidigungsrechts unverzüglich gegenüber dem Sicherheitsrat anzuzeigen.

Die Verankerung des Selbstverteidigungsrechts ist systematisch als Ausnahme vom Gewaltverbot zu verstehen. Art. 51 UN-Charta bildet also eine spezifische Rechtsgrundlage für Verteidigungshandlungen, die unter Anwendung von Gewalt erfolgen. Wenn aber sogar die Anwendung von Gewalt unter den Voraussetzungen der Verhältnismäßigkeit der ergriffenen Handlungen völkerrechtlich zulässig ist, kann auf Art. 51 UN-Charta erst recht die Ergreifung wirtschaftlicher Maßnahmen als milderes Mittel gegenüber einer Gewaltanwendung gestützt werden. Wirtschaftssanktionen können zwar im Falle einer unzulässigen Einmischung in die inneren Angelegenheiten des sanktionierten Staates im Wege der Beschränkung des freien Wirtschaftsverkehrs das Interventionsverbot, nicht aber das Gewaltverbot verletzen.[1168]

Mit dem Beginn des Angriffskrieges wäre eine Berufung auf Art. 51 UN-Charta als Rechtsgrundlage der Wirtschaftssanktionen dem Grunde nach möglich. Die handelnden Staaten haben sich aber nicht ausdrücklich auf Art. 51 UN-Charta berufen, um ihre Sanktionen zu begründen. Darüber hinaus sind auch die zuvor in Reaktion auf die Annexion der Krim und die Vorgänge in der Ostukraine ergriffenen Maßnahmen nicht unter Bezugnahme auf Art. 51 UN-Charta sowie eine entsprechende Anzeige der Handlungen als solche in Ausübung des Selbstverteidigungsrechts beim

---

1166 IGH, Nicaragua, ICJ Rep. 1986, 14 (94), para. 176; Legality of the Threat or Use of Nuclear Weapons, Advisory Opinion, ICJ Rep. 1996, 226 (245), para. 41; *Dinstein*, S. 249–252; *Hillgruber*, in: *Kempen/Hillgruber/Grabenwarter*, § 38, para. 102; *Randelzhofer/Nolte*, in: UN Charter, Art. 51, Rn. 57–62.

1167 *Hillgruber*, in: *Kempen/Hillgruber/Grabenwarter*, § 38, para. 114; *Gray*, in: *Evans*, S. 611 f.; *Hobe*, S. 214 f.; *Randelzhofer/Nolte*, in: UN Charter, Art. 51, Rn. 57–62.

1168 Nach überwiegender Auffassung ist die Ausübung wirtschaftlichen Zwanges noch nicht als Gewaltanwendung im Sinne von Art. 2 Nr. 4 UN-Charta zu bewerten, wenngleich eine entsprechende Ausweitung des Gewaltbegriffs diskutiert wird., *Crawford*, S. 720; *Dinstein*, S. 90; *Heintschel v. Heinegg*, in: *Ipsen*, VöR, § 55, Rn. 18; *Hillgruber*, in: *Kempen/Hillgruber/Grabenwarter*, § 38, Rn. 85; *Hobe*, S. 208; *Randelzhofer/Dörr*, in: UN Charter, Art. 2 (4), Rn. 18;

Sicherheitsrat gerechtfertigt worden. Vielmehr haben die Europäische Union ebenso wie die Vereinigten Staaten von Amerika hierzu Rechtsgrundlagen des europäischen bzw. nationalen Rechts herangezogen, die nicht auf ein Recht zur Selbstverteidigung abzielen, sondern inhaltlich die Gefährdung von Sicherheitsinteressen bzw. die Sanktionierung der Russischen Föderation durch die Auferlegung zusätzlicher Kosten für ihr Verhalten zum Gegenstand haben. Unter Zugrundelegung dieses Telos' der Maßnahmen liegt eine Untersuchung der völkervertraglichen Rechtsgrundlagen zum Schutz eigener Sicherheitsinteressen sowie die Inbezugnahme des Regelungsregimes völkerrechtlicher Gegenmaßnahmen nahe.

3. Völkervertragliche Regelungen: WTO-Recht und Partnerschaftsabkommen

Vor dem Hintergrund der Begründung der Sanktionsmaßnahmen mit Gefahren für die nationale Sicherheit der handelnden Staaten kommt unter Bezugnahme auf völkervertragliche Regelungen im Besonderen eine Rechtfertigung über das Wirtschaftsvölkerrecht oder bilaterale völkervertragliche Regelungen, etwa Partnerschaftsabkommen, in Betracht.

a. Mögliche Rechtsgrundlagen

Die ergriffenen Wirtschaftssanktionen könnten über die sog. *security exception(s)* des WTO-Rechts, Art. XXI GATT sowie Art. XIV*bis* GATS gerechtfertigt werden.[1169] In Ermangelung einer Entscheidung des UN-Sicherheitsrates kommt eine Rechtfertigung nur nach Art. XXI lit. b) GATT bzw. Art. XIV*bis* lit. b) GATS in Betracht. Danach soll nach dem geltenden WTO-Recht keine Vertragspartei davon abgehalten werden, (einseitig) Maßnahmen zu ergreifen, die sie als notwendig für den Schutz ihrer wesentlichen Sicherheitsinteressen erachtet und die direkt oder indirekt einen Bezug zu militärischen Einrichtungen haben (Var. i), sich auf schmelzbares oder spaltbares Material oder deren Ursprungsmaterialien beziehen (Var. ii) oder die in Kriegszeiten oder Zeiten anderer Notstände

---

1169 Eine entsprechende Regelung enthält in Art. 73 TRIPS auch das Abkommen zum Schutz geistigen Eigentums. Zur Auslegung dieser Vorschrift s. jüngst die Entscheidung eines WTO-Panels in: *Saudi-Arabia – Measures concerning the protection of Intellectual Property Rights*, WT/DS567/R, 16.06.2020.

in internationalen Beziehungen ergriffen werden, selbst wenn dadurch von Grundprinzipien des WTO-Rechts abgewichen wird (Var. iii).[1170] Für die Handelsbeschränkungen mit Bezug auf Waffen und *dual-use* Güter kommt Art. XXI lit. b) Var. (ii) GATT in Betracht, während im Übrigen Variante (iii) der jeweiligen *security exceptions* – die Situation eines *„emergency in international relations"* als Auffangtatbestand eingreifen könnte. Diese Einordnung würde sich auch mit den einzelstaatlichen Begründungsansätzen der Bedrohung der nationalen Sicherheit decken, wenngleich bei der Ergreifung der Sanktionen in Reaktion auf die Krim-Annexion noch kein ausdrücklicher Bezug auf entsprechende Bestimmungen des WTO-Rechts genommen wurde. Im März 2022 haben dagegen die WTO-Mitglieder Albanien, Australien, Kanada, die Europäische Union, Island, Japan, Korea, die Republik Moldau, Montenegro, Neuseeland, Nordmazedonien, Norwegen, Großbritannien und die Vereinigten Staaten eine gemeinsame Erklärung abgegeben, die den Angriffskrieg Russlands ausdrücklich verurteilt und zum Ausdruck bringt, dass die Staatengruppe Maßnahmen ergreifen will, die sie für notwendig zum Schutz ihrer essentiellen Sicherheitsinteressen erachtet. Diese Maßnahmen könnten nach dem Statement sowohl die Unterstützung der Ukraine, als auch die Aussetzung von Verpflichtungen wie dem Meistbegünstigungsgrundsatz gegenüber Russland beinhalten.[1171] Vor dem Hintergrund dieser Erklärung liegt eine

---

1170 *„Nothing in this agreement shall be construed [...] (b) to prevent any contracting party from taking any action which it considers necessary for the protection of its essential security interests (i) relating to fissionable materials or the materials from which they are derived; (ii) relating to the traffic in arms, ammunition and implements of war and to such traffic in other goods and materials as is carried on directly or indirectly for the purpose of supplying a military establishment (iii) taken in time of war or other emergency in international relations [...]"*, Art. XXI GATT; *„Nothing in this agreement shall be construed [...] (b) to prevent any Member from taking any action which it considers necessary for the protection of its essential security interests: (i) relating to the supply of services as carried out directly or indirectly for the purpose of provisioning a military establishment; (ii) relating to fissionable and fusionable materials or the materials from which they are derived; (iii) taken in time of war or other emergency in international relations [...]"*, Art. XIV*bis* GATS.

1171 *„ We will take any actions, as WTO Members, that we each consider necessary to protect our essential security interests. These may include actions in support of Ukraine, or actions to suspend concessions or other obligations with respect to the Russian Federation, such as the suspension of most-favoured-nation treatment to products and services of the Russian Federation."*, WTO, Joint Statement on Aggression by the Russian Federation against Ukraine with the Support of Belarus, WT/GC/244, 15.03.2022.

Prüfung der Rechtfertigung der schon vor dem Beginn des Angriffskrieges ergriffenen Maßnahmen unter Bezug auf die *security exceptions* nahe. Die Russische Föderation hat schon die nach der Krim-Annexion erklärten Sanktionsmaßnahmen als Verletzung des WTO-Rechts verurteilt und im Frühjahr 2022 in Reaktion auf die ausgeweiteten Sanktionsregime angekündigt, eine „neue Strategie" in der WTO verfolgen zu wollen.[1172] Ein Streitbeilegungsverfahren im Rahmen der WTO hat Russland aber wegen der in Reaktion auf die Ukraine-Krise eingelegten Sanktionsmaßnahmen bis dato nicht angestrengt.

Eine vergleichbare Regelung zum Schutz essentieller Sicherheitsinteressen enthält auch das Partnerschaftsabkommen der Union mit Russland in Art. 99 Nr. 1.[1173] Die Vorschrift im Partnerschaftsabkommen enthält die Vorgaben der *security exceptions* des GATT bzw. GATS mit Blick auf militärische und *dual-use* Güter sowie das Bestehen eines Krieges oder einer sonstigen Notstandssituation in den internationalen Beziehungen in fast

---

1172 Reuters, Russia says U.S. sanctions break WTO rules, may cause trade dispute, 24.07.2014, abrufbar unter: https://www.reuters.com/article/uk-ukraine-cris is-sanctions-wto-idUKKBN0FT1ZD20140724; Russia to update its strategy in World Trade Organization amid sanctions, says Putin, 20.04.2022, abrufbar unter: https://www.reuters.com/world/russia-update-its-strategy-world-trade -organization-amid-sanctions-says-putin-2022-04-20/. Auch einen Austritt aus der Welthandelsorganisation scheint die Russische Föderation in Betracht zu ziehen.

1173 *„Nothing in this Agreement shall prevent a Party from taking any measures: 1. which it considers necessary for the protection of its essential security interests: (a) to prevent the disclosure of information contrary to its essential security interests; (b) which relate to fissionable materials or the materials from which they are derived; (c) which relate to the production of, or trade in arms, munitions or war materials or to research, development or production indispensable for defence purposes, provided that such measures do not impair the conditions of competition in respect of products not intended for specifically military purposes; (d) in the event of serious internal disturbances affecting the maintenance of law and order, in time of war or serious international tension constituting threat of war or in order to carry out obligations it has accepted for the purpose of maintaining peace and international security; or 2. which it considers necessary to respect its international obligations and commitments or autonomous measures taken in line with such generally accepted international obligations and commitments on the control of dual use industrial goods and technology."*, Agreement on Partnership and Cooperation establishing a partnership between the European Communities and their Member States, of the one part, and the Russian Federation, of the other part, OJ L 327, 28.11.1997, S. 3–69. Anm.: Das aus dem Jahr 1997 stammende Abkommen gilt politisch in weiten Teilen als überholt. Die Verhandlung einer Neuauflage des Partnerschaftsabkommens ist im Zusammenhang mit dem Ukraine-Konflikt abgebrochen worden.

wortgleicher Formulierung. Über die Vorschriften des WTO-Rechts hinaus qualifiziert sie die *„international tension"* ausdrücklich als Situation, die eine kriegsähnliche Gefährdung begründet. Weiterhin erlaubt das Partnerschaftsabkommen Maßnahmen zum Schutz essentieller Sicherheitsinteressen auch im Falle von *„serious internal disturbances affecting the maintenance of law and order"*.

Da die Vorschriften mit Blick auf die in Betracht kommenden Varianten der militärischen Güter und der Notstandssituation in internationalen Beziehungen weitgehend parallel formuliert sind, wird eine Rechtfertigung der Sanktionsmaßnahmen im Folgenden anhand von Art. XXI lit. b) GATT überprüft, dem neben der Union auch die anderen sanktionierenden Staaten sowie die Russische Föderation als Vertragsparteien unterworfen sind. Kommt eine Rechtfertigung der Sanktionsmaßnahmen über die *security exception* des WTO-Rechts in Betracht?

b. Tatbestandsvoraussetzungen der security exceptions

Art. XXI lit. b) GATT ermöglicht die unilaterale Ergreifung von Maßnahmen, die die jeweilige Vertragspartei als notwendig zum Schutz ihrer wesentlichen Sicherheitsinteressen erachtet, sofern diese in Bezug auf spaltbare Stoffe oder ihre Ursprungsmaterialien ergehen (Var. (i)), den Handel mit Waffen, Munition oder *dual-use* Gütern mit militärischem Charakter betreffen (Var. (ii)) oder in Kriegszeiten oder sonstigen ernsten Krisen in internationalen Beziehungen erfolgen (Var. (iii)). Von besonderem Interesse sind mit Blick auf die gegenüber der Russischen Föderation ergriffenen Sanktionsmaßnahmen die Varianten (ii) und (iii): Im- und Exportbeschränkungen gegenüber Russland betreffen sowohl den Handel mit militärischen Gütern und ihren Rohstoffen als auch andere Waren oder Dienstleistungen, für die eine Rechtfertigung wegen des andauernden Konflikts in der Ukraine nach Variante (iii) in Betracht kommt.

aa. Justiziabilität von Art. XXI GATT – *Russia, Measures concerning Traffic in Transit*

Angesichts der offenen Formulierung (*„Nothing in this agreement shall be construed [...] (b) to prevent any contracting party from taking any action **which it considers necessary**"*) stellt sich zunächst die Frage der Justiziabilität: Kommt es für die Rechtmäßigkeit der ergriffenen Maßnahmen nur auf die „*consideration*" (Einschätzung) der Vertragspartei an, oder ist die Vorschrift im Rahmen des WTO-Streitbeilegungsmechanismus' vollumfänglich justiziabel? Weder die „wesentlichen Sicherheitsinteressen", noch die Notwendigkeit etwaiger Maßnahmen sind im WTO-Recht näher definiert, es handelt sich um unbestimmte Rechtsbegriffe. Die Rechtsnatur von Art. XXI GATT als mögliche „*self-judging clause*" ist in der völkerrechtswissenschaftlichen Befassung ausführlich diskutiert worden, aber bisher nicht eindeutig beantwortet worden.[1174] In *Russia – Measures concerning Traffic in Transit* hat sich ein WTO-Streitbeilegungsgremium im Jahr 2019 erstmals mit der Interpretation der *security exceptions* des WTO-Rechts befasst.[1175]

Das im Rahmen des Ukraine-Konflikts von der Ukraine eingeleitete Verfahren bezog sich auf von Russland eingesetzte Beschränkungen des ukrainischen Handels mit Drittstaaten, die nach Auffassung der Ukraine eine Verletzung der Freiheit der Durchfuhr (Art. V GATT), der Verpflichtungen um die Veröffentlichung und Anwendung von Bestimmungen über den Handel (Art. X GATT), des Verbots mengenmäßiger Beschränkungen (Art. XI GATT) sowie der Subventionsregelungen (Art. XVI GATT) begründeten.[1176] Nach dem fruchtlosen Ablauf von *consultations* der Konfliktparteien, denen auch die Europäische Union beigetreten war, beantragte die Ukraine im Februar 2017 die Einsetzung eines Streitbeilegungspanels zur Befassung mit den in Rede stehenden Verletzungen des GATT.[1177] Der *Panel Report* wurde im April 2019 vom *Dispute Settlement Body*, dem Streitbeilegungsorgan der WTO, angenommen.[1178] Im Kern war das Panel mit der Frage befasst, ob Russland unter Bezugnahme auf Art. XXI lit. b) (iii) GATT Beschränkungen des Transitverkehrs auf Straße und Schiene von der Ukraine durch das Gebiet der Russischen Föderation in Richtung Kasachstan, Kirgisistan und weiterer östlich gelegener Staaten rechtfertigen konnte. Uneinigkeit bestand zwischen den Streitparteien mit Blick auf die Justiziabilität von Art. XXI GATT.

1174 S. hierzu zB: *Akande/Williams*, VJIL 43 (2003), 365–404; *Alford*, ULR 3 (2011), 697–759; *Hahn*, MJIL 12 (1991), 558–620; *Kitharidis*, AIJL 21 (2014), 79–100.

1175 WT/DS512, Russia – Measures Concerning Traffic in Transit on Ukrainian Products.

1176 S. hierzu: WT/DS512/1, Request for consultations by Ukraine, 21.09.2016; WT/DS512/R, Report of the Panel, 05.04.2019, para. 7.1.

1177 WT/DS512/3, Request for the establishment of a Panel by Ukraine, 10.02.2017.

1178 WT/DS512/R und WT/DS512/R/Add.1, Report of the Panel, Addendum, 05.04.2019; WT/DS512/7, Panel report, Action by the Dispute Settlement Body, 29.04.2019.

Die Russische Föderation stützte ihre Maßnahmen auf das Bestehen eines *„emergency in international relations"* im Sinne von Art. XXI lit. b) (iii) GATT, der 2014 entstanden sei. Die Vorschrift gebe jeder Vertragspartei das Recht, auf eine Notsituation mit allen Maßnahmen zu reagieren, die sie als notwendig zum Schutze ihrer Sicherheitsinteressen erachte. Die Streitbeilegungsgremien der WTO seien nicht dazu berechtigt, eine derartige Einschätzung zu überprüfen. Hierin läge eine unzulässige Einmischung in die inneren Angelegenheiten des handelnden Staates. Maßnahmen auf der Grundlage von Art. XXI lit. b) (iii) GATT seien von der Jurisdiktionsgewalt des Panels nicht erfasst.[1179]

Die Ukraine dagegen ging von der Justiziabilität der Voraussetzungen von Art. XXI lit. b) GATT aus. Sie ergebe sich angesichts der Tatsache, dass im Falle der Unvereinbarkeit einer Maßnahme mit dem WTO-Recht unter der russischen Auslegung keinerlei Überprüfungsmechanismus mehr gegeben wäre, sondern die Maßnahmen allein im Ermessen der handelnden Partei stünden. Eine solche Auslegung liefe Art. 23.1 DSU zuwider.[1180] Jedenfalls das Kriterium, es habe eine „einem Krieg vergleichbare Notstandssituation in internationalen Beziehungen" vorgelegen und die Berufung auf nationale Sicherheitsinteressen in *„good faith"* waren nach Auffassung der Ukraine von einem Panel überprüfbar.[1181]

Das Streitbeilegungsgremium ging in seiner Entscheidung von einer eingeschränkten Überprüfbarkeit der Berufung auf Art. XXI lit. b) aus. Die Voraussetzungen der Varianten (i) – (iii) GATT seien einer objektiven Überprüfung zugänglich und als das Ermessen der Vertragspartei beschränkende qualifizierende Klauseln auszulegen.[1182] Die zusätzliche Qualifizierung der in Bezug genommenen Situationen durch die Formulierung von Fallgruppen habe nur einen Mehrwert, wenn es sich bei Art. XXI lit. b) (i)-(iii) GATT nicht um eine vollumfänglich *self-judging clause* handele, d.h. die Betroffenheit wesentlicher Sicherheitsinteressen, die Einschlägigkeit einer der Varianten (i)-(iii) sowie die Notwendigkeit der zu ergreifenden Maßnahmen nicht unüberprüfbar der Einschätzung der Vertragsparteien unterliege.[1183] Für eine Überprüfbarkeit spreche der Telos des WTO-Rechts – die Förderung des sicheren und freien Handelsverkehrs und der Abbau von Handelshemmnissen – sowie die bisher

---

1179 S. zum Ganzen: WT/DS512/R, Report of the Panel, paras. 7.4; 7.27-7.30.
1180 WT/DS512/R, Report of the Panel, para. 7.31.
1181 WT/DS512/R, Report of the Panel, paras. 7.31-7.34.
1182 WT/DS512/R, Report of the Panel, paras. 7.65-7.77.
1183 WT/DS512/R, Report of the Panel, para. 7.65.

zurückhaltende Anwendung von Art. XXI lit. b) (iii) GATT durch die Vertragsparteien und die Entstehungsgeschichte der Vorschrift.[1184] Auch die Betroffenheit von *„essential security interests"* sei einer Überprüfung nach Treu und Glauben zugänglich, um der Missbrauchsgefahr entgegenzuwirken, die bei einem freien Ermessen der Vertragsparteien bei der Bestimmung ihrer essentiellen Sicherheitsinteressen bestünde.[1185] Wann essentielle Sicherheitsinteressen betroffen seien, hänge von der Notstandssituation im Einzelfall ab. Je weiter die Notstandssituation von einem bewaffneten Konflikt bzw. einem Zusammenbruch der öffentlichen Ordnung entfernt sei, desto schwieriger sei die Begründung einer Betroffenheit essentieller Sicherheitsinteressen.[1186] Entgegen der russischen Auffassung sei die Norm nicht als *„totally self-judging"* einzuordnen.[1187]

Unter dem Eindruck des russischen Vorbringens ging das Panel sodann vom Bestehen eines *„emergency in international relations"* im Sinne von Art. XXI lit. b) (iii) GATT aus.[1188] Da die Situation in der Ukraine von besonderer Schwere sei und einem bewaffneten Konflikt nahekomme, sowie kein Anhaltspunkt für eine missbräuchliche Berufung der Russischen Föderation auf ihre Sicherheitsinteressen bestehe, liege die Ergreifung der zum Schutz dieser Interessen notwendigen Maßnahmen im russischen Ermessen.[1189] Sie seien daher von Art. XXI lit. b) (iii) gedeckt.[1190] Das Streitbeilegungsgremium wies in diesem Zusammenhang ausdrücklich darauf hin, dass die Verantwortlichkeit für die Begründung eines *„emergency in international relations"* für die Zwecke der Überprüfung anhand der Maßstäbe des GATT unerheblich sei, sodass eine inzidente Befassung mit Verstößen gegen das allgemeine Völkerrecht seitens des Streitbeilegungsgremiums nicht in Betracht komme.[1191]

Unter Zugrundelegung der Ergebnisse des Verfahrens *Russia – Measures concerning Traffic in Transit* ist damit von einer zumindest eingeschränkten

---

1184 WT/DS512/R, Report of the Panel, paras. 7.78-7.100.
1185 WT/DS512/R, Report of the Panel, paras. 7.127-7.133.
1186 WT/DS512/R, Report of the Panel, para. 7.135.
1187 WT/DS512/R, Report of the Panel, para. 7.101 f.
1188 WT/DS512/R, Report of the Panel, paras. 7.111-7.126.
1189 WT/DS512/R, Report of the Panel, paras. 7.136-7.148.
1190 WT/DS512/R, Report of the Panel, para. 7.149.
1191 WT/DS512/R, Report of the Panel, para. 7.121. Anm.: Der Ansatz des Streitbeilegungsgremiums reiht sich somit in die beobachtete Praxis der befassten internationalen Spruchkörper zur Frage der inzidenten Stellungnahme zur Krim-Annexion ein.

Überprüfbarkeit auszugehen, was die Kriterien einer Ergreifung von Maßnahmen im Sinne von Art. XXI GATT bzw. Art. XIV*bis* GATS angeht.[1192]

bb. Vorliegen der Tatbestandsvoraussetzungen im konkreten Fall

Als *„emergency in international relations"* sah das Panel in *Russia – Measures concerning Traffic in Transit* eine *„situation of armed conflict, or of latent armed conflict, or of heightened tension or crisis, or of general instability engulfing or surrounding a state"* an.[1193] Das Bestehen einer solchen Krise nahm das Streitbeilegungsgremium auch schon vor Beginn des Angriffskrieges an. Dies begründe sich in der massiven Verschlechterung der politischen Beziehungen zwischen den beiden Staaten und dem Verständnis der Situation in der internationalen Gemeinschaft als Notstandssituation. Darüber hinaus griff das Panel die Tatsache, dass zahlreiche Staaten Sanktionen aufgrund dieser Situation ergriffen hatten und die Qualifizierung des Konflikts als *„involving armed conflict"* durch die Generalversammlung als Nachweise des Bestehens einer Notstandssituation im Sinne von Art. XXI lit. b) (iii) auf.[1194]

Spätestens mit dem Ausbruch des Angriffskrieges im Jahr 2022 besteht ohne Zweifel eine *„situation of armed conflict"* im Sinne der Vorschrift, sodass nachfolgende Sanktionen auf Art. XXI lit. b) (iii) GATT gestützt werden könnten, sofern die Tatbestandsvoraussetzungen im Übrigen vorliegen. Das Panel befasste sich dabei aber nur mit der Aussetzung von Verpflichtungen unter dem WTO-Recht im unmittelbaren Verhältnis der beiden Konfliktparteien Russlands und der Ukraine. Entscheidend für die rechtliche Einordnung der betrachteten Wirtschaftssanktionen der Europäischen Union und ihrer Verbündeten aber ist, ob das Bestehen einer Notstandssituation zwischen der Ukraine und der Russischen Föderation vor Beginn des Angriffskrieges bzw. das Bestehen eines internationalen bewaffneten Konflikts zwischen diesen beiden Staaten zur Begründung der Ergreifung von Sanktionsmaßnahmen durch Staaten *außerhalb* dieses unmittelbaren Verhältnisses genügt, oder ob zur Rechtfertigung von Sank-

---

1192 S. zum Ganzen mit konkretem Bezug zu den ergriffenen Maßnahmen im Rahmen der Ukraine-Krise, allerdings noch ohne Berücksichtigung der erst später ergangenen Entscheidung des Panels in *Russia – Measures concerning Traffic in Transit: Gruszczynski/Menkes*, in: *Czaplinski*, S. 237–257.
1193 WT/DS512/R, Report of the Panel, para. 7.76.
1194 WT/DS512/R, Report of the Panel, para. 7.122.

tionsmaßnahmen unter Verletzung des WTO-Rechts die Notstandssituation direkt zwischen sanktionierendem und sanktioniertem Staat bestehen muss. Auch die Betroffenheit essentieller Sicherheitsinteressen von Staaten außerhalb des direkten Verhältnisses der Konfliktparteien müsste einer Überprüfung nach Treu und Glauben standhalten, um die Sanktionsmaßnahmen unter Bezug auf die *security exceptions* rechtfertigen zu können.

cc. Befassung des EuGH – *Rosneft v. Council*

Mit dieser Frage der Rechtfertigung der Sanktionsmaßnahmen der Europäischen Union unter der Prämisse der *security exception(s)* des WTO-Rechts sowie des russisch-europäischen Partnerschaftsabkommens haben sich europäische Gerichte bereits befasst.[1195] Beispielhaft herangezogen werden kann das Verfahren des russischen Mineralölunternehmens *Rosneft*, das unter anderem eine Verletzung des Partnerschaftsabkommens der Europäischen Union mit Russland, sowie eine Verletzung des Grundsatzes effektiven gerichtlichen Rechtsschutzes, des Bestimmtheitsgrundsatzes, der Gleichbehandlung sowie der unternehmerischen Freiheit und des Eigentumsrechts gerügt hatte.[1196]

1195 S. zu Verfahren gegen die Ergreifung restriktiver Maßnahmen etwa: EuGH, C-732/18 P, Rosneft e. a. v. Council (EuG T-715/14); C-731/18 P, Vnesheconombank v. Council (EuG T-737/14); C-729/18 P, VTB Bank v. Council (EuG T-734/14); C-11/18 P, Klymenko v. Council (EuG T-245/15); C-599/16 P, C-589/16 P, Yanukovych v. Council (EuG T-348/14, T-346/14); C-72/15 Rosneft; EuG, T-515/15, Almaz-Antey v. Council; T-262/15, Kiselev v. Council; T-255/15, Almaz-Antey Air and Space Defence v. Council; T-69/15, NK Rosneft and Others v. Council; T-798/14, DenizBank v. Council; T-739/14, PSC Prominvestbank v. Council; T-735/14, Gazprom Neft v. Council; T-732/14, Sberbank of Russia v. Council; T-720/14, Rotenberg v. Council. Dabei ist der Großteil der Maßnahmen gegen russische Einzelpersonen und Unternehmen aufrechterhalten worden, während restriktive Maßnahmen gegen ukrainische Einzelpersonen in der überwiegenden Mehrheit von den europäischen Gerichten zurückgewiesen wurden, wobei sich diese Zurückweisung regelmäßig auf das Fehlen einer hinreichenden Begründung der Verantwortlichkeit der betroffenen Personen stützte. S. für eine ausführliche Auseinandersetzung mit verschiedenen Verfahren und einen Überblick über die Entwicklung der Rechtsprechungslinie europäischer Gerichte mit Blick auf die restriktiven Maßnahmen: *Challet*, Research Paper in Law 4 (2020); *dies.*, in: Principled Pragmatism, S. 125–140.

1196 EuGH, RS C-72–15, Urteil v. 28.03.2017, para. 35; *Rosneft* hatte die Umsetzung der unionsrechtlichen Vorgaben sowohl vor den Unionsgerichten, als

Bei der Überprüfung der Einschlägigkeit der *security exception* des Art. 99 Nr. 1 lit. d) des Partnerschaftsabkommens, deren Auslegung angesichts des sehr ähnlichen Wortlauts auf die *security exception(s)* des WTO-Rechts übertragbar sein dürfte, ging der Gerichtshof davon aus, die Vorschrift erfordere nicht, dass die *„serious international tension"* unmittelbar das Unionsgebiet betreffe. Ereignisse in einem Nachbarland der Union kämen als Rechtfertigung für Maßnahmen zum Schutz der wesentlichen Sicherheitsinteressen sowie zur Erhaltung des Friedens und der internationalen Sicherheit im Einklang mit den Zielen des auswärtigen Handelns der Union nach Art. 21 EUV und den Zielen und Grundsätzen der UN-Charta in Betracht.[1197] Beim Erlass der restriktiven Maßnahmen sei in den Erwägungsgründen der Rechtsakte auf die Verletzung der Souveränität und territorialen Unversehrtheit der Ukraine durch die Russische Föderation hingewiesen worden. Die Maßnahmen zielten auf eine friedliche Beilegung der Krise ab, was der Erhaltung des Friedens und der internationalen Sicherheit und den Zielen des auswärtigen Handelns der Union entspreche.[1198]

Für die inhaltliche Vereinbarkeit der restriktiven Maßnahmen mit dem internationalen Recht hat sich der Gerichtshof darauf beschränkt, den weiten Einschätzungsspielraum des Europäischen Rates in politischen, wirtschaftlichen und sozialen Fragen, die einer komplexen Würdigung bedürften – etwa die Notwendigkeit von Maßnahmen zum Schutz der wesentli-

---

auch vor nationalen Gerichten in Großbritannien gerügt, was zur Vorlage des Verfahrens durch den englischen *High Court of Justice* beim EuGH geführt hat. *Rosnefts* größter Anteilseigner ist mit nunmehr noch knapp über 50 % der Anteile der russische Staat, zum Zeitpunkt der Entscheidung hielt dieser knapp 70 % der Anteile. *Rosneft* war vom Beschluss 2014/512/CFSP, *concerning restrictive measures in view of Russia's actions destabilising the situation in Ukraine*, betroffen; EuGH, C-72/15, Urteil v. 28.03.2017, para. 32. Eindeutig positioniert hat der EuGH sich zur Frage seiner Zuständigkeit für die Überprüfung von GASP-Beschlüssen zu restriktiven Maßnahmen gegenüber natürlichen oder juristischen Personen im Rahmen eines Vorabentscheidungsverfahrens im Rahmen der Art. 24 I EUV und Art. 275 AEUV. Diese Zuständigkeit wurde für den Fall bejaht, dass Gegenstand des Vorabentscheidungsverfahrens die Kontrolle der Einhaltung von Art. 40 EUV oder die Überwachung der Rechtmäßigkeit restriktiver Maßnahmen gegenüber natürlichen oder juristischen Personen ist. In der Sache bezieht sich der Gerichtshof dabei insbesondere auf den Grundsatz effektiven Rechtsschutzes und auf die Kohärenz des Systems des gerichtlichen Rechtsschutzes im Rahmen des Unionsrechts.; EuGH, C-72/15, Urteil v. 28.03.2017, paras. 64–81.

1197 EuGH, C-72/15, Urteil v. 28.03.2017, para. 112–116.
1198 EuGH, C-72/15, Urteil v. 28.03.2017, paras. 114 f.

chen Sicherheitsinteressen – zu unterstreichen und keine darüber hinausgehende Überprüfung der restriktiven Maßnahmen vorgenommen.[1199] Die
Überprüfung der Vereinbarkeit dieser Maßnahmen mit dem internationalen Recht erschöpfte sich im Wesentlichen in der Prüfung formeller Voraussetzungen, etwa dem Bestehen einer Begründung und der Einhaltung
von Verfahrenserfordernissen. Zum Teil wird deshalb eine Schwächung
der Position des Gerichtshofes als von der Politik unabhängige Institution
und Kontrollinstanz auch für Entscheidungen auf der europäischen Exekutivebene kritisiert.[1200] Wesentlich für den Fortgang der Untersuchung ist
aber die Einschätzung des Gerichtshofes, auch das Bestehen einer Krise
in den internationalen Beziehungen außerhalb des Unionsgebiets reiche
zur Rechtfertigung von Sanktionsmaßnahmen auf der Grundlage der *security exception* aus. Hervorzuheben ist, dass diese Entscheidung schon vor
Beginn des Angriffskrieges ergangen ist, die politischen Spannungen zwischen der Ukraine und Russland also von europäischen Gerichten schon
zu diesem Zeitpunkt als hinreichende Grundlage der Sanktionsmaßnahmen angesehen wurden.

c. Bewertung

Unter Zugrundelegung der Entscheidungen des WTO-Streitbeilegungspanels und der europäischen Gerichte wäre mit Blick auf das Bestehen
einer Notstandssituation in den internationalen Beziehungen davon auszugehen, dass die Ukraine-Krise auch schon vor Beginn des Angriffskrieges
dem Maßstab einer Zulässigkeit von Maßnahmen nach Art. XXI lit. b)
(iii) GATT bzw. Art. 99 Nr. 1 lit. d) des Partnerschaftsabkommens standgehalten hätte. Die Bewertung der Notwendigkeit der ergriffenen Sanktionsmaßnahmen läge nach Auslegung der europäischen Gerichte weitgehend im politischen Ermessen der handelnden Staaten, die Begründung
der Sanktionen dürfte aber mit Blick auf das eskalative Vorgehen der
Russischen Föderation und die fortdauernde Nichtbeachtung völkerrechtlicher Verhaltensnormen nicht zu beanstanden sein. Die Entscheidung
des EuGH belegt, dass sich die Ergreifung von Wirtschaftssanktionen im
Rahmen der *security exception(s)* im Spannungsfeld zwischen politischen

---

1199 EuGH, C-72/15, Urteil v. 28.03.2017, paras. 88; 113; 132; 146.
1200 *Entin*, in: Principled Pragmatism, S. 106; 123 f.; Vgl. zum angenommenen
      weiten Einschätzungsspielraum des Rates in politischen Fragen auch *Challet*,
      RPL 4 (2020), S. 8–10.

und rechtlichen Fragen bewegt. Ob eine Krise in den internationalen Beziehungen besteht bzw. ob wesentliche Sicherheitsinteressen eines Staates betroffen sind, sind hochpolitische Erwägungen. Mit Blick auf die vorangegangenen Ausführungen zum Überprüfungsmaßstab bei der Auslegung der *security exceptions* ist aber zumindest eine eingeschränkte objektive Überprüfung der Tatbestandsvoraussetzungen dieser Vorschriften geboten. Diese hat der EuGH mit dem Bestehen einer Notstandssituation auch außerhalb des Territoriums der Ukraine angedeutet, allerdings ohne in seiner Bewertung hierüber hinauszugehen.

Zwar ist besonders die europäische Sicherheitsarchitektur durch die Annexion und den schwelenden territorialen Konflikt schon 2014 aus dem Gleichgewicht geraten. Gerade die Mitgliedstaaten im Osten Europas sahen sich auch vor Beginn des Angriffskrieges durch die wachsenden territorialen Machtansprüche der Russischen Föderation bedroht. Weder aber handelte bzw. handelt es sich bei der Ukraine um einen Mitgliedstaat der Union noch ist ein Drittstaat direkt an dem Konflikt – auch nicht an dem bewaffneten Konflikt – beteiligt. Ob es zur Begründung der Abweichung von wirtschaftsvölkerrechtlichen Verpflichtungen ausreicht, wenn die Krise in internationalen Beziehungen zwischen zwei Konfliktparteien besteht, die nicht deckungsgleich mit dem sanktionierenden Staat sind, kann zumindest nachhaltig bezweifelt werden. Es müsste eine Notstandssituation begründet werden können, die in ihrer Erheblichkeit einem bewaffneten Konflikt gleichkäme – dies kommt im Partnerschaftsabkommen der Union mit Russland umso deutlicher zum Ausdruck. Dass aber vor Beginn des umfassenden bewaffneten Konflikts im Jahr 2022 Drittstaaten gleichermaßen in ihren Sicherheitsinteressen bedroht waren, wie es die Ukraine gewesen ist, ist ebenfalls zweifelhaft. Der Charakter der Ausnahmevorschriften des WTO-Rechts ist gerade, dass im Interesse der Ermöglichung eines freien Handelsverkehrs nur eine Betroffenheit der essentiellen Sicherheitsinteressen eines Staates diesen berechtigen soll, von seinen wirtschaftsvölkerrechtlichen Verpflichtungen abzuweichen. Angesichts des Ziels der Gewährleistung eines möglichst freien Welthandels und des Abbaus von Handelshemmnissen, zu dem sich die Parteien des WTO-Systems bekannt haben, ist eine enge Auslegung dieser *security exceptions* besonders vor dem Hintergrund ihrer nur eingeschränkten Überprüfbarkeit angesichts des bestehenden Missbrauchspotentials dringend geboten.

Die Vorschrift nimmt andererseits – anders als dies etwa im Rahmen völkerrechtlicher Gegenmaßnahmen der Fall ist – keinen ausdrücklichen Bezug darauf, dass die Gefährdung der Sicherheitsinteressen des betroffenen Staates von einer Notstandslage im unmittelbaren Verhältnis eines

„verletzten" und eines „Verletzerstaates" ergehen muss. Dies erklärt sich vor dem Hintergrund der teleologischen Ausrichtung des Wirtschaftsvölkerrechts. Das Ziel dieser Ausnahmevorschriften ist nicht die Reaktion auf einen vorangegangenen Völkerrechtsbruch durch eine Gegenmaßnahme, sondern die Absicherung wesentlicher nationaler (Sicherheits-)Interessen, die ausnahmsweise die Verpflichtungen der WTO – die der Gewährleistung eines freien internationalen Handels dienen sollen – zurückstehen lassen. Insofern könnte angesichts des Fehlens einer Beschränkung der „Notstandslage" auf die unmittelbar beteiligten Konfliktparteien im Wortlaut der *security exceptions* auch davon ausgegangen werden, dass die zwischen der Ukraine und Russland bestehende Krise in den internationalen Beziehungen eine hinreichende Notstandslage auch mit Blick auf die zumindest politisch mitbetroffenen Staaten, etwa der Europäischen Union, begründet. Selbst wenn man das Bestehen einer Notstandslage auch im Verhältnis zur Europäischen Union und anderen Drittstaaten bejahen würde oder das Bestehen einer Notsituation im Verhältnis der Ukraine zu Russland und die politischen Auswirkungen dieser Krise zur Erfüllung des Kriteriums der „Notstandssituation in internationalen Beziehungen" ausreichen ließe, müsste in der Verletzung des Gewaltverbots durch Russland gegenüber der Ukraine auch eine Beeinträchtigung der essentiellen Sicherheitsinteressen der sanktionierenden Staaten liegen. Beachtung verdient diese Voraussetzung insbesondere für den hier schwerpunktmäßig untersuchten Zeitraum vor Beginn des Angriffskrieges.

Die Betroffenheit essentieller Sicherheitsinteressen der Union oder anderer sanktionierender Staaten neben der Ukraine steht in diesem Zusammenhang ihrerseits Begründungsschwierigkeiten gegenüber.[1201] Zwar leiden auch die Interessen dritter Staaten, im Besonderen der Europäischen Union, wenn sich in Osteuropa ein andauernder territorialer Konflikt entwickelt und die Beziehung des politischen Westens zu Russland sich weiter verschlechtert. An der Gebotenheit einer engen Auslegung der *security exception(s)* ändert sich aber auch durch ein globales Sicherheitsverständnis nichts. Der weite Handlungsspielraum, den die Ausnahmeregelungen den Staaten bei der Einschätzung der Notwendigkeit ihrer Maßnahmen

---

1201 Vgl. in diesem Sinne: *Burke*, RLJ III/3 (2015), 126 (128 f.; 135), der aber die Wirtschaftssanktionen gegen Russland insgesamt als völkerrechtswidrig einschätzt; aA: *Gruszczynski/Menkes*, in: *Czaplinski*, S. 253–255, die insbesondere mit Blick auf die geografische Nähe der Ukraine zur Union und die Gefahr, dass sich eine vergleichbare Gefährdung insbesondere für die baltischen Staaten ergebe, eine Betroffenheit wesentlicher Sicherheitsinteressen der Union ebenso wie das Bestehen eines *„emergency in international relations"* annehmen.

gewähren, erfordert ein enges Verständnis der verobjektivierbaren Voraussetzungen des Bestehens einer Notstandssituation sowie der Betroffenheit essentieller Sicherheitsinteressen.[1202]

Als *„essentielle Sicherheitsinteressen"* verstand das Panel in *Russia – Measures concerning Traffic in Transit* Interessen *„relating to the quintessential functions of the state, namely, the protection of its territory and its population from external threats, and the maintenance of law and public order internally"*. Dabei handele es sich bei den „essentiellen" Sicherheitsinteressen um ein *„evidently narrower concept"* als bei der Betroffenheit von „Sicherheitsinteressen" als solchen.[1203] Welche Interessen dies seien, liege grundsätzlich im Ermessen des jeweiligen Staates, wobei dieses nach Treu und Glauben ausgeübt werden müsse.[1204] Die Auslegung des Panels deckt sich dabei mit der im Partnerschaftsabkommen zusätzlich aufgenommenen Variante der Ergreifung notwendiger Maßnahmen bei einer Betroffenheit wesentlicher Sicherheitsinteressen im Falle der Gefährdung der innerstaatlichen Ordnung und Sicherheit.

Wesentliche Sicherheitsinteressen eines Staates betreffen nach der Auslegung des Panels also nur den Schutz des Territoriums und der Bevölkerung des Staates vor externen Gefahren. Die Annexion der Krim hat zuvörderst die territoriale Integrität und die Sicherheitsinteressen der Ukraine beeinträchtigt. Eine direkte Bedrohung des Territoriums oder gar der Bevölkerung von Drittstaaten ließ sich aus der Annexion der Krim schwerlich herleiten. Die Betroffenheit politischer Interessen, etwa die Befürchtung eines schwelenden Ost-West-Konflikts, ist mit den „essentiellen Sicherheitsinteressen" im Sinne der *security exception(s)* nicht gleichzusetzen. Die Begründung der Sanktionsmaßnahmen über eine Vorschrift zum Schutz der wesentlichen Sicherheitsinteressen eines Staates ist insofern mindestens fragwürdig.

Zu beachten ist aber in diesem Zusammenhang auch der weite politische Einschätzungsspielraum, der den handelnden Staaten in dieser Frage gewährt wird. Die internationale Sicherheitsarchitektur ist durch die gewaltsame Ausweitung des russischen Machtanspruchs im Gebiet der ehemaligen Sowjetunion massiv in Schieflage geraten. Die Blockade des Sicherheitsrates durch die Vetoposition der Russischen Föderation erschwert die Ausfüllung der „friedenswahrenden" Funktion dieses Gremiums erheblich. Eine Bedrohung der Sicherheitsinteressen von Drittstaaten könnte

---

1202 Vgl. *Spagnolo*, in: EU Law Enforcement, S. 231.
1203 WT/DS512/R, Report of the Panel, para. 7.130.
1204 WT/DS512/R, Report of the Panel, paras. 7.131 f.

unter Hinweis auf den weiten politischen Ermessensspielraum und die Bedrohungslage für den Frieden in internationalen Beziehungen sowie eine entsprechende Signalwirkung gegenüber Russland auch im Einklang mit dem EuGH bejaht werden.[1205]

Dass der EuGH sich mit Blick auf den besonderen politischen Charakter von Fragen der GASP einer näheren sachlichen Auseinandersetzung enthalten und pauschal auf den weiten Einschätzungsspielraum des Rates in politischen Fragen verwiesen hat, mag seine Ursache auch im Verhältnis der Unionsorgane zueinander haben. Der Kritik, der EuGH habe als Kontrollinstanz gegenüber den politischen Organen der Union auf dem Gebiet der restriktiven Maßnahmen „versagt"[1206], ist zuzugeben, dass hier eine inhaltliche Prüfung der Voraussetzungen der Vorschriften kaum stattgefunden hat. Über den gewählten Weg ist es dem EuGH gelungen, eine zumindest eingeschränkte Kontrolle der Maßnahmen zu signalisieren, zugleich aber nicht die politische Wertung des Rates zu untergraben. Dass in den beendeten Verfahren Sanktionsmaßnahmen gegenüber russischen Unternehmen und Einzelpersonen weitgehend aufrechterhalten wurden, während ukrainische Betroffene vielfach von Sanktionierungsmaßnahmen enthoben wurden, begründet sich auch in der politischen Wertung durch die Europäische Union.[1207] Eine Aufhebung der Sanktionsmaßnahmen gegen russische Betroffene durch ein europäisches Gericht hätte womöglich eine fatale politische Signalwirkung entfaltet. In diesen Fragen aber gebietet es die Unabhängigkeit und die Stellung des EuGH als Kontrollinstanz für die anderen Unionsorgane, gegebenenfalls auch entgegen einer politischen Grundeinstellung eine umfassende Überprüfung der Wertungen des Rates vorzunehmen. Eine Begründung der Sanktionsmaßnahmen durch Staaten außerhalb des bilateralen Verhältnisses der Ukraine zur Russischen Föderation über die *security exception(s)* steht mit Blick auf die gebotene enge Auslegung der Vorschriften Begründungsschwierigkeiten gegenüber. Unter Zugrundelegung des Telos' des WTO-Rechts, der möglichst weitgehenden Befreiung des internationalen Handelsverkehrs von Hemmnissen, ist eine enge Auslegung dieser Vorschriften geboten. Das Bestehen einer Notstandssituation in den internationalen Beziehungen wird sich mit Blick auf den andauernden Konflikt in der Ukraine schon vor dem Beginn

---

1205 So etwa: *Gornig*, S. 452–454; *Gruszczynski/Menkes*, in: *Czaplinski*, S. 253–255.

1206 *Entin*, in: Principled Pragmatism, S. 106; 123 f.; Vgl. auch *Challet*, RPL 4 (2020), S. 8–10.

1207 Vgl.: *Hofer*, in: *Beaucillon*, S. 197, die die geografische Nähe der Ukraine zur Union als wichtigen Faktor in der Entscheidung des Gerichts ansieht.

des Angriffskrieges bejahen lassen können. Darüber hinaus enthält die Vorschrift keine „Begrenzung" der Berechtigung zur Ergreifung notwendiger Maßnahmen auf die „unmittelbar betroffenen" Staaten, wie es etwa in der Grundkonzeption der völkerrechtlichen Gegenmaßnahmen angelegt ist. Die enge Auslegung der Ausnahmevorschriften des WTO-Rechts aber lässt die Berufung auf eine Betroffenheit essentieller Sicherheitsinteressen dritter Staaten durch die Bedrohung der Ukraine durch Russland – jedenfalls vor Beginn des Angriffskrieges – nicht restlos überzeugend zu.

Gewandelt hat sich diese Situation durch den Ausbruch des umfassenden bewaffneten Konflikts im Jahr 2022. Zwar hat die Russische Föderation bis dato keine weiteren territorialen Machtansprüche zum Ausdruck gebracht, gerade die baltischen Staaten befürchten aber eine Ausweitung dieser russischen Hegemonialpolitik. Angesichts der Eskalation des Konflikts durch den Angriff auf die gesamte Ukraine und der politischen Bedeutung der Auseinandersetzung auch vor dem Hintergrund der Diskussion um die Form einer „Beteiligung" westlicher Staaten etwa durch die Lieferung von Waffen ist eine abweichende Beurteilung der Betroffenheit wesentlicher Sicherheitsinteressen sowie des Bestehens einer Notstandssituation auch im Verhältnis zu Drittstaaten seit Beginn des Angriffskrieges besser vertretbar als noch zuvor. Jedenfalls nach Beginn des Angriffskrieges ergriffene Maßnahmen könnten daher mit Blick auf die *security exceptions* gerechtfertigt werden.[1208]

4. Rechtfertigung als völkerrechtliche Gegenmaßnahmen

In Betracht kommt abgesehen von einer völkervertraglichen Begründung die Rechtfertigung der Sanktionsmaßnahmen als Gegenmaßnahmen im engeren Sinne, s. Art. 22, 49 ff. ASR bzw. die entsprechende Regelung in Art. 22, 51 ff. ARIO.[1209] Zwar handelt es sich bei den Vorschriften zur

---

1208 S. hierzu auch: *Valta*, VerfBlog, 28.02.2022.

1209 Die Europäische Union als internationale Organisation könnte entsprechende Maßnahmen entweder als gemeinsame Maßnahme ihrer Mitgliedstaaten und somit entsprechend der Vorschriften des Entwurfs zur Staatenverantwortlichkeit oder als Kollektiv nach Art. 22, 51 ff. des Entwurfs zur Verantwortlichkeit internationaler Organisationen ergreifen. Die Regelungen der ARIO erfassen nach ihrem Wortlaut lediglich die Ergreifung von Gegenmaßnahmen gegen internationale Organisationen oder innerhalb des abgeschlossenen Systems der internationalen Organisation. Aus der weitgehend parallelen Regelung in den ASR und den ARIO aber lässt sich schließen, dass für Maßnahmen, die von

Staatenverantwortlichkeit bzw. zur Verantwortlichkeit internationaler Organisationen bisher nur um Entwürfe, diese gelten aber als Kodifikation des weitgehend anerkannten völkergewohnheitsrechtlichen Status' und können als Anknüpfungspunkt für eine rechtliche Einordnung der ergriffenen Sanktionen dienen.

a. Überblick

Die Zulässigkeit einer Gegenmaßnahme beruht auf der Verletzung völkerrechtlicher Pflichten im bilateralen Verhältnis, die den benachteiligten Staat berechtigt, Maßnahmen zu ergreifen, um eine Verhaltensänderung des Verletzerstaates im Rahmen seiner völkerrechtlichen Verpflichtungen zu erwirken. Sie können als Maßnahmen der *„self-help"* bezeichnet werden – es handelt sich um eine Form der Verteidigung eigener subjektiver Rechte und Interessen.[1210] Insoweit besteht eine gewisse Überlappung der Gegenmaßnahmen mit dem Ansatz der *security exceptions*: Zum Schutz eigener (Sicherheits-) Interessen bzw. zur Erfüllung völkerrechtlicher Verpflichtungen ihm gegenüber kann ein benachteiligter Staat im Zweifel auch Maßnahmen ergreifen, mit denen er selbst bestehende völkerrechtliche Verpflichtungen verletzt. Die Abweichungen von eigenen völkerrechtlichen Verpflichtungen stehen dabei im Wirtschaftsvölkerrecht unter der Prämisse der Ermöglichung eines möglichst weitgehend beschränkungsfreien internationalen Handelsverkehrs, während Gegenmaßnahmen im Sinne des allgemeinen Völkerrechts keine thematische oder teleologische Beschränkung haben, sondern für jegliche völkerrechtlich begründete Pflichten eingreifen. Voraussetzung der Berechtigung zur Ergreifung von völkerrechtlichen Gegenmaßnahmen ist grundsätzlich die individuelle Betroffenheit bzw. Benachteiligung des die Maßnahmen ergreifenden Staates. Dieser muss von einer Völkerrechtsverletzung unmittelbar betroffen sein (*„injured* State").[1211] Bei der Ergreifung von Sanktionsmaßnahmen

---

einer internationalen Organisation im Verhältnis zu einem Drittstaat außerhalb ebendieser ergriffen werden Entsprechendes gelten muss.; vgl. *Dupont*, JCSL 17/3 (2012), 301 (323); *Tams/Asteriti*, in: *Evans/Koutrakos*, S. 172.

1210 *Crawford*, State Responsibility, S. 684.

1211 *„A State is entitled as an injured State to invoke the responsibility of another State if the obligation breached is owed to: (a) that State individually [...]"*, Art. 42 ASR; *„An injured State may only take countermeasures against a State which is responsible for an internationally wrongful act in order to induce that State to comply with its obligations under part two. 2. Countermeasures are limited to the*

außerhalb des Verhältnisses der Ukraine zur Russischen Föderation fehlt diese Betroffenheit des unmittelbaren bilateralen Verhältnisses. Das Problem der *security exception(s)* stellt sich in vergleichbarer Form: Die Annexion der Krim verletzt zuvörderst die subjektiven Rechte der Ukraine, ihre territoriale Integrität und ihre staatliche Souveränität. Eine Verletzung völkerrechtlicher Pflichten im bilateralen Verhältnis Russlands zu anderen Staaten dagegen ergibt sich nicht unmittelbar. Die Möglichkeit eines anderen Staates als der Ukraine, Gegenmaßnahmen wegen einer Verletzung ihrer territorialen Integrität zu ergreifen, liefe dem Charakter der Gegenmaßnahme als Restitution eines Völkerrechtsverstoßes im bilateralen Verhältnis zuwider.

Es stellt sich die Frage, ob sich dennoch eine Berechtigung zur Ergreifung von Gegenmaßnahmen außerhalb des unmittelbaren Verhältnisses zwischen Verletzerstaat und benachteiligtem Staat begründen lässt. Daneben tritt vor dem Hintergrund des wirtschaftlichen Charakters einer Vielzahl der betrachteten Sanktionsmaßnahmen die Frage einer Sperrwirkung des WTO-Rechts: Handelt es sich bei den wirtschaftsvölkerrechtlichen Vorgaben des WTO-Rechts um ein abschließendes Regelungsregime, das den Rückgriff auf die allgemeinen völkerrechtlichen Regelungen zur Anwendbarkeit von Gegenmaßnahmen sperrt?

b. Sperrwirkung des Wirtschaftsvölkerrechts?

Gegen eine Begründung der wirtschaftlichen Sanktionsmaßnahmen über die Konzeption völkerrechtlicher Gegenmaßnahmen könnte eine Sperrwirkung des Wirtschaftsvölkerrechts sprechen. Art. 55 ASR kodifiziert den *lex specialis* Grundsatz für die Regelungen zur Staatenverantwortlichkeit. Hiernach finden die ASR keine Anwendung, wenn und soweit für die Voraussetzungen des Bestehens eines völkerrechtswidrigen Handelns oder für den Inhalt oder die Durchführung der völkerrechtlichen Verantwortlichkeit eines Staates spezielle Regeln des Völkerrechts gelten.[1212] Die Kommentierung zu den ASR weist im Rahmen des Abschnitts zu Gegen-

---

non-performance for the time being of international obligations of the State taking the measures towards the responsible State. [...]", Art. 49 ASR.

1212 Art. 55 ASR: „*These articles do not apply where and to the extent that the conditions for the existence of an internationally wrongful act or the content or implementation of the international responsibility of a State are governed by special rules of international law.*"

maßnahmen ausdrücklich darauf hin, dass im Falle des Bestehens eines speziellen Regelungsregimes zur Streitbeilegung, auf das Staaten zurückzugreifen verpflichtet sind, im Besonderen wenn die Ergreifung von Maßnahmen, die mit den völkerrechtlichen Gegenmaßnahmen vergleichbar sind, als Reaktion auf einen nachgewiesenen Verstoß gegen völkerrechtliche Verpflichtungen einer Autorisierung innerhalb dieses Streitbeilegungssystems unterliegen, der Rückgriff auf die allgemeinen Regelungen zu den Gegenmaßnahmen gesperrt sei. Das WTO-Streitbeilegungssystem wird dabei ausdrücklich als Beispiel eines solchen Systems benannt.[1213] Nach Art. 23 DSU obliegt die Feststellung, ob Pflichten aus dem WTO-Recht verletzt wurden, allein den Streitbeilegungsorganen der WTO. Die Abweichung von Vorgaben des WTO-Rechts, etwa die Aussetzung des Meistbegünstigungsgrundsatzes, wäre danach nur möglich, wenn die handelnden Staaten die Verletzung von Pflichten aus dem WTO-Recht vor einem Streitbeilegungsgremium der WTO geltend gemacht hätten. Die autonome Ergreifung von Sanktionen, die die Aussetzung wirtschaftsvölkerrechtlicher Verpflichtungen zum Gegenstand hat, wäre allein auf der Grundlage einer subjektiven Einschätzung des handelnden Staates nicht möglich, sodass das Regime der völkerrechtlichen Gegenmaßnahme nicht anwendbar wäre. Die Regelungen des WTO-Rechts, insbesondere mit Blick auf die detaillierten Ausnahmevorschriften etwa der Art. XX, XXI GATT sowie den Streitbeilegungsmechanismus bildeten insoweit eine Spezialregelung.[1214] Teils wird eine absolute Sperrwirkung des WTO-Rechts auch daraus abgeleitet, dass die Streitbeilegungsorgane der WTO ihre Entscheidungskompetenz für Fragen der Verletzung völkerrechtlicher Verpflichtungen außerhalb des WTO-Rechts abgelehnt haben.[1215] Deshalb sei die Ergreifung von Gegenmaßnahmen gegen derartige Völkerrechtsverstöße im Rahmen des Systems des WTO-Rechts wegen der fehlenden Überprüfbarkeit durch die WTO-Streitbeilegungsorgane gesperrt.[1216] Die Aussetzung von Verpflichtungen aus dem WTO-Recht, auch wenn sie als Reaktion auf ein völkerrechtswidriges vorangegangenes Verhalten ergehen, ist nach diesem Verständnis nur nach den Bedingungen des WTO-Rechts als *self-contained regime* möglich. Für diesen abschließenden Charakter des

---

1213 ILC, Yearbook 2001, Vol. II, Part 2, S. 129, para. 9.

1214 *Valta*, S. 203 f.

1215 Mexico, Tax Measures on Soft Drinks and other Beverages, WT/DS308/AB/R, 06.03.2006, para. 56: „*We see no basis in the DSU for panels and the Appellate Body to adjudicate non-WTO disputes.*".

1216 *Trapp*, ASIL Proceedings 104 (2010), 264 (266).

WTO-Rechts spricht auch, dass die Ausnahmevorschriften des GATT einen ausdifferenzierten Rechtsrahmen für die Abweichung von wirtschaftsvölkerrechtlichen Verpflichtungen enthalten, der durch die zusätzliche Annahme der Anwendbarkeit des allgemeinen Regimes der völkerrechtlichen Gegenmaßnahmen unterlaufen würde.[1217] Können Sanktionsmaßnahmen, die Verpflichtungen aus dem Wirtschaftsvölkerrecht verletzen, nicht unter dem Spezialregime des WTO-Rechts, etwa auf Grundlage von Art. XXI GATT, gerechtfertigt werden, so scheidet nach dieser Auslegung eine Rechtfertigung anhand des „allgemeinen" Prinzips der völkerrechtlichen Gegenmaßnahmen aus.

Gleichwohl verweist die Kommentierung zu Art. 55 ASR auch darauf, dass für eine Anwendbarkeit des *lex specialis* Prinzips über die Betroffenheit des *„same subject matter"* auch eine *„actual inconsistency"* zwischen den beiden Reglungsregimen bestehen muss, bzw. die Absicht erkennbar gewesen sein muss, durch die Spezialregelung den Rückgriff auf die allgemeine Regelung auszuschließen.[1218] Darüber hinaus erfasse Art. 55 ASR neben der „starken" Ausprägung des *lex specialis* Grundsatzes in Gestalt der *self-contained regimes* auch weichere Ausprägungen des Grundsatzes, die etwa nur einzelne Bestimmungen eines Vertrages beträfen.[1219] Zwar kann argumentiert werden, die Gegenmaßnahmen im allgemeinen völkerrechtlichen Sinne und die Ausnahmevorschriften des Wirtschaftsvölkerrechts beträfen den gleichen *„subject matter"* – die Ausübung wirtschaftlichen Drucks zur Einhaltung von Verpflichtungen des mit den Maßnahmen belegten Staates –, diese Auslegung ist aber weder zwingend noch vollständig überzeugend. Schutzzweck des WTO-Rechts ist die Gewährleistung eines freien und uneingeschränkten Handelsverkehrs. Die Abweichung von Verpflichtungen aus dem WTO-Recht ist deswegen in den Ausnahmevorschriften etwa des GATT mit Art. XX und Art. XXI eng begrenzt. Die Regelungen zielen nicht in erster Linie darauf ab, den durch die Aussetzung eigener wirtschaftsvölkerrechtlicher Verpflichtungen betroffenen Staat zur Einhaltung eigener völkerrechtlicher Verpflichtungen anzuhalten. Ihr Zweck liegt vielmehr in der weitgehenden Gewährleistung eines unbeschränkten Handelsverkehrs. Die Ausnahmevorschriften des WTO-Rechts greifen daher auch nur in eng umgrenzten Fällen ein. Ge-

---

1217 *Pauwelyn*, S. 231; *Simma/Pulkowksi*, EJIL 17/3 (2006), 483 (521); *Trapp*, ASIL Proceedings 104 (2010), 264 (267); *Valta*, S. 204; s. zum Ganzen ausführlich: *Hahn*, Die einseitige Aussetzung von GATT-Verpflichtungen als Repressalie.
1218 ILC, Yearbook 2001, Vol. II, Part 2, S. 140, para. 4.
1219 ILC, Yearbook 2001, Vol. II, Part 2, S. 140, para. 5.

genmaßnahmen im allgemeinen völkerrechtlichen Sinne dagegen sind nicht an zusätzliche Kriterien, etwa die Betroffenheit bestimmter Güter oder eine Situation eines *„emergency in international relations"* gebunden, sondern beruhen allein auf der Begehung eines *„internationally wrongful act"*. Das Vorliegen eines Völkerrechtsbruchs im Sinne eines *„internationally wrongful act"* ist andererseits keine Voraussetzung einer Anwendbarkeit der Ausnahmevorschriften des GATT. Völkerrechtliche Gegenmaßnahmen bzw. Maßnahmen aufgrund der Ausnahmevorschriften des WTO-Rechts haben demnach verschiedene Schutzzwecke.[1220]

Werden Verpflichtungen innerhalb des WTO-Systems verletzt und in Reaktion hierauf Maßnahmen unter Anwendung der Ausnahmevorschriften des WTO-Rechts ergriffen, so handelt es sich um eine Situation, die innerhalb des abschließenden Regimes des Wirtschaftsvölkerrechts geregelt und der Streitbeilegung zugeführt werden muss. Werden aber Verpflichtungen außerhalb des WTO-Rechts verletzt, so etwa das Gewaltverbot, so erschließt sich eine Sperrwirkung des Rückgriffs auf die allgemeinen Regelungen zu völkerrechtlichen Gegenmaßnahmen nicht.[1221] Wäre die Ergreifung wirtschaftlicher Sanktionsmaßnahmen in einem solchen Fall wegen der Betroffenheit wirtschaftsvölkerrechtlicher Verpflichtungen gesperrt, so könnte auf einen Völkerrechtsbruch außerhalb des WTO-Regimes und damit außerhalb einer Rechtfertigungsmöglichkeit im Rahmen der Ausnahmevorschriften des WTO-Rechts kaum effektiv reagiert werden. Der Einsatz von Handelsbeschränkungen im zwischenstaatlichen Verkehr als Reaktion auf einen Völkerrechtsbruch eines Staates zur Ausübung von Druck auf diesen zur Einhaltung seiner völkerrechtlichen Verpflichtungen ist im Falle einer Blockade des Sicherheitsrates und vor dem Hintergrund der beschränkten Jurisdiktionsgewalt internationaler Spruchkörper regelmäßig die einzige effektive Möglichkeit zur Durchsetzung völkerrechtlicher Normen. Blieben diese aufgrund einer Sperrwirkung des WTO-Rechts außen vor, bedrohte dies die dezentrale Durchsetzung des Völkerrechts im Wege der Gegenmaßnahmen.[1222]

Die Auslegung der bestehenden Ausnahmeregelungen des WTO-Rechts als absolute Grenzen der Ergreifung von Sanktionsmaßnahmen würde darüber hinaus den Anwendungsbereich völkerrechtlicher Gegenmaßnahmen unzulässig beschränken. Selbst wenn man über Art. XXI lit. b) (iii) GATT die Möglichkeit erfassen würde, dass in einer Situation eines bewaff-

---

1220 *Azaria*, ICLQ 71 (2022), 389 (405); *v. Unger*, KJ 1 (2004), 37 (50).

1221 S. *Pauwelyn*, S. 232; *v. Unger*, KJ 1 (2004), 37 (46).

1222 *Azaria*, ICLQ 71 (2022), 389 (397 f.).

neten Konflikts aufgrund der *security exception* Abweichungen von den Verpflichtungen des GATT möglich wären, so bleibt diese Möglichkeit auf eine Situation eines Krieges oder kriegsähnlichen Zustands beschränkt.[1223] Die Gegenmaßnahme im völkerrechtlichen Sinne aber ist bei jeder Verletzung völkerrechtlicher Verpflichtungen möglich und enthält keine vergleichbare Erheblichkeitsschwelle. Sie bildet insofern einen Auffangtatbestand. Dieses „Auffangverhältnis" ist schon im grundsätzlichen Verhältnis spezieller völkervertraglicher Regelungen zum allgemeinen Völkerrecht bzw. Völkergewohnheitsrecht angelegt. Der Gefahr, dass Spezialregelungen des Wirtschaftsvölkerrechts durch eine ausufernde Anwendung völkerrechtlicher Gegenmaßnahmen mit wirtschaftlichem Bezug unterlaufen werden, wird durch die Kriterien des völkerrechtsgemäßen Einsatzes völkerrechtlicher Gegenmaßnahmen, insbesondere durch das Erfordernis der Verhältnismäßigkeit, hinreichend begegnet. Der Rückgriff auf allgemeine Regelungen zur Ergreifung von Gegenmaßnahmen, die ihrerseits den Kriterien der Verhältnismäßigkeit und den besonderen Anforderungen einer Verletzung von *erga omnes* Verpflichtungen unterliegen, kann also durch das WTO-System nicht gesperrt sein.[1224]

c. Gegenmaßnahmen durch non-injured states: Verletzung von *erga omnes* Pflichten?

Über eine etwaige Sperrwirkung des Wirtschaftsvölkerrechts hinaus könnte der Rechtfertigung von Wirtschaftssanktionen der Europäischen Union bzw. der Vereinigten Staaten entgegengehalten werden, dass diese nicht unmittelbar vom Gewaltverbotsverstoß der Russischen Föderation gegenüber der Ukraine betroffen sind. Gleichwohl könnte sich in besonderen Fällen eine Berechtigung für Staaten außerhalb dieses Verhältnisses ergeben, ihrerseits völkerrechtliche Gegenmaßnahmen zu ergreifen. Ansatzpunkt einer solchen Berechtigung könnten qualifizierte Verletzungen des Völkerrechts sein – qualifiziert insofern, als dass es sich um eine Verletzung von *erga omnes* Verpflichtungen handelte. Die Verletzung des Gewalt- und Annexionsverbots durch Russland in der Ukraine stellt neben einer Verletzung der subjektiven Rechte der Ukraine eine Verletzung von *erga omnes* Pflichten dar. Derartige Pflichten sind gegenüber der gesam-

---

1223 *Azaria*, ICLQ 71 (2022), 389 (404).
1224 *Frowein*, S. 426.

ten Staatengemeinschaft zu erfüllen.[1225] Mit Blick auf diese umfassende Erfüllungspflicht führt die Verletzung einer *erga omnes* Verpflichtung zu einer Betroffenheit der Staatengemeinschaft als Ganze, auch außerhalb des unmittelbar bilateralen Verhältnisses. Verletzt wäre somit nicht nur die territoriale Souveränität und Integrität der Ukraine als unmittelbar benachteiligter Staat, sondern der Völkerrechtsbruch bestünde angesichts des Bruchs der *erga omnes* Erfüllungspflicht auch über das bilaterale Verhältnis hinaus. Abweichend vom grundsätzlichen bilateralen System der völkerrechtlichen Gegenmaßnahmen könnten in einem so qualifizierten Fall einer Völkerrechtsverletzung auch Gegenmaßnahmen von Staaten außerhalb des bilateralen Verhältnisses zulässig sein. Genügt also die Verletzung einer *erga omnes* Verpflichtung, um völkerrechtliche Gegenmaßnahmen durch Staaten außerhalb dieses Verhältnisses zu rechtfertigen – und das auch ohne einen entsprechenden Beschluss des Sicherheitsrates?

d. Terminologie

Die Frage, ob auch von einem nicht unmittelbar von der Völkerrechtsverletzung benachteiligten Staat im Falle einer Verletzung von *erga omnes* Pflichten Gegenmaßnahmen ergriffen werden können, ist Gegenstand anhaltender Diskussion in der Völkerrechtswissenschaft.[1226] Schon die Terminologie ist nicht einheitlich. So werden derartige Gegenmaßnahmen zum Teil als „*third-party countermeasures*"[1227] bezeichnet, weil es sich um Maßnahmen handelt, die außerhalb des unmittelbar bilateralen Verhältnisses ergriffen werden. Andere bezeichnen sie als „*collective countermeasures*"[1228], „*countermeasures in the/of general interest*"[1229] oder „*solidarity measures*"[1230] und beziehen sich damit auf den Charakter der verletzten Verpflichtung als eine solche, die im „kollektiven Interesse", d.h. *erga om-*

1225 *Dörr*, in: *Ipsen*, VöR, § 29, Rn. 17; *Hobe*, S. 257.
1226 S. etwa: „*one of the more crucial questions in the development of public international law*", *Alland*, EJIL 13/5 (2002), 1221 (1223); „*one of the great unresolved questions of contemporary law*", *Dawidowicz*, QIL 29 (2016), 3 (3); „*number among the most controversial subjects in the field of State responsibility*", *Sicilianos*, in: International Responsibility, S. 1137; „*one of contemporary international law's great debates*", *Tams/Asteriti*, in: *Evans/Koutrakos*, S. 172.
1227 *Dawidowicz*, S. 33 f. mit einer Reihe von Bezeichnungen.
1228 *White*, IYIL 27/1 (2018), 1 (9).
1229 *Alland*, EJIL 13/5 (2002), 1221 (1222).
1230 *Katselli Proukaki*, in: FS Warbrick, S. 402.

nes besteht. Im Kern dreht sich die Diskussion um die Möglichkeit von Staaten außerhalb dieses unmittelbar bilateralen Verhältnisses Gegenmaßnahmen zu ergreifen, weswegen sich die Bezeichnung dieser Maßnahmen als *third-party countermeasures* anbietet. Die Bezeichnung als „Drittstaat" bezieht sich dabei nicht auf ein vollständiges Außenstehen des handelnden Staates: Der Charakter der verletzten Verpflichtung als *erga omnes* Norm bringt gerade zum Ausdruck, dass eine Verletzungshandlung neben dem unmittelbar benachteiligten Staat auch die Erfüllungspflicht gegenüber den weiteren Völkerrechtssubjekten verletzt, die insoweit nicht als gänzlich unbeteiligte „Drittstaaten" mit Blick auf die Verletzung zu verstehen sind, sondern von dieser mittelbar betroffen sind. Unter Zugrundelegung dieses Ansatzes wird den folgenden Ausführungen die Bezeichnung als *third-party countermeasures* zugrunde gelegt.

e. Kodifikationsfragmente

Ausdrücklich kodifiziert ist das Prinzip der *third-party countermeasures* nicht, es kommt aber eine völkergewohnheitsrechtliche Begründung in Betracht. Erster Ansatzpunkt einer Untersuchung der Etablierung dieser Konzeption im Völkergewohnheitsrecht ist der Entwurf der ILC zur Staatenverantwortlichkeit, der weitgehend völkergewohnheitsrechtlich anerkannte Grundregeln kodifiziert.[1231]

Von besonderem Interesse sind diesbezüglich Art. 48 und 54 ASR. Art. 48 I ASR berechtigt neben dem unmittelbar von einem *internationally wrongful act* betroffenen Staat auch *„any State other than an injured State"* zur Geltendmachung der Staatenverantwortlichkeit, wenn die verletzte Verpflichtung im Verhältnis zu einer Gruppe von Staaten gilt, der der geltend machende Staat angehört. Weiterhin muss die Verpflichtung im kollektiven Interesse der Gruppe stehen, oder im Verhältnis zur internationalen Gemeinschaft als Ganze eingreifen – also eine Verpflichtung mit *erga omnes* Charakter sein.[1232] Neben der Berechtigung, die Staatenverantwortlichkeit für eine so qualifizierte Verletzung geltend zu machen, können die

---

1231 *Crawford*, in: MPEPIL, State Responsibility, Rn. 65; *Dörr*, in: *Ipsen*, VöR, § 29, Rn. 2.

1232 *„1. Any State other than an injured State is entitled to invoke the responsibility of another State in accordance with paragraph 2 if: (a) the obligation breached is owed to a group of States including that State, and is established for the protection of a collective interest of the group; or (b) the obligation breached is owed to the international community as a whole."*, Art. 48 I ASR.

hiervon erfassten Staaten auch die Beendigung des völkerrechtswidrigen Verhaltens sowie die Restitution im Verhältnis zum unmittelbar benachteiligten Staat einfordern.[1233] Für den Fall einer Verletzung von *erga omnes* Verpflichtungen erweitert Art. 48 ASR also die Möglichkeiten der Geltendmachung einer solchen Verletzung. Entsprechendes regelt Art. 49 ARIO für die Verantwortlichkeit einer internationalen Organisation. Die aktive Ergreifung von Gegenmaßnahmen in einem solchen Fall durch *„any State other than an injured State"* aber ist in Art. 48 ASR bzw. Art. 49 ARIO nicht angelegt.

Art. 54 ASR berechtigt die Staaten, die nach Art. 48 I ASR zur Geltendmachung der Staatenverantwortlichkeit eines völkerrechtswidrig handelnden Staates berechtigt sind, *„lawful measures [...] in the interest of the injured State or of the beneficiaries of the obligation breached"* zu ergreifen.[1234] Staaten, die nach Art. 48 I ASR nicht unmittelbar von der Völkerrechtsverletzung benachteiligt sind, können demnach *„lawful measures"* in Reaktion auf einen Völkerrechtsverstoß ergreifen. In Rückbezug zu Art. 48 I ASR besteht diese Möglichkeit, wenn ein *„State other than an injured State"* zur Geltendmachung der Verantwortlichkeit eines Staates für eine Völkerrechtsverletzung befugt ist, weil die durch diesen verletzte völkerrechtliche Verpflichtung gegenüber der internationalen Gemeinschaft als Ganze besteht – es sich also um eine *erga omnes* Verpflichtung handelt.

Ausdrücklich erfasst sind vom Wortlaut allerdings nur Maßnahmen, die *lawful*, d.h. rechtmäßig sind. Die konkrete Ausgestaltung dieser *„lawfulness"* ist aber unklar. Einerseits könnte Art. 54 ASR gerade die Ergreifung völkerrechtlicher Gegenmaßnahmen ausschließen. Der Gegenmaßnahme

---

1233 *„2. Any State entitled to invoke responsibility under paragraph 1 may claim from the responsible State:*
(a) cessation of the internationally wrongful act, and assurances and guarantees of non-repetition in accordance with article 30; and (b) performance of the obligation of reparation in accordance with the preceding articles, in the interest of the injured State or of the beneficiaries of the obligation breached.", Art. 48 II ASR.

1234 *„This chapter does not prejudice the right of any State, entitled under Art. 48, paragraph 1, to invoke the responsibility of another State, to take lawful measures against that State to ensure cessation of the breach and reparation in the interest of the injured State or of the beneficiaries of the obligation breached.",* Art. 54 ASR. Entsprechendes regelt Art. 57 ARIO: *„This chapter does not prejudice the right of any State or international organization, entitled under article 49, paragraphs 1 to 3, to invoke the responsibility of another international organization, to take lawful measures against that organization to ensure cessation of the breach and reparation in the interest of the injured State or organization or of the beneficiaries of the obligation breached.".*

immanent ist, dass es sich um eine dem Grunde nach völkerrechtswidrige Maßnahme handelt, die ihrer Rechtswidrigkeit nur durch ihre Funktion als Gegenmaßnahme im Einzelfall entbunden wird. So weist die ILC in der Kommentierung zu den Artikeln zur Staatenverantwortlichkeit ausdrücklich darauf hin, Art. 54 ASR spreche nicht von *„countermeasures"*, sondern von *„lawful measures"* als Reaktion auf Verstöße gegen Pflichten gegenüber der internationalen Gemeinschaft als Ganzes.[1235] Dieser Hinweis lässt die Schlussfolgerung zu, dass jedenfalls keine ausdrückliche Regelung der Zulässigkeit von Gegenmaßnahmen nicht unmittelbar benachteiligter Staaten wegen einer Verletzung von *erga omnes* Verpflichtungen in Art. 54 ASR angestrebt wurde. Eine ausdrückliche Ablehnung eines derartigen Konzepts aber kann aus dem Wortlaut auch nicht hergeleitet werden, denn die Kommentierung zu Art. 54 ASR hat die Frage mit Blick auf eine Lösung im Rahmen des *„further development of international law"* ausdrücklich offengelassen und diese als bloße *„saving clause"* qualifiziert.[1236]

Andererseits ist die Formulierung in Art. 54 ASR auch einer abweichenden Auslegung zugänglich. Dass die Ergreifung von *„lawful measures"* im Falle einer Verletzung von *erga omnes* Verpflichtungen durch Drittstaaten zulässig ist, hätte ausdrücklich nicht festgehalten werden müssen, wenn hiermit nur Maßnahmen gemeint gewesen wären, die schon ihrer Natur nach rechtmäßig – d.h. Retorsionen – sind.[1237] Vielmehr könnten als *„lawful measures"* auch völkerrechtliche Gegenmaßnahmen im engeren Sinne verstanden werden. Zwar handelt es sich um dem Grunde nach völkerrechtswidrige Handlungen, ihr Charakter als Gegenmaßnahme aber entbindet sie gerade ihrer Rechtswidrigkeit (*„circumstance precluding wrongfulness"*), weswegen sie im Ergebnis auch als *„lawful"* beschrieben werden könnten. Dann wären auch Gegenmaßnahmen von nicht unmittelbar von einer Völkerrechtsverletzung betroffenen Staaten von Art. 54 ASR erfasst.

1235 ILC, Yearbook 2001, Vol. II, Part 2, S. 139, para. 7.

1236 *„Article 54 leaves open the question whether any State may take measures to ensure compliance with certain international obligations in the general interest as distinct from its own individual interest as an injured State. While article 22 does not cover measures taken in such a case to the extent that these do not qualify as countermeasures, neither does it exclude that possibility."*, ILC, Yearbook 2001, Vol. II, Part 2, S. 76, para. 6; *Katselli Proukaki*, in: FS Warbrick, S. 413; aA.: *Alland*, EJIL 13/5 (2002), 1221 (1233), der davon ausgeht, dass Art. 54 ASR wegen seiner Beschränkung auf *„lawful measures"* keinen Raum für eine Anknüpfung von Gegenmaßnahmen durch nicht unmittelbar betroffene Staaten lässt.

1237 *Alland*, EJIL 13/5 (2002), 1221 (1233); *Gaja*, S. 130; *Sicilianos*, in: International Responsibility, S. 1145;

Für eine solche Auslegung der „*lawful measures*" des Art. 54 ASR spricht auch dessen Systematik: Die Vorschrift steht im Abschnitt der ASR über Gegenmaßnahmen und legt daher einen Bezug zur Regelung ebendieser nahe.[1238] Dass eine Reaktion nur mit „*lawful measures*" zulässig ist, könnte also auch auf die Erfüllung der Voraussetzungen zulässiger Gegenmaßnahmen nach Art. 49 ff. ASR bezogen werden.[1239]

Das *Drafting Committee* der ILC hatte im Jahr 2000 mit dem Entwurf zu Art. 54 ASR (2000) eine Regelung vorgeschlagen, die die Berechtigung zur Ergreifung von Gegenmaßnahmen auch für Drittstaaten enthielt, sofern es sich um einen Fall des heutigen Art. 48 I ASR, also eine Verletzung von *erga omnes* Verpflichtungen oder einen *serious breach* einer zwingenden Norm des Völkerrechts im Sinne des heutigen Art. 40 ASR handelte.[1240] Dieser Vorschlag hat innerhalb der ILC ebenso wie im Rechtsausschuss der Generalversammlung umfassende Diskussionen ausgelöst, die sich von uneingeschränkter Zustimmung und der Betonung des hohen Werts einer derartigen Vorschrift für die Durchsetzung von *erga omnes* Verpflichtungen bis zur Ablehnung einer entsprechenden Regelung wegen fehlender Staatenpraxis und der Gefahr der missbräuchlichen Anwendung derartiger Gegenmaßnahmen bewegten.[1241] Die Divergenz der Auffassungen in der ILC führte zur Verabschiedung der Kompromisslösung in Art. 54 ASR, die eine eindeutige Stellungnahme zur Zulässigkeit der *third-party countermeasures* vermieden hat und diese Frage der künftigen Fortentwicklung des internationalen Rechts überlässt.[1242] Zentraler Einwand gegen eine Kodifikation des Prinzips im Rahmen der ILC war das Fehlen einer hinreichenden Staatenpraxis zur Bestätigung einer völkergewohnheitsrechtli-

---

1238 *Sicilianos*, in: International Responsibility, S. 1145.

1239 So: *Gaja*, S. 130.

1240 „*Article 54. Countermeasures by States other than the injured State 1. Any State entitled under article 49, paragraph 1, to invoke the responsibility of a State may take countermeasures at the request and on behalf of any State injured by the breach, to the extent that that State may itself take countermeasures under this chapter. 2. In the cases referred to in article 41, any State may take countermeasures, in accordance with the present chapter in the interest of the beneficiaries of the obligation breached.*", ILC, Yearbook 2000, Vol. II, Part 2, S. 70.

1241 S. hierzu ausführlich: *Dawidowicz*, S. 85–107, sowie ILC, Yearbook 2001, Vol. II, Part 2, S. 23, para. 54; UN/A/CN.4/515, 15.02.2001, Comments and observations received from Governments, S. 79–82; Zur Entstehungsgeschichte von Art. 54 ASR und der Diskussion der Entwürfe s. auch: *Tams*, S. 241–248.

1242 ILC, Yearbook 2001, Vol. II, Part 2, S. 76, para. 6.

chen Zulässigkeit der *third-party countermeasures*.[1243] Die Praxis war nach Auffassung der ILC *„limited and rather embryonic"* und maßgeblich von westlichen Staaten geprägt.[1244]

f. Rechtsprechungsansätze

In der Rechtsprechung des IGH ist die Zulässigkeit von *third-party countermeasures* nicht ausdrücklich behandelt worden. Seit der Rechtsprechung in *Barcelona Traction* steht zwar die Berechtigung aller Staaten fest, bei einer Verletzung einer *erga omnes* Verpflichtung die Staatenverantwortlichkeit geltend zu machen.[1245] Die bloße Anerkennung durch den IGH, dass *erga omnes* Verpflichtungen im Interesse aller Staaten stehen und deren Verletzung daher auch von nicht unmittelbar verletzten Staaten geltend gemacht werden kann, impliziert aber nicht, dass hierzu zwangsläufig auch völkerrechtliche Gegenmaßnahmen als Instrument für die gesamte Staatengemeinschaft zur Verfügung stehen müssten.[1246] Zu der Frage, ob, wie und von wem die Einhaltung der *erga omnes* Verpflichtungen durchgesetzt oder auf einen Verstoß gegen sie reagiert werden kann, hat der IGH in *Barcelona Traction* keine Stellung genommen.

In der Rechtsprechung zum *Nicaragua* Fall scheint der Gerichtshof dem Konzept der *third-party countermeasures* dagegen eine Absage erteilt zu haben:

1243 ILC, Yearbook 2001, Vol. II, Part 2, S. 137, para. 3; S. 139, para. 6. In der Kommentierung zum Entwurf der Völkerrechtskommission zur Verantwortlichkeit internationaler Organisationen hat die ILC diese Auffassung unter Hinweis auf die Diskussion um die Zulässigkeit der Geltendmachung der Verantwortlichkeit von Staaten durch internationale Organisationen bestätigt und die zugehörige Staatenpraxis, die sich insbesondere in Maßnahmen der Europäischen Union zeige, als *„not very indicative"* beschrieben., ILC, Yearbook 2011, Vol. II, Part 2, S. 90, paras. 7–9. Zu dieser Frage s.: *Palchetti*, in *Cannizzaro*, S. 223–228.

1244 ILC, Yearbook 2001, Vol. II, Part 2, S. 137, para. 3; S. 139, para. 6.

1245 *„In particular, an essential distinction should be drawn between the obligations of a State towards the international community as a whole, and those arising vis-à-vis another State in the field of diplomatic protection. By their very nature the former are the concern of all States. In view of the importance of the rights involved, all States can be held to have a legal interest in their protection; they are obligations **erga omnes**."* (Hervorhebung original), IGH, Barcelona Traction, Light and Power Company, Limited (Belgium v. Spain), Judgment, Second Phase, 05.02.1970, ICJ Rep. 1970, 3 (32), para. 33.

1246 *Tams*, S. 203 f.

„*On the legal level the Court cannot regard response to an intervention by Nicaragua as such a justification. While an armed attack would give rise to an entitlement to collective self-defence, a use of force of a lesser degree of gravity cannot* [...] *produce any entitlement to take collective countermeasures involving the use of force. The acts of which Nicaragua is accused* [...] *could only have justified proportionate counter-measures on the part of the State which had been the victim of these acts, namely El Salvador, Honduras or Costa Rica. They could not justify counter-measures taken by a third State, the United States, and particularly could not justify intervention involving the use of force.*".[1247]

Die Verletzung des Gewaltverbots durch Nicaragua berechtigte nach Auffassung des IGH keinen Drittstaat zur Ergreifung von Gegenmaßnahmen und schon gar nicht zur Ergreifung gewaltsamer Gegenmaßnahmen, weil es sich nicht um eine Gewaltanwendung von der Intensität eines bewaffneten Angriffs handelte, der ein Recht zur Selbstverteidigung begründen könnte. Vielmehr könnten Gegenmaßnahmen unter Einhaltung des Verhältnismäßigkeitsgrundsatzes nur von denjenigen Staaten ergriffen werden, die Opfer der Völkerrechtsverletzungen durch Nicaragua geworden waren. Diese Passage des Urteils könnte den streng bilateralen Charakter der Gegenmaßnahme als auf das direkte Verhältnis des unmittelbar benachteiligten Staates zu dem ihm gegenüber in Verletzung völkerrechtlicher Verpflichtungen handelnden Staat begrenztes Konzept bestätigt haben.

Die Passage könnte andererseits aber auch unter direkter Bezugnahme auf die Anwendung von Gewalt gelesen werden. Kernaussage des Abschnitts ist, dass der „*use of force of a lesser degree of gravity*" nicht genügte, um eine Berechtigung zur kollektiven Selbstverteidigung auszulösen. Dann wäre der Abschnitt nicht als grundsätzliche Ablehnung eines Konzepts kollektiver Gegenmaßnahmen bzw. Gegenmaßnahmen eines „*third State(s)*" zu lesen, sondern bezöge sich auf die Rechtsfolgen der Erheblichkeit der Völkerrechtsverletzung.[1248] In seiner „*gravity*" hätte die Verletzung des Völkerrechts nicht ausgereicht, um eine Betroffenheit weiterer Staaten als der unmittelbar benachteiligten Staaten zu begründen. Letztlich hätte also keine Verletzung einer *erga omnes* Norm vorgelegen

---

1247 IGH, Nicaragua, ICJ Rep. 1986, 14 (117), para. 249; s. *Ruys*, in: *v. d. Herik*, S. 45.
1248 Vgl. in diesem Sinne: *Hovell*, AJIL Unbound 113 (2019), 140 (143), Fn. 22.

– und deswegen wäre die Ergreifung von Gegenmaßnahmen durch *third parties* ausgeschlossen.

Dieser Ansatz ist aber deswegen abzulehnen, weil eine Verletzung des Gewaltverbots – selbst wenn sie in ihrer Erheblichkeit nicht einer Begründung eines kollektiven Rechts zur Selbstverteidigung, also einem bewaffneten Angriff, gleichkommt – immer ein Bruch einer *ius cogens* und *erga omnes* Verpflichtung bleibt.[1249] Dennoch ist das Konzept der *third-party countermeasures* im *Nicaragua*-Urteil an keiner Stelle ausdrücklich behandelt worden, weder im zustimmenden, noch im ablehnenden Sinne.[1250] Hinzu kommt, dass völkerrechtliche Gegenmaßnahmen ohnehin nie die Anwendung von Gewalt erfassen können. Eine Gewaltanwendung ist nur im Rahmen von Art. 51 UN-Charta oder auf der Grundlage einer entsprechenden Entscheidung des Sicherheitsrates zu rechtfertigen, sodass das gewaltsame Handeln der Vereinigten Staaten im konkreten Fall auch nicht als *third-party countermeasure* qualifiziert und damit gerechtfertigt hätte werden können. Ein eindeutiges Urteil lässt sich aus der Befassung des IGH mit der Frage nicht herleiten.

g. Gefahren einer Anerkennung der Zulässigkeit von *third-party countermeasures*

Größter Einwand gegen die Zulässigkeit von *third-party countermeasures* ist neben der fehlenden Verankerung des Konzepts in der Staatenpraxis[1251] die bilaterale Ausrichtung völkerrechtlicher Gegenmaßnahmen. Als Maßnahmen der „Selbsthilfe" knüpfen sie an das unmittelbar bilaterale Verhältnis an, in dem einer Völkerrechtsverletzung durch eng umrissene Ausnahmereaktionsmöglichkeiten auch durch Maßnahmen begegnet werden kann, die für sich betrachtet eigene völkerrechtliche Verpflichtungen verletzen. Gegenmaßnahmen können nach Art. 49 ASR gegen einen Staat ergriffen werden, der *„responsible for an internationally wrongful act"* ist. Die Einschätzung dieser Verantwortlichkeit und der Völkerrechtswidrigkeit des die Gegenmaßnahme begründenden *„acts"* aber liegt im Ermes-

---

1249 S. *Tams*, S. 206 f., der die Nicht-Befassung des IGH mit der Frage der Rechtfertigung insbesondere des Wirtschaftsembargos als Gegenmaßnahme aufgrund einer Verletzung einer *erga omnes* Pflicht als bewusste Nicht-Befassung mit der Frage deutet.

1250 Vgl. hierzu auch: *Frowein*, S. 371–376.

1251 S. hierzu unten: 9. Kapitel, C., V., 4., h.

sen des handelnden Staates. Hierin begründet sich die Gefahr der missbräuchlichen Einsetzung solcher Maßnahmen sogar über den unmittelbar betroffenen Staat hinaus allein aufgrund einer subjektiven Qualifizierung eines Verhaltens als völkerrechtswidrig.[1252] Besonders wirtschaftlich und politisch mächtige Staaten könnten durch die Verhängung von *third-party countermeasures* in Reaktion auf ein (vermeintlich) völkerrechtswidriges Verhalten einseitig ihre politische Agenda durchsetzen und dabei wirtschaftlich schwächeren und Entwicklungsländern übermäßig schaden.[1253] Diese Befürchtung ist nicht zuletzt durch die Resolutionen der Generalversammlung, die sich wiederholt generell gegen die Anwendung unilateraler wirtschaftlicher Zwangsmaßnahmen gewandt haben, zum Ausdruck gekommen.[1254] Die Gefahr der Beeinträchtigung schwächerer Staaten durch die Anwendung wirtschaftlicher Gegenmaßnahmen potenziert sich, wenn die Möglichkeit zur Ergreifung von Gegenmaßnahmen auf Staaten außerhalb des unmittelbaren bilateralen Verhältnisses erweitert wird.

Schwierigkeiten bestehen auch in der Beurteilung der Frage, welche Kriterien an die Ergreifung von *third-party countermeasures* angelegt werden können, um deren Vereinbarkeit mit dem Völkerrecht zu sichern und eine ausufernde Anwendung zu verhindern. Durch die Einbeziehung von Drittstaaten in die Aufarbeitung eines Völkerrechtsbruchs verschiebt sich das Verhältnis der Gleichordnung der Staaten, weswegen insbesondere die Verhältnismäßigkeit ergriffener Gegenmaßnahmen bei einer (nur) mittelbaren Betroffenheit des sanktionierenden Staates schwierig zu beurteilen sein wird.[1255] Für die Verhältnismäßigkeit solcher Maßnahmen wird es dann neben der Koordination entsprechender Gegenmaßnahmen durch die handelnden Drittstaaten auf die Ziele derartiger Maßnahmen ankommen müssen.[1256] Zudem stellt sich die Frage, ob die Verhältnismäßigkeit ergriffener Maßnahmen im Rahmen einer Verletzung von *erga omnes* Normen kumulativ zu prüfen ist, d.h. ob Maßnahmen im Gesamtbild aller

---

1252 *Alland*, in: International Responsibility, S. 1129; *Dawidowicz*, S. 264; *Katselli Proukaki*, in: FS Warbrick, S. 411 f.; *O'Connell*, in: FS Schachter, S. 50, 53;

1253 *Dawidowicz*, in: FS Crawford, S. 357; *Katselli Proukaki*, S. 69; dies., in: FS Warbrick, S. 412; *O'Connell*, in: FS Schachter, S. 53; *Ruys*, in: v. d. *Herik*, S. 49; *Tanaka*, NILR 68 (2021), 1 (18) sowie: ILC, Yearbook 2001, Vol. II, Part 2, S. 128, para. 2.

1254 Zuletzt hierzu: UN/GA/RES/75/181; UN/GA/RES/56/179.

1255 *Hofer*, in: *Beaucillon*, S. 201; *Katselli Proukaki*, in: FS Warbrick, S. 416; auch: *White/Abass*, in: *Evans*, S. 531, die diese Befürchtung aber unter Hinweis auf den Zweck der Beendigung einer *erga omnes* Verletzung relativieren.

1256 *Hofer*, in: *Beaucillon*, S. 201.

handelnden Staaten verhältnismäßig sein müssen, oder ob die Verhältnismäßigkeit einer einzelnen Maßnahme für sich betrachtet wird.[1257]

Darüber hinaus droht bei der Ergreifung autonomer Gegenmaßnahmen, also Gegenmaßnahmen jenseits eines entsprechenden Beschlusses des Sicherheitsrates, grundsätzlich die Eskalation eines bestehenden Konflikts.[1258] Sind ergriffene Gegenmaßnahmen ihrerseits völkerrechtswidrig, weil das staatliche Handeln, auf das mit ihnen reagiert werden soll, das Völkerrecht nicht verletzt hat oder weil die Voraussetzungen ihrer völkerrechtmäßigen Einlegung nicht eingehalten wurden (etwa weil die Gegenmaßnahme nicht verhältnismäßig ist), so sind sie ihrerseits als *internationallly wrongful act* zu qualifizieren. Reagieren Staaten wechselseitig auf derartige (vermeintliche) Völkerrechtsbrüche durch immer neue Gegenmaßnahmen, so droht die Entstehung einer (gerade wirtschaftlichen) Sanktionsspirale. Dies läuft dem Ziel einer friedlichen Konfliktbeilegung zuwider und weckt die Befürchtung einer schnelleren Eskalation zwischenstaatlicher Konflikte, insbesondere wenn die Aufarbeitung eines Völkerrechtsverstoßes auf die gesamte Staatengemeinschaft erweitert wird. Neben der Missbrauchsgefahr beeinträchtigen derartige Sanktionsmöglichkeiten das Ziel eines freien, nicht diskriminierenden und regelbasierten Handelsverkehrs und wirken sich nachteilig auf die Fluoreszenz der Wirtschaft und damit auch die Zivilbevölkerung des sanktionierten ebenso wie des sanktionierenden Staates aus.[1259] Die negativen Auswirkungen für die Situation der Menschenrechte in den von unilateralen (wirtschaftlichen) Zwangsmaßnahmen betroffenen Staaten sind im Rahmen der Vereinten Nationen wiederholt betont worden.[1260] Im Interesse einer weitgehenden Gewährleistung der Staatengleichheit mit Blick auf die Möglichkeit zur Sanktionierung von Völkerrechtsverstößen und die Verhinderung einer einseitigen Ausnutzung wirtschaftlicher Machtpositionen könnten einsei-

---

1257 *Katselli Proukaki*, in: FS Warbrick, S. 416.
1258 Vgl. *O'Connell*, in: FS Schachter, S. 53; *Ruys*, in: *v. d. Herik*, S. 33.
1259 *Hofer*, in: *Beaucillon*, S. 197 f.; *Mohamad*, in: *Marossi/Basset*, S. 75 f.
1260 S. die Resolutionen der Generalversammlung und des UN-Menschenrechtsrates in dieser Frage, etwa: UN/GA/RES/74/200, Unilateral economic measures as a means of political and economic coercion against developing countries, 19.12.2019; UN/GA/RES/75/181, Human rights and unilateral coercive measures, 28.12.2020; UN/GA/HRC/48/59, Report of the Special Rapporteur on the negative impact of unilateral coercive measures on the enjoyment of human rights, 08.07.2021.

tige (wirtschaftliche) Maßnahmen außerhalb eines Beschlusses des UN-Sicherheitsrates daher unzulässig sein.[1261]

Hinzu kommt ein praktischer Einwand: Welche Prinzipien Gegenstand von *erga omnes* Verpflichtungen sind und wie man die notwendige Hürde einer Verletzung begründet, die die Möglichkeit zur Ergreifung von Gegenmaßnahmen durch die gesamte Staatengemeinschaft nach sich zieht, ist nicht eindeutig geklärt. Zwar sind gewisse Prinzipien mittlerweile weitgehend als Verpflichtungen *erga omnes* anerkannt[1262], aber sowohl diesem Konzept als solchem als auch seiner konkreten Ausdifferenzierung wohnen nach wie vor Unwägbarkeiten mit Blick auf deren Bestimmtheit inne.[1263] Sind die konkreten Verpflichtungen aber nicht hinreichend bestimmt, so ist für die Staatengemeinschaft unklar, welches Verhalten die Ergreifung von *third-party countermeasures* nach sich ziehen kann. Kritisiert wird in dieser Hinsicht auch die Inkonsequenz der Staatengemeinschaft bei der Reaktion auf die Verletzung von *erga omnes* Pflichten.[1264] So folge nicht bei jedem Verstoß gegen eine *erga omnes* Pflicht auch die Ergreifung von Gegenmaßnahmen, weswegen die Praxis selektiv und damit nicht ausreichend sei, um eine völkergewohnheitsrechtliche Geltung zu begründen.[1265] Diese Selektivität der Anwendung beruht nicht zuletzt darauf, dass keine grundlegende Einigkeit über die Konturen der *erga omnes* Verpflichtungen im Völkerrecht besteht. Gegen die Zulässigkeit von *third-party countermeasures* spricht im Ergebnis in erster Linie die Missbrauchsgefahr bei einer Anerkennung einer derartigen Möglichkeit.

1261 Vgl. in diesem Sinne etwa: *Joyner*, in: *Marossi/Basset*, S. 89.; *Mohamad*, in: *Marossi/Basset*; S. 79 f.

1262 Etwa das Verbot der Aggression, der Sklaverei, der Diskriminierung aufgrund der Rasse, des Völkermords, sowie das Selbstbestimmungsrecht der Völker und grundlegende Belange des humanitären Völkerrechts, s. IGH, Barcelona Traction, ICJ Rep. 1970, 3 (32), paras. 33 f.; IGH, Case concerning East Timor (Portugal v. Australia), ICJ Rep. 1995, 90 (102), para. 29; IGH, Legal Consequences of the Construction of a Wall in the Palestinian Territory, Advisory Opinion, ICJ Rep. 2004, 136 (199), paras. 155–157.

1263 S. hierzu: *Tams*, S. 117–157.

1264 *Hofer*, in: *Beaucillon*, S. 195.

1265 *Hofer*, in: *Beaucillon*, S. 195. Anm.: In diese Richtung geht auch der wiederholte Einwand der Russischen Föderation, die Sanktionsmaßnahmen des Westens seien vor dem Hintergrund der eigenen Missachtung des Völkerrechts etwa bei der Intervention im Kosovo oder im Irak-Krieg Gegenstand von *double standards* in der Auslegung des Völkerrechts durch den politischen Westen.

h. Konzeption zulässiger *third-party countermeasures*

Trotz all dieser berechtigten Bedenken lässt sich die Zulässigkeit der *third-party countermeasures* unter dem geltenden Völkergewohnheitsrecht begründen. Im Rahmen der folgenden Untersuchung werden die zentralen Einwände der fehlenden Staatenpraxis (aa), der Selektivität der Praxis (bb), der damit einhergehenden fehlenden Rechtsüberzeugung der Staaten (cc), sowie der Missbrauchsgefahr und des Eskalationspotentials (dd) behandelt und die Vorteile einer Anerkennung der Zulässigkeit von *third-party countermeasures* für die Geltendmachung von *erga omnes* Verpflichtungen herausgearbeitet (ee). In einem letzten Schritt wird die Notwendigkeit zusätzlicher Kriterien für die Ergreifung zulässiger *third-party countermeasures* erörtert (ff). Der Abschnitt schließt mit einem Fazit zur Zulässigkeit dieser Maßnahmen im Allgemeinen (gg).

aa. Staatenpraxis

Eine völkergewohnheitsrechtliche Anerkennung des Prinzips der *third-party countermeasures* kann nur durch eine Betrachtung der zugehörigen Staatenpraxis nachgewiesen werden, deren Fehlen gerade die Begründung für die schwammige Regelung der ILC in Art. 54 ASR war.

Entgegen der von der ILC vertretenen Auffassung der begrenzten Staatenpraxis sind schon in der Kommentierung zu Art. 54 ASR eine Reihe von Beispielen einer entsprechenden Praxis der Staaten angeführt worden.[1266] Dazu zählen Maßnahmen der Vereinigten Staaten gegen Uganda wegen des Völkermordes im Jahr 1978, Maßnahmen einer Reihe westlicher Staaten, darunter die USA, Frankreich und Großbritannien, gegen Polen und die UdSSR wegen der Verletzung von Demonstrationsrechten und der Unterdrückung kritischer Demonstrationen 1981, Maßnahmen einer Gruppe von Staaten, darunter die EG, Großbritannien, Australien und Kanada gegen Argentinien wegen der Besetzung der Falklandinseln 1982, sowie Maßnahmen gegen Südafrika wegen der Apartheidsregelungen 1986, gegen den Irak wegen der Invasion und Besetzung von Kuwait 1990 und gegen die Republik Jugoslawien wegen der humanitären Krise im Kosovo 1998.[1267] Trotz der Aufzählung dieser Beispiele aus der Praxis der „*countermeasures taken in the general or collective interest*" qualifizierte

---

1266 ILC, Yearbook 2001, Vol. II, Part 2, S. 137 f., para. 3.
1267 ILC, Yearbook 2001, Vol. II, Part 2, S. 138, para. 3.

die ILC die Praxis als *„uncertain"* und betonte deren Beschränkung auf eine begrenzte Zahl von Staaten.[1268]

Die Staatenpraxis aber bietet über die schon von der ILC angeführten Anwendungsfälle hinaus genügend Anhaltspunkte für eine weitgehende Anerkennung des Konzepts der *third-party countermeasures*.[1269] Nicht zuletzt die Ergreifung der Sanktionsmaßnahmen gegen Russland wegen der Verletzung des Gewalt- und Annexionsverbots auf der Krim weist auf eine derartige Praxis hin.[1270] Obwohl hier die Ukraine der unmittelbar benachteiligte Staat ist, sahen sich offenbar die handelnden Staaten dazu berechtigt, Russland mit Sanktionsmaßnahmen wegen der Aggression gegenüber der Ukraine zu belegen und so auf die Verletzung von *erga omnes* Normen zu reagieren. Vergleichbare Handlungen von Drittstaaten wie die Einfrierung von Vermögenswerten und die Beschränkung des Handelsverkehrs sind unter Bezug auf die massiven Menschenrechtsverletzungen sowie Verletzungen des humanitären Völkerrechts in den Konflikten in Libyen und Syrien gegen die Regierungselite eingesetzt worden.[1271] Gerade die Europäische Union wird wegen ihrer ausgeprägten Praxis in diesem Zusammenhang als „Pionierin" gesehen – sie trägt hierdurch zur Herausbildung von Staatenpraxis auf diesem Gebiet aktiv bei.[1272] Weitere Beispiele einer Ergreifung von *third-party countermeasures* sind die restriktiven Maßnahmen der Union gegen Belarus wegen massiver Menschenrechtsverletzungen schon seit dem Jahr 2004, insbesondere im Nachgang

---

1268 ILC, Yearbook 2001, Vol. II, Part 2, S. 139, para. 6.

1269 Detaillierte Betrachtungen der Staatenpraxis bei: *Dawidowicz*, S. 111–238; *ders.*, BYIL 77/1 (2006), 333 (350–407); *Katselli Proukaki*, S. 109–201; *Tams*, S. 209–231.

1270 So auch: *Arcari*, in: *Czaplinski*, S. 233.

1271 S. etwa: Executive Order 13566, *Blocking Property and Prohibiting certain Transactions related to Libya*. Die Executive Order der Vereinigten Staaten stützt sich ausdrücklich auf die *„extreme measures against the people of Libya"*, woraus der amerikanische Präsident das Bestehen eines *„national emergency"* in den Vereinigten Staaten herleitet. Gegen Syrien hat etwa Australien ausdrücklich *„autonomous sanctions"* eingelegt, die Australiens *„grave concern at the Syrian regime's deeply disturbing and unacceptable use of violence against its people"* betonen, https://www.dfat.gov.au/international-relations/security/sanctions/sanctions-regimes/syria-sanctions-regime. S. im Detail hierzu: *Dawidowicz*, S. 216–238.

1272 *Gestri*, in: Coercive Diplomacy, S. 75, der auf die Kommentierung der ILC zu Art. 49 ARIO verweist, ILC, Yearbook 2011, Vol. II, Part 2, S. 90, paras. 8 f; s. auch: *Beaucillon*, in: *Beaucillon*, S. 113–117; *Spagnolo*, in: EU Law Enforcement, S. 221–225; *Tzanakopoulos*, in: *Marossi/Basset*, S. 149–152.

der Präsidentschaftswahlen 2006, 2011 und 2020[1273], in Reaktion auf eskalierende Gewalt gegen politische Oppositionelle sowie gegen die Presse in Zimbabwe seit der dortigen Präsidentschaftswahl 2002[1274] und gegen den Iran wegen der extremen Verschlechterung der Menschenrechtslage seit 2011[1275].[1276] All diese Maßnahmen ergingen unabhängig von einem Beschluss des Sicherheitsrates. Sie stützten sich auf den Vorwurf massiver Verletzungen der Menschenrechte vor Ort und damit auf die Verletzung von Verpflichtungen *erga omnes*. Auch die Ergreifung restriktiver Maßnahmen gegen Belarus wegen der Beteiligung am Angriffskrieg gegen die Ukraine stützt sich nicht auf einen entsprechenden Beschluss des Sicherheitsrates und erfolgt außerhalb des unmittelbar bilateralen Verhältnisses zwischen Belarus und der Ukraine.[1277] Wegen der verheerenden Menschenrechtslage in Syrien hat eine Reihe von Staaten, darunter die Staaten der Europäischen Union und die Vereinigten Staaten von Amerika, trotz der Blockade des Sicherheitsrates wegen der russischen Unterstützung für

---

1273 Die Sanktionen der Europäischen Union wurden ausdrücklich mit der Verletzung von Menschenrechten in Belarus sowie der gewaltsamen Unterdrückung und Einschüchterung friedlicher Demonstranten, Oppositioneller und Medienvertreter begründet, s. etwa: Council Decision 2010/639/CFSP of 25 October 2010, *concerning restrictive measures against certain officials of Belarus*, OJ L 280, 26.10.2010, S. 18–28; Council Decision 2012/642/CFSP of 15 October 2012, *concerning restrictive measures against Belarus*, OJ L 285, 17.10.2012, S. 1–52; Council Implementing Decision (CFSP) 2020/2130 of 17 December 2020 *implementing Decision 2012/642/CFSP concerning restrictive measures against Belarus*, OJ L 426I, 17.12.2020, S. 14–27; zuletzt: Council Decision (CFSP) 2022/307 of 24 February 2022 *amending Decision 2012/642/CFSP concerning restrictive measures in view of the situation in Belarus*, OJ L 46, 25.2.2022, S. 97–124.

1274 Council Common Position 2002/145/CFSP of 18 February 2002 *concerning restrictive measures against Zimbabwe*, OJ L 050, 21.02.2002, S. 1–3; Council Common Position 2004/161/CFSP of 19 February 2004 *renewing restrictive measures against Zimbabwe*, OJ L 050, 20.02.2004, 66–72; Council Decision 2011/101/CFSP of 15 February 2011 *concerning restrictive measures against Zimbabwe*, OJ L 42, 16.02.2002, S. 6–23.

1275 Die Maßnahmen gegen den Iran bezogen sich ausdrücklich auf die „*deterioration of the human rights situation in Iran*". S.: Council Decision 2011/235/CFSP of 12 April 2011 *concerning restrictive measures directed against certain persons and entities in view of the situation in Iran*, OJ L 100, 14.04.2011, S. 51–53.

1276 *Sicilianos*, in: International Responsibility, S. 1146; *Spagnolo*, in: EU Law Enforcement, S. 221 f.

1277 Council Decision 2022/354 of 2 March 2022 amending Decision 2014/145/CFSP *concerning restrictive measures in respect of actions undermining or threatening the territorial integrity, sovereignty and independence of Ukraine*, OJ L 66, 2.3.2022, S. 14–26.

die syrische Regierung restriktive Maßnahmen gegen Syrien eingesetzt.[1278] Die Staatenpraxis zeigt also gerade in der jüngeren Vergangenheit und in Situationen, in denen der Sicherheitsrat durch eine Vetomacht blockiert ist, eine Tendenz zur Ergreifung autonomer völkerrechtlicher Sanktionen gegen Staaten, die wesentliche völkerrechtliche Grundnormen verletzen und damit gegen *erga omnes* Verpflichtungen verstoßen.

bb. Selektivität der Praxis

Die Schlussfolgerung der unzureichenden Staatenpraxis aber stützte sich in der ILC im Wesentlichen darauf, dass die Gegenmaßnahmen in den angesprochenen Fällen hauptsächlich von Staaten des politischen Westens ergriffen worden waren und daher lediglich eine selektive Praxis bestehe.[1279]

Zwar ist eine Vielzahl der betrachteten Maßnahmen von Staaten des geografischen und politischen Westens ergriffen worden, jedoch zeigt die Unterstützung dieser Maßnahmen auch durch Staaten anderer geografischer Regionen, dass diese dem Konzept der *third-party countermeasures* nicht ablehnend gegenüberstehen. Die Maßnahmen der Europäischen Union gegen die Russische Föderation im Rahmen der Ukraine-Krise sind etwa von Albanien, Georgien, Transnistrien, dem Kosovo und Montenegro unterstützt worden. Sanktionen gegen Syrien wegen der massiven Verletzung von Menschenrechten sind auch im Rahmen der Arabischen

---

1278 Council Decision 2013/255/CFSP of 31 May 2013 *concerning restrictive measures against Syria*, OJ L 147, 1.6.2013, S. 277–308; zuletzt: Council Implementing Decision 2002/306/CFSP of 24 February 2022 implementing Decision 2013/255/CFSP *concerning restrictive measures against Syria*. Die Maßnahmen beziehen sich ausdrücklich auf die *"deteriorating situation in Syria, and the widespread and systematic violations of human rights and international humanitarian law, including the use of chemical weapons against the civilian population"*, s. EU Sanctions Map, Syria, abrufbar unter: https://www.sanctionsmap.eu/#/main/details/32,34/?search=%7B%22value%22:%22%22,%22searchType%22:%7B%7D%7D; US, *Executive Order(s)* 13572, *Blocking Property of Certain Persons with Respect to Human Rights Abuses in Syria*, 29.04.2011; 13573, *Blocking Property of Senior Officials Of The Government Of Syria*, 18.05.2011; 13582, *Blocking Property of the Government of Syria and Prohibiting Certain Transactions with Respect to Syria*, 18.08.201; 13606, *Blocking the Property and Suspending Entry Into the United States of Certain Persons With Respect to Grave Human Rights Abuses by the Governments of Iran and Syria via Information Technology*, 23.04.2012; 13608, *Prohibiting Certain Transactions With and Suspending Entry Into the United States of Foreign Sanctions Evaders With Respect to Iran and Syria*, 01.05.2012.

1279 ILC, Yearbook 2001, Vol. II, Part 2, S. 139, para. 6.

Liga ergriffen worden, die Syrien unter anderem aus der Organisation suspendiert hatte.[1280] Afrikanische Staaten haben Maßnahmen gegen das Apartheids-Regime in Südafrika unterstützt und die Sanktionen gegen Burundi wegen massiver Menschenrechtsverletzungen mitgetragen.[1281] Nachhaltiger Protest gegen das Prinzip zur Möglichkeit einer Ergreifung von Gegenmaßnahmen auch außerhalb des unmittelbar bilateralen Verhältnisses im Falle wesentlicher Verstöße gegen Grundnormen des Völkerrechts, etwa die Vorgaben des humanitären Völkerrechts oder menschenrechtliche Aspekte, aus nicht-westlichen Staaten ist – abgesehen von den Adressaten der Gegenmaßnahmen – weitgehend ausgeblieben und streitet so jedenfalls für die Akzeptanz dieser Konzeption.[1282]

Die Tatsache, dass nicht bei jeder beobachteten Verletzung einer Norm mit *erga omnes* Charakter die Ergreifung von Gegenmaßnahmen im Interesse der gesamten Staatengemeinschaft auch außerhalb des unmittelbar bilateralen Verhältnisses erfolgt ist, vermag ihre Zulässigkeit bzw. eine entsprechende Rechtsüberzeugung der Staaten nicht auszuschließen.[1283] Die Ergreifung von Gegenmaßnahmen aufgrund der subjektiven Einschätzung eines Verhaltens als völkerrechtswidrig lässt keine vollständige Loslösung dieser von politischen Interessen des sanktionierenden Staates zu. Auch die Ergreifung von *third-party countermeasures* wird daher regelmäßig untrennbar mit den subjektiven, auch und gerade politischen Interessen des handelnden Staates einhergehen. Dass ein völkergewohnheitsrechtlich anerkanntes Recht zur Ergreifung dieser Maßnahmen besteht, heißt noch nicht, dass auch in jedem erdenklichen Fall dieses Mittel ergriffen werden müsste, um eine hinreichende Rechtsüberzeugung seitens der handelnden Staaten zu begründen. Eine bestehende Überzeugung kann auch bei einer „selektiven" Praxis zum Ausdruck kommen. Diese „Selektivität" ist vielmehr das Resultat der zwischenstaatlichen Aufarbeitung eines Völkerrechtsverstoßes auf der Grundlage einer einseitigen Handlung. Weder ist also die Praxis der Staaten geografisch auf westliche Staaten beschränkt,

---

1280 DW, Arab League imposes sanctions on Syria, 27.11.2011, abrufbar unter: https://www.dw.com/en/arab-league-imposes-sanctions-on-syria/a-15560 110.; Reuters, Arab League suspends Syria as global pressure rises, 12.11.2011, abrufbar unter: https://www.reuters.com/article/us-arabs-syria-idUSTRE7AB0C P20111112.

1281 *Tams*, S. 236.

1282 *Dawidowicz*, BYIL 77/1 (2006), 333 (411); *Katselli Proukaki*, S. 207; *Tams*, S. 237.

1283 *Alland*, EJIL 13/5 (2002), 1221 (1239).

noch kann sie in ihrer Quantität adäquat als *„embryonic"* beschrieben werden.[1284]

cc. Fehlen einer hinreichenden *opinio iuris*

Offen bleibt aber das Bestehen einer diese Praxis untermauernden *opinio iuris*. Das liegt besonders daran, dass die handelnden Staaten bei der Ergreifung ihrer Maßnahmen nicht etwa eine ausdrückliche rechtliche Einordnung vornehmen oder diese gar als *third-party countermeasures* benennen würden.[1285] Insbesondere wenn mehrere Begründungsansätze für die ergriffenen Maßnahmen in Betracht kommen, etwa deren Rechtfertigung als kollektive Selbstverteidigung, in Anwendung der Ausnahmeregelungen des GATT oder auf völkervertraglicher Grundlage, wird der Rückschluss auf eine *third-party countermeasures* begründende *opinio iuris* schwierig.[1286] Eine Reihe von Staaten spricht sich gar vollständig gegen die Möglichkeit autonomer, von einem Sicherheitsratsbeschluss unabhängiger Sanktionsmaßnahmen aus.[1287]

Diese Ablehnung der Zulässigkeit autonomer Sanktionsmaßnahmen, die in den entsprechenden Resolutionen der Generalversammlung zum Ausdruck gekommen ist, bezieht sich jedoch nicht auf deren Konzeption als *third-party countermeasure* und damit die Abweichung vom bilateralen Verhältnis, sondern richtet sich ganz grundsätzlich gegen die Ergreifung von Sanktionsmaßnahmen außerhalb eines Beschlusses des Sicherheitsrates. Insofern kann sie nicht als Ausdruck einer die Konzeption der *third-party countermeasures* als solche ablehnenden *opinio iuris* gedeutet werden, sondern bezieht sich allgemein auf die Zulässigkeit autonomer Sanktions-

---

1284 S. die umfassende Auswertung der Staatenpraxis etwa bei *Dawidowicz*, S. 111–238. Zum Einwand einer auf den politischen Westen beschränkten Praxis der Staaten s. *ders.*, S. 240–250; sowie: *Alland*, EJIL 13/5 (2002), 1221 (1239); *Dawidowicz*, BYIL 77/1 (2006), 333 (409); *Moret*, in: *Beaucillon*, S. 23–27; *Katselli Proukaki*, S. 207–209; *Sicilianos*, in: International Responsibility, S. 1145–1148; *Tams*, S. 231; aA: *Hofer*, in: *Beaucillon*, S. 194 f., die die Staatenpraxis als auf eine Praxis der westlichen Staaten beschränkt ansieht und diesen eine Anwendung von *„double standards"* bei der Reaktion auf entsprechende Völkerrechtsverletzungen attestiert, die eine konsistente Staatenpraxis ausschließe; ebenso: *Hillgruber*, in: *Tomuschat*, S. 287.

1285 *Dawidowicz*, QIL 29 (2016), 3 (12); *Ruys*, in: *v. d. Herik*, S. 47.

1286 *Dawidowicz*, BYIL 77/1 (2006), 333 (408).

1287 S. die zentralen Resolutionen der Generalversammlung: UN/GA/RES/75/181; UN/GA/RES/74/200.

maßnahmen.[1288] Die Ergreifung von *third-party countermeasures* ist ohnehin von der Ergreifung von Maßnahmen nach Kapitel VII UN-Charta unabhängig zu betrachten. Die Staatenpraxis zeigt, dass in einer ganzen Reihe von Fällen der Sicherheitsrat unbeteiligt war, als *third-party countermeasures* ergriffen wurden.[1289] Nicht zuletzt die Maßnahmen gegen Russland aufgrund der Krise in der Ukraine zeigen dies eindrücklich, denn hier ist der Sicherheitsrat wegen des russischen Vetos blockiert. Ein Erfordernis einer vorherigen Beteiligung des Sicherheitsrates oder gar eine Sperrwirkung lässt sich der Praxis nicht entnehmen. Auch die dogmatische Konzeption der völkerrechtlichen Gegenmaßnahmen stützt eine solche Auslegung nicht. Art. 59 ASR bringt zum Ausdruck, dass es sich um zwei Regelungsregime handelt, die voneinander getrennt zu betrachten sind und einander unberührt lassen. Während der Sicherheitsrat in Fällen eingreift, in denen eine Bedrohung des Friedens und der Sicherheit der Staatengemeinschaft vorliegt, die nicht zwingend eine (schwerwiegende) Verletzung des Völkerrechts voraussetzt (die gleichwohl häufig bestehen wird), sind die Gegenmaßnahmen auch in ihrer Ausprägung als *third-party countermeasures* rechtliche Reaktionsmöglichkeiten auf einen (schwerwiegenden) Völkerrechtsbruch.[1290] Maßnahmen des Sicherheitsrates nach Kapitel VII UN-Charta werden zwar in der Praxis häufig auch zur Beendigung eines Völkerrechtsverstoßes eingesetzt, in diesem Fall können die Konzeptionen der *third-party countermeasures* und der Maßnahmen nach Kapitel VII UN-Charta aber nebeneinander eingreifen, solange durch *third-party countermeasures* keine abweichenden Regelungen der UN-Charta oder Entscheidungen des Sicherheitsrates aktiv beeinträchtigt werden.[1291]

Zudem zeigen sich in der Praxis der Staaten Hinweise auf eine befürwortende Rechtsüberzeugung. Die Ergreifung von restriktiven Maßnahmen unabhängig von einem Beschluss des Sicherheitsrates (*„autonomous sanctions"*) ist in den von der Europäischen Union verabschiedeten Grundprinzipien zur Ergreifung von restriktiven Maßnahmen angelegt.[1292] Für diese sucht die Europäische Union ausdrücklich eine breite Unterstützung

---

1288 S. hierzu schon oben: 9. Kapitel, C., V., 1., b.

1289 *Dawidowicz*, in: FS Crawford, S. 353.

1290 *Dawidowicz*, in: FS Crawford, S. 354; *White/Abass*, in: *Evans*, S. 542.

1291 *Dawidowicz*, in: FS Crawford, S. 356; s. auch: *ders.*, S. 255–262. aA: *Sicilianos*, in: International Responsibility, S. 1142, der von einer Sperrwirkung der Maßnahmen des Sicherheitsrates nach Kapitel VII UN-Charta ausgeht.

1292 Rat d. Europäischen Union, Grundprinzipien für den Einsatz restriktiver Maßnahmen (Sanktionen), 07.06.2004, 10198/1/04, Anlage 1, para. 3.

in der Staatengemeinschaft.[1293] Das Ziel, eine solch breite Unterstützung für die Maßnahmen zu erlangen, spricht dafür, dass die Europäische Union den Einsatz derartiger restriktiver Maßnahmen in das kollektive Interesse der Staatengemeinschaft stellt – mit anderen Worten insbesondere eine Verletzung von Verpflichtungen gegenüber der gesamten Staatengemeinschaft (*erga omnes* Verpflichtungen) zu solchen Maßnahmen berechtigen könnte.[1294]

Die Untersuchung einer entsprechenden Rechtsüberzeugung in der Staatengemeinschaft für die Anerkennung einer rechtlichen Konzeption der völkerrechtlichen Gegenmaßnahmen im Falle der Betroffenheit von *erga omnes* Pflichten unterliegt der Schwierigkeit, dass die enge Verflechtung von politischen und rechtlichen Belangen in diesem Zusammenhang häufig eine trennscharfe Abgrenzung erschwert.[1295] Ein Staat, der aufgrund einer (vermeintlichen) Verletzung von *erga omnes* Verpflichtungen Gegenmaßnahmen der internationalen Gemeinschaft ausgesetzt ist, wird sich regelmäßig gegen deren Verhängung aussprechen. Dass die sanktionierenden Staaten sich nicht ausdrücklich auf das Konzept der *third-party countermeasures* berufen haben, lässt aber nicht den Rückschluss zu, dass sie derartige Maßnahmen nicht aufgrund einer rechtlichen Erwägung – mit anderen Worten einer Rechtsüberzeugung ergriffen haben.[1296] Das Fehlen einer ausdrücklichen rechtlichen Einordnung einer Maßnahme bedeutet nicht, dass sie automatisch rein politischen Charakter hätte. Wenn Staaten Sanktionsmaßnahmen ergreifen, die dem Grunde nach völkerrechtswidrig sind, man dabei aber die Prämisse einer grundsätzlichen Achtung des Völkerrechts zugrunde legt, muss deren Ergreifung auf rechtlichen Erwägungen beruhen. Ein Handeln im Einklang mit dem geltenden Völkerrecht besteht nur, wenn es für die Sanktionsmaßnahmen eine Rechtsgrundlage gibt. Diese Rechtsgrundlage ist mit Blick auf die inhaltliche Begründung der Sanktionen im Ukraine-Konflikt in der Verletzung von *erga omnes* Normen zu suchen. Die Betonung der Verurteilung einer Verletzung der territorialen Integrität und Souveränität der Ukraine und die ausdrückliche Nichtanerkennung einer Statusänderung auf der Grundlage dieser Völkerrechtsverstöße begründen die Annahme, dass die Staaten hier von einer Verletzung von *erga omnes* Pflichten ausgegangen sind und diese in

---

1293 Rat d. Europäischen Union, Grundprinzipien für den Einsatz restriktiver Maßnahmen (Sanktionen), 07.06.2004, 10198/1/04, Anlage 1, para. 4.
1294 Vgl. *Spagnolo*, in: EU Law Enforcement, S. 239.
1295 S. hierzu: *Dawidowicz*, S. 250–255; *ders.*, in: FS Crawford, S. 351; *Tams*, S. 239.
1296 *Dawidowicz*, S. 252; *Tams*, S. 232–234.

direkten Konnex zu den ergriffenen Sanktionsmaßnahmen stellen, also von der Zulässigkeit der Ergreifung von Gegenmaßnahmen in einem solchen Fall ausgehen und damit einer entsprechenden Rechtsüberzeugung Rechnung tragen.[1297] Ähnliche Begründungsansätze lassen sich in der übrigen Staatenpraxis beobachten, wobei die handelnden Staaten regelmäßig das Vorangehen eines schweren Völkerrechtsbruchs als Begründung ihrer Sanktionsmaßnahmen angeführt haben.[1298] In der weitgehenden Mehrzahl der Fälle in der Staatenpraxis haben sich die handelnden Staaten ausdrücklich auf die Verletzung von Verpflichtungen gestützt, die als *erga omnes* Normen anerkannt sind – etwa die Verletzung des Gewaltverbots, Akte des Völkermordes oder der Folter oder anderer schwerwiegender Menschenrechtsverletzungen.[1299] Dies lässt den Rückschluss auf eine sich jedenfalls entwickelnde Rechtsüberzeugung zumindest bei denjenigen Staaten zu, die sich entsprechenden Maßnahmen angeschlossen haben. Die Bezugnahme auf eine „schwerwiegende Verletzung des Völkerrechts", auf die durch die Ergreifung bestimmter Maßnahmen reagiert wird oder wurde, legt dabei nahe, dass das Konzept der *third-party countermeasures* als Rechtsgrundlage der ergriffenen Maßnahmen verstanden wurde.[1300]

Hinzu kommt, dass die Staaten bei einer dem Grunde nach völkerrechtswidrigen Handlung wie der Ergreifung völkerrechtlicher Gegenmaßnahmen naturgemäß eine Vielzahl politischer und rechtlicher Erwägun-

---

1297 S. etwa: „*Since March 2014, the EU has progressively imposed restrictive measures against Russia. The measures were adopted in response to the illegal annexation of Crimea and the deliberate destabilisation of Ukraine.*", EU restrictive measures in response to the crisis in Ukraine, abrufbar unter: https://www.consilium.europa.eu/en/policies/sanctions/ukraine-crisis/; Das Sanktionsprogramm der Vereinigten Staaten wurde mit dem Ziel verabschiedet: „*to deal with the threat posed by the actions and policies of certain persons who had undermined democratic processes and institutions in Ukraine; threatened the peace, security, stability, sovereignty, and territorial integrity of Ukraine; and contributed to the misappropriation of Ukraine's assets.*", OFAC Ukraine/Russia-Related Sanctions Program, US Departemnt of the Treasury, S. 3, abrufbar unter: https://home.treasury.gov/system/files/126/ukraine_overview_of_sanctions.pdf; „*Sanctions related to Russia were imposed [...] in order to respond to the gravity of Russia's violation of the sovereignty and territorial integrity of Ukraine, and grave human rights violations that have been committed in Russia.*", Canadian Sanctions Related to Russia, abrufbar unter: https://www.international.gc.ca/world-monde/international_relations-relations_internationales/sanctions/russia-russie.aspx?lang=eng.

1298 S. die Betrachtung der Staatenpraxis in diesem Kapitel unter C., V., 4., h., aa. Sowie: *Dawidowicz*, S. 269 f.; *Gaja*, S. 131; *Tams*, S. 248.

1299 *Tams*, S. 233; *ders./Asteriti*, in: *Evans/Koutrakos*, S. 173.

1300 *Dawidowicz*, BYIL 77/1 (2006), 333 (414).

gen anführen, um ihr Verhalten zu begründen.[1301] Dies erschließt sich schon vor dem Hintergrund der Begründung einer multilateralen Rechtsordnung, in der ein Verstoß gegen das Völkerrecht auch auf der Bühne der Staatengemeinschaft gerechtfertigt werden muss, um die Legitimation der ergriffenen Maßnahmen zu erhöhen und zugleich das eigene Bekenntnis zu den zugrunde liegenden Regeln des Völkerrechts zu bestärken. Rechtliche und politische Belange gehen in diesem Zusammenhang miteinander einher und lassen sich aufgrund des zwischenstaatlichen Charakters des Völkerrechts nicht trennscharf voneinander abgrenzen.

In diese Richtung deutet auch die vom IDI schon 2005 verabschiedete Resolution, die eine von der ILC abweichende Rechtsauffassung beinhaltete und die Ergreifung nicht gewaltsamer Gegenmaßnahmen bei einer schwerwiegenden Verletzung von *erga omnes* Verpflichtungen als zulässig ansah. In Art. 5 der Resolution heißt es: *„Should a widely acknowledged grave breach of an erga omnes obligation occur, all the States to which the obligation is owed: [...] (c) are entitled to take non-forcible counter-measures under conditions analogous to those applying to a State specially affected by the breach.“*.[1302] Voraussetzung der Ergreifung von *„non-forcible counter-measures“* bei einer Verletzung von *erga omnes* Pflichten ist nach dieser Regelung, dass es sich um einen *„widely acknowledged grave breach“* handelt. Zusätzlich müssen die Voraussetzungen eingehalten werden, die für eine Ergreifung von Gegenmaßnahmen eines unmittelbar betroffenen Staates, also im unmittelbar bilateralen Verhältnis, gelten. Die Staatenpraxis lässt im Ergebnis eine Begründung der völkergewohnheitsrechtlichen Zulässigkeit von *third-party countermeasures* durchaus zu.

dd. Missbrauchspotential

Auch die Gefahr der missbräuchlichen Anwendung von Gegenmaßnahmen besteht nicht allein mit Blick auf die Ergreifung völkerrechtlicher Gegenmaßnahmen in der Konzeption der *third-party countermeasures*. Gleiches gilt für die Eskalationsgefahr eines Konflikts durch die wechselseitige Ergreifung von Sanktionen. Auch im unmittelbar bilateralen Verhältnis beruht die Ergreifung einer Gegenmaßnahme allein auf der subjektiven Einschätzung des handelnden Staates und ist nicht von einer Überprüfung durch ein Gericht oder einer Kollektiventscheidung abhängig. Die Gefahr

---

1301 *Dawidowicz*, BYIL 77/1 (2006), 333 (413).
1302 IDI, Krakow Session, 2005, Resolution, Art. 5.

einer übermäßigen Eskalation des Konflikts durch das Entstehen einer Sanktionsspirale und die Gefahr einer missbräuchlichen Anwendung aus politischen Erwägungen besteht in der „klassischen" Konstellation der völkerrechtlichen Gegenmaßnahme im unmittelbar bilateralen Verhältnis also genauso wie im Rahmen einer Ausweitung der Möglichkeit zur Ergreifung von Gegenmaßnahmen auf Staaten außerhalb des unmittelbaren Verhältnisses des benachteiligten zum Verletzerstaat.

Gegen die Zulässigkeit von *third-party countermeasures* könnte in diesem Zusammenhang allenfalls angeführt werden, dass die Einbeziehung von Staaten außerhalb des unmittelbaren Verletzungsverhältnisses diese Gefahr verschärft, weil hierdurch ein Ungleichgewicht mit Blick auf wirtschaftliche und politische Möglichkeiten entstehen kann, das eine übermäßige Benachteiligung des sanktionierten Staates zur Folge haben könnte. Der befürchteten Missbrauchsgefahr aber kann durch die Beschränkung des Rechts zur Ergreifung von *third-party countermeasures* begegnet werden. Zur Unterbindung einer rechtsmissbräuchlichen Anwendung von Gegenmaßnahmen existieren mit den Kriterien für ihre völkerrechtsgemäße Anwendung bereits Schutzmechanismen. Klar ist, dass auch und erst recht bei der Ergreifung von *third-party countermeasures* die Einhaltung derjenigen Voraussetzungen erforderlich ist, die für eine völkerrechtsgemäße Ergreifung „klassischer" Gegenmaßnahmen im Verhältnis des „unmittelbar" verletzten Staates zum Rechtsverletzer bestehen.[1303] Dieses Prinzip war schon im Entwurf der ILC zu Art. 54 ASR (2000) angelegt.[1304] Die Voraussetzungen der Art. 49 ff. ASR sind als völkergewohnheitsrechtliche Beschränkungen anerkannt und bilden ein notwendiges Gegengewicht zum bestehenden Missbrauchspotential des grundsätzlich weit gefassten Rechts zur Ergreifung von Gegenmaßnahmen aufgrund der subjektiven staatlichen Einschätzung eines Verhaltens als völkerrechtswidrig. Zudem beschränkt sich die Missbrauchsgefahr nicht auf die Konzeption der *third-party countermeasures*, weswegen sie allenfalls gegen die subjektive Konzeption der Gegenmaßnahmen im Allgemeinen, nicht aber im Besonderen gegen deren Ergreifung im Falle einer Verletzung einer *erga omnes* Verpflichtung auch durch mittelbar betroffene Staaten spricht.

1303 Vgl. *Ronzitti*, in: Coercive Diplomacy, S. 293; s. auch: *Spagnolo*, in: EU Law Enforcement, S. 237 f.; im Detail hierzu: *Dawidowicz*, S. 285–382.
1304 ILC, Yearbook 2000, Vol. II, Part 2, S. 71, Art. 54 III ASR (2000).

ee. Vorteile einer Anerkennung der Möglichkeit zur Ergreifung von *third-party countermeasures*

Bedeutendster Vorteil einer Anerkennung der Zulässigkeit von *third-party countermeasures* ist ihr Effekt für die Durchsetzbarkeit und die Bindungswirkung von *erga omnes* Normen. Das Prinzip dieser Pflichten ist gerade, dass sie gegenüber der gesamten Staatengemeinschaft eingreifen und jeden Staat gegenüber allen anderen verpflichten. Diese Konzeption kann mit dem Charakter der Gegenmaßnahme als Reaktion auf einen Völkerrechtsbruch im bilateralen Verhältnis in Einklang gebracht werden: Wird eine Pflicht verletzt, die gegenüber der gesamten Staatengemeinschaft besteht, dann ist hiervon die gesamte Staatengemeinschaft betroffen. Zwar wird in der Regel – und auch im Beispiel der Ukraine – die unmittelbare Benachteiligung einen bestimmten Staat treffen und nicht die gesamte Staatengemeinschaft gleichermaßen durch den Völkerrechtsbruch benachteiligt sein. Das Konzept einer Verpflichtung *erga omnes* begründet aber wegen der besonderen Bedeutung dieser Pflichten gerade die Betroffenheit der gesamten Staatengemeinschaft, weswegen es diese Konzeption nur unterstreichen würde, wenn auch die gesamte Staatengemeinschaft dazu berechtigt wäre, einer Verletzung dieser besonderen Pflichten mit Gegenmaßnahmen zu begegnen. Auf diese Weise würde den *erga omnes* Verpflichtungen besonderer Nachdruck zuteil, was im völkerrechtlichen System dezentraler Rechtsdurchsetzung eine stärkere Normtreue der Staaten erzeugen könnte. Schlösse man die Möglichkeit zur Ergreifung von *third-party countermeasures* dagegen aus, so entstünde das unerwünschte Ergebnis, dass eine Verletzung einer Verpflichtung, die von so besonderem Interesse ist, dass sie *erga omnes* Charakter hat, im Falle der Blockade des UN-Sicherheitsrates weitgehend ohne nachhaltige Konsequenz seitens der Staatengemeinschaft als Ganze bliebe. Eine effektive Umsetzung der *erga omnes* Verpflichtungen des Völkerrechts erfordert daher in Ermangelung einer zentralen Durchsetzungsinstanz im Völkerrecht die Möglichkeit zur Ergreifung von *third-party countermeasures*.[1305]

Dieses Ergebnis erschließt sich gerade vor dem Hintergrund eines Falles, in dem die Verletzung von *erga omnes* Pflichten innerhalb eines Staates, also etwa ein Völkermord an der eigenen Bevölkerung vorliegt. In einer solchen Konstellation besteht kein unmittelbar benachteiligter „zweiter" Staat, der im bilateralen Verhältnis Gegenmaßnahmen ergreifen könn-

---

1305 Vgl. *Alland*, EJIL 13/5 (2002), 1221 (1239); *Frowein*, S. 423; *Katselli Proukaki*, S. 88.

te.[1306] Bei einer Blockade des Sicherheitsrates wäre die Staatengemeinschaft handlungsunfähig. Den Schwächen des bilateralen Systems könnte durch die Anerkennung der *third-party countermeasures* in diesen Fällen begegnet werden und eine effektivere Gewährleistung des internationalen Menschenrechtsschutzes erzielt werden.

Die gegen die Zulässigkeit von *third-party countermeasures* angeführte Missbrauchsgefahr für die Konstellation eines „stärkeren" Staates gegenüber einem „schwächeren" Staat kann zudem nicht nur im *third-party* Verhältnis, sondern durchaus auch im bilateralen Verhältnis bestehen – und auch in der Ausprägung, dass eine Völkerrechtsverletzung eines wirtschaftlich und (macht-)politisch stärkeren Staates gegenüber einem wirtschaftlich schwächeren Staat erfolgt. Ist in dieser Konstellation der Sicherheitsrat blockiert und der schwächere Staat kann sich der Völkerrechtsverletzung nur durch Gegenmaßnahmen im bilateralen Verhältnis erwehren, so besteht die Gefahr, dass die „stärkeren" Staaten diese Konstellation ihrerseits zu ihrem Vorteil ausnutzen könnten, weil sie Gegenmaßnahmen durch einen wirtschaftlich schwächeren Staat nicht fürchten müssten. Damit bliebe eine schwerwiegende Völkerrechtsverletzung auch in einer solchen Konstellation weitgehend ohne Konsequenz.[1307]

Weiterer Vorteil einer Anerkennung der Berechtigung zur Ergreifung von *third-party countermeasures* im Fall einer Verletzung von *erga omnes* Normen ist deren Effizienz. Zwar können *erga omnes* Verletzungen auch vor dem IGH geltend gemacht werden. Hier bestehen aber hohe Hürden bei der Begründung der Zuständigkeit des Gerichtshofs, insbesondere wenn der Verletzerstaat sich der Jurisdiktionsgewalt des IGH nicht oder nicht vollständig unterworfen hat. Die unmittelbare Ergreifung von Gegenmaßnahmen ermöglicht Flexibilität bei der Wahl der Mittel zur Durchsetzung einer Verhaltensänderung des völkerrechtsbrüchigen Staates und verschafft zudem einen zeitlichen Vorteil: Ohne die oft lange Zeit in Anspruch nehmende Überprüfung eines Rechtsverstoßes durch den IGH kann effektiv und unmittelbar auf einen Völkerrechtsbruch reagiert werden.[1308] Dem Gerichtshof stehen keine Mittel zur Durchsetzung seines Urteils zu, während Gegenmaßnahmen zumindest geeignet sind, unmittelbar Druck auf den völkerrechtsbrüchigen Staat auszuüben. Die Missbrauchsgefahr, die der einseitigen Einschätzung innewohnt, hat im Umkehrschluss den wesentlichen Vorteil, dass sie eine schnellere und flexiblere Durchset-

---

1306 *Dawidowicz*, BYIL 77/1 (2006), 333, (336).
1307 *Dawidowicz*, BYIL 77/1 (2006), 333 (337).
1308 *Tams*, S. 198 f.

zung des Völkerrechts, im Besonderen der herausgehobenen Verpflichtungen *erga omnes*, ermöglicht.

i. Erfordernis zusätzlicher Voraussetzungen für die Ergreifung von *third-party countermeasures*

In Betracht gezogen werden könnte angesichts der befürchteten erhöhten Missbrauchsgefahr bei einer Erweiterung der Berechtigung zur Ergreifung von Gegenmaßnahmen auch auf Staaten außerhalb des Verhältnisses des unmittelbar benachteiligten Staates zum Völkerrechtsverletzer die Schaffung zusätzlicher Kriterien für ihre Vereinbarkeit mit dem Völkerrecht – d.h. über die Vorgaben der Art. 49 ff. ASR hinausgehende Voraussetzungen. Durch einen noch engeren Anwendungsbereich der *third-party-countermeasures* bzw. zusätzliche Kriterien könnte die Missbrauchsgefahr weiter abgemildert werden.

Mögliche Zusatzkriterien könnten an die Erheblichkeit und an die Anerkennung des Völkerrechtsbruchs anknüpfen. Dieser Ansatz ist vom IDI verfolgt worden. Art. 5 der Resolution aus dem Jahr 2005 lässt die Ergreifung von *third-party countermeasures* nur bei einem schwerwiegenden Bruch des Völkerrechts zu, der zudem weitgehend anerkannt sein muss.[1309] Auch der Entwurf der ILC für Art. 54 ASR (2000) stellte mit Blick auf dessen Abs. 2 und die Verbindung zu Art. 41 ASR (2000) auf einen „*serious breach*" ab. Nach Art. 41 II ASR (2000) war ein Verstoß als schwerwiegend zu qualifizieren, wenn ein „*gross or systematc failure by the responsible State [...], risking substantial harm to the fundamental interests protected thereby*" vorlag.[1310] Die Betrachtung der Staatenpraxis hat gezeigt, dass in Fällen der Ergreifung von *third-party countermeasures* die handelnden Akteure regelmäßig die besondere Schwere und Bedeutung der Völkerrechtsverletzung hervorgehoben haben.[1311]

1309 „*Should a widely acknowledged grave breach of an erga omnes obligation occur, all the States to which the obligation is owed: [...] (c) are entitled to take non-forcible counter-measures under conditions analogous to those applying to a State specially affected by the breach.*", IDI, Krakow Session, 2005, Resolution, Art. 5.

1310 ILC, Yearbook 2000, Vol. II, Part 2, S. 70.

1311 S. die Betrachtung der Staatenpraxis in diesem Kapitel unter C., V., 4., h., aa., sowie: *Dawidowicz*, S. 269 f.; *Gaja*, S. 131; *Tams*, S. 248.

Für die Anknüpfung an einen „serious breach" spricht auch die Systematik der Art. 40, 41 ASR.[1312] Das Konzept eines „serious breach" veranlasst im Rahmen der Art. 40, 41 ASR eine Betroffenheit bzw. eine Verpflichtung der gesamten Staatengemeinschaft, nämlich die Pflicht zur Zusammenarbeit zur Beendigung des Verstoßes und die Pflicht zur Nichtanerkennung einer Situation, die auf einen schwerwiegenden Bruch des Völkerrechts zurückgeht. Eine parallele Regelung der Zulässigkeit von third-party countermeasures würde sich wegen ihrer Anknüpfung an die Verletzung von erga omnes Verpflichtungen in diese Systematik einfügen. Die Ergreifung von Gegenmaßnahmen aufgrund einer schwerwiegenden Verletzung des Völkerrechts auch durch Staaten, die nicht unmittelbar von der Völkerrechtsverletzung benachteiligt sind, stünde im Einklang mit der kollektiven Verpflichtung der Art. 40, 41 ASR. So beträfen Art. 40, 41 ASR und die Art. 48 ff. ASR in einer Auslegung, die auch die Ergreifung von third-party countermeasures im Falle schwerwiegender Verletzungen des Völkerrechts erfasst, zwei Seiten einer Medaille: einerseits die Verpflichtungen, die ein Verstoß gegen zwingendes Völkerrecht für die internationale Gemeinschaft in Reaktion auf den Völkerrechtsbruch nach sich zieht, andererseits die Möglichkeit der internationalen Gemeinschaft, eine schwerwiegende Verletzung besonderer völkerrechtlicher Verpflichtungen im Wege der Regelungen zur Staatenverantwortlichkeit geltend zu machen und dieser durch die Ergreifung von Gegenmaßnahmen zu begegnen.[1313]

Die „Voraussetzung" eines schwerwiegenden Bruchs des Völkerrechts aber ist bereits im Prinzip der third-party countermeasures angelegt. Third-party countermeasures sind nur zulässig, wenn sie sich auf eine Verletzung von erga omnes Verpflichtungen beziehen. Diese Verpflichtungen betreffen

---

1312 In diesem Sinne: Gaja, S. 131; Katselli Proukaki, S. 208 f.; Sicilianos, in: International Responsibility, S. 1139 f.; Spagnolo, in: EU Law Enforcement, S. 236.

1313 S. hierzu: ILC, Yearbook 2001, Vol. II, Part 2, S. 111 f., para. 7: „While peremptory norms of general international law focus on the scope and priority to be given to a certain number of fundamental obligations, the focus of obligations to the international community as a whole is essentially on the legal interest of all States in compliance—i.e. in terms of the present articles, in being entitled to invoke the responsibility of any State in breach. Consistently with the difference in their focus, it is appropriate to reflect the consequences of the two concepts in two distinct ways. First, serious breaches of obligations arising under peremptory norms of general international law can attract additional consequences, not only for the responsible State but for all other States. Secondly, all States are entitled to invoke responsibility for breaches of obligations to the international community as a whole. The first of these propositions is the concern of the present chapter; the second is dealt with in article 48."

nur einen eng umgrenzten Kreis völkerrechtlicher Grundprinzipien, die durch ihren Charakter als die gesamte Staatengemeinschaft betreffende Pflichten eine herausgehobene völkerrechtliche Bedeutsamkeit aufweisen. Das Konzept der *erga omnes* Normen trägt zur Herausbildung und zum Schutz der grundlegenden Werte und der wichtigsten Interessen der Staatengemeinschaft als Ganze bei.[1314] Nicht jede Verletzung einer völkerrechtlichen Verpflichtung löst also die „Gefahr" von Gegenmaßnahmen auch „unbeteiligter" Drittstaaten aus. Nur die Verletzung solcher Pflichten, die von der Staatengemeinschaft als so wichtig erachtet wurden, dass sich im Völkergewohnheitsrecht ihr *erga omnes* Charakter herausgebildet hat, lässt die Ergreifung von *third-party countermeasures* zu. Dabei ergibt sich die besondere Bedeutung der *erga omnes* Normen nicht aus ihrem Rang, d.h. anders als die Normen des zwingenden Völkerrechts stehen diese Verpflichtungen in der Normenhierarchie nicht über anderen Verpflichtungen des allgemeinen Völkerrechts, sondern sie folgt aus der Erweiterung der Erfüllungspflicht gegenüber der gesamten Staatengemeinschaft.[1315] Die Konzeptionen von Normen des *ius cogens* und Verpflichtungen *erga omnes* stehen trotz der Tatsache, dass sie nicht deckungsgleich sind, in einem engen Zusammenhang zueinander. Eine Norm des zwingenden Völkerrechts, etwa das Gewaltverbot, kann in der Regel als eine solche eingeordnet werden, an deren Erfüllung ein Interesse der gesamten Staatengemeinschaft besteht und die eine Erfüllungspflicht gegenüber der gesamten Gemeinschaft begründet – also als eine *erga omnes* Norm.[1316] Demgegenüber ist nicht jede *erga omnes* Norm zwangsläufig als Norm des zwingenden Völkerrechts einzuordnen. Liegt also eine Verletzung einer Verpflichtung *erga omnes* vor, so kann zwar in der Regel von einem besonders schwerwiegenden Bruch des Völkerrechts ausgegangen werden. Das Vorliegen eines *„serious breach"* ist aber keine Voraussetzung für die Ergreifung einer Gegenmaßnahme, denn sie beruht allein auf der Einschätzung des handelnden Staates, der ein Verhalten des von den Gegenmaßnahmen betroffenen Staates als völkerrechtswidrig ansieht.[1317]

Auch die Praxis zeigt, dass Gegenmaßnahmen wegen einer Verletzung von *erga omnes* Verpflichtungen regelmäßig nicht schon bei vereinzelten Vorfällen ergriffen wurden, sondern in Reaktion auf schwerwiegende oder systematische Verletzungen des Völkerrechts – und damit innerhalb der

---

1314 *Tanaka*, NILR 68 (2021), 1 (2).
1315 *Tams/Astreriti*, in: *Evans/Koutrakos*, S. 168; *Tanaka*, NILR 68 (2021), 1 (9).
1316 *Frowein*, S. 405 f.
1317 Vgl. *Hillgruber*, in: *Tomuschat*, S. 277 f.

Definition des *serious breach* der ILC als *gross and systematic failure* – erfolgt sind.[1318] Die befürchtete Missbrauchsgefahr hat sich in der Praxis nicht bewahrheitet. Beispiele einer offensichtlich missbräuchlichen Sanktionierung (vermeintlich) völkerrechtswidrigen Verhaltens durch Drittstaaten sind bisher nicht erkennbar – wenngleich die von derartigen Maßnahmen betroffenen Staaten diese naturgemäß als illegitim verurteilt haben. Die in Bezug genommenen Völkerrechtsverletzungen waren in den meisten Fällen, wie etwa in den Konflikten in der Ukraine und in Syrien, massive Menschenrechtsverletzungen oder Verletzungen des Gewaltverbots. Was unter einem *„schwerwiegenden"* Bruch einer *erga omnes* Verpflichtung konkret zu verstehen wäre, ist außerdem angesichts der Unbestimmtheit dieses Kriteriums trotz der „Definition" der ILC unklar. Eine zusätzliche Beschränkung der *third-party countermeasures* über die bestehenden Kriterien hinaus als *„serious breach"* einer *erga omnes* Verpflichtung ist daher nicht erforderlich und hätte rein deklaratorische Bedeutung.

Ähnliches gilt für eine mögliche zusätzliche Qualifizierung durch die weitgehende Einigkeit der Staatengemeinschaft über die Verletzung einer *erga omnes* Verpflichtung. Auf diese Weise könnte eine größere Legitimation für Gegenmaßnahmen nicht unmittelbar betroffener Staaten begründet werden. Hiergegen aber spricht der Einwand der Unbestimmtheit einer „weitgehenden Einigkeit" – wer und wie viele müssen sich worüber genau einig sein? Ein Verfahren zur Feststellung dieser „Einigkeit" fehlt. Ansatzpunkt könnte etwa eine Beschlussfassung im Rahmen der Generalversammlung der Vereinten Nationen sein, wie es im Fall der Krim-Resolution der Fall war.[1319] In diesem Kontext ist auch denkbar, *third-party countermeasures* nur mit Blick auf eine Kollektiventscheidung, also etwa nur durch internationale Organisationen wie etwa die Europäische Union zuzulassen, während einzelstaatliche *third-party countermeasures* wegen ihrer verhältnismäßig geringeren Legitimationswirkung ausgeschlossen wären.[1320] Bestätigen lässt sich dieser Ansatz dadurch, dass die Ergreifung von *third-party countermeasures* häufig nach der Verurteilung eines Verhal-

---

1318 *Tams*, S. 230.
1319 Wenn auch hier die „weitgehende Einigkeit" angesichts des Abstimmungsverhaltens nicht ohne Zweifel angenommen werden kann. In diesem Sinne: *Tanaka*, NILR 68 (2021) 1 (19) unter Bezugnahme auf die Resolution des IDI und das von dieser kodifizierte Erfordernis, dass die Völkerrechtsverletzung *„widely acknowledged"* sein müsse.
1320 S. *Ruys*, in: *v. d. Herik*, S. 47 f.

tens als völkerrechtswidrig durch internationale Organisationen oder etwa die UN-Generalversammlung erfolgt ist.[1321]

Dies zeigt sich auch im Konflikt um die Krim – Gegenmaßnahmen wegen der Verletzung der Souveränität der Ukraine sind vorrangig von Staaten ergriffen worden, die sich zuvor der Resolution der Generalversammlung angeschlossen hatten, die die Annexion als völkerrechtswidrig verurteilt und die (Selbst-)Verpflichtung zur Nichtanerkennung einer Statusänderung der Krim zum Ausdruck gebracht hat.[1322] Die vorherige Bestätigung der „weitgehenden Anerkennung" eines Völkerrechtsbruchs, der die Ergreifung von *third-party countermeasures* nach sich zieht, könnte so an eine Kollektiv- bzw. Mehrheitsentscheidung geknüpft werden. Ein entsprechender Vorschlag des damaligen *Special Rapporteur* der ILC, der eine Entscheidung des Sicherheitsrates oder der Generalversammlung sowie im Anschluss eine Entscheidung des IGH über das Vorliegen eines „*serious breach*" zur Voraussetzung der Ergreifung von *third-party countermeasures* erhoben hatte, hat sich im Entwurf der ILC aber nicht durchgesetzt.[1323]

Der Ansatz einer vorherigen Überprüfung der *third-party countermeasures* durch etwa den IGH oder ein Organ des Sicherheitsrates ebenso wie die bloße Voraussetzung einer Kollektiventscheidung krankt auch daran, dass es keinen rechtlichen Grund dafür gäbe, eine Gegenmaßnahme, die als Reaktion auf eine *erga omnes* Verpflichtung zulässig wäre, nur durch einen Staatenzusammenschluss zu legitimieren, während Einzelstaaten diese Berechtigung ohne Kollektiventscheidung nicht hätten – selbst wenn sie beispielsweise Mitgliedstaat der Organisation wären.[1324] Das Recht zur Ergreifung einer Gegenmaßnahme folgt unmittelbar aus der Verletzung des Völkerrechts im Verhältnis zum sanktionierenden Staat – selbst wenn es sich um eine Verletzung einer *erga omnes* Verpflichtung handelt. Dann erweitert sich die Berechtigung zur Ergreifung von Gegenmaßnahmen auf alle diejenigen Staaten, gegenüber denen eine Pflicht zur Erfüllung dieser völkerrechtlichen Verpflichtung besteht, also auch auf Staaten außerhalb des unmittelbaren bilateralen Verhältnisses. Jeder einzelne, auch indirekt betroffene Staat ist dann berechtigt, Gegenmaßnahmen wegen des völkerrechtswidrigen Verhaltens zu ergreifen, ohne dass hierfür eine Kollektiv-

---

1321 *Dawidowicz*, S. 266 f.

1322 UN/GA/RES/68/262.

1323 ILC, Yearbook 2001, Vol. II, Part 1, S. 17–29, paras. 70–139; s. auch: *O'Connell*, in: FS Schachter, S. 53–57.

1324 *Dawidowicz*, in: FS Crawford, S. 360; *Ruys*, in: *v. d. Herik*, S. 48.

entscheidung oder eine weitgehende Anerkennung der Völkerrechtsverletzung zur Voraussetzung gemacht werden würde.

Hinzu kommt, dass die Praxis der Staaten bei der Ergreifung von Gegenmaßnahmen wegen einer Verletzung von *erga omnes* Pflichten zwar gezeigt hat, dass diese regelmäßig nicht nur von einzelnen Staaten ergriffen wurden – umgekehrt aber besteht kein Anhaltspunkt dafür, dass diese eine vorherige Kollektiventscheidung als (rechtliche) Voraussetzung betrachtet hätten. Vielmehr sind die Maßnahmen oftmals unabhängig voneinander ergriffen worden oder es hat zwar eine Abstimmung zwischen den sanktionierenden Staaten stattgefunden, diese war aber Ausdruck einer gemeinsamen Außenpolitik oder eines gemeinsamen Einstehens für politische Wertungen und Kernverpflichtungen des Völkerrechts und nicht eine Abstimmung auf der Grundlage einer unterstellten (völkergewohnheits-)rechtlichen Verpflichtung.[1325] Letztlich raubte eine „zwischengeschaltete" Entscheidung des IGH oder eine Kollektiventscheidung in einem Gremium von Staaten der Gegenmaßnahme ihren Effektivitätsvorteil, da im Rahmen einer solchen Entscheidung eine erhebliche Verzögerung zu erwarten wäre. Die Verbindung der Gegenmaßnahme mit ihrer Bestätigung durch eine Kollektiventscheidung, etwa die Generalversammlung, kann zwar ihre Legitimation nach außen hin stützen.[1326] Eine zusätzliche Zulässigkeitsvoraussetzung für *third-party countermeasures* aber lässt sich diesbezüglich nicht begründen.

j. Zwischenfazit

Für die Zulässigkeit von *third-party countermeasures* streitet im Ergebnis die hieraus entstehende stärkere Bindungswirkung für Regelungen mit *erga omnes* Charakter, deren besondere Bedeutung durch eine direkte Reaktionsmöglichkeit der internationalen Staatengemeinschaft weiter gestützt würde. Die grundsätzliche Anerkennung des Prinzips der *third-party countermeasures* zeigt sich in der bestehenden Staatenpraxis. Ihre Anwendung unter den Voraussetzungen der Art. 49 ff. ASR begründet einen angemessenen Ausgleich der Interessen: Sowohl der Grundsatz der Staatengleichheit und der Freiheit von Intervention einerseits als auch die effektive Durchsetzung von *erga omnes* Verpflichtungen andererseits gewinnen Ausdruck in der Anwendung von *third-party countermeasures*. Das bestehende Schutz-

---

1325 *Dawidowicz*, in: FS Crawford, S. 360; *Gaja*, S. 132; *Tams*, S. 240.
1326 *White/Abass*, in: *Evans*, S. 544.

netz der Betroffenheit einer Verpflichtung *erga omnes* und der Berücksichtigung der Voraussetzungen einer „klassischen" Gegenmaßnahme im unmittelbaren Verhältnis von Verletzerstaat zu benachteiligtem Staat ermöglicht, der Missbrauchsgefahr ihrer Ergreifung hinreichend zu begegnen. Die Betrachtung der Staatenpraxis hat gezeigt, dass regelmäßig eine weitgehende Anerkennung des Völkerrechtsbruchs besteht und die ergriffenen *third-party countermeasures* im Rahmen einer koordinierten Reaktion als Antwort auf einen als schwerwiegend einzuordnenden Völkerrechtsbruch ergriffen werden.

Die uneindeutige Formulierung der ILC zu dieser Frage wird in der weiteren Diskussion der Völkerrechtswissenschaft nicht länger haltbar bleiben.[1327] Mit dem Voranschreiten internationaler Konflikte, in denen der Sicherheitsrat blockiert ist, ist in einer Rechtsgemeinschaft ohne zentrale Rechtsdurchsetzungsinstanz die Durchsetzung gemeinsamer rechtlicher Grundprinzipien über das Kollektiv der Staaten der einzige gangbare Weg. Gerade in diesen Situationen kann nur eine dezentrale, gleichwohl koordinierte Reaktion der Staatengemeinschaft diese Ziele im Interesse der internationalen Gemeinschaft effektiv verfolgen.[1328] Um dem Völkerrecht Ausdruck zu verleihen, ist das Vertrauen auf ein System gegenseitiger staatlicher Kontrolle alternativlos – weswegen auch die Ergreifung von Gegenmaßnahmen durch andere als den unmittelbar benachteiligten Staat erforderlich sein kann. Das gilt jedenfalls für Verpflichtungen, die die Staatengemeinschaft als Ganze betreffen und an deren Einhaltung sie als Ganze ein besonderes Interesse hat. Die Anerkennung einer völkergewohnheitsrechtlichen Zulässigkeit von *third-party countermeasures* bei einer Verletzung von *erga omnes* Verpflichtungen ist dementsprechend – unter Einhaltung der Voraussetzungen von Art. 49 ff. ASR – geboten.[1329] Sie

---

1327 Vgl. *Hovell*, AJIL Unbound 113 (2019), 140 (145): „*The issue is clearly ripe for some form of comprehensive resolution by states or [...] the ILC, the International Law Association, the Institut de Droit International, or other codification or research bodies.*".

1328 *Dawidowicz*, in: FS Crawford, S. 342; *Moret*, in: *Beaucillon*, S. 33 f.; *Spagnolo*, in: EU Law Enforcement, S. 232.

1329 *Dawidowicz*, QIL 29 (2016), 3 (11); *Dörr*, in: *Ipsen*, VöR, § 30, Rn. 52; *Frowein*, S. 422 f.; *Herdegen*, § 39, Rn. 4; *Katselli Proukaki*, in: FS Warbrick, S. 429; *Sicilianos*, in: International Responsibility, S. 1148; *Spagnolo*, in: EU Law Enforcement, S. 235; *Tams*, S. 241, 250; *ders./Asteriti*, in: *Evans/Koutrakos*, S. 173; *Tanaka*, NILR 68 (2021) 1 (17 f.; 29 f.); *Tzanakopoulos*, in: *Marossi/Basset*, S. 156. Ablehnend: *Hofer*, JCSL 23/1 (2018), 75 (97); s. auch: *dies.*, in: *Beaucillon*, S. 194; kritisch auch: *White/Abass*, in: *Evans*, S. 532–534. Zu der Frage ob die Europäische Union als internationale Organisation Teil der „*international com-*

gewährleistet einen effektiven und unmittelbaren Durchsetzungsmechanismus für zentrale Verpflichtungen des Völkerrechts, die den Grundstock der völkerrechtlichen Friedensordnung bilden und das gemeinsame Wertefundament der Staatengemeinschaft zu bilden geeignet sind.

k. Anwendung im konkreten Fall – *third-party countermeasures* gegen Russland?

Nach alledem kommt eine Rechtfertigung der im Rahmen der Ukraine-Krise ergriffenen Sanktionsmaßnahmen über die Konzeption der *third-party countermeasures* in Betracht. Die Geschehnisse in der Ukraine und das Verhalten der Russischen Föderation insbesondere mit Blick auf die Annexion der Krim haben das in Art. 2 Nr. 4 UN-Charta verankerte völkerrechtliche Gewaltverbot verletzt. Der *erga omnes* Charakter des Gewaltverbots ist anerkannt[1330] und eine Verletzung einer Verpflichtung *erga omnes* seitens der Russischen Föderation liegt vor. In der gewaltsamen Annexion eines Gebiets liegt ein schwerwiegender Eingriff in die staatliche Souveränität und Integrität eines Staates und damit auch ein *„serious breach"*, sodass selbst bei einer Zugrundelegung dieses zusätzlichen Kriteriums die Ergreifung von *third-party countermeasures* möglich wäre.[1331]

Hinsichtlich der weiterhin teilweise geforderten Anerkennung der Völkerrechtsverletzung in der Staatengemeinschaft könnten Zweifel daraus erwachsen, dass auch die Resolution in der Generalversammlung, die die Schutzwürdigkeit der territorialen Integrität der Ukraine und die Nicht-Anerkennung der Statusänderung der Krim zum Ausdruck bringt, „nur" von 100 Staaten ausdrücklich unterstützt wurde. Vor dem Hintergrund der Tatsache, dass die Vereinten Nationen 193 Mitglieder haben, könnte

---

munity as a whole" im Sinne der ASR ist s. *Palchetti*, in: *Cannizzaro*, S. 221 ff.; *Tzanakopoulos*, in: *Marossi/Basset*, S. 156 f.

1330 IGH, Barcelona Traction, ICJ Rep. 1970, 3 (32), para. 34; *Dörr*, in: *Ipsen*, VöR, § 30, Rn. 52.

1331 Ausdruck der hiermit einhergehenden Pflicht zur Nichtanerkennung nach Art. 41 II ASR sind die wiederholten öffentlichen Stellungnahmen zur Annexion der Krim und die ausdrückliche Nichtanerkennung einer Statusänderung ebendieser. Diese Statements sind dabei in der Systematik der Reaktion auf einen Völkerrechtsverstoß nicht als Gegenmaßnahmen im engeren Sinne, sondern als bloße Retorsion zu verstehen. Dennoch ergehen sie nach Art. 41 II ASR in Umsetzung einer Rechtspflicht, der Pflicht zur Nichtanerkennung, s. hierzu im Ganzen: *Milano*, in: *Czaplinski*, S. 201–221.

darin das Verfehlen einer „weit überwiegenden" Anerkennung dieses Völkerrechtsbruchs gesehen werden. Gegen diese Auslegung aber spricht, dass nur 11 Staaten gegen die Resolution gestimmt haben und eine Anzahl von 100 Stimmen eine große Zustimmung in der Staatengemeinschaft zum Ausdruck bringt. Ohnehin ist dargelegt worden, dass es für die Erforderlichkeit einer „weitgehenden Anerkennung" des Verstoßes keine hinreichenden Nachweise in der Staatenpraxis und keine rechtliche Notwendigkeit gibt.[1332]

Die Annexion der Krim begründet damit jedenfalls einen (schwerwiegenden) Bruch einer Verpflichtung *erga omnes*. Unter Einhaltung der Voraussetzungen der Art. 49 ff. ASR waren folglich nicht nur die Ukraine als unmittelbar benachteiligter Staat, sondern auch Staaten außerhalb dieses bilateralen Verhältnisses nach dem Konzept der *third-party countermeasures* zur Ergreifung von Gegenmaßnahmen berechtigt. Eine wiederholte Androhung der Ergreifung von restriktiven Maßnahmen hat sowohl durch die Europäische Union als auch die Vereinigten Staaten als größte Akteure wiederholt stattgefunden, auch der Versuch einer Verhandlungslösung wird nach wie vor verfolgt, sodass die Voraussetzungen des Art. 52 ASR erfüllt sein dürften. Grundlegende Pflichten nach Art. 50 ASR sind von wirtschaftlichen Restriktionen nicht betroffen, die handelnden Staaten haben ihre Maßnahmen weitgehend auf die Nichterfüllung ihrer Verpflichtungen aus dem Wirtschaftsvölkerrecht beschränkt, soweit es sich überhaupt um Maßnahmen handelt, die über eine bloße Retorsion hinausgehen.

Darüber hinaus müssten die ergriffenen Maßnahmen verhältnismäßig sein, also die Schwere des Völkerrechtsbruchs und die aus den Gegenmaßnahmen folgenden Nachteile in einem angemessenen Verhältnis zueinander stehen. Die verschiedenen Eskalationsstufen der Sanktionsmaßnahmen deuten auf einen sich zuspitzenden Konflikt hin. Zunächst waren hauptsächlich Einzelpersonen von Beschränkungen erfasst, um einen weitgehenden Schutz der Zivilbevölkerung zu gewährleisten. Erst mit dem Voranschreiten des Konflikts und der Erkenntnis, dass sich die Russische Föderation hieraus nicht zurückziehen würde, sind die Maßnahmen intensiviert worden. Angesichts des besonders schwerwiegenden Verstoßes der Russischen Föderation gegen das Völkerrecht und der Aufrechterhaltung und wiederholten weiteren Eskalation des Konflikts durch den Beginn eines Angriffskrieges kann von einem Einlenken der Russischen Föderation keine Rede sein. Die Gesprächskanäle sind gleichwohl offengehalten oder zumindest wiedereröffnet worden. Von der *prima facie* Verhältnismäßig-

---

1332 S. hierzu in diesem Kapitel: C., 4., i.

keit der Maßnahmen gegen Russland ist demnach auszugehen. Sie können daher ihrer Rechtswidrigkeit aufgrund ihres Charakters als völkerrechtliche Gegenmaßnahmen entbunden werden.

VI. Reaktionen der Russischen Föderation

Die ergriffenen Sanktionsmaßnahmen haben die Russische Föderation ihrerseits zu „Gegenmaßnahmen" veranlasst. Russland hat unter anderem Einfuhrverbote für landwirtschaftliche Erzeugnisse, Rohstoffe und Lebensmittel aus der Europäischen Union, den Vereinigten Staaten, Kanada, Australien, Norwegen, Albanien, Montenegro, Island, Liechtenstein und der Ukraine erlassen.[1333] Ihr Einsatz wird von Russland mit der Notwendigkeit zum Schutz der nationalen Sicherheit begründet.[1334] Die betroffenen Staaten haben insbesondere wegen des Einbruchs der Exportmöglichkeiten nach Russland hohe wirtschaftliche Einbußen erlitten.[1335] Unter Zugrundelegung der Rechtmäßigkeit der ergriffenen Sanktionen gegen Russland mit Blick auf die vorangegangenen Ausführungen sind die von der Russischen Föderation ergriffenen Maßnahmen ihrerseits ein weiterer *internationally wrongful act*.[1336] Sie berechtigen – unterstellt, die Sanktionsmaßnahmen gegen Russland sind aufgrund ihres Charakters als Gegenmaßnahmen gegen eine Verletzung von *erga omnes* Verpflichtungen und unter Einhaltung der Voraussetzungen der Art. 49 ff. ASR mit dem Völkerrecht vereinbar – die von ihnen betroffenen Staaten erneut zur Ergreifung weiterer Gegenmaßnahmen gegen die Russische Föderation.

1333 RUS Federal Law No. 281-F/; No. 390-FZ; *Dreyer/Popescu*, EUISS Brief Issue, 35 (2014), S. 1; *Fischer*, SWP-Aktuell 24 (2017), 1 (2 f.); IHK Ifo Studie 10/2020, S. 9; *Moret et. al.*, International Sanctions against Russia, S. 8; 31.

1334 S. auch: Unofficial translation, Decree of the President of The Russian Federation, On the application of certain special economic measures to ensure the security of the Russian Federation, abrufbar unter: https://ec.europa.eu/food/s ystem/files/2016-10/ia_eu-russia_ru-eu-import-ban_20140806_unoff-trans-en. pdf.

1335 IHK Ifo Studie 10/2020, S. 11.

1336 *Ronzitti*, in: Coercive Diplomacy, S. 30.

F. Fazit

I. Reaktionen der Staatengemeinschaft

Die Untersuchung der Reaktionen auf die Annexion der Krim und den Bruch des Gewaltverbots in der Ostukraine hat im Wesentlichen eine Zweiteilung gezeigt: Internationale Organisationen wie die Vereinten Nationen oder die NATO sind weitgehend auf politische Reaktionsmöglichkeiten zurückgeworfen. Rechtserhebliche Maßnahmen sind aufgrund der Konstellation, dass die Russische Föderation als Vetomacht im Sicherheitsrat verbindliche Maßnahmen unter Kapitel VII UN-Charta unmöglich macht, nur auf der Grundlage einzelstaatlicher Entscheidungen möglich. Im unmittelbar zwischenstaatlichen Verhältnis sind sowohl Sanktionsmaßnahmen ergriffen worden, die rein politische Wirkung haben, bzw. keine eigenen völkerrechtlichen Verpflichtungen verletzen, als auch solche, die einer völkerrechtlichen Rechtsgrundlage bedürfen. Mögliche Rechtsgrundlage derartiger Maßnahmen ist neben Vorschriften des speziellen Völkervertragsrechts die völkergewohnheitsrechtlich anerkannte Konzeption der Gegenmaßnahme. Von besonderem Interesse war in diesem Zusammenhang die Begründung von Sanktionen durch Drittstaaten außerhalb des unmittelbaren Verhältnisses zwischen der Ukraine und Russland. Die Verletzung von Verpflichtungen *erga omnes* auf der Krim und in der Ostukraine und die darauffolgende Ergreifung von Sanktionen in der Staatengemeinschaft hat einen weiteren Nachweis der schon bestehenden Praxis der Staatengemeinschaft mit Blick auf die Ergreifung von *third-party countermeasures* gezeigt. Gerade die begrenzten Möglichkeiten der Ukraine, russische Völkerrechtsverstöße vor internationalen Spruchkörpern geltend zu machen, unterstreichen die Notwendigkeit einer Anerkennung der Konzeption der *third-party countermeasures* als Mittel zur Durchsetzung völkerrechtlicher Grundnormen. Die von der Russischen Föderation ergriffenen „Gegensanktionen" können nicht als völkerrechtliche Gegenmaßnahmen qualifiziert werden, weil ihnen kein *„internationally wrongful act"* zugrunde liegt. Vor dem Hintergrund der fortbestehenden Eskalation des Konflikts in einen bewaffneten Konflikt trotz der vielen ergriffenen Sanktionsmaßnahmen gegen Russland stellt sich dennoch die Frage, welche Wirkung die Sanktionen gegenüber Russland gezeitigt haben und ob sie tatsächlich ein effektives Mittel der zwischenstaatlichen Konfliktaufarbeitung sind. Wann können solche Maßnahmen als erfolgreich oder effektiv eingestuft werden? Und welchen Effekt haben die ergriffenen Sanktionsmaßnahmen im konkreten Fall erzielt?

II. Effektivität der Sanktionsmaßnahmen

Die Frage der „Effektivität" und des „Erfolges" einer Aufarbeitung von Völkerrechtsverstößen hängt zuvörderst davon ab, wie die „Effektivität" dieser Maßnahmen definiert ist. Art. 49 ASR formuliert als Ziel völkerrechtlicher Gegenmaßnahmen: *„in order to induce that State to comply with its obligations under Part Two".* Maßgeblicher Zweck einer Gegenmaßnahme ist nach dem Entwurf der ILC also, den betroffenen Staat zur Einhaltung seiner völkerrechtlichen Verpflichtungen zu bewegen. Mit Blick auf die Staatenverantwortlichkeit impliziert dieser Zweck, dass der mit Gegenmaßnahmen belegte Staat die Begehung eines *„internationally wrongful act"* beendet und ggf. Reparationen für die aufgrund einer solchen Völkerrechtsverletzung eingetretenen Schäden leistet. Maßgebliches Ziel der Sanktionen wäre hiernach die Einstellung der Verletzung des Gewalt- und Annexionsverbots, also die „Rückgabe" der Krim an die Ukraine und der Abzug russischen Militärs aus ihrem Staatsgebiet.

Betrachtet man vor diesem Hintergrund den Erfolg der Sanktionsmaßnahmen, so lässt sich zunächst feststellen, dass eine signifikante Verhaltensänderung der Russischen Föderation, gar die „Rückgabe" der Krim an die Ukraine, durch die Sanktionen nicht erzielt worden ist. Russland erhebt nach wie vor den Anspruch, dass es sich bei der Halbinsel um russisches Staatsgebiet handelt und betrachtet auch die „abtrünnigen" Regionen in der Ostukraine als unabhängige Volksrepubliken. Nicht zuletzt in dem Verteilen russischer Pässe in diesen Gebieten kommt dieses Verständnis zum Ausdruck. Die Abhaltung von Referenden in den durch Russland besetzten Gebieten Donezk, Luhansk, Saporischschja und Cherson setzt diesen territorialen Anspruch im Herbst 2022 fort. Die Sanktionsmaßnahmen haben die Russische Föderation auch nicht vom Beginn eines umfassenden Angriffskriegs abgehalten, obwohl die Staaten des politischen Westens schon vor der endgültigen Eskalation für den Fall des Beginns eines Krieges umfassende und schwerwiegende Sanktionspakete angekündigt hatten. Für den Friedensprozess hatte die Erhebung von Sanktionen nach der Krim-Annexion insofern einen Effekt, als die wirtschaftlichen Auswirkungen der Maßnahmen die Mitwirkung der Russischen Föderation an den Verhandlungen zu den Minsker Verträgen begünstigt haben werden. Die Verknüpfung der Sanktionsmaßnahmen mit der Erfüllung der Verpflichtungen aus den Minsker Abkommen aber hat sich insoweit als erfolglos erwiesen, als sich die Parteien der Minsker Verträge durch ihre gegenläufigen Lesarten der Reihenfolge, in der politische und militärische Vereinbarungen aus dem Minsker Friedensprozess umgesetzt werden sollten, gegenseitig blockierten.[1337] So hatte man sich bei der Verknüpfung der Sanktionen mit den Minsker Vereinbarungen eine Hebelwirkung erhofft, die Russland zur Einhaltung der Vereinbarung bewegen sollte.

Nachdem der Minsker Prozess über Jahre keine befriedende Wirkung in der Ostukraine entfalten konnte, ist der Friedensprozess auf der Grundlage der Minsker Verträge im Februar 2022 mit der Erklärung des russischen Präsidenten endgültig gescheitert.[1338] Die russische Invasion in die Ukraine Jahre nach der Annexion der Krim und unter dem Eindruck der bereits bestehenden Sanktionen hat das Ausmaß des Konflikts auf eine ganz neue Ebene gehoben. Eine Aufhebung bestehender Sanktionen kommt nicht mehr in Betracht. Es stellt sich angesichts des zwischenzeitlich erfolgten massiven Angriffs auf das gesamte Territorium der Ukraine im Gegenteil die Frage, ob die ergriffenen Maßnahmen überhaupt einen Erfolg erzielt haben.

Tatsächliche Auswirkungen haben die Sanktionsmaßnahmen für die wirtschaftliche Situation der Russischen Föderation gehabt. Russland hat den wichtigen Zugang zum westlichen Markt verloren und ist auch innenpolitisch unter Druck geraten. Die Maßnahmen gegen russische Banken und die Beschränkung ihres Zugangs zu den westlichen Finanz- und Kapitalmärkten haben sich beispielsweise durchaus ausgewirkt. Nach der Verhängung der Sanktionen im Jahr 2014 hat sich das Import- und Exportvolumen Russlands im Jahr 2015 im Vergleich zu 2013 um 32 bzw. 24 % verringert.[1339] Russische Banken waren gezwungen, sich ohne die westlichen Finanz- und Kapitalmärkte zu behaupten, haben mit dem Verlust von Vertrauen seitens der Anleger zu kämpfen oder sind auf staatliche Unterstützung angewiesen.[1340] Die russische Wirtschaft wurde empfindlich getroffen, die Sanktionen waren hierbei aber nur einer der maßgeblichen Faktoren. Weitere Faktoren waren der Rückgang des Ölpreises, der Russland als großen Rohstoffexporteur besonders betrifft und die Verschlechterung des Rubel-Euro-Wechselkurses.[1341] Bisher waren die wirtschaftlichen Auswirkungen nicht so stark, dass sie Russland zu einem Einlenken bewegt hätten – vielmehr haben sie auch die sanktionierenden Staaten in ihrem wirtschaftlichen Fortkommen beeinträchtigt.

1337 *Fischer*, SWP-Aktuell 24 (2017), 1 (6).
1338 FAZ, Putin erkennt Separatistengebiete an, Nr. 44, 22.02.2022, S. 1.
1339 IHK Ifo Studie 10/2020, S. 6, 11, 13 f.
1340 *Krause*, in: Coercive Diplomacy, S. 281; *Steinbuka/Avetisyan*, S. 112 f.; *Wyciszkiewicz/Huterer*, OE 64/9–10 (2014), 191 (195 ff.).
1341 *Dreyer/Popescu*, EUISS Brief Issue 35 (2014), 2; *Fischer*, SWP-Aktuell 24 (2017), 1 (4); IHK Ifo Studie 10/2020, S. 11 f.; *Steinbuka/Avetisyan*, S. 113.

Deshalb hatten sich Staaten mit engeren politischen und wirtschaftlichen Beziehungen zu Russland, etwa die Balkanstaaten und Griechenland, ebenso wie Italien, Griechenland, Ungarn, Slowenien und die Slowakei und große Unternehmen, die im Handelsverkehr in Russland aktiv sind, schon für die Aufhebung der Maßnahmen ausgesprochen.[1342] Die enge wirtschaftliche Verflechtung mit Russland hat auch die Wirkungskraft der Sanktionsmaßnahmen beschränkt. Die Abhängigkeit vieler Staaten des politischen Westens von russischer Rohstoffversorgung ist nunmehr ein wesentlicher Aspekt der Finanzierung des russischen Angriffskrieges. Erst nach und nach zeigt sich der Versuch einer Loslösung aus diesem Abhängigkeitsverhältnis, etwa in dem Bestreben der Europäischen Union nach Unabhängigkeit von Kohle-, Öl- und Gasimporten aus Russland. Insbesondere die baltischen Staaten und Polen hatten trotz der wirtschaftlichen Konsequenzen auch für die eigene Wirtschaft von vornherein auf einen härteren Kurs gegen die Russische Föderation gepocht und wollten auch eine militärische Reaktion, etwa die Stationierung zusätzlicher Truppen in den Krisengebieten, nicht ausschließen.[1343] Die Befürchtung, dass sie weitere mögliche Ziele russischer militärischer Angriffe sein könnten, hat sich mit der Invasion der Ukraine potenziert.

Die Russische Föderation aber hat die Ergreifung der Sanktionsmaßnahmen innenpolitisch auch für sich genutzt. Entscheidend für die innerstaatlichen Auswirkungen von Sanktionen ist neben der bestehenden wirtschaftlichen Verfassung des mit solchen Maßnahmen belegten Staates auch seine Organisationsform. So haben sich autoritär kontrollierte Staaten als resilienter gegen Wirtschaftsbeschränkungen erwiesen.[1344] Die Sanktionsmaßnahmen haben in dieser Hinsicht eher einen negativen politischen Effekt gezeigt. Sie wurden gezielt zur Förderung eines anti-westlichen Narratives eingesetzt und haben so die Zustimmung in der Bevölkerung für die russische Politik stützen können – auch und gerade vor dem Hintergrund der massiven Praxis der Desinformation und der gewaltsamen und kompromisslosen Unterdrückung freier Berichterstattung in Russland. Das Auftauchen von Personen und Unternehmen auf den Sanktionslisten wurde bisweilen als Ausdruck der Loyalität des Betroffenen zur

---

1342 *Hofer*, in: Principled Pragmatism, S. 92; *van der Togt*, in: Principled Pragmatism, S. 60.
1343 *Moret et. al.*, International Sanctions against Russia, S. 12 f. Anm.: Hinsichtlich Polens überrascht diese Einstellung angesichts der engen wirtschaftlichen Bindung an Russland.
1344 *Moret et. al.*, International Sanctions against Russia, S. 7; *Steinbuka/Avetisyan*, S. 119.

russischen Führung verstanden. Dass die Ergreifung der Sanktionen gegen Russland sich zeitlich mit dem Sinken des Ölpreises und dem Abfall des Rubels überschnitten haben, hat das Narrativ befeuert, die Maßnahmen dienten zur gezielten Destabilisierung der sozioökonomischen Lage der russischen Bevölkerung durch den Westen.[1345] Russland betrachtet den politischen Westen als wesentlich verantwortlich für die Eskalation des Konflikts, beispielsweise durch die vermeintliche Unterstützung für den als *coup d'état* begriffenen Sturz *Janukowitschs*, während sich Russland als Beschützer der Bevölkerung in den Gebieten der Krim und des Donbass' geriert.[1346] Diese Fiktion der „Schutzmacht" treibt die Russische Föderation so weit, dass sie gar einen bewaffneten Angriff auf das Territorium der Ukraine damit rechtfertigt, hierdurch das Gebiet zu *„demilitarisieren und entnazifizieren"*.[1347] Immer wieder erfolgt in diesem Zusammenhang auch der Verweis auf die völkerrechtlichen „Verwerfungen" des politischen Westens und dessen politische Versäumnisse im Verhältnis zu Russland – etwa die Interventionen in Jugoslawien, im Irak und die vermeintlichen Versprechungen gegenüber Russland mit Blick auf die Ausweitung des NATO-Bündnisses. Der Konflikt dient der Russischen Föderation auch dazu, eine weitere Annäherung der Ukraine an den politischen Westen, insbesondere durch eine EU- oder NATO-Mitgliedschaft, zu verhindern. Ein NATO-Beitritt der Ukraine ist angesichts des bestehenden Krieges derzeit faktisch ausgeschlossen. Gleichwohl will die NATO nicht den Eindruck aufkommen lassen, dass eine Entscheidung über die Mitgliedschaft in dem Bündnis von der „Zustimmung" Russlands abhängig wäre.[1348]

Zwar konnten schon die Unterzeichnung des Assoziierungsabkommens und der Abschluss des Handelsabkommens der Europäischen Union mit der Ukraine als Anzeichen einer deutlichen Annäherung an die Europäische Union gedeutet werden. Nach der Invasion in die Ukraine im Februar 2022 aber ist der EU-Beitritt des Landes so konkret geworden wie noch nie. Der ukrainische Präsident *Selenskyj* unterzeichnete Ende Februar 2022 einen offiziellen Beitrittsantrag. Im Juni 2022 wurde die Ukraine offiziell

---

1345 *Dreyer/Popescu*, EUISS Brief Issue 35 (2014), 3; *Fischer*, SWP-Aktuell 24 (2017), 1 (7); *Wyciszkiewicz/Huterer*, OE 64/9–10 (2014), 191 (194).

1346 *Petrova*, in: Principled Pragmatism, S. 64 f.

1347 FAZ, Selenskyj bittet EU um sofortige Aufnahme der Ukraine, Nr. 50, 01.03.2022, S. 1.

1348 S. etwa: NATO, Statement on the situation in and around Ukraine, Press Release 189 (2021), 16.12.2021, abrufbar unter: https://www.nato.int/cps/en/na tohq/news_190373.htm.

als Beitrittskandidatin aufgenommen.[1349] Trotz befürwortender Wortmeldungen wie der von Kommissionspräsidentin *Ursula von der Leyen*, die bestätigte, dass man die Ukraine als Teil der europäischen Gemeinschaft verstehe, ist ein zeitnaher Beitritt der Ukraine unwahrscheinlich.[1350] Das Beitrittsverfahren zieht sich regelmäßig über einen jahrelangen Zeitraum. Gleichwohl zeigt sich seit der Invasion der Ukraine eine lange nicht beobachtete politische Einigkeit, die sogar zum NATO-Beitritt der bisher neutralen Staaten Finnland und Schweden führen wird. Diese Konsequenzen aber sind nicht die Ergebnisse der Sanktionspolitik oder der Reaktion auf die frühe Phase des Konflikts, sondern sie gehen zurück auf die Eskalation in einen brutalen Angriffskrieg der Russischen Föderation. Hindernis der Wirkung einer „starken und geeinten Antwort" auf die Missachtung der Grundnormen des Völkerrechts in der Ukraine durch Russland im Zeitraum seit 2014 ist auch, dass sich zentrale globale Akteure von vorneherein den Sanktionsmaßnahmen nicht angeschlossen haben und sich auch einer wirtschaftlichen Isolation Russlands entgegenstellen. Insbesondere China hat die Sanktionsmaßnahmen nie unterstützt und profitiert in wirtschaftlicher Sicht eher durch den Ausbau des Handelsverkehrs mit Russland vor dem Hintergrund der jahrelangen Wirtschaftsbeschränkungen des politischen Westens.

Was also bleibt für das Fazit zur Effektivität der Sanktionsmaßnahmen? Das übergeordnete Ziel ihrer Verhängung, die Wiederherstellung eines völkerrechtsgemäßen Zustandes, ist nicht erreicht worden. Ganz im Gegenteil ist trotz der ergriffenen Maßnahmen mit dem Ausbruch des Krieges in der Ukraine durch die russische Invasion ein weiterer massiver Eskalationsschritt eingetreten. Gerade mit Blick auf die Ergreifung von *third-party countermeasures* kann dieses Effektivitätsverständnis aber auch modifiziert werden. Der Zweck der Maßnahmen ist zwar immer auch die Beendigung eines konkreten Völkerrechtsbruchs, gleichzeitig aber ist dem Konzept immanent, dass damit den Prinzipien *erga omnes* Durchsetzungskraft verliehen werden soll. Diese Prinzipien als wesentliche Bausteine der multilateralen Rechtsordnung – Pflichten, die gegenüber der Gemeinschaft der Staaten als Ganzer zu erfüllen sind – erfahren durch die kollektive Verurteilung und unmittelbare Reaktionen auf ein sie verletzendes Verhalten auch das Bekenntnis der Staatengemeinschaft zu ihrer Einhaltung und Aufrechterhaltung. Ob eine Gegenmaßnahme tatsächlich effektiv gewesen ist, muss also gerade in der Anwendung von

---

1349 FAZ, Kandidatenstatus für Ukraine und Moldau, Nr. 144, 24.06.2022, S. 1.
1350 FAZ, „Beweisen Sie, dass Sie Europäer sind", Nr. 51, 02.03.2022, S. 7.

third-party countermeasures mit Blick auf diesen Zweck betrachtet werden. Es kommt darauf an, ob die ergriffenen Maßnahmen im konkreten Fall einen positiven Effekt für die Durchsetzung völkerrechtlicher Grundprinzipien hatten.[1351] Beruht die Anerkennung der Zulässigkeit von *third-party countermeasures* auf dem besonderen Respekt für diese herausgehobenen Verpflichtungen der Staatengemeinschaft und dem Ansatz, Verstöße gegen diese Pflichten durch eine kollektive Reaktion zu verurteilen, dann ist die Zielsetzung der Gegenmaßnahme immer auch die Unterstreichung der Bindungswirkung derartiger Pflichten und das Bekenntnis zu ihnen auf der Bühne der Weltöffentlichkeit. Wer in diesem Zusammenhang eine Gegenmaßnahme ergreift, signalisiert damit einerseits seine Verurteilung des Verhaltens als Völkerrechtsbruch, bekennt sich aber andererseits zu der in Rede stehenden Verpflichtung und unterstreicht damit ihre rechtliche Bedeutung. Hauptziel und Hauptkapital der Sanktionsmaßnahmen ist dementsprechend ihre Signalwirkung in der internationalen Gemeinschaft.

Die gegen Russland ergriffenen Sanktionen dienen also in erster Linie dazu, Russland in der Völkerrechtsgemeinschaft durch eine strenge und geschlossene Verurteilung des völkerrechtswidrigen Vorgehens in der Ukraine zu isolieren und Unterstützung für die Prinzipien der territorialen Integrität und Souveränität der Ukraine zum Ausdruck zu bringen. Durch die Reaktion der Staatengemeinschaft wurde das wesentliche Signal in die Weltöffentlichkeit gesandt, dass derartige massive Völkerrechtsverstöße kollektive Reaktionen nach sich ziehen und in der Staatengemeinschaft missachtet und gebrandmarkt werden.[1352]

Dieser Zweck der Sanktionen steht im Einklang mit dem im Entwurf der ILC zur Staatenverantwortlichkeit angelegten Prinzip der besonderen Konsequenzen qualifizierter Völkerrechtsverletzungen – den *„serious breaches of peremptory norms"* nach Art. 40, 41 ASR. Art. 40, 41 ASR und Art. 48 ff. ASR haben insofern eine ähnliche Zielsetzung: Eine Verletzung zentraler Grundnormen des Völkerrechts führt zu einer kollektiven Reaktion, die sich mit Blick auf Art. 41 ASR in der Pflicht zur Nichtanerkennung niederschlägt und mit Blick auf die Zulässigkeit von Gegenmaßnahmen in der Weiterentwicklung des völkergewohnheitsrechtlichen Prinzips die Ergreifung von Gegenmaßnahmen durch Drittstaaten außerhalb des unmittelbar bilateralen Verhältnisses erlaubt. Sowohl die Verpflichtung des Art. 41 ASR als auch die Zulässigkeit der Ergreifung von *third-party*

1351 *Dawidowicz*, S. 277; Vgl. auch: *Krause*, in: Coercive Diplomacy, S. 276.
1352 *Dreyer/Popescu*, EUISS Brief Issue 35 (2014), 3 f.

countermeasures beruhen auf dem besonderen Interesse der Staatengemeinschaft an der Befolgung und Einhaltung bestimmter Grundverpflichtungen des Völkerrechts – den Normen des *ius cogens* und den Normen mit *erga omnes* Charakter. In Ermangelung einer zentralen Rechtsdurchsetzungsinstanz ist ein wesentlicher Aspekt der Bindungswirkung des Völkerrechts seine Umsetzung durch dezentrale Mechanismen der Staatengemeinschaft. Bringen die Staaten durch eine gezielte Reaktion auf Verletzungen dieser Prinzipien ihren Respekt für diese Verpflichtungen durch ihr Handeln deutlich zum Ausdruck, so erhöht sich konsequenterweise der Befolgungsdruck für diese Prinzipien. Das übergeordnete Ziel der Nichtanerkennungspolitik ebenso wie der Ergreifung von Gegenmaßnahmen außerhalb des Verhältnisses des Völkerrechtsverletzers zum unmittelbar benachteiligten Staat ist also die dezentrale Durchsetzung der völkerrechtlichen Normen. Insbesondere mit Blick auf den Kern der völkerrechtlichen Rechtsordnung, die Normen mit *erga omnes* bzw. *ius cogens* Charakter, ist dieser zwischenstaatliche Durchsetzungsmechanismus das effektivste Mittel, das das Rechtssystem des Völkerrechts nach heutigem Stand zu bieten hat und sollte daher auch umfassend genutzt werden.

Letztlich kommt es also für die Bewertung der Effektivität der Sanktionsmaßnahmen auf den Maßstab an – mit Blick auf die Wiederherstellung eines völkerrechtsgemäßen Zustandes sind die Maßnahmen zwar gescheitert. Die kollektive Wirkung im Rahmen der weitgehenden Sanktionierung durch koordinierte, besonders wirtschaftliche, Reaktionen der Staatengemeinschaft hat aber ein starkes Signal für die Unterstützung der Ukraine und das Bekenntnis zur territorialen Unversehrtheit und Integrität eines Staates vermittelt und das völkerrechtswidrige Verhalten Russlands in der Weltöffentlichkeit verurteilt. Die Ergreifung von Gegenmaßnahmen bzw. Sanktionen gegen Staaten wirkt nicht durch die Maßnahme allein, sondern steht immer im Zusammenhang mit einer Strategie der allgemeinen Konfliktlösung. Insbesondere die Kombination dieser Maßnahmen mit diplomatischen Bemühungen bietet Aussicht auf Erfolg.[1353] Gegenmaßnahmen können durch den politischen Druck, der in der internationalen Gemeinschaft aufgebaut wird, die Bereitschaft zu Verhandlungen und zur Suche nach einer friedlichen Lösung für territoriale Konflikte erhöhen.

Dennoch zeigt die russische Invasion, dass auch die ergriffenen Gegenmaßnahmen trotz ihrer Effekte keine nachhaltige Verhaltensänderung seitens der Russischen Föderation begründen konnten. Die Eskalation des

---

1353 *White/Abass*, in: *Evans*, S. 543.

Konflikts zu einem Krieg in der Ukraine, in dem es um die gewaltsame Vereinnahmung eines gesamten souveränen Staates geht, konnte durch die ergriffenen Maßnahmen nicht verhindert werden. Die Blockade der Vereinten Nationen durch die Position Russlands als Vetomacht schließt eine geschlossene Reaktion der Vereinten Nationen aus. Ein militärisches Eingreifen in den Konflikt von außen ist vor dem Hintergrund der fehlenden NATO-Mitgliedschaft der Ukraine und der Blockade des Sicherheitsrates undenkbar. Weitere Wirtschaftsbeschränkungen und die vollständige Isolation Russlands in der internationalen Staatengemeinschaft sind die Ansatzpunkte, die dem bewaffneten Konflikt entgegenwirken sollen. Die internationale Gemeinschaft ist mit Blick auf die Ukraine aber darauf zurückgeworfen, Gesprächsangebote zu machen, ihre Unterstützung für die Ukraine und ihre Bevölkerung zu artikulieren und auf nicht-militärische Mittel auszuweichen, um den Druck auf Russland hochzuhalten. Die Notwendigkeit, dass auch nicht unmittelbar betroffene Staaten dazu berechtigt sein müssen, Gegenmaßnahmen in derartigen Szenarien ergreifen zu können, hat sich durch die erneute Eskalation des Ukraine-Konflikts noch einmal bestätigt. Das dem völkerrechtlichen System zugrundeliegende Konsensprinzip und die Ausgestaltung des Sicherheitsrates sperren sowohl den Weg einer gerichtlichen Geltendmachung der Völkerrechtsverstöße Russlands als auch einer kollektiven Antwort der Vereinten Nationen. Die Ergreifung umfassender und gezielter Gegenmaßnahmen ist deshalb neben diplomatischen Bemühungen das einzige Mittel, das der Staatengemeinschaft als Reaktionsmöglichkeit offensteht.

Abschließendes Fazit

Die Gesamtbetrachtung des Konflikts um die Krim zeigt, dass die Russische Föderation schon lange vor Beginn des Angriffskrieges im Februar 2022 in der Ukraine zwingendes Völkerrecht verletzt hat. Zwar hat sich die russische Führungselite um die „völkerrechtliche" Begründung ihres Verhaltens bemüht, die Analyse dieser Begründungsversuche aber zeigt, dass keiner dieser Ansätze durchgreift. Der Einsatz russischer Soldaten in der Ukraine bei der Besetzung der Krim sowie die Beteiligung an der Übernahme der Kontrolle über die Gebiete Donezk und Luhansk in der Ostukraine verletzte zwingendes Völkerrecht, zuvörderst das allgemeine Gewaltverbot nach Art. 2 Nr. 4 UN-Charta. Es handelte sich um eine Gewaltanwendung, die in ihrer Intensität als Angriffshandlung im Sinne der Resolution 3314 der UN-Generalversammlung zur Definition der Aggression zu qualifizieren ist. Die Krim ist von Russland unter Missachtung völkerrechtlicher Grundprinzipien annektiert worden, sie ist *de jure* nach wie vor als ukrainisches Territorium zu qualifizieren, wenngleich Russland nach wie vor die faktische Kontrolle über das Gebiet ausübt. Die historisch-kulturelle Argumentation des russischen Präsidenten zur Zugehörigkeit der Krim zu Russland verzerrt die Realität und vermag eine rechtliche Statusänderung des Gebiets in keinem Fall zu rechtfertigen. Ein Sezessionsrecht der Krim-Bevölkerung, dessen Ausdruck das Referendum auf der Krim gewesen sein könnte, findet ebenfalls weder eine rechtliche noch eine faktische Grundlage: Anerkannt wird ein solches Recht allenfalls als *ultima ratio* im Falle systematischer und weitreichender Menschenrechtsverletzungen, die auf der Krim nicht nachgewiesen wurden. Hinzu kommt, dass weder die Ausgestaltung noch die Durchführung des Referendums demokratischen Standards genügte und die Abstimmung unter dem Einfluss militärischer Drohgebärden durchgeführt wurde. Der Versuch einer Rechtfertigung des Abspaltungsprozesses der Krim als völkerrechtskonformer Beitritt eines zuvor als unabhängig anerkannten Territoriums ist vor diesem Hintergrund kläglich gescheitert. Die vermeintliche Gefährdungslage für die ethnisch russische Bevölkerung der Ukraine, die bis zum Vorwurf eines Genozids der ukrainischen Regierung gegen diese Bevölkerungsgruppen ausgedehnt wurde, ist zu keinem Zeitpunkt nachgewiesen worden. Etwaige Interventionstitel, die an eine solche Gefahrenlage anknüpfen – die Intervention zum Schutz eigener oder fremder Staatsangehöriger im Ausland – haben unabhängig von ihrer nur zweifelhaften Verankerung im Völkergewohnheitsrecht keine faktische Grundlage, da es schon an der behaupteten Gefahr für die Bevölkerungsgruppen fehlt.

Auch eine wirksame Einladungserklärung eines einladungsbefugten Regierungsoberhauptes gab es im Konflikt um die Krim nicht – weder durch den ohnehin nicht einladungsbefugten Regionalvertreter *Sergej Aksjonow*, noch durch den damals im Exil befindlichen ehemaligen Präsidenten *Viktor Janukowitsch*. Für die Gewaltanwendung Russlands in der Ukraine existierte schon 2014 kein Rechtfertigungstitel, weswegen Russland seit diesem Zeitpunkt zwingendes Völkerrecht und eine Norm mit *erga omnes* Charakter in der Ukraine verletzt. Die Anerkennungserklärungen mit Blick auf die Unabhängigkeit der Krim sowie die separatistisch kontrollierten „Volksrepubliken" Donezk und Luhansk in der Ostukraine haben darüber hinaus das Interventionsverbot verletzt.

Der Beginn des russischen Angriffskrieges gegen die Ukraine im Februar 2022 potenziert diese schwerwiegenden Völkerrechtsverletzungen und stellt einen bewaffneten Angriff im Sinne von Art. 51 UN-Charta gegen die Ukraine dar. Im Rahmen des Angriffskrieges verletzt Russland neben den Bestimmungen des *ius ad bellum* auch das *ius in bello*, das humanitäre Völkerrecht. Gleichwohl liegt hierin nicht eine „Zeitenwende" in dem Sinne, dass sich der Angriffskrieg als ganz neue Bedrohung völkerrechtlicher Grundnormen durch Russland darstellte. Seit dem Beginn der Krise um die Krim verletzt Russland in der Ukraine zwingendes Völkerrecht, vor allem das völkerrechtliche Gewaltverbot aus Art. 2 Nr. 4 UN-Charta als Grundpfeiler der völkerrechtlichen Friedensordnung. Die Aufarbeitung dieser Völkerrechtsverstöße in der internationalen Gemeinschaft ist gerade vor dem Hintergrund der Eskalation des Konflikts in einen umfassenden internationalen bewaffneten Konflikt von besonderem Interesse. Welche Defizite und Chancen haben sich in der Analyse der Aufarbeitungsversuche dieser Rechtsverletzungen gezeigt?

Zwei zentrale Ansätze der völkerrechtlichen Konfliktaufarbeitung sind mit Blick auf den Bruch völkerrechtlicher Verpflichtungen Russlands in der Ukraine verfolgt worden: Einerseits hat die Ukraine die russische Verantwortlichkeit vor unterschiedlichen internationalen Spruchkörpern gerichtlich geltend gemacht, andererseits ist außerhalb der Befassung internationaler Spruchkörper der Versuch der zwischenstaatlichen Aufarbeitung und Geltendmachung russischer Verantwortlichkeit für die Verletzungen des Völkerrechts in der Ukraine unternommen worden.

Mit Blick auf die justizielle Geltendmachung sind Verfahren vor dem Internationalen Gerichtshof, dem Europäischen Gerichtshof für Menschenrechte, sowie in verschiedenen schiedsgerichtlichen Instanzen untersucht worden. Nach Beginn des Angriffskrieges ist zudem die Perspektive der völkerstrafrechtlichen Geltendmachung von Verletzungen des humanitären Völkerrechts weiter in den Fokus gerückt. Sie betrifft aber die individuelle Verantwortlichkeit für Verstöße gegen völkerstrafrechtliche Normen, während der Schwerpunkt dieser Arbeit auf der Geltendmachung der Staatenverantwortlichkeit Russlands liegt. Die Ukraine hat sich in verschiedenen völkerrechtlichen Gerichtszweigen um eine Geltendmachung der Völkerrechtswidrigkeit des russischen Verhaltens in der Ukraine bemüht. Die Breite der Ansätze gerichtlicher Geltendmachung mit Blick auf verschiedenste inhaltliche Aspekte des Konflikts, etwa besondere völkervertragliche Verpflichtungen wie die Vorschriften des ICERD oder des Seevölkerrechts zeigt die außergewöhnliche Nutzung der völkerrechtlichen Streitbeilegungsmechanismen auch in einem Fall des Verstoßes gegen völkerrechtliche Grundnormen wie das Gewalt- und Interventionsverbot. Die gerichtliche Geltendmachung der russischen Völkerrechtsverstöße brachte aber bisher nur begrenzten Erfolg. Die Hürde der konsensualen Begründung der Jurisdiktionsgewalt zwischenstaatlicher Spruchkörper verhindert die direkte Geltendmachung der Verantwortlichkeit Russlands für den Verstoß gegen das Gewalt- und Annexionsverbot. Einzelne Aspekte des Konflikts sind zwar in speziellen Verfahren vor internationale Gerichte gebracht worden. Die Aussichten einer Entscheidung, die die russische Missachtung völkerrechtlicher Grundnormen klar benennt, sind aber begrenzt. Zwar ist die Möglichkeit einer inzidenten Geltendmachung der Annexion der Krim im Rahmen der betrachteten Gerichtszweige nicht gänzlich ausgeschlossen, die Wahrscheinlichkeit einer solchen Feststellung ist aber verschwindend gering. Über den Hinweis auf die weitgehende Verurteilung des russischen Verhaltens in der internationalen Gemeinschaft sind die Entscheidungen nicht hinausgegangen. Die absolute Grenze einer gerichtlichen Geltendmachung russischer Völkerrechtsverstöße bleibt die Begründung der Entscheidungskompetenz der befassten Streitbeilegungsinstanzen über die Zustimmung der Konfliktparteien. Sie führt dazu, dass die Russische Föderation die Verurteilung ihres Verhaltens als völkerrechtswidrig und insbesondere als Verletzung des Gewaltverbots weitgehend verhindern kann. Das Konsensprinzip bildet so nicht nur den Geltungsgrund völkerrechtlicher gerichtlicher Streitbeilegung, sondern zugleich die faktische Grenze der justiziellen Durchsetzung des Völkerrechts. Neben der inhaltlichen Beschränkung der Jurisdiktionsgewalt der Spruchkörper durch den wesentlichen Einfluss der Russischen Föderation als Konfliktpartei und Vetomacht im Sicherheitsrat stehen einer effektiven gerichtlichen Durchsetzung völkerrechtlicher Verantwortlichkeit die lange Verfahrensdauer sowie das Fehlen einer zentralen Vollstreckungsinstanz schon aufgrund der Grundausrichtung des Völkerrechts entgegen. Hier liegen große Defizite in der völkerrechtlichen Konfliktaufarbeitung, die in seiner zwischenstaatlichen Begründung und seinem Charakter als konsensbasierte Rechtsordnung unter Beachtung des Gleichordnungsverhältnisses der Staaten angelegt sind.

Gleichwohl spielt die Befassung internationaler Spruchkörper mit dem Konflikt eine große symbolische Rolle. Die Ukraine hat sich in der gerichtlichen Geltendmachung russischer Verantwortlichkeit in kreativer Weise verschiedener Foren der internationalen Streitbeilegung bedient. Sie unterstreicht hierdurch ihr Bekenntnis zur friedlichen Streitbeilegung sowie ihr Vertrauen in die bestehenden Aufarbeitungsmechanismen der völkerrechtlichen Rechtsordnung. Eine große Chance der gerichtlichen Geltendmachung bleibt die Möglichkeit internationaler Spruchkörper, durch gezielt formulierte Entscheidungen eine Grundauffassung zu dem zugrundeliegenden Konflikt zum Ausdruck zu bringen. Die Unterstützung der Einleitung des völkerstrafrechtlichen Ermittlungsverfahrens mit Blick auf Völkerstraftaten im Gebiet der Ukraine durch eine nie da gewesene Anzahl von nunmehr 43 Staaten sendet ein weiteres starkes Signal in die Weltöffentlichkeit.

Die Befassung völkerrechtlicher Spruchkörper mit dem Konflikt eröffnet neben den Streitparteien auch den Spruchkörpern die Möglichkeit, ihre Rechtsauffassung durch eine pointierte Formulierung ihrer Entscheidung zum Ausdruck zu bringen. Das gilt auch und gerade für den Erlass einstweiliger Maßnahmen durch internationale Spruchkörper wie den IGH oder den EGMR. Auch wenn die Russische Föderation die Vorgaben dieser einstweiligen Verpflichtungen nur sehr begrenzt umzusetzen bereit ist, ermöglicht die klare Benennung der Verletzung dieser Verpflichtungen die weitere Isolation Russlands in der internationalen Gemeinschaft und das Bekenntnis der Staatengemeinschaft im Übrigen, die Entscheidungen internationaler Spruchkörper umzusetzen zu wollen und bei ihrer Durchsetzung durch die Aufrechterhaltung jedenfalls politischen Drucks mitzuwirken. Die in dieser Weise auf ihren symbolischen und politischen Charakter begrenzten Möglichkeiten der gerichtlichen Geltendmachung stützen die Erkenntnis, dass der wesentliche Durchsetzungsmechanismus des Völkerrechts nicht in der justiziellen, sondern in der unmittelbar zwischenstaatlichen Aufarbeitung des Konflikts außerhalb der Befassung internationaler Spruchkörper zu suchen ist.

Außerhalb einer Befassung internationaler Spruchkörper bleibt die Möglichkeit einer Geltendmachung völkerrechtlicher Verantwortlichkeit im unmittelbar zwischenstaatlichen Verhältnis. In Betracht kommt dabei neben der Befassung internationaler Organisationen auch die bilaterale Geltendmachung völkerrechtlicher Verantwortlichkeit. Der zentrale Ansatzpunkt einer Reaktion der Staatengemeinschaft auf völkerrechtswidriges Verhalten mit Blick auf eine unzulässige Anwendung zwischenstaatlicher Gewalt ist eine etwaige Reaktion der Vereinten Nationen über eine verbindliche Entscheidung des UN-Sicherheitsrates. Der Mechanismus der Sicherheitsratsentscheidung über Maßnahmen nach Kapitel VII UN-Charta scheidet jedoch wegen der Konstellation der Streitparteien im Fall der Ukraine-Krise aus: Die Russische Föderation als ständiges Mitglied des Sicherheitsrates und als Trägerin des Vetorechts sperrt jede Möglichkeit zur Ergreifung verbindlicher Maßnahmen durch die Vereinten Nationen. Zwar bietet die UN-Charta grundsätzlich die Möglichkeit, ein Mitglied aus den Vereinten Nationen auszuschließen, auch dieser Ausschluss erfordert aber ebenso wie eine irgendwie geartete Änderung der UN-Charta oder der Mechanismen des Vetorechts eine Entscheidung des Sicherheitsrates, weswegen die Vereinten Nationen in diesem Kontext weitgehend handlungsunfähig sind – und es auch auf absehbare Zeit bleiben werden. Fragwürdig ist ohnehin, ob aus politischer Perspektive ein Versuch des „Ausschlusses" der Russischen Föderation aus den Vereinten Nationen überhaupt ein erfolgversprechendes Ziel sein kann. Die Gründung der Vereinten Nationen in Reaktion auf die Gräueltaten des Zweiten Weltkrieges diente der Schaffung einer kollektiven Friedens- und Sicherheitsordnung, die durch eine Einbindung aller Staaten in eine gemeinsame Organisation die wechselseitige Bindung an das allgemeine Gewaltverbot und dadurch die Sicherung einer internationalen Friedensarchitektur zum Ausgangspunkt ihrer Funktionstüchtigkeit und gleichzeitig zum Ziel des Zusammenschlusses gemacht hat. Erst recht wegen der geopolitischen Relevanz des Dialoges mit Russland wird der Versuch, die Russische Föderation in die Organisation einzubinden, sinnvoller sein als der Ansatz des Ausschlusses und damit die vollständige Abschottung von einer nach wie vor großen wirtschaftlichen, militärischen und gar mit Atomwaffen ausgestatteten politischen Macht. Die Vereinten Nationen nehmen in ihrer Befassung mit dem Ukraine-Konflikt eine wesentliche Bedeutung als zentrales Diskussionsgremium ein. Da rechtsverbindliche Entscheidungen der Institution wegen der Blockade des Sicherheitsrates ausscheiden, verschiebt sich der Schwerpunkt ihrer Tätigkeit in die Generalversammlung. Der Verurteilung der Annexion der Krim und dem Bekenntnis zur Unterstützung der territorialen Integrität der Ukraine haben sich allerdings „nur" 100 Staaten angeschlossen, wobei zentrale Akteure wie China und Indien sich einer Entscheidung gegen die Russische Föderation enthalten haben. Im Vergleich dazu haben sich der Verurteilung des russischen Angriffskrieges unter dem Mechanismus der nach der *Uniting for Peace*-Resolution einberufenen *emergency session* der Generalversammlung ganze 141 Staaten angeschlossen. Dieses eindeutige Votum hat die Einheit der internationalen Gemeinschaft in der Verurteilung des russischen Verhaltens noch einmal deutlich zum Ausdruck gebracht. Eine derart umfassende Reaktion ist allerdings im Jahr 2014 nach der Annexion der Krim im Rahmen der Generalversammlung ausgeblieben, obwohl auch hier ein eindeutiger Verstoß gegen das Gewaltverbot vorlag.

Jenseits der Vereinten Nationen hat sich insbesondere die OSZE als wesentlicher Vermittlungsakteur im Prozess von Minsk maßgeblich rehabilitiert und neue Bedeutung gewonnen, gerade was die Dokumentation von Menschenrechtsverletzungen vor und umso mehr nach Beginn des Angriffskrieges gegen die Ukraine anging. Über eine politische Verurteilung gehen die Reaktionsmöglichkeiten internationaler Organisationen aber wegen ihrer begrenzten Exekutivkompetenzen und der bestehenden Vetoposition Russlands im Sicherheitsrat nicht hinaus. Die konkrete Ausgestaltung der friedenserhaltenden Funktion der Vereinten Nationen durch die Vetomächte im Sicherheitsrat zeigt sich einmal mehr als wesentliches Defizit in der Aufarbeitung schwerwiegender Verletzungen des Völkerrechts. Dieses Defizit aber ist vor dem Hintergrund der Schaffung eines Machtgleichgewichts im Sicherheitsrat nach dem Ende des Zweiten Weltkrieges zu erklären und wird trotz der vielfachen Bemühungen hierum keiner einvernehmlichen Reform zuzuführen sein, die diese Machtposition abschwächen könnte. Es ist ein der Völkerrechtsordnung der Vereinten Nationen immanentes Durchsetzungsdefizit, das zum Zwecke der Schaffung einer einheitlichen Werteordnung durch die UN-Charta in Kauf genommen werden musste und muss.

Neben der Befassung internationaler Organisationen mit dem Konflikt in der Ukraine hat sich die Ergreifung zwischenstaatlicher Sanktionen als zentraler Aufarbeitungsmechanismus bewiesen. In einem Rechtssystem, das an dem Mangel einer zentralen Rechtsdurchsetzungsinstanz krankt, müssen effektive Durchsetzungsmechanismen im zwischenstaatlichen Verhältnis gesucht werden. Die gegen Russland ergriffenen Sanktionsmaßnahmen der internationalen Gemeinschaft haben dabei verschiedene Ausprägungen gezeigt. Sanktionen sind sowohl gezielt gegen Einzelpersonen ergriffen worden, die in die Verletzung völkerrechtlicher Verpflichtungen verwickelt waren, als auch gegen den russischen Staat als Ganzes ergangen, etwa durch die Betroffenheit ganzer wirtschaftlicher Sektoren oder die Beschränkung des Handels mit den von Russland kontrollierten Gebieten der Krim und der „Volksrepubliken" Donezk und Luhansk. Die Rechtsnatur der ergriffenen Maßnahmen reicht von rein politischen bzw. diplomatischen Maßnahmen wie dem Abbruch von Gesprächsformaten über menschenrechtlich relevante Vermögenseinfrierungen oder Reisebeschränkungen bis zu Maßnahmen unter Verletzung grundlegender wirtschaftsvölkerrechtlicher Verpflichtungen, etwa des Meistbegünstigungsgrundsatzes oder des Verbots mengenmäßiger Beschränkungen unter dem Recht der WTO. Rechtsgrundlagen derjenigen Maßnahmen, die eigene völkerrechtliche Verpflichtungen der handelnden Staaten verletzen, können dabei sowohl im bilateralen völkervertraglichen Verhältnis als auch im allgemeinen Völkerrecht gesucht werden. Von besonderer Bedeutung sind in diesem Zusammenhang die Sicherheitsausnahmen des Wirtschaftsvölkerrechts bzw. bilateraler Partnerschaftsabkommen mit entsprechenden Regelungen sowie das Regime der völkerrechtlichen Gegenmaßnahmen. Eine Hürde bildet hierbei die Geltendmachung der Völkerrechtsverletzungen Russlands über das bilaterale Verhältnis der Ukraine zu Russland hinaus. Sie sollte durch die feste Etablierung der Konzeption der *third-party countermeasures* im Völkergewohnheitsrecht dauerhaft überwunden werden. Derartige Maßnahmen bilden einen effektiven Durchsetzungsmechanismus für zentrale Grundnormen des Völkerrechts. Anwendungsfälle dieses Mechanismus' in der Staatenpraxis bestehen, auch für eine hinreichende Rechtsüberzeugung in der internationalen Gemeinschaft bestehen tragfähige Anhaltspunkte. Nicht zuletzt die Ergreifung umfassender Sanktionsmaßnahmen gegen die Russische Föderation hat dies bewiesen. Zudem hat die Praxis bisher keine Realisierung der befürchteten Missbrauchsgefahr gezeigt. Für die Zulässigkeit der *third-party countermeasures* spricht die Gewährleistung einer effektiven Durchsetzung von *erga omnes* Verpflichtungen und der daraus folgende Schutz kollektiver Interessen der Staatengemeinschaft. Gleiches gilt für die Akzeptanz der Ergreifung wirtschaftlicher Sanktionsmaßnahmen wegen einer Gefährdung der essentiellen Sicherheitsinteressen auch von Drittstaaten außerhalb des unmittelbaren Verhältnisses der Ukraine zu Russland im wirtschaftsvölkerrechtlichen Zusammenhang.

Gerade vor dem Hintergrund der Defizite der gerichtlichen Geltendmachung von Verletzungen völkerrechtlicher Grundnormen bietet die dezentrale Durchsetzung des Völkerrechts einen effektiven Weg zur Erhöhung der Bindungswirkung dieser Rechtsnormen. Die Durchsetzung von *erga*

omnes Verpflichtungen und Normen des zwingenden Völkerrechts im Wege einer Reaktion der gesamten Staatengemeinschaft auf Verletzungen dieser Grundpfeiler des Rechtssystems ist im Entwurf der ILC zur Staatenverantwortlichkeit bereits angelegt. Das Prinzip dieser Normen verlangt nach
einem Durchsetzungsmechanismus, der über das bloße Bekenntnis zu
ihrer Geltung hinaus eine Bindungswirkung durch entsprechende Reaktionsmöglichkeiten begründet. Die Rolle der internationalen Spruchkörper
hängt in diesem Zusammenhang wesentlich von der Begründung ihrer
Jurisdiktionsgewalt durch die Konfliktparteien ab. Die lange Verfahrensdauer verhindert hier schnelle Reaktionen auf Völkerrechtsverletzungen.
Völkerrechtliche Sanktionsmaßnahmen zwischen den Staaten dagegen ermöglichen unmittelbare Reaktionen auf schwerwiegende Verletzungen
völkerrechtlicher Grundnormen. Sie schaffen in der Systematik der *third-
party countermeasures* im Zusammenwirken mit der Pflicht zur Nichtanerkennung völkerrechtswidriger Gebietsveränderungen und der politischen
Verurteilung und Isolation von völkerrechtsbrüchigen Staaten insbesondere im Rahmen der politischen Gremien der Vereinten Nationen ein sich
selbst verstärkendes System der gegenseitigen Kontrolle, das im Einklang
mit dem Grundsatz der Gleichordnung der Staaten im Rahmen der völkerrechtlichen Rechtsordnung steht.

Im Ergebnis liefert die Betrachtung der Aufarbeitung der Verstöße Russlands gegen zwingendes Völkerrecht in der Ukraine seit 2014 zwei wesentliche Ergebnisse: Russlands Verhalten erschüttert die Grundfesten der völkerrechtlichen Friedensordnung und drückt die Missachtung völkerrechtlicher Grundprinzipien aus. Die Defizite, die in einer konsensbasierten
und auf der Gleichheit der Staaten beruhenden Rechtsordnung zwangsläufig für die Durchsetzung völkerrechtlicher Rechtsnormen entstehen und
die zusätzliche Blockade durch die Beteiligung einer Vetomacht an einem
territorialen Konflikt sind durch die Krise massiv zutage getreten. Gleichermaßen aber bietet der Konflikt auch eine Chance für die internationale Gemeinschaft, sich auf die zentralen völkerrechtlichen Grundnormen
zurückzubesinnen und die Eskalation dieses Konflikts in einen Angriffskrieg nicht zum Anlass zu nehmen, einen vollständigen Verfall dieser
Friedensordnung zu diagnostizieren, sondern ganz im Gegenteil, ein umso stärkeres Bekenntnis zu diesen Prinzipien zu erneuern. Entsprechend
muss eine kollektive Reaktion auf diese Völkerrechtsverstöße unter Ausschöpfung der bestehenden Reaktionsmöglichkeiten des Völkerrechts, im
Besonderen der Ergreifung umfassender Sanktionsmaßnahmen, erfolgen,
die die Grundpfeiler der Friedensordnung, allen voran das Gewaltverbot,
durch ein verstärktes Bekenntnis hierzu wieder deutlicher in den Vorder-

grund rückt. Ausweg aus dieser Situation kann nur der Versuch sein, umso mehr auf die Beachtung dieser Grundprinzipien hinzuwirken, indem Russland in der internationalen Gemeinschaft isoliert wird und auf diese Weise auch eine Präventionswirkung für künftige Auseinandersetzungen begründet wird. Die Analyse des Ukraine-Konflikts unterstreicht, dass es schneller und eindeutiger Reaktionen der Staatengemeinschaft auf Völkerrechtsverletzungen dieses Ausmaßes dringend bedarf. Im Rahmen des zwischenstaatlichen Rechtssystems des Völkerrechts müssen bestehende Defizite der institutionellen Durchsetzung völkerrechtlicher Grundnormen durch eine konsequente, aber auch konsistente Ausschöpfung bestehender unmittelbar zwischenstaatlicher Aufarbeitungsmechanismen ausgeglichen werden. In einer Ausnahmesituation wie dem Angriffskrieg Russlands gegen die Ukraine kann die Reaktion der Staatengemeinschaft notwendigerweise nur sein, die Chancen der zwischenstaatlichen Rechtsordnung für ein klares Bekenntnis und die Rückbesinnung auf die Grundnormen der völkerrechtlichen Friedensordnung zu erkennen und bestehende dezentrale Durchsetzungsmechanismen der Völkerrechtsordnung effektiv zu nutzen.

Literaturverzeichnis

Abass, Ademola, Consent Precluding State Responsibility: A Critical Analysis, The International and Comparative Law Quarterly, Vol. 53, No. 1 (2004), S. 211–225, (zit.: *„Abass*, ICLQ 53/1 (2004), 211").

Akande, Dapo, Would It Be Lawful For European (or other) States to Provide Arms to the Syrian Opposition?, EJIL-Talk!, 17.01.2013, https://www.ejiltalk.org/woul d-it-be-lawful-for-european-or-other-states-to-provide-arms-to-the-syrian-oppositi on/, (zit.: *„Akande*, EJIL-Talk!, 17.01.2013").

ders./Vermeer, Zachary, The Airstrikes against Islamic State in Iraq and the Alleged Prohibition on Military Assistance to Governments in Civil Wars, EJIL-Talk!, 02.02.2015, https://www.ejiltalk.org/the-airstrikes-against-islamic-state-in-iraq-a nd-the-alleged-prohibition-on-military-assistance-to-governments-in-civil-wars/, (zit.: *„Akande/Vermeer*, EJIL-Talk!, 02.02.2015").

ders./Williams, Sope, International Adjudication on National Security Issues: What Role for the WTO, Virginia Journal of International Law, Vol. 43, 2003, S. 365–404, (zit.: *„Akande/Williams*, VJIL 43 (2003), 365").

Akbaba, Mesut/Capurro, Giancarlo, International Challenges in Investment Arbitration, New York 2018, (zit.: *„Bearbeiter*, in: *Akbaba/Capurro*, S.").

Alford, Roger P., The Self-Judging WTO Security Exception, Utah Law Review, No. 3, 2011, S. 697–759, (zit.: *„Alford*, ULR 3 (2011), 697").

Alland, Denis, Countermeasures of General Interest, European Journal of International Law, Vol. 13, No. 5 (2002), S. 1221–1239, (zit.: *„Alland*, EJIL 13/5 (2002), 1221").

Allmendinger, Michael, Buchten im Völkerrecht, Berlin 2006, (zit.: *„Allmendinger*, S.").

v. Arnauld, Andreas, Völkerrecht, 4. Aufl. Heidelberg 2019, (zit.: *„v. Arnauld*, Rn.").

d'Aspremont, Jean, Duality of government in Côte d'Ivoire, EJIL-Talk!, 04.01.2011, abrufbar unter: https://www.ejiltalk.org/duality-of-government-in-cote-divoire/, (zit.: *„d'Aspremont*, EJIL-Talk!, 04.01.2011").

ders., Mapping the Concepts Behind the Contemporary Liberalization of the Use of Force in International Law, University of Pennsylvania Journal of International Law, Vol. 31, No. 4, S. 1098 – 1149, (zit.: *„d'Aspremont*, UPaJIL 31/4 (2010), 1098").

Azaria, Danae, Trade Countermeasures For Breaches of International Law Outside the WTO, International and Comparative Law Quarterly, Vol. 71 (2022), S. 389–423, (zit.: *„Azaria*, ICLQ 71 (2022), 389").

Bannelier, Karine/Christakis, Theodore, Under the UN Security Council's Watchful Eyes: Military Intervention by Invitation in the Malian Conflict, Leiden Journal of International Law, Vol. 26 (2013), S. 855–874, (zit.: *„Bannelier/Christakis*, LJIL 26 (2013), 855").

Barber, Rebecca, Could Russia be Suspended from the United Nations?, EJIL-Talk!, 01.03.2022, abrufbar unter: https://www.ejiltalk.org/could-russia-be-suspended-from-the-united-nations/, (zit.: *„Barber*, EJIL-Talk!, 01.03.2022").

Beaucillon, Charlotte (Hrsg.), Research Handbook on Unilateral and Extraterritorial Sanctions, Cheltenham 2021, (zit.: *„Bearbeiter*, in: *Beaucillon*, S.").

Bergamaschi, Isaline, French Military Intervention in Mali: Inevitable, Consensual yet Insufficient, Stability: International Journal of Security & Development, Vol. 2, Issue 2 (2013), Article 20, S. 1–11, (zit.: *„Bergamaschi*, IJSD 2/2 (2013), 1").

Bossuyt, Fabienne/van Elsuwege, Peter (Hrsg.), Principled Pragmatism in Practice – The EU's Policy towards Russia after Crimea, Studies in EU External Relations, Vol. 19, Leiden/Boston 2021, (zit.: *„Bearbeiter*, in: Principled Pragmatism, S.").

Boyle, Alan E., Dispute Settlement and the Law of the Sea Convention: Problems of Fragmentation and Jurisdiction, International and Comparative Law Quarterly, Vol. 46, No. 1 (1997), S. 37–54, (zit.: *„Boyle*, ICLQ 46/1 (1997), 37").

Brewer, Evan M., To Break Free from Tyranny and Oppression: Proposing a Model for a Remedial Right to Secession in the Wake of the Kosovo Advisory Opinion, Vanderbilt Journal of Transnational Law, Vol. 45, Issue 1 (2012), S. 245–292, (zit.: *„Brewer*, VJTL 45/1 (2012), 245").

Brownlie, Ian, International Law and the Use of Force by States, Oxford 1963, (zit.: *„Brownlie*, S.").

Buchheit, Lee C., Secession, The Legitimacy of Self-Determination, New Haven and London 1978, (zit.: *„Buchheit*, S.").

Buga, Irina, Territorial Sovereignty Issues in Maritime Disputes: A Jurisdictional Dilemma for Law of the Sea Tribunals, The International Journal of Marine and Coastal Law, Vol. 27 (2012), S. 59–95, (zit.: *„Buga*, IJMCL 27 (2012), 59").

Burri, Thomas, The Kosovo Opinion and Secession: The Sounds of Silence and Missing Links, German Law Journal, Vol. 11, Issue 7–8 (2010), S. 881–889, (zit.: *„Burri*, GLJ 11/8 (2010), 881").

Burke, John J. A., Economic Sanctions against the Russian Federation are illegal under Public International Law, Russian Law Journal, Vol. III, Issue 3 (2015), S. 126–141, (zit. *„Burke*, RLJ III/3 (2015), 126").

Byrne, Max, Consent and the use of force: an examination of „intervention by invitation" as a basis for US drone strikes in Pakistan, Somalia and Yemen, Journal on the Use of Force and International Law, Vol. 3, No. 1 (2016), S. 97–125, (zit.: *„Byrne*, JUFIL 3/1 (2016), 97").

Cassese, Antonio, Ex iniuria ius oritur: are we moving towards international legitimation of forcible humanitarian countermeasures in the world community?, European Journal of International Law, Vol. 10, Issue 1 (1999), S. 23–30, (zit.: *„Cassese*, EJIL 10/1 (1999), 23").

ders. Self-determination of peoples – A legal reappraisal, Cambridge 1995, (zit.: *„Cassese*, S.").

ders., (Hrsg.), The Current Legal Regulation of the Use of Force, Dordrecht 1986, (zit.: *„Bearbeiter*, in: *Cassese*, Use of Force, S.").

Castellino, Joshua, International Law and Self-Determination, The Interplay of the Politics of Territorial Possession with Formulations of Post-Colonial 'National' Identity, Developments in International Law, Vol. 38 (2000), (zit.: „*Castellino*, S.").

Challet, Celia, Reflections on Judicial Review of EU Sanctions Following the Crisis in Ukraine by the Court of Justice of the European Union, College of Europe, Department of European Legal Studies, Research Paper in Law 04 (2020), S. 1–17, (zit.: „*Challet*, RPL 4 (2020), S.").

Christakis, Theodore, Self-Determination, Territorial Integrity and Fait Accompli in the Case of Crimea, Zeitschrift für ausländisches öffentliches Recht und Völkerrecht, Nr. 75 (2015), S. 75–100, (zit.: „*Christakis*, ZaöRV 75 (2015), 75").

Crawford, Emily, Armed Ukrainian Citizens: Direct Participation in Hostilities, Levée en Masse, or Something Else?, EJIL-Talk!, 01.03.2022, abrufbar unter: https://www.ejiltalk.org/armed-ukrainian-citizens-direct-participation-in-hostiliti es-levee-en-masse-or-something-else/, (zit.: „*Crawford*, EJIL-Talk!, 01.03.2022").

Crawford, James, Brownlie's Principles of Public International Law, 9. Aufl. Leiden 2019, (zit.: „*Crawford*, S.").

ders., State Responsibility, The General Part, Cambridge 2013, (zit.: „*Crawford*, State Responsibility, S.").

ders./Pellet, Alain/Olleson, Simon (Hrsg.), The Law of International Responsibility, Oxford 2010, (zit.: zit.: „*Bearbeiter*, in: International Responsibility, S.").

Corten, Olivier, The Law Against War: The Prohibition on the Use of Force in Contemporary International Law, 2. Aufl. Oxford 2021, (zit.: „*Corten*, S.").

Czaplinski, Wladyslaw/Debski, Slawomir/Tarnogorski, Rafal/Wierczynska, Karolina (Hrsg.), The Case of Crimea's Annexation under International Law, Warschau 2017, (zit.: „*Bearbeiter*, in: *Czaplinski*, S.").

Dahm, Georg/Delbrück, Jost/Wolfrum, Rüdiger, Völkerrecht, 2. Aufl. Berlin 2002, (zit.: „*Dahm/Delbrück/Wolfrum*, VöR, Bd., §, S.").

Dawidowicz, Martin, Third-Party Countermeasures in International Law, Cambridge 2017, (zit.: „*Dawidowicz*, S.").

ders., Third-party countermeasures: A progressive development of international law?, Questions of International Law, Vol. 29 (2016), Zoom In, S. 3–15, (zit.: „*Dawidowicz*, QIL 29 (2016), 3").

ders., Third-party countermeasures, Observations on a controversial concept, S. 340–362, in: *Chinkin, Christine/Baetens, Freya* (Hrsg.), Sovereignty, Statehood and State Responsibility, Essays in Honour of James Crwaford, Cambridge 2015, (zit.: „*Dawidowicz*, in: FS Crawford, S.").

ders., Public Law Enforcement without Public Law Safeguards? An Analysis of State Practice on Third-Party Countermeasures and Their Relationship to the UN Security Council, British Yearbook of International Law, Vol. 77, Issue 1 (2006), S. 333–418, (zit.: „*Dawidowicz*, BYIL 77/1 (2006), 333").

Dinstein, Yoram, War, Aggression and Self-Defence, 6. Aufl. Cambridge 2017, (zit.: „*Dinstein*, S.").

Doehring, Karl, Völkerrecht, 2. Aufl. Heidelberg 2004, (zit.: „*Doehring*, Rn.").

Dörr, Oliver/Schmalenbach, Kirsten (Hrsg.), Vienna Convention on the Law of Treaties, A Commentary, 2. Aufl. Berlin 2018, (zit.: „*Bearbeiter*, in: VCLT, Art., Rn.").

Doswald-Beck, Louise, The legal validity of military intervention by invitation of the government, British Yearbook of International Law, No. 56 (1985), S. 189–252, (zit.: „*Doswald-Beck*, BYIL 56 (1985), 189").

Dreyer, Iana/Popescu, Nicu, Do sanctions against Russia work?, European Union Institute for Security Studies, Brief Issue 35 (December 2014), S. 1–4, (zit.: „*Dreyer/Popescu*, EUISS Brief Issue 35 (2014), S.").

van den Driest, Simone F., Crimea's Separation from Ukraine: An Analysis of the Right to Self-Determination and (Remedial) Secession in International Law, Netherlands International Law Review, Vol. 62 (2015), S. 329–363, (zit.: „*v. d. Driest*, NILR 62 (2015), 329").

dies., Remedial Secession – A Right to External Self-Determination as a Remedy to Serious Injustices?, School of Human Rights Research Series, Vol. 61 (2013), (zit.: „*v. d. Driest*, S.").

Dumberry, Patrick, Requiem for Crimea: Why Tribunals Should Have Declined Jurisdiction Over the Claims of Ukrainian Investors against Russian under the Ukraine-Russia BIT, Journal of International Dispute Settlement, Vol. 9 (2018), S. 506–533, (zit.: „*Dumberry*, JIDS 9 (2018), 506").

Dupont, Pierre-Emmanuel, Countermeasures and Collective Security: The Case of the EU Sanctions Against Iran, Journal of Conflict and Security Law, Vol. 17, No. 3 (2012), S. 301–336, (zit.: „*Dupont*, JCSL 17/3 (2012), 301").

Duval, Antoine/Kassoti, Eva, The Legality of Economic Activities in Occupied Territories, International, EU Law and Business and Human Rights Perspectives, London 2020, (zit.: „*Bearbeiter*, in: *Duval/Kassoti*, S.").

Dzehtsiarou, Kanstantsin/Helfer, Laurence, Russia and the European human rights system: Doing the right thing ... but for the right legal reason?, EJIL-Talk!, 29.03.2022, abrufbar unter: https://www.ejiltalk.org/russia-and-the-european-h uman-rights-system-doing-the-right-thing-but-for-the-right-legal-reason/, (zit.: „*Dzehtsiarou/Helfer*, EJIL-Talk!, 29.03.2022").

Epping, Volker, Die Evakuierung deutscher Staatsbürger im Ausland als neues Kapitel der Bundeswehrgeschichte ohne rechtliche Grundlage?, Archiv des öffentlichen Rechts, Vol. 124, Nr. 3 (1999), S. 423–469, (zit.: „*Epping*, AöR 124/3 (1999), 423").

Evans, Malcolm, International Law, 5. Aufl. Oxford 2018, (zit.: „*Bearbeiter*, in: *Evans*, S.").

Fach-Gómez, Katia/Gourgourinis, Anastasios/Titi, Catharine (Hrsg.), International Investment Law and the Law of Armed Conflict, Cham 2019, (zit.: „*Bearbeiter*, in: *Fach-Gómez*, S.").

Fassbender, Bardo, All Illusions Shattered? Looking Back on a Decade of Failed Attempts to Reform the UN Security Council, Max Planck Yearbook of United Nations Law, Vol. 7 (2003), S. 183–218, (zit.: „*Fassbender*, Max Planck UNYB 7 (2003), 183").

Flach, Lisandra/Larch, Mario/Yotov, Yoto/Braml, Martin/Gröschl, Jasmin/Teti, Feodora/Steininger, Marina/Schneider, Georg, Die volkswirtschaftlichen Kosten der Sanktionen in Bezug auf Russland, Ifo Zentrum für Außenwirtschaft, Leibniz-Institut für Wirtschaftsforschung, Oktober 2020, (zit.: „IHK, Ifo Studie 10/2020, S.“).

Fisler, Damrosch, Lori (Hrsg.), Enforcing Restraint: Collective Intervention in Internal Conflicts, New York 1993, (zit.: „*Bearbeiter*, in: Enforcing Restraint, S.“).

Fox, Gregory H., Intervention in the Ukraine by Invitation, Ukraine Insta-Symposium, Opinio Juris, 10.03.2014, http://opiniojuris.org/2014/03/10/ukraine-insta-s ymposium-intervention-ukraine-invitation/, (zit.: „*Fox*, OJ, 10.03.2014“).

Frowein, Jochen A., Reactions by not directly affected States to Breaches of Public International Law, Collected Courses of the Hague Academy of International Law, Vol. 248 (1994), S. 349–437, (zit.: „*Frowein*, S.“).

Gagnon, Julie D., ECOWAS's Right to Intervene in Côte D'Ivoire to Install Alassane Ouattara as President-Elect, Notre Dame Journal of International & Comparative Law, Vol. 3, Issue 1, Article 3 (2013), S. 51–72, (zit.: „*Gagnon*, NDJICL 3/1/3 (2013), 51“).

Gaja, Giorgio, The Protection of General Interests in the International Community, Collected Courses of the Hague Academy of International Law, General Course on Public International Law, Vol. 364 (2011), S. 13–185, (zit.: „*Gaja*, S.“).

Geistlinger, Michael, Der Beitritt der Republik Krim zur Russländischen Föderation aus der Warte des Selbstbestimmungsrechts der Völker, Archiv des Völkerrechts, Band 52, No. 2 (2014), S. 175–204, (zit.: „*Geistlinger*, AdV 52/2 (2014), 175“).

Geiß, Robin, Russia's Annexation of Crimea: The Mills of International Law Grind Slowly but They Do Grind, International Law Studies, Vol. 91 (2015), S. 425–449, (zit.: „*Geiß*, ILS 91 (2015), 425“).

Giumelli, Francesco, How EU sanctions work: A new narrative, EU Institute for Security Studies, Chaillot Papers, No. 129 (2013), (zit.: „*Giumelli*, EUISS Chaillot Papers 129 (2013), S.“).

Goldmann, Matthias, Hot War and Cold Freezes, Targeting Russian Central Bank Assets, Verfassungsblog, 28.02.2022, abrufbar unter: https://verfassungsblog.de/h ot-war-and-cold-freezes/, (zit.: „*Goldmann*, VerfBlog, 28.02.2022“).

Gornig, Carolin, Der Ukraine-Konflikt aus völkerrechtlicher Sicht, Schriften zum Völkerrecht, Band 239, Berlin 2020, (zit.: „*Gornig*, S.“).

Gornig, Gilbert H./Horn, Hans-Detlef/Murswiek, Dietrich (Hrsg.), Das Selbstbestimmungsrecht der Völker – Eine Problemschau, Staats- und völkerrechtliche Abhandlungen der Studiengruppe für Politik und Völkerrecht, Band 27, Berlin 2013, (zit.: „*Bearbeiter*, in: Gornig/Horn/Murswiek, S.“).

Grant, Thomas D., Aggression against Ukraine, Territory, Responsibility and International Law, New York 2015, (zit.: „*Grant*, S.“).

ders., Annexation of Crimea, The American Journal of International Law, Vol. 109, No. 1 (2015), S. 68–95, (zit.: „*Grant*, AJIL 109/1 (2014), 68“).

ders., The Yanukovych Letter: Intervention and Authority to Invite in International Law, The Indonesian Journal of International & Comparative Law, Vol. II, Issue 2 (2015), S. 281–328, (zit.: *„Grant*, IJICL 2/2 (2015), 281").

ders., International Dispute Settlement in Response to an Unlawful Seizure of Territory: Three Mechanisms, Chicago Journal of International Law, No. 1 (2015), S. 1–42, (zit.: *„Grant*, ChiJIL 16/1 (2015), 1 ").

ders., The Budapest Memorandum of 5 December 1994: Political Engagement or Legal Obligation?, XXXIV Polish Yearbook of International Law (2014), S. 89–114, (zit.: *„Grant*, PYIL (2014), 89").

Gray, Christine, International Law and the Use of Force, 4. Aufl. Oxford 2018, (zit.: *„Gray*, S.").

Green, James A., Annexation of Crimea – Russia, Passportisation and the Protection of Nationals Revisited, Journal on the Use of Force and International Law, Vol. 1, No. 1 (2014), S. 3–10, (zit.: *„Green*, JUFIL 1/1 (2014), 3").

ders., Passportisation, Peacekeepers and Proportionality: The Russian Claim of the Protection of Nationals Abroad in Self-Defence, in: *Green, James A./Waters, Christopher P. M.* (Hrsg.), Conflict in the Caucasus, Implications for International Legal Order, New York 2010, (zit.: *„Green*, S.").

Grimal, Francis/Melling, Graham, The Protection of Nationals Abroad: Lawfulness or Toleration? A Commentary, Journal of Conflict and Security Law, Vol. 16, Issue 3 (2011), S. 541–554, (zit.: *„Grimal/Melling*, JCSL 16/3 (2011), 541").

Gusy, Christoph, Selbstbestimmung im Wandel, Archiv des Völkerrechts, 30. Band, No. 4 (1992), S. 385–410, (zit.: *„Gusy*, AdV 30/4 (1992), 385").

Hahn, Michael J., Die einseitige Aussetzung von GATT-Verpflichtungen als Repressalie, Heidelberg 1996.

ders., Vital Interests and the Law of GATT: An Analysis of GATT's Security Exception, Michigan Journal of International Law, Vol. 12, Issue 3, 1991, S. 558–620, (zit.: *Hahn*, MJIL 12 (1991), 558").

Happ, Richard/Wuschka, Sebastian, Horror Vacui: Or Why Investment Treaties Should Apply to Illegally Annexed Territories, Journal of International Arbitration, Vol. 33, Issue 3 (2016), S. 245–268, (zit.: *„Happ/Wuschka*, JIA 33/3 (2016), 245").

Harary, Ethan, Between Two States: Adjudicating Human Rights Abuses in Occupied and Annexed Ukraine, Michigan Journal of International Law Online, Vol. 41, 20.02.2020, http://www.mjilonline.org/between-two-states-adjudicating-human-rights-abuses-in-occupied-and-annexed-ukraine/, (zit.: *„Harary*, MJIL Online, Vol. 41, 20.02.2020").

Hayashi, Mika, Russia – The Crimea question and autonomous sanctions, in: *Asada, Masahiko* (Hrsg.), Economic Sanctions in International Law and Practice, London 2019, (zit.: *„Hayashi*, in: Economic Sanctions, S.").

Heintze, Hans-Joachim, Völkerrecht und Sezession – Ist die Annexion der Krim eine zulässige Wiedergutmachung sowjetischen Unrechts?, Humanitäres Völkerrecht – Informationsschriften, Vol. 27, Nr. 3 (2014), S. 129–138, (zit.: *„Heintze*, HuV-I 27/3 (2014), 129").

ders., Der völkerrechtliche Status der Krim und ihrer Bewohner, Die Friedens-Warte, Nr. 89, Vol. 1–2 (2014), S. 153–179, (zit.: *„Heintze*, FW 89/1–2 (2014), 153").

Helal, Mohamed, Crisis in The Gambia: How Africa is Rewriting Jus ad Bellum, Opinio Juris, 24.01.2017, https://opiniojuris.org/2017/01/24/crisis-in-the-gambia -how-africa-is-rewriting-jus-ad-bellum/, (zit.: *„Helal*, OJ, 24.01.2017").

Henderson, Christian, The Use of Force and International Law, Cambridge 2018, (zit.: *„Henderson*, S.").

Herdegen, Matthias, Völkerrecht, 21. Aufl. München 2022, (zit.: *„Herdegen*, VöR, §, Rn.").

Hillgruber, Christian, The Right of Third States to Take Countermeasures, in: *Tomuschat, Christian/Thouvenin, Jean-Marc* (Hrsg.), The Fundamental Rules of the International Legal Order, Leiden 2006, S. 265–293, (zit.: *„Hillgruber*, in: *Tomuschat*, S.").

Hilpold, Peter, Die Ukraine-Krise aus völkerrechtlicher Sicht: Ein Streitfall zwischen Recht, Geschichte und Politik, Schweizerische Zeitschrift für internationales und europäisches Recht, Nr. 25 (2015), S. 171–181, (zit.: *„Hilpold*, SZIER 25/2 (2015), 171").

ders., Von der Utopie zur Realität – Das Selbstbestimmungsrecht der Völker im Europa der Gegenwart, Juristenzeitung, 68. Jahrgang, Nr. 22 (2013), S. 1061–1070, (zit.: *„Hilpold*, JZ 22 (2013), 1061").

ders., Die Sezession – Zum Versuch der Verrechtlichung eines faktischen Phänomens, Zeitschrift für öffentliches Recht, Nr. 63 (2008), S. 117–141, (zit.: *„Hilpold*, ZöR 63 (2008), 117").

Hobe, Stephan, Einführung in das Völkerrecht, 11. Aufl. Tübingen 2020, (zit.: *„Hobe*, S.").

Hovell, Devika, Unfinished Business of International Law: The Questionable Legality of Autonomous Sanctions, American Journal of International Law Unbound, Vol. 113 (2019), S. 140–145, (zit.: *„Hovell*, AJIL Unbound 113 (2019), 140").

Ipsen, Knut, Völkerrecht, 7. Aufl. München 2018, (zit.: *„Bearbeiter*, in: *Ipsen*, VöR, §, Rn.").

ders., Der Kosovo-Einsatz – Illegal? Gerechtfertigt? Entschuldbar?, Die Friedens-Warte, Vol. 75, No. 1–2 (1999), S. 19–23, (zit.: *„Ipsen*, FW 75/1–2 (1999), 19").

Jilge, Wilfried, Analyse: Geschichtspolitik statt Völkerrecht, Anmerkungen zur historischen Legitimation der Krim-Annexion in Russland, Bundeszentrale für politische Bildung, Russland-Analysen, Nr. 291, 27.02.2015, S. 1–5, (zit.: *„Jilge*, Russland-Analysen, Nr. 291, S.").

Johann, Christian, Kann Straßburg den Krieg zähmen? Der Ukrainekrieg vor dem EGMR, Verfassungsblog, 03.03.2022, https://verfassungsblog.de/kann-strasburg -den-krieg-zahmen/, (zit.: *„Johann*, VerfBlog, 03.03.2022").

Justenhoven, Heinz-Gerhard (Hrsg.), Kampf um die Ukraine, Ringen um Selbstbestimmung und geopolitische Interessen, Studien zur Friedensethik, Band 61, Baden-Baden 2018, (zit.: *„Bearbeiter*, in: *Justenhoven*, S.").

Kappeler, Andreas, Revisionismus und Drohungen, Vladimir Putins Text zur Einheit von Russen und Ukrainern, Zeitschrift Osteuropa, Vol. 71, No. 7 (2021), S. 67–76, (zit.: „*Kappeler*, OE 71/7 (2021), 67").

Kapustin, Anatoly, Crimea's Self-Determination in the Light of Contemporary International Law, Zeitschrift für ausländisches öffentliches Recht und Völkerrecht, Nr. 75 (2015), S. 101–118, (zit.: „*Kapustin*, ZaöRV 75 (2015), 101").

Katselli Proukaki, Elena, The Problem of Enforcement in International Law, New York 2010, (zit: „*Katselli Proukaki*, S.").

dies., Countermeasures: Concept and Substance in the Protection of Collective Interests, in: *Kaikobad, Kaiyan H./Bohlander, Michael* (Hrsg.), International Law and Power, Perspectives on Legal Order and Justice, Essays in Honour of Colin Warbrick, S. 401–429, (zit.: „*Katselli Proukaki*, in: FS Warbrick, S.").

Katuoka, Saulius/Klumbytè, Skirmanté, Problems of Legality, Vol. 145 (2019), S. 225–243, (zit.: „*Katuoka/Klumbytè*, POL 145 (2019), 225").

Kempen, Bernhard/Hillgruber, Christian/Grabenwarter, Christoph, Völkerrecht, 3. Aufl. München 2021, (zit.: „*Bearbeiter*, in: *Kempen/Hillgruber/Grabenwarter*, §, Rn.").

Kitharidis, Sophocles, The Unknown Territories of the National Security Exception: the Importance and Interpretation of Art XXI of the GATT, Australian International Law Journal, Vol. 21, 2014, S. 79–100, (zit.: „*Kitharidis*, AILJ 21 (2014), 79").

Klein, Eckart, Nationale Befreiungskämpfe und Dekolonisierungspolitik der Vereinten Nationen: Zu einigen völkerrechtlichen Tendenzen, Zeitschrift für ausländisches öffentliches Recht und Völkerrecht, Nr. 36 (1976), S. 618–653), (zit.: „*Klein*, ZaöRV 36 (1976), 618").

Kohen, Marcelo G. (Hrsg.), Secession – International Law Perspectives, Cambridge 2006, (zit.: „*Bearbeiter*, in: *Secession*, S.").

Kooijmans, Pieter H., Tolerance, Sovereignty and Self-Determination, Netherlands International Law Review, Vol. 43, No. 2 (1996), S. 211–217, (zit.: „*Kooijmans*, NILR 43/2 (1996), 211").

Kraska, James, The Kerch Strait Incident: Law of the Sea or Law of Naval Warfare?, EJIL-Talk!, 03.12.2018, abrufbar unter: https://www.ejiltalk.org/the-kerch-str ait-incident-law-of-the-sea-or-law-of-naval-warfare/, (zit.: „*Kraska*, EJIL-Talk!, 03.12.2018").

Kreß, Claus, Zur Lage des völkerrechtlichen Gewaltverbots, Zeitschrift für Außenpolitik und Sicherheit, Vol. 12, Issue 4 (2019), S. 453–476, (zit.: „*Kreß*, ZfAS 12/4 (2019), 453").

ders./Nußberger, Benjamin, Zur pro-demokratischen Intervention im Völkerrecht der Gegenwart. Der Fall Gambia im Januar 2017, Zeitschrift für Außen- und Sicherheitspolitik, Vol. 10, Issue 2 (2017), S. 213–227, (zit.: „*Kreß/Nußberger*, ZfAS 10/2 (2017), 213").

ders., /Tams, Christian, Wider die normative Kraft des Faktischen, Internationale Politik, Mai/Juni (2014), S. 16–19, (zit.: „*Kreß/Tams*, IP 05/06 (2014), 16").

Knop, Karen, Diversity and Self-Determination in International Law, Cambridge 2002, (zit.: „*Knop*, S. ").

Krieger, Heike, Ungebetene Gäste – Zum Eingreifen auf Einladung in der Ukraine 2014, Die Friedens-Warte, Nr. 89, Vol. 1–2 (2014), S. 125–151, (zit.: *„Krieger*, FW 89/1–2 (2014), 125“).

Koval, Dmytro, The Award Concerning Jurisdiction in the Coastal State Rights Dispute Between Ukraine and Russia: What Has Been Decided and What to Expect Next, Lex Portus, Vol. 7, Issue 1 (2021), S. 7–30, (zit.: *„Koval*, LP 7/1 (2021), 7“).

Lapa, Viktoriia, The WTO Panel Report in Russia – Traffic in Transit: Cutting the Gordian Knot of the GATT Security Exception?, Questions of International Law, Vol. 69 (2020), Zoom In, S. 5–27, (zit. *„Lapa*, QIL 69 (2020), 5“).

LeMon, Christopher, Unilateral Intervention by Invitation in Civil Wars: The Effective Control Test Tested, New York University Journal of International Law and Politics, Vol. 35, No. 3 (2003), (zit.: *„LeMon*, NYUJILP 35/3 (2003), 741“).

Leonaitė, Erika/Žalimas, Dainius, The Annexation of Crimea and Attempts to Justify It in the Context of International Law, Lithuanian Annual Strategic Review, Vol. 14 (2015–2016), S. 11–63, (zit.: *„Leonaitė/Žalimas*, LASR 14 (2015–2016), 11“).

Levitt, Jeremy I. (Hrsg.), Africa: Mapping New Boundaries in International Law, Oxford 2008, (zit.: *„Bearbeiter*, in: Africa, S.)“.

Lieblich, Eliav, International Law and Civil Wars: Intervention and consent, London 2013, (zit.: *„Lieblich*, S.“).

Luchterhandt, Otto, Völkermord in Mariupol, Russlands Kriegsführung in der Ukraine, Zeitschrift Osteuropa, Vol. 72, No. 1–3 (2022), S. 65–85, (zit.: *„Luchterhandt*, OE 72/1–3 (2022), 65“).

ders., Gegen das Völkerrecht – Die Eskalation des Konflikts im Asowschen Meer, Zeitschrift Osteuropa, Vol. 69, Nr. 1–2 (2019), (zit.: *„Luchterhandt*, OE 69 1–2 (2019), 3“).

ders., Die Vereinbarungen von Minsk über den Konflikt in der Ostukraine (Donbass) aus völkerrechtlicher Sicht, Archiv des Völkerrechts, Band 57, No. 4 (2019), S. 428–465, (zit.: *„Luchterhandt*, AdV 57/4 (2019), 428“).

ders., Der Anschluss der Krim an Russland aus völkerrechtlicher Sicht, Archiv des Völkerrechts, Band 52, No. 2 (2014), S. 137–174, (zit.: *„Luchterhandt*, AdV 52/2 (2014), 137“).

Marchuk, Iryna, Ukraine Takes Russia to the International Court of Justice: Will it Work?, EJIL-Talk!, 26.01.2017, abrufbar unter: https://www.ejiltalk.org/ukraine-takes-russia-to-the-international-court-of-justice-will-it-work/, (zit.: *„Marchuk*, EJIL-Talk!, 26.01.2017“).

Marossi, Ali Z./Basset, Marisa R. (Hrsg.), Economic Sanctions under International Law, Unilateralism, Multilateralism, Legitimacy, and Consequences, Den Haag 2015, (zit.: *„Bearbeiter*, in: Marossi/Basset, S.)“.

Marxsen, Christian, Territorial Integrity in International Law – Its Concept and Implications for Crimea, Zeitschrift für ausländisches öffentliches Recht und Völkerrecht, Nr. 75 (2015), S. 7–26, (zit.: *„Marxsen*, ZaöRV 75 (2015), 7“).

ders., The Crimea Crisis – An International Law Perspective, Zeitschrift für ausländisches öffentliches Recht und Völkerrecht, Nr. 74 (2014), S. 367–391, (zit.: „*Marxsen*, ZaöRV 74 (2014), 367“).

Melikov, Anna, Die Interpretation des völkerrechtlichen Gewaltverbots und möglicher Ausnahmen – Russische Doktrin und Praxis, Berlin 2021, (zit.: „*Melikov*, S.“).

Milano, Enrico, Russia's Veto in the Security Council: Whither the Duty to Abstain under Art. 27(3) of the UN Charter?, Zeitschrift für ausländisches öffentliches Recht und Völkerrecht, Nr. 75 (2015), S. 215–231, (zit.: „*Milano*, ZaöRV 75 (2015), 215“).

Milanovic, Marko, A Footnote on Secession, EJIL-Talk!, 26.10.2017, abrufbar unter: https://www.ejiltalk.org/a-footnote-on-secession/, (zit.: „*Milanovic*, EJIL-Talk!, 26.10.2017“).

Moret, Erica/Biersteker, Thomas/Giumelli, Francesco/Portela, Clara/Veber, Marusa/Bastiat-Jarosz, Dawid/Bobocea, Cristian, The New Deterrent? International Sanctions against Russia over the Ukraine Crisis, Impacts, Costs and Further Action, Programme for the Study of International Governance, Graduate Institute of International and Development Studies, Geneva 2016, zit.: (zit.: „*Moret et al.*, International Sanctions against Russia, S.“).

Murswiek, Dietrich, Die Problematik eines Rechts auf Sezession – neu betrachtet, Archiv des Völkerrechts, Band 31, No. 4 (1993), S. 307–332, (zit.: „*Murswiek*, AdV 31/4 (1993), 307“).

Ndiaye, Tafsir Malick/Wolfrum, Rüdiger (Hrsg.), Law of the Sea, Environmental Law and Settlement of Disputes, Liber Amicorum Judge Thomas A. Mensah, Leiden/Boston 2007, (zit.: „*Bearbeiter*, in: *Ndiaye/Wolfrum*, S.“).

Nolte, Georg, Eingreifen auf Einladung, Beiträge zum ausländischen öffentlichen Recht und Völkerrecht, Band 136, Heidelberg 1999, (zit.: „*Nolte*, S.“).

Nollkaemper, André, Three Options for the Veto Power After the War in Ukraine, EJIL-Talk!, 11.04.2022, abrufbar unter: https://www.ejiltalk.org/three-options-for-the-veto-power-after-the-war-in-ukraine/, (zit.: „*Nollkaemper*, EJIL-Talk!, 11.04.2022“).

Nowrot, Karsten/Schabacker, Emily W., The Use of Force to Restore Democracy: International Legal Implications of the ECOWAS Intervention in Sierra Leone, American University International Law Review, Vol. 14, Issue 2 (1998), S. 321–412, (zit.: „*Nowrot/Schabacker*, AmUILR 14/2 (1998), 321“).

Nußberger, Benjamin, Military strikes in Yemen in 2015: intervention by invitation and self-defence in the course of Yemen's ‚model transitional process‘, Journal on the Use of Force and International Law, Vol. 4, Issue 1 (2017), S. 110–160, (zit.: „*Nußberger*, JUFIL 4/1 (2017), 110“).

ders., The Post-Election Crisis in The Gambia: An Interplay of a Security Council's „Non-Authorization“ and Intervention by Invitation, Opinio Juris, 08.02.2017, http://opiniojuris.org/2017/02/08/the-post-election-crisis-in-the-gambia-an-interplay-of-a-security-councils-non-authorization-and-intervention-by-invitation/, (zit.: „*Nußberger*, OJ, 08.02.2017“).

O'Connell, Mary Ellen, Controlling Countermeasures, in: *Ragazzi, Maurizio* (Hrsg.), International Responsibility Today: Essays in Memory of Oscar Schachter, Leiden 2005, S. 49–62, (zit.: *„O'Connell*, in: FS Schachter, S.").

Oeter, Stefan, Selbstbestimmungsrecht im Wandel – Überlegungen zur Debatte um Selbstbestimmung, Sezessionsrecht und „vorzeitige" Anerkennung, Zeitschrift für ausländisches öffentliches Recht und Völkerrecht, Nr. 52 (1992), S. 741–780, (zit.: *„Oeter*, ZaöRV 52 (1992), 741").

Oguh, Enyeribe, The Right of Secession in International Law Reconsidered, Trinity College Law Review, Vol. 21 (2018), S. 198–243, (zit.: *„Oguh*, TCLR 21 (2018), 198").

Okeke, Chris N., A Note on the Right of Secession as a Human Right, Annual Survey of International & Comparative Law, Vol. 3 (1996), S. 27–35, (zit.: *„Okeke*, ASICL 3/1 (1996), 27").

Oral, Nilüfer, Ukraine v. The Russian Federation: Navigating Conflict over Sovereignty under UNCLOS, International Law Studies, Vol. 97 (2021), S. 478–508, (zit.: *„Oral*, ILS 97 (2021), 478").

Ott, Martin, Das Recht auf Sezession als Ausfluss des Selbstbestimmungsrechts der Völker, Berliner Juristische Universitätsschriften, Öffentliches Recht, Band 30 (2008), (zit.: *„Ott*, S.").

Padskocimaite, Ausra, Assessing Russia's responses to judgments of the European Court of Human Rights: from (non) – compliance to defiance, in: *Grote, Rainer/Morales Antoniazzi, Mariela/Paris, Davide* (Hrsg.), Research Handbook on Compliance in International Human Rights Law, S. 136–182, (zit.: *„ Padskocimaite*, in: Research HB, S.").

Palchetti, Paulo, Reactions by the European Union to Breaches of Erga Omnes Obligations, in: *Cannizzaro, Enzo* (Hrsg.), The European Union as an Actor in International Relations, Den Haag 2002, S. 219–230, (zit.: *„Palchetti*, in: Cannizzaro, S.").

Pauwelyn, Joost, Conflict of Norms in Public International Law, How WTO Law Relates to other Rules of International Law, Cambridge 2003, (zit.: *„Pauwelyn*, S.").

Peters, Anne, Verletzt der Anschluss der Krim an Russland das Völkerrecht?, plädoyer, Nr. 3 (2014), S. 19, (zit.: *„Peters*, plädoyer 3 (2014), S.").

dies., Das Völkerrecht der Gebietsreferenden, Das Beispiel der Ukraine 1991–2014, Zeitschrift Osteuropa, Vol. 62, No. 5–6 (2014), S. 101–134, (zit.: *„Peters*, OE 64/5–6 (2014), 101").

Perisic, Petra, Intervention by Invitation – When can Consent from a Host State justify foreign Military Intervention?, Russian Law Journal, Vol. VII, Issue 4 (2019), S. 4–29, (zit.: *„Perisic*, RLJ 7/4 (2019), 4").

Pilitu, Paola A., European Sanctions against Zimbabwe's Head of State and Foreign Minister: A Blow to Personal Immunities of Senior State Officials, Journal of International Criminal Justice, Vol. 1, No. 2 (2003), S. 453–461, (zit.: *„Pilitu*, JICJ 1/2 (2003), 453").

Pomson, Ori, Does the Monetary Gold Principle Apply to International Courts and Tribunals Generally?, Journal of International Dispute Settlement, Vol. 10, Issue 1 (2019), S. 88–125, (zit.: „*Pomson*, JIDS 10/1 (2019), 88“).

Proelß, Alexander, The Limits of Jurisdiction *rationae materiae* of UNCLOS Tribunals, Hiotsubashi Journal of Law and Politics, Vol. 46 (2018), S. 47–60, (zit.: „*Proelß*, HJLP 46 (2018), 47“).

Rachkov, Ilia V./Rachkova, Elizaveta I., Crimea-related Investment Arbitration Cases against Russia before International Investment Arbitration Tribunals, Moscow Journal of International Law, Vol. 4 (2020), S. 119–147, (zit.: „*Rachkova*, MoJIL 4 (2020), 119“).

Raic, David, Statehood and the Law of Self-Determination, Developments in International Law, Vol. 43 (2002), (zit.: „*Raic*, S.“).

Repousis, Odysseas G., Why Russian investment treaties could apply to Crimea and what would this mean for the ongoing Russo-Ukrainian territorial conflict, Arbitration International, Vol. 32, Issue 3 (2016), S. 459–481, (zit.: „*Repousis*, AI 32/3 (2016), 459“).

Ronzitti, Natalino, Rescuing Nationals Abroad Revisited, Journal of Conflict & Security Law, Vol. 24, No. 3 (2019), S. 431–448, (zit.: „*Ronzitti*, JCSL 24/3 (2019), 431“).

ders. (Hrsg.), Coercive Diplomacy, Sanctions and International Law, Leiden 2016, (zit.: „*Bearbeiter*, in: Coercive Diplomacy, S.“).

Ruys, Tom, Immunity, Inviolability and Countermeasures – A Closer Look at Non-UN Targeted Sanctions, in: *ders./Angelet, Nicolas/Ferro, Luca* (Hrsg.), The Cambridge Handbook of Immunities and International Law, Cambridge 2019, S. 670–710, (zit.: „*Ruys*, in: Cambridge HB, S.“).

ders., Non-UN Financial Sanctions against Central Banks and Heads of State: in breach of international immunity law?, EJIL-Talk!, 12.05.2017, abrufbar unter: https://www.ejiltalk.org/non-un-financial-sanctions-against-central-banks-and-heads-of-state-in-breach-of-international-immunity-law/, (zit.: „*Ruys*, EJIL-Talk!, 12.05.2017“).

ders., Sanctions, retorsions and countermeasures: concepts and international legal framework, in: *van den Herik, Larissa* (Hrsg.), Research Handbook on UN Sanctions and International Law, Cheltenham 2017, (zit.: „*Ruys*, in: v. d. Herik, S.“).

ders., The 'Protection of Nationals' Doctrine Revisited, Journal of Conflict and Security Law, Vol. 13, Issue 2 (2008), S. 233–271, (zit.: „*Ruys*, JCSL 13/2 (2008), 233“).

ders./Corten, Olivier (Hrsg.), The Use of Force in International Law: A Case-based Approach, Oxford 2018, (zit.: „*Bearbeiter*, in: Ruys/Corten, S.“).

ders./Ferro, Luca, Weathering the Storm: Legality and Legal Implications of the Saudi-Led Military Intervention in Yemen, International and Comparative Law Quarterly, Vol. 65 (2016), S. 61–98, (zit.: „*Ruys/Ferro*, ICLQ 65 (2016), 61“).

Sari, Aurel, When does the breach of a status of forces agreement amount to an act of aggression? The case of Ukraine and the Black Sea Fleet SOFA, Ukraine Insta-Symposium, Opinio Juris, 06.03.2014, (zit.: „*Sari*, OJ: 06.03.2014“).

Satzger, Helmut, Internationales und Europäisches Strafrecht, 9. Aufl. Baden-Baden 2020, (zit.: *„Satzger*, §, Rn.").

Saul, Matthew, The Normative Status of Self-Determination in International Law: A Formula for Uncertainty in the Scope and Content of the Right?, Human Rights Law Review, Vol. 11, Issue 4 (2011), S. 609–644, (zit.: *„Saul*, HRLR 11/4 (2011), 609").

Sayapin, Sergey/Tysbulenko, Evhen (Hrsg.), The Use of Force against Ukraine and International Law: Jus Ad Bellum, Jus In Bello, Jus Post Bellum, Den Haag 2018, (zit.: *„Bearbeiter*, in: The Use of Force against Ukraine, S.").

Schatz, Valentin J./Koval, Dmytro, Russia's Annexation of Crimea and the Passage of Ships Through Kerch Strait: A Law of the Sea Perspective, Ocean Development & International Law, Vol. 50, Issue 2–3 (2019), S. 275–297, (zit.: *„Schatz/Koval*, ODIL 50/2–3 (2019), 275)".

dies., Ukraine v. Russia: Passage through Kerch Strait and the Sea of Azov, Part I: The legal status of Kerch Strait and the Sea of Azov, 10.01.2018, abrufbar unter: https://voelkerrechtsblog.org/de/ukraine-v-russia-passage-through-kerch-strait-and-the-sea-of-azov/, (zit.: *„Schatz/Koval*, VöR-Blog, 10.01.2018");

Part III: The jurisdiction of the Arbitral Tribunal, Völkerrechtsblog, 15.01.2018, abrufbar unter: https://voelkerrechtsblog.org/ukraine-v-russia-passage-through-kerch-strait-and-the-sea-of-azov-3/, (zit.: *„Schatz/Koval*, VöR-Blog, 15.01.2018").

Schneckener, Ulrich, Leviathan im Zerfall. Über Selbstbestimmung und Sezession, Leviathan, Vol. 25, No. 4 (1997), S. 458–479, (zit.: *„Schneckener*, Leviathan 25/4 (1997), 458").

Schröder, Meinhard, Die Geiselbefreiung von Entebbe – ein völkerrechtswidriger Akt Israels?. JuristenZeitung, 32. Jahrgang, Nr. 13 (1977), S. 420–426, (zit.: „Schröder, JZ 13 (1977), 420").

Shaw, Malcolm N., International Law, 8. Aufl. Cambridge 2017, (zit.: *„Shaw*, S.").

Simma, Bruno, NATO, the UN and the Use of Force – Legal Aspects, European Journal of International Law, Vol. 10, Issue 1 (1999), (zit.: *„Simma*, EJIL 10/1 (1999), 1–22").

ders./Khan, Daniel-Erasmus/Nolte, Georg/Paulus, Andreas (Hrsg.), The Charter of the United Nations – A Commentary, 3. Aufl. Oxford 2012, (zit.: *„Bearbeiter*, in: UN Charter, Art., Rn.").

ders./Pulkowski, Dirk, Of Planets and the Universe: Self-Contained Regimes in International Law, European Journal of International Law, Vol. 17, No. 3 (2006), S. 483–529, (zit.: *„Simma/Pulkowski*, EJIL 17/3 (2006), 483").

Skaridov, Alexander, The Sea of Azov and the Kerch Straits, in: *Caron, David D./ Oral, Nilufer*, Navigating Straits – Challenges for International Law, Leiden 2014, S. 220–238, (zit.: *„Skaridov*, in: *Caron/Oral*, S.").

Spagnolo, Andrea, Entering the Buffer Zone between Legality and Illegality: EU Autonomous Sanctions under International Law, in: *Montaldo, Stefano/Costamagna, Francesco/Miglio, Alberto* (Hrsg.), EU Law Enforcement – The Evolution of Sanctioning Powers, London 2021, S. 215–239, (zit.: *„Spagnolo*, in: EU Law Enforcement, S.").

Steinbuka, Inna/Avetisyan, Satenik, The Effectiveness of the EU Sanctions: The Cases of Russia and Belarus, in: *Sprūds, Andris/Broka, Sintija* (Hrsg.), Latvian Foreign and Security Policy Yearbook 2021, S. 110–121, (zit.: *„Steinbuka/Avetisyan*, S.").

Steininger, Sylvia, With or Without You: Suspension, Expulsion and the Limits of Membership Sanctions in Regional Human Rights Regimes, Zeitschrift für ausländisches öffentliches Recht und Völkerrecht, Nr. 81 (2021), S. 533–566, (zit.: *„Steininger*, ZaöRV 81 (2021), 533").

Sterio, Milena, Self-Determination and Secession under International Law: The New Framework, International Law Students Association Journal of International & Comparative Law, Vol. 21, Issue 2, Article 2, S. 293–306, (zit.: *„Sterio*, ILSA JICL 21/2 (2015), 293").

Studt, Tjorben, Der Ausschluss Russlands vom UN-Sicherheitsrat? – Zur ukrainischen Forderung, JuWiss-Blog 21 (2022), 12.04.2022, abrufbar unter: https://www.juwiss.de/21-2022/, (zit.: *„Studt*, JuWiss-Blog 21 (2022), 12.04.2022").

Suttner, Raymond, Has South Africa been illegally excluded from the United Nations General Assembly?, The Comparative and International Law Journal of Southern Africa, Vol. 17, No. 3 (1984), S. 279–301, (zit.: *„Suttner*, CILSA 17/3 (1984), 279").

Talmon, Stefan, UN Security Council reform: a story of growing German frustration, German Practice in International Law, 30.09.2021, abrufbar unter: https://gpil.jura.uni-bonn.de/2021/09/un-security-council-reform-a-story-of-growing-german-frustration/, (zit.: *„Talmon*, GPIL, 30.09.2021").

ders., Kollektive Nicht-Anerkennung illegaler Staaten: Grundlagen und Rechtsfolgen einer international koordinierten Sanktion, dargestellt am Beispiel der Türkischen Republik Nord-Zypern, Tübingen 2006, (zit.: *„Talmon*, S.").

Tams, Christian J., Enforcing Obligations Erga Omnes in International Law, Cambridge 2005, (zit.: *„Tams*, S.").

ders./Asteriti, Alessandra, Erga Omnes, Jus Cogens and Their Impact on the Law of Responsibility, in: *Evans, Malcolm/Koutrakos, Panos* (Hrsg.), The International Responsibility of the European Union: European and International Perspectives, London 2013, S. 162–188, zit.: (*„Tams/Asteriti*, in: *Evans/Koutrakos*, S.").

Tancredi, Antonello, The Russian annexation of the Crimea: questions relating to the use of force, Questions of International Law, Vol. 1 (2014), Zoom out, S. 5–34, (zit.: *„Tancredi*, QIL I (2014), 5").

Tanca, Antonio, Foreign Armed Intervention in Internal Conflict, Dordrecht 1993, (zit.: *„Tanca*, S.").

Tanaka, Yoshifumi, The Legal Consequences of Obligations Erga Omnes in International Law, Netherlands International Law Review, Vol. 68 (2021), S. 1–33, (zit.: *„Tanaka*, NILR (2021), 1").

Thomson, Andrew W. R., Doctrine of the Protection of Nationals Abroad: Rise of the Non-Combatant Evacuation Operation, Washington University Global Studies Law Review, Vol. 11, Issue 3 (2012), S. 627–668, (zit.: *„Thomson*, WUGSLR 11/3 (2012), 627").

Thürer, Daniel, Der Kosovo-Konflikt im Lichte des Völkerrechts: Von drei – echten und scheinbaren – Dilemmata, Archiv des Völkerrechts, Band 38, No. 1 (2000), S. 1–22, (zit.: *„Thürer*, AdV 38/1 (2000), 1").

ders., Das Selbstbestimmungsrecht der Völker, Archiv des Völkerrechts, Band 22, No. 2 (1984), S. 113–137, (zit.: *„Thürer*, AdV 22/2 (1984), 113).

Tladi, Dire, Security Council, the Use of Force and Regime Change: Libya and Cote d'Ivoire, South African Yearbook of International Law, Vol. 37, Issue 1 (2012), S. 22–45, (zit.: *„Tladi*, SAYIL 37/1 (2012), 22").

Trapp, Kimberley N., WTO Inconsistent Countermeasures – A View from the Outside, Proceedings of the Annual Meeting of the American Society of International Law, Vol. 104, International Law in a Time of Change (2010), S. 264–270, (zit.: *„Trapp*, ASIL Proceedings 104 (2010), 264").

Tuura, Heini, Intervention by Invitation and the Principle of Self-Determination in the Crimean Crisis, The Finnish yearbook of International Law, Vol. 24 (2014), S. 183–226, (zit.: *„Tuura*, FYIL 24 (2014), 183).

Tuzheliak, Nataliia, Investors at Conflict's Crossroads: An Overview of available International Courts and Tribunals in the Crimean Context, University College London Journal of Law and Jurisprudence, No. 6, Issue 2 (2017), S. 14–45, (zit.: *„Tuzheliak*, UCLJLJ 6/2 (2017), 14").

Tzeng, Peter, Ukraine v. Russia and Philippines v. China: Jurisdiction and Legitimacy, Denver Journal of International Law & Policy, Volume 46, No. 1, Art. 3 (2017), S. 1- 19, (zit.: *„Tzeng*, DJILP 46/1 (2017), 1").

ders., Jurisdiction and Applicable Law Under UNCLOS, The Yale Law Journal, Vol. 26 (2016), S. 242–260), (zit.: *„Tzeng*, YLJ (2016), 242").

ders., Investments on Disputed Territory: Indispensable Parties and Indispensable Issues, Brazilian Journal of International Law, Vol. 14, No. 2 (2017), S. 122–139, (zit.: *„Tzeng*, BJIL 14/2 (2017), 122").

ders., The Doctrine of Indispensable Issues: Mauritius v. United Kingdom, Philippines v. China, Ukraine v. Russia, and Beyond, EJIL-Talk!, 14.10.2016, abrufbar unter: https://www.ejiltalk.org/the-doctrine-of-indispensable-issues-mauritius-v-united-kingdom-philippines-v-china-ukraine-v-russia-and-beyond/, (zit.: *„Tzeng*, EJIL-Talk, 14.10.2016").

ders., Sovereignty over Crimea: A Case for State-to-State Investment Arbitration, The Yale Journal of International Law, Vol. 41 (2016), S. 459–468, (zit.: *„Tzeng*, YJIL 41 (2016), 459").

Tzimas, Themistoklis, Legal Evaluation of the Saudi-Led Intervention in Yemen: Consensual Intervention in Cases of Contested Authority and Fragmented States, Zeitschrift für ausländisches öffentliches Recht und Völkerrecht, Nr. 78 (2018), S. 147–187, (zit.: *„Tzimas*, ZaöRV 78 (2018), 147").

Umland, Andreas, Inwieweit war Russlands Anschluss der Krim historisch gerechtfertigt? Zur Problematik „realistischer" Annexionsnarrative, SIRIUS Zeitschrift für strategische Analysen, Vol. 2, Nr. 2 (2018), S. 162–169, (zit.: *„Umland*, SIRIUS 2/2 (2018), 162").

v. Unger, Moritz, Die Zulässigkeit humanitärer Wirtschaftssanktionen in und neben dem WTO-Recht, Kritische Justiz, Heft 1 (2004), S. 37–53, (zit.: *„v. Unger*, KJ 1 (2004), 37").

Vaccaro-Incisa, Matteo G., Crimea Investment Disputes: are jurisdictional hurdles being overcome too easily?, EJIL-Talk!, 09.05.2018, https://www.ejiltalk.org/cri mea-investment-disputes-are-jurisdictional-hurdles-being-overcome-too-easily/, (zit.: *„Vaccaro-Incisa*, EJIL-Talk!, 09.05.2018").

Valta, Matthias, Wirtschaftssanktionen gegen Russland und ihre rechtlichen Grenzen, Verfassungsblog, 28.02.2022, abrufbar unter: https://verfassungsblog.de/wi rtschaftssanktionen-gegen-russland-und-ihre-rechtlichen-grenzen/, (zit.: *„Valta*, VerfBlog, 28.02.2022").

ders., Staatenbezogene Wirtschaftssanktionen zwischen Souveränität und Menschenrechten, Tübingen 2019, zit.: (*„Valta*, S.").

Vaypan, Grigory, (Un)Invited Guests: The Validity of Russia's Argument on Intervention by Invitation, Cambridge International Law Journal, 05.03.2014, http:// cilj.co.uk/2014/03/05/uninvited-guests-validity-russias-argument-intervention-inv itation/, (zit.: *„Vaypan*, CILJ, 05.03.2014").

del Vecchio, Angelo/Virzo, Roberto, Interpretations of the United Nations Convention on the Law of the Sea by International Courts and Tribunals, Cham 2019, (zit.: *„Bearbeiter*, in: *del Vecchio/Virzo*, S.").

Vermeer, Zachary, The Jus ad Bellum and the Airstrikes in Yemen: Double Standards for Decamping Presidents?, EJIL-Talk!, 30.04.2015, https://www.ejiltalk.or g/the-jus-ad-bellum-and-the-airstrikes-in-yemen-double-standards-for-decamping -presidents/, (zit.: *„Vermeer*, EJIL-Talk!, 30.04.2015").

ders.; Intervention with the Consent of a Deposed (but Legitimate) Government? Playing the Sierra Leone card, EJIL-Talk!, 06.03.2014, https://www.ejiltalk.org/in tervention-with-the-consent-of-a-deposed-but-legitimate-government-playing-the -sierra-leone-card/, (zit.: *„Vermeer*, EJIL-Talk, 06.03.2014").

Vidmar, Jure, Conceptualizing Declarations of Independence in International Law, Oxford Journal of Legal Studies, Vol. 32, No. 1 (2012), S. 153–177, (zit.: *„Vidmar*, OJLS 32/1 (2012), 153").

ders., Remedial Secession in International Law: Theory and (Lack of) Practice, St. Antony's International Review, Vol. 6, No. 1 (2010), S. 37–56, (zit.: *„Vidmar*, StAIR 6/1 (2010), 37").

Vitzthum, Wolfgang Graf/Proelß, Alexander (Hrsg.), Völkerrecht, 8. Aufl. Berlin 2019, (zit.: *„Bearbeiter*, in: *Vitzthum/Proelß*, S., Rn.").

Waldock, Claud Humphrey M., The Regulation of the Use of Force by Individual States in International Law, Collected Courses of the Hague Academy of International Law, Vol. 81 (1952), S. 455–514, (zit.: *„Waldock*, S.").

Walter, Christian/von Ungern-Sternberg, Antje/Abushov, Kavus, Self-Determination and Secession in International Law, Oxford 2014, (zit.: *„Bearbeiter*, in: Self-Determination, S.").

Weller, Marc, (Hrsg.), The Oxford Handbook of the Use of Force in International Law, Oxford 2015, (zit.: *„Bearbeiter*, in: Oxford HB, S.").

ders., The Shadow of the Gun, New Law Journal, 19.03.2014, https://www.newlawj ournal.co.uk/content/shadow-gun, (zit.: „*Weller*, NLJ, 19.03.2014").

ders., Escaping the Self-Determination Trap, Leiden 2008, (zit.: „*Weller*, S.").

Werle, Gerhard/Jeßberger, Florian, Völkerstrafrecht, 5. Aufl. Tübingen 2020, (zit.: „*Werle/Jeßberger*, Rn.").

White, Nigel D., Autonomous and Collective Sanctions in the International Legal Order, Italian Yearbook of International Law (Online Version), Vol. 27, Issue 1 (2018), S. 1–32, (zit.: „*White*, IYIL 27/1 (2018), 1").

de Wet, Erika, Military Assistance on Request and the Use of Force, Oxford 2020, (zit.: „*de Wet*, S.").

dies., The Modern Practice of Intervention by Invitation in Africa and Its Implications for the Prohibition of the Use of Force, European Journal of International Law, Vol. 26, No. 4 (2015), S. 979–998, (zit.: „*de Wet*, EJIL 26/4 (2015), 979").

Wippmann, David, Military Intervention, Regional Organizations, and Host-State Consent, Duke Journal of Comparative and International Law, Vol. 7 (1996), S. 209- 239, (zit.: „*Wippmann*, DJCIL 7 (1996), 209").

Wiseheart, Daniel, The Crisis in Ukraine and the Prohibition of the Use of Force: A Legal Basis for Russia's Intervention?, EJIL-Talk!, 04.03.2014, https://www.ejiltal k.org/the-crisis-in-ukraine-and-the-prohibition-of-the-use-of-force-a-legal-basis-for -russias-intervention/, (zit.: „*Wiseheart*, EJIL-Talk!, 04.03.2014").

Wolfrum, Rüdiger (Hrsg.), The Max Planck Encyclopedia of Public International Law, Oxford 2012, (zit.: „*Bearbeiter*, in: MPEPIL, Rn.").

Wyciszkiewicz, Ernest/Huterer, Andrea, Spiel auf Zeit: Die Wirkung der EU- und US-Sanktionen gegen Russland, Zeitschrift Osteuropa, Vol. 64, No. 9–10 (2014), S. 191–201, (zit.: „*Wyciszkiewicz/Huterer*, OE 64/9–10 (2014), 191").

Yue, Hanjing, Crimea's Independence from Ukraine and Incorporation into Russia: The Unlawfulness of Russia's Use of Force, Beijing Law Review, Vol. 7, No. 3 (2016), S. 181–191, (zit.: „*Yue*, BLR 7/3 (2016), 181").